Andreas Dörner · Christian Schicha (Hrsg.)

Politik im Spot-Format

Andreas Dörner
Christian Schicha (Hrsg.)

Politik im Spot-Format

Zur Semantik, Pragmatik und
Ästhetik politischer Werbung
in Deutschland

VS VERLAG FÜR SOZIALWISSENSCHAFTEN

Bibliografische Information Der Deutschen Nationalbibliothek
Die Deutsche Nationalbibliothek verzeichnet diese Publikation in der
Deutschen Nationalbibliografie; detaillierte bibliografische Daten sind im Internet über
<http://dnb.d-nb.de> abrufbar.

1. Auflage 2008

Alle Rechte vorbehalten
© VS Verlag für Sozialwissenschaften | GWV Fachverlage GmbH, Wiesbaden 2008

Lektorat: Monika Mülhausen

Der VS Verlag für Sozialwissenschaften ist ein Unternehmen von Springer Science+Business Media.
www.vs-verlag.de

Umschlaggestaltung: KünkelLopka Medienentwicklung, Heidelberg
Satz: Anke Vogel
Druck und buchbinderische Verarbeitung: Krips b.v., Meppel
Gedruckt auf säurefreiem und chlorfrei gebleichtem Papier
Printed in the Netherlands

ISBN 978-3-531-15408-4

Inhalt

Einleitung

„Parteien zur Bundestagswahl 2005 – Für den Inhalt der Spots sind ausschließlich die Parteien verantwortlich"

Christian Schicha und Andreas Dörner

Wahlkämpfe als „Olympiade der Demokratie" (Grafe 1994) stellen im Rahmen der politischen Berichterstattung ein Kommunikationsforum dar, das sich weniger an den argumentativen Strukturen orientiert, sondern mehr dem Prinzip der Assoziation folgt, das nicht als rational, sondern primär als emotional beschrieben werden kann. Durch den Paradigmawechsel von der Schriftkultur zur visuellen Kultur, für die Inszenierung und Personalisierung eine zentrale Rolle spielen, avanciert die Aufmerksamkeit zur zentralen Größe politischer und publizistischer Machtausübung, die primär ikonisch und weniger diskursiv gesteuert wird. Dabei lenken Images und Bilder den öffentlichen Themendiskurs, um die eigene Agenda zu propagieren oder von den Themen der politischen Konkurrenten abzulenken. Die politische Werbung scheint sich zunehmend den Mechanismen der Produktwerbung zu nähern, die in der Regel nicht informiert, sondern emotionale Anreize vermitteln soll, das beworbene Produkt zu konsumieren. Auch die Wahlkampfwerbung soll die Personen und Parteien ins rechte Licht rücken, um die Wahlentscheidung strategisch zu forcieren. Dennoch existieren eine Reihe von Unterschieden zwischen Produkt- und Parteienwerbung.

Die Produktwerbung ist (in der Regel) klar getrennt von den redaktionellen Beiträgen innerhalb der Berichterstattung. Bei der politischen Parteiwerbung – über die ja auch im Rahmen politischer Informationsprogramme berichtet wird – sind die Grenzen fließend. Dabei wirkt die symbolische Kraft politischer Inszenierungen vor allem dann überzeugend, wenn es den politischen Protagonisten gelingt, mit den Werbedarstellungen bei Interviews und Pressefotos präsent zu sein. Dadurch kann eine höhere Glaubwürdigkeit als durch die offizielle Parteienwerbung in Form von Prospekten oder Plakaten erreicht werden.

Werbung in Wahlkämpfen hat ein schlechtes Image. Der Vorwurf der Politikentleerung in den werblichen Kommunikationsbemühungen der Parteien ist in der publizistischen Berichterstattung häufig anzutreffen. Ob die Kritik in ihrer Pauschalität allerdings tatsächlich zutreffend ist, lässt sich anhand der einschlägigen Vorwürfe meist nur schlecht nachvollziehen. Zumal auch die Legitimation der Anspracheformate umstritten ist: Während politikstrategische Erwägungen rein auf den appellativen und emotionalisierenden Mobilisierungseffekt der Werbung setzen, fordern demokratiepolitisch-normative Positionen ein Einhalten argumentativer und informativer Mindeststandards. Zwischen diesen beiden Positionen ist kaum zu vermitteln: Während die einen die zweckrationalen Erfolgskriterien im Auge haben, klagen die anderen diskursive Wahlkämpfe ein.

Maßgeblich für die Skepsis, die der Parteiwerbung entgegengebracht wird, sind unter anderem spektakuläre Entgleisungen: Der Werbespot „Spiel mir das Lied vom Tod" der rechtsextremen Partei DIE REPUBLIKANER vor der Wahl zum Berliner Abgeordnetenhaus 1989 stellte in diesem Zusammenhang einen negativen Höhepunkt dar.

Zur Europawahl im gleichen Jahr schaltete die DVU einen mit Sirenengeheul unterlegten Hörfunkspot mit den Worten: „Gefahr! Immer mehr Scheinasylanten kommen."

Doch auch Plakate oder Spots alteingesessener demokratischer Parteien sind immer wieder Anstoß grundsätzlicher Debatten über die Grenzen der politischen Werbung. So musste der damalige FDP-Spitzenkandidat im nordrhein-westfälischen Landtagswahlkampf, Jürgen Möllemann, im Jahr 2000 ein Plakat zurückziehen, auf dem die Köpfe von Adolf Hitler, Guru Baghwan und des fiktiven Horror-Kultstars Freddy Krueger gezeigt wurden (vgl. Schicha 2003b).

Das außerhalb eines konkreten Wahlkampfzusammenhangs vom ehemaligen CDU-Generalsekretär Laurenz Meyer vorgestellte Plakat, das den amtierenden Bundeskanzler Schröder im Stil eines Fahndungsfotos abgebildet hatte, musste ebenfalls nach parteiübergreifender Kritik eingestampft werden.

Diese wenigen Beispiele dokumentieren bereits den hohen Polarisierungsgehalt und das Inszenierungspotenzial der Parteiwerbung, die besonders in Wahlkämpfen eine wichtige Rolle spielt. Dabei korrespondieren die werblichen Bemühungen der Öffentlichkeitsarbeit mit anderen tiefgreifenderen Veränderungen in der politischen Kommunikationslandschaft. Als ein Bestandteil eines integrierten Kampagnenkonzepts der Parteien sind die Plakate und Spots nicht isoliert zu betrachten. Einer Antwort auf die politikwissenschaftlich zentrale Frage nach der Angemessenheit des Verhältnisses von Form und Inhalt in einer politischen Wahlwerbekampagne kann man daher am ehesten durch eine Einordnung der Werbebemühungen in die politische Kommunikationslandschaft während eines Wahlkampfes nahe kommen. Dabei stehen die normativen Anforderungen an die politische Kommunikation im Allgemeinen und an die Wahlkampfkommunikation im Speziellen in einem vordergründig bisweilen scharfen Kontrast zu den tatsächlichen politisch-kommunikativen Abläufen.

Politiktheoretisch kommt dem Wahlkampf jedenfalls eine für die Demokratie bestandssichernde Funktion zu (vgl. Woyke 1994): Er soll – in einem idealtypischen Verständnis – Bürger über politische Themen und entsprechende

Lösungsansätze der Parteien informieren; er soll Identifikationsmöglichkeiten mit Partei und Kandidat bieten; und er soll die Wähler für die Stimmabgabe mobilisieren. Auf einer Meta-Ebene vermitteln Wahlkämpfe darüber hinaus in ihrem Ritual-Charakter ein Gefühl der Inklusion, das die Stabilität des politischen Systems stärkt (vgl. Edelman 1964/1990 und Dörner/Vogt 2002a). Politische Werbung im Wahlkampf ist dementsprechend als Teil der politischen Kommunikationsbemühungen einer Partei dem Auftrag des Grundgesetzes normativ verpflichtet, demzufolge Parteien an der politischen Willensbildung des Volkes mitwirken. In diesem Sinne sollte die politische Werbung dazu beitragen, personelle und programmatische Alternativen der zur Wahl stehenden Parteien zu verdeutlichen.

Von diesen skizzierten Idealen sind moderne Wahlkämpfe jedoch weit entfernt. An die Stelle einer Wahlkampfauseinandersetzung im Verständnis einer Konfliktkultur der demokratischen Gesellschaft ist aus der Sicht der Kritiker in zunehmendem Maße ein Spektakel getreten, das vielfach weder vernünftig noch aufklärerisch ist, sondern monologischen und integrationsfeindlichen Mustern folgt (vgl. Gruner 1990: 165). Der Diskurs über relevante Themen scheint zunehmend durch Scheinkampagnen verdrängt zu werden (vgl. Glotz 1996, Müller 1999a).

Wahlkämpfe werden zu hochgradig inszenierten Kommunikationszusammenhängen. In ihrem Mittelpunkt stehen die – aus Parteisicht verständlichen – zweckrationalen Bemühungen um die Maximierung des eigenen Stimmenanteils am Wahltag.

Auch die politische Wahlwerbung dient in erster Linie diesem Ziel, indem sie die Komplexität politischer Themen und Ereignisse auf ein überschaubares, kognitiv wie emotional verarbeitbares Maß reduziert. Die politikwissenschaftlich entscheidende Frage ist daher in diesem Zusammenhang die nach der Angemessenheit dieser Reduktionen – und zwar pragmatisch aus einer strategischen Perspektive heraus genauso wie demokratiepolitisch-normativ im Zusammenhang mit der Diskursivität der angebotenen Inhalte.

Vor einer Erläuterung der Konzeption des vorliegenden Sammelbandes und der einzelnen Beiträge der Autorinnen und Autoren soll zunächst ein grober Überblick über den Forschungsstand zur Wahlkampfwerbung im Allgemeinen und TV-Wahlwerbespots im Besonderen vermittelt werden.

1 Untersuchungsergebnisse zur Wahlkampfkommunikation

Die Wahlwerbung der Parteien stellt eine Form der öffentlichkeitswirksamen Imagearbeit dar. Die dient der Orientierungs- und Koordinierungshilfe mit einer ungefilterten Selbstdarstellung ohne Fremdeinfluss im strategischen Wettstreit um die Wählerstimmen. Parteien stellen sich selbst dar, grenzen sich zugleich vom politischen Gegner ab und sind gefordert, Themen zu besetzen und Problemlösungsstrategien anzubieten.

Im Rahmen der politischen Kommunikationsforschung nimmt das Thema „Wahlkampf" seit mehreren Jahrzehnten einen dominierenden Raum ein. Die Literaturlage ist außerordentlich breit und umfasst zahlreiche methodische Zugänge.

Einen Überblick über den Gesamtkomplex der Wahlkampfkommunikation vermitteln die Standartwerke von Steinseifer-Pabst und Wolf (1994), Woyke (2002) und Korte (2005).

Hervorzuheben sind weiterhin die Sammelbände von Holtz-Bacha (2006) und Bergmann (2002), in denen die letzten Bundestagswahlkämpfe von 1994 bis 2005 umfassend untersucht worden sind. Das zeitliche Spektrum der Wahlkämpfe seit der Kaiserzeit bis zur Bundestagswahl 1998 beleuchten die Aufsätze in Bohrmann u.a. (2000) im Rahmen von längerfristigen Analysen von Strukturen und Wandlungsprozessen.

Das Superwahljahr 1994 mit zahlreichen Bundestags- und Landtagswahlen wird in den Sammelbänden von Oberreuter (1996) sowie Bürklin und Roth (1994) untersucht, wobei auch das Wählerverhalten in den neuen Bundesländern im Mittelpunkt des Interesses steht.

Die deutschen Wahlen von 1990-1994 wurden von Ritter und Niehuss (1995) hinsichtlich der Erklärung des Wahlverhaltens analysiert, wobei der Band Material zur Wirtschafts- und Sozialstruktur, zur Entwicklung des Parteiwesens und zum Wahlrecht sowie zur Struktur des Wählers vorlegt.

Der ehemalige Wahlkampfberater Albrecht Müller (1999) hat eine Studie vorgelegt, in der er einen Vergleich des Bundestagswahlkampfes 1998 mit dem von 1972 vorgenommen hat. Dabei gelangt er zu dem Schluss, dass in Deutschland ein sukzessiver Übergang von einer Parteiendemokratie zu einer Mediendemokratie zu beobachten ist, die durch Amerikanisierungs- und Inszenierungstendenzen gekennzeichnet ist. Diese Überlegungen werden auch in der Monographie von Schicha (2003a) aufgegriffen, der Inszenierungsstrategien im Bundestagswahlkampf 2002 skizziert hat. Dörner und Vogt (2002a) widmen sich den demokratischen Ritualen der Wahlkampfkommunikation, die vielfach dem Manipulationsverdacht ausgesetzt sind. Konkrete Kampagnen diskutieren Wahlkampfstrategen in den Bänden Althaus (2001) sowie Althaus und Cecere (2003). Einen Blick hinter die Kulissen gewährt auch der Sammelband von Berg (2002), der Techniken der modernen Wahlkampfgestaltung u.a. unter den Stichworten „Amerikanisierung" und „Personalisierung" aufzeigt.

Planung und Strategie der Parteien wurden bereits Mitte der 1980er Jahren von Wolf (1990) untersucht. Den Fokus auf die professionelle Inszenierung und Selbstdarstellung der Parteien bei ihren Parteitagen im Jahr 2002 richtet die Untersuchung von Altendorfer, Hollerith und Müller (2003).

Inszenierungen und Themensetzungsstrategien am Beispiel der nordrhein-westfälischen Landtagswahl im Jahr 2000 stehen im Mittelpunkt einer empirischen Studie mit Experteninterviews und qualitativen Medienanalysen von Sarcinelli und Schatz (2002: 442), die das Verhältnis zwischen dem politischen und medialen System untersucht haben. Sie gelangen aufgrund ihrer empirischen Befunde zu dem Ergebnis, dass in NRW eine „mediatisierte Parteiendemokratie" zu beobachten ist, die jedoch keine „Veroberflächlichung der Politikherstellung oder die Emotionalisierung der politischen Kommunikation, besonders in Wahlkampfzeiten" aufweist. Veränderungsprozesse in Wahlkämpfen werden auch in dem Band von Machnig (2002) von Wissenschaftlern, Politikberatern, PR-Experten Werbefachleuten und Wahlkampfplanern beleuchtet. Neben Wählermärkten, Strategien und Kampagnen werden auch Wertefragen der Wahlkampfkommunikation diskutiert.

Instrumente, Methoden, Befunde und Perspektiven der empirischen Wahlforschung werden in den Publikationen von Klein u.a. (2000) sowie Roth (1998) dokumentiert, wobei auch länderübergreifende Vergleiche vorgenommen werden. Ein internationaler Vergleich des Wählerverhaltens wird zusätzlich in der Monographie von Schmitt-Beck (2000) vorgenommen.

Neuere Studien zur Europawahl 2004 untersuchen u.a. Kampagnenstrukturen, Akteursstrategien und die massenmediale Resonanz (Tenscher 2005) sowie Plakat-, Anzeigen- und Internetkampagnen (Holtz-Bacha 2005). Eine Analyse der Parteienkampagne und Medienberichterstattung während des Europawahlkampfes findet sich in der Monographie von Reiser (1994), der eine wechselseitige Abhängigkeit zwischen dem Mediensystem und dem politischen System konstatiert.

Didaktische Hinweise zur Wahlanalyse und Wahlprognose für den Unterricht am Beispiel der Bundestagswahl 1998 finden sich in den Büchern von Kneip (1998) und Sander (1998).

Unlängst ist die Publikation von Podschuweit (2007) erschienen, deren Beiträge sich mit der Wirkung von Wahlwerbung befassen.

2 Wahlwerbespots im Fernsehen

Medienpräsente Parteien können durch den Einsatz von Wahlwerbespots eine Polarisierungsfunktion erlangen, während eher medienabstinente Parteien durch

die Ausstrahlung ihrer Kurzfilme eine Bekanntheit erlangen können, aus denen
sich wiederum Kontakte aufbauen können. Zunächst lassen sich mindestens drei
verschiedene Spottypen voneinander unterscheiden (vgl. Szyszka 1996):

■ Biographische Spots stellen den Kandidaten und seine Problemlösungs-
    kompetenz in den Vordergrund,
■ Testimonial-Spots arbeiten mit (scheinbar) zufällig ausgewählten Bürgern,
    die einen Kandidaten im Wahlkampf unterstützen,
■ Komplexere Spots legen die Haltung von Partei und Kandidat zu gesell-
    schaftlich relevanten Themen und Problemen dar.

Müller (1997) differenziert weiterhin zwischen drei fundamentalen Strategien
der visuellen Wahlkampfkommunikation:

■ Bei der konfrontativen Vorgehensweise werden die politischen Gegner di-
    rekt oder indirekt attackiert,
■ bei der narrativen Strategie wird die Werbebotschaft als personalisierte Ge-
    schichte erzählt und bisweilen dramatisiert, während die
■ ironische Strategie die Themen des politischen Gegnern humorvoll und
    ggf. verfremdet ironisiert.

Wahlwerbespots im Fernsehen dienen nach eigenen Angaben rund 90% der
Bundesbürger neben Anzeigen, Nachrichten und Wahlplakaten als wichtige
Informationsquelle. Die inhaltliche Ausgestaltung von Werbespots als Kernbe-
standteil der Wahlkampfkommunikation unterliegt keiner journalistischen Bearbeitung, sondern wird von den Parteien gestaltet, verantwortet und bezahlt. Die
Rundfunkanstalten dienen lediglich als Transportmittel und Trägermedium für
die Botschaften der Parteien. Die durch die Wahlwerbespots transportierten
deutungskulturellen Kommunikationsangebote werden so ungefiltert durch die
Parteien an die Rezipienten weitergeleitet (vgl. Holtz-Bacha 2000).
     In der Bundesrepublik werden Wahlkampfspots lediglich während der hei-
ßen Wahlkampfphase in den letzten Wochen vor einer Landtags-, Bundestagswahl oder Europawahl an eigens eingerichteten Programmplätzen ausgestrahlt (vgl. Holtz-Bacha/Kaid 1993).[1] Sie sind durch eine Reihe von Inszenierungsstrategien darauf angelegt, die Emotionen vor allem der zunehmend poli-
tikentfremdeten Wählersegmente zu mobilisieren, bei denen die Parteibindungen nachgelassen haben. Wahlwerbespots richten sich also vor allem an poli-

---

1   In den USA hingegen wird von den Parteien Sendezeit eingekauft, um Werbespots zu senden.
     Ihnen steht es somit offen, wann und in welchem Umfang sie Werbespots im Fernsehen plat-
     zieren.

tisch wenig interessierten Bürger: „Die Wahlspots machen der Wählerschaft gerade durch das Bild zahlreiche Identifikationsangebote, und sie versuchen, die
Rezipientinnen und Rezipienten durch die Vermittlung positiver Emotionen anzusprechen" (Holtz-Bacha 2000: 235). In diesem Punkt ähnelt die politische
Werbung der kommerziellen Produktwerbung. Sie orientiert sich an den gängigen Mustern der Werbung im Allgemeinen und nutzt durch die Hineinnahme
professioneller Spezialisten in die Kampagnenkonzeption und Umsetzung das
ausdifferenzierte Forschungs- und Darstellungsinstrumentarium der kommerziellen Werbung zur Verfeinerung der eigenen Ansprachebemühungen.

Unter formalen Gesichtspunkten können politische Wahlspots als persuasives Kommunikationsforum daher mit der Produktwerbung verglichen werden.
Ebenso wie bei der Wirtschaftswerbung stehen in der Wahlwerbung weniger
sachliche und rationale Argumente im Vordergrund, um die Kauf- bzw. Wahlentscheidung zu beeinflussen, sondern emotionale Elemente, die eine positive
Identifikation mit dem Produkt bzw. dem Politiker und seiner Partei anstreben:

> „Denn die symbolischen Formen, die die Parteien für ihre Spots selektieren, sind
> kommunikative Sinnangebote, die darauf zielen, eine kollektive, politisch kulturelle
> Identität zu stiften und deshalb immer eine potenzielle Teilhabe des Adressaten am
> Kommunikationsprozess voraussetzen" (Holtz-Bacha 2000: 276).

Es geht in beiden Bereichen um Nutzenmaximierung, bei der nicht der Diskurs,
sondern strategische Kommunikation im Vordergrund steht. Käufer und Wähler
müssen sich zwischen konkurrierenden Angeboten unterschiedlicher Dienstleister
entscheiden. Insofern ist es zentral, die Kognitionen, Affekte und Motive der
Zielgruppen zu kennen, um die entsprechen Strategien darauf ausrichten zu können. Gleichwohl wird die Glaubwürdigkeit von Wahlkampfaussagen einer stren-
geren Bewertung unterzogen als die Versprechungen in der Wirtschaftswerbung.
Neben der Problemlösungskompetenz werden von der Politik Managementfähig-
keiten sowie Ehrlichkeit und Verantwortungsbewusstsein erwartet.

Da sich die Qualität von „politischen Produkten" oft nur marginal unterscheidet und insbesondere bei den großen Volksparteien in der öffentlichen
Wahrnehmung kaum noch inhaltliche Unterschiede bei den zentralen Zielen und
Positionen deutlich werden, sind für die Produkt- und Parteienwerbung gleichermaßen innovative Strategien erforderlich, um die Aufmerksamkeit der Kunden und Wähler zu erreichen. Zugleich sind beide Bereiche davon abhängig, das
gesellschaftliche Wertgefüge angemessen zu berücksichtigen. Die gesellschaftlichen Individualisierungsprozesse durch die Pluralisierung der Lebensformen

und -stile werden in der Wirtschaftswerbung ebenso berücksichtigt wie in der Parteienwerbung.[2] Wahlwerbung kann demzufolge als ein wichtiger Indikator für den Wandel der politischen Kultur interpretiert werden (vgl. Holtz-Bacha/Lessinger 2000: 273).

Um die Ergebnisse von gesellschaftlichen Wertewandlungsprozessen in einer komplexen und fragmentierten Gesellschaft angemessen für die politische Werbung nutzen zu können, sind neben demoskopischer Marktforschung der Meinungsbildung auch Profis aus dem Verkaufsgeschäft, Experten aus den Werbe-, PR- und Meinungsagenturen als Berater und Dienstleister in Konzeption und Umsetzung erforderlich, um eine aufmerksamkeitsstimulierende Inszenierung politischer Werbung zu ermöglichen.

Ebenso wie die Produktwerbung zeichnen deutsche Parteienspots in erster Linie das Bild einer schönen und harmonischen Welt. Optimismus, politische Erfolge und Symbolwörter mit positiver politischer Wertigkeit werden eingesetzt, um die Wähler zu erreichen.

Werbung produziert primär positive Botschaften. Emotionale Erlebniswelten in Form einer idealen Normwelt durch „blühende Landschaften" oder eine „florierende Industrie", wo Umweltschutz und Wohlstand Hand in Hand gehen, prägen die Rezeptionsgewohnheiten der potenziellen Wählerinnen und Wähler (vgl. Holtz-Bacha/Lessinger 2000: 278).

Diese wahlstrategisch motivierte Verkürzung der in den Spots vermittelten Botschaften berührt die zentrale Frage nach der Angemessenheit der Darstellung im Hinblick auf die Anforderung an die Wahlkampfkommunikation, nach Möglichkeit sachlich begründete Alternativen für den Wahltag zu präsentieren. Diese Tendenz korrespondiert mit weitaus umfassenderen Veränderungen in der politischen Kommunikationslandschaft, die besonders deutlich während Wahlkämpfen zutage treten und für eine Einordnung der Werbebemühungen der Parteien mit in Blick zu nehmen sind.

TV-Wahlwerbespots als „periodisch wiederkehrende Legitimierungskampagnen" (Jakubowski 1988: 12) sind in ein Parteikonzept integrierter Kommunikationskampagnen (u.a. Anzeigen, Plakaten, Interviews, Talkshowauftritte, Mailings) eingebettet. Sie bieten den politischen Parteien in Wahlkampfzeiten „an besten Sendeplätzen ein Forum zur Selbstdarstellung und damit die Möglichkeit zur Mitgestaltung von Medienwirklichkeit, ungefiltert und unbeeinflusst von journalistischer Selektionsarbeit" (Szyska 1996: 185).

---

2   Während z.B. gleichgeschlechtliche Partner als Akteure in Werbespots für Möbel auftauchen, bemühen sich einige Parteien darum, derartige Lebensentwürfe im Rahmen ihrer Wahlwerbung zu berücksichtigen. Insofern sollte sowohl die Produkt- als auch Parteienwerbung den gängigen gesellschaftlichen Konventionen und dem „Meinungsklima" entsprechen, um Erfolg zu haben.

Für den Inhalt und die Gestaltung sind die Parteien selbst verantwortlich. Dieser Satz rahmt akustisch und optisch alle Spots ein. Es wird deutlich, dass die Sender keine Mitsprache an der Machart der Werbefilme besitzen und so kein unmittelbarer Bezug zum TV-Programm hergestellt werden kann. Die Spots sind als Wahlkampf-Produkt erkennbar.

Die zur Bundestagswahl zugelassenen Parteien verfügen über die ungefilterte Benennungsmacht der angebotenen Themenschwerpunkte. Daraus erwächst der Vorteil, „dass sich die jeweilige Partei und ihre Kandidaten von Kritik unbelastet darstellen können" (Müller 1997b: 240). Dennoch unterliegen sie zeitlichen Beschränkungen und werden als Wahlwerbespots angekündigt. Der Ausstrahlungszeitpunkt wird von den Sendern festgelegt. Deshalb rezipieren die Zuschauer die Beiträge eher zufällig, zumal auch im Programm nicht angekündigt wird, für welche Partei geworben wird.

Die ersten Werbefilme wurden bereits 1953 im Kino ausgestrahlt.[3] Vier Jahre später waren die Spots dann auch regelmäßig im Fernsehen zu sehen. Das Bundesverfassungsgericht hat in seiner Entscheidung im Vorfeld der Bundestagswahl am 15. September 1957 bis heute verbindlich festgelegt, dass jede zur Wahl zugelassene Partei aufgrund des Prinzips der Chancengleichheit in der Bundesrepublik die Möglichkeit erhalten muss, Wahlwerbung im Rundfunk auszustrahlen. Die Rundfunkanstalten können nur dann Spots zurückweisen, wenn es sich in den Kurzfilmen nicht um Wahlwerbung handelt. Diskutiert wurden auch rechtsextreme Spots, die wegen Volksverhetzung bzw. Aufstachelung zum Rassenhass kein Forum erhalten sollten (vgl. Holtz-Bacha 2000).

Die Einzelheiten hinsichtlich der Verteilung der Sendeplätze werden im § 5 des Parteiengesetzes geregelt. Den Parteien werden Ansprüche auf unentgeltliche Sendezeit eingeräumt, um der öffentlichen Meinungsbildung gerecht zu werden. Diese Regelung ist nicht unumstritten, da die Rundfunk- und Programmfreiheit der Rundfunkveranstalter eingeschränkt wird. Schließlich wird die inhaltliche Programmautonomie vollständig auf die Parteien übertragen, die die Spots als „Drittsendungen" (Deitenbeck 2000: 581) konzipieren. Die verantwortlichen Rundfunkanstalten dürfen aufgrund des vorliegenden Parteienprivilegs keinen Einfluss auf die Inhalte der Spots ausüben. Nur bei strafrechtlich relevanten Verstößen oder Formen, die nicht als Wahlwerbung einzustufen sind, kann eine Ausstrahlung der Filme untersagt werden (vgl. Mayer 2000).[4]

Der Verteilungsschlüssel in Deutschland sieht je acht Spots für die großen Parteien in der ARD und im ZDF vor, kleinere Parteien mit Fraktionsstatus

---

3   In den USA gab es Werbespots im Fernsehen bereits 1952 (vgl. Holtz-Bacha 2000).
4   2005 wurde der Spot der PARTEI kontrovers diskutiert, weil in ironischer Form für eine Billig-
     fluglinie geworben worden ist. Der Spot der APPD ist aufgrund von jugendgefährdenden Szenen
     zensiert worden und durfte nur noch in einer „entschärften" Fassung gezeigt werden.

erhalten je vier und die kleinen Parteien je zwei Sendeplätze. Seit 1961 haben die bundesdeutschen Parteien die Gelegenheit erhalten, Wahlwerbespots im öffentlich-rechtlichen Fernsehen zu schalten. Bereits vier Jahre später galten Fernsehspots ebenso wie Anzeigen und Plakate als „ebenbürtiges Instrument der Wahlwerbung" (vgl. Hetterich 2000: 203). Dies führte dazu, dass die großen Parteien für jeden Sendeplatz einen eigenen Spot herstellen ließen. Die Parteien haben schnell erkannt, dass das Fernsehen aufgrund seiner suggestiven Kraft einen höheren Einfluss auf den potenziellen Wählerkreis besitzt als andere Medien. Seit 1965 wurden politische Themen auch zunehmend in unterhaltsamerer Form präsentiert. Die Spots dauerten bis zu zehn Minuten. 1969 gab es eine Kombination von 5- und 2,5-Minuten-Spots, wobei die längeren Filme von den großen Parteien ausgestrahlt wurden. Seit 1972 wurden in ARD und ZDF dann 2,5 minütige Spots ausgestrahlt, die im Laufe der Jahre immer kürzer wurden.

Durch die Zulassung privat-kommerzieller Fernsehanbieter wurden seit Mitte der 1980er Jahre auch Werbespots auf RTL, SAT 1, Pro7 und Tele 5 ausgestrahlt. Die rein quantitative Ausstrahlung der Spots nahm sukzessive zu. So hat z.b. die CDU noch nie so viele Spots ausgestrahlt wie 1994. Programme wie RTL 2, Kabel 1 und N-TV boten weitere Programmplätze für die Parteien an. Inzwischen können bei den Privatsendern auch 30-Sekunden-Spots gebucht werden. Dieses Angebot wird primär von den großen Volksparteien angenommen (vgl. ausführlich Hetterich 2000).

Seit 1992 sind auch die privat-kommerziellen Sender durch den Rundfunkstaatsvertrag verpflichtet, den Parteien zu günstigen Konditionen Sendezeit zu verkaufen.

Fast wäre die Ausstrahlung der Wahlwerbespots Anfang der 1990er Jahre in Deutschland komplett eingestellt worden. Ein volksverhetzender Film der rechtsextremen Republikaner von 1989 sorgte für kontroverse öffentliche Debatten und Klagen gegen die Ausstrahlung. Auch der ehemalige NDR-Intendant Jobst Plog und damalige ARD-Vorsitzende sowie der Ex-Vorsitzende des Deutschen Journalistenverbandes, Hermann Meyn, plädierten für eine Abschaffung der Wahlwerbung zu den Bundestagswahlen (vgl. Jakubowski 1988). Das zuständige Verwaltungsgericht Berlin gelangte jedoch zu dem Urteil, dass Wahlwerbung im Fernsehen ein Instrument der Meinungsfreiheit ist und daher pauschal nicht verboten werden dürfe (vgl. Klemm 2005).

3   Vorliegende Studien zu Wahlwerbespots

In ihrer Wahlwerbung beziehen Parteien Stellung zu politischen Themen. Damit zeigen sie den Wählerinnen und Wählern ihre Absichten für den Fall eines

Wahlsieges. Visuelle Wahlwerbespots für Fernsehen und Kino haben in den vergangenen Jahren an Bedeutung gewonnen.

Während die Literatur zur Wahlkampfkommunikation im Allgemeinen umfassend und vielschichtig ausgerichtet ist, ist die Anzahl der vorliegenden Untersuchungen zum Schwerpunkt Wahlwerbespots eher überschaubar. Die erste formale und inhaltliche Analyse von Parteienspots in Deutschland legten Dröge, Lerg und Weißenborn (1969: 140) vor. Die Autoren skizzieren u.a. den Programm- und Deutungsrahmen sowie Formen und Mittel der Darstellung. Die Autoren kommen bei der Beurteilung der damaligen Spots der Volksparteien zu einer kritischen Einschätzung: „Bestätigung fand die naheliegende Vermutung, dass die großen Parteien in ihren Aussagen sich selbst außer Frage stellen und Bestandsicherung als ihr politisches Ziel ansehen." So wurde die Anzahl und Dichte der filmischen Darstellung ebenso untersucht wie die Dynamik. Die Autoren gelangten zu dem Fazit, dass die komplexeren Werbefilme der Volksparteien über mehr Bewegung verfügen als die Spots der FDP und der kleineren Parteien.

Aus Sicht der Parteistrategen werden die Werbespots zum Bundestagswahlkampf 1969 aus der Perspektive der SPD (Müller 1969), CDU (Rathke 1969), FDP (Fridrichs 1969) und CSU (Kiehl 1969) vorgestellt. Als Kriterien für eine erfolgreiche Konzeption der Spots wurden u.a. Modernität, Personalisierung, Profilierung und Aktualisierung benannt.

Wachtel (1987) hat aus einer germanistischen Perspektive eine argumentationsanalytische und semiotische Untersuchung der im Bundestag vertretenen Parteien zur Darstellung von Wahlwerbespots im Bundestagswahlkampf 1987 vorgelegt. Er vertritt die Auffassung, dass Ansprüche auf Vertrauenswürdigkeit und -bildung sowie Kompetenz und Wahrhaftigkeit von Partei und Kandidat die zentralen Bestandteile der Werbestrategie darstellen. Dabei gelangt er zu dem Ergebnis, dass die Parteien den potenziellen Wählern zwar glaubwürdig ihre Absichten vermitteln, jedoch ihre fehlenden politischen Handlungsoptionen nicht angemessen erläutern. Die Spots sind überwiegend imageorientiert, verfügen aber auch über Elemente des Negative Campaigning.

Holtz-Bacha und Kaid (1993) kommen für 1990 in ihrer Inhaltsanalyse von 38 Werbespots zu dem Ergebnis, dass innenpolitische Themen die Debatte dominieren und das Negative Campaigning praktisch nicht vorhanden ist. Die Imageorientierung nimmt einen höheren Wert ein als die Themenorientierung. Die Autorinnen haben 1994 (Holtz-Bacha/Kaid 1996) 31 Spots im öffentlich-rechtlichen und privat-kommerziellen Fernsehen einer Inhaltsanalyse unterzogen. Nun war eine stärkere Themenorientierung zu beobachten, bei gleichzeitiger Zunahme des Negative-Campaigning.

Die zentrale Studie zum Thema wurde von Holtz-Bacha (2000) publiziert, die neben einer Untersuchung der Parteienspots im Fernsehen von 1957-1998 auch eine Chronik der Bundestagswahlkämpfe von 1949 – 1998 vorgelegt hat. Insgesamt 417 Parteienspots von 52 verschiedenen Parteien wurden ausgewertet. Während 1957 lediglich 12 Spots für die Analyse zur Verfügung standen, stieg die Anzahl bis 1998 auf 63 Werbefilme an.

Kießling (2004) kommt nach seiner Analyse der Wahlwerbung (Plakate, TV- und Kino-Spots) im Bundestagswahlkampf 2002 zu dem Ergebnis, dass die meisten Plakate und Spots keine Anschlussfähigkeit an die Alltagswelt der potenziellen Wähler besitzen. Primär würden Stereotype vermittelt, die kein individuelles Image vermitteln. Kompetenzvermittlung, Glaubwürdigkeit und Vertrauen als Voraussetzung für die Wähleraktivierung sei mit den vorliegenden Werbemitteln kaum zu erreichen

In dem aktuellen Band von Holtz-Bacha zur letzten Bundestagswahl findet sich ein Überblicksartikel zur Fernsehwahlwerbung 2005 (Holtz-Bacha/Lessinger 2006). Dort werden formale und inhaltliche Aspekte der Fernsehspots analysiert, die auch in diesem Sammelband untersucht worden sind. Dort wird mit dem methodischen Instrument einer Rahmencodierung gezeigt, wie sich die Parteien auf verbaler und visueller Ebene darstellen und gesehen werden möchten. Der Text gelangt zu der These, dass die Parteien angesichts knapper Kassen und der kurzen Zeitspanne in der Regel keinen sonderlich großen Aufwand für die Fernsehwerbung betrieben haben.

Diese These korrespondiert auch mit dem Ergebnis einer Analyse der Fernsehwerbung zum Europawahlkampf 2004, bei der vor allem die beiden großen Volksparteien CDU und SPD eilig produzierte Spots vorgelegt haben, die im Gegensatz zu den Spots von Bündnis 90/Die Grünen und der FDP primär Allgemeinplätze bedienten und recht phantasielos inszeniert worden sind (Esser/ Holtz-Bacha/Lessinger 2005).

Szyszka (1996) beschäftigt sich in seiner Untersuchung von 31 bei den öffentlich-rechtlichen Anbietern ausgestrahlten Wahlwerbespots im Bundeswahlkampf 1994. Er weist darauf hin, dass mehr als 90% der Befragten durch die Rezeption von Wahlwerbespots keine Hilfe bei der Wahlentscheidung erhalten haben. 70 % sprachen den Werbefilmen jeglichen Informationsgehalt ab und 2/3 hielten sie für störend und überflüssig.[5]

Auch Jakubowski (1998) widmet sich in seiner Analyse den Parteispots aus dem Jahr 1994, die für das öffentlich-rechtliche Fernsehen produziert worden sind. Er gelangt zu dem Fazit, dass die Image-Konstruktion in den Spots eine zentrale Rolle spielt. Elemente des Negative Campaigning sind primär Merkma-

---

5   Kaid und Holtz-Bacha (1993) vertreten hingegen die Auffassung, dass Spots kurz vor der Wahl zu einer Veränderung bei der Bewertung der agierenden Kandidaten führen können.

le bei den Werbestrategien kleiner Parteien, während die Volksparteien die Personalisierung des Spitzenkandidaten in das Zentrum rücken.

Raab und Tänzler (2002) erörtern soziokulturelle Funktionen politischer Werbespots am Beispiel des SPD-Werbefilms „Der Kandidat" von 1998, der zahlreiche Assoziationen zur Produktwerbung einer Brauerei eröffnet.

Klemm (2005) gelangt im Rahmen seiner exemplarischen Betrachtung von Wahlwerbespots der vergangenen 52 Jahre zu dem Schluss, dass die Werbefilme sich durch zunehmende Professionalisierung sukzessiv aneinander angeglichen haben und deutliche Parallelen zur Produktwerbung aufweisen. Die Spots sind im Laufe der Jahre immer kürzer geworden. Dies entspricht ohnehin einem allgemeinen TV-Trend der schnellen Schnitte und Verkürzung.

Neben den skizzierten Publikationen setzten sich zwei Filme mit der Thematik der Wahlwerbespots auseinander. In der Filmcollage „Parolen & Polemik" werden ausgewählte Spots von 1949-1983 gezeigt, die aus heutiger Perspektive oftmals als Parodie wahrgenommen werden.[6]

Der Fernsehbeitrag von Radio Bremen „Die bunte Republik. Kleine Parteien in Deutschland" schildert die Arbeit der Splitterparteien im Bundestagswahlkampf 2005, die keine Chance hatten, Bundestagsmandate zu erringen und mit sehr einfachen technischen Mitteln ihre z.T. skurrilen Spots produzierten.

Die Bundeszentrale für politische Bildung (www.bpb.de/methodik/GBS NH5.html) hat ausgewählte Wahlwerbespots von 1957-2002 zusammengestellt, um unterschiedliche formale und inhaltliche Ausprägungen der Parteienwerbung über mehrere Jahrzehnte hinweg zu dokumentieren.

---

6   Slogans wie „Keine Stimme für Adenauer, jede Stimme für Ollenhauer" in den 1950er Jahren waren an Schlichtheit nicht zu überbieten. Ludwig Ehrhard agierte als Comicfigur und schüttelt Taler von einem „Wirtschaftswunderbaum". Willy Brandt wird in den 1960er Jahren „ganz privat" als Familienvater am Kaffeetisch, beim Angeln und Rudern mit seinen Söhnen als „Typ von Nebenan" gezeigt, der sogar seinen PKW ohne Fahrer und Personenschutz fährt und artig am Zebrastreifen hält. In den 1970er Jahren wird Brandt dann als Friedenskanzler dargestellt. 1980 tritt die CDU mit dem Kanzlerkandidaten Franz-Josef-Strauß an. Als liebevolle Vaterfigur sitzt er im Spot einer Rentnerin gegenüber, der er charmant lächelnd die Angst vor dem Krieg nimmt. Im gleichen Jahr wird auch der legendäre Werbefilm „Opa, warum sind die Fische tot?" der Grünen ausgestrahlt, die erstmals bei der Bundestagswahl antreten. Die Industrie wird pauschal als Vergifter des Rheins dargestellt und ein Briefträger liefert eine Atombombe frei Haus, obwohl „keine bestellt" worden ist. Die Ära Kohl beginnt 1983 mit Neuwahlen. Auch der neue Bundeskanzler ist im Werbespot 1987 mit dem Ruderboot wie sein Vorvorgänger Brandt unterwegs zu neuen Ufern.

4   Wahlwerbespots 2005

24 zur Bundestagswahl 2005 zugelassenen Parteien bekamen ab dem 22. August 2005 bis zum Freitag vor der Wahl die Möglichkeit zur ungefilterten Selbstdarstellung durch die Nutzung der kostenlosen Sendezeit von bis zu 90 Sekunden für ihre Wahlwerbespots in den öffentlich-rechtlichen Sendern von 17.15 Uhr bis 23.30 Uhr. Dort wurden 38 Spots ausgestrahlt.

SPD und CDU erhielten je acht Sendeplätze bei ARD und ZDF. Die CSU, FDP, Bündnis90/Die Grünen bekamen vier, die Linkspartei drei und alle anderen Parteien jeweils zwei Sendeplätze zugesprochen. Zusätzlich bestand für die Parteien die Option, bei den privat-kommerziellen Anbietern Werbezeit für Spots einzukaufen, die jedoch nur von den im Bundestag vertretenen Parteien genutzt wurden. Hier wurden sieben Spots gezeigt. Die Filme sind noch einmal gekürzt worden.[7] Die SPD produzierte für die kommerziellen Anbieter zwei verschiedene Spots. Bündnis90/Die Grünen platzierten dort sogar vier unterschiedliche Werbefilme.[8] Rund ein Viertel aller Filme zeigten einen politischen Akteur in seiner Rolle als Wahlkämpfer. Etwa ein Drittel aller Spots präsentierten Kandidaten in ihren Sequenzen. Die Personalisierung war demzufolge nicht so dominierend. Vielmehr war eine themenorientierte Ausrichtung zu beobachten. Bei dreiviertel aller Spots wurden Behauptungen geäußert, die jedoch nicht argumentativ begründet wurden.

---

7   Der CDU-Kugel-Spot besaß dort nur noch eine Länge von 36 Sekunden.
8   Dort trat auch als prominenter Schauspieler und Kabarettist Ottfried Fischer mit dem ehemaligen Außenminister in verschiedenen Spielszenen auf.

Durch die außerplanmäßige und daher kurzfristige Ansetzung der Bundestagswahl 2005 blieb den Parteien nur wenig Zeit, Wahlwerbespots vorzubereiten. Sie folgten daher in der Regel dem konventionellen Schema einer Mischung aus einer kurzen Ansprache des Spitzenkandidaten mit einigen positiven Aktionsbildern von Bürgern. Aber es gab durchaus innovative Spots, die öffentliche Debatten ausgelöst haben. Der symbolträchtige „Kugel-Spot" der CDU, der die Regierungspolitik der damaligen rot-grünen Bundesregierung angriff, führte zu einem „Flip-Flop-Gegenspot" der die angebliche Unentschlossenheit Merkels in zahlreichen Politikfeldern anprangerte. Die Anarchistische Pogo-Partei (APPD) legte einen provokativen Werbespot vor, der durch Tabubrüche provozierte und zensiert wurde. Die vom Satire-Magazin TITANIC gegründete PARTEI legte einen Spot vor, der Wahlwerbung und Produktwerbung in satirischer Form ironisierte. Die FDP versuchte, Nachrichtenelemente in ihren Werbefilm zu integrieren, um Seriosität und Glaubwürdigkeit zu suggerieren. Insgesamt konstatieren Holtz-Bacha und Lessinger (2006), dass die Parteien, auch angesichts knapper Kassen, bei ihren Spots im Jahre 2005 nur einen geringen Aufwand für die Fernsehwerbung betrieben haben. Lediglich die Grünen, die PARTEI und die APPD haben für etwas Abwechslung gesorgt. Diese Spots sind auch in diesem Buch ausführlich analysiert worden.

5   Zur Konzeption der Publikation

Der vorliegende Sammelband analysiert eine Auswahl der im Fernsehen ausgestrahlten Wahlwerbespots der Parteien zur Bundestagswahl 2005. Dabei geht es um eine interdisziplinäre Annäherung an ein Format, das in seinen Besonderheiten auf der Produktions-, Text-, Distributions- und Rezeptionsebene noch immer viele offene Aspekte für die Forschung bietet. Wahlwerbespots stellen schließlich in Ihrer Gleichzeitigkeit von audiovisueller Komplexität und ästhetischer Dichte einerseits, der durch die Distributions- und Wirkungsbedingungen erzwungenen Reduktion andererseits einen paradigmatischen Gegenstand zur Erforschung von Politikinszenierung und strategischem Emotionsmanagement in der modernen Wahlkampfkommunikation dar. Die werbenden Kurzfilme führen vor, dass weniger die rational geprägte Debatte um politische Sachverhalte im Mittelpunkt des Wahlkampfes liegt, sondern vielmehr Strategien der Polarisierung, Simplifizierung, symbolischen Verdichtung, Ritualisierung und Personalisierung. Anhand der Untersuchung der konkreten Spots ist der Frage nachgegangen worden, mit welchen Mitteln die Parteien versuchen, die Bindung von Wählergruppen zu erreichen. Dabei können Sachaussagen und inszenierte Konfliktlinien ebenso analysiert werden wie die filmästhetische Gestaltung oder Formatspezifika.

Das Buch ist interdisziplinär ausgerichtet. Die unterschiedlichen Herangehensweisen der diversen sozialwissenschaftlichen und kulturwissenschaftlichen Ansätze sollen dazu beitragen, ein vielfältiges Analysespektrum zu eröffnen. Die Besonderheit des Bandes liegt darin, dass fast alle Autorinnen und Autoren jeweils (mindestens) einen konkreten Wahlwerbespot aus der Kampagne 2005 zum Gegenstand ihres Artikels gemacht haben. Damit können die spezifischen Vorteile der jeweils unterschiedlichen theoretischen Horizonte und methodischen Herangehensweisen in der Zusammenschau des Buches besonders anschaulich herausgearbeitet werden. Folgende 21 Wahlwerbespots der Parteien wurden für die Untersuchung aufgezeichnet:

- 50 Plus (www.50plus-brandenburg.de)
- Allianz für Gesundheit, Frieden und soziale Gerechtigkeit (www.allianz-gfg.de)
- APPD (www.appd.de)
- Bayern-Partei (www.bayernpartei.de)
- Bündnis 90/Die Grünen (www.gruene.de)
- CDU (www.cdu.de)
- CSU (www.csu.de)
- Partei für Volksabstimmung und gegen Zuwanderung ins soziale Netz (www.abjetzt.de.vu)
- Die Grauen „Graue Panther wählen" (www.diegrauen-waehlen.de)
- Die Linke/PDS (www.sozialisten.de)
- Familienpartei Deutschlands (www.familien-partei.de)
- FDP (www.fdp.de)
- NPD (www.npd.de)
- Partei bibeltreuer Christen (www.pbc.de)
- Partei für Arbeit, Rechtsstaat, Tierschutz, Elitenförderung und basisdemokratische Initiative (www.die-partei.de)
- PSG Sektion der Vierten Internationale (www.wsws.org) (www.gleichheit.de)
- REP „Deutschland am Abgrund" (www.rep.de)
- SPD „Deutschland braucht einen Bundeskanzler" (www.spd.de)
- Tierschutzpartei (www.tierschutzpartei.de)
- Zentrum „Millionenbetrug?"(www.zentrumspartei.de)

Mit Hilfe dieser Auswahl sind in der vorliegenden Publikation unterschiedliche Spotanalysen herausgearbeitet worden, die im Folgenden zusammengefasst werden:

1. Grundlagen

Andreas Dörner und Ludgera Vogt stellen in ihrem Beitrag grundsätzliche Überlegungen zum Zusammenwirken von Politik und Ästhetik in der modernen Gegenwartsgesellschaft an. Zu Beginn wird im Anschluss an Volosinov und Mukarovsky ein semiotisches Konzept von Ästhetik entfaltet, das die ästhetische Funktion von Artefakten in unterschiedlichen Konstellationen mit anderen Funktionen verortet. Dies ermöglicht, den funktionalen Zusammenhang ästhetischer Gestaltungen im Bereich der politischen Kultur genauer zu bestimmen. Im zweiten Schritt werden diese Überlegungen verknüpft mit der Logik ökonomischer und politischer Werbung. Relevant ist hier vor allem die soziale Anbindung alltagsästhetischer Geschmacksnormen, die eine präzise Justierung politischer Werbung im Sinne von Marketingstrategien ermöglicht. Auf diese Weise lässt sich das Gelingen oder Scheitern von Wahlwerbespots in der jeweiligen politischen Kultur gut analysieren.

Horst Pöttker kritisiert in seiner Betrachtung ausgewählter Wahlwerbespots aus dem Bundestagswahlkampf 2005 vor allem das geringe sprachliche Niveau, das primär durch „Wohlfühl-Parolen" und positiv konnotierte Schlagworte zum Ausdruck kommt. Der „populistische Einheitsbrei" mit „wohlklingenden Leerformeln" trägt seiner Auffassung nach dazu bei, dass die ohnehin verbreitete Politikverdrossenheit bei sinkender Wahlbeteiligung der Bevölkerung weiter zunimmt. Besonders die etablierten Parteien vermeiden konkrete Sachaussagen, um mehrheitsfähig zu bleiben. Konkreter werden hingegen die kleinen Parteien, die jedoch keine Chance haben, Bundestagsmandate zu erreichen.

2. Kommunikative Strategien

Carsten Brosda beschäftigt sich mit der Verwendung journalistischer Darstellungsformen und Stilmittel ausgewählter Wahlwerbespots. Er konstatiert, dass journalistische Darstellungsformen nun auch die Parteienwerbung erreicht haben, wodurch der Trend zur allgemeinen Hybridisierung im Fernsehen deutlich wird. Um Aufmerksamkeit zu erzielen, sind Parteien gezwungen, innovative Formate zu entwickeln. Der Anschluss der Spots an die Machart von Nachrichtenformaten suggeriert kommunikative Verständigungsansprüche, um strategische Ziele in den Hintergrund treten zu lassen. So entsteht der Eindruck einer weitgehenden Realitätswiedergabe von politischen Inhalten. Genregrenzen werden verwischt. Die daraus resultierende Unübersichtlichkeit erfordert ein reflexives Wissen beim Rezipienten, um Genres und Merkmale ihrer strategischen Verwendung erkennen zu können.

Melanie Diermann, Moritz Ballensiefen und Karl-Rudolf Korte betrachten zwei Wahlwerbespots von SPD und CDU unter dem Aspekt des Costumer-Relationship-Managements. Sie vertreten die Auffassung, dass Parteien bei der Planung und Umsetzung ihrer Kampagnen marketingorientiert mit den Schwerpunkten Personalisierung, Emotionalisierung und Themen-Setting agieren. Dabei steht die Erwartungshaltung der potenziellen Wähler im Mittelpunkt des Interesses. Die professionelle Kampagnenplanung der untersuchten Wahlwerbespots erfolgt nach rationalen Kalkülen und bedient sich dezidiert der Instrumente des ökonomischen Marketingansatzes. Diese Erkenntnis bietet zahlreiche Anknüpfungspunkte für weitere Untersuchungen über Professionalisierungstendenzen im Rahmen der Politikvermittlung.

Marcus Maurer untersucht die Argumentationsstrategien in den Wahlwerbespots der Parteien von 1994 bis 2005, die kontinuierlich im Bundestag saßen, im Rahmen einer quantitativen Inhaltsanalyse auf der Textebene. Dabei werden insgesamt 250 Aussagen in 15 untersuchten Spots beobachtet. Mehr als die Hälfte der Spots beziehen sich auf Sachthemen, während rund ein Drittel der Werbefilme überhaupt keine politischen oder sachthematischen Bezüge aufweisen und primär inhaltsleere Sätze anbieten. Fast dreiviertel der Aussagen über die Parteiziele wurden dann vage formuliert, wenn eigene Ziele oder Bilanzen präsentiert wurden, um keine Angriffsfläche zu bieten. Nur fünf Prozent aller Aussagen enthielten konkrete Zahlenbelege. Die Emotionalisierung der potenziellen Wähler stand im Mittelpunkt des Interesses. Relevante Informationen und Ziele wurden kaum vermittelt.

Clemens Schwender, Manuela Wiest und Martin Kreeb vergleichen in ihrem Beitrag rund 650 Produktwerbespots mit 26 Parteiwerbespots, die beide über Persuationsabsichten verfügen und emotionale sowie suggestive Botschaften mit starken Bildern vermitteln. Neben einer alters- und geschlechtsspezifischen Zielgruppenanalyse widmen sich die Autoren den Themenblöcken Prominenz, Tradition, Intuition, Vergleich, Moral und Nachhaltigkeit. Bei der Gestaltung und Formulierung der Argumente zeigen Produkt- und Wahlwerbung zahlreiche Überschneidungen. Es geht um positive Images und eine Steigerung des Bekanntheitsgrades, wobei in den Spots in der Regel auf konkrete politische Aussagen weitgehend verzichtet wird.

Werner Dieball beschäftigt sich mit der Körpersprache in den Spots von CDU und SPD, wobei das äußere Erscheinungsbild, Mimik, Gestik, Motorik und Stimmklang der Kandidaten als zentrale Variablen die Wirkung beim Wähler prägen. Beim Vergleich der eingesetzten Körpersprachestrategien zwischen Merkel und dem „Inszenierungsartisten" Schröder gelangt der Autor zu dem Ergebnis, dass die damalige Herausforderin nur einen dosierten Einsatz von Kopf- um Körperbewegungen zeigt, um nicht von den verbalen Ausführungen abzulenken. Der ehemalige Bundeskanzler verfügt hingegen über ein breiteres Repertoire, das vom „Haifischlächeln" über entschlossenen Gesten bis hin zu Körperhaltungen reicht, die eine Lockerheit zum Ausdruck bringen sollen. Beide Spots sind professionell gestaltet, verfügen über eine klare Struktur und offenbaren „Ich-Botschaften".

3. Ästhetik

Karl Prümm widmet sich in seiner Analyse exemplarisch den Wahlwerbespots der CDU, SPD, Bündnis 90/Die Grünen. Er weist nach, dass die Spots eine hohe Differenzierungs- und Decodierungsfähigkeit beanspruchen, die vom Zuschauer einzubringen ist. Die Parteien arbeiten mit Erzählkonventionen und Strukturelementen, die an das Kino erinnern. Die CDU folgt in ihrem Beitrag dem Muster einer Spielfilmsequenz und arbeitet mit einer selbstreflexiven Lichttechnik und ausgefallenen Kameraeinstellungen, die den Film dadurch an ein qualitatives Kinodrama angleichen. Auch der SPD-Spot avanciert durch die hierarchisierende Bilddramaturgien zu einer Inszenierung, die einen kinematographischen Rahmen aufweist. Schröder wird zum „Leitwolf" seiner Partei hochstilisiert und ist dadurch „deutlich abgesetzt von seiner Entourage". Die Grünen schließlich liefern klassische Chiffren filmischer Selbstreflexion, die zum einen die rhetorischen Qualitäten der „Heldenfigur" Fischer unterstreicht, zum anderen aber auch bis an die Grenze der Selbstkarikatur geht.

Peter Riedel macht in seinem Text deutlich, dass Wahlwerbespots einerseits den konventionellen Sehgewohnheiten des „Schemawissens" der Zuschauer genügen, zugleich aber auch originell sein müssen, um Aufmerksamkeit erreichen zu können. Er differenziert in seinen Spotanalysen mehrerer Kurzfilme zunächst zwischen der traditionellen Ansprache des Politikers an das Wahlvolk als dominanten Modus, der an die Nachrichtenästhetik erinnert, und dem integrierten Modus, der weitere schöpferische Bestandteile enthält. Letzterer erinnert auch an Kinokonventionen, etwa durch den Einsatz von Splitscreen-Verfahren und vielfältigen Kameraperspektiven sowie durch hohe Schnittfrequenzen.

Klaus Kamps widmet sich in seinem Text dem professionell gestalteten CDU-„Kugel-Spot" mit Angela Merkel, der durch dynamische Schnitte zunächst 31 Einstellungen in 36 Sekunden aufweist, bevor das klassische Statement der Kanzlerkandidatin erfolgt. Durch eine „politische Trivialsymbolik in Bild und Ton", die auch mit visuellen Metaphern arbeitet, wird der politische Gegner mit der für Wahlkämpfe typischen Form des Negative Campaigning diskreditiert. Der rot-grünen Bundesregierung wird dort die Problemlösungskompetenz abgesprochen. Dies geschieht nicht durch fundierte Argumente, sondern durch plakative Zeichen, die die Enttäuschung über die Regierungsarbeit dokumentieren sollen. Das Ziel besteht darin, eine Form der Anschlusskommunikation beim Zuschauer zu erreichen, um Wählerstimmen zu binden.

4. Thematische Perspektiven

Marcus S. Kleiner und Jörg-Uwe Nieland skizzieren Deutschlandbilder in den Fernsehspots. Sie vertreten die These, dass die dort angebotenen Fremd- und Eigenbilder auch unter Rückgriff auf politische Symbole gesellschaftliche Diskurse über kollektive und nationale Identitäten prägen. Sie gelangen zu dem Ergebnis, dass keiner der untersuchten Spots Bezug auf ein Fremdbild von Deutschland nimmt. Auch ist ein sparsamer Umgang mit bundesdeutschen Eigenbildern etwa bei den Grünen und der SPD zu verzeichnen. Nationale Symbole werden nur selten gezeigt. Dafür treten vereinzelt ironischen Brechungen von Eigenbildern auf, etwa bei der APPD und der PARTEI. Gelegentlich sind auch Zukunftsbilder mit konkreten Themen wie der Familien- und Einwanderungspolitik verknüpft.

Petra Missomelius widmet sich der „Inszenierung und Instrumentalisierung von Familienpolitik im Wahlwerbespot 2005". Sie zeigt auf, dass das Thema „Familie" in den Werbefilmen zur letzten Bundestagswahl insgesamt nur eine untergeordnete Rolle gespielt hat und die Pluralisierung der Familienformen und Lebensstile kaum berücksichtigt worden ist. So wird die Situation von Alleinerziehenden überhaupt nicht reflektiert. Wenn überhaupt einmal die Familie erwähnt wird, dann werden konventionelle Muster und Rollen der traditionellen Kernfamilie präsentiert, obwohl die Parteien eigentlich Modernität propagieren. Die Autorin gelangt zu dem Ergebnis, dass familienpolitische Themen in den Wahlwerbespots ein „Nischendasein" fristen und zum „Softthema" degradiert worden sind.

Ingrid Stapf beschäftigt sich mit moralisch fragwürdigen Tendenzen von Wahlspots am Beispiel der Werbefilme der NPD und der REPUBLIKANER. Diese Parteien arbeiten mit nationalen Symbolen, emotionalen Angstbildern und monokausalen Bedrohungsszenarien durch das Fremde sowie mit der eindimensionalen Kontrastierung von Gut und Böse. Sie skizzieren Stereotype und entwickeln Feindbilder. Die Inhalte dieser Werbefilme werden als problematisch klassifiziert, da die dahinter stehenden Ideologien ausländische Minderheiten ausgrenzen und diskriminieren. Die Autorin erörtert die Frage potenzieller Verbote von fremdenfeindlichen Spots. Die bisherigen Gerichtsentscheidungen setzen die politische Meinungs- und Willensbildung jedoch als hohes Gut an und sind in ihrer Rechtssprechung auch bei rechtsextremen Spots zurückhaltend bei der Zensur oder dem Verbot derartiger Werbefilme, das nur aufgrund evidenter Strafgesetzverletzung möglich ist.

5. Einzelanalysen

Christian Schicha vergleicht unter Rückgriff auf das Theatralitätskonzept die Wahlspots der FDP aus den Bundestagswahlkämpfen 2002 und 2005. In den Spots, die beide das Symbol des Berliner Reichstags einsetzen, rückt der Parteivorsitzende Westerwelle als einziger Politiker in den Mittelpunkt der Werbefilme. Während der Spot 2002 die Möglichkeiten des TV-Mediums durch den Einsatz dynamischer Bilder und Schnitte nutzt, wird der Beitrag aus dem letzten Bundestagswahlkampf auf eine einzige Kameraeinstellung reduziert und weckt durch die gestalterische Aufmachung einer demonstrativen Nüchternheit gezielt Assoziationen mit dem Gestus einer Nachrichtensendung, um dadurch Seriosität zu suggerieren. Diese Machart verweist auf den Hybridcharakter des Fernsehens als selbstreferentielles Medium.

Florian Mundhenke reflektiert den Wahlspot der PARTEI unter Rekurs auf Baudrillard. Konventionelle politische Darstellungsformen werden verspottet und parodiert und fungieren als Kritik der politischen Medienselbstdarstellungen. Politische Inhalte und kommerzielle Aspekte werden unterhaltsam kombiniert. Somit wird aus Sicht des Autors eine konstruktive Gegenstrategie angeboten, um das Manipulationspotenzial der klassischen Politikvermittlung aufzuzeigen. Konkret tritt durch eine ironische Verzerrung die reale Praxis des politischen Appells satirisch in den Mittelpunkt. Die Künstlichkeit und Willkürlichkeit politischer Machtansprüche und Symbole wird in spielerischer Form problematisiert. Insgesamt wird die Kritik an medialen und politischen Strategien als gelungen bewertet, während die ökonomischen Verweise des Spots kritisiert werden.

Paula Diehl erörtert unter Verweis auf den Werbespot der Bündnisgrünen und einen Fernsehauftritt von Silvio Berlusconi das Phänomen der Dekonstruktion als Inszenierungsmethode, bei der das selbstreferentielle Konstruktionsprinzip für die Rezipienten offen gelegt wird, um ihnen die Möglichkeit zu geben, die produzierten Bilder zu dekonstruieren. Die Dekonstruktion bei den Grünen ist primär auf der Schnittebene angesiedelt. Dadurch wird auch der Herstellungsprozess verdeutlicht, wodurch ein egalitäres „Komplizenverhältnis" zwischen dem politischen Akteur im Spot, seinen Produzenten und den Zuschauern initiiert wird. Bei Berlusconi hingegen mediatisieren die Zuschauer aktiv die Life-Performance des Politikers als Entertainer und geben dem Politik-

Event eine eigene Ordnung. Beide Inszenierungen verabschieden sich von der Vorstellung eines naiven Publikums.

Burkhard Röwekamp und Matthias Steinle analysieren den mit 61 Einstellungen in 90 Sekunden agierenden Werbespot der Anarchistischen Pogo Partei Deutschlands (APPD) und vertreten die These, dass dieser Film den „Narzissmus und (die) scheinheilige Einfältigkeit vor allem (der) etablierten Parteien" offen legt. Die Autoren zeigen auf, dass neben kalkulierten Tabubrüchen auch Verweise auf die Filmgeschichte und politische Herrschaftssymbole zu beobachten sind. Zensureingriffe der öffentlich-rechtlichen Anbieter haben dem Spot und der Partei eine zusätzliche Aufmerksamkeit eingebracht. Ästhetische und erzählerische Formen konventioneller Wahlwerbespots werden gezielt missachtet, um durch „chaotischen Aktionismus" provozieren zu können und Rezeptionsgewohnheiten zu verletzen, da eine übergreifende Handlung nicht erkennbar ist.

Caja Thimm und Annika Hartmann beschäftigen sich mit Einzelanalysen von TV- und Radiospots der „Marke" Bündnis 90/Die Grünen am Beispiel der Europawahlkampagne 2004. Der locker und fröhlich gestaltete Spot etwa widmet sich klassischen grünen Umweltthemen, Gleichberechtigung, Bildung sowie Gentechnik, zeigt Anlehnungen an die Videoclipkultur, um in der Formsprache einem modernen Parteibild gerecht zu werden. Der Werbefilm setzt in seiner Erzählstruktur weniger auf die politische Parteiprominenz, sondern mehr auf Politikinhalte. Leicht, beschwingt und durchaus selbstironisch werden politische Themen vermittelt. Konkrete Positionen werden jedoch nicht stringent dargestellt. Insgesamt resultiert daraus die Problematik, dass konkrete Inhalte im Vagen verbleiben. Trotz der inhaltlichen Defizite ist der Spot der Medienlogik professionell angepasst worden und wird als gelungen klassifiziert.

6.   *Folgerungen für die politische Bildung*

Anja Besand widmet sich den visuellen Kommunikationsangeboten von Wahlwerbespots und erörtert sinnvolle Einsatzmöglichkeiten für den Politikunterricht. Sie konstatiert, dass die Komplexität und Vielschichtigkeit der Bildinterpretation die Analyse erschwert. Dennoch eignen sich die audiovisuellen Werbefilme schon aufgrund der Kürze für eine Behandlung im Unterricht. Historische Vergleiche sind ebenso möglich wie Rezeptionsanalysen. Zudem können inoffizielle Weiterentwicklungen und Modifizierungen der Spots im Internet mit die Analyse einbezogen werden und Schüler dazu motivieren, durch das Herstellen eigener filmischer Spots über Wahlkämpfe kreativ tätig zu werden.

Danksagung

Unser Dank gilt neben den beteiligten Autorinnen und Autoren Carmen Linz-
mayer für die Korrekturen, Monika Weiß für die redaktionelle Bearbeitung und
Albrecht Mühlenschulte, der die Aufnahmen der Wahlwerbespots während des
Bundestagswahlkampfes 2005 für uns zusammengestellt hat. Hilfreich war auch
die Übersendung der Videokassette „Wahl 05 – Kleine Parteien", die wir von
Veronika Männel bei der Programmdirektion Reportage und Dokumentation
von Radio Bremen dankenswerterweise erhalten haben.

Literatur

Altendorfer, Otto/Hollerrith, Josef/Müller, Gerd (Hrsg.) (2003): Die Inszenierung der
Parteien am Beispiel der Wahlparteitage 2002. Zwickau.
Althaus, Marco (Hrsg.) (2001): Kampagne! Neue Strategien für Wahlkampf, PR und
Lobbying. Münster.
Althaus, Marco/Cecere, Vito (Hrsg.) (2003): Kampagne! 2. Neue Strategien für Wahl-
kampf, PR und Lobbying. Münster.
Berg, Thomas (Hrsg.) (2002): Moderner Wahlkampf. Blick hinter die Kulissen. Opladen.
Bergmann, Knut (2002): Der Bundestagswahlkampf 1998. Vorgeschichte, Strategien,
Ergebnis. Wiesbaden.
Bertelsmann Stiftung (Hrsg.) (1996): Politik überzeugend vermitteln. Wahlkampfstrate-
gien in Deutschland und in den USA. Gütersloh.
Bohrmann, Hans u.a. (Hrsg.) (2000): Wahlen und Politikvermittlung durch Massenme-
dien. Wiesbaden.
Brosda, Carsten/Schicha, Christian (2002): Politische Werbung als Teil der Wahlkampf-
kommunikation. Anmerkungen zur Angemessenheit der Inszenierung. In: Willems,
Herbert (Hrsg.): Die Gesellschaft der Werbung. Kontexte und Texte. Produktionen
und Rezeptionen. Entwicklungen und Perspektiven. Wiesbaden. 247-264.
Bürklin, Wilhelm/Roth, Dieter (Hrsg.) (1994): Das Superwahljahr. Deutschland vor
unkalkulierbaren Regierungsmehrheiten. Köln.
Deitenbeck, Martin (2000): Werberecht/Sponsoring. In: Altendorfer, Otto/Wiedemann,
Heinrich/Mayer, Hermann (Hrsg.): Der moderne Medienwahlkampf. Professionel-
les Wahlmanagement unter Einsatz neuer Medien, Strategien und Psychologen.
Eichstätt. 581-595.
Dörner, Andreas/Vogt, Ludgera (Hrsg.) (2002a): Wahl-Kämpfe. Betrachtungen über ein
demokratisches Ritual. Frankfurt/M.
Dörner, Andreas/Vogt, Ludgera (2002b): Wahlkampf im Unterhaltungszeitalter. In:
Machnig, Matthias (Hrsg.): Politik – Medien – Wähler. Wahlkampf im Medienzeit-
alter. Opladen. 9-20.

Dröge, Franz/Berg, Winfried B./Weißenborn, Rainer (1969): Zur Technik politischer Propaganda in der Demokratie. Analyse der Fernseh-Wahlsendungen der Parteien im Wahlkampf 1969. In: o.V. (1969): Fernsehen in Deutschland. Die Bundestagswahl 1969 als journalistische Aufgabe. Zusammengestellt von Christian Longius. Mainz. 107-144.

Edelman, Murray (1964/1990): Politik als Ritual. Die symbolische Funktion staatlicher Institutionen und politischen Handelns. Frankfurt, New York.

Esser, Frank/Holtz-Bacha, Christina/Lessinger, Eva-Maria (2005): Sparsam in jeder Hinsicht. Die Fernsehwerbung der Parteien im Europawahlkampf 2004. In: Holtz-Bacha, Christina (Hrsg.) (2005): Europawahl 2004. Die Massenmedien im Europawahlkampf. Wiesbaden. 65-89.

Friderichs, Hans (1969): Die Konzeption der F.D.P.-Werbespots. In: o.V. (1969): Fernsehen in Deutschland. Die Bundestagswahl 1969 als journalistische Aufgabe. Zusammengestellt von Christian Longius. Mainz. 97-102.

Glotz, Peter (1996): Politisches Wrestling – eine Schlachtbeschreibung. Nachtrag zum Bundestagswahlkampf 1994. In: Bertelsmann Stiftung (Hrsg.): Politik überzeugend vermitteln. Wahlkampfstrategien in Deutschland und in den USA. Gütersloh. 25-32.

Grafe, Peter (1994): Wahlkampf. Die Olympiade der Demokratie. Frankfurt/M.

Gruner, Paul-Hermann (1990): Die inszenierte Polarisierung. Die Wahlkampfsprache der Parteien in den Bundestagswahlkämpfen 1957 und 1987. Frankfurt/M. u.a.

Hetterich, Volker (2000): Von Adenauer zu Schröder – Der Kampf um die Stimmen. Opladen.

Holtz-Bacha, Christina (1996): Massenmedien und Wahlen. Zum Stand der deutschen Forschung – Befunde und Desiderata. In: Holtz-Bacha, Christina/Kaid, Lynda Lee (Hrsg.): Wahlen und Wahlkampf in den Medien. Untersuchungen aus dem Wahljahr 1994. Opladen. 9-44.

Holtz-Bacha, Christina (Hrsg.) (1999a): Wahlkampf in den Medien – Wahlkampf mit den Medien. Ein Reader zum Wahljahr 1998. Opladen, Wiesbaden.

Holtz-Bacha, Christina (1999b): Wahlkampf 1998 – Modernisierung und Professionalisierung. In: Holtz-Bacha, Christina (Hrsg.): Wahlkampf in den Medien – Wahlkampf mit den Medien. Ein Reader zum Wahljahr 1998. Opladen/Wiesbaden, 9-23

Holtz-Bacha, Christina (2000): Wahlwerbung als politische Kultur. Parteienspots im Fernsehen 1957-1998. Wiesbaden.

Holtz-Bacha, Christina (Hrsg.) (2005): Europawahl 2004. Die Massenmedien im Europawahlkampf. Wiesbaden.

Holtz-Bacha, Christina (Hrsg.) (2006): Die Massenmedien im Wahlkampf. Die Bundestagswahl 2005. Wiesbaden.

Holtz-Bacha, Christina/Kaid, Lynda Lee (Hrsg.) (1993): Die Massenmedien im Wahlkampf. Untersuchungen aus dem Wahljahr 1990. Opladen. 10-45.

Holtz-Bacha, Christina/Kaid, Lynda Lee (Hrsg.) (1996): Wahlen und Wahlkampf in den Medien. Untersuchungen aus dem Wahljahr 1994. Opladen.

Holtz-Bacha, Christina/Lessinger, Eva-Maria/Hettensheimer, Merle (1998): Personalisierung als Strategie der Wahlwerbung. In: Imhof, Kurt/Schulz, Peter (Hrsg.): Die Veröffentlichung des Privaten – Die Privatisierung des Öffentlichen. Opladen. 240-250.

Holtz-Bacha, Christina/Lessinger, Eva-Maria (2006): Wie die Lustlosigkeit konterkariert wurde: Fernsehwahlwerbung 2005. In: Holtz-Bacha, Christina (Hrsg.): Die Massenmedien im Wahlkampf. Die Bundestagswahl 2005. Wiesbaden. 164-182.

Jakubowski, Alex (1998): Parteienkommunikation in Wahlwerbespots. Eine systemtheoretische und inhaltsanalytische Untersuchung von Wahlwerbespots zur Bundestagswahl 1994. Wiesbaden.

Kaid, Lyndia Lee/Holtz-Bacha, Christina (1993): Die Beurteilung von Wahlspots im Fernsehen. Ein Experiment mit Teilnehmern in den alten und neuen Bundesländern. In: Holtz-Bacha, Christina/Kaid, Lyndia Lee (Hrsg.): Die Massenmedien im Wahlkampf. Untersuchungen aus dem Wahljahr 1990. Opladen. 185-207.

Kiehl, Dieter (1969): Die Konzeption der CSU-Werbespots. In: o.V. (1969): Fernsehen in Deutschland. Die Bundestagswahl 1969 als journalistische Aufgabe. Zusammengestellt von Christian Longius. Mainz. 103-106.

Kießling, Daniel (2004); Wahlwerbung – Ihr Anspruch und ihre Wirklichkeit im Bundestagswahlkampf 2002. In: www.sowi.uni-tuebingen.de/wip/ public/WiPs/WIP% 2023/WiP_23_Wahlwerbung.pdf (Zugriff: 1.3.2007)

Klein, Markus u.a. (Hrsg.) (2000): 50 Jahre empirische Wahlforschung in Deutschland. Entwicklung, Befunde, Perspektiven, Daten. Wiesbaden.

Klemm, Michael (2005): „Opa, warum sind die Fische tot?" Vom Wirtschaftswunderbaum zum Kampf der Kugeln: Kleine Geschichte der Wahlwerbespots in der Bundesrepublik. In: www.tuchemnitz.de/phil/leo/dv.pht?seite=r_/klemm.spots.php (Zugriff: 1.3.2007)

Klingemann, Hans-Dieter/Voltmer, Katrin (1998): Politische Kommunikation als Wahlkampfkommunikation. In: Jarren, Otfried/Sarcinelli, Ulrich/Saxer, Ulrich (Hrsg.): Politische Kommunikation in der demokratischen Gesellschaft. Opladen. 396-405

Kneip, Winfrid (Hrsg.) (1998): Wahl '98. Projekt und Arbeitsmappe. Mülheim an der Ruhr.

Korte, Karl-Rudolf (2005): Wahlen in der Bundesrepublik Deutschland. 5. überarb. u. akt. Aufl. Bonn.

Krüger, Udo Michael/Zapf-Schramm, Thomas (1999): Fernsehwahlkampf 1998 in Nachrichten und politischen Informationssendungen. In: Media Perspektiven. Heft 5/1999. 222-236.

Machnig, Matthias (Hrsg.) (2002): Politik – Medien – Wähler. Wahlkampf im Medienzeitalter. Opladen.

Maier, Michaela/Maier, Jürgen (2005): Nebensache Europa: Parteienspots zur Europawahl 2004 und ihre Wirkung. Ergebnisse einer Experimentalstudie. In: Tenscher, Jens (Hrsg.): Wahl-Kampf um Europa. Analysen aus Anlass der Wahlen zum Europäischen Parlament 2004. Wiesbaden. 118-135

Mayer, Hermann (2000): Presse- und Rundfunkrecht. In: Altendorfer, Otto/Wiedemann, Heinrich/Mayer, Hermann (Hrsg.): Der moderne Medienwahlkampf. Professionelles Wahlmanagement unter Einsatz neuer Medien, Strategien und Psychologen. Eichstätt. 551-568.

Mayer, Tatjana Susanna (2002): Rechtsgrundlagen. In: Altendorfer, Otto/Wiedemann, Heinrich/Mayer, Hermann (Hrsg.): Der moderne Medienwahlkampf. Professionelles Wahlmanagement unter Einsatz neuer Medien, Strategien und Psychologen. Eichstätt. 621-628.

Meyer, Thomas/Ontrup, Rüdiger/Schicha, Christian (2000): Die Inszenierung des Politischen. Zur Theatralität medialer Diskurse. Opladen.

Meyer, Thomas/Schicha, Christian/Brosda, Carsten (2002): Die Theatralität des Wahlkampfes. In: Vorgänge 2/2002. 23-31.

Müller, Albrecht (1999a): Von der Parteiendemokratie zur Mediendemokratie. Beobachtungen zum Bundestagswahlkampf 1998 im Spiegel früherer Erfahrungen.

Müller, Marion G. (1997a): Visuelle Wahlkampfkommunikation. Eine Typologie der Bildstrategien im amerikanischen Präsidentschaftswahlkampf. In: Publizistik. Heft 2/1997. 205-228.

Müller, Marion G. (1997b): Politik mit (bewegten) Bildern. Wahrnehmung und Wirklichkeit der Wahlwerbung. In: Sozialwissenschaftliche Informationen 26. Heft 4. 239-247.

Müller, Marion G. (1999b): „Seht her, liebt mich, wählt mich". Wahlkampf in der ikonischen Öffentlichkeit am Beispiel des Bundestagswahlkampfes 1998. In: Winterhoff-Spurk, Peter/Jäckel, Michael (Hrsg.): Politische Eliten in der Mediengesellschaft: Rekrutierung – Darstellung – Wirkung. München. 121-138.

Müller, Marion G. (1999c): Parteienwerbung im Bundestagswahlkampf 1998. In: Media Perspektiven 5/1999. 251-261.

Müller, Werner (1969): Die Konzeption der SPD-Werbespots. In: o.V.: Fernsehen in Deutschland. Die Bundestagswahl 1969 als journalistische Aufgabe. Zusammengestellt von Christian Longius. Mainz. 89-92

o.V. (1969): Fernsehen in Deutschland. Die Bundestagswahl 1969 als journalistische Aufgabe. Zusammengestellt von Christian Longius. Mainz.

Oberreuter, Heinrich (Hrsg.) (1996): Parteiensystem am Wendepunkt? Wahlen in der Fernsehdemokratie. München, Landsberg am Lech.

Podschuweit, Nicole (Hrsg.) (2007): Wirkungen von Wahlwerbung. Aufmerksamkeitsstärke, Verarbeitung, Erinnerungsleistung und Entscheiungsrelevanz. München.

Raab, Jürgen/Tänzler, Dirk (2002): Politik im/als Clip. Zur soziostrukturellen Funktion politischer Werbespots. In: Willems, Herbert (Hrsg.): Die Gesellschaft der Werbung. Kontexte und Texte. Produktionen und Rezeptionen. Entwicklungen und Perspektiven. Wiesbaden. 217-245.

Radke, Arthur (1969): Die Konzeption der CDU-Werbespots. In: o.V.: Fernsehen in Deutschland. Die Bundestagswahl 1969 als journalistische Aufgabe. Zusammengestellt von Christian Longius. Mainz. 93-96.

Radunski, Peter (1980): Wahlkämpfe. Moderne Wahlkampfführung als politische Kommunikation. München.

Radunski, Peter (1996): Politisches Kommunikationsmanagement: Die Amerikanisierung der Wahlkämpfe, in: Bertelsmann-Stiftung (Hrsg.): Politik überzeugend vermitteln, Wahlkampfstrategien in Deutschland und den USA, Gütersloh. 33-52

Reiser, Stefan (1994): Parteienkampagne und Medienberichterstattung im Europawahl-kampf 1989. Eine Untersuchung zu Dependenz und Autonomieverlust im Verhält-nis von Massenmedien und Politik. Konstanz.

Ritter, Gerhard A./Niehuss, Merith (1995): Wahlen in Deutschland 1990-1994. Mün-chen.

Roth, Dieter (1998): Empirische Wahlforschung. Opladen.

Sander, Uwe (1998): Wahlanalyse und Wahlprognose im Unterricht. Handlungsorientier-ter Computereinsatz im Politikunterricht der Sekundarstufe. Bonn.

Sarcinelli, Ulrich/Schatz, Heribert (Hrsg.) (2002): Mediendemokratie im Medienland? Inszenierungen und Themensetzungsstrategien im Spannungsfeld von Medien und Parteieliten am Beispiel der nordrhein-westfälischen Landtagswahl im Jahr 2000. Opladen.

Schicha, Christian (2000): Wahlkampfinszenierung in der Mediendemokratie - Über Strategien der Personalisierung und Visualisierung. In: Zeitschrift für Kommunika-tionsökologie 1/2000. 11-18.

Schicha, Christian (2002): Zur Authentizität der politischen Kommunikation beim "Duell der Giganten". Anmerkungen zu den Wahlkampfduellen 2002. In: Zeitschrift für Kommunikationsökologie 2/2002. 6-14.

Schicha, Christian (2003a): Die Theatralität der politischen Kommunikation. Medienin-szenierungen am Beispiel des Bundestagswahlkampfes 2002. Münster.

Schicha, Christian (2003b): Kämpfen, Jürgen, kämpfen..." Die Inszenierungsstrategien des Jürgen W. Möllemann zwischen Popularität, Provokation und Populismus. In: Zeitschrift für Kommunikationsökologie 1/2003. 56-60.

Schicha, Christian (2003c): Political Information as entertainment. Paper for the Euro-pean Consortium für Political Research - Panel on 'The Entertainisation of Political Information' Marburg 18-21.9.2003. Iserlohn.

Schicha, Christian (2004): Politainment. Neue Light-Kultur mit Tücken. In: Politik und Kommunikation. Nov. 2004. 48-49.

Schicha, Christian (2005): Mehr als tausend Worte? Visuelle Kommunikation zwischen Information und Inszenierung. In: Praxis Politik. Dez. 6/2005. 4-9.

Schicha, Christian (2006): Politik als Showgeschäft. Medien in der Demokratie: Heraus-forderungen für die politische Bildung. In: Das Baugerüst 1/2006. 48-54.

Schicha, Christian (2007): Legitimes Theater? Inszenierte Politikvermittlung für die Me-dienöffentlichkeit am Beispiel der "Zuwanderungsdebatte" im Bundesrat, Münster.

Schicha, Christian/Ontrup, Rüdiger (Hrsg.) (1999): Medieninszenierungen im Wandel. Interdisziplinäre Zugänge. Münster.

Schmitt-Beck, Rüdiger (2000): Politische Kommunikation und Wählerverhalten. Ein internationaler Vergleich. Wiesbaden.

Soeffner, Hans-Georg/Tänzler, Dirk (2002): Medienwahlkämpfe. Hochzeiten ritueller Politikinszenierung. In: Dörner, Andreas/Vogt, Ludgera (Hrsg.): Wahl-Kämpfe. Beobachtungen über ein demokratisches Ritual. Frankfurt/M. 92-115.

Steinseifer-Papst, Anita /Wolf, Werner (1994): Wahlen und Wahlkampf in der Bundes-republik Deutschland. Heidelberg.

Strauss, Frank (2002): Wählt Markenpolitik! Werbung und ihre Rolle in der politischen Kampagne. In: Machnig, Matthias (Hrsg.): Politik – Medien – Wähler. Wahlkampf im Medienzeitalter. Opladen. 215-230.

Szyska, Peter (1996): Medien politischer Selbstdarstellung oder politischer Kommunikation? Wahlwerbespots im Bundestagswahlkampf 1994. In: Jarren, Otfried/Schatz, Heribert/Weßler, Hartmut (Hrsg.): Medien und politischer Prozeß. Politische Öffentlichkeit und massenmediale Politikvermittlung im Wandel. Opladen.

Szyska, Peter (1997): Bedarf oder Bedrohung? Zur Frage der Beziehungen des Journalismus zur Öffentlichkeitsarbeit. In: Bentele, Günter/Haller, Michael (Hrsg.): Aktuelle Entstehung von Öffentlichkeit. Konstanz. 209-224.

Szyska, Peter (Hrsg.) (1999): Öffentlichkeit, Diskurs zu einem Schlüsselbegriff der Organisationskommunikation. Opladen.

Tenscher, Jens (Hrsg.) (2005): Wahlkampf um Europa. Analysen aus Anlass der Wahlen zum Europäischen Parlament. Wiesbaden.

Wachtel, Martin (1988): Die Darstellung von Vertrauenswürdigkeit in Wahlwerbespots. Eine argumentationsanalytische Untersuchung zum Bundestagswahlkampf 1987. Tübingen.

Wallisch, Gianluca (1995): Journalistische Qualität. Definitionen – Modelle – Kritik. Konstanz.

Weichsel, Fred (2000): Der TV-Wahlwerbespot. In: Altendorfer, Otto/Wiedemann, Heinrich/Mayer, Hermann (Hrsg.): Der moderne Medienwahlkampf. Professionelles Wahlmanagement unter Einsatz neuer Medien, Strategien und Psychologen. Eichstätt. 151-156.

Wolf, Werner (1987): Wahlkampf – Normalfall oder Ausnahmesituation der Politikvermittlung? In: Sarcinelli, Ulrich (Hrsg.): Politikvermittlung. Beiträge zur politischen Kommunikationskultur. Bonn. 290-300.

Wolf, Werner (1990): Wahlkampf und Demokratie. 2. Aufl. Köln.

Woyke, Wichard (2002): Bundestagswahl 2002. Wahl – Wähler – Wahlkampf. Opladen.

Woyke, Wichard (1994): Stichwort: Wahlen. Wähler – Parteien – Wahlverfahren. 8. völlig überarb. Aufl. Opladen.

Zubayr, Camille/Gerhard, Heinz (1999): Wahlberichterstattung und Politikbild aus Sicht der Fernsehzuschauer. In: Media Perspektiven. Heft 5/1999. 237-248.

Filme

Die bunte Republik. Kleine Parteien in Deutschland (Radio Bremen/SR vom 19. März 2005).

Parolen und Polemik. Ein Film von Wolfgang Dresler und Jutta Ackermann (Tacker Film Köln).

Politik, Ästhetik und Wahlwerbespots

Andreas Dörner und Ludgera Vogt

1 Einleitung

Die Verbindung von Politik und Ästhetik stand in Deutschland über lange Zeit hinweg unter dem Generalverdacht des „Manipulativen". Wo die beiden Sphären zusammentrafen, wurde gleich der illegitime Versuch erkannt, den ideologischen, interessegebundenen oder auch gewaltsamen Charakter des Politischen hinter einer Fassade des schönen Scheins zu verbergen. Verantwortlich für solches Misstrauen waren ohne Zweifel die monumentalen und ästhetisierenden Inszenierungen völkischer Politik im Nationalsozialismus[1]. Die Speerschen Lichtdome ließen im Zusammenhang mit den rauchenden Schornsteinen der Konzentrationslager stets die potentielle Barbarei erkennen, die sich hinter den Fassaden eindrucksvoller politischer Inszenierungen verbergen kann.

Dass das Verdikt gegen jedwede Verbindung von Ästhetik und Politik so gründlich in Kraft blieb, lag jedoch auch an kritischen Analysen jener inszenatorischen Exzesse, die Verallgemeinerungen wagten. So heißt es in der berühmten Formulierung Walter Benjamins: „Der Faschismus läuft folgerecht auf eine Ästhetisierung des politischen Lebens hinaus. Der Vergewaltigung der Massen, die er im Kult eines Führers zu Boden zwingt, entspricht die Vergewaltigung einer Apparatur, die er der Herstellung von Kultwerten dienstbar macht. Alle Bemühungen um die Ästhetisierung der Politik gipfeln in einem Punkt. Dieser Punkt ist der Krieg" (Benjamin 1936: 42).

Damit war das Urteil gesprochen. Wenn Ästhetisierung mit Faschismus und Krieg einherging, dann musste das Ästhetische im Rückblick auf den Nationalsozialismus geradezu als Antipode nicht nur einer politischer Rationalität, sondern einer wie auch immer gearteten demokratischen Politik schlechthin erscheinen.

Wenn überhaupt die ästhetische Gestaltung politischer Sphären legitim erschien, dann im Gewand betonter Schlichtheit und zurückgenommener Formung, wie sie etwa die Bonner Hauptstadtarchitektur kennzeichnete. Die politische Architektur der Bonner Republik war von Beginn an durch den Gestus einer betont nüchternen, zurückhaltenden Modernität gekennzeichnet. Klare Formen

---

[1] Siehe dazu etwa Mosse (1976), Hermand (1988), Reichel (1991).

mit Glasfassaden prägten das Erscheinungsbild. Sie sollten Einfachheit, vor allem aber Offenheit und Transparenz zum Ausdruck bringen[2]. Diese Formensprache bildete, wie der Kunsthistoriker Martin Warnke (1996: 11) formuliert, einen „Gegenbau": eine Negation der Architektur des Dritten Reichs, die im steinbetonten Neoklassizismus ihre monumentalen Machtphantasien ausgelebt hatte. Die Bonner Bauten – vom Kanzleramt im Park des Palais Schaumburg über das Karlsruher Verfassungsgerichtsgebäude bis zu den beiden Parlamentsbauten von Schwippert und Behnisch - inszenierten mit ihrer demonstrativen Absage an das bauliche Pathos den radikalen Neubeginn und jene politische Konversion nach 1945, die als integrativer Gründungsmythos der Bundesrepublik fungierte. Der Nationalsozialismus bildete also auch auf der architektonischen Ebene das identitätsstiftende „Andere" der politischen Ästhetik.

Die Wiedervereinigung hat hier einen bemerkenswerten Wandel herbeigeführt[3]. Mit dem Vorteil der zeitlichen Distanz einerseits, mit Prozessen einer medieninduzierten visuellen Amerikanisierung andererseits, die das Erscheinungsbild Washingtons als Ikone einer modernen Demokratie in die Kinosäle und Wohnzimmer brachte, bekam auch die monumentale Erscheinungsweise der neuen Hauptstadt Berlin eine zunehmende Akzeptanz. Vor allem der umgestaltete Reichstagsbau macht Veränderung sinnenfällig: An die Stelle der zurückgenommenen Nüchternheit tritt hier eine monumentale Formensprache, die in ihrer Verbindung aus Tradition und Modernismus das Parlament als charismatisches Zentrum der politischen Ordnung erscheinen lässt.

Zwar zeigte sich noch 1998 in den öffentlichen Reaktionen auf Gerhard Schröders „Krönungsmesse" beim Wahlparteitag der SPD in Leipzig, die mit einer transatlantisch geborgten, pop-monumentalistischen Ästhetik operierte, ein tiefes Unbehagen in der Modernität ‚amerikanisierter' Bildwelten. Die Presse beäugte großenteils sehr skeptisch eine solche Inszenierung, in der scheinbar die Verführungskraft des Schönen in der Politik zur Geltung kam (Brosda 1999). Ähnliche Empörung war jedoch nur wenige Jahre später bei Parteitagen der Union nicht mehr zu hören, obwohl dort Popmusik der Rolling Stones („Angie") und eine fröhliche Uniformierung junger Teilnehmer mit orangefarbenen T-Shirts den Feel-Good-Faktor bei der Präsentation der Kandidatin beschworen. Die aufwändige Inszenierung scheint zur Normalität der politischen Kommunikation geworden zu sein.

Interessanterweise hat Karl-Heinz Bohrer schon Mitte der 80er Jahre mit bissigen Kommentaren auf die Defizite der Bonner Republik im Bereich der visuellen Gestaltung und symbolischen Formung hingewiesen. Sowohl die französische Republik im Gefolge einer ästhetisch durchgeformten französischen

---

2   Zur politischen Architektur der Bonner Republik vgl. ausführlich Wefing (1995 und 1999).
3   Siehe dazu ausführlich Dörner (2000).

Revolution wie auch der starke Formalismus des traditionsreichen englischen Parlaments wiesen, so Bohrer, auf eine Vereinbarkeit von Demokratie und Ästhetik hin (Bohrer 1986: 721). Die formvergessene deutsche Politik jedoch habe dies nie begriffen, und Helmut Kohl, der schon physiognomisch gleichsam eine Absage an das ästhetische Empfinden artikuliere, stehe exemplarisch für diese Leerstelle in der sinnlichen Gestaltung von Politik: „Wenn er sich Fußballspieler grapscht, wenn er Späße mit Staatsgästen treibt, bei unaufhörlich albemer, weil unmotivierter, fahriger ,privater' Bewegung des Mienenspiels und der Hände, dann ist Form zugunsten von gänzlich Undefinierbarem aufgelöst" (Bohrer 1986: 721).

Und in der Tat hätte die Distanz zwischen einer solchen unbeholfenen Darstellungspolitik, der auch die großen Gesten über den Gräbern von Bitburg und Verdun gründlich misslangen, und einer Tradition des politischen Denkens in Deutschland, die einst den Begriff „Staatskunst" durchaus auch als ästhetische Kategorie verstanden hatte, nicht größer sein können. Zu denken wäre hier etwa an Adam Müller, den eines jeglichen Radikalismus unverdächtigen Vertreter des Konservatismus, der die „ars politica" tatsächlich aus den Überlegungen seiner Ästhetik ableitet und bestimmt als „Vermittlung zwischen Schönem und Erhabenem". Der Staatsmann als vermittelnder Künstler soll die grundlegenden Gegensätze der politischen Sphäre vereinigen und zu einem gelungenen Zusammenspiel führen[4]. Solche Vermittlungsarbeit reicht, wenn man den Gedanken einmal aus der luftigen Höhe der politischen Romantik in die Alltagsniederungen heutiger Politik weiterspinnt, bis in die Arbeit von Vermittlungsausschüssen hinein. Auf jeder politischen Ebene geht es in der Mediengesellschaft darum, beide Seiten der politischen Arbeit: Macht und Schönheit, Herstellungs- und Darstellungspolitik, politische Sachfragen und politische Werbung so zu verbinden, dass weder die eine noch die andere Seite zu stark vernachlässigt wird.

Obwohl die Relevanz des Ästhetischen für die politische Kultur und Kommunikation gerade im Zeitalter der großen Medieninszenierungen immer deutlicher sichtbar wird, ist bislang kaum systematisch dazu geforscht worden. Die Literaturlage ist entweder von sehr speziellen Einzelstudien oder von eher essayistischen Betrachtungen (wie die oben erwähnten von Karl Heinz Bohrer)

---

4 So heißt es in den „Elementen der Staatskunst" genauer: „Die beiden Elemente des Staates, deren jedes in seiner Eigentümlichkeit bestehen und verteidigt werden muß, die sichtbare und die unsichtbare Macht, die Gewalt und die Liebe, die Strenge und die Milde, welche vermittelnd zu vereinigen die Aufgabe sowohl des Staatskünstlers als aller anderen Künstler ist, erscheinen in dem Verhältnisse der beiden Geschlechter lebendig, persönlich und als wirkliche Ideen nebeneinander" (Müller 1809: 69).

geprägt[5]. Lediglich der Politikwissenschaftler Klaus von Beyme hat sich seit einigen Jahren relativ hartnäckig der genaueren Analyse eines Teilaspekts, des Zusammenhangs von Kunst und Politik, gewidmet[6]. Erstaunlich ist vor allem, dass selbst dort, wo sich eine Einbeziehung ästhetischer Gesichtspunkte in die Analyse besonders anbietet – in der politischen Bild- und Filmanalyse –, dies entweder einfach unterbleibt oder sogar explizit ausgeklammert wird[7]. Vor diesem Hintergrund muss eine Annäherung an das Zusammenspiel von Politik und Ästhetik, wie sie im vorliegenden Band angestrebt wird, noch tastend und punktuell erfolgen.

Die oben erwähnte Balance zwischen Herstellungs- und Darstellungspolitik betrifft auch die Logik der Wahlwerbung. Die Spots müssen einerseits das Potential ästhetisch gestützter Emotionssteuerung besitzen und dürfen mit ihrem „schönen Schein" andererseits doch nicht zu wirklichkeitsfremd daherkommen, damit Glaubwürdigkeitsverluste vermieden werden. Es gilt vor diesem Hintergrund im Folgenden zunächst einmal darzustellen, wie das Spannungsfeld von Politik und Ästhetik in der Gegenwartsgesellschaft beschaffen ist. In einem zweiten Schritt sollen dann die Besonderheiten der politischen Ästhetik von Wahlwerbespots genauer bestimmt werden. Ein abschließendes Fazit bündelt die Befunde und zeigt Perspektiven für die weitere Forschung auf.

2 Ästhetik und Politik

Am Beginn der Überlegungen zur Ästhetik von Politik allgemein und von (Medien-) Demokratien im Besonderen steht die Einsicht, dass jede politische Kultur neben der Inhaltsseite immer auch eine Ausdrucksseite vorzuweisen hat. Die politische Vorstellungswelt, Bedeutungen und Sinnkonstrukte materialisieren sich sinnlich fassbar in Form von Zeichenwelten. Auf die Notwendigkeit der Materialisierung von Kultur in Zeichen weist schon 1928 der russische Semiotiker Valentin N. Vološinov hin. Alle Kultur hat Zeichencharakter, und jedes

---

5 Siehe dazu beispielsweise die Sammelbände von Barck und Faber (1999), Vorländer (2003) und Depenheuer (2005) sowie Einzelbeiträge wie die von Münkler (1990), Greiffenhagen (1994) und Tänzler (2003). Auf die zahlreichen Einzelstudien aus dem Bereich der allgemeinen und der Kunstgeschichte, die bei künstlerischen Gegenständen jeweils *auch* politische Aspekte behandeln, sei hier nur pauschal verwiesen.

6 Siehe vor allem Beymes umfangreiche Veröffentlichung zur „Kunst der Macht" und „Gegenmacht der Kunst" (1998), aber auch diverse Aufsätze (u.a. Beyme 2000, 2004).

7 vgl. etwa Müller (2003) und Knieper/Müller (2003) sowie die Sammelbände aus der Arbeitsgruppe „Visuelle Politik": Hofmann (1996, 1998, 1999), Hofmann/Lesske (2005), Hörnlein/Heinecke (2000), Struebel (2002); lediglich der Band von Hofmann und Mühleisen (2005) bezieht ästhetische Aspekte, jedoch wiederum eher in kunsthistorischer Perspektive, mit ein.

„Zeichenphänomen manifestiert sich in irgendeinem Material, einem Ton, einer physikalischen Masse, einer Farbe, einer Körperbewegung usw" (Vološinov 1928: 56). Diese materialisierte Bedeutung wiederum ist nicht etwas, was der einzelne 'hat', sondern es stellt sich als Gemeinsames *zwischen* den Menschen her: „Zeichen können nur auf einem interindividuellen Territorium entstehen". Die Sinnlichkeit des kulturell Geteilten ist uns fühlbar, nicht nur dort, wo Lebensweisen sich in Form von Körperhaltungen, Zu- und Abgewandtheiten, Gesten und Gerüchen zeigen; nicht nur in ästhetisch durchgeformten Bereichen, sondern auch in der alltäglichen Sprache, auf deren heimatlichen Klang wir in der Fremde oft sehr emotional reagieren.

Kultur in Form ihrer sinnlichen Symbole, so hat es Alfred Lorenzer in seiner Auseinandersetzung mit dem sinnenfeindlichen Zweiten Vatikanum formuliert, ist eine unverzichtbare Sozialisationsinstanz. Politische Sozialisation ist daher immer auch zu begreifen als Semiotisation, als Einübung in Konventionen der Produktion und Rezeption von politischen Zeichen. Vor allem dann, wenn man den diachron beständigen Charakter von Kultur betonen will, ist der Aspekt der ausgeprägten Form von höchster Relevanz. Nur über Formung ist Kultur auf Dauer zu stellen, ist kulturelle Einbindung zu sichern: „Forms are the food of faith", heißt es bei Arnold Gehlen, und: „Über lange Zeiten und große Zahlen hin können gerade die hohen und verdichteten Inhalte nur in den Formalismus eingewickelt überleben" (Gehlen 1975: 24). Damit kulturelle Form lebendig bleibt und nicht ins Folkloristische und Museale absinkt, ist freilich auch eine stetige kommunikative Praxis erforderlich, welche die Konstruktionen von kulturell geteiltem Sinn stets erneuert. Hier ist nicht zuletzt die Funktion von gesellschaftlichen Ritualen zu verorten.

Die habitualisierte Präsenz von Symbolen, Mythen und Ritualen im öffentlichen Zeichenraum versichert die Mitglieder einer politischen Gemeinschaft der Festigkeit der politischen Ordnung und gibt ihnen ein stabiles Gefühl der Zugehörigkeit. Wo dies nicht der Fall ist, wo wie in der Weimarer Republik die symbolischen Manifestationen des republikanisch-demokratischen Denkens sogar demontiert und verächtlich gemacht werden – man denke an die Nichtachtung der Flagge Schwarz-Rot-Gold, das Ignorieren des Verfassungstages oder die Beschimpfung des Parlaments als 'Quasselbude' –, da kann sich eine entsprechende politische Kultur nicht als unhinterfragte Selbstverständlichkeit ausbilden.

Wenn nun vor diesem Hintergrund einer konzeptionellen Bestimmung von politischer Kultur als ein Gebilde mit Inhalts- und Ausdrucksseite das Verhältnis von Politik und Ästhetik geklärt werden soll, dann ist klar, dass es hierbei nicht um den engeren Bereich von Literatur bzw. Kunst und Politik geht, sondern allgemeiner um die Rolle der ästhetischen Funktion in der politischen

Kommunikation. Diese Differenzierung zwischen Kunst und Ästhetik, die hier im Anschluss an Jan Mukarovský vorgenommen wird, ist insofern wichtig, als der Bereich des Ästhetischen sehr viel weiter reicht als der der Kunst. Kunst konstituiert sich dort, wo die ästhetische Funktion eines Artefakts gegenüber den anderen, pragmatischen Funktionen dominant ist (Mukarovský 1936: 16). Als 'dienende' ist die ästhetische Funktion dagegen fast omnipräsent, im Design des Toasters ebenso wie in der Gestaltung des Verwaltungsgebäudes, in der politischen Rhetorik ebenso wie in den Feinheiten des Lebensstils. Kein Gegenstand, keine Handlung ist dabei 'an sich' ästhetisch oder nicht ästhetisch, sondern eine ästhetische Funktion kann jeweils durch die Wahrnehmungsperspektive aktualisiert werden (ebenda, 14 f.). Die gerade gezogenen Ackerfurchen sind in den Augen des Traktorfahrers ein nüchternes, mehr oder weniger effektiv produziertes Arbeitsergebnis, während ein vorbeigehender Spaziergänger ein starkes ästhetisches Vergnügen an ihnen empfinden kann.

Der Vorteil eines solchen funktionalistischen Modells der Ästhetik liegt darin, dass zum einen die immanente, objektbezogene Betrachtung ästhetischer Phänomene zugunsten einer Betrachtung von gesellschaftlichen Gebrauchsweisen abgelöst wird. Zweitens wird deutlich, dass ästhetische Fragen bei jedem politischen Akt, bei jeder politischen Institution *auch* im Spiel sind, denn die ästhetische Funktion ist auch im außerkünstlerischen Bereich stets präsent, und sei dies nur im Hintergrund der Fall. Partiell kann die ästhetische Inszenierung jedoch auch in den Vordergrund symbolpolitischer Bestrebungen gerückt werden - das genau ist es ja, was Walter Benjamin seinerzeit mit dem oben zitierten Diktum der 'Ästhetisierung der Politik' betont hat. Es werden mit dem funktionalistischen Ansatz also die politischen Aspekte des Ästhetischen ebenso wie Prozesse einer Ästhetisierung des Politischen analysierbar.

Dem historischen Blick enthüllt sich ohnehin, dass sich der Objektbereich, den wir heute gemeinhin als 'Kunst' ansprechen, keineswegs schon immer autonom, unter eigenen ästhetischen Gesetzmäßigkeiten entwickelt hat. Künstlerische Gestaltung ist noch bis weit in die Neuzeit hinein fest eingebunden, vor allem im religiös-sakralen Bereich und im Feld der politischen Repräsentation (Busch 1987). In dem einen Bereich dient die ästhetische Funktion der Vermittlung einer Erfahrung des Numinosen in der Welt, im anderen markiert sie die Herausgehobenheit, Schönheit und Unantastbarkeit einer von Gottes Gnaden legitimierten Herrschaft, wobei ja beide Sphären oft sehr eng zusammenhängen (Warnke 1987). Gemeinsam ist diesen funktionalen Einbindungen des Ästhetischen, dass es in beiden Fällen der Inszenierung des Außeralltäglichen dient, und hierin liegt auch eine wichtige Rolle des Ästhetischen in der modernen Politik insgesamt.

Es ermöglicht, insbesondere wenn es in Kategorien des Pathetischen, Erhabenen und Monumentalen in Erscheinung tritt, die Erfahrung einer über den 'niederen' Auseinandersetzungen des politischen Alltags stehenden 'höheren' Transzendenz. Als Inszenierungsmedium des Außeralltäglichen in der Politik ist die ästhetische Funktion ein Charismagenerator, der in einer Sphäre jenseits von Argument und Interesse Gefolgschaften sichert und Handlungsbereitschaften mobilisiert. Wenn man unter Charisma eine symbolisch angezeigte besondere Beziehung zu dem vitalen, „heiligen" Zentrum einer sozialen Ordnung versteht, wie dies Clifford Geertz ausführt (1985), dann ist es in der Tat die ästhetisch attraktive Gestaltung, die eine solche Symbolisierung von außeralltäglich-numinosen Qualitäten entscheidend stützen kann. Dies gilt selbst in den Bereichen einer populärkulturellen Inszenierung des Politischen in der Mediengesellschaft, die auf den ersten Blick mit solchen Dimensionen der menschlichen Existenz scheinbar kaum etwas zu tun haben.

George L. Mosse (1976) hat gezeigt, wie in der politischen Moderne die ästhetische Inszenierung von Symbolen und Mythen zu einem konstitutiven Element der Massenkommunikation wurde. Die Sinnstruktur „Nation" bekam auf diese Weise für viele die sakralen Weihen einer Transzendenz, die nicht mehr hinterfragbar, sondern nur noch mit jenem Schauer erfahrbar war, wie ihn Rudolf Otto (1963: 42ff) als spezifisch für die Erfahrung des Heiligen kennzeichnet. Zur Perfektion gebracht haben diese Inszenierungstechniken ohne Zweifel die kulturellen Eliten im Nationalsozialismus. Sie haben den Kult von Rasse und Nation in einer effektvollen Mischung aus Archaik und Moderne zelebriert.

Im Extrem wird hier sichtbar, was im politischen Alltag schon immer vorhanden ist. Im entdramatisierten Normalmodus des Politischen spielen ebenfalls ästhetische Kategorien wie die des Ansehnlichen, Eleganten und Stilvollen eine wichtige Rolle. Politik, so sind wohl die schon oben angeführten Bohrerschen Schmähschriften über „das Defizit der symbolischen Form in der [Bonner] Politik" (Bohrer 1986: 721 und 1988) zu verstehen, muss auch schön sein.[8] George Santayana formuliert schon 1896 unter der Überschrift „Aesthetics of Democracy" die These, dass politische Ordnungsvorstellungen als „Form" jenseits pragmatischer Nutzenkalküle ästhetische Qualitäten entwickeln, die in nicht geringem Maße die Akzeptanz von Herrschaftsverhältnissen und sogar die Opferbereitschaft der Bürger für ihre Gemeinschaft sicherstellen:

> „That which was happening to democracy had happened before to the feudal and royalist systems; they too had come to be prized in themselves, for the pleasure men took in thinking of society organised in such an ancient, and thereby for their fancy, appropriate and beautiful manner. The practical value of the arrangement, on

---

8 Siehe dazu auch Rohe (1990: 338).

which, of course, it is entirely dependent for its origin and authority, was forgotten, and men were ready to sacrifice their welfare to their sense of propriety; that is, they allowed an aesthetic good to outweigh a practical one" (Santayana 1988: 72).

Die Ästhetiken des Politischen fallen freilich nationalkulturell sehr unterschiedlich aus. Was dem Franzosen adäquat und schön erscheint, kann ein Brite als politische Inszenierung geschmacklos finden.[9]

Wird die ästhetische Dimension in die politologische Analyse integriert, stellen sich allerdings Anschlussprobleme ein. Die Wahrnehmung von Form und Funktion geschieht ja nicht völlig unstrukturiert, sondern sie steht immer vor einem Horizont von Erwartungen und Normen. Normen definieren den Maßstab, mit dem ein Phänomen wahrgenommen und bewertet wird. Diesen Zusammenhang von Funktion und Norm hat ebenfalls Jan Mukarovský (1936: 37 ff.) herausgearbeitet. Zu jedem Zeitpunkt ergeben sich in einer Kultur stabile Horizonte, die gleichsam als alltägliche Normalitätserwartungen gegenüber ästhetischen Objekten fungieren.

Hier kommt eine Sozialwissenschaft der Ästhetik ins Spiel, die bei Mukarovský schon angedeutet, jedoch nur ungenügend umgesetzt worden ist. Zwar sind Fragen nach dem Zusammenhang zwischen Geschmackspräferenz und politischer Präferenz noch kaum zu beantworten. Eine systematische Zuordnung von ästhetischen Normen einerseits sowie gesellschaftlichen Gruppen und Machtpositionen andererseits ist in Pierre Bourdieus kultursoziologischen Arbeiten jedoch schon weit vorangetrieben worden.[10]

Ästhetik ist also keine freischwebende Größe, sondern unmittelbar in soziale und politische Prozesse eingewoben.

Dies ist deshalb wichtig, weil damit mögliche Akzeptanzen für bestimmte Formen der Symbolpolitik kalkuliert werden können. Die russische Avantgarde etwa, die nach der Revolution mit radikal neuen ästhetischen Formen den neuen sowjetischen Menschen prägen wollte, hat dabei verkannt, dass ästhetische Alterität als Bruch mit den populärkulturellen Normen kaum massenwirksam eingesetzt werden kann. Das sowjetische Establishment hatte also insofern leichtes Spiel, als es die unbequemen Avantgardisten mit Berufung auf den „Volksgeschmack" verbieten und verfolgen konnte. Sicherer ist der Bezug auf weithin akzeptierte ästhetische Normenhorizonte: auf die der kanonisierten Hochkultur – man denke nur an die „Erbe"-Diskussion in der DDR – oder auf den breit angelegten „Midcult" der populären Kultur, die in der Regel nirgends anstößig wirkt, sondern Etabliertes immer wieder neu arrangiert (Eco 1984: 40).

---

9   Siehe hierzu Dahrendorf (1986) und Metken (1986)
10   Siehe hierzu Bourdieu (1982).

Bei den so genannten Trivialformen hingegen kann die politische An-
eignung schon wieder problematisch werden, weil diese oft – unter der diskri-
minierenden Kategorie „Kitsch" – ästhetisch kriminalisiert wurden (Vogt 1994:
363 ff.) oder aber in ihrer subversiv-respektlosen Volkstümlichkeit zur groß
angelegten politischen Inszenierung nicht recht geeignet sind. Was zunächst im
Kaiserreich als populärkulturelle Vermittlung politischer Herrschaft noch stim-
mig funktioniert hatte, weil es sich in die ästhetische und kulturelle 'Großwet-
terlage' einfügte[11], das schien einige Jahrzehnte später den Nazis schon zu gefährlich für ihre spezifische Symbolpolitik, so dass sie unmittelbar nach der
Machtübernahme, am 19. Mai 1933, angesichts einer gewaltigen Welle von
massenproduzierten „Kitschgegenständen" eine Art Anti-Kitsch-Gesetz erlie-
ßen[12]. In den Ausführungsbedingungen zu diesem Gesetz wird dargelegt, was
von der politischen Ästhetik her nicht statthaft schien: eine lediglich „verzie-
rende" Funktion der NS-Symbole; die Verwendung zu Reklamezwecken; und
„minderwertige" Ausführungen bzw. solche mit „entstellendem Beiwerk", „z.B.
künstlerisch minderwertigen Bildnissen" oder „selbstleuchtenden Hakenkreu-
zen" (Steinberg 1975: 80 f.). Krawatten, Aschenbecher, Streichholzschachteln
und Fingerhüte mit Führer und Hakenkreuz waren forthin verboten, wurden mit
„Kitschlisten" und „Anti-Kitsch-Ausstellungen" bekämpft. Gefährdet schien
hier offensichtlich das Monopol der Symbolbewirtschaftung und im Zusammenhang damit der moderne pathetische Inszenierungsstil, zu dem die gemüt-
lich-biedermeierlichen Devotionalien nach Art der Bismarck-Bierkrüge aus dem
Kaiserreich nicht mehr so recht passen wollten.

Dies heißt selbstverständlich nicht, dass der Nationalsozialismus auf populäre Ästhetiken völlig verzichtet hätte; viele der schwülstigen Inszenierungen,
Skulpturen und Gemälde erscheinen heutigen Betrachtern geradezu als Parade-
beispiel für politischen Kitsch[13], was jedoch wiederum mehr auf die raum-
zeitliche Relativität der Kitsch-Kategorie und der ästhetischen Normen als auf
irgendwelche objektiven Eigenschaften ästhetischer Artefakte verweist.

In jedem Fall sollte das Beispiel des Nationalsozialismus auch deutlich
machen, dass politische Ästhetik nicht nur in der offen erkennbaren Inszenierung des Politischen, sondern auch in vielen scheinbar unpolitischen Sphären
am Werk ist. Spielfilme, Unterhaltungssendungen, Kulturfilme aus dem „Dritten
Reich" sind mittlerweile gut erforschte Beispiele, aber auch in modernen westlichen Demokratien ist die Kulturindustrie stets aktiv an der Produktion politischer Ästhetik beteiligt. Quizsendungen als Einübung in eine spezifische Wäh-

---

11 So etwa die Bismarck-Bierkrüge, die eine selbstverständliche Präsenz der politischen Herr-
    schaft im Alltag gewährleisteten (Breitenberg 1990).
12 „Gesetz zum Schutz der nationalen Symbole".
13 Siehe hierzu Pross (1984) sowie Friedländer (1984).

lerkultur sind hier ebenso zu nennen wie die „große Samstagabendunterhaltung" auf den bundesdeutschen Bildschirmen, die spezifische Formen politischer Vergemeinschaftung symbolisiert (Soeffner 1989). An dieser Stelle sei nur darauf hingewiesen, dass in der amerikanischen Politologie und Kommunikationsforschung dieser politisch-kulturelle Effekt populärästhetischer symbolischer Formen schon seit langem ein legitimes Forschungsfeld darstellt.[14]

In jedem Fall scheint es plausibel, dass politische Akteure in modernen Demokratien, in denen es darum geht, zum Machterwerb Mehrheiten zu organisieren, eine Ästhetik wählen müssen, die mehrheitsfähig ist. An die Stelle von Avantgarde, Hochkultur oder Kitsch muss hier eine Gestaltung rücken, die der Mehrheit der angesprochenen Wähler aus ihrer – medialen wie außermedialen – Alltagswelt her vertraut und sympathisch erscheint. So ist es kein Zufall, dass Politikinszenierung in der medialen Erlebnisgesellschaft eine Inszenierung ist, die primär auf Elemente der populären Unterhaltungskultur zurückgreift. „Politainment", wie dieses Inszenierungssyndrom genannt werden kann, ist heute in allen westlichen Demokratien vorzufinden. Politainment erscheint als der adäquate, weil konkurrenzlos erfolgreiche Inszenierungsstil in der Mediendemokratie.[15] Er verbindet ästhetischen Mainstream mit der Erzeugung einer Feel-Good-Stimmung und ist daher besonders geeignet, steuernde Funktionen zu entfalten.

3 Wahlwerbespots

Der große Trend zum Politainment, der das gesamte Feld politischer Kommunikation seit den 1990er Jahren kennzeichnet, prägt auch die Ästhetik von Wahlwerbung. Audiovisuelle Botschaften, die ein möglichst großes Publikum erreichen sollen, um Mehrheiten für eine demokratische Regierungsbildung sicherzustellen, müssen den Regeln einer populären Ästhetik folgen. Sie müssen unterhaltsam sein und sie müssen den in langen Prozessen der Mediensozialisation erworbenen Wahrnehmungsgewohnheiten des Publikums entgegenkommen. Schließlich geht es darum, politisches Emotionsmanagement zu betreiben und eine Feel-Good-Stimmung zu produzieren, die assoziativ auf die Parteien oder Kandidaten abfärben, für die jeweils geworben wird.

---

14 So beispielsweise Jewett u. Lawrence (1977) sowie Combs (1984) und (1991)
15 vgl. Dörner (2001); zu den Bedingungen der Politikvermittlung in der Mediendemokratie siehe ausführlich die Beiträge in Sarcinelli (1998).

In dieser Hinsicht unterliegt politische Werbung ähnlichen Bedingungen wie die kommerzielle Werbung auf Produktmärkten[16]. Auch hier lässt sich beobachten, dass es schon lange nicht mehr ausreicht, positive Eigenschaften des zu bewerbenden Produktes in einem guten Licht erscheinen zu lassen. Mehr als das Produkt steht die Inszenierung von Gefühlslagen im Mittelpunkt, die – so zumindest die audiovisuelle Rhetorik der Werbung – durch den Erwerb des Produkts berechenbar evoziert werden können: die fröhliche Stimmung einer Familie, die das Wochenende einläutet („Hinein ins Weekend-Feeling"); das enthusiastische Gefühl, mit einem Sportwagen die Serpentinen einer mediterranen Steilküste entlang zu fahren; das Glücksempfinden beim Tanz mit attraktiven Partnern auf der Karibikinsel.

Wie sehr die Unterhaltungsdimension auch hier gleichsam zur nicht-hintergehbaren Bedingung von Wahrnehmbarkeit geworden ist, zeigt die Tatsache, dass Produktwerbung auf breiter Front zum Gegenstand von Unterhaltungsformaten geworden ist: von der ‚klassischen' „Cannes-Rolle" bis zu jenen Formaten diverser Programmanbieter im deutschen Fernsehen, in denen die lustigsten oder verrücktesten Werbespots der Welt präsentiert werden. Programmzeitschriften wie „TV Today" oder „TV-Spielfilm" veröffentlichen mittlerweile regelmäßig Hitlisten der besten Werbespots. In den USA schließlich wurde im Januar des Jahres 2007 die erste Website für TV-Commercials freigeschaltet. Eine Gruppe von Fernsehproduzenten und Finanziers will hier nicht nur die Unterhaltungsdimension und die spezifische Ästhetik von Werbespots dauerhaft verfügbar machen, sondern auch die biografische Erinnerungsfunktion der Spots, die ihnen im Zuge von Mediensozialisationen zugewachsen ist, aufgreifen[17]. Die Werbung wird damit zum Objekt von Geschmacksurteilen, bei denen die „klassische" Funktion der Gattung – die Beeinflussung von Konsumenten im Hinblick auf eine Kaufentscheidung – völlig in den Hintergrund getreten ist. Dies bestätigen auch die Befunde der (qualitativ-) empirischen Zuschauerforschung, die zeigen, dass im konkret vorfindbaren Aneignungsprozess die Aufmerksamkeit in den seltensten Fällen auf das zu bewerbende Produkt gerichtet ist. Stattdessen richtet sich der Blick auf die mehr oder weniger gelungene Machart des audiovisuellen Textes oder auf die spielerische Verwendbarkeit der angebotenen Kommunikationsmaterialien in der eigenen Alltagswelt (Ayaß 2001: 216ff).

---

16   Siehe dazu die Beiträge in Willems (2002) sowie den historischen Abriss bei Siegfried J. Schmidt (1999).

17   Der Produzent Steve Bocho fasst diese Aspekte von Werbespots wie folgt zusammen: „Es gibt Commercials, an die sich jeder von uns erinnert oder die uns besonders bewegt haben, auf ähnliche Weise, wie Songs uns bewegen können. Commercials sind eine außergewöhnliche Form von kleinen Unterhaltungsstücken" (Funkkorrespondenz 2006: 16).

Auch politische Werbespots sind heute zum Objekt der unterhaltungsorientierten Betrachtung geworden. Dies gilt nicht nur für die in neuerer Zeit produzierten, auf ein unterhaltungsorientiertes Kinopublikum zugeschnittenen Spots wie den der SPD 1998, der (ein Double von) Helmut Kohl als tragikomische Figur vorführte, die nicht zukunftsfähig sei, da sie in einem fiktionalen „Stark Trek"-Szenario scheinbar aufgrund der großen Körperfülle des Protagonisten nicht zum Einsatz „gebeamt" werden konnte. Auch der ganz normale Alltag politischer Werbung ist, insbesondere in der historischen Distanz, als kommerzielle Einnahmequelle auf dem Medienmarkt entdeckt worden[18]. Obgleich der politische Werbespot in vielen Fällen nicht die Perfektion und das Raffinement der kommerziellen Werbung erreicht (u.a. aufgrund der höchst ungleich verteilten Finanzressourcen im Feld), orientiert er sich an einer ähnlichen Funktionslogik, die zentral um die Faktoren Unterhaltung und Emotionsmanagement kreist.

Was zählt, sind eindrucksvolle Bilder, die – klug montiert und unterlegt von einer passend ausgewählten musikalischen Rahmung – die Gefühle der Betrachter in die gewünschte Richtung lenken. In vieler Hinsicht richtungweisend war auch hier die SPD-Kampagne im Jahr 1998. Auf dem Aufsehen erregenden Wahlparteitag in Leipzig, der „Krönungsmesse für Gerhard Schröder", wurde ein symptomatisch gestalteter Wahlwerbespot präsentiert und per überlebensgroßer Videowand in die Liturgie des Parteitags eingebaut. Der Spot bestand visuell aus zwei Teilen: im ersten Teil wurden Szenen aus einem stilisierten Alltagsleben der Bürger präsentiert. Gestaltet in warmen Farben und inszeniert mit den kinematografischen Mitteln von Filtern, Weichzeichnern und Slow Motion sah man fröhliche, multikulturell komponierte Schülergruppen neben jungen Familien und agilen Senioren. Im zweiten Teil wurde der Kanzlerkandidat in modernistisch gestylten, fast monochromen Bildern, die u.a. mit Untersicht arbeiteten, als der große Macher vorgeführt, der über die notwendigen Fähigkeiten verfügt, um die (deutsche) Menschheit aus dem Jammertal der politischen Gegenwart heraus in eine bessere Zukunft zu führen. Im Stil moderner Video-Chip-Ästhetik sah man Schröder sein schickes Jackett überstreifen, im Büro umhergehen, eine Unterschrift leisten. Den Abschluss bildete eine Nahaufnahme des Kandidaten, während die Musik in einem Crescendo aufwallte und zugleich den Schlusspunkt setzte.

Die Musik entstammte dem Hollywood-Blockbuster „Airforce One", in dem die Figur des amerikanischen Präsidenten zum Superhelden stilisiert wird.

---

18   Siehe Tacker-Film: Parolen und Polemik. Die Geschichte der deutschen Wahlwerbefilme. Für dieses DVD-Produkt wird mit folgenden Worten geworben: „Nichts ist so komisch wie Wahlspots von gestern... In einer respektlosen Filmcollage präsentiert „Parolen und Polemik" einen amüsanten Rückblick auf die Auswüchse der Wahlwerbefilme seit 1949. [...] Erschreckend komisch!"

Gespielt durch Harrison Ford, der durch zahlreiche Rollen gleichsam zum visuellen Synonym des sympathischen Actionhelden geworden war, gelingt es diesem Präsidenten, fast im Alleingang eine ganze Gruppe von Terroristen zu überwältigen, die den Politiker in seiner „Airforce One"-Maschine in ihre Gewalt gebracht hatten.

In der Dramaturgie des Parteitags bildete die Filmmusik dann die semantische und ästhetische Brücke zum Einmarsch der Politiker Gerhard Schröder und Oskar Lafontaine in die Halle. Die beiden Protagonisten gingen zur Mitte der Bühne und blieben dort winkend bis zum Ende der Musik stehen. Dieser Auftritt machte die Transformation des Politikers zum hyperrealen Medienhelden direkt miterlebbar. Der „gleiche" Schröder, den wir aus unzähligen Medienauftritten kennen und der gerade noch Bestandteil einer ausgefeilten Videoästhetik war, steht nun „echt" und „live" auf der Bühne. Der Körper, der als Medienkörper zuvor einen fiktionalen Als-ob-Status hatte, ist nun kopräsent mit dem Publikum im Saal. Gleichzeitig erfolgt jedoch eine musikalische Rahmung aus dem aktuellen Fundus Hollywoods, die den Menschen Schröder refiktionalisiert. Er schlüpft in die mediale Rolle des in *Airforce One* inszenierten Politikers als Action-Held. Die Musik rahmt Schröder als Figur mit außeralltäglichen Fähigkeiten, die zum Wohl des Volkes eingesetzt werden. Der Kanzlerkandidat erhält im Kontext der durch den Werbespot und das Bühnenbild gesetzten Bedeutungswelt den Status eines messianischen Erlöserhelden, wie er uns aus den Erzählungen der amerikanischen Traumfabrik durchaus vertraut ist.

Dieser Spot und sein Einsatz markieren jedoch in ihrer aus der Werbung und aus der kommerziellen Filmsprache heraus weiterentwickelten Perfektion nur den einen Pol der Ästhetik von Wahlwerbespots. Er ist spezifisch für die Wahlwerbung etablierter Parteien, die auf ausreichende finanzielle Mittel und damit auf die professionelle Gestaltung durch etablierte Agenturen zurückgreifen können. Auf der anderen Seite steht der visuelle Dilettantismus der Kleinparteien, die mit amateurhaften Mitteln versuchen, ihre Klientel zu erreichen. Die im öffentlich-rechtlichen Rundfunk Deutschlands eingeräumte Möglichkeit für *alle* zugelassenen Parteien, Wahlwerbespots zu schalten[19], führt zu einer Ungleichzeitigkeit der Ästhetiken, die ansonsten im Mediensystem nicht vorzufinden ist, wenn man von Randphänomenen wie den „Offenen Kanälen"

---

19 Einen verfassungsmäßig gewährten Anspruch auf Ausstrahlung von Wahlwerbespots haben die Parteien zwar nicht, aber die rundfunkrechtlichen Regelungen der Länder sehen dies jeweils vor. Das Bundesverfassungsgericht und andere Gerichte müssen sich jedoch immer wieder mit Fragen der Spotausstrahlung befassen, wenn es beispielsweise um die Zuordnung von Sendezeiten geht oder darum, ob einem Spot aus inhaltlichen Gründen die Ausstrahlung verweigert werden kann. So wurde auch in der Bundestagswahlkampagne 2005 gerichtlich um Spots der APPD und der „Partei" gestritten. Zum rechtlichen Rahmen von Wahlwerbespots vgl. ausführlich Holtz-Bacha (2000: 63ff).

einmal absieht. Den ausgefeilt professionellen Bildwelten etablierter Programm- und Werbeangebote steht hier der unbeholfene Charme selbst- oder zumindest billig fremdproduzierter Spots gegenüber.

Die zunächst einmal defizitär erscheinende Einfachheit in der Formenspra- che wird dabei zumindest partiell ausgeglichen durch eine größere Authentizität, die gerade im nichtprofessionellen Gestalten zum Ausdruck kommt. Darin sym- bolisiert sich der Abstand, den diese Parteien als Formen zivilgesellschaftlicher Selbstorganisation zum etablierten Politikbetrieb und seinen Glaubwürdigkeits- defiziten haben. Das Stigma des ästhetischen Dilettantismus wandelt sich gleich- sam zum Charisma bodenständigen Engagements[20], das zum abgehobenen Sta- tus der politischen Klasse deutliche Distanz wahrt und dadurch bei den wahl- müden Bürgern durchaus symbolische Distinktionsgewinne erwirtschaften kann.

Freilich entscheiden sich viele Wähler trotz gewisser Sympathien für die jeweiligen Parteien und Projekte dagegen, ihre Stimme einer Kleinpartei zu ge- ben. Der Grund liegt darin, dass man befürchtet, die Stimmabgabe könnte folgen- los, ohne jeden „impact" bleiben[21]. Und dennoch ergibt sich auch in diesen Fäl- len ein wichtiger symbolischer Effekt. Die authentisch wirkenden Spots der Kleinparteien verleihen dem demokratischen Ritual[22] der Wahl insgesamt eine höhere Glaubwürdigkeit. Solange sich auch die ehrlichen und aufrichtigen Kan- didaten der Kleinen am Geschehen beteiligen, erscheint es gleichsam „von un- ten" legitimiert. Die dilettantische Ästhetik der Wahlwerbespots wird so zu ei- nem unverzichtbaren Bestandteil demokratischer Wahlen in Massendemokratien.

Nun ist die Ästhetik der Wahlwerbespots eine funktional eingebundene Äs- thetik und damit alles andere als der Kant'schen Bestimmung des Schönen durch das „interesselose Wohlgefallen"[23] verpflichtet. Es ist oben im Zusam- menhang mit Mukarovský und Bourdieu schon darauf hingewiesen worden, dass ästhetische Werte, Normen und Geschmackspräferenzen engstens verbun- den sind mit sozialstrukturellen Formationen. Eine funktional ausgerichtete Ästhetik ist angewiesen darauf, dass sie die Erwartungen und Präferenzen des angezielten Publikums trifft. Insofern erscheint es nur konsequent, wenn ökono-

---

20 Zur Kippfigur von Stigma und Charisma vgl. die Ausführungen von Wolfgang Lipp (1985).
21 Die Vorstellung, man könne mit seiner Stimmabgabe bei Wahlen in großen Massendemokra- tien etwas bewirken, gehört zu den konstitutiven Grundannahmen im Modell des rationalen Wählers, wie es im Rahmen ökonomischer Konzepte von Demokratie entwickelt wurde (Downs 1957). Der „homo oeconomicus", der hier als politischer Akteur auftritt, muss jedoch als „rationaler" Wähler von der Tatsache abstrahieren, dass seine Stimme als einzelne natür- lich so gut wie gar keine Auswirkungen hat. Erst als aggregierte Größe kann man vernünfti- gerweise von einem „impact" der Stimmabgabe ausgehen.
22 Siehe dazu Dörner/Vogt (2002).
23 Siehe dazu Kants Analytik des Schönen im ersten Buch seiner „Kritik der Urteilkraft" von 1790 (Kant 1974).

misches und politisches Marketing verstärkt im Hinblick auf Lebensstile und alltagsästhetische Schemata betrieben wird. Begünstigt wurde diese Entwicklung durch eine Verschiebung der Aufmerksamkeit in der Sozialstrukturforschung, die zunehmend bemüht war, die kulturelle und damit auch die ästhetische Dimension in ihre Untersuchungen einzubeziehen.

Um dieser Ausrichtung gerecht zu werden, ließ man die traditionellen Klassen- und Schichtenmodelle fallen zugunsten des Milieu-Konzepts, das – etwa im Anschluss an Max Webers Kategorie der „ständischen Lage" (Weber 1976: 534) – die kulturelle Dimension als konstitutiv für die soziale Ordnung einer Gesellschaft betrachtete[24]. Insbesondere das Milieu-Modell von Ueltzhöffer und Flaig, das heute unter dem Etikett „Sinus-Milieumodell" firmiert, wurde bald als ein besonders für angewandte Fragestellungen anschlussfähiges Konzept erkannt und sowohl in politischer als auch in ökonomischer Hinsicht getestet. So wurde der Zusammenhang von Milieus, Alltagsästhetik und politischer Kultur untersucht (Flaig u.a. 1999), Wahlstudien bedienen sich des Modells und auch die Bundeszentrale für politische Bildung bezieht neuerdings in Ihre Zielgruppenüberlegungen bestimmte, nach dem Sinus-Modell beschriebene Milieus systematisch ein. Auf der anderen Seite hat die Marktökonomie die hohe Bedeutung solcher alltagsästhetischer Dispositionen für das Kundenverhalten erkannt. Insbesondere Automobilkonzerne wie BMW gehören seit Jahren zu den Auftraggebern solcher Studien, um ihre potentielle Käuferschaft genauer ins Visier nehmen zu können (Ascheberg 2006: 19). Die derzeitigen Milieukategorien umfassen:

- *Etabliertes Milieu:* ein konservatives Elitemilieu mit traditioneller Lebensführung und einem distinguiert-diskreten Lebensstil
- *Traditionelles bürgerliches Milieu:* ein an traditionellen Werten und Konventionen festhaltendes, relativ wohlhabendes, aber ästhetisches eher konservatives Milieu
- *Traditionelles Arbeitermilieu,* mit starken Bindungen an die klassische Organisationsstruktur der Arbeiterschaft, von der Gewerkschaft bis zum Taubenzüchterverein
- *Konsum-materialistisches Milieu,* mit vergleichsweise geringem Einkommen, jedoch hoher Konsumorientierung

---

24 Zum soziologischen Milieu-Konzept und seiner empirischen Umsetzung vgl. u.a. Hradil (1987) und Vester u.a. (2001).

- *Aufstiegsorientiertes Milieu*, markenorientierte Konsumenten aus der gehobenen Mittelschicht, die den Prestigewert von Nobelsportarten und Luxusartikeln besonders schätzen[25]
- *Liberal-intellektuelles Milieu*, ein bildungsbürgerliches Milieu mit postmaterialistischen Wertorientierungen, gepflegtem Lebensstil und Offenheit für innovativ-anspruchsvolle Kultur
- *Modernes bürgerliches Milieu*, das sehr harmonieorientiert und sicherheitsbewusst ist, kulturell die etablierten, konventionellen Formen schätzt
- *Modernes Arbeitermilieu*, ambitioniert und konsumfreudig, mit Formen des kulturellen Stilprotests
- *Hedonistisches Milieu*, mit unkonventionellen Lebensstilen und einer starken Präferenz für „Fun und Action"
- *Postmodernes Milieu*, ein meist junges, hoch gebildetes Avantgarde-Milieu mit Distanzgesten zum „Durchschnittsgeschmack" (Ascheberg 2006: 20ff).

Das politische Marketing, das gezielt Bevölkerungsgruppen ansprechen will, um bei demokratischen Wahlen Mehrheiten zu organisieren, muss diese Lebensstil-Landkarte und ihre immer wieder feststellbaren Grenzverschiebungen genau beobachten, um erfolgreich agieren zu können. Es muss gewährleisten, dass Wahlwerbespots in ihrer Ästhetik exakt diejenigen Gruppen ansprechen, die man als volatile Wählergruppen noch für die eigene Partei mobilisieren möchte. Wenn also beispielsweise die PDS in den vergangenen Bundestagswahlkampagnen vor allem Spots lancierte, die in Videoclip-Ästhetik, mit Rockmusik unterlegt, junge Darsteller in hochdynamischen Kamerabewegungen und schneller Schnittfolge inszenieren, dann kann diese Ästhetik kaum die alte Stammwählerschaft der Partei mit ehemaligen Beschäftigten und Kadern des administrativen Systems der DDR ansprechen. Diese Spots zielen stattdessen auf junge, unkonventionelle, engagierte und in ihrem Selbstverständnis „linke" Milieus – auch, um die Partei über die neuen Bundesländer hinaus als linke Alternative auszubreiten. Ähnlich zielgruppenspezifisch sind auch die Bild- und Tonwelten von Spots anderer kleinerer Parteien angelegt. Der legendäre APPD-Spot mit Bildern und Musik aus der Punk-Szene hat bei den meisten Zuschauern neben Aufmerksamkeit vor allem Ekelgefühle generiert. Und die Grünen werden nicht versuchen, im traditionellen Arbeitermilieu oder im konsum-materialistischen Milieu Stimmen zu akquirieren. Folglich ist die Ästhetik der Spots auf den Lebensstil und die Geschmackspräferenzen jüngerer, gebildeter Milieus abgestimmt.

---

25   Zum Prestigewert von demonstrativem Konsum vgl. schon die klassische Studie zur Theorie der feinen Leute von Thorstein Veblen (1986).

Für die großen Volksparteien stellt sich die Lage insofern komplizierter dar, als hier sehr unterschiedliche Milieus zu einer Mehrheit integriert werden müssen. Dieser Schwierigkeit kann auf dreierlei Weise begegnet werden:

1. Die Ästhetik der Spots wird so angelegt, dass sie mainstream-kompatibel und damit mehrheitsfähig ist. Kulturelle bzw. ästhetische Besonderheiten, die auf einzelne Milieus spezifisch zugeschnitten wären, werden vermieden; stattdessen konzentriert man sich auf Inszenierungsformen, die das „juste milieu" der Kultur treffen und beispielsweise auf dem Fernsehmarkt quotenstarken Formaten wie „Wetten dass!?", „Wer wird Millionär" oder der „Sportschau" entsprechen. Solche Spots „ohne Ecken und Kanten" stellen den Normalfall der Wahlwerbung von Volksparteien dar.

2. Die Ästhetik der Spots wird zielgruppengerecht differenziert; Produkte, die beispielsweise im Kino platziert werden sollen, tragen dem Umstand Rechnung, dass das Kinopublikum mehrheitlich jüngeren Milieus mit höherem Bildungskapital zugehört. Insofern können Kinospots unkonventioneller aufgemacht sein und an der spezifischen Seherfahrung der jüngeren Generationen anknüpfen, ohne andere potentielle Wählergruppen der Partei abzuschrecken. Das gilt beispielsweise für die oben schon angesprochene Star-Trek-Anleihe beim SPD-Kinospot 1998. Und es gilt für den SPD-Kinospot 2005, in dem 40 Sekunden lang ein Foto gezeigt wird mit Guido Westerwelle, Angela Merkel und Edmund Stoiber bei einer Pressekonferenz, auf der Tonspur lediglich begleitet von einer tickenden Uhr. Am Ende dieser quälend-ungewöhnlichen Wahrnehmungserfahrung klingelt ein Wecker und ein eingeblendetes Schriftinsert fragt: „40 Sekunden sind Ihnen schon zu lang?"

3. Die dritte Variante besteht darin, dass die Spots sich auf die Ansprache derjenigen Wählergruppen konzentrieren, die in der Kampagne als besonders wichtig oder wahlentscheidend gelten, weil die anderen Wählergruppen schon relativ festgelegt sind auf bestimmte Präferenzen. Der oben bereits angesprochene Spot der SPD, der beim Wahlparteitag 1998 eingesetzt wurde, war visuell eindeutig auf jüngere, besser gebildete und auch besser verdienende Milieus mit linksliberalen Wertvorstellungen gemünzt. Dies zeigt sich nicht nur in den monochromen Anleihen an die Ästhetik des Musikvideos und des Avantgardefilms, sondern auch in der mit Weichzeichner und Slow-Motion inszenierten Sequenz, die eine multikulturell rekrutierte Schulszene zeigt – ein Bild, das in traditionellen und konservativen Milieus kaum positives Emotionsmanagement ermöglicht hätte.

Wenn die Ästhetik von Wahlwerbespots auf effektives Emotionsmanagement hin angelegt ist, stellt sich schließlich noch die Frage, ob es im Sinne des „Politainment" immer darum geht, positives „Feel Good" zu produzieren, oder ob es in spezifischen Situationen auch geraten erscheint, gezielt ein „Feel Bad" in Bezug auf den politischen Gegner aufzubauen. Das Politainment geht dabei gleichsam in ein politisches Confrontainment über. So war der zentrale CDU-Spot 2005 zunächst einmal durchaus im Sinne eines solchen Negative Campaigning konstruiert, indem eine rücklings auf einen langen Tisch gerollte Kugel die Ziellosigkeit, Ineffizienz und Chaotik der vorangegangenen rot-grünen Regierungspolitik versinnbildlichen soll. Allerdings ist die cineastische Inszenierung in diesem Spot auch mit einem Happy End versehen, indem Angela Merkel am Ende vor dem Herunterfallen – dem „Absturz" der Republik – eingreift, die Kugel auffängt und in einem abschließenden Statement in der „Talking Head"-Einstellung bessere Verhältnisse in Aussicht stellt. Damit wird die Feel-Bad-Stimmung ebenfalls „aufgefangen" zugunsten einer positiven Zukunftsvision.

Diese gemilderte Form des Angriffswahlkampfs ist eher typisch für deutsche Verhältnisse. Die politischen Marketing-Experten wissen, dass in der deutschen politischen Kultur, die noch immer stark mitte- und konsensorientiert ist, ein Negative Campaigning in der Schärfe, wie sie etwa für amerikanische Wahlkämpfe üblich ist, nicht goutiert wird[26]. Insofern trägt auch die Antwort der SPD auf den Merkel-Spot kulturtypische Züge: Gezeigt wird eine fingierte Angela Merkel, erkennbar durch ein (schlecht sitzendes) apricotfarbenes Kostüm[27], kadriert jedoch nur als Torso mit Kopf jenseits des Bildausschnitts. Sie wirft die silberne Kugel, die im CDU-Spot die „Hauptrolle" spielte, unentschlossen von der linken in die rechte Hand und zurück. Begleitet wird das Ganze durch Off-Kommentare zu Kursänderungen in der bisherigen Oppositionspolitik der Union. Am Ende fällt die Kugel der ungeschickten Jongleurin aus der Hand – ein Bild des Scheiterns, das jedoch so humoristisch gerahmt ist, dass auch hier die negative Stimmung durch die Fröhlichkeit des Spot(t)s überdeckt wird.

---

26   vgl. dazu die Untersuchungen von Holtz-Bacha (2001). In den USA sind Spots, die den politischen Gegner direkt der Lüge, der Inkompetenz, der Feigheit und charakterlicher Mängel bezichtigen, an der Tagesordnung.

27   Dieses Kostüm wurde im Wahlkampf 2005 zum vielkommentierten Markenzeichen von Frau Merkel, weil es den Stilwechsel der persönlichen Inszenierung der Kandidatin von der „grauen Maus" zur weltläufigen Politikerin symbolisieren sollte.

4 Fazit

Wahlwerbespots sind ein Format, das im Spannungsfeld zwischen Politik und Ästhetik angesiedelt ist. Aufgrund der rechtlichen Regelungen in Deutschland, die eine Ausstrahlung der Angebote auch kleiner Parteien im öffentlich-rechtlichen Rundfunk gewährleisten, bieten sie bei vergleichsweise großer Reichweite[28] einen einzigartigen Einblick in die unterschiedliche politische Ästhetik der deutschen Parteienlandschaft. Auf der einen Seite finden sich aufwändig und professionell gestaltete Bild- und Tonwelten, in denen Außeralltäglichkeiten inszeniert, gute Stimmungen produziert und Zielgruppen durch eine genau justierte instrumentelle Ästhetik ins Fadenkreuz des politischen Marketings genommen werden. Die empirisch überprüften Sinus-Milieus bieten den Parteien dabei ein Instrument, mit dem die angestrebten Wählergruppen fast punktgenau erreicht werden können. Auf der anderen Seite ist der authentisch wirkende Dilettantismus der Spots von Kleinparteien positioniert. Die wären jenseits der Fernsehausstrahlung nur für wenige Bürger in der Republik überhaupt wahrnehmbar. Anders als in den USA, wo das kommerzielle Mediensystem die entsprechenden ökonomischen Ressourcen als Zugangsbarriere zur Fernsehöffentlichkeit errichtet hat, kann hierzulande noch der simpelste Kurzfilm in der Ästhetik einer wackeligen Handkamera zur öffentlich-rechtlichen Ausstrahlung gelangen.

Diese Ungleichzeitigkeit der politischen Ästhetik ist über ihren Skurrilitäts- und Unterhaltungswert hinaus ein wichtiges Element des Wahlkampfs als demokratisches Ritual[29]. Hier wird vorgeführt, dass die „Großen" und die „Kleinen" sich in einem relativ offenen Wettstreit um die Gunst des elektoralen Souveräns befinden. Der bunte Flickenteppich des Wahlwerbespots symbolisiert Vielfalt und Offenheit. Er kann somit als visuelles Gegengewicht zu einem Szenario wirken, in dem die Bürger sich den ewig gleichen Kräften der politischen Klasse und des etablierten politischen Systems gleichsam hilflos ausgeliefert fühlen. Wenn man also noch einmal darüber nachdenken sollte, die Ausstrahlung von Wahlwerbespots im öffentlich-rechtlichen Rundfunk einzustellen, wie dies schon einmal im Jahr 1993 auf Initiative des damaligen NDR-Intendanten und ARD-Vorsitzenden Jobst Plog geschah (Holtz-Bacha 2000: 73),

---

28 Die Reichweite hängt faktisch vom Programmumfeld ab, in dem der Spot gesendet wird. Vor populären Unterhaltungsshows konnten die Spots etwa 1987 Werte von über 17 Millionen Zuschauern erzielen, und seit den 90er Jahren werden auf guten Sendeplätzen regelmäßig zwischen vier und sechs Millionen Zuschauern erreicht (Holtz-Bacha 2000: 81f.). Solche Reichweiten über paid media wie Wahlplakate oder Broschüren zu erreichen ist für Kleinparteien faktisch unmöglich.

29 Zu diesem Ritual und seiner konstitutiven Funktion in der symbolischen Ordnung moderner Demokratien vgl. Dörner/Vogt (2002).

dann sollte man den möglichen symbolischen Schaden für die politische Kultur der Republik nicht übersehen. Der Wahrnehmungsraum der politischen Ordnung würde durch eine solche Maßnahme merkbar ausgedünnt werden.

Literatur

Ascheberg, Carsten (2006): Milieuforschung und Transnationales Zielgruppenmarketing. In: Aus Politik und Zeitgeschichte 44-45 (2006). 18-25.

Ayaß, Ruth (2001): Werbespots. In: Werner Holly u.a. (Hrsg.) (2001): Der sprechende Zuschauer: Wie wir uns Fernsehen kommunikativ aneignen. Wiesbaden. 201-225

Barck, Karlheinz/Faber, Richard (1999): Ästhetik des Politischen – Politik des Ästhetischen. Würzburg.

Benjamin, Walter (1936): Das Kunstwerk im Zeitalter seiner technischen Reproduzierbarkeit. Ausgabe Frankfurt/M. 1963.

Beyme, Klaus von (1998): Die Kunst der Macht und die Gegenmacht der Kunst. Studien zum Spannungsverhältnis von Kunst und Politik. Frankfurt/M.

Beyme, Klaus von (2000): Kunstpolitik in der Demokratie. In: Gewerkschaftliche Monatshefte 51 (2000). 407-415.

Beyme, Klaus von (2004): Politische Ikonologie der modernen Architektur. In: Birgit Schwelling (Hrsg.): Politikwissenschaft als Kulturwissenschaft: Theorien, Methoden, Problemstellungen. Wiesbaden. 351-372.

Bohrer, Karl Heinz (1986): Ästhetik und Politik sowie einige damit zusammenhängende Fragen. In: Merkur 40 (1986). 719-724.

Bohrer, Karl Heinz (1988): Nach der Natur. Über Politik und Ästhetik. München, Wien.

Bourdieu, Pierre (1982): Die feinen Unterschiede. Kritik der gesellschaftlichen Urteilskraft. Frankfurt/M.

Breitenberg, Konrad (1990): Bismarck. Kult und Kitsch um den Reichsführer. Frankfurt/M.

Brosda, Carsten (1999): Aufstand nach der Krönungsmesse. Der SPD-Parteitag 1998 in Leipzig. Zur Inszenierung journalistischer Inszenierungskritik. In: Ontrup, Rüdiger/Schicha, Christian (Hrsg.): Medieninszenierungen im Wandel. Interdisziplinäre Zugänge. Münster u.a. 199-213.

Busch, Werner (Hrsg.) (1987): Funkkolleg Kunst. Eine Geschichte der Kunst im Wandel ihrer Funktionen. 2 Bde. München, Zürich.

Combs, James (1984): Polpop. Politics and Popular Culture in America. Bowling Green.

Combs, James (1991): Polpop 2. Politics and Popular Culture in America Today. Bowling Green.

Dahrendorf, Ralf (1986): Das 'Westminster-Game' und die englische Freiheit. In: Merkur 40. 735-745.

Depenheuer, Otto (Hrsg.) (2005): Staat und Schönheit. Möglichkeiten und Perspektiven einer Staatskalogathie. Wiesbaden.

Dörner, Andreas (2000): Der Bundestag im Reichstag. Zur Inszenierung einer politischen Institution in der „Berliner Republik". In: Zeitschrift für Parlamentsfragen 31 (2000). 237-246.

Dörner, Andreas (2001): Politainment. Politik in der medialen Erlebnisgesellschaft. Frankfurt/M.

Dörner, Andreas, Vogt, Ludgera (2002): Wahl-Kämpfe. Betrachtungen über ein demokratisches Ritual. Frankfurt/M.

Downs, Anthony (1957): An Economic Theory of Democracy. New York.

Eco, Umberto (1984): Apokalyptiker und Integrierte. Zur kritischen Kritik der Massenkultur. Frankfurt/M.

Flaig, Berthold u.a. (1999): Alltagsästhetik und politische Kultur. 3. Aufl. Bonn.

Friedländer, Saul (1984): Kitsch und Tod. Der Widerschein des Nazismus. München, Wien.

Funkkorrespondenz (2006): USA: Eine Webseite für TV-Commercials. In: Funkkorrespondenz 47 (2006). 24.11.2006. 16.

Geertz, Clifford (1985): Centers, Kings, and Charisma: Reflections on the Symbolics of Power. In: Sean Wilentz (Hrsg.): Rites of Power. Symbolism, Ritual, and Politics since the Middle Ages. Philadelphia. 13-38.

Gehlen, Arnold (1975): Urmensch und Spätkultur. Philosophische Ergebnisse und Aussagen. 3. verb. Aufl. Frankfurt/M.

Greiffenhagen, Martin (1994): Schöner Staat. Anmerkungen zu einer Ästhetik des Politischen. In: Greven, Michael Th./Kühler, Peter/Schmitz, Manfred (Hrsg.): Politikwissenschaft als Kritische Theorie: Festschrift für Kurt Lenk. 317-330.

Hermand, Jost (1988): Der alte Traum vom neuen Reich. Völkische Utopien und Nationalsozialismus. Frankfurt/M.

Hofmann, Wilhelm (Hrsg.) (1996): Sinnwelt Film. Beiträge zur interdisziplinären Filmanalyse. Baden-Baden.

Hofmann, Wilhelm (Hrsg.) (1998): Visuelle Politik. Filmpolitik und die visuelle Konstruktion des Politischen. Baden-Baden.

Hofmann, Wilhelm (Hrsg.) (1999): Die Sichtbarkeit der Macht. Untersuchungen zur Theorie und Empirie visueller Politik. Baden-Baden.

Hofmann, Wilhelm/Lesske, Frank (Hrsg.) (2005): Politische Identität – visuell. Untersuchungen zur visuellen Konstruktion politischer Identität. Münster.

Hofmann, Wilhelm/Mühleisen, Hans-Otto (Hrsg.) (2005): Politik und Herrschaft im Medium der bildenden Kunst. Münster.

Holtz-Bacha, Christina (2000): Wahlwerbung als politische Kultur. Parteienspots im Fernsehen 1957 – 1998. Wiesbaden.

Holtz-Bacha, Christina (2001): Negative Campaigning: In Deutschland negativ angenommen. In: Zeitschrift für Parlamentsfragen, 32 (2001), 669-677.

Hörnlein, Frank/Heinecke, Herbert (Hrsg.) (2000): Zukunft im Film. Sozialwissenschaftliche Studien zu Star Trek und anderer Science Fiction. Magdeburg.

Hradil, Stefan (1987): Sozialstrukturanalyse in einer fortgeschrittenen Gesellschaft von Klassen und Schichten zu Lagen und Milieus. Opladen.

Jewett, Robert/Lawrence, John Shelton (1977): The American Monomyth. Garden City. N.Y.

Kant, Immanuel (1974): Kritik der Urteilskraft. Hrsg. Von Wilhelm Weischedel. (= Werkausgabe, Band X) Frankfurt/M.

Knieper, Thomas/Müller, Marion G. (Hrsg.) (2003): Authentizität und Inszenierung von Bilderwelten. Köln.

Lipp, Wolfgang (1985): Stigma und Charisma. Über soziales Grenzverhalten. Berlin.

Lorenzer, Alfred (1984): Das Konzil der Buchhalter. Die Zerstörung der Sinnlichkeit. Eine Religionskritik. Frankfurt/M.

Metken, Günter (1986): 'La mère patrie' oder die Doppelgesichtigkeit. Anmerkungen zum französischen Staatsschauspiel. In: Merkur 40. 746-753.

Mosse, George L. (1976): Die Nationalisierung der Massen. Politische Symbolik und Massenbewegungen in Deutschland von den napoleonischen Kriegen bis zum Dritten Reich. Frankfurt/M. u.a.

Mukarovský, Jan (1936): Ästhetische Funktion, Norm und ästhetischer Wert als soziale Fakten. In: Mukarovský, Jan (Hrsg.) (1970): Kapitel aus der Ästhetik. Frankfurt/M. 7-112.

Müller, Marion G. (2003): Grundlagen der visuellen Kommunikation. Theorieansätze und Analysemethoden. Konstanz.

Müller, Adam (1809): Die Elemente der Staatskunst. Ausgabe Berlin 1968.

Münkler, Herfried (1990): Vom Verlust des revolutionären Subjekts. Die politische Dimension moderner und postmoderner Ästhetiken. In: Münkler, Herfried/Saage, Richard (Hrsg.): Kultur und Politik: Brechungen der Fortschrittsperspektive. Fs. Für Iring Fetscher. Opladen. 49-74.

Otto, Rudolf (1963): Das Heilige. Über das Irrationale in der Idee des Göttlichen und sein Verhältnis zum Rationalen (1917). München.

Pross, Harry (1984): Kitsch. Soziale und politische Aspekte einer Geschmacksfrage. München.

Reichel, Peter (1991): Der schöne Schein des Dritten Reiches. Faszination und Gewalt des Faschismus. München, Wien.

Rohe, Karl (1990): Politische Kultur und ihre Analyse. Probleme und Perspektiven in der Politischen Kulturforschung. In: Historische Zeitschrift 250. 321-346.

Santayana, George (1988): The Sense of Beauty. Being the Outlines of Aesthetic Theory (1896). Critical Edition, edited by W.G. Holzberger und H.J. Saatkamp, Jr. Cambridge, Mass., London.

Sarcinelli, Ulrich (1998) (Hrsg.): Politikvermittlung und Demokratie in der Mediengesellschaft. Bonn.

Schmidt, Siegfried J. (1999): Werbung. In: Willke, Jürgen (Hrsg.): Mediengeschichte der Bundesrepublik Deutschland. Bonn. 518-544.

Soeffner, Hans-Georg (1989): Die Inszenierung von Gesellschaft - Wählen als Freizeitgestaltung. In: Haller, Max u.a. (Hrsg.): Kultur und Gesellschaft. Verhandlungen des 24. Deutschen Soziologentages [...]. Frankfurt/M., New York. 329-345.

Steinberg, Rolf (Hrsg.) (1975): Nazi-Kitsch. Darmstadt.

Strübel, Michael (Hrsg.) (2002): Film und Krieg - Die Inszenierung von Politik zwischen Apologetik und Apokalypse. Opladen.

Tänzler, Dirk (2003): Zur Geschmacksdiktatur in der Mediendemokratie. Ein Traktat über politische Ästhetik. In: Merkur 57 (2003). 1025-1033.

Veblen, Thorstein (1986): Theorie der feinen Leute. Eine ökonomische Untersuchung der Institutionen. Frankfurt/M.

Vester, Michael u.a. (2001): Soziale Milieus im gesellschaftlichen Strukturwandel. Zwischen Integration und Ausgrenzung. Frankfurt/M.

Vogt, Ludgera (1994): 'Kunst' oder 'Kitsch' - ein 'feiner Unterschied'? Zur Soziologie ästhetischer Wertung. In: Soziale Welt 45. 363-384.

Vološinov, Valentin N. (1928): Marxismus und Sprachphilosophie. Grundlegende Probleme der soziologischen Methode in der Sprachwissenschaft. Ausg. hrsg. u. eingel. von Samuel Weber. Frankfurt/M. u.a. 1975.

Vorländer, Hans (Hrsg.) (2003): Zur Ästhetik der Demokratie. Formen der politischen Selbstdarstellung. Stuttgart.

Warnke, Martin (1987): Das Bild als Bestätigung. In: Busch, Werner (Hrsg.): Funkkolleg Kunst. Eine Geschichte der Kunst im Wandel ihrer Funktionen. 2 Bde. München, Zürich. 483-506.

Warnke, Martin (1996): Bau und Gegenbau. In: Hipp, Hermann/Seidl, Ernst (Hrsg.): Architektur als politische Kultur. Berlin. 10-21.

Weber, Max (1976): Wirtschaft und Gesellschaft. Grundriß der verstehenden Soziologie. 5. rev. Aufl. mit textkritischen Erläuterungen. Hrsg. von J. Winckelmann. Tübingen.

Wefing, Heinrich (1995): Parlamentsarchitektur. Zur Selbstdarstellung der Demokratie in ihren Bauwerken. Eine Untersuchung am Beispiel des Bonner Bundeshauses. Berlin.

Wefing, Heinrich (1999): Abschied vom Glashaus. Die architektonische Selbstdarstellung der Bundesrepublik im Wandel. In: Wefing, Heinrich (Hrsg.): „Dem Deutschen Volke". Der Bundestag im Berliner Reichstagsgebäude. Bonn. 136-161.

Willems, Herbert (Hrsg.) (2002): Die Gesellschaft der Werbung. Kontexte und Texte. Produktionen und Rezeptionen. Entwicklungen und Perspektiven.

„Wir machen keine Wahlpropaganda"

Wie die Parteien mit ihren Fernsehspots Politikverdrossenheit erzeugen

Horst Pöttker

Wie hat es der aufstrebende Nachwuchspolitiker Adolf Hitler seinem Sekretär während einer schöpferischen Pause[1] auf dem Marsch zur Macht in die Feder diktiert? „Jede Propaganda hat volkstümlich zu sein und ihr geistiges Niveau einzustellen nach der Aufnahmefähigkeit des Beschränktesten unter denen, an die sie sich zu richten gedenkt" (Hitler 1939: 197).

1   Hitlers Propaganda-Rezepte

An das Propaganda-Kapitel aus *Mein Kampf*, in dem dieser Satz steht, hat kürzlich Thymian Bussemer wieder einmal erinnert (vgl. Bussemer 2005: 174-177). Er vertritt die These, das Propaganda-Thema beherrsche, getarnt hinter Etiketten wie „persuasive Kommunikation" oder „P(ublic) R(elations)", die Kommunikationswissenschaft wie die Praxis der öffentlichen Kommunikation in modernen Gesellschaften, auch wenn sie sich demokratisch nennen.

Hitler hatte erkannt, dass zu einer erfolgreichen Propaganda, die sich am untersten intellektuellen Niveau orientiert, vor allem zwei Taktiken gehören. Erstens müsse ihr Wirken „immer mehr auf das Gefühl gerichtet sein und nur sehr bedingt auf den so genannten Verstand" (Hitler 1939: 197). Und zweitens habe sie „sich auf nur sehr wenige Punkte zu beschränken und diese schlagwortartig solange zu verwerten, bis auch bestimmt der letzte unter einem solchen Worte das Gewollte sich vorzustellen vermag" (ebd.: 198).

Anders gesagt: Wenn die Wirkung von Propaganda optimiert werden soll, muss sie sich wohlklingender Leerformeln bedienen, denen jede(r) zustimmen und sich dabei denken kann, was ihm oder ihr passt. Je konkreter dagegen eine politische Programmatik, desto größer das Risiko, damit unzufriedene Teile des Publikums zu verprellen[2].

---

1   1924 während seiner „Festungshaft" in Landsberg am Lech nach dem fehlgeschlagenen Münchner Putschversuch vom 8./9. November 1923.

2   Eine erfahrungsgesättigte Analyse der Phrasenhaftigkeit, von der die Sprache der Politik wegen der Scheu vor konkret greifbaren Aussagen, die zu Wählerverlusten führen könnten,

Hitler ist diesen Einsichten gefolgt und war damit erfolgreich. Wären nicht seine Verbohrtheit in die Rassenideologie und seine militärische Inkompetenz dazwischengekommen, allein aufgrund seiner und Joseph Goebbels' Propagandakünste hätte er vermutlich lange regieren können.

Kein Wunder, dass seine Rezepte noch heute befolgt werden. Schaut man sich etwa die Wahlwerbespots an, die die Parteien der für den Bundestag kandidierenden Politiker im Sommer 2005 produzieren und vom dazu verpflichteten öffentlich-rechtlichen Fernsehen ausstrahlen ließen, wird man den Eindruck nicht los, sie hätten bei Hitler nachgelesen, wie man am effektivsten auf Stimmenfang geht.

Die Bilder der Spots, in denen meistens die emotionale Ansprache steckt, mögen raffiniert genug sein, damit Intellektuelle wenigstens an ihrer kritischen Analyse Freude haben können. Die flachen Texte dagegen, in denen immer dieselben wohlklingenden Schlagworte stupide wiederkehren, werden von der Kommunikations- und Politikwissenschaft mittlerweile ignoriert.

Ein Grund, sie sich wieder einmal anzuschauen. Wenn die bei solchem Hinschauen fast von selbst aufkommende Kritik mittlerweile verstummt ist, heißt das ja nicht, dass sie falsch oder unwichtig gewesen wäre. Auch, damit wir uns daran erinnern können, was am 18. September 2005, der von Politikern und Medien als Tag einer Richtungsentscheidung inszeniert worden ist, den Fernsehzuschauern tatsächlich zur Wahl gestellt wurde, konzentriere ich mich wieder einmal auf die Spot-Texte. Dabei beschränke ich mich auf die ernstzunehmenden Parteien, die sich der parlamentarischen Prozedur unterzogen, um tatsächlich politischen Einfluss zu gewinnen[3].

2   Deutschland, Deutschland über alles

Es war zu erwarten, dass der Rat, sich ans unterste Niveau zu richten, 2005 von Parteien beherzigt wurde, die sich auch sonst gern an Hitler erinnern. Bei ihnen heißt das stupide wiederkehrende Schlagwort „Deutschland":

> Wenn ihr Deutschland nicht liebt, dann geht nach Hause! Jetzt muss gelten: Vorfahrt für Deutschland! Wählen Sie Vorfahrt für Deutschland. Die Republikaner. Wir sind Deutschland! Ihre Zweitstimme für Deutschland.

---

gerade in Demokratien geprägt ist, stammt von dem früheren Bundesminister Erhard Eppler (1992: besonders 138-183). Eppler greift dabei auf sprachkritische Analysen von George Orwell zurück (vgl. auch Kurz u.a. 2000: 431-453).

3   Unter denen, die sich dem Fernsehpublikum präsentiert haben, gab es auch eine ganze Reihe andere, z.b. die „Anarchistische Pogo-Partei Deutschlands" (APPD) oder die „Partei für Arbeit, Rechtsstaat, Tierschutz, Elitenförderung und basisdemokratische Initiative" („Die Partei").

Und bei der rechtsextremen Konkurrenz wird zur Melodie des Deutschland-Liedes verkündet:

Deutscher, Deutschland ist dein, lass' es dir nicht nehmen. NPD, denn deutsch soll Deutschland sein. Arbeit für Deutsche!

Immerhin fordert die NPD auch noch: *„Für Deutsche: 500 Euro Kindergeld!"* Das zeigt Risikofreude, denn der eine oder andere Zuschauer könnte ja auf die Idee kommen, die Aktivitäten der NPD-Abgeordneten in einigen ostdeutschen Landtagen an dieser verheißungsvollen Forderung zu messen.

3   Von SPD bis CSU: Arbeit, Gerechtigkeit, Zukunft

Was kaum weniger zu erwarten war: Das Rezept, sich mit Wohlfühl-Parolen ans unterste Niveau zu wenden, wurde auch von den anderen Parlaments-Parteien befolgt. Ihre Fernsehspots unterscheiden sich vor allem dadurch von NPD und Republikanern, dass sie zwar auch oft „Deutschland" ins Spiel bringen, außerdem aber noch andere positiv konnotierte Schlagworte wie „Arbeit", „(soziale) Gerechtigkeit", „Frieden", „Familie", „Sicherheit", „Wachstum", „Erneuerung", „Aufschwung" und vor allem „Zukunft" wiederholen, die von den rechtsextremen Parteien sparsamer verwendet werden. Oft nehmen diese Schlagworte auf ökonomische oder soziale Probleme Bezug, für die die Politik gar nicht verantwortlich ist. Die ähnlich klingenden Formeln werden fast immer den prominentesten Personen der Parteien in den Mund gelegt, in der Regel den Spitzendaten.

Die regierende „Sozialdemokratische Partei Deutschlands" (SPD) lässt natürlich ihren damals noch amtierenden Kanzler sprechen.

Gerhard Schröder: *Deutschland braucht einen Bundeskanzler, der für eine moderne Familienpolitik eintritt. Deutschland braucht einen Bundeskanzler, der für neue Arbeit auch die Wirtschaft in die Pflicht nimmt. Deutschland braucht einen Bundeskanzler, der mutig unser Land erneuert. Deutschland braucht einen Bundeskanzler, der sich entschlossen für die soziale Gerechtigkeit einsetzt. Deutschland braucht einen Bundeskanzler, der standhaft bleibt für den Frieden. Deutschland ist auf dem richtigen Weg. Es ist der sicherste und gerechteste Weg in eine gute Zukunft. Dafür stehe ich.*

Und die oppositionelle „Christlich Demokratische Union Deutschlands" (CDU) lässt mangels bundespolitischer Exekutiv-Prominenz ihre Vorsitzende zu Wort kommen.

Angela Merkel: *Dies ist keine Wahl wie jede andere. Es steht viel auf dem Spiel. Deutschland braucht einen klaren Kurs und eine verlässliche Politik für mehr Wachstum und mehr Arbeit. Für eine gesicherte Zukunft jedes Einzelnen. Die CDU und ich ganz persönlich bitten Sie um diesen Auftrag. Deutschland wird es schaffen.*

Das „Bündnis 90/Die Grünen" (Grüne) konnte auf den amtierenden Außenminister zurückgreifen, der seine Partei durch das zusätzliche Schlagwort „Umwelt" etwas stärker zu profilieren sucht.

Joschka Fischer: *Der Kampf gegen die Arbeitslosigkeit, neue Arbeitsplätze, wenn wir den Kampf gegen die Arbeitslosigkeit gewinnen wollen, dürfen wir nicht Umwelt gegen Arbeit setzen. Wir haben 1,5 Millionen Arbeitsplätze im Umweltsektor geschaffen. Deutschland braucht nicht den Wechsel zu einer falschen Politik, sondern die Fortführung der richtigen Politik. Dass Wichtigste für unsere Zukunft ist Frieden, ist Sicherheit. Wir werden auch in Zukunft dafür Sorge tragen, dass wir verlässliche Freunde und Bündnispartner sind. Wir haben viel erreicht, aber es liegt noch eine weite Wegstrecke vor uns. Und die will ich mitgehen und mitgestalten. Am 18. September haben Sie die Entscheidung, und ich bitte Sie, wählen Sie die Grünen.*

Bei der „Freien Demokratischen Partei" (FDP) stand, wie beim Wunschpartner CDU, nur der Vorsitzende zur Verfügung, der einen etwas besserwisserischen Ton anschlägt.

Guido Westerwelle: *Arbeit hat Vorfahrt. Wir brauchen einen Aufschwung, und den gibt es nur durch Wachstum. Wachstum entsteht mit einer wirtschaftsfreundlichen Politik. Es gibt keine bessere Politik für Arbeitnehmer als dafür zu sorgen, dass derjenige, der einen Arbeitsplatz sucht, ihn auch findet. Nur wenn in Deutschland investiert wird, entstehen hier auch Arbeitsplätze. Deshalb brauchen wir ein niedrigeres, einfacheres und gerechteres Steuersystem, weil Leistung sich für alle lohnen muss. Und weil auch nur so die soziale Sicherheit erhalten bleibt. Für die Älteren genauso wie für die Familien und für die Kinder. Wenn unsere europäischen Nachbarn das schaffen, dann schaffen wir das auch. Wir können es besser, deshalb wollen wir einen Neuanfang. Der Schlüssel dazu ist eine starke FDP. Deswegen bitte ich Sie, bei der Bundestagswahl die FDP zu wählen.*

„Die Linke/PDS" führt das Publikum erst auf ein paar Gemeinplätze mit sozialistischen Duftnoten, bevor sie ihre zwei Spitzenkandidaten reden lässt. Statt von „Deutschland" ist dabei von „unserem Land" die Rede.

Das ist unser Land, und wir leben hier gern. Wir wollen streiten, wir wollen lieben, wir wollen leben. Der Reichtum der Gesellschaft darf nicht nur wenigen gehören.

Die Dinge müssen nicht bleiben, wie sie sind. Wir können sie ändern. Gemeinsam werden wir das Land bewegen, damit jeder Mensch in Würde leben kann.

Oskar Lafontaine: *Wir wollen eine Politik machen, die im Gespräch mit den Bürgerinnen und Bürgern entwickelt wird, die eben nicht von irgendwelchen Interessenverbänden vorgegeben wird.*

Gregor Gysi: *Wenn die anderen Parteien sich einig sind, die Gesellschaft zu Lasten der Kranken, der Arbeitslosen, der Rentnerinnen und Rentner und zunehmend auch der Arbeitnehmerinnen und Arbeitnehmer zu sanieren: wir finden das völlig falsch. Wir finden, dass andere Ansätze zu einer Demokratie gehören, als diese.*

Nur bei der „Christlich-Sozialen Union" (CSU) sind es nicht prominente Politiker, sondern Menschen wie du und ich, eine kleine Volksgemeinschaft, die Wohlfühlparolen äußern.

Jugendlicher Auszubildender: *Ich habe einen Arbeitsplatz, und ich will ihn auch behalten.*
Frau: *Ich will mich um meine Familie kümmern und auch arbeiten können.*
Architekt: *Ich will Häuser für die Zukunft bauen.*
Krankenschwester: *Ich möchte auch in Zukunft meinen Beruf ausüben, aber ist mein Arbeitsplatz noch sicher?*
Ältere Lehrerin: *Ich will, dass meine Schüler wieder eine Zukunft haben.*
Unternehmer: *Wir brauchen gut ausgebildete junge, aber auch erfahrene ältere Mitarbeiter.*
Junge: *Ich will, dass mein Papa endlich wieder Arbeit findet.*
Großer Bruder: *Ich will, dass auch mein kleiner Bruder einen Ausbildungsplatz bekommt.*
Älterer Mann: *Ich will, dass alle wieder Arbeit finden, so wie früher.*
Studentin: *Ich mach' jetzt erst mal meine Ausbildung, ich bin mir sicher, es wird bald wieder besser in Deutschland. Die Menschen wollen arbeiten, wir werden alles dafür tun, dass es wieder mehr Arbeit gibt. Deutschland braucht den Wechsel, damit es wirtschaftlich aufwärts geht und unsere Kinder eine sichere Zukunft haben. Wählen Sie deshalb am 18. September mit beiden Stimmen CSU.*

Die Texte wurden hier etwas gekürzt, wodurch politische Nuancen unter den Tisch fallen mögen. Aber der Eindruck eines populistischen Einheitsbreis, in dem sich die Parteien aus Furcht, damit beim Wähler anzuecken, vor konkreten Policy-Aussagen drücken und stattdessen in wohlklingenden Leerformeln ergehen, ist so massiv, dass auch Nuancen nichts am Resultat ändern würden: Es handelt sich nicht um Informationen über unterschiedliche politische Absichten, sondern um Propaganda, die sich an dem orientiert, was die Wahlkampfstrategen für den kleinsten gemeinsamen Nenner im Publikum[4] halten. Dass erfolgreiche Wahlwerbung sich am untersten geistigen Niveau zu orientieren hat, steht wie ein Motto über diesen Überredungsbemühungen.

4   Chancenlose Parteien können konkreter werden

Kleine, bei den Wählern wenig erfolgreiche Parteien, die in Deutschland wegen der Fünf-Prozent-Hürde nicht in den Parlamenten vertreten sind, folgten in der Regel ebenfalls dem Muster, in ihren Spots die (relative) Parteiprominenz sprechen zu lassen[5], wagen dabei aber konkretere Aussagen. So die „BayernPartei":

> *Bayern ist größer als die meisten Mitgliedsstaaten der EU. Aus einer Umfrage geht hervor, dass mehr als ein Drittel der bayerischen Bürgerinnen und Bürger die Selbstständigkeit Bayerns innerhalb der Europäischen Union befürworten. Ein selbstständiges Bayern könnte 16 Milliarden Überschuss erwirtschaften. Deutschland bremst die positiven Entwicklungen Bayerns.*
> Andreas Settele (Vorsitzender der BayernPartei): *Für ein freies unabhängiges Bayern innerhalb Europas. Wählen Sie Ihre Freiheit. Ich bitte Sie um Ihre Stimme bei dieser Wahl für die BayernPartei.*

Dass Deutschland hier negativ konnotiert wird, unterscheidet diesen Spot von allen anderen. Und der Wähler erfährt immerhin, dass er hier einer Partei seine Stimme geben würde, die sich bemüht, Bayern politisch aus der Bundesrepublik herauszulösen.

Solchem Separatismus stellt die„Partei für Soziale Gleichheit, Sektion der Vierten Internationale" (PSG) ihren Internationalismus gegenüber.

> Ulrich Rippert (Vorsitzender der PSG): *Die vorgezogene Bundestagswahl leitet eine neue Runde sozialer und politischer Angriffe ein, aber überall in Europa wächst der Widerstand. Wir, die Partei für Soziale Gleichheit, nehmen an der Wahl teil, um diesem Widerstand eine internationale sozialistische Orientierung zu geben. Keines dieser Probleme kann im nationalen Rahmen gelöst werden. Gegen globale Konzerne, die Standorte gegeneinander ausspielen und Belegschaften erpressen, gibt es nur eine Verteidigung: Arbeiter müssen ihre eigene internationale Strategie entwickeln, die auf Zusammenarbeit und Solidarität basiert.*

---

4   Oder besser: das größte gemeinschaftliche Vielfache der Wählerwünsche.
5   Von dieser autoritären Praxis wich wie gesagt ausgerechnet die CSU als einzige etablierte Partei ab – war dies bereits ein Zeichen für Edmund Stoibers Unentschlossenheit, in die Bundespolitik zu gehen, die das Ende seiner politischen Karriere eingeläutet hat?

Greifbar machen solche Parteien sich auch dadurch, dass sie sich vor allem von denjenigen etablierten Konkurrenten distanzieren, mit denen sie verwechselt werden könnten.

Christoph Vandreier (Kandidat der PSG): *Wir sind entschiedene politische Gegner von Oskar Lafontaine und der Linkspartei. Lafontaines Warnung vor so genannten Fremdarbeitern war kein Lapsus sondern Programm. Lafontaine will ein starkes kapitalistisches Kerneuropa, das sich gegenüber dem Rest der Welt behauptet. Ein solches Programm ist völlig nationalistisch und spaltet die Arbeiter. Die Partei für Soziale Gleichheit ist Teil der Vierten Internationale, die jahrzehntelang gegen den Verrat und Opportunismus von Sozialdemokratie und Stalinismus gekämpft hat. Unterstützt den Wahlkampf der Trotzkisten, wählt die PSG.*

Ähnlich distanziert sich die „Deutsche Zentrumspartei" (Zentrum), „älteste Partei Deutschlands, gegründet 1870", von der CDU und geht dabei auffällig ins Detail.

Gerhard Woitzik (Vizebürgermeister und Kreistagsabgeordneter): *Ist die CDU mit ihrem Spendenskandal noch glaubwürdig? Unter Frau Merkel scheint sich nach der Wende in den neuen Ländern ein unbeschreiblicher Skandal abgespielt zu haben. Woher kamen die Millionen, die die Ost-CDU für den Aufbau ihrer Infrastruktur benötigte? Hat sich die CDU etwa als Nachfolgerin der Zentrumspartei ausgegeben und nach der Wiedervereinigung zu Unrecht Entschädigungen für unsere Ostimmobilien kassiert? Gründet die Ost-CDU damit auf einem gigantischen Betrug, verbergen sich gar hinter den ungenannten Wohlspendern diese Millionen? Die Deutsche Zentrumspartei wird diese Machenschaften aufdecken. Nicht die SPD verdient Ihr Vertrauen, die mit ihrem Kanzler die Verfassung manipuliert, auch nicht die CDU. Wählen Sie dieses Mal Zentrum.*

Dass gerade chancenlose Parteien konkreter werden (können) – oder Parteien, die konkreter werden, chancenlos sind - , zeigt den Teufelskreis, der sich aus der Wirkungsweise von Propaganda ergibt: Je hohler die am geringsten Differenzierungsvermögen orientierten Phrasen, desto größer die Masse, die von der Propaganda erreicht wird und desto größer der persuasive Erfolg. Desto größer aber der Erfolg, den eine Partei mit ihrer Propaganda bei den Wählern erzielt, desto seriöser erscheint sie. Auf diese Weise wird politische Seriosität auf die Dauer mit Profillosigkeit gleichgesetzt – eine Gleichung mit verheerenden Folgen für die politische Kultur.

5   Wahlpropaganda als Ursache für Politikverdrossenheit

Offenbar hat das Rezept der etablierten Parteien, mit Leerformeln auf das
Wohlbefinden des Publikums auszugehen, Risiken und Nebenwirkungen für die
Politik. Und möglicherweise auch für das Fernsehen, das deshalb gut daran tut
zu betonen: „Für den Inhalt der Spots sind ausschließlich die Parteien verantwortlich!" Denn ganz so simpel, wie Hitler sich die Masse und ihr intellektuel-
les Durchschnittsniveau vorgestellt hat, sind die handelnden Individuen offenbar
nicht, aus denen diese Masse besteht. Sie merken es der Propaganda an, wenn
sie von den Propagandisten für dumm gehalten werden, nehmen das übel und
verlieren das Interesse am politischen Geschehen.

Wenn Politik sich als propagandistisches Showgeschäft präsentiert, wird sie
eines Tages von den Bürgern auch für ein propagandistisches Showgeschäft
gehalten, auch wenn sie das gar nicht ist. Auf diese Quelle für Politikverdrossenheit wird von Wissenschaftlern, denen die sinkende Wahlbeteiligung Sorge macht,
seit langem hingewiesen (vgl. Pöttker 1985, 1996). An der propagandistischen
Selbstpräsentation von Politik besonders in Wahlkämpfen hat das nichts ändern
können. Daher ist es nicht verwunderlich, dass die Wahlbeteiligung laut Angabe
des Statistischen Bundesamts ziemlich kontinuierlich weiter sinkt[6].

Das Thema der hohlen Wahlpropaganda wurde im Wahlkampf 2005 von
mehreren Parteien in ihren Fernsehspots aufgegriffen. Einerseits spielte eine
„Partei für Arbeit, Rechtsstaat, Tierschutz, Elitenförderung und basisdemokratische Initiative" ironisch damit; andererseits hoffte eine „Partei 50plus" mit Kritik daran ernsthaft Stimmen zu gewinnen. Diese Gruppierung verzichtete darauf, ihre Ziele durch prominente Personen aus den eigenen Reihen vorzustellen,
sondern bot nur einen anonymen Text an:

---

6   Abgesehen von Unregelmäßigkeiten nach der Wiedervereinigung ist bei Bundestagswahlen
     seit dem Höchststand von 1972 ein deutlicher Trend zur Abnahme der Wahlbeteiligung zu
     beobachten (in Prozent der Wahlberechtigten):

1972	91,1
1976	90,7
1980	88,6
1983	89,1
1987	84,3
1990	77,8
1994	79,0
1998	82,2
2002	79,1
2005	77,7.

     Bei Landtags-, Kommunal- und besonders Europa-Wahlen ist dieser Trend noch deutlicher.

Jetzt sind die Straßen wieder vollgehängt mit bunten Plakaten der Parteien, jetzt verstopfen wieder massenhaft Parteiblättchen Ihren Briefkasten. Aber was man vergeblich sucht, ist eine deutliche und vor allem verlässliche Aussage, wie es in Deutschland weitergehen soll. Und wir alle wissen: Gehalten wird doch nichts. Alles nur schöne Versprechungen! Wie gehabt: Nach der Wahl alles vergessen! Wieder einmal sollen die Leute für dumm verkauft werden, mit einer Millionen-Propaganda. Wir meinen: Dass in diesen Zeiten das Geld so aus dem Fenster geworfen wird, ist eine Schande! Und jeder sollte wissen: Diese Reklameschlacht finanzieren die Parteien letztendlich aus Steuergeldern. Also auch mit Ihrem Geld. Wir meinen: Mit diesen Millionen könnte man Besseres tun, sie etwa in die Ausbildung unserer Jugendlichen stecken. Da wären sie besser angelegt. Wir beteiligen uns bewusst nicht an dieser Volksverdummung. Wir machen keine Wahlpropaganda. Wählen sie einfach, was sie für richtig finden! <u>Wir</u> vertrauen auf ihr Urteilsvermögen.

Man sieht, wie schwierig es ist, dem Teufelskreis zu entkommen. Auch eine zutreffende Kritik an der Wahlpropaganda anderer Parteien ist im Kontext eines Wahlspots natürlich selbst wohlklingende, aber fast inhaltsleere Propaganda. Die Behauptung der „Partei 50plus", sie mache keine Wahlpropaganda, ist grotesk. Denn der einzige konkrete Programmpunkt, den der Spot formuliert, die Streichung der öffentlichen Wahlkampfkostenerstattung zugunsten der Ausbildungsförderung, liefert ja keine Informationen über politische Absichten der Partei in zentralen politischen Fragen, die als Grundlage für rationale Wahlentscheidungen taugten, sondern appelliert wiederum nur an Emotionen. Auch die „Partei 50plus" hat eine Taktik gewählt, die für die Wähler durchschaubar ist und sich wegen der kritischen Selbstthematisierung, die ihr innewohnt, als besonders trügerische Falle entpuppt. Die Partei war bei der Wahl nicht erfolgreich – aber allein wegen dieses Spots hätte sie es auch nicht verdient gehabt.

Dass Propaganda sich am untersten intellektuellen Niveau ihre Adressatenkreises orientieren und konkrete Aussagen vermeiden sollte, um kurzfristig erfolgreich zu sein, ist eine Einsicht, der Zweckmäßigkeit nicht abzusprechen ist. Dass es ausgerechnet Hitler war, der diese Einsicht formuliert und zusammen mit Goebbels in die Praxis der NS-Propaganda umgesetzt hat, zeigt Abgründe, die sich auftun, wenn solche Techniken öffentlicher Überredung bedenkenlos angewendet werden. Propaganda, die sich an Hitlers plausibles Konzept hält, ist für beliebige Zwecke instrumentalisierbar; und sie diskreditiert die Politik als ganze, auch noch heute.

Literatur

Bussemer, Thymian (2005): Propaganda. Konzepte und Theorien. Mit einem Vorwort von Peter Glotz. Wiesbaden.

Eppler, Erhard (1992): Kavalleriepferde beim Hornsignal. Die Krise der Politik im Spiegel der Sprache. Frankfurt/M.

Hitler, Adolf (1939): Mein Kampf. Zwei Bände in einem Band. Ungekürzte Ausgabe. 484./488. Aufl. München.

Kurz, Josef/Müller, Daniel/Pötschke, Joachim/Pöttker, Horst (2000): Stilistik für Journalisten. Wiesbaden.

Pöttker, Horst (1985): Das Fernsehen und die Krise der Parteien. Inhaltsanalysen als Beiträge zur politischen Soziologie. In: Publizistik. Heft 2-3/1985. 330-345.

Pöttker, Horst (1988): Legitimitätsdefizite und Fernsehen in der Bundesrepublik Deutschland. Das Medium als Instanz der politischen Sozialisation. In: Publizistik. Heft 2-3/1988. 505-519.

Pöttker, Horst (1996): Politikverdrossenheit und Medien. Daten und Reflexionen zu einem virulenten Problem. In: Jarren, Otfried/Schatz, Heribert/Weßler, Hartmut (Hrsg.): Medien und politischer Prozeß. Politische Öffentlichkeit und massenmediale Politikvermittlung im Wandel. Opladen. 59-71.

„Wir senden Ihnen jetzt keinen Werbespot…"

Zur Verwendung journalistischer Darstellungsformen in Wahlwerbespots 2005

Carsten Brosda

„Liebe Mitbürgerinnen und Mitbürger, wir senden Ihnen jetzt keinen Werbespot…" Mit diesen Worten begann der Film, mit dem die FDP im Bundestagswahlkampf 2005 auf sich aufmerksam machen wollte. Er zeigte den Spitzenkandidaten der Partei, Guido Westerwelle, in einem nachgebauten Fernsehstudio in der Pose eines Interviewpartners einer Nachrichtensendung. Die Botschaft schien klar: Hier werden keine Parolen ausgegeben; hier dürfen seriöse Fakten erwartet werden – ganz so wie in der richtigen Tagesschau. Der Spot der FDP war 2005 nur das prägnanteste Beispiel dafür, dass sich Parteien in ihrer Wahlwerbung der ganzen Bandbreite medialer Darstellungsformen bedienen, um ihre persuasiven Botschaften buchstäblich unter das Volk zu bringen. Im Fernseh-Wahlkampf gehören dazu wie selbstverständlich auch die Formate des vorgeblich nonfiktionalen journalistischen Berichtens und Reportierens. Auch in zahlreichen anderen Wahlwerbespots des Wahljahres 2005 waren journalistische Darstellungskonventionen präsent, wenngleich nur selten derart offensichtlich und explizit wie im FDP-Spot. Doch auch in diesem Fall konnte die Inszenierung nicht darüber hinwegtäuschen, dass es sich bei dem Gezeigten um eben das handelte, dessen Charakter Guido Westerwelle verbal verneinte: um einen Wahlwerbespot.

Medienkommunikative Angebote verlieren zunehmend an Eindeutigkeit. Ebenso wie der Werbespot als Nachrichtensendung daherkommt, mutieren politische Talkshows zu Unterhaltungsspektakeln oder präsentieren Nachrichtenformate Informationen über neue Handy-Klingeltöne. Die ehemals vergleichsweise eindeutig gezogenen Grenzen, die Luhmann (1996: 51) noch Mitte der 1990er Jahre eine auf den Kriterien der Informationsauswahl basierende Dreifaltigkeit der Programmbereiche Nachrichten/Berichte, Unterhaltung und Werbung konstatieren ließen, sind durchlässiger geworden – so es sie denn je in der unterstellten Eindeutigkeit gegeben hat. Daher können die im Folgenden untersuchten Spots auch Hinweise darauf sein, dass die Genregrenzen zwischen den verschiedenen Programminhalten des Fernsehens – zumindest auf der Ebene der Darstellung – tatsächlich zunehmend verwischen und dass „Prozesse der

Hybridisierung, Entgrenzung und Vermischung [...] zentrale Charakteristika
aktueller Angebote und Entwicklungen im Fernsehen" darstellen (Lünenborg
2005: 124). Demzufolge gehört das Spiel mit Formaten und mit Genres bei
Medienproduzenten wie -rezipienten längst zum Alltag. Wahlwerbung, die –
wie jede andere Werbung auch – in jedes passende persuasive Kleid zu schlüp-
fen bereit ist, macht von der Diffusion der Fernsehdarstellung nur allzu gerne
Gebrauch.

1   TV als kulturelles Forum

Das Fernsehen steht in modernen Gesellschaften als Chiffre für die unterschied-
lichsten sozialen, kulturellen und auch politischen Phänomene. Es stellt gleichermaßen eine kommunikative Infrastruktur zur Verfügung wie es als ästhetischer Ausdruck unterschiedlichster Narrative sozialer ‚Wirklichkeiten' fungiert.
Die US-amerikanischen Medienforscher Newcomb und Hirsch (1986: 181)
plädieren dafür, die beiden Facetten des Mediums durch den Bezug auf Kultur
zu vereinen und Fernsehen folgerichtig als ein „kulturelles Forum" zu verstehen,
in dem verschiedenste Deutungsmöglichkeiten der Gesellschaft zum Ausdruck
kommen können.

> „Obwohl schon jede einzelne Sendung ihren Zuschauern sehr unterschiedliche Le-
> bensauffassungen vor Augen führt, wird das Massenpublikum doch erst vom Sys-
> tem des Fernsehens als ganzem mit der vollen Spannweite und Vielfalt von Ideen
> und Ideologien unserer Kultur konfrontiert." (ebd.: 183)

Für Willems (2000: 51), der die Emergenz einer umfassenden „Medienerlebnis-
kultur" beobachtet, sind Medien, insbesondere das Fernsehen, „[...] gigantische
Raum-, Zeit- und Sozialgrenzen überspringende ‚Plattformen' und ‚Marktplät-
ze', auf denen kulturelle Sinnbestände und Informationen (re-)präsentiert, verarbeitet und verbreitet werden". Aus einer den Cultural Studies nahe stehenden
Analyseperspektive wird den Medien im Zusammenspiel mit Kultur und Macht
eine zentrale gesellschaftliche Rolle zugewiesen. Betont wird die Eigenschaft
von Medientexten, „[...] Material für die (hegemoniale) Bedeutungsproduktion
zu liefern und zugleich Mittel zur Verhandlung und Neuorganisation gesellschaftlicher Dominanzverhältnisse herzustellen" (Klaus/Lünenborg 2000: 197).
Fernsehen ist demnach Teil lebens- bzw. alltagsweltlicher Sozialzusammenhän-
ge und dient als „kulturelles Phänomen [...] der symbolischen Verständigung
der Gesellschaft über sich selbst, indem es von den Zuschauern interpretativ
handelnd zum sinnhaften Aufbau der Welt genutzt wird" (Mikos 1992: 542).

Im kulturellen Forum des Fernsehens agieren professionelle Vermittler wie Journalisten, Drehbuchautoren oder PR-Experten als „Symbolverkäufer", während (professionelle) Kommunikatoren wie Spitzenpolitiker als „symbolische Selbstverkäufer" präsent sind (Willems 2000: 49), die in ihren strategischen und oft theatralischen Selbstdarstellungen auf erhebliche Imagegewinne zielen. Das Fernsehen wird so auch für die Politik zu einer zentralen Bühne (vgl. Meyrowitz 1990a; 1990b). Politische Darstellungen kämpfen auf den medialen Marktplätzen mit anderen Programminhalten wie Unterhaltungsshows oder Fernsehserien um die soziale Aufmerksamkeit der Rezipienten. Sie folgen damit der seit mehreren Jahrzehnten auch in Deutschland verbreiteten Einsicht, dass schon die bloße Reichweite das Fernsehen für die kommunikativ strategische – und damit auch für die politische – Darstellung attraktiv macht und entsprechender Beachtung bedarf (vgl. Radunski 1980). Zugleich aber gibt es berechtigte, demokratietheoretisch wie empirisch begründete Zweifel an den politischen Informationskapazitäten der Fernsehdarstellung (vgl. demokratietheoretisch: Meyer 2001; Groebel u.a. 1995; empirisch: Meyer u.a. 2001; Kuhlmann 1999), die nicht zuletzt in den nivellierenden Darstellungskonventionen des Fernsehens begründet sind, die weitgehend unterschiedslos die verschiedenen Programminhalte einer einheitlichen Präsentationslogik und -optik unterwerfen.

Dies führt dazu, dass „segmentation and flow" (Fiske 1987: 99) als zentrale Charakteristika des Fernsehprogramms gesehen werden. Es wird permanent durch Werbung und ähnliches unterbrochen, beinhaltet aber zugleich gerade ästhetisch den Anspruch, niemals zu Ende zu gehen.

> „Fernsehen ist keine Veranstaltung, bei der dem Zuschauer ein einzelner Film präsentiert wird, Fernsehen bietet sich dem Betrachter als ein Sendungskonglomerat an, mehr noch: als ein Programm, das, zusammengesetzt aus ganz verschiedenen Bestandteilen, gerade in dieser Zusammengesetztheit erst seinen eigenen Charakter findet." (Hickethier 1994: 13)

Fernsehen ist gekennzeichnet durch eine weit reichende Intertextualität, ein Verwobensein der einzelnen Texte zu einem als Ganzes wahrgenommenen Programmzusammenhang (ebd.: 108ff.). Intertextualität bedeutet die rezeptive Herstellung von Zusammenhängen nicht nur zwischen den fiktionalen Programmbereichen des Fernsehens, sondern auch „zwischen Spiel und Dokumentation, zwischen Nachrichtensendung und Kriminalfilm" (Hickethier 1994: 17). Werbung trägt innerhalb des Mediums einerseits maßgeblich zur Segmentierung des Programms bei; sie erhält aber gleichzeitig den „flow" aufrecht, indem sie zum Beispiel auch durch Zitate und Verweise intertextuelle Verbindungen zu den sie umgebenden Programmangeboten herstellt. Hinzu kommt, dass die Situiertheit der einzelnen Sendung innerhalb des Programmflusses deren Rezeption beeinflusst. Die grundlegende Polysemie der Texte führt dazu, dass die Dekodierung durch deren Produzenten nicht kontrollierbar, sondern allenfalls durch Nutzung bewährter Genre-Konventionen beeinflussbar ist.[1] Die Darstellung des Politischen im Fernsehen kann davon nicht unberührt bleiben – ganz gleich in welchem Genre sie erfolgt.

2 Genres und Gattungen im Fernsehen

Dass das Fernsehprogramm zumindest im Hinblick auf zentrale Darstellungskonventionen von Homogenität geprägt ist, schließt eine hohe Diversifizierung der Programminhalte keinesfalls aus. In dem von der Präsentationslogik und - optik des Mediums gespannten Rahmen ist eine erhebliche Bandbreite nicht nur denkbar, sondern wird auch regelmäßig ausgeschöpft. Ordnende Funktion erfüllen in diesem Zusammenhang so genannte Genres, die eine „bestimmte Art der Erzählung" signalisieren und damit die „Vielfalt der möglichen Bedeutungen eines Textes" auf der Basis von Übereinkünften und Konventionen zwischen Produzenten und Rezipienten des Textes einschränken (Klaus/Lünenborg 2002: 159). Für Fiske (1987: 109) ist gerade das Fernsehen ein durch Genres stark strukturiertes Medium:

> „Genre is a cultural practice that attempts to structure some order into the wide range of texts and meanings that circulate in our culture for the convenience of both producers and audiences. Television programs appear to fall 'obviously' into clear generic categories – cop shows, soap operas, sitcoms, hospital dramas, quiz and game shows, and so on. Television is a highly 'generic' medium with comparatively few one-off programs falling outside established generic categories."

Durch Genre-Konventionen werden die Beziehungen zwischen Produzent, Text und Publikum geprägt und in bestimmter Hinsicht zumindest partiell prädeterminiert, indem Erwartungen und Erwartungserwartungen an Produktions- und Rezeptionshaltungen offen gelegt werden. Dabei sind Genres nicht als feste Größen zu fassen, die zu einem fertigen Repertoire an Optionen gruppiert und gezielt eingesetzt werden können. Ein solcher ontologischer Genrebegriff hielte der Situativität und Kontingenz des Produktions- und Rezeptionsprozesses von Medienprodukten nicht stand. Genres stabilisieren vielmehr die Erwartbarkeit

---

1 Nicht zuletzt um in diesem Punkt für mehr Gewissheit zu sorgen, regt Hickethier (1994: 22) genrespezifische Einzeluntersuchungen bislang wenig beachteter Programmbereiche wie der Werbespots an, die „binnenmediale Traditionslinien" und „historische Linien der Tradierung zu Formen und Inhalte" wissenschaftlich fixieren und der kritischen Reflexion zugänglich machen sollen. Auch hier aber gilt, dass der Kontext der Sendungen zu beachten ist.

diskursiver Aushandlungsprozesse, aber sie bestimmen nicht deren Ausgang. Lünenborg (2005: 114) betont daher die Prozessdimension in der Genre-Entwicklung: „Genres als kommunikative Gattungen medialen wie nicht-medialen Handelns sind damit zu verstehen als bedeutungsgenerierende Strukturen, die im Prozess der Kommunikation interaktiv von allen an ihr Beteiligten geschaffen werden."

Fiske (1987: 111) spricht vergleichbar von einem Genre als einem „shifting provisional set of characteristics which is modified as each new example is produced". Die Kompetenz zwischen verschiedenen Genres und Formaten zu unterscheiden ist eine, die Rezipienten performativ ausbilden. Allgemeine Forschungsbefunde zeigen zum Beispiel, dass Kinder bis sechs selbst dann nicht hinreichend zwischen Werbung und anderen Programminhalten unterscheiden können, wenn diese klar – zum Beispiel durch ein visuelles Trennelement – abgegrenzt werden (vgl. Winterhoff-Spurk 2001: 84). Fernsehrezeption muss gelernt werden auch in Bezug auf die in verschiedene Genreangebote eingravierten dominanten Lesarten. Die einem Genre zugeschriebenen Qualitäten sind nicht der Darstellung inhärent, sondern bedürfen der Bestätigung im Rezeptionsprozess:

„Authentizität lässt sich [...] nicht beschreiben als dem Material oder dem Medium innewohnende Eigenschaft, sondern als Charakteristikum, das das Publikum dem präsentierten Medientext zuweist. Wie tauglich also der Medientext zur Auseinandersetzung mit Wirklichkeit ist, wird nicht durch die Zuordnung zu einem Genre [...] entschieden, sondern durch den Zuschauer/die Zuschauerin bei jedem einzelnen Textangebot." (Klaus/Lünenborg 2002: 159)

Auch journalistische Fernsehangebote sind in diverse Genres bzw. in ‚Grundformen journalistischer Darstellungsweisen' ausdifferenziert.[2] Bestimmte Konventionen der Präsentation und der Rezeption zielen auf stabilisierte kommunikative Beziehungen zwischen Autor, Text und Rezipient. Es lassen sich grundlegende Darstellungsregeln des journalistischen Handelns ausmachen, welche die medienadäquate Selektion journalistischer Inhalte und deren angemessene Präsentation sichern (vgl. Mast 2004: 237). Zugleich sind solche Konventionen in ihrer nicht selten stereotypen und berechenbaren Ausprägung ein gerne in anderen Genres adaptiertes Mittel der Camouflage, wenn strategische Interessen hinter dem beispielsweise von journalistischen Fernsehnachrichten formulierten „Versprechen auf Aussagen über die Realität" (Lünenborg 2005: 114) versteckt werden sollen, um höhere Wirkung zu entfalten. Insbesondere Werbung zeigt

---

2   Ein Überblick findet sich in Mast 2004: 237ff.

sich als ein Genre, das sich der gezielten Adaption unterschiedlichster fremder Genrekonventionen im Dienste strategischer Kommunikationsinteressen bedient.

2.1 Werbung als Genre

Werbung kann als ein eigenständiges Genre innerhalb der kommunikativen Angebote des Fernsehens verstanden werden. Knoblauch und Raab (2002: 141) sprechen von Werbung als einer kommunikativen Gattung; darunter verstehen sie – dem bereits eingeführten Genrebegriff sehr ähnlich – „historisch und kulturell spezifische, gesellschaftlich verfestigte und formalisierte Lösungen für kommunikative Probleme", die kommunikative Interaktion entlang bestimmter, voraussehbarer Muster stabilisiert und damit in ihrem Verlauf erwartbarer macht. Feste Gattungsmerkmale, d.h. feste Bestandteile jeder Werbung, sind ihnen zufolge, die Botschaft des Produktes, die Botschaft der Beschreibung sowie der Werbeslogan (vgl. ebd.: 143). Hinzu kommen zahlreiche variable Gattungsmerkmale auf der visuellen und der auditiven Ebene der Spots.[3] Es kann daher davon ausgegangen werden, dass es gemeinsame Merkmale werberischer Angebote gibt und dass diese – bei aller situativen Kontingenz – als Grundcharakteristika des Fundaments werberischer Kommunikation zu verstehen sind.[4] Dass dabei konkrete Gestaltungsmerkmale in der Umsetzung erhebliche Differenzen zueinander besitzen, liegt zum einen im allgemein prozesshaften Charakter medialer Genres, zum zweiten aber auch in grundlegenden Charakteristika eines strategischen Modus wie der Werbung. Werbung steht unter hohem „Innovationsdruck" (ebd.: 162), weil sie im Kampf um Aufmerksamkeit ständig neue Präsentationsformen finden muss, um aufzufallen.

Die definitorische Eingrenzung des Genres Werbung ist auch deshalb vage, weil sich die kommunikationswissenschaftliche Forschung gegenüber der Werbung als Medieninhalt lange distanziert gezeigt hat – wohl nicht zuletzt weil Werbung aufgrund ihrer expliziten die Orientierung auf Privatinteressen weniger bedeutsam erscheint als beispielsweise der unterstelltermaßen am Gemeinwohl orientierte Journalismus (vgl. Zurstiege/Schmidt 2003: 492). Werbung

---

3   Aufgrund dieser wenig festgelegten formalen Charakteristika der Präsentation beschreibt Ayaß (2002: 158) im Gegensatz zu Knoblauch und Raab die Werbung nicht als feststehende Gattung, sondern vielmehr als „eine sehr weitverzweigte ‚Gattungsfamilie' […], deren Mitglieder kaum mehr familiale Ähnlichkeiten aufweisen". Es ist hier nicht der Ort, diese Meinungsverschiedenheiten hinsichtlich der grundlegenden definitorischen Einordnung weiter zu vertiefen.

4   Knoblauch und Raab (2002: 145ff.) entwickeln auf der Basis dieser Charakteristika eine Typologie von TV-Werbespots, in der unterschieden wird zwischen Produktwerbespots, Präsentatorspots, Alltagswerbespots, Lebensstilspots und Kunstfilmspots.

erscheint als „gewünschte Verführung" (Schmidt/Zurstiege 2000: 186) und nicht als notwendige Aufklärung.[5] Tatsächlich operiert Werbung nicht in erster Linie nach Maßgabe kommunikativer Rationalität, sondern nach strategischem oder ökonomischem Kalkül. Sie ist persuasive Kommunikation, versucht zu überzeugen, wo nötig auch zu überreden. In diesem Sinne ist Werbung auf ein Ziel jenseits der Kommunikation gerichtet, das durch gezielte Indienstnahme der kommunikativen Interaktion erreicht werden soll.

> „Werbetreibende verfolgen allgemeinen das Ziel, durch die Herstellung und Verbreitung von Medienangeboten unterschiedlichster Art bei bestimmten Zielgruppen zwangfrei folgenreiche Aufmerksamkeit zu erzeugen. Die jeweiligen Medienangebote werden danach ausgesucht bzw. daraufhin angefertigt, über Aufmerksamkeitsweckung intendierte (weil vom Kunden erwartete) Folgen zu bewirken, zum Beispiel Zahlungsbereitschaft in Bezug auf Produkte und Leistungen, Zustimmungsbereitschaft in Bezug auf Personen und Unterstützungsbereitschaft bzw. Wertpräferenzen in Bezug auf Botschaften." (ebd.: 187)

In einer kommunikations- wie wirtschaftswissenschaftliche Aspekte zusammenfassenden Definition beschreibt Schierl (2005: 477) Werbung „[...] als einen Beeinflussungsprozess [...] mittels Medien, in dem der Versuch unternommen wird, psychische Größen und Verhaltensweisen im Sinne von Werbezielen zu verändern".

Ein Charakteristikum von Werbung ist, dass sie – im Gegensatz zu manchen Spielarten der PR – ihre persuasiven Absichten in der Regel nicht versteckt, sondern ihre Parteilichkeit den Rezipienten gegenüber offen legt. Für Zurstiege (2001: 156) besteht das mächtigste Instrument der Werbung in der „Fähigkeit aufrichtig zu lügen". Dabei betrifft die Offenheit der werblichen Kommunikation allerdings meist nur die *Motive*, während im Gegenzug die *Mittel der Persuasion* im Dunkel verbleiben. Das offene Bekenntnis dazu, dass Werbung stattfindet, bildet gleichsam die Voraussetzung dafür, auf der präsentativen Ebene mit einem raffinierten Spiel von Images und Genrekonventionen Effekte beim Rezipienten zu erzielen, indem Werbung sich in eine ästhetisch ansprechende ,gute Form' kleidet, oder sich Strategien sprachlicher ,Opakisie-

---

5   Zurstiege (2002: 127) fasst die klassischen Vorwürfe an die Werbung wie folgt zusammen: „Werbung ist eine Form der strategischen Kommunikation, deren Ziel es ist, Rezipienten im Sinne privater Interessen zu manipulieren. Hemmungslos beutet sie zu diesem Zweck die Wünsche und Sehnsüchte ihres Publikums aus und gibt sie diesem in Form falscher Bedürfnisse wieder zurück." Er hält dagegen, dass intendierte ebenso wie latente Wirkungen der Werbung erst im Wechselspiel zwischen Werbung und Publikum – präziser: zwischen Produzent, Werbetext und Rezipient – bestimmbar sind.

rung' bedient, die nicht das ‚Ob' der Werbung, wohl aber das ‚Wie' und das ‚Wozu' schwerer erkennbar machen sollen (vgl. Luhmann 1996: 85ff.). Auch um im Wettbewerb mit anderen werblichen Kommunikationsangeboten bestehen zu können, muss Werbung als Werbung erkennbar sein und auch erkannt werden. Nur dann kann sie verlässlich die Aufmerksamkeit ihrer Zielgruppen erregen und Wirkungen erzielen (vgl. Zurstiege/Schmidt 2003: 483). Der Versuch der Indienstnahme anderer Programmteile für einen persuasiven Zweck ist nicht Aufgabe der Werbung, sondern der PR oder der Propaganda. Die werberische Notwendigkeit, den werblichen Charakter offensichtlich zu gestalten, führt bisweilen dazu, dass Werbung selbstreflexiv wird, d.h. sich selbst und ihre Absichten thematisiert, um die notwendige Aufmerksamkeit in der Konkurrenz mit anderen Werbeangeboten zu erlangen. Allerdings vermag auch diese Strategie die Grenzen des Genres nur zu thematisieren, nicht aber zu sprengen:

> „Die Beschäftigung der Werbung mit sich selbst macht nur Sinn, solange sie als Werbestrategie und nicht als soziologische Selbstreflexion operiert. Der Schokoladenmeister, der verkündet, dass sein Unternehmen keine Mark mehr in die Werbung, sondern jeden Pfennig nur noch in die Verbesserung der Produktqualität steckt, muss dies im Werbeblock im Rahmen eines Werbespots tun." (vgl. Schmidt 2001: 272)

Das bedeutet, dass auch die Verneinung der Werbung werblichen Charakter anzunehmen hat, um Gehör zu finden. Zwar ist denkbar, dass PR-Kommunikation in nicht bezahlten Programmbereichen einen Teil der beabsichtigten Aufmerksamkeit erzielen kann, im Vergleich zu werblicher Kommunikation verbleibt für den Kommunikator hier allerdings ein größeres Risiko, dass die gewünschten Effekte ausbleiben. Auch die paradoxe Verneinung der Werbung in der Werbung ist nur ein Spiel mit den verschiedenen Präsentationsmöglichkeiten der persuasiven Absicht. Sie zielt, ebenso wie eine besonders grelle oder demonstrative Darstellung, auf die „strategischen Distinktionspotenziale" (Zurstiege 2001: 149), die Werbung aktivieren muss, um Aufmerksamkeit zu erzielen. Werbung bleibt daher – vor allem in ihren präsentativen Genrekonventionen – ein besonders flüchtiger Gegenstand, der permanent dem Druck ausgesetzt ist, Wandlungsprozesse in Gesellschaft oder Medien zu adaptieren und sich dabei ständig zu verändern. Werbung ist damit gleichzeitig Spiegel und Motor gesellschaftlicher und medialer Verhältnisse (vgl. Schierl 2005: 480; Zurstiege 2002: 136). Die Adaptionsfähigkeiten der Werbung machen dabei vor beinahe nichts halt: „Werbung [...] ist unendlich gefräßig, indem sie schier alle kulturellen Darstellungsformen vereinzeln, aus Kontexten herauslösen und für ihre Zusammenhänge funktionalisieren kann" (Schmidt/Zurstiege 2000: 188).

Gleichzeitig bleibt der Kern der werblichen Absicht stets erkennbar, sodass die Flüchtigkeit ihrer Präsentationsformen in Kontrast steht zu der Konstanz ihres grundlegend persuasiven Charakters und seiner zentralen kommunikativ-strategischen Notwendigkeiten.

2.2   Wahlwerbespots

Eine spezifische Form der Werbung im Fernsehen ist die politische Werbung in Form von Wahlwerbespots. Solche politische Werbung ist „Ausdruck markt-förmig organisierter Demokratien" (Raab/Tänzler 2002: 220). Wahlwerbespots sind dabei in ihren jeweiligen Ausprägungen grundlegender Ausdruck einer spezifischen politischen Kultur (Holtz-Bacha 2000). Empirisch lässt sich „ein festes und auch parteienübergreifendes Repertoire von Strategien" der Wähler-ansprache feststellen, das aber keiner kontinuierlichen Entwicklung unterliegt, sondern vielmehr situativ und kontingent eingesetzt wird vor dem Hintergrund der jeweiligen Ausgangssituation und Kandidatenkonstellation des spezifischen Wahlkampfs (vgl. Holtz-Bacha 2006: 18).

Generell gilt, dass Politikerinnen und Politiker in politischen Werbespots die Hoheit über ihre medialen Selbstdarstellungsaktivitäten gewinnen bzw. bewahren, die ihnen in redaktionell bearbeiteten Programmteilen zwangsläufig beschnitten wird:

> „Mit dem Werbespot als einem klingenden Panorama bewegter Bilder, das in un-veränderter Form mehrfach wiederholt werden kann, vermag sich der Politiker an-zueignen oder zurückzuholen, was ihm bei seiner alltäglichen Medienpräsenz zum Teil streitig gemacht wird und ihm immer wieder entgleitet: Die Möglichkeit zu ei-ner ‚unverstellten', eigeninitiierten und perfektionierten Darstellung seines Images und der darin repräsentierten Ideen und Weltbilder – selbstverständlich mit der Op-tion hier gezielt zu täuschen." (Raab/Tänzler 2002: 219f.)

Politische Werbespots bedienen sich dazu gängiger Instrumente persuasiver Kommunikation, wenn sie Strategien wie „[p]ositive Vereinseitigung und Selbsterhöhung" (ebd.: 220) oder der in der Produktwerbung gängigen „Ästhetisierung" (ebd.: 242) nutzen, um für politische Anliegen zu werben. Daraus folgt aber keinesfalls notwendig ein Verschwinden des Politischen aus der politischen Werbung. Im Gegenteil kann die Inszenierung die Auseinandersetzung auch mit politischen Inhalten befördern – und sei es nur, indem sie auf sie aufmerksam macht und zu weiterer Information oder Kommunikation in Anschlussdiskursen anregt.

Hinsichtlich der Darstellungsoptionen in den Spots zeigt sich, dass insbesondere die größeren und ressourcenstarken Parteien einen hohen – mit kommerzieller Werbung vergleichbaren – Professionalisierungsgrad in der Spotproduktion erreicht haben, während kleinere und nicht etablierte Parteien oft in erster Linie danach streben, ihren Namen und ihr Programm bekannter zu machen (ebd.: 222). Anders als den großen Parteien fehlen ihnen die Mittel, professionelle Werbegestalter zu engagieren, wie es die SPD in den letzten Kampagnen mit den Agenturen KNSK oder Butter bzw. die CDU mit McCann/Erickson gemacht haben.

Unklar und umstritten – und zwar unabhängig von der Professionalität der Gestaltung – sind bis heute die politisch-persuasiven Wirkungen, die politischer Wahlwerbung zugeschrieben werden können. Es gebe keinerlei verlässliche Befunde, ob und wenn ja wie sich Wahlwerbung auf politisches Verhalten oder gar auf die Stimmabgabe auswirke, konstatiert Holtz-Bacha (2000: 88) in ihrem Standardwerk zum Thema. Allerdings sei immerhin zu vermuten, „[…] daß die Zufälligkeit, mit der Spots ihr Publikum finden, insofern für die Parteien günstig ist, als damit die Selektionsbarriere gegenüber politischen Angeboten überwunden wird." (ebd.: 85)

Mit Blick auf die Einstellungen der Rezipienten lässt sich annehmen, dass in den komplexen transaktionalen Aushandlungsprozessen im Rahmen der Medienrezeption in erster Linie Stimmungen verstärkt oder abgeschwächt bzw. langfristige Einstellungsmuster partiell geprägt werden. Für einen direkten stimulus-response-Prozess in der politischen Werbung lassen sich keine Indizien finden. Politische Werbung steht – mehr noch als die Produktwerbung – unter Propaganda-Verdacht (vgl. zum Begriff der Propaganda: Bussemer 2005) und wird abgeglichen an bereits vorhandenen Erfahrungswerten und vor dem Hintergrund demokratietheoretisch-normativer Postulaten, die an politische Kommunikation gerichtet werden (vgl. Meyer u.a. 1999: 95ff.). Politische Werbung, so sie in ihrem Charakter erkannt wird, wird daher vermutlich anders als die Produktwerbung entsprechend vorsichtig und zurückhaltend rezipiert.

2.3   Fernsehnachrichten als Genre

Anders als Werbung sind journalistische Kommunikationsangebote im Fernsehen nicht ausschließlich auf ein strategisches Ziel gerichtet, sondern beziehen sich auch auf kommunikative Verständigungsansprüche (vgl. Brosda 2005). Davon unbenommen ist, dass sie in ihrer Präsentation und Inszenierung den Erfordernissen der TV-Kommunikation, wie zum Beispiel den Nachrichtenfaktoren, gerecht werden müssen, um innerhalb des Forums Fernsehen Aufmerksamkeit generieren zu können. Und davon unbenommen ist auch, dass mit der Herstellung kommunikativer Interaktion ein etwaiges Profitinteresse der Sender bedient werden soll. Der Unterschied liegt daher in erster Linie in der Zielgerichtetheit und im Charakter der kommunikativen Angebote, nicht notwendigerweise im darstellerischen Bereich und auch nicht in der weitergehenden materiellen Fundierung. Entlang dieser Linie wird der Unterschied zwischen den Programmbereichen in der Regel beschrieben: Luhmann (1996: 53ff.) zum Beispiel attestiert journalistischen Nachrichten im Gegensatz zur Werbung, auf ‚Wahrheit' orientiert zu sein. Zurstiege markiert den entscheidenden Unterschied etwas vorsichtiger und zutreffender entlang des ‚Versprechens' auf ‚Objektivität':

> „Anders als die Werbung markiert der Journalismus sein semantisches Territorium durch das Versprechen auf eine überparteiliche und objektive Berichterstattung, und gerade deswegen steht er, wie all jene Kommunikationsformen, an die wir vergleichbar hohe Erwartungen richten, unter Motivverdacht." (Zurstiege 2001: 156)

Das Versprechen der journalistischen Textproduzenten deckt sich mit der ritualisierten Erwartung des Publikums, dass Nachrichtensendungen auch tatsächlich „Aussagen über die Realität" präsentieren (Lünenborg 2005: 114). Normativ kommt ihnen deswegen eine besondere Bedeutung für politische Kommunikationsprozesse zu. Auch wenn schon seit mehr als drei Jahrzehnten zu Recht kritisiert wird, dass die gängige Unterstellung nachrichtlicher Objektivität auf brüchigem, letztlich epistemologisch kaum haltbarem Fundament ruht (vgl. Rager 1973), so ist es doch bis heute die zumindest näherungsweise Orientierung auf diese regulative Idee, die auch im Fernsehen die Genres Nachricht und Magazin als „Strukturgeber im Sendeablauf und Vermittler von Weltgeschehen" (Lünenborg 2005: 132) aus dem Programmfluss heraushebt. Fernsehnachrichten genießen den Ruf, ihre Informationen „interessant, präzise, aktuell und effizient" zu vermitteln; da sie dies zugleich eindringlich und oft ritualisiert tun, haben sie sich erfolgreich als „Teil einer *alltäglichen* Kommunikationskultur" etabliert (Meckel/Kamps 1998: 11). Sie können heutzutage betrachtet werden als eine „universelle Gattung, die sich weltweit auf ähnliche Präsentations- und Darstellungsformen stützt"[6], auf denen die genrespezifische Auseinandersetzung mit ‚Realität' beruht (ebd.: 14).

---

6   Goertz und Schönbach (1998: 113) haben bereits 1992 zentrale Darstellungsformen in Fernsehnachrichtensendungen untersucht: „Die gestalterischen Mittel deutschsprachiger Fernsehnachrichten sind weitgehend gleich. Die Gleichförmigkeit reichte 1992 von der Dramaturgie der Nachrichtensendungen bis hin zum Bildaufbau von Sprechermeldungen. Auch bei der ‚Informationsdichte' und der Sprache verzeichnen wir kaum auffällige Unterschiede. Hinzu kamen fast einheitlich blau-graue Studio Interieurs, eine fast austauschbare Dramaturgie, eine

„Fernsehnachrichten sind also kein offenes semantisches Narrativ: Verstehen und Nachvollziehen bewegen sich innerhalb oft traditioneller Thematisierungs- und Darstellungsmuster. Sie sind so gesehen nur in eingeschränktem Maß wirklich ‚News': Die Formate, das ‚Nachrichtenkorsett', machen das inhaltlich Neue zu etwas Bekanntem. Standardisierte, stereotype bis zu klischeehafter Sprache und ebensolchen Wort-Bild-Kombinationen dienen der Routine der Wiedererkennung. [...] Mehrdeutigkeiten, Widersprüche, Konsequenzen, kurz: die Komplexität der Realität wird schematisiert; dem Ereignis wird im Sinne einer Vorab-Definiton eine Deutung entgegengebracht, ein Anschein von Klarheit, der u.U. so gar nicht vorhanden ist." (ebd.: 25)

Fernsehnachrichten erfüllen vor dem Hintergrund dieser Schematisierungen „eher eine kurzfristige Pointier- denn eine längerfristige Informationsfunktion" und werfen, so Kamps (1998: 40) „[...] mit der rhythmischen Eile eines Werbespots Licht auf gesellschaftliche Vorgänge, deren Ambivalenz und Evolution nicht dargestellt werden (können?)". Hinzu kommt, dass die Qualität von Fernsehnachrichten und damit auch die Berechtigung der vermeintlichen Klarheit für Rezipienten oftmals nicht rational beurteilbar sind, da ihnen die Kontextinformationen fehlen um einordnen zu können, ob relevante Informationen vermittelt wurden oder nicht, so dass oftmals ästhetische oder expressive Kriterien bei der Einordnung von TV-Nachrichten überwiegen (vgl. Hagen 1999: 133).

Von herausgehobener Bedeutung ist dabei der Nachrichtensprecher, der nicht nur in Nachrichtensendungen, sondern auch in Dokumentationen oder Magazinen in der Rolle eines teils auktorialen, teils personalen ‚Erzählers' organisatorisch die unterschiedlichen Einzelnachrichten zusammenhält, der Sendung Struktur und Rahmen gibt und einen größeren Zusammenhang einordnend zumindest suggeriert (vgl. Hickethier 1998: 187f.).

„Die Erzähler schaffen durch Mimik, Gestus, Habitus, durch Studiodekor und Senderdesign einen spezifischen Erzählrahmen, vermitteln durch Moderationsrituale und Erklärungsstrategien einen je verschiedenen Erzählstil, der das gelieferte Material aus der Welt in einem anderen Licht erscheinen läßt." (Hickethier 1998: 189)

Der Erzähler nimmt den Zuschauer an die Hand und führt ihn vermeintlich sicher durch die Wirrnisse des alltäglich berichteten Geschehens. In Sendungen, deren Inhalte oft vergleichsweise situativ und fließend sind, ist er Teil des festen Ensembles an Routinen und Konventionen, die Stabilität und damit letztlich auch Rezipierbarkeit garantieren sollen. Der oft voraussetzungslose Erzählstil

---

Dominanz von Sprechermeldungen, ähnliches Auftreten von Sprechern mit einer typischen ‚Nachrichtensprache' [...]." Auch wenn mittlerweile Abweichungen festzustellen sind, haben viele dieser Charakteristika nach wie vor Gültigkeit.

der Nachrichtensendungen erwächst oft aus semantischen Konventionen, wie der Wechsel vom Präteritum ins erzählende Präsens, verstärkt noch den Eindruck einer weitgehend ungetrübten Realitätswiedergabe. Diese wiederkehrenden Elemente helfen Fernsehzuschauern dabei, journalistische Narrative innerhalb des Fernsehangebotes als eigenständige Genreangebote zu erkennen und entsprechende „genre- und spartenspezifische Rezeptionshaltungen" (Hickethier 1998: 185) zu entwickeln, die im Wechselspiel mit Produktionsabsichten und Textinhalten den Rezeptionsprozess strukturieren. Sie sind es, die für die Adaption durch werberische Kommunikation besonders geeignet erscheinen.

3   Fallbeispiele aus dem Bundestagswahlkampf

In den Spots des Bundestagswahlkampfes 2005 lassen sich Zitate journalistischer Darstellungsformen auffinden. Beispielhaft sollen im Folgenden einige dieser Zitate skizziert werden. Weder wird dabei der Anspruch auf Vollständigkeit erhoben, noch strebt die Analyse an, elaborierten Mustern der Fernsehanalyse (vgl. Hickethier 1994; Meyer u.a. 2000) zu folgen. Stattdessen sollen heuristische Schlaglichter auf die Verwendung journalistischer Formatbestandteile geworfen werden, um anschließend zu diskutieren, ob diese zur Verwischung von Genregrenzen oder zur Hybridisierung beitragen, d.h. zur Entstehung neuer Formate, die sich aus dem Fundus verschiedener etablierter Genres bedienen.

Die untersuchten Zitate und Adaptionen in den Werbespots beziehen sich in erster Linie auf formalästhetische Verweise. Beliebt ist insbesondere, den Wahlwerbespot an Präsentationsroutinen von Nachrichtensendungen anzulehnen (FDP, PSG und Die Partei). Außerdem soll dargestellt werden, wie beispielsweise die PDS in ihrem Spot die Authentizität der Kandidatenaussagen durch ein formales journalistisches Setting zu erhöhen versucht.

3.1   FDP: Guido Westerwelle im Fernsehstudio

Der Werbespot der FDP adaptiert das ästhetische Setting einer Fernsehnachrichtensendung. Guido Westerwelle wird präsentiert wie ein Interviewpartner in einer der Hauptnachrichtensendungen von ARD oder ZDF. Westerwelle ist von Beginn an im Bild. Es gibt keine Schnitte und keine Zooms. Er ist in talking-head-Position leicht links versetzt im Bild und nimmt einen großen Teil des Kameraausschnitts ein, ohne dass seine Hände zu sehen sind. Er trägt einen schwarzen Nadelstreifenanzug, weißes Hemd und eine orange-silber gestreifte Krawatte. Im Hintergrund des Studios ist blau verschwommen die Reichstagskuppel zu sehen. In vielen Nachrichtensendungen wird dieser Hintergrund in Interview-Situationen verwendet, um zu signalisieren, dass der zugeschaltete Interviewpartner in Berlin im Studio sitzt. In diesem Spot verdeutlicht der Hintergrund zudem visuell, dass es um Politik, um Bundespolitik geht. Die Reichstagskuppel gehört zum visuellen Inventar der Berliner Republik als ein positiv besetztes Insignium der Macht – und idealiter der Transparenz – des politischen Betriebs (vgl. allgemein Dörner 2001). Nicht nur visuell, sondern auch verbal erfüllt Westerwelle Rahmenanforderungen für Nachrichtenformate: Er liefert keine agitative, sondern eine betont ruhige und souveräne Präsentation und hält die ganze Zeit direkten Blickkontakt zum Zuschauer. Gestische Betonung ist kaum möglich, mimische Untermalung fernsehgerecht wird sparsam eingesetzt.

Der Spot kommt ohne akustische Untermalung aus. Auch gibt es keine Anmoderation. Der journalistische Counterpart fehlt, so dass Westerwelle direkt in sein Statement einsteigt, in dem er gleich zu Beginn die vermeintlich besondere Präsentation unterstreicht[7]:

> „Liebe Mitbürgerinnen und Mitbürger, wir senden Ihnen jetzt keinen Werbespot, sondern wir nennen Ihnen unsere Argumente.
> Arbeit hat Vorfahrt, denn Millionen Menschen sind arbeitslos. Das ist schlimm für jeden Betroffenen und schlimm für unser ganzes Land. Wir brauchen einen Aufschwung, und den gibt es nur mit Wachstum. Wachstum entsteht mit einer wirtschaftsfreundlichen Politik. Es gibt keine bessere Politik für Arbeitnehmer, als dafür zu sorgen, dass derjenige, der einen Arbeitsplatz sucht, ihn auch findet. Nur wenn in Deutschland investiert wird, entstehen hier auch Arbeitsplätze.
> Deshalb laden wir Forschung und neue Technologien nach Deutschland ein.
> Deshalb brauchen wir ein niedrigeres, einfacheres und gerechteres Steuersystem.
> Weil Leistung sich für alle lohnen muss und weil auch nur so die soziale Sicherheit erhalten bleibt – für die Älteren genauso wie für die Familien und für die Kinder.
> Die FDP hat vorgerechnet, wie das geht. Wenn unsere europäischen Nachbarn das schaffen, dann schaffen wir das auch. Wir können es besser, deshalb wollen wir einen Neuanfang. Wir wollen Rot-Grün beenden, und wir wollen verhindern, dass es eine Mehrheit aus SPD, Grünen und PDS gibt. Der Schlüssel dazu ist eine starke FDP. Deswegen bitte ich Sie, bei der Bundestagswahl die FDP zu wählen. Auf jeden Fall mit ihrer Zweitstimme."

Die einzige visuelle Veränderung während dieses Statements, das Westerwelle vor statischem Bildausschnitt präsentiert ist ein nach rund 15 Sekunden des

---

7   Neben der FDP ist es auch die Partei „50plus", die in ihrem Spot gegen Wahlwerbung Front macht. In Konsequenz verzichtet sie völlig auf gestalterische Mittel und setzt einzig auf einen Text im Teleprompter-Stil, der von einer Stimme aus dem Off verlesen wird und sich strikt gegen die Werbeausgaben der anderen Parteien richtet.

Spots einsetzendes Laufband am unteren Rand des Bildschirms. Bei diesem so genannten „crawl" handelt es sich um ein in der Gestaltung insbesondere von Nachrichtensendern wie „n-tv" mittlerweile geläufiges „Teasing-Instrument", das in erster Linie für die Präsentation von Eilmeldungen oder für Ankündigung von Sondersendungen und Live-Übertragungen eingesetzt wird und dem ein „ganz besonderer Aufmerksamkeitseffekt" zugesprochen wird, so dass Journalisten es „von der redaktionellen Wertigkeit als ‚Medium im Medium' von annähernd gleicher Bedeutung wie das Hauptprogramm" sehen (Föderl 2004: 402). Mit derartigen Laufbändern reagieren Nachrichtensender auch auf den Umstand, dass sie im öffentlichen Raum aber auch in Büros als Sekundärmedium nur mehr stumm konsumiert werden.

Die FDP teilt dem Rezipienten in ihrem Laufband den zentralen Wahlkampf-Slogan, ihr persuasives Ziel sowie weitere Informationsmöglichkeiten mit. Der Text lautet:„+++ steuern runter – arbeit rauf +++ zweitstimme fdp +++ www.fdp.de +++ hotline: 11885 kennwort fdp +++"

Das Laufband soll neben der inhaltlichen Information über Webseite und Hotline augenscheinlich auch der visuellen Beglaubigung des Eindrucks einer nachrichtlichen Vermittlung der Spotinhalte dienen. Der Spot endet dann allerdings konventionell mit einer Einblendung des Standard-Wahlkampfmotivs der FDP, dessen gelber Hintergrund ergänzt wird durch ein stilisiertes Schwarz-Rot in der linken oberen Ecke, das im Verbindung mit dem Gelb des Hintergrundes auf die Fahne der Bundesrepublik Deutschland verweisen soll. In der rechten unteren Ecke findet sich blau auf gelbem Grund das Logo der FDP sowie darüber der Störer: „Zweitstimme:". Am linken unteren Rand kommt die Erinnerung an den Wahltermin „18. September" hinzu. Auch hier wird auf eine akustische Untermalung durch Musik verzichtet.

3.2 PSG: Trotzkistische Nachrichtensendung

Die „Partei für Soziale Gleichheit – Sektion der 4. Internationale (PSG)" präsentiert ihren Wahlwerbespot für die Bundestagswahl 2005 ebenfalls als eine Art Nachrichtensendung. Allerdings versetzt sie ihre politischen Kandidaten direkt in die Rolle von Nachrichtensprechern und folgt damit den Regeln des klassischen „Präsentatorspots" in der Werbung:

> „Die Selbstdarstellung des Kommunikators ist die eines seriösen, vertrauenserweckenden, kompetenten und überzeugten Produktanbieters, -verfechters oder -benutzers, der durch sein persönliches Erscheinen, mit seinem potentiell vorhandenen Image und über eine direkte Rezipientenansprache für das Produkt und seine

Qualität bürgt bzw. gewichtige Zeugen hierfür anführen kann." (Knoblauch/Raab 2002: 146)

Wenngleich die Sprecher der PSG sicherlich keine in der allgemeinen Öffentlichkeit relevante Bekanntheit genießen, die das beworbene Image unterstützen könnte, so ist doch überdeutlich erkennbar, dass die Präsentation in erster Linie den Anspruch auf Seriosität und Ernsthaftigkeit der politischen Absichten der Partei betonen soll. Das Studio erweckt den Eindruck einer Nachrichtensendung. Der Bildhintergrund ist in kameragerechtem Blau gehalten. Auf den rechten zwei Dritteln ist ein stilisierter Globus bestehend aus Kontinentalumrissen (Nordamerika) und angedeuteten Längen- und Breitengraden zu sehen. Dieser wird im linken Bilddrittel ergänzt durch einen schemenhaften Ausriss aus der Webseite www.wsws.org. Wie in Nachrichtensendungen bisweilen üblich, wird mit dieser Bildgestaltung zum einen die Internationalität der Inhalte und zum anderen deren (schnelle) Verbindung mit modernsten Kommunikationstechnologien suggeriert.

Der Sprecher sitzt an einem Tisch, dessen hölzerne Oberfläche im Bild zu sehen ist. Auf dem Tisch steht links ein kleines metallenes Tischmikrophon in einem schwarzen Ständer. Der Sprecher selbst sitzt leicht nach rechts verrückt. Er trägt einen beigen Anzug, blaues Hemd und Krawatte. Seine Hände hat er vor dem Oberkörper auf dem Tisch übereinander gelegt. Nach seinem einleitenden Satz wird er mit einem Insert am unteren Bildrand vorgestellt als „Ulrich Rippert Vorsitzender der Partei für soziale Gleichheit (PSG)". Daneben steht links in weiß und rot das Parteilogo „PSG". Der Sprecher steigt umstandslos und ohne Begrüßung in seinen Text ein. Er adressiert das Publikum direkt:

> „Die vorgezogene Bundestagswahl leitet eine neue Runde sozialer und politischer Angriffe ein. Aber überall in Europa wächst der Widerstand. Wir, die Partei für soziale Gleichheit, nehmen an der Wahl teil, um diesem Widerstand eine internationale sozialistische Orientierung zu geben. Neue Formen der Produktion und moderne Technologien eröffnen der Menschheit ungeahnte Möglichkeiten; stattdessen aber wachsen soziale Ungleichheit, Abbau demokratischer Rechte und Kriegsgefahr. Keines dieser Probleme kann im nationalen Rahmen gelöst werden. Gegen globale Konzerne, die Standorte gegeneinander ausspielen und Belegschaften erpressen, gibt es nur eine Verteidigung: Arbeiter müssen ihre eigene internationale Strategie entwickeln, die auf Zusammenarbeit und Solidarität basiert."

Während dieser Sätze bleibt das Bild statisch. Danach folgt eine schnelle Überblende. Der Hintergrund ist unverändert, allerdings wird ein neuer Sprecher präsentiert – in gleicher Pose, allerdings nach links versetzt; dafür steht das Mikrophon nun auf der rechten Seite des Schreibtischs. Auch ist der zweite

Protagonist des Spots deutlich jünger als der erste und trägt keinen Anzug, sondern ein offenes dunkles Hemd. Seine Hände liegen ebenfalls übereinander auf dem Tisch. Er wird in einer Einblendung vorgestellt als Einblendung „Christoph Vandreier Kandidat der PSG in der Bundestagswahl 2005". Er setzt den Text des ersten Sprechers nahtlos fort:

> „Deshalb sind wir entschiedene politische Gegner von Oskar Lafontaine und der Linkspartei. Lafontaines Warnung vor so genannten Fremdarbeitern war kein Lapsus, sondern Programm. Lafontaine will ein starkes kapitalistisches Kerneuropa, das sich gegenüber dem Rest der Welt behauptet. Ein solches Programm ist völlig nationalistisch und spaltet die Arbeiter."

In diesem Moment wird zentriert am unteren Bildrand der Schriftzug „www.gleichheit.de" – offensichtlich eine von der PSG betriebene Webseite – eingeblendet. Er bleibt im Bild, während der Sprecher fortfährt:

> „Die Partei für soziale Gleichheit ist Teil der 4. Internationale, die jahrzehntelang gegen den Verrat und Opportunismus von Sozialdemokratie und Stalinismus gekämpft hat. Unterstützt den Wahlkampf der Trotzkisten. Wählt die PSG. Lest die World-Socialist-Website."

Der Spot endet mit diesem verbalen Appell, ohne dass eine weitere Einblendung mit Parteimotiv oder ähnliches folgen würde. Beide Sprecher suchen während ihrer Statements den konstanten direkten Augenkontakt mit dem Zuschauer. Sie verzichten auf jede weitere Gestik und bleiben damit im präsentatorischen Rahmen einer Nachrichtensendung, wenngleich ihre direkte und bisweilen offen persuasive Ansprache sich an der – Neutralität suggerierenden - Nachrichtensprecher-Darstellung auffällig bricht.

3.3 DIE PARTEI: Reflexive Thematisierung der Genre-Adaption

Im Gegensatz zu den beiden Spots von FDP und PSG offenbart der Werbespot der von der Redaktion des Satiremagazins „Titanic" gegründeten „Partei für Arbeit, Rechtsstaat, Tierschutz, Elitenförderung und basisdemokratische Initiativen" (Die Partei) auf den ersten Blick seinen dezidiert satirischen Charakter. Hier wird das Formenspiel der politischen Werbung im Niemandsland zwischen Tagesschau und Neujahransprache direkt aufs Korn genommen.
  Der Spot ist vollständig in gelb gehalten: Der Hintergrund besteht aus einer gelben Regalwand, in der gelbe, unbeschriftete Aktenrücken zu sehen sind. Davor sitzt der Sprecher bekleidet mit einem gelben Anzug, einem gelben Hemd und einer gelben Krawatte an einem Tisch, auf dem links eine gelbe Kaf-

feetasse steht und rechts zwei gelbe Aktenordner übereinander liegen. In seinen Händen hält der Sprecher gelbe Din-A4-Blätter, von denen er seinen Text verliest und die er sehr prononciert schon nach wenigen Zeilen umblättert und beiseite legt, um weiter zu lesen – eine Geste, die in weit moderaterer Form aus Nachrichtensendungen bekannt ist, die auf einen Teleprompter verzichten. Der Tisch ist auch auf der sichtbaren Stirnseite zunächst gelb, bevor zwei Reihen schwarzer Quadrate und nach unten abschließend eine weiße Färbung folgen. Rechts im Hintergrund, vor der Regalwand steht eine leicht nach links geneigte Deutschlandfahne. Das visuelle Setting entspricht in Farbgebung und Design dem Corporate Design einer bekannten Billigfluglinie.

Gleich zu Beginn des Spots wird mit dem Zuschauer mit mindestens drei erkennbaren „Fehlern" signalisiert, dass er das Folgende nicht ganz ernst zu nehmen hat:

- Das Mikrophon ragt kurzzeitig von oben ins Bild.
- Während sich der Sprecher als Vorsitzender der Partei mit dem Namen „Markus Sonnenborn" vorstellt, wird unten links im Bild „Martin Sonneborn – Bundesvorsitzender Die Partei" eingeblendet.
- Während die Partei vom offiziellen Sprecher vor dem Spot als „Partei für Arbeit, Rechtsstaat, Tierschutz, Elitenförderung und basisdemokratische Initiativen" vorgestellt wurde, spricht Sonnenborn/Sonneborn von der „Partei für Arbeit, Reisefreiheit, Tierschutz, Elitenbeförderung und basisdemokratische Initiativen". Auch hier setzt sich das Zitat der Fluglinien-Präsentation fort.

In seinem Statement zitiert Sonnenborn gängige Klischees der politischen Selbstdarstellung. Er bemüht sich um eine besonders prononcierte Präsentation beim Verlesen des zunehmend abstruseren Textes:

> „Sehr geehrte Damen, liebe Herren,
> mein Name ist Markus Sonnenborn und ich spreche zu ihnen als Vorsitzender der Partei für Arbeit, Reisefreiheit, Tierschutz, Elitenbeförderung und basisdemokratische Initiativen. Kurz: Die Partei. –
> Wir wollen Regierungsverantwortung übernehmen in diesem Land und haben uns deshalb 'was überlegt. Gemeinsam mit einem extrem hoch bezahlten Berater haben wir das Projekt HLX entwickelt. –
> HLX steht für hohe Leistungsmaximierung. Dieses Projekt besteht im Wesentlichen aus der Verlagerung von qualifizierten Leistungsträgern nach Bari, Neapel, Pisa, Olbia, Salzburg und weiteren Destinationen. –
> Das schafft gute Laune und Platz auf unseren Straßen. Und gute Laune ist wichtig, denn die Hälfte der Wirtschaft ist bekanntlich Psychologie. –

Und nun zu etwas ganz anderem: Schleichwerbung. Die wird komplett abgeschafft, wenn wir an der Macht sind. Auch in ARD und ZDF. – Bitte wählen Sie deshalb am 18. September DIE PARTEI. Wir versprechen Ihnen maximalen Optimismus und voraussichtlich mindestens 19,99 Euro Wirtschaftswachstum. – Darauf gebe ich Ihnen mein Ehrenwort. Ich wiederhole: mein Ehrenwort."

Während des Schlussappells sackt, begleitet von einem lautstarken Geräusch zunächst der Fahnenmast im Bildhintergrund senkrecht aus seiner (nicht sichtbaren) Halterung auf den Boden; anschließend kippt die Fahne nach links samt Mast scheppernd zu Boden. Ein akustischer Schlussakkord des Spots, bevor das Parteilogo „Die PARTEI" – natürlich mit gelbem Hintergrund – eingeblendet wird.

In diesem Spot veralbert eine aus Jux gegründete Partei nur allzu deutlich die verbalen und symbolischen Stanzen, die in Wahlwerbespots und in journalistischer Berichterstattung über Wahlkämpfe häufig verwendet werden. Hinzu kommen – neben den visuellen Hinweisen – auch im Text die Verweise auf eine Billigfluglinie: im Namen der Partei (Reisefreiheit, Elitenbeförderung), das Projekt HLX (das Kürzel der Linie) sowie das Wirtschaftwachstum von 19,99 Euro (ein Preis mit dem die Linie regelmäßig wirbt). Hinzu kommt der reflexive Hinweis darauf, dass Schleichwerbung verboten werde. Mitsamt Flaggensturz, Verweisen auf einen – zur Zeit der Ausstrahlung des Spots noch schwelenden – Schleichwerbungsskandals im öffentlich-rechtlichen Fernsehen sowie dem abschließenden Zitat eines berühmt-berüchtigten Pressestatements, mit dem der damalige schleswig-holsteinische Ministerpräsident Uwe Barschel eine Affäre bewältigen wollte („Darauf gebe ich Ihnen mein Ehrenwort...") wird dem Ganzen ein leicht subversives Flair zugeeignet. Hier von simplen Zitaten journalistischer Präsentation zu sprechen, ist kaum möglich. Dazu sind die Brüche zu offensichtlich, die erkennbar machen, dass hier mit der Zitierweise anderer Spots ironisch umgegangen wird.

3.4   PDS: Kandidaten in Zeitzeugen-Interviews

Während die bislang skizzierten Spots in ihrem gesamten Präsentations-Setting allesamt auf Darstellungsmechanismen von Fernsehnachrichten rekurrieren, adaptiert der Spot der PDS nur partiell journalistische Darstellungsformen. Zunächst handelt es sich um einen „normalen" Werbespot, bestehend aus vielen Symbolbildern, untermalender, emotionaler Musik, einer Off-Sprecherin – Bestandteile eines klassischen Motivationsfilms. Zum Ende des Spots aber, wenn die Kandidaten Oskar Lafontaine und Gregor Gysi präsentiert werden sollen, greifen die Regisseure des Spots auf eine präsentative Konvention zurück, die sich vor allem in Fernsehdokumentationen – vorwiegend historischen – findet, die aber auch in der klassischen Interview-Sendung „Zur Person" von Günter Gaus berühmt geworden ist: Die beiden Kandidaten werden als talking heads zum Teil in starkem close up vor einem schwarzen Hintergrund platziert. Beide werden nicht durch Inserts näher vorgestellt. Offenbar wird davon ausgegangen, dass ihre Popularität das nicht nötig macht. Zunächst sagt Oskar Lafontaine mit direktem Blick in die Kamera: „Wir wollen eine Politik machen, die im Gespräch mit den Bürgerinnen und Bürgern entwickelt wird, die eben nicht von irgendwelchen Interessenverbänden vorgegeben wird."

Das Statement beginnt noch aus dem Off. Es wird zwischendurch bekräftigt durch eingespielte Visualisierungen von Gesprächssituationen Lafontaines mit Bürgerinnen und Bürgern. Die im ganzen Spot präsente Musik läuft weiter. Direkt im Anschluss an Lafontaines Aussage folgt Gregor Gysi – in einem starken close up-shot, der nur seinen Kopf am linken Bildrand sichtbar macht. Gysi sagt:

> „Weil die anderen Parteien sich einig sind, die Gesellschaft zu Lasten der Kranken, der Arbeitslosen, der Rentnerinnen und Rentner und zunehmend auch der Arbeitnehmerinnen und Arbeitnehmer zu sanieren. Wir finden das völlig falsch. Wir haben dafür andere Ansätze und zu einer Demokratie gehören Alternativen."

Auch hier läuft die Musik weiter, auch hier wird das Statement durch Symbolbilder visuell unterbrochen. Sehr charakteristisch ist aber vor allen Dingen, dass Gysi betont nicht in die Kamera sieht, sondern auf den vermeintlichen Interviewer rechts daneben. Darüber hinaus bemüht sich der Kandidat um eine räsonierende Antwort – ohne den Eindruck eines Skripts erwecken zu wollen. Auf sein Statement folgen weitere Symbolbilder ohne weiteren Text und der Abbinder in Form des Parteilogos.

Der Spot zielt darauf, die Glaubwürdigkeit der beiden Kandidatenstatements zu erhöhen, indem er sie in einem Setting framed, das in seinen Verweisen auf historische Dokumentationen signalisiert: Hier berichten Augenzeugen authentisch und unverstellt. Hier sprechen Menschen mit der Autorität eines Erfahrungsvorsprungs – vielleicht auch ohne zu wissen, wie es weiter gehen muss, aber mit der festen moralischen Absicht, gewisse Dinge nicht (wieder) zuzulassen.

4. Ausdruck der Entwicklung hybrider Genreformen?

Die Beispiele zeigen, dass sich in Wahlwerbespots strategische Adaptionen fremder, journalistischer Genrekonventionen auffinden lassen, durch die Genregrenzen weiter verwischt werden. Der werberischen Adaption fernsehjournalistischer Formate kommen dabei die spezifischen Darstellungsbedingungen entgegen, die das Medium Fernsehen auch dem politischen Journalismus diktiert und die denen der Werbung in der Betonung präsentativer Symbole und in ihrer unterentwickelten Diskursivität (vgl. Pätzold 1975: 83) nicht unähnlich sind. Auch Meyrowitz (1990a: 212f.) weist darauf hin, dass Fernsehbotschaften nicht nur in der Werbung, sondern auch in Nachrichtensendungen oder Dokumentarfilmen in erster Linie emotional und expressiv strukturiert sind und nur selten auf formale logische und verbale Argumente rekurrieren. Da die Diskursivität der expressiven Fernsehdarstellung somit oftmals zumindest eingeschränkt – wenngleich nicht vollständig aufgehoben (vgl. Brosda 2002) – ist, können sich sowohl Werbung als auch Fernsehnachrichten bisweilen kaum als richtig oder falsch erweisen.

Weil allerdings die Genreerwartungen weiterhin differieren, setzen so genannte „Tarnspots" gerade auch in der politischen Werbung auf die Imitation von Sendeformen beispielsweise des TV-Journalismus, denen höhere Diskursivität und ‚Wahrheits'orientierung zugesprochen wird; sie greifen dessen Darstellungskonventionen – zum Beispiel die journalistische Form des Interviews – auf, um ihr eigenes persuasives Ziel hinter der vermutet höheren Glaubwürdigkeit des zitierten Genres zu tarnen (Holtz-Bacha 2000: 161). Beispiele lassen sich, wie ausgeführt, im Wahlkampf 2005 aufzeigen. In anderen Zusammenhängen funktioniert auch der „Einsatz prominenter Presenter", bei dem die Bekanntheit und Beliebtheit von Begründungspflichten entlasten soll, als intendierte „Externalisierung des Authentizitätstests" (Zurstiege 2001: 155). Im Falle politischer Spots führt die Bekanntheit der Präsentatoren allerdings dazu, dass die Spots als politische Werbung erkannt werden. Auch die Einbettung in den Sendefluss ist dadurch gekennzeichnet, dass die Spots vor und nach der Ausstrahlung klar als Wahlwerbung benannt werden.

Auch deshalb sind „Tarnspots" oder allgemeiner die gezielte dramaturgische Übernahme journalistischer Darstellungsformen nur Randphänomene der seit geraumer Zeit konstatierten Prozesse der Entgrenzung und der Verschmelzung zwischen ehemals klar getrennten Genre-Darstellungen. Die „Beobachtung, dass sich im Fernsehen journalistische und nicht-journalistische Genres zunehmend vermengen" (Hohlfeld 2002: 101) markiert einen Konsens in der Forschung. Immer wieder wird in Studien festgestellt – manchmal beklagt –, dass insbesondere die Grenzen des Journalismus im Fernsehen unscharf werden und in einem unübersichtlichen Medienangebots zunehmend schwerer begrifflich wie analytisch zu beschreiben sind.

> „Wenn vermeintliche Eindeutigkeiten – die Zuordnung von Journalismus zum Bereich der Fakten, die Artikulation in Form weniger, klar definierter Genres, die Konzentration auf Formen der Informationsvermittlung –, wenn diese Grenzziehungen prekär werden und an Eindeutigkeit verlieren, ist Journalismus schwerer zu bestimmen." (Lünenborg 2005: 103)

Umfassend kann die Grenzaufweichung zwischen Journalismus und anderen Formen medialer Produktion als ein „aktuelles Phänomen der Mediengesellschaft" verstanden werden (Lünenborg 2005: 103), in dem ein Verlust der exklusiven Stellung des Journalismus innerhalb des medialen Programmangebots enthalten ist. Fernsehjournalismus lässt sich demzufolge nicht wie der Printjournalismus in einen „Kanon traditioneller Formen" fassen, sondern seine Spezifika sind heutzutage grundlegend in „Hybridstrukturen und Formen der Entdifferenzierung" zu finden (ebd.: 129). In den neu entstehenden Hybridformaten, die sich nicht mehr klar einem Genre zuordnen lassen, werden unterschiedliche Darstellungskonventionen unterschiedlicher Programmformen gemischt und bisweilen zu neuen und eigenständigen Genres verdichtet. Für Hohlfeld (2002: 103) sind die Merkmale eines daraus erwachsenden ‚neuen' Journalismus – „Skandalisierung statt Orientierung, Personalisierung statt Thematisierung, Faszinierung statt Faktisierung, Emotionalisierung statt Reduzierung von Komplexität" – Ausdruck der Hybridisierung.

Weil Genrezuweisungen Ergebnisse eines diskursiven Prozesses zwischen Autor und Publikum in Auseinandersetzung mit dem Text sind (vgl. Klaus/ Lünenborg 2002), kann sich letztlich erst in der Rezeption der kommunikativen Angebote entscheiden, ob sich durch Strategien wie die beschriebenen Zitate Genregrenzen *verschieben* oder nicht:

> „Die Abgrenzung zwischen journalistischen und nicht-journalistischen Fernsehangeboten muss unscharf ausfallen, da sie nicht allein intentional von Seiten der Produzierenden getroffen werden kann. Sie wird im Prozess der Rezipienten vom Publikum aktiv vorgenommen. Ausgehend von eigenen Genrekenntnissen, aktuellen Erwartungen und dem präsentierten Medientext wird Sinn konstruiert und Bedeutung zugewiesen. Es ist also das Publikum im Kontext eines intermedialen Diskurses, das die Grenzen im Prozess der Entdifferenzierung des Journalismus täglich neu bestimmt." (Lünenborg 2005: 131)

Während eine an den Cultural Studies orientierte Analyse in erster Linie die verschwindenden Grenzen zwischen den Formaten im Rezeptionsprozess im

Blick hat, fokussieren systemtheoretisch inspirierte Ansätze auf die funktionalen Entgrenzungen, die sich auch zwischen Journalismus und Werbung feststellen lassen. Loosen und Scholl (2002) sprechen im Ergebnis von einem „Marketing-Journalismus", in dem werberische Gesichtspunkte den Journalismus vollständig durchdringen. In dem Spannungsfeld, das sich durch solche Entgrenzungen entwickelt, sind neben problematischen ‚Kolonialisierungen' auch Synergien denkbar. Beobachtbar ist die Öffnung des Journalismus gegenüber der Werbung, „[...] wobei die Grenze zum redaktionellen Teil und damit letztlich die Autonomie des Journalismus zur Disposition steht [...]" (Loosen 2005: 306). Eine Ursache ist die Emergenz crossmedialer Verwertungsstrategien betrachtet, die in einem multimedialen Umfeld die Grenzen zwischen den ehemals getrennten Formaten verschwinden lassen (vgl. Loosen 2005). Hohlfeld (2002: 101) spricht in diesem Zusammenhang von einem neuen „Pseudojournalismus", der sich der Darstellungskonventionen des Journalismus bedient, um den Anschein der Seriosität zu erwecken, der aber tatsächlich ein verstecktes Persuasionshandeln darstellt:

> „Es handelt sich dabei um ein mit professionellen Mitteln gemachtes, an formale Genres und sprachliche Ursachen des Journalismus angelehntes Imitat, das von vielen Fernsehsendern eingesetzt wird, um die Akzeptanz massenattraktiver Unterhaltungsangebote – meist inszenierte Pseudoereignisse – durch seriös anmutende Begleitberichterstattung zu erhöhen."

Bei diesem Pseudojournalismus handelt es sich also um eine „höchst selbstreferenzielle Variante der Fernsehberichterstattung" und letztlich um einen „Scheinjournalismus, der erhebliche Differenzen zum Journalismus aufweist" (ebd.: 106). Hier kommen Persuasionsversuche im Gewand des Journalismus daher und machen sich dessen Seriositäts- und ‚Wahrheits'-Versprechen für ihre partikularen Interessen zu Eigen. Dabei steht häufig die crossmediale Promotion eigener Sendungen im Vordergrund, über die berichtet und die durch die nachrichtliche Beachtung zu Events stilisiert werden sollen (vgl. auch Brosda 2000). Der Pseudojournalismus hilft einer medialen Inszenierung „in das Gewand der Nachrichtenagenda" (Hohlfeld 2002: 108).

Neben diesen allgemeinen – und zunehmend breiter untersuchten – Funktionsveränderungen des Journalismus lassen sich auch Grenzverwischungen ausfindig machen, die nicht aus Marketinginteressen der Fernsehsender, sondern anderweitig begründet sind. Hier sind die diskutierten Beispiele zu verorten: Politische Kommunikation ist oftmals in Form und Inhalt darauf ausgerichtet, Darstellungskonventionen anderer kommunikativer Felder zu adaptieren. Sie wird im Gegenzug in ihrer attraktiven, wettbewerblichen Struktur selbst zu einer Projektionsfolie für Kommunikations- und Werbeaktivitäten Dritter (vgl. Weischenberg 1999: 42). Die skizzierten Spots zum Beispiel spekulieren darauf, als journalistische Angebote wahrgenommen zu werden und entsprechend von der dem Journalismus immer noch vermehrt zugesprochenen Authentizität zu profitieren.

Diese Strategie spekuliert auf Besonderheiten der Fernsehrezeption. In empirischen Studien bestätigt sich die Annahme, dass Rezipientinnen und Rezipienten Fernsehinformationen nicht mit besonderer Aufmerksamkeit verarbeiten, sondern alltagsrational, indem sie Aufwand und Ertrag einander annähern: Sie nutzen die Informationen, die leicht zugänglich sind, sie sind meist nur gering involviert, sie lassen sich von emotionalen Botschaften leiten und sie verkürzen und vereinfachen (vgl. den Überblick bei Brosius 1995: 300ff.)

> „Viele Rezipienten schauen und lesen Nachrichten beiläufig. Sie wollen sich nicht in erster Linie eine politische Meinung bilden. ‚Was gibt es Neues in der Welt?' ist die Frage. Und ‚alles wie gehabt' ist meist die Antwort. Die Zuschauer lernen, so das Fazit der vorliegenden Arbeit, nicht viel von den Informationen, die die Nachrichten anbieten. Fernsehnachrichten tragen wenig dazu bei, daß der Bürger gut informiert ist. [...] Sind Nachrichten deshalb Infotainment, ein bunter Bilderreigen ohne nennenswerte Wirkung auf die Zuschauer? Nach den vorliegenden Forschungsergebnissen ist dies keineswegs der Fall. Fernsehen ist ein Medium, das vor allem durch die Bilder bei Rezipienten, die nur beiläufig zuschauen, ‚ganz nebenbei' Bewertungen und Urteile vermittelt." (ebd.: 311)

Das Spiel mit anderen Genrekonventionen fällt der politischen Fernsehwerbung in Deutschland vielleicht deshalb etwas einfacher, weil das für die Rezeption und Einordnung einer Sendung so wichtige „Davor und Danach" (Hickethier 1994: 22) die Spots eindeutig und explizit als Werbung politischer Parteien kennzeichnet und ihnen auch die ausschließliche inhaltliche und gestalterische Verantwortung expressis verbis zuweist. Möglich wird die Adaption journalistischer Vermittlungsformen durch die in neueren kulturwissenschaftlichen oder erkenntnistheoretisch konstruktivistischen Ansätzen beschriebene Rezipientenabhängigkeit der Wahrnehmung von Darstellungsangeboten. Zugleich aber spekulieren sie auf eine partielle Rezeption gemäß der älteren Spiegelmetapher der Medienberichterstattung.

5   Grenzen bleiben wichtig

Politische Werbung kann von den verschwimmenden Grenzziehungen im Fernsehen allenfalls taktisch kurzfristig profitieren. Strategisch mittel- bis langfristig aber muss sie befürchten, dass diese neuen Unübersichtlichkeiten auch für sie zu einem wachsenden Problem werden, da sie die Abgrenzung zum inhaltlichen Programm, d.h. auch zum Journalismus, einerseits und zu PR und Marketing andererseits bewahren muss, um ihre Geschäftsgrundlage – „bezahlte Kreativität, die über Aufmerksamkeitsfallen folgenreiche Aufmerksamkeit schafft" (Schmidt 2001: 272) – benötigt, um wirksam sein zu können und nicht tatsächlich mit den Authentizitätsforderungen anderer Genres konfrontiert zu werden.[8] In der strategischen Adaption von Genrekonventionen steckt die Gefahr, dass die derzeit noch wirksamen Genrezuschreibungen und -erwartungen geschwächt werden. Wenn allerdings ein strategisch unterlaufener Journalismus erst einmal als ein solcher erkannt ist und fortan skeptischer rezipiert wird, als dies bislang der Fall ist, dann ist der Reiz der werberischen Camouflage dahin. PR und Propaganda wären dann sogar vollständig ihrer Reflexionsfläche beraubt. Auch sie müssen daher ein Interesse an einem als eigenständig und eigenlogisch konstituierten und erkannten Journalismus haben.

Der Umgang mit strategischen Grenzverwischungen erfordert eine erhöhte und veränderte rezeptive und kommunikative Kompetenz auf der Seite der Medienkonsumenten. Folglich fordert Dörner, dass der mündige und politisch kompetente Bürger auch „ein medienkompetenter, bildhermeneutisch geschulter Akteur" sein sollte, dessen „[v]isuelle Literalität" eine Voraussetzung zur angemessenen Dekodierung der ihn umgebenden politischen und sozialen Botschaften ist (Dörner 2000: 16). Zu dieser weiter gefasst auch als Medienliteralität zu verstehenden kommunikativen Kompetenz gehört das reflexive Wissen um Genres, ihre Merkmale und ihre strategischen Verwendungsdimensionen. Diese Kompetenz müsste auch der „assoziativen und ko-expressiven Funktionsweise" politischer Bildstrategien Rechnung tragen, auf die Müller (1999: 25) zu Recht hinweist: „Visuell vermittelte Interpretationen politischer Realität – und nichts anderes sind Wahlplakate und Wahlwerbespots – sind deshalb so schwierig zu analysieren, weil sie nicht die Dinge sind, die wir sehen, sondern *mit* denen wir sehen."

Gerade weil dem so ist, sind die Möglichkeiten der endgültigen Diffusion der darstellerischen Grenzen der politischen Werbung begrenzt, wenn sie ihr wirksames Potenzial dauerhaft entfalten soll. Anders als Public Relations oder Propaganda, die Journalismus strategisch und meist unerkannt zu infiltrieren

---

8 Diese Distinktion ist Grundlage der Wirksamkeit von Werbung, wenn man Zurstieges (2001: 156) prononcierte Annahme zugrunde legt: „Während Journalismus gemessen an unseren Erwartungen nur selten so *gut* ist, wie er es eigentlich sein sollte, ist die Werbung ebenfalls gemessen an unseren Erwartungen nur selten *schlecht*, wie sie es eigentlich sein könnte. Gerade dadurch eröffnet sie sich strategisch wichtige Gestaltungsspielräume. Noch weiter zugespitzt: Es sind unsere latenten Vorbehalte gegenüber der Werbung, unser Misstrauen gegenüber ihren geheimen Verführungstechniken, die es der Werbung erlauben, uns immer wieder den Himmel auf Erden zu versprechen, ohne das wir ihr endgültig das Wort entziehen."

streben[9], ist Werbung auf einen definierten Bereich offen persuasiver Kommunikation angewiesen, von dem sie sich dann bisweilen strategisch motiviert absetzen kann, um Wirkung aus der Absetzung zu ziehen. Gerade die rezeptiven Anforderungen erfordern von Werbung, dass sie regelmäßig ihren Geltungsbereich markiert und Genre- bzw. Gattungsgrenzen auch innerhalb des kulturellen Forums Fernsehen sichtbar und nachvollziehbar macht. Werbung – auch politische Werbung – ist demnach dann besonders erfolgreich, wenn sie sich professionell auf die Stärken der Werbekommunikation besinnt und nicht versucht, vor ihnen zu fliehen.

Literatur

Ayaß, Ruth (2002): Zwischen Innovation und Repetition: Der Fernsehwerbespot als mediale Gattung. In: Willems, Herbert (Hrsg.): Die Gesellschaft der Werbung. Kontexte und Texte. Produktionen und Rezeptionen. Entwicklungen und Perspektiven. Wiesbaden. 155-171.

Brosda, Carsten (2000): „Viel Lärm um nichts": Big Brother – Anmerkungen zur Selbstreferentialität medialer Pseudo-Ereignisse. In: Weber, Frank (Red.): Big Brother: Inszenierte Banalität zur Prime Time. Münster: 95-107.

Brosda, Carsten (2002): ‚Emotionalisierung' als Merkmal medialer Politikvermittlung. Zur Diskursivität emotionaler Äußerungen und Auftritte von Politikern im Fernsehen. In: Schicha, Christian/Brosda, Carsten (Hrsg.): Politikvermittlung in Unterhaltungsformaten. Münster. 111-134.

Brosda, Carsten (2005): Kommunikative Qualität als Grundlage journalistischer Autonomie. Alternativen zur Kolonialisierung des Journalismus durch die Massenmedien. In: Vorgänge. Heft 1/2005. 20-29.

Brosius, Hans-Bernd (1995): Alltagsrationalität in der Nachrichtenrezeption. Ein Modell zur Wahrnehmung und Verarbeitung von Nachrichteninhalten. Opladen.

Dörner, Andreas (2000): Politische Kultur und Medienunterhaltung. Zur Inszenierung politischer Identitäten in der amerikanischen Film- und Fernsehwelt. Konstanz.

Dörner, Andreas (2001): Politainment. Politik in der medialen Erlebnisgesellschaft. Frankfurt/M.

Fiske, John (1987): Television Culture. London, New York.

Föderl, Markus (2004): Präsentation eines Nachrichtenkanals. Prinzipien der Berichterstattung. In: Mast, Claudia (Hrsg.): ABC des Journalismus. Ein Handbuch. 10., völlig neue Aufl. Konstanz. 399-402.

---

9   Deshalb ist Lünenborg (2005: 199) zuzustimmen, wenn sie „Fälschungen und interessengebundene Fehlinformationen" in den Grenzbereichen des Journalismus zu Public Relations und zu Propaganda verortet, weil hier die nachrichtenpolitischen Möglichkeiten bestehen, die persuasive Absicht hinter einer entsprechenden Darstellung zu verkleiden.

Goertz, Lutz/Schönbach, Klaus (1998): Zwischen Attraktivität und Verständlichkeit. Balanceakt der Informationsvermittlung. In: Kamps, Klaus/Meckel, Miriam (Hrsg.): Fernsehnachrichten. Prozesse, Strukturen, Funktionen. Opladen, Wiesbaden. 111-126.

Groebel, Jo u.a. (1995): Bericht zur Lage des Fernsehens für den Präsidenten der Bundesrepublik Deutschland. Gütersloh.

Hagen, Lutz M. (1999): Informationsqualität von Fernsehnachrichten. Empirische Konzepte und aktuelle Problemfelder. In: Ludes, Peter/Schanze, Helmut (Hrsg.): Medienwissenschaften und Medienwertung. Opladen, Wiesbaden. 119-137.

Hickethier, Knut (1994): Methodische Probleme der Fernsehanalyse. In: Hickethier, Knut (Hrsg.): Aspekte der Fernsehanalyse. Methoden und Modelle. Münster. 10-28.

Hickethier, Knut (Hrsg.) (1994): Aspekte der Fernsehanalyse. Methoden und Modelle. Münster.

Hickethier, Knut (1998): Narrative Navigation durchs Weltgeschehen. Erzählstrukturen in Fernsehnachrichten. In: Kamps, Klaus/Meckel, Miriam (Hrsg.): Fernsehnachrichten. Prozesse, Strukturen, Funktionen. Opladen, Wiesbaden. 185-202.

Hohlfeld, Ralf (2002): Distinktionsversuche im Fernsehjournalismus. Das Verschwinden von Journalismus durch Inszenierung. In: Baum, Achim/Schmidt, Siegfried J. (Hrsg.): Fakten und Fiktionen. Über den Umgang mit Medienwirklichkeiten. Konstanz. 101-113.

Holtz-Bacha, Christina (2000): Wahlwerbung als politische Kultur. Parteienspots im Fernsehen 1957-1998. Wiesbaden.

Holtz-Bacha, Christina (2006): Personalisiert und emotional: Strategien des modernen Wahlkampfes. In: Aus Politik und Zeitgeschichte. Heft 7/2006. 11-19.

Kamps, Klaus (1998): „Zur Politik, nach Bonn...". Politische Kommunikation in Fernsehnachrichten. In: Kamps, Klaus/Meckel, Miriam (Hrsg.): Fernsehnachrichten. Prozesse, Strukturen, Funktionen. Opladen, Wiesbaden. 33-48.

Kamps, Klaus/Meckel, Miriam (Hrsg.) (1998): Fernsehnachrichten. Prozesse, Strukturen, Funktionen. Opladen, Wiesbaden.

Klaus, Elisabeth/Lünenborg, Margreth (2000): Der Wandel des Medienangebots als Herausforderung an die Journalismusforschung: Plädoyer für eine kulturorientierte Annäherung. In: Medien & Kommunikationswissenschaft. Heft 2/2000. 48. Jg. 189-211.

Klaus, Elisabeth/Lünenborg, Margret (2002): Journalismus: Fakten, die unterhalten – Fiktionen, die Wirklichkeiten schaffen. Anforderungen an eine Journalistik, die dem Wandel des Journalismus Rechnung trägt. In: Baum, Achim/Schmidt, Siegfried J. (Hrsg.): Fakten und Fiktionen. Über den Umgang mit Medienwirklichkeiten. Konstanz. 152-164.

Knoblauch, Hubert/Raab, Jürgen (2002): Der Werbespot als kommunikative Gattung. In: Willems, Herbert (Hrsg.): Die Gesellschaft der Werbung. Kontexte und Texte. Produktionen und Rezeptionen. Entwicklungen und Perspektiven. Wiesbaden. 139-154.

Kuhlmann, Christoph (1999): Die öffentliche Begründung politischen Handelns. Zur Argumentationsrationalität in der politischen Massenkommunikation. Opladen, Wiesbaden.

Loosen, Wiebke (2005): Zur ,medialen Entgrenzungsfähigkeit' journalistischer Arbeits-
prozesse: Synergien zwischen Print-, TV- und Online-Redaktionen. In: Publizistik.
Heft 3/2005. 50. Jg. 304-319.

Loosen, Wiebke/Scholl, Armin (2002): Entgrenzungsphänomene im Journalismus. Entwurf einer theoretischen Konzeption und empirischer Fallstudien. In: Baum, A-
chim/Schmidt, Siegfried J. (Hrsg.): Fakten und Fiktionen. Über den Umgang mit
Medienwirklichkeiten. Konstanz. 139-151.

Lünenborg, Margreth (2005): Journalismus als kultureller Prozess. Zur Bedeutung von
Journalismus in der Mediengesellschaft. Ein Entwurf. Wiesbaden.

Luhmann, Niklas (1996); Die Realität der Massenmedien. 2. erw. Aufl. Opladen.

Marcinkowski, Frank (1996): Politikvermittlung durch das Fernsehen. Politiktheoretische
und konzeptionelle Grundlagen der empirischen Forschung. In: Jarren, Otfried u.a.
(Hrsg.): Medien und politischer Prozeß. Politische Öffentlichkeit und massenmediale Politikvermittlung. Opladen. 201-212.

Mast, Claudia (Hrsg.) (2004): ABC des Journalismus. Ein Handbuch. 10. völlig neue
Aufl. Konstanz.

Meckel, Miriam/Kamps, Klaus (1998): Fernsehnachrichten. Entwicklungen in Forschung
und Praxis. In: Kamps, Klaus/Meckel, Miriam (Hrsg.): Fernsehnachrichten. Prozesse, Strukturen, Funktionen. Opladen, Wiesbaden. 11-29.

Meyer, Thomas (2001): Mediokratie. Die Kolonialisierung der Politik durch das Mediensystem. Frankfurt/M.

Meyer, Thomas u.a. (2000): Die Inszenierung des Politischen. Zur Theatralität von Mediendiskursen. Opladen, Wiesbaden.

Meyer, Thomas u.a. (2001): Diskurs-Inszenierungen. Zur Struktur politischer Vermittlungsprozesse am Beispiel der Debatte zur „Ökologischen Steuerreform". Wiesbaden.

Meyrowitz, Joshua (1990a): Überall und nirgends dabei. Die Fernsehgesellschaft I.
Weinheim, Basel.

Meyrowitz, Joshua (1990b): Wie Medien unsere Welt verändern. Die Fernsehgesellschaft II. Weinheim, Basel.

Mikos, Lothar (1992): Fernsehen im Kontext von Alltag, Lebenswelt und Kultur. Versuch zur Klärung von Begriffen zum Zwecke der theoretischen Annäherung. In:
Rundfunk und Fernsehen. Heft 4/1992. 40. Jg. 528-543.

Müller, Marion G. (1997): Visuelle Wahlkampfkommunikation. Eine Typologie der
Bildstrategien im amerikanischen Präsidentschaftswahlkampf. In: Publizistik. Heft
2/1997. 42. Jg. 205-228.

Newcomb, Horace M./Hirsch, Paul M. (1986): Fernsehen als kulturelles Forum. Neue
Perspektiven für die Medienforschung. In: Fundfunk und Fernsehen. Heft 2/1986.
34. Jg. 177-190.

Pätzold, Ulrich (1975): Fernsehnachrichten im politischen System der Bundesrepublik
Deutschland. In: Rundfunk und Fernsehen. Heft1-2/1975. 23. Jg. 73-84.

Raab, Jürgen/Tänzler, Dirk (2002): Politik im/als Clip. Zur soziokulturellen Funktion
politischer Werbespots. In: Willems, Herbert (Hrsg.): Die Gesellschaft der Werbung. Kontexte und Texte. Produktionen und Rezeptionen. Entwicklungen und Perspektiven. Wiesbaden. 217-245.

Radunski, Peter (1980): Wahlkämpfe. Moderne Wahlkampfführung als politische Kommunikation. München.

Rager, Günther (1973): Das Problem der Objektivität in politischen Nachrichten. In: Goth, Joachim u.a. (Hrsg.): Rhetorik, Ästhetik, Ideologie. Aspekte einer kritischen Kulturwissenschaft. Stuttgart. 237-257.

Schierl, Thomas (2005): Werbung. In: Weischenberg, Siegfried/Kleinsteuber, Hans J./Pörksen, Bernhard (Hrsg.): Handbuch Journalismus und Medien. Konstanz. 477-481.

Schmidt, Siegfried J. (2001): Werbung auf der Suche nach einer Zukunft. In: Schmidt, Siegfried J. u.a. (Hrsg.): a/effektive Kommunikation: Unterhaltung und Werbung. Beiträge zur Kommunikationstheorie. Münster. 255-280.

Schmidt, Siegfried J./Zurstiege, Guido (2000): Orientierung Kommunikationswissenschaft. Was sie kann, was sie will. Reinbek.

Weischenberg, Siegfried (1997): Neues vom Tage. Die Schreinemakerisierung unserer Medienwelt. Hamburg.

Weischenberg, Siegfried (1999): Die Macht und die Worte. Gerhard Schröders politische Kommunikation – eine Presseschau. In: Pr-Magazin. Heft 11/1999. 35-44.

Willems, Herbert (2000): Das kulturelle Forum der Massenmedien als Bühne von Symbolverkäufern und symbolischen Selbstverkäufern. In: Nieland, Jörg-Uwe/Schicha, Christian (Hrsg.): Infotainment und Aspekte medialer Wahrnehmung. Ergebnisbericht und Stellungnahmen zum Workshop an der FU Berlin vom 02.06.1999 im Rahmen des DFG-Schwerpunktprogramms: „Theatralität. RISP-Arbeitspapier 01/2000. Duisburg. 49-61.

Willems, Herbert (Hrsg.) (2002): Die Gesellschaft der Werbung. Kontexte und Texte. Produktionen und Rezeptionen. Entwicklungen und Perspektiven. Wiesbaden.

Winterhoff-Spurk, Peter (2001): Fernsehen. Fakten zur Medienwirkung. 2. völlig überarb. u. erg. Aufl. Bern u.a.

Zurstiege, Guido (2001): Werbung – Kunst und Können der aufrichtigen Lüge. In: Schmidt, Siegfried J./Westerbarkey, Joachim/Zurstiege, Guido (Hrsg.): a/effektive Kommunikation: Unterhaltung und Werbung. Beiträge zur Kommunikationstheorie. Münster. 147-160.

Zurstiege, Guido (2002): Die Gesellschaft der Werbung – was wir beobachten, wenn wir die Werbung beobachten, wie sie die Gesellschaft beobachtet. In: Willems, Herbert (Hrsg.): Die Gesellschaft der Werbung. Kontexte und Texte. Produktionen und Rezeptionen. Entwicklungen und Perspektiven. Wiesbaden. 121-138.

Zurstiege, Guido/Schmidt, Siegfried J. (2003): Werbekommunikation. In: Bentele, Günter/Brosius, Hans-Bernd/Jarren, Otfried (Hrsg.): Öffentliche Kommunikation. Handbuch, Kommunikations- und Medienwissenschaft. Wiesbaden. 492-503.

Alles Marketing, oder was?!

Betrachtung zweier Wahlwerbespots von SPD und CDU aus dem Bundestagswahlkampf 2005 unter Marketingaspekten

Melanie Diermann, Moritz Ballensiefen und Karl-Rudolf Korte[1]

Politik muss nicht nur „gemacht", sondern auch „vermittelt" werden (vgl. von Alemann 2005: 11), das gilt zunächst im Allgemeinen, vor allem aber unmittelbar vor einer Wahl, denn Wahlkämpfe sind „Hochzeiten" politischer Kommunikation (vgl. bspw. Soeffner/Tänzler 2002: 141). In dieser Zeit ist nicht nur die *Menge* der kommunizierten Botschaften, sondern auch die *Sensibilität* der Medien und schließlich auch die Aufmerksamkeit der Rezipienten für Politisches erhöht. Eine gesteigerte Sensibilität auf Seiten der Medien und der Empfänger ist aus Sicht einer wahlkämpfenden Partei günstig, die Sache hat allerdings auch einen Haken: Auch die Mitbewerber buhlen um Nachrichtenwerte und redaktionelle Sendezeiten und am Wahltag zählen nicht eventuell empfundene Zweitpräferenzen – letztlich entscheidend sind nur die tatsächlich abgegebenen Stimmen. Davon hat bei einer Bundestagswahl jeder Wähler nur zwei, er muss also eine Entscheidung treffen, und aus Sicht einer antretenden Partei ist in der Einflussnahme auf diese Entscheidung die Schlüsselmotivation für die Durchführung der Kampagnenmaßnahmen zu sehen (vgl. Korte 2005c).

Abstrakt betrachtet ist diese Ausgangslage durchaus vergleichbar mit der eines Wirtschaftsunternehmens, das seine Güter auf einem gesättigten Markt platzieren will. Wachstum ist aus der Sicht dieses Unternehmens nur zulasten eines Mitbewerbers möglich, so dass – neben allen organisatorischen Aspekten des Absatzes – Maßnahmen ergriffen werden müssen, die die Kundschaft bewegen, das eigene Produkt und nicht ein Konkurrenzprodukt zu kaufen. Mitte der 1970er Jahre, als der Wettbewerbsdruck in vielen Branchen bis dahin unbekannte Ausmaße erreichte und einzelbetriebliches Wachstum wegen der Stagnationserscheinungen auf den Märkten nur noch zu Lasten von Mitbewerbern möglich war, entwickelte sich eine neue Perspektive der Unternehmensführung, die die Frage nach der *Bedürfnis- und Erwartungshaltung der potentiellen Kundschaft* in das Zentrum aller unternehmerischen Planungsprozesse stellte. Diese Ausrichtung aller Prozesse einer Organisation auf die Erwartungshaltung

1   Die Autoren danken Meike Schwarz und Marc Lourens für die tatkräftige Unterstützung bei der Analyse der Wahlwerbespots.

der Kunden wird als Marketing bezeichnet (vgl. etwa Bodenstein/Spiller 1998: 29ff oder Meffert 1998: 21ff).

Auch Parteien stehen vor einer Wahl einer gewissen Nachfragedominanz gegenüber. Es kandidieren in der Regel mehr Parteien als der einzelne Wähler Stimmen hat. Der Wähler muss folglich eine Auswahl treffen. In Zeiten professionellen Marketings wäre es daher naiv anzunehmen, dass Politiker als Entscheidungsverantwortliche in den Führungsstäben der Parteien über hohe Kampagnenhaushalte ausschließlich im eigenen Ermessen verfügen. Die im Bundestag vertretenen Parteien kaufen heute eine große Bandbreite an Dienstleistungen und Beratermeinungen ein, um möglichst effektiv Wahlkampf betreiben zu können. Dies trifft insbesondere auf die beiden Volksparteien SPD und CDU zu, die im Rahmen ihrer Wahlkampagnen breit gefächerte Angebote an sehr unterschiedliche Zielsegmente kommunizieren wollen (vgl. Korte 2005b: 13; Gaddum 2005).

Die Übertragung der Marketingmodelle auf politisches Führungs- und Regierungshandeln stellt sich jedoch als durchaus nicht unproblematisch dar, da politische Akteure zu den durch sie vertretenen Bürgern in einem anderen Legitimitätsverhältnis stehen als Manager und Unternehmer zu ihren Kunden. Hier wird allerdings die These vertreten, dass trotz der vorhandenen Unterschiede maßgeblich aufgrund der vorhandenen Parallelen eine ähnliche Verfahrensweise in Unternehmen und Parteien erfolgt. In der politischen Arena schwinden langfristig Parteibindungen: Der rationale Wähler wählt die Partei, die ihm den größten individuellen Nutzen verspricht. Dabei geht es dem Wähler heute nicht wie von Downs (1957, deutsch 1968) beschrieben darum, umfassende Informationen über alle kandidierenden Parteien einzuholen, um auf dieser reflektierten Grundlage eine Wahlentscheidung zu treffen – die Wahlentscheidung wird auf Basis *der* Informationen getroffen, die den Wähler erreicht haben und „die persönliche Wahlentscheidung wird bestimmt durch ihren maximal zu erzielenden Nutzen" (Korte 2006a: 151).

Dass die beiden großen Volksparteien bei der Gestaltung ihrer Wahlkampagnen sehr bewusst und rational abwägen, welche Vorgehensweise sich am ehesten in Anbetracht von „Marktsituation" und „Konkurrenzlage" anbietet, um der Erwartungshaltung des Wählers bestmöglich gerecht zu werden – sprich *marketingorientiert* vorgehen – ist die zentrale These dieses Beitrages. In den Parteien wird dabei sehr detailliert ermittelt, wie Sach- und Kandidatenkompetenzen auf Seiten der Wählerschaft eingeschätzt werden. Aus diesen Erkenntnissen resultieren Strategien, mit denen die Wahlkampagne geplant und umgesetzt wird. Dieses Muster in Bezug auf zwei Wahlkampfspots – Paradebeispiele der Kampagnenkommunikation – der beiden großen Volksparteien SPD und CDU aufzuzeigen, ist das Anliegen dieses Beitrages. Die im öffentlich-rechtlichen Fernsehen ausgestrahlten Leitspots der Bundesverbände von SPD („Wir brauchen einen Bundeskanzler") und CDU („Die Kugel") sollen dazu untersucht und unter Marketinggesichtspunkten analysiert werden.

1 Wahlwerbespots im Medienwahlkampf

Das Werben um Stimmen auf einem heterogenen, volatilen Wählermarkt gleicht mittlerweile dem Versuch, Schnäppchenjäger vom Kauf eines Produktes zu überzeugen. Die komplexe Herausforderung an politische Parteien im Zeichen eines modernen Medienwahlkampfes ihr Programm dem Wähler schmackhaft zu machen, erfordert dabei neue Instrumente der politischen Kommunikation (vgl. Korte 2005a). Anstatt über klassische Wahlveranstaltungen und den Info-stand in der Fußgängerzone, verbreitet der Medienwahlkampf 200X seine Bot-schaften als mundgerecht aufgearbeitete Häppchen zwischen Telenovela und Tagesschau. Dabei schneiden die Wahlkampfmacher, nicht zuletzt aus Gründen der Komplexitätsreduktion, ihre Werbekampagnen auf den jeweiligen Spitzen-kandidaten zu (vgl. Korte 2005: 63). Die medial trainierten Kandidaten insze-nieren sich selbst in einer großen Medienshow. Politische Spitzenakteure müs-sen deshalb „kampagnefähig sein, um ihre Interessen erkennbar öffentlich anzumelden" (Jarren/Donges, 2006: S. 273).[2]

Bereits seit Jahrzehnten diskutiert die Politikwissenschaft diese Ansätze unter den Stichworten der Boulevardisierung, Mediatisierung, Modernisierung und Professionalisierung. Jüngeren Ursprungs und bislang weitaus weniger beachtet ist der Ansatz des (Politischen) Marketings in diesem Kontext. Was in der Betriebswirtschaft unter dem Begriff des Costumer-Relationship-Manage-ments (CRM) diskutiert wird, könnte jedoch auch für die politische Beratung durchaus von Interesse sein. Dabei stellt sich jedoch die Frage, wie weit der Wähler und seine Entscheidung auf das Anbieter-Kunden-Verhältnis übertragen werden kann. Welche Marketinginstrumente können in einem modernen Me-dienwahlkampf effizient eingesetzt werden?

Dieser Beitrag beschäftigt sich explizit mit der Analyse von Marke-tingmaßnahmen innerhalb der Parteiwerbespots im Bundestagwahlkampf 2005. Anhand der Hauptspots von CDU und SPD sollen die im Wahlkampf verwen-deten Marketinginstrumente offen gelegt und in ihrer Anwendung und Wirkung hinterfragt werden. Die Auswahl der Werbespots als Untersuchungsgegenstand erklärt sich vor dem medialen Wahrnehmungshintergrund der TV-Spots. Die kurzen Werbebeiträge der Parteien gehören neben klassischer Plakatwerbung zu den vom Wähler am meisten beachteten Wahlkampfinformationen. Zusätzlich

---

2   vgl. dazu bspw. Korte/Nieland/Ballensiefen/Klingen 2006b; Derichs/Heberer 2006; Korte 2005c; Nieland/Tenscher 2002;

tragen die Spots in einem signifikanten Maß zur Meinungsbildung und damit auch zur Wahlentscheidung der Bürger bei (vgl. bspw. Holtz-Bacha/Kaid 1993). Für die Bundestagswahl 2005 fand das Forschungsinstitut Infratest dimap heraus (vgl. Geffken 2005: 146), dass 41 Prozent der Wähler Wahlwerbespots eine „gewisse" bis „große" Wirkung auf ihre Wahlabsicht zuschrieben. Dabei haben sich die Zuschauerquoten durch die größere Differenzierung des TV-Programms – im Zuge der Einführung des dualen Rundfunksystems – kontinuierlich verschlechtert. Dennoch erreichen die Wahlspots der großen Parteien im Schnitt rund 80 Prozent der Wähler. In Anbetracht der zufälligen Ausstrahlung der Spots im Abendprogramm ist das ein durchaus hoher Wert (vgl. Schmitt-Beck 1999: 14). Der Zufallsmoment hat wiederum den Vorteil, dass auch politisch eher uninteressierte Zuschauer mit der Wahlwerbung in Kontakt kommen und sich dadurch unter Umständen mit dem Inhalt auseinandersetzen.

Anders als im Free-Media-Kanal, wo mediale Inhalte redaktionell nach Kriterien wie Nachrichtenwerten aufbereitet werden, haben Parteien die Möglichkeit, den Inhalt ihrer Wahlspots selbst auszuwählen und zu produzieren. Wahlwerbespots werden daher als „ungefilterte Kommunikationsmöglichkeit" mit dem Wähler dem Paid-Media-Kanal zugeschrieben (vgl. Schmitt-Beck/ Pfetsch 1994). Bei der Umsetzung folgen die Parteien, so die These dieses Beitrages, in einem hohen Maße den Erkenntnissen der modernen Marketingforschung. Durch den Einsatz verschiedener Marketingstrategien, hier insbesondere der Kunden- und Marktforschung, lassen sich die Spots beliebig nach Imageaspekten inszenieren. Themen können zudem zugespitzt aufbereitet und dramatisiert werden. Als entscheidender Vorteil gegenüber dem Einsatz von Printmedien lassen sich auf sehr kleinem Präsentationsraum viele audiovisuelle Eindrücke einsetzen und kombinieren, die das Image der Partei und des Kandidaten nachhaltig beeinflussen können. Die Spots bieten damit den Höhepunkt der Wahlkampagne „auf emotionaler Ebene" (Geffken 2005: 147).

Rundfunkrechtlich gelten für das Ausstrahlen von Wahlwerbespots einige Vorgaben, angepasst an die Eigenschaften des dualen Rundfunksystems. Danach regeln die Landesrundfunkgesetze beispielsweise, welche Parteien wie viele Spots senden dürfen. Für die öffentlich-rechtlichen Programme gilt der Vergabeschlüssel 8-4-2. Die großen Parteien CDU und SPD senden bis zu acht Spots, die anderen im Bundestag vertretenen Parteien erhalten vier und die kleinen Parteien und Gruppierungen je zwei Spots. Die Inhalte der Spots werden von den Parteien selbst bestimmt, worauf die Kanäle per Einblendung vor der Ausstrahlung hinweisen. Grundsätzlich darf Wahlwerbung erst vier Wochen vor dem Wahltermin ausgestrahlt werden. Nach einem gemeinsamen Beschluss der Landesmedienanstalten aus dem Jahr 1989 dürfen auch private Sender die Wahlkampfspots nicht in einem normalen, kommerziellen Werbeblock platzieren (Kaid/Tedesco, 2000: 66). Eine strikte Vorgabe über die Länge der Werbespots gibt es nicht, es lässt sich jedoch langfristig ein Trend zu immer kürzeren Filmsequenzen beobachten (vgl. Holtz-Bacha 2000: 158).

Der Wahlwerbespot ist folglich für die Parteien im politischen System der Bundesrepublik Deutschland ein preiswertes und effizientes Marketinginstrument zur medialen „Kundenansprache". Hier muss allerdings darauf hingewiesen werden, dass ein Wahlwerbespot eine andere Form der Programm- und Kandidatendarstellung leistet, als ein Plakat oder eine Printanzeige. Denn im TV-Beitrag kommt den Parteien die hohe Glaubwürdigkeit des Fernsehens zu Gute. Obwohl der Spot als Darstellung der Parteien gekennzeichnet ist, vollzieht der Zuschauer keine strikte Trennung zwischen redaktioneller Information und werblichem Beitrag. Entgegen den ursprünglichen Vermutungen, ein besonders langer Spot unterstreiche die Wirksamkeit der Parteienbotschaft, reichen dem Zuschauer bereits weniger Sekunden aus, um den Inhalt und das Image der Partei im Werbefilm komplex unterbewusst zu bewerten. Text und Musik treten dabei in den Hintergrund der Bewertung, ausschlaggebend sind die wahrgenommenen Bilder. Das menschliche Gehirn funktioniert dabei nach dem Sprichwort: „seeing is believing", oder in den Worten des Bildforschers Siegfried Frey: „Evidenz auf einen Blick".[3] Um diese Erkenntnis auf das Wahlinstrument des Parteienspots zu übertragen, ist festzuhalten, dass das Bild des Politikers im Wahlspot vom Zuschauer zuerst wahrgenommen wird, während der Inhalt im Laufe des Spots dieses Image nur schwer revidieren kann. Im Medienwahlkampf siegt also das Auge über das Ohr (vgl. Frey 2001:146).

2 Marketing als Managementstrategie für Wahlkampagnen und als strategische Grundlage für die Gestaltung von Wahlwerbespots

Strategie ist heute einer der am meisten verwendeten Begriffe, wenn es um die Erörterung von Wahlkampagnen geht. Henneberg (2002: 132) erklärt den Strategie-Begriff im Bezug auf das Kampagnenmanagement einer Partei als Transformation der Erkenntnisse aus der Marktforschung in die strategischen Elemente Segmentierung, Positionierung und Targeting, woraus schließlich eine umfassende Strategie, die der Kampagnenplanung zugrunde gelegt werde, re-

---

3   Diese These belegt Frey (2001:146) mit einem Experiment mit 180 Studenten aus Amerika, Frankreich und Deutschland. Den Versuchspersonen wurden kurze, tonlose Politikerspots aus den Fernsehnachrichten vorgeführt und dabei Herzschlag, Hauttemperatur und Atmung gemessen. Als Ergebnis fand Frey heraus, dass sich die Studenten bereits nach wenigen Sekunden ein komplexes Meinungsbild über den Politiker auf dem Bildschirm gebildet hatten. Zusätzlich stimmten die jeweiligen Bewertungen in den drei verschiedenen Ländern in einem hohen Maße überein (vgl. Frey 1999: 128).

sultiere. Baines (1999: 417) beschreibt das Zusammenwirken dieser Teilaspekte wie folgt:

> „Ideally, voter segmentation and candidate positioning combined represent the process which political strategies determine who their most influential supporters are, determine, how they can be reached, and devise a plan to determine how best to project the image of that candidate or party in such a manner [...]."

Als zentral einschlägig[4] gilt in der Marketingliteratur über Parteien zudem die zweigeteilte Marketingdefinition von Harrop (1990: 277ff), der die strategisch-holistische und die operational-instrumentelle Ebene des Marketing voneinander unterscheidet. In einem an Marketingprämissen orientierten Wahlkampf stellt sich aus Sicht der wahlkämpfenden Partei somit zu Anfang die Frage: Wer *kann*, und wer *soll* mit der Kampagne erreicht werden (vgl. Vowe/Wolling 2000: 65)? Zur Beantwortung dieser Frage müssten sich die Entscheidungsverantwortlichen – zum Beispiel durch Marktforschung oder Beratung – Informationen beschaffen, um auf dieser Grundlage schließlich handlungsleitende Wahlkampfstrategien entwickeln zu können. Personalisierung, beziehungsweise die Fokussierung der Wahlkampagne auf den Spitzenkandidaten oder die Betonung bestimmter Merkmale des Spitzenkandidaten könnte in diesem Zusammenhang zur grundlegenden Strategie werden, ebenso wie die emotional negative oder positive Ausrichtung der Kampagne oder die Betonung einzelner Themen und Positionen.

Ein wesentlicher Teilbereich, für den sich – eine marketingorientierte Vorgehensweise vorausgesetzt – post hoc in Anbetracht veröffentlichter Umfragedaten aus der Zeit vor der Wahl auch entsprechende Indizien finden lassen müssten, ist der Gestaltungsprozess der Wahlwerbespots einer Kampagne, denn hier handeln die Parteien vollständig im eigenen Ermessen.

2.1 Marktforschung

Ein Wirtschaftsunternehmen betreibt Marktforschung, um die Bedürfnisse potentieller Käufer zu erfassen, so dass auf dieser Basis eine möglichst zielgerechte Produktentwicklung erfolgen kann. Analog dazu nutzen auch Parteien die Möglichkeit, diverse Informationen über die Standpunkte und Erwartungen in der Wählerschaft einzuholen und diese bei den Planungen ihrer Wahlkampagne zugrunde zu legen. Als Teilaspekte, die in diesem Zusammenhang von Interesse

---

4   vgl. dazu bspw. auch Wangen 1983, Oellerking 1988, Collins/Butler 1996, Scammell 1999 oder Henneberg 2002.

sein können, benennt Kavanagh (1995: 135ff) die Außenwirkung der Partei, die Stärken und Schwächen der Partei und der Gegner, die Wahrnehmung bestimmter Themen und Sachfragen in der Öffentlichkeit sowie schließlich die Frage nach der grundsätzlichen Erreichbarkeit bestimmter Wählergruppen. Gallus (2004: 205) beschreibt die demoskopiegestützte Kampagnenplanung als einen Prozess, der bereits etwa acht bis zwölf Monate vor dem Wahltermin mit einem so genannten *Benchmark Survey* beginnt. Die ab diesem Zeitpunkt regelmäßig veranstalteten Repräsentativbefragungen würden dann von den Ergebnissen qualitativer Meinungsforschung unterstützt. Des Weiteren würden Themenanalysen eingesetzt, um zu ermitteln, welche Themen die Wähler als bedeutsam empfinden und Kandidatenstudien, um das Image und die Popularität von Spitzenpolitikern zu untersuchen. Entscheidend im Sinne einer Marketingorientierung ist dabei, dass eine Partei *planvoll* vorgeht, so dass sich nach der Recherche ein Informationsgerüst ergibt, auf dessen Basis weitere Maßnahmen wie die Segmentierung von Wählergruppen, das Targeting und die Positionierung der Partei in den einzelnen Segmenten erfolgen können (vgl. Bowler/Farrell 1992: 5).

2.2 Segmentierung, Positionierung und Targeting

McDonalds hat Anfang 2005 in seinen Werbeanzeigen darauf aufmerksam gemacht, dass der deutschlandweit in rund 1.300 Filialen (vgl. McDonalds 2005) käufliche Salat, „auf echten Feldern gewachsen" sei. Damit hat der Konzern – nach erscheinen des Kinoselbstversuchs „Supersize me"[5] nicht ganz überraschend – vermutlich zweierlei bezweckt: Die „Schmuddelecke" des ungesunden Fastfoods zu verlassen und die gezielte Ansprache und Bindung solcher Kunden, die das Angebot an Speisen und Getränken zwar eigentlich lecker finden („ich liebe es"), aber aufgrund gesundheitlicher Bedenken dazu tendieren könnten, auf den Konsum zu verzichten. Darüber hinaus gab es noch den Teil der Kampagne, der eine junge (schlanke) Frau mit Turnschuhen in der Hand gezeigt hat, die

---

5   Der Film „Supersize me" erschien 2004 in den USA. Es handelt sich um die Dokumentation des Regisseurs Morgan Spurlock, der 30 Tage nur Speisen von McDonalds zu sich nahm, jedes Gericht auf der Karte musste mindestens einmal verzehrt werden. Wenn dem Hauptdarsteller eine XXL-Portion („Supersize") angeboten wurde, durfte er sie nicht ablehnen und er musste alles aufessen, was sich auf dem Tablett befand. Das Ergebnis war kaum überraschend: Spurlock nahm 12 Kilo zu, seine Cholesterin- und Leberfettwerte veränderten sich bedenklich, nach eigenen Angaben wurde er schlapp und depressiv. Der Regisseur wollte, so erklärte er es in Interviews, mit dem Film auf die schlechte Situation in Amerikas Schulkantinen aufmerksam machen und das katastrophale Ernährungswissen der amerikanischen Erwachsenen offen legen, die mit dem Begriff Kalorie nicht das Geringste anfangen können.

beteuerte, mit Kalorien umgehen zu können, wenn man ihr nur mitteile, wie viele darin enthalten seien. Das Bild hat auf diese Weise vermutlich vor allem junge, figurbewusste Frauen angesprochen. Eine andere Variante richtete sich indes an die nächst ältere Zielgruppe - Mütter: Für sie machte ein kleiner Junge darauf aufmerksam, Mama sei diejenige, die immer so gern zu McDonalds wolle, weil der Salat dort so frisch, gesund, kalorienarm und schmackhaft sei.

Den hier zugrunde liegenden Prozess bezeichnet man als Segmentierung des Marktes und – bezogen auf die spezifische Ansprache einzelner Segmente – als Targeting. Auf welcher Basis die Segmente gebildet werden, die im Rahmen einer Kampagne angesprochen werden sollen, liegt dabei keineswegs auf der Hand. So verfolgte beispielsweise der Hauptkonkurrent von McDonalds, Burger King, zur selben Zeit eine völlig andere Strategie („Bigger, Better, Burger King"), indem vor allem der reuelose Genuss, und nicht der gesundheitliche Aspekt in den Vordergrund gerückt wurde (vgl. Burger King 2005).

Nun besteht das Angebot politischer Parteien vor einer Wahl unbestrittener Weise nicht aus Fast Food, aber im Bereich der zielgruppenorientierten Ansprache sind ähnliche Vorgehensweisen dennoch denkbar. Die Frage lautet hier: Wer soll angesprochen werden und womit? Das grundsätzliche Ziel der Segmentierung ist es, die erreichbare Wählerschaft möglichst sinnvoll in Gruppen einzuteilen, und zwar so, dass für jedes Segment besondere Ansprachemodalitäten verwendet werden können. Die Gruppen sollten in sich so *homogen* wie möglich, die verschiedenen Gruppen allerdings so *heterogen* wie möglich angeordnet sein. Ein besonderes Augenmerk wird man schließlich vor allem auf solche Segmente richten, die einen signifikanten Einfluss auf das Wahlergebnis nehmen können (vgl. Newman 1994: 69). Das strategische Ziel des Segmentierungsprozesses besteht somit zum einen darin, Zielgruppen zu identifizieren, die aus bestimmten Gründen (wahl-)entscheidend sein können, um diese intensiver und zielgerichteter anzusprechen. Zum anderen besteht auf der Basis mehrerer Wählersegmente die Möglichkeit, verschiedene Themen und Positionen in den jeweiligen Zielgruppen unterschiedlich stark zu betonen.

Anders als in den genannten Beispielen aus der Konsumgüterwerbung ist es in der Parteienwerbung üblich, verschiedene Zielgruppen in einem Spot zu adressieren. Die Gründe dafür sind zum einen in der Begrenztheit der verfügbaren Sendezeiten, in der zeitlichen Beschränkung der Laufzeit auf wenige Wochen, in der eine große Diversifikation die Gefahr eines als uneinheitlich wahrgenommenen Auftritts mit sich bringen würde, wie in der Begrenzung der finanziellen Mittel zu sehen. Insbesondere aufseiten der beiden Volksparteien SPD und CDU fällt häufig ins Gewicht, dass beispielsweise die Zielgruppe der Senioren durchaus Anteil an Entwicklungen im Bereich der Bildungs- Arbeitsmarkt- und Wirtschaftspolitik nimmt, weil sie sich über ihre Kinder und Enkel auch mit diesen Teilbereichen identifiziert. Für die beiden großen Volksparteien SPD und CDU, deren Spots im Folgenden analysiert werden, erwächst daraus die Maßgabe, über die Wahlwerbespots ein Bild zu generieren, das Partei und Kandidat, die Ansprache als wichtig erachteter Zielgruppen sowie das Betonen der eigenen Stärken umfasst.

2.3   Marketinginstrumente zur Gestaltung von Wahlwerbespots

Die allgemeine Marketingtheorie (vgl. bspw. Meffert 1998) unterscheidet neben der strategischen Ebene, in deren Kontext hier Marktforschung, Segmentierung und Targeting erörtert worden sind, vier Marketinginstrumente, in denen die Umsetzung der Strategien erfolgt:

- die *Produktpolitik* (Was wird angeboten?)
- die *Kommunikationspolitik* (Wie werden die Vorteile des Angebotes kommuniziert?)
- die *Distributionspolitik* (Über welche Kanäle wird das Angebot kommuniziert?)
- und die *Preispolitik* (Zu welchen Bedingungen kann das Angebot erworben werden?).

Im Marketingkonzept werden diese Instrumente unter der Bezeichnung „4 P's" zusammengefasst (vgl. bspw. Lees-Marshment 2001: 24f). Die 4 P's stehen dabei für die englischen Begriffe *Product, Promotion, Place* und *Price*. Die optimale Kombination der Instrumente, der Marketingmix, gilt dabei als zentrales Ziel (vgl. bspw. Wangen 1983: 212). Auch in der unternehmerischen Praxis sind Marketinginstrumente eher nicht in Reinform zu beobachten, vielmehr gehen sie ineinander über und beeinflussen sich gegenseitig.

Bezogen auf die Erörterung von Wahlwerbespots kann im Hinblick auf die vier Marketinginstrumente für die Produktpolitik die Leitfrage aus der Marketingtheorie übernommen werden: Was wird im Rahmen des Spots angeboten? Für die Kommunikationspolitik können grundsätzlich sämtliche kommunikativen Aspekte der Spots von Interesse sein. Welche Botschaften werden kommuniziert? Welche Emotionen werden vermittelt? Fragen dieser Art sind hier von Bedeutung.

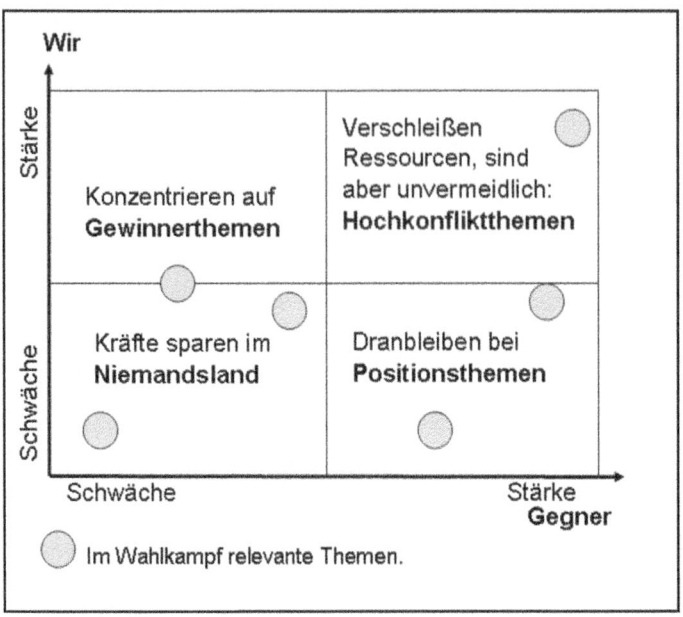

Abb. 1:   Modell für die Einschätzung der in einem Wahlkampf relevanten Themen aus der Sicht einer Partei im Vergleich zu ihren politischen Gegnern. Quelle: Althaus 2002: 125.

Hinsichtlich der im Wahlkampf relevanten Sachfragen empfiehlt Althaus (2002: 125) im Rahmen der Kommunikationspolitik die Einschätzung der eigenen Potentiale aus der Sicht einer Partei im Vergleich mit ihren politischen Gegnern anhand von vier Kategorien (vgl. Abb. 1). Als Hochkonfliktthemen bezeichnet er dabei Themen, die sowohl von der eigenen Partei als auch von politischen Gegnern „stark" besetzt sind. Gewinnerthemen nennt er Themen, in denen aus Sicht der planenden Partei ein Bonus gegenüber den politischen Gegnern besteht. Als Positionsthemen bezeichnet er Sachfragen, die von gegnerischen Parteien dominiert werden, und unter der Kategorie „Niemandsland" fasst er schließlich solche Themen, die weder von der eigenen, noch von der gegnerischen Seite dominiert werden. Für eine Partei resultiere aus dieser Analyse das Bestreben, vor allem solche Themen in der eigenen Kampagne zu kommunizieren, über die die Partei in der Öffentlichkeit positiv wahrgenommen wird. Insbesondere für kleine Parteien bietet es sich in diesem Zusammenhang außerdem an, die Frage nach *Alleinstellungsmerkmalen* zu stellen.[6] Eine Partei, die ein Alleinstellungsmerkmal erkannt hat, wird sich bemühen, im Rahmen der Kampagne darauf aufmerksam zu machen, um eine Verknüpfung ihres Alleinstellungsmerkmals mit der Wahlentscheidung zu erreichen.

Die Distributionspolitik stellt sich im Hinblick auf das Vorhaben, zwei Wahlwerbespots konkurrierender Parteien und ihre vermeintlich zugrunde gelegten strategischen Implikationen miteinander zu vergleichen, als Konstante dar – die Distribution erfolgt in beiden Fällen primär über das Medium Fernsehen, also über den Paid-Media-Kanal.[7] Für die Dimension der Preispolitik müsste indes festgestellt werden, dass es sich hier nur scheinbar um eine Konstante – der Wähler „zahlt" am Wahltag mit seiner Stimme – handelt. Als variable Faktoren sind hier vor allem die so genannten *Opportunitätskosten* zu nennen: Welchen Preis muss der Wähler zahlen, um die Leistung zu erhalten (vgl. Niffenegger 1989)? „Preis" ist hierbei nicht gleichgesetzt mit der Stimme des Wählers, sondern meint auch Aufwendungen, die dem Wähler entstehen, zum Beispiel höhere Sozialabgaben oder Steuern, wenn er sich für das Angebot einer Partei entscheidet.

3   Erörterung der methodischen Vorgehensweise bei der Analyse der Wahlspots

Die zentrale These, die diesem Beitrag zugrunde liegt, lautet: Parteien agieren bei der Planung und Umsetzung ihrer Kampagnen marketingorientiert. Sie machen sich zu Beginn der Planungen ein sehr genaues Bild über die unterschiedlichen Ansichten und Erwartungshaltungen in der Wählerschaft und ermitteln dezidiert, wo eigene Stärken und Schwächen, sowie Stärken und Schwächen der Gegner gesehen werden. Auch stellen sie fest, wie die Wahrnehmung der Spitzenkandidaten in der Bevölkerung ist. Im Rahmen dieser Marktforschung geben Parteien zum einen eigene - qualitative und quantitative - Forschungsarbeiten in Auftrag, zum anderen werten sie veröffentlichte Umfrageergebnisse für eigene Zwecke aus. Aus diesen Maßnahmen resultieren Strategien, die der Kampagnengestaltung zugrunde gelegt werden, so zum Beispiel der Gestaltung von Wahlspots.

---

6   In der Marketingtheorie ist damit eine Produkteigenschaft gemeint, die nicht ohne weiteres von anderen Anbietern übernommen oder kopiert werden kann. Bezogen auf eine Partei können in diesem Zusammenhang sowohl bestimmte Positionen als auch bekannte Persönlichkeiten in Betracht kommen.

7   Die grundsätzliche Möglichkeit der Berichterstattung über die Wahlwerbespots im redaktionell gestalteten Free-Media-Kanal wird hier außer Acht gelassen.

In der folgenden Betrachtung zweier Wahlwerbespots von SPD und CDU aus dem Bundestagswahlkampf 2005 erfolgt zur Unterstützung dieser These eine Analyse in zwei Stufen. Zuerst wird für jeden der beiden Spots herausgearbeitet: Was wird gesendet? Dazu wurde ein Analyseraster entwickelt (vgl. Abb. 2), anhand dessen für jeden Spot ein Verlaufsprotokoll erstellt worden ist, das später die Grundlage für den Vergleich der Spots untereinander sowie mit veröffentlichten Umfragedaten aus der Zeit vor der Wahl gebildet hat. Das Analyseraster ist in vier Blöcke unterteilt. Im ersten Block geht es um die Verlaufsdokumentation des Spots. Hier wird ein Storyboard erstellt werden, das die einzelnen Sequenzen beschreibt. Ferner wird hier die Geräuschsituation im Verlauf des Spots dokumentiert. Wer spricht wann, welcher Art sind Klänge oder Musik? Der zweite Block des Analyserasters widmet sich der Darstellung des Spitzenkandidaten. Dabei wird die aktive Darstellung, in der sich der Kandidat direkt an den Zuschauer wendet, und die passive Darstellung unterschieden, bei der der Kandidat zwar zu sehen ist, aber nicht aktiv mit dem Zuschauer kommuniziert. Wichtige Variablen, die in diesem Kontext dokumentiert werden sollen, sind Gestik und Mimik des Kandidaten, Kameraschnitt, die Bezugnahme auf Gegner und schließlich auch die Aussagen des Kandidaten, der Themenbezug und die Frage nach der Verwendung von Hochwertbegriffen.

Der nächste Block widmet sich schließlich der Darstellung der Partei selbst: Wird der Parteiname genannt, spiegelt sich die Kampagnenlinie im Spot wider, wird Bezug auf politische Gegner genommen? Der letzte Block widmet sich schließlich der Themenwahl und der Positionierung zu den genannten Themen. Wird ein Politikfeld thematisiert, oder nur eine bestimmte Sachfrage eines Politikfeldes? Welche Positionen werden bezogen und welche impliziten Aussagen sind damit verbunden?

Verlaufsdokumentation des Spots

> Länge | Anzahl der Schnitte | Storyboard (Kurzbeschreibung der einzelnen Sequenzen, ungefähre Anzahl der Personen in den jeweiligen Sequenzen) | Musik, Sprache und Geräusche (was ist wann zu hören, wer spricht wann)

Darstellung des Kandidaten:

> **Passiv** → Kandidat ist zu sehen, wendet sich aber nicht direkt an den Zuschauer
> In welchen Situationen ist der Kandidat zu sehen? Gestik, Mimik, Besonderheiten | Welche Attribute werden dem Kandidaten (implizit) zugeschrieben, Was wird suggeriert?
>
> **Aktiv** → Kandidat wendet sich direkt an den Zuschauer
> Gestik, Mimik | Kameraausschnitt | Was sagt der Kandidat? | Themenbezug | Verwendung von Hochwertbegriffen? | Bezugnahme auf Partei? | Bezugnahme auf politische Gegner?

Darstellung der Partei, Bezug auf Mitbewerber:

> Verhältnis Partei/Personalisierung | Nennung der Partei | Berücksichtigung der Kampagnenlinie | Bezug auf Gegner und Koalitionspartner?

Themen und Positionierung:

> Auf welche Politikfelder wird Bezug genommen? | Wird das Politikfeld als Ganzes thematisiert, oder nur eine bestimmte Sachfrage? | Positionierung je Thema | implizite Aussage?

Abb. 2:   Rater für die Analyse zweier Wahlwerbespots von SPD und CDU aus dem Bundestagswahlkampf 2005. Quelle: Eigene Darstellung.

Insgesamt berücksichtigt das zugrunde gelegte Analyseraster die zentralen Kandidaten, Parteien und Themen. In der zweiten Analysestufe soll daran anknüpfend auf der Basis der Protokolle ein Abgleich mit veröffentlichten Umfragedaten aus der Zeit vor der Bundestagswahl 2005 erfolgen.[8] Die Leitfrage bei dieser Betrachtung lautet dabei: Inwieweit lassen sich auf Basis der Daten Mus-

---

8   Verwendet werden hier Daten von Infratest dimap (2005) und der Forschungsgruppe Wahlen (2005).

ter identifizieren, die erklären könnten, warum einzelne Segmente des Spots und grundlegende Strategien wie Personalisierung oder Negativdarstellung gewählt worden sind. Die so rekonstruierte mögliche Vorgehensweise liefert schließlich Indizien für die hier zu untersuchende These. Der letztendliche Nachweis, dass in den Parteien aus den vermuteten Gründen tatsächlich so verfahren worden ist, kann damit freilich nicht erbracht werden.

4 Analyse der Wahlspots von SPD und CDU: „Deutschland braucht einen Bundeskanzler" versus „Die Kugel"

Beide Wahlwerbespots, die hier analysiert und unter Marketingprämissen betrachtet werden sollen, beziehen sich auf die Bundestagswahl 2005, beide enthalten am Ende eine Sequenz, in der sich der Spitzenkandidat/die Spitzenkandidatin direkt an den Zuschauer richtet. Beide Spots sind gleich lang und beide Spots wurden in dem vierwöchigen Zeitraum vor der Bundestagswahl 2005 acht Mal ausgestrahlt im Rahmen der Wahlwerbung des öffentlich-rechtlichen Fernsehens. Damit sind bereits die zentralen Gemeinsamkeiten der Spots genannt, ansonsten unterscheiden sie sich in vielfacher Hinsicht voneinander und verdeutlichen somit die strategische Wahlkampfposition der beiden großen Volksparteien SPD und CDU vor der Bundestagswahl 2005: Die Verfahrensweise ist konkurrenz-orientiert und das schlägt sich auch in der Gestaltung der Wahlwerbespots nieder.

4.1 *Der Wahlwerbespot der SPD: „Deutschland braucht einen Bundeskanzler"*

Lachende Kinder rutschen eine Rutsche herunter. Schnitt. Bundeskanzler Gerhard Schröder umarmt zwei junge Frauen inmitten einer Gruppe von Jugendlichen. Schnitt. Eine glückliche Familie sitzt auf einer Bank. Schnitt. Das Bild verfärbt sich umbrafarben (beige). Der Schriftzug „Für eine moderne Familienpolitik" wird eingeblendet. Schnitt. Der Bundeskanzler schreitet mit seinem Team zielstrebig in Richtung Kamera. Schnitt. Dieses Muster wird auch im weiteren Verlauf des SPD-Wahlwerbespots „Deutschland braucht einen Bundeskanzler" aufrechterhalten.

Zentrale Themen des Wahlkampfspots sind die Erhaltung der sozialen Gerechtigkeit unter veränderten Wettbewerbsbedingungen, Familien- und Bildungspolitik, die Festsetzung des Atomausstieges und eine aktive Friedenspolitik. Der Spot zeigt Bundeskanzler Schröder, der sich in jedem der genannten Politikfelder mutig und entschlossen für die Belange der Bürger einsetzt. Dabei ist er auf Veranstaltungen, inmitten von Menschen, oder beim Besuch von Arbeitern in Betrieben zu sehen.

4.1.1 Analyse des SPD-Spots „Deutschland braucht einen Bundeskanzler"

Der Wahlwerbespot der SPD „Deutschland braucht einen Bundeskanzler" besteht aus zwei Teilen: Der erste zeigt in mehreren Sequenzen die einzelnen Themenfelder, für die Spitzenkandidat Schröder eingetreten ist und auch weiterhin eintreten will. Im zweiten Teil wendet sich der Bundeskanzler mit einer Ansprache direkt an den Zuschauer. Der Spot ist damit insgesamt klar personalisiert und auf die Person Schröders zugeschnitten. Schröder ist in den einzelnen Szenen im Dialog mit verschiedenen Zielgruppen zu sehen, wie er engagiert und selbstbewusst auftritt, um die Probleme des Landes zu lösen. Beispielsweise ist er inmitten einer Gruppe von Jugendlichen oder auf einem Volksfest, umringt von Familien, abgebildet.

Damit wird verdeutlicht: „Wir" sind auf einem guten Weg, die Stimmung im Volk könnte besser nicht sein und verantwortlich dafür ist vor allem einer: Der amtierende Bundeskanzler Gerhard Schröder. Der Bundeskanzler wird als moderner Staatsmann dargestellt, der – so wird es suggeriert – in der Lage ist, auch gegen Widerstände harte politische Entscheidungen durchzusetzen. Unterfüttert wird dies beispielsweise durch den Hinweis auf Schröders Verhalten im Irakkonflikt, in dem er sich gegen eine militärische Beteiligung Deutschlands ausgesprochen hat.

Als stilistische Mittel zur Betonung der persönlichen Dynamik Schröders werden Effekte wie Slow-Motion oder vergrößerte, sich wiederholende Bildausschnitte und Textelemente eingesetzt. Schröders Durchsetzungskraft und Entschlossenheit werden zudem gestenreich durch seine Körpersprache unterstrichen, beispielsweise durch hammerartige Bewegungen mit der Faust. Eine sich zu Beginn jedes Themenblocks wiederholende Sequenz, die Schröder vorwärts schreitend und mit festem Blick in die Kamera sehend, im Kreis seines Teams, zeigt, unterstützt zusätzlich: Schröder ist eine Führungspersönlichkeit, Schröder ist ein Teamplayer.

Die im Spot aufgegriffenen Politikfelder werden insgesamt in Form von Sachfragen präsentiert, einzige Ausnahme ist die Familienpolitik, die nur generalisiert thematisiert wird.[9] Die auffallende Betonung von Themen wie „Kündigungsschutz" und „Verantwortungsübernahme durch die Wirtschaft" rückt implizit die

---

9 So steht die Sachfrage „Atomausstieg" für das Politikfeld Umweltpolitik, die Sachfrage „Wirtschaft in die Pflicht nehmen" für Wirtschaftspolitik, der Kündigungsschutz für Arbeitsmarktpolitik, und „Frieden" für Außenpolitik.

Frage nach sozialer Gerechtigkeit in den Mittelpunkt des Spots. Nach den intensiven Debatten um die Agenda 2010 wenig überraschend, wird hiermit offenbar in erster Linie die potentiell WASG-affine Stammwählerschaft der Partei adressiert. In diesem Kontext ist auch die Betonung des Themas „kein Krieg/Frieden" nicht verwunderlich: Es wird erneut angeknüpft an die bekannte Tatsache, dass eine Mehrheit der deutschen Bevölkerung Auslandseinsätzen der Bundeswehr kritisch gegenübersteht. Die Abbildung einer Demonstration für Frieden im Spot erinnert schließlich an das „entschlossene Handeln" des Bundeskanzlers im Irakkonflikt. Die Positionierung dieser Sequenz in der Klimax des Spots unmittelbar vor der direkten Ansprache durch Schröder und die Korrelation des musikalischen Höhepunkts offenbaren den Stellenwert dieses Themas.

Das optimistische Deutschlandbild im SPD-Wahlwerbespot wird neben der audio-visuellen Umsetzung auch durch die Nennung von Themen mit einer positiven Konnotation (so genannte „Gewinnerthemen", vgl. Kapitel 2) unterstrichen. Zu Hochkonfliktthemen wie Arbeitsmarktpolitik und Wirtschaftspolitik wird nur in allgemeiner Weise Stellung bezogen. Der Kampagnen-Claim der SPD „Vertrauen in Deutschland" rundet schließlich diese Positivdarstellung ab, er wirkt beinahe wie eine Bitte des Bundeskanzlers, *ihm* erneut das Vertrauen zu schenken. In der direkten Zuschaueransprache hebt Schröder die Leitmotive seiner Politik durch die erneute Nennung der beiden Hochwertbegriffe „Sicherheit" und „Gerechtigkeit" erneut hervor.

Insgesamt kann für den SPD-Spot somit konstatiert werden, dass neben der Vermittlung einer positiven Grundstimmung die Personalisierung und die Zentrierung auf die Person des Amtsinhabers und Spitzenkandidaten Schröder als handlungsleitende Strategie zugrunde gelegen haben muss. Der Parteiname SPD, eine klare Alternative zur „Marke" Schröder, wird im Spot *nicht genannt* und nur in der letzten Sequenz ist für einige Sekunden das Logo der Partei *abgebildet*. Interessant ist darüber hinaus der implizite Dialog mit der weiblichen Zielgruppe: Der führungsstarke und charismatische Spitzenkandidat – so wird es suggeriert – ist ein Teamplayer, und zu seinem Team gehören Männer wie Frauen gleichermaßen. Diese Strategie spiegelt sich auch in einer Sequenz, die Schröder neben seinen Ministerinnen zeigt[10] und wird nicht zuletzt auch durch die Vertonung der Ansagen im Spot durch die Stimme einer Sprecherin unterstrichen.

---

10   Die Szene zeigt Schröder offensichtlich in seiner Funktion als Bundeskanzler am Kabinetts-tisch. Allerdings würde dann die gezeigte Sitzordnung (in der die Ministerinnen Heidemarie Wieczorek-Zeul und Edelgard Bulmahn rechts neben ihm sitzen) nicht stimmen.

4.1.2   Abgleich der Spotanalyse „Deutschland braucht einen Bundeskanzler"
mit Umfragedaten aus dem Wahlkampf

Die starke Fokussierung auf die Person Schröder im Wahlwerbespot der SPD könnte sowohl mit Schröders Popularität als Kanzler, wie auch mit der fehlenden Kompetenz der SPD hinsichtlich der zentralen Sachkompetenzen erklärt werden. Danach hielt die überwiegende Mehrheit den Bundeskanzler vor der Wahl für sympathischer (52 Prozent zu 25 Prozent) und durchsetzungsfähiger (50 Prozent zu 24 Prozent) (vgl. Forschungsgruppe Wahlen 2005: 47). Weiterhin wird Gerhard Schröder, im Gegensatz zu Angela Merkel, von den meisten Befragten als Siegertyp gesehen (71 Prozent zu 9 Prozent) und von der Mehrheit der Bundesbürger als Kanzler gewünscht (53 Prozent zu 39 Prozent) (vgl. Forschungsgruppe Wahlen 2005: 45). Im Vergleich mit der CDU[11] schätzt die Mehrzahl der Befragten die SPD allerdings in nahezu allen Themenbereichen (Ausnahme: „Soziale Gerechtigkeit") als weniger kompetent ein (vgl. Infratest dimap 2005).

Die Kandidatur von Linkspartei und WASG, als potentielle Alternative für SPD-Stammwähler des linken Spektrums, wäre zudem eine mögliche Erklärung für den tendenziell eher linken Positionsbezug, wie er bei der Analyse des Spots diagnostiziert worden ist. Die Linkspartei ist im Osten mit 32 Prozent die zweitstärkste Kraft vor der SPD. Sogar im Saarland, dem einstigen SPD-Stammland, wurde dem „Jointventure" von WASG und Linkspartei rund 20 Prozent prognostiziert, ein knappes Drittel würde dabei gespeist aus ehemaliger SPD-Stammwählerschaft (vgl. Infratest dimap 2005).

Auch das Themen-Setting im Wahlwerbespot der SPD kann mit Blick auf die Umfragedaten aus dem Wahlkampf interpretiert werden, denn es werden nur Themen aufgegriffen, für die die SPD eine hohe Kompetenzbeimessung seitens der Bürger erhält. Die Forschungsgruppe Wahlen (2005: 42ff) stellt in diesem Kontext fest, dass die SPD am ehesten sozial (46 Prozent zu 22 Prozent) sowie am stärksten kompetent in den Politikfeldern Familienpolitik (34 Prozent zu 32 Prozent) und Außenpolitik (35 Prozent zu 21 Prozent) ist. Die große Mehrheit der Befragten (85 Prozent) hält das Thema Arbeitslosigkeit für das dringendste Problem (vgl. Forschungsgruppe Wahlen 2005: 52). Die doppelte Betonung der SPD-Kernkompetenz soziale Marktwirtschaft -„der Kündigungsschutz bleibt" und „die Wirtschaft in die Pflicht nehmen" ist vor diesem Hintergrund zu sehen.

---

11   Hier werden Daten zugrunde gelegt, die CDU/CSU gemeinsam betrachten. Im Rahmen des Artikels wurde jedoch nur der Leitspot der CDU untersucht – die eigenen Spots der CSU wurden hier nicht analysiert. Hier wird folglich davon ausgegangen, dass die Tendenzen, die sich aus den Umfragedaten für die CDU/CSU ergeben, auch für die CDU allein angenommen werden können.

Zusammenfassend bieten Umfragedaten aus der Zeit vor der Wahl somit sowohl für die hier diagnostizierte Fokussierung auf den Spitzenkandidaten Schröder als auch für das Themen-Setting im Spot Erklärungen für diese Vorgehensweise. Eine Zentrierung des Kandidaten lag aus Sicht der SPD aus zwei Gründen nah: Schröder erfreute sich erstens im Vergleich zu Merkel deutlich größerer Beliebtheit und zweitens wurde die bessere Sachkompetenz zu zahlreichen Problemfeldern eher dem Konkurrenten CDU zugeschrieben.

4.2   Der Wahlwerbespot der CDU: „die Kugel"

Ein nüchtern eingerichteter, schwarz dominierter personenleerer Konferenzraum, ein Tisch umsäumt von acht Stühlen. Auf ihm befinden sich Kaffeetassen, Trinkgläser, eine Thermoskanne und eine Glaskaraffe. Allmählich schaltet sich Licht an Wänden und Decke an und taucht den Saal in ein kaltes, grünliches Licht. Ein zischendes Geräusch erklingt parallel. Die Kamera zoomt auf den Rand des Tisches. Im Bild erscheint eine Männerhand – offensichtlich die Hand von Bundeskanzler Gerhard Schröder – und lässt am vorderen Kopfende des Tisches eine billardkugel-große silberne Metallkugel fallen. Die Kugel beginnt zu rollen, während eine männliche Stimme eine Negativbilanz der amtierenden rot-grünen Regierung aufzuzählen beginnt: Geringes Wachstum, steigende Staatsverschuldung, wachsende Arbeitslosigkeit. Die Kugel rollt zunächst gegen eine Thermoskanne und prallt von ihr ab. Dann rollt sie gegen einen Notizblock, lässt einen Kugelschreiber drehen, wirbelt lose Blätter auf, stößt einen Behälter mit Bleistiften um, prallt gegen ein Diktiergerät und kippt schließlich ein Wasserglas um. Der Lauf der Kugel wird schließlich durch Merkel gestoppt, kurz bevor die Kugel vom Tisch fallen kann.

Der Wahlwerbespot der CDU „die Kugel" verwirklicht dabei und im weiteren Verlauf eine zweigeteilte Strategie: Zum einen soll dem Zuschauer verdeutlicht werden: die Lage ist ernst, die Probleme sind groß, Rot-Grün hat viel falsch gemacht. Zum anderen wird dieser Problemaufriss schließlich durch den Auftritt von Spitzenkandidatin Angela Merkel aufgelöst, die imstande ist, diesen Verlauf zu unterbrechen und ins Positive umzukehren.

4.2.1   Analyse des CDU-Spots „die Kugel"

Der CDU-Wahlwerbespot „die Kugel" ist wie der SPD-Wahlwerbespot „Deutschland braucht einen Bundeskanzler" in zwei Teile gegliedert, der Dokumentation des Kugelverlaufs und einer direkten Ansprache des Zuschauers durch Merkel. Die Kugelsequenzen symbolisieren dabei offensichtlich die rot-grüne Regierungspolitik. Durch Schröder angestoßen, verfolgt die Kugel keinen klaren und verlässlichen Kurs, sondern eckt an, kommt vom Kurs ab und zerstört die Anordnung auf dem Tisch. Diese Anordnung kann zum Beispiel als das gesamtwirtschaftliche Gleichgewicht in Deutschland gedeutet werden, die durch die Rot-Grüne Regierungspolitik durcheinander gebracht worden ist. Unterstützt werden die Sequenzen durch die Botschaften des Sprechers, der eine negative Bilanz der rot-grünen Regierungspolitik aufzählt: niedriges Wachstum, hohe Arbeitslosigkeit und wachsende Verschuldung. Bild und Sprache werden verstärkt durch die kalten Farben der Szenerie und durch die metallischen Geräusche, die die Kugel verursacht. Die Kugelsequenz wirkt kalt und bedrohlich. Die Rettung der Kugel durch Merkel symbolisiert: Angela Merkel kann den eingeschlagenen Kurs aufhalten.

Merkels direkte Zuschaueransprache löst schließlich den symbolischen Teil des Spots ab. Sie knüpft dabei an die Kugelsequenzen an, indem sie die negative und bedrohliche Stimmung zunächst aufrechterhält: „Dies ist keine Wahl wie andere", „Es steht viel auf dem Spiel". Sie bittet im Namen der CDU und „ganz persönlich" um den Regierungsauftrag. Dabei versichert sie mit einem freundlichen Gesichtsausdruck, dass Deutschland „es" schaffen kann. Mit dieser abschließenden, hoffnungsvollen Botschaft entlässt sie den Zuschauer: Der einzige Ausweg aus dem geschilderten Negativszenario ist also die Wahl der CDU.

Das Themen-Setting des Spots findet zunächst durch die Bilanzierung eines nicht in Erscheinung tretenden Sprechers im Rahmen des *Negative Campaigning* gegen die rot-grüne Bundesregierung und schließlich durch die Positionierung in den Hochkonfliktfeldern Wirtschaft, Arbeit und Finanzen statt. Auffällig dabei ist, dass das *Negative Campaigning* ausschließlich durch den Sprecher geschieht, während sich Merkel selbst nicht zur rot-grünen Regierungsbilanz äußert. Die zunächst durch den Sprecher aufgezeigten und später von Merkel aufgegriffenen Problemfelder Wirtschaft, Finanzen und Arbeit werden auch im CDU-Spot in Form von Sachfragen betont: Die Wirtschaftspolitik wird stellvertretend durch die Sachfrage (geringes/mehr) Wachstum, die Arbeitspolitik durch die Sachfrage (Wegbrechen von/Schaffen neuer) Arbeits-plätze(n) und die Finanzpolitik durch die Sachfrage Staatsverschuldung dargestellt.

Zusammenfassend kann für den CDU-Wahlwerbespot „die Kugel" somit festgestellt werden, dass hier eine klassische Oppositionsstrategie verfolgt worden ist: Zunächst erfolgte der „Vorwurf des Versagens" durch die Aufzählung einer Negativbilanz der Regierungsleistungen, beziehungsweise ihrer Versäumnisse, dann das „Auffangen" dieser Situation durch die Spitzenkandidatin der Union und schließlich der Verweis auf eine bessere Perspektive im Fall einer Wahl der Union. Der CDU-Spot ist dabei auffallend losgelöst von der

Kampagnenlinie der CDU, lediglich im Abspann werden Claim („Deutschlands Chancen nutzen") und Parteilogo gezeigt, die zentrale Kampagnenfarbe orange taucht im Spotverlauf gar nicht auf.

4.2.2   Abgleich der Spotanalyse „die Kugel" mit Umfragedaten aus dem Wahlkampf

Ein Vergleich mit Umfragedaten, die im Juli 2005 von Infratest dimap erhoben worden sind, legt auch hier die Vermutung nah, dass die im Spot aufgegriffenen Themen – Wirtschaft, Arbeit und Finanzen – sehr bewusst ausgewählt worden sind, denn Angela Merkel genießt bei dem Befragten im Vergleich zu Schröder in den zentralen Politikfeldern „Wirtschaft" (52 zu 26 Prozent) und „Arbeit" (38 zu 27 Prozent) ein deutlich höheres Vertrauen (vgl. Infratest dimap 2005). Auch bei der Parteienkompetenz liegt die CDU in den genannten Politikfeldern deutlich vor der SPD: 56 Prozent der Befragten glauben, dass die CDU am ehesten in der Lage ist den Wirtschaftsstandort Deutschland voranzubringen. 44 Prozent attestieren der CDU mehr Kompetenz im Bereich der Arbeitsmarktpolitik (vgl. Infratest dimap 2005). Eine weitere Umfrage der Forschungsgruppe Wahlen belegt, dass die Wähler der CDU im Gegensatz zur SPD eine höhere Finanzkompetenz bescheinigen (40 zu 23 Prozent, vgl. Forschungsgruppe Wahlen 2005: 55). 85 Prozent der befragten Personen hielten hier zudem die Arbeitslosigkeit für das wichtigste Problem im Land (vgl. Forschungsgruppe Wahlen 2005: 52) und die allgemeine wirtschaftliche Lage wurde hier von 44 Prozent der Befragten als „schlecht"[12] empfunden (vgl. Forschungsgruppe Wahlen 2005: 53), was der Spot der CDU ebenfalls aufgreift und herausstellt.

Angela Merkel ist im Wahlwerbespot „die Kugel" die durchsetzungsfähige und dynamische Kanzlerkandidatin: Sie verhindert in letzter Sekunde, dass die Kugel vom Tisch fallen kann und bestimmt in ihrer Ansprache die Richtung „ihrer" Politik („klar und verlässlich"). Dem „charismatischen" Gerhard Schröder wird damit eine „führungsstarke" Angela Merkel entgegengesetzt. Die Umfragedaten der Forschungsgruppe Wahlen belegen in diesem Kontext, dass die Herausforderin sowohl bei der Einschätzung ihrer Führungsstärke (mit 28 zu 39 Prozent, Forschungsgruppe Wahlen 2005: 48), als auch bei der Einschätzung ihrer Durchsetzungskraft (mit 24 zu 50 Prozent, Forschungsgruppe Wahlen 2005: 47) deutlich hinter dem Amtsinhaber zurücklag. Auch der fehlende Bezug auf die Kampagnenlinie der CDU verwundert hinsichtlich der insgesamt dominierenden Negativ-Strategie nicht: *Negative Campaigning* gilt zwar als effekti-

---

12   48 Prozent der Befragten schätzten die wirtschaftliche Lage mit „teils/teils" ein und 7 Prozent erachteten die Lage als „gut"

ves, aber – von deutschen Wählern – nicht erwünschtes Mittel der Wahlkampfführung (Holtz-Bacha 2001: 669ff).

5 Vergleich und Diskussion der Ergebnisse im Kontext des Marketingkonzeptes

Betrachtet man beide Wahlwerbespots hintereinander, könnte man meinen, dass
dort entweder zwei verschiedene Länder beschrieben werden, oder dass es sich
um deutlich voneinander entfernte Wahltermine handeln müsste, so sehr unterscheiden sich die Schlüsselbotschaften der Spots. „Alles gut, wir sind auf dem
richtigen Weg, weiter so" sagt der SPD-Spot, „pessimistische Bilanz, große
Probleme, da muss was anders werden" erklärt hingegen der Spot der CDU. Im
Folgenden werden die beiden Wahlwerbespots im Kontext des Marketingkonzeptes analysiert. Hierzu werden zunächst die zugrunde liegenden *Strategien* der
beiden Wahlwerbespots erörtert und miteinander verglichen. Anschließend
werden die *instrumentellen Implikationen* Produktpolitik, Kommunikationspolitik und Preispolitik betrachtet und interpretiert.

5.1 *Marketingstrategien in den analysierten Wahlwerbespots*

Als spotbezogene Strategien wurden hier definiert: Personalisierung, Emotionalisierung und Themen-Setting. Verbunden damit sind folgende Fragen, die sich
in Anbetracht beider Spots stellen:

- Personalisierung: Inwieweit kann von einer Zentrierung des Spitzenkandidaten gesprochen werden? Und: Was können die Gründe für diese Entscheidung gewesen sein?
- Themen-Setting: Welche Aussagen können über das Themen-Setting im
Spot und mögliche Gründe dafür getroffen werden?
- Emotionalisierung: Welche Emotionen ruft der Spot hervor? Und: Was
könnte damit bezweckt worden sein?

Hinsichtlich der Frage nach der *Personalisierung* kann zunächst für den SPD-Spot
festgestellt werden, dass er sehr deutlich auf die Person Gerhard Schröder zugeschnitten worden ist. Der Spot ist gegliedert in eine Abfolge von Sequenzen, in
der sich refrainartig ein Bild wiederholt, das Schröder inmitten seines Teams
zeigt. Ferner ist er in seiner Rolle als Bundeskanzler und Parteivorsitzender in
diversen Szenen im Dialog mit Menschen zu sehen. „Mutig", „durch-

setzungsfähig" und „entschlossen" sind die Eigenschaften, die ihm in diesem Kontext zugeschrieben werden. Auch das *Themen-Setting* ist mit der Person Schröders verbunden. Die Themen werden als von Schröder erbrachte Leistungen präsentiert: Zu jedem Themenbezug ist eine passende Aktion Schröders zu sehen.

Obschon auch im Wahlwerbespot der CDU die Spitzenkandidatin aktiv auftritt, ist die Ausrichtung des Spots auf die Eigenschaften der Kandidatin hier deutlich weniger ausgeprägt. Der CDU-Spot verfolgt insgesamt eine zweigeteilte Strategie: Zunächst wird auf zahlreiche Defizite rot-grüner Regierungspolitik hingewiesen, Geräusche und visuelle Untermalung stimmen mit dieser Negativ-Botschaft überein. Die Botschaft wird schließlich ins Positive verwandelt durch die persönliche Ansprache des Zuschauers durch Angela Merkel. Die Spitzenkandidatin tritt dem Zuschauer dabei dynamisch entgegen, stoppt entschlossen den „Irrlauf" der Kugel und zeigt Alternativen auf. Auf diese Weise wird Angela Merkel dem Zuschauer als führungsstarke Alternative zu Gerhard Schröder vorgestellt, eine Eigenschaftszuschreibung, die sich mit Blick auf die Umfragedaten aus der Zeit des Wahlkampfes durchaus anbietet (vgl. Kapitel 4.2.2).

In beiden Spots entspricht das *Themen-Setting* sehr klar den Kompetenzzuschreibungen durch die Wählerschaft. Beide Parteien, SPD wie CDU, setzten hier klar auf ihre „Gewinnerthemen", beziehungsweise auf durch sie kompetenter repräsentierte Hochkonfliktthemen (vgl. Kapitel 2, 4.1.2 und 4.2.2). Auch die in den Spots gewählte Richtung der Emotionalisierung entspricht diesen Erwartungen: Der Wahlwerbespot der SPD zieht eine klar positive Bilanz. Neben den visuellen und sprachlichen Inhalten wird dies beispielsweise unterstützt durch den Einsatz warmer Farbtöne (die der Kampagnenlinie entsprechen) und angenehmer Musik. Der Wahlwerbespot der CDU, der auffallend losgelöst von der Kampagnenlinie umgesetzt worden ist, wirkt hingegen vor allem durch die cineastischen Elemente der Kugelsequenzen, die die negative Botschaft des Spots unterstreichen.

5.2   Marketinginstrumente in den analysierten Wahlwerbespots

Von Interesse im Rahmen dieses Beitrages, der die Gestaltung der Wahlwerbespots von CDU und SPD unter Marketingaspekten analysiert, ist neben den *strategischen Implikationen* insbesondere auch die Bedienung der *Marketinginstrumente* (vgl. Kapitel 2). Die *Produktpolitik*, die *Kommunikationspolitik* und die *Preispolitik* sollen im Folgenden in Bezug auf die hier betrachteten Wahlwerbespots erörtert werden.

Der Wahlwerbespot der SPD wirbt mit Gerhard Schröder. Er ist das „Produkt", das vermarktet werden soll. Das Parteilogo der SPD ist zwar zum Schluss einmal kurz zu sehen, die Partei wird aber im gesamten Spot nicht einmal genannt. Hier wird suggeriert: Deutschland wählt den Bundeskanzler. Das entspricht aber nicht der Sachlage, denn eigentlich wird bei der Bundestagswahl der Bundestag und nicht der Kanzler gewählt. Zusätzlich wird dem Wähler ein dynamisches Team offeriert, das offensichtlich gut in der Lage war und ist, die zentralen Probleme des Landes zu lösen. Die Produktpolitik des CDU-Spots konzentriert sich indes im Wesentlichen auf das Versprechen, eine „bessere Regierungspolitik" leisten zu können. Vor allem die Themen Wirtschaft und Arbeitsmarkt stehen dabei im Mittelpunkt.

Beide Parteien kommunizieren ihre Produkte durch eine Emotionalisierung des Publikums. Der SPD-Spot erweckt optimistische Gefühle. Zu diesem Zweck wird der Kanzler als volksnaher, führungsstarker Landesvater dargestellt, der sich für die Menschen in seinem Land einsetzt. Unterstützung erfährt er dabei von seiner Partei, seinem Team und den Bürgern selbst. Verstärkt werden diese positiven Elemente durch die Verwendung warmer Farbtöne und angenehmer Musik. Die CDU kommuniziert ihr Produkt, indem sie sich als Alternative zur rot-grünen Regierungspolitik darstellt. Hierfür erzeugt der Spot zunächst eine negative Stimmung, die symbolisch die Lage des Landes widerspiegeln soll. Unterstützt wird diese Emotionalisierung durch die Verwendung von kalten, metallischen Geräuschen und Farben. Im weiteren Verlauf des Spots tritt Angela Merkel als führungsstarke Kanzlerkandidatin auf, die die Regierungspolitik stoppen und somit die negative Stimmung beseitigen kann.

In der Dimension der Preispolitik unterscheiden sich beide Wahlwerbespots nicht. Die *Art* des Preises: Die der Stimme am Tag der Wahl. Weitere Kosten wie zum Beispiel geplante Steuererhöhungen werden hier nicht genannt. Ein deutlicher Unterschied ist die *Intensität*: Während der SPD-Spot signalisiert: „Alles in Ordnung" zeigt der CDU-Spot in drastischer Weise auf: Es ist fünf vor zwölf. Die einzige Möglichkeit etwas zu ändern ist die Wahl der CDU. Auch in der Betrachtung der instrumentellen Ebene, die im Marketingkonzept der strategischen Ebene nachgeordnet ist und deren Realisierung in konkrete Maßnahmen regelt, wird somit erneut deutlich: Die SPD setzt im Wahlwerbespot voll auf das „Zugpferd" Schröder, die CDU versucht hingegen, ein Negativgefühl im Zuschauer zu wecken, in dem sie zahlreiche Unzulänglichkeiten rot-grüner Politik aufzählt. Erst dann tritt Angela Merkel, als Lösung dieser schwierigen Situation ins Bild.

6   Fazit und Ausblick

Im Rahmen des vorliegenden Beitrags sind zwei Wahlwerbespots aus dem Bundestagswahlkampf 2005 der konkurrierenden Volksparteien SPD und CDU betrachtet und unter Marketinggesichtspunkten analysiert worden. Parteien agieren bei der Planung ihrer Wahlkampagnen marketingorientiert, das heißt, sie machen die Erwartungshaltung in der anvisierten Wählerschaft zum Ausgangspunkt ihrer Planungen, lautete die zentrale These. Zur Unterstützung dieser These erfolgte nach einer detaillierten Analyse der Wahlwerbespots „Deutschland braucht einen Bundeskanzler" der SPD und „die Kugel" der CDU ein Abgleich der Spotinhalte mit Umfragedaten aus der Zeit vor der Wahl. Tatsächlich konnten den Umfragedaten auf diese Weise für alle zentralen Bestandteile, die bei der Analyse der Spots identifiziert worden sind, starke Argumente für das gewählte Verfahren entnommen werden. Dieser Abgleich beweist freilich nicht, dass in beiden Parteien so verfahren worden ist. Den letztendlichen Beweis erbringen könnte nur eine entsprechende Erhebung in den Parteien selbst und auch nur unter der Vorraussetzung, dass in beiden Parteien die Bereitschaft besteht ehrlich Auskunft zu erteilen.

Die vorliegende Untersuchung hat somit einmal mehr die Vermutung unterstützt, dass Parteien 200X professionell agieren und Kampagnenplanung nach rationalen Kalkülen erfolgt. Die Adaption von Instrumenten des ökonomischen Marketingansatzes zur politischen Kommunikation ist, wie diese Untersuchung der Wahlwerbespots zur Bundestagswahl 2005 exemplarisch zeigt, bereits in einem vorangeschritten Stadium angelangt. Wenn man den Begriff des Campaigning nicht wörtlich als das Führen einer Wahlkampagne definiert, sondern ihn als Bündelung der zielgruppenorientierten politischen Kommunikation nach einer übergeordneten Strategie auffasst, hat Marketing auch außerhalb der Wahlkommunikation längst Einzug in den Alltag von Politik und deren Beratung genommen. Angesichts der jungen Historie, die Marketing in Parteien im Vergleich zum betriebswirtschaftlichen Marketingkonzept besitzt, lassen sich Nutzen und Auswirkung auf die politische Kommunikation zu diesem Zeitpunkt keinesfalls vollständig überblicken. Während einige Autoren in dieser Entwicklung den Ausdruck der zunehmenden Professionalisierung der Politik sehen (vgl. bspw. Holtz-Bacha 2000 oder Gibson/Römmele 2001), vermuten andere, dass durch den Zielgruppenpopulismus eine Gefahr für das politische System ausgeht und Politik sich dadurch ihrer Inhalte entledigt (vgl. bspw. Kreyer 2004: 15 oder O´Shaugnessy 1999).

Aus der akteursspezifischen Sicht einer Partei stellt sich der Konflikt der moralischen Vereinbarkeit von Marketing und Parteiideologie aber allenfalls hinsichtlich der Frage des mehr oder weniger offenen Umgangs mit diesem

Thema. Untersuchungen in den Parteien zu dieser Frage haben gezeigt, dass Marketingmaßnahmen zwar implizit angewendet werden, dies zum Teil aber explizit nicht als Marketing empfunden und Marketing explizit abgelehnt wird (vgl. bspw. Diermann 2007). Die Übertragung von Marketingstrategien in die politische Arena sollte daher in der Politikwissenschaft als Chance angesehen werden, Professionalisierungsprozesse in Parteien zu analysieren und zu interpretieren.

Literatur

Althaus, Marco (2002): Kampagne! Neue Strategien für Wahlkampf, PR und Lobbying. Münster.

Bentele, Günter u.a. (Hrsg.) (2003): Öffentliche Kommunikation. Handbuch Kommunikations- und Medienwissenschaft. Wiesbaden.

Baines, Paul R. (1999): Voter Segmentation and Candidate Positioning. In: Newman, Bruce I. (Hrsg.): Handbook of Political Marketing. Thousand Oaks, California.

Bodenstein, Gerhard/Spiller, Achim (1998): Marketing - Strategien, Instrumente und Organisationen. Landsberg/Lech.

Bowler, Shaun/Donovan, Todd/Fernandez, Ken (1996): The growth of the political marketing industry and the California initiative process. In: European Journal of Marketing. 30. 166-178.

Burger King 2005: TV-Spot. http://www.burgerking.de. Zugriff am 27.07.2005.

Collins, Neil/Butler, Patrick (1996): Positioning Political Parties. A Market Analysis. In: The Harvard International Journal of Press and Politics. 2. 63-77.

Downs, Anthony (1968): Eine ökonomische Theorie der Ökonomie. Tübingen.

Derichs, Claudia/Heberer, Thomas (Hrsg.) (2006): Wahlsysteme und Wahltypen. Politische Systeme und regionale Kontexte im Vergleich. Wiesbaden.

Diermann, Melanie (2007): Politisches Marketing – Relevanz des Marketingkonzeptes für politische Parteien als Managementstrategie für Wahlkämpfe. Marburg. i.E.

Forschungsgruppe Wahlen (2005): Bundestagwahl – Eine Analyse der Wahl vom 18. September 2005. Berichte der Forschungsgruppe Wahlen e. V. 122. Mannheim.

Frey, Siegfried (1999): Die Macht des Bildes. Der Einfluß nonverbaler Kommunikation auf Kultur und Politik. Bern.

Frey, Siegfried (2000): Bild dir deine Meinung. In: Marcinkowski, Frank (Hrsg.): Politik der Massenmedien. Köln. 142-147.

Gaddum, Eckart (2005): Entscheidung 2005. Handbuch zur Bundestagswahl von A bis ZDF. München.

Gallus, Alexander (2004): Die Wirkung von Demoskopie auf Wahlen. In: Kreyher, Volker J. (Hrsg.): Handbuch Politisches Marketing. Impulse und Strategien für Politik, Wirtschaft und Gesellschaft. Baden-Baden. 201-213.

Gibson, Rachel/Römmele, Andrea (2001): Changing Campaign Communications. A Party-Centred Theory of Professionalized Campaigning. In: Harvard International Journal of Press and Politics. 6. 31-43.

Geffken, Michael (2005): Politische Werbung. In: Althaus, Marco/Geffken, Michael/Rawe, Sven (Hrsg.): Handlexikon Public Affairs. Münster. 144-147.
Henneberg, Stephan C. (2002): Understanding Political Marketing. In: O´Shaughnessy, Nicholas J./Henneberg, Stephan C. (Hrsg.): The Idea of Political Marketing. Westport, Connecticut. 93-170.
Holtz-Bacha, Christina (2001): Negative Campaigning: In Deutschland negativ angenommen. Zeitschrift für Parlamentsfragen. 32.
Holtz-Bacha, Christina (2000): Wahlwerbung als politische Kultur. Parteienspots im Fernsehen 1957-1998. Wiesbaden.
Holtz-Bacha, Christina/Kaid, Lynda L., (1993): Wahlspots im Fernsehen. Eine Analyse der Parteienwerbung zur Bundestagswahl 1990. In: Holtz-Bacha, Christina/Kaid, Lynda L (Hrsg.): Die Massenmedien im Wahlkampf. Untersuchungen aus dem Wahljahr 1990. Opladen. 46-71.
Infratest Dimap 2005: ARD DeutschlandTrend Juli 2005. Kanzler Direktwahl: www. Infratest-dimap.de/download/dt0507.pdf Wählerwanderung zur Linkspartei: www. tagesschau.de/bildstrecken/
0,1203,OID4550366_IMG4550240_POS4_MTB_NAV_BAB,00.html
Stärke der Linkspartei in West-/Ostdeutschland und dem Saarland:
www.tagesschau.de/bildstrecken/0,1203,OID4550366_POS3_MTB_NAV_BAB,00.html
. Zugriff am 18.07.2006.
Jarren, Otfried/Donges, Patrick (2006): Politische Kommunikation in der Mediengesellschaft. Eine Einführung. 2. überarb. Aufl. Wiesbaden.
Kaid, Lynda L./Tedesco, John C. (2000): Die Arbeit am Image. Kanzlerkandidaten in der Wahlwerbung. In: Holtz-Bacha, Christina (Hrsg.): Wahlkampf in den Medien. Wahlkampf mit den Medien. Wiesbaden.
Kavanagh, Dennis (1995): Election Campaigning: The New Marketing of Politics. Oxford.
Korte, Karl-Rudolf (2005a): Wahlen in der Bundesrepublik Deutschland. 5. überarb. u. akt. Aufl. Bundeszentrale für politische Bildung. Bonn.
Korte, Karl-Rudolf (2005b): Was entschied die Bundestagswahl 2005? In: Aus Politik und Zeitgeschichte. 51-52/2005. 12-18.
Korte, Karl-Rudolf (2005c): Rückblick auf Ausnahme-Wahlen. In: Internationale Politik. 10. 62 – 63.
Korte, Karl-Rudolf/Fröhlich, Manuel (2006a): Politik und Regieren in Deutschland, 2. überarb. Aufl. Paderborn.
Korte, Karl-Rudolf/Nieland, Jörg-Uwe/Ballensiefen, Moritz/Klingen, Tobias (2006b): Ergebnisbericht der Medienanalyse zum Image und der Bewertung von Spitzenpolitikern und Parteien in der Politikberichterstattung 2005. Unveröff. Ms. Duisburg.
Kreyher, Volker J. (Hrsg.) (2004): Handbuch politisches Marketing. Impulse und Strategien für Politik, Wirtschaft und Gesellschaft. Baden-Baden.
Meffert, Heribert (2000): Marketing. Grundlagen marktorientierter Unternehmensführung. 9. überarb. u. erw. Aufl. Wiesbaden.
Lees-Marshment, Jennifer (2001): Political Marketing and British Political Parties: The Party's Just Begun. Manchester.

McDonalds 2005: Zahlen und Fakten. http://www.mcdonalds.de/html/company/ueber_uns/fakten.html. Zugriff am 27.07.2005.

Meffert, Heribert/Burmann, Christoph/Koers, Martin (Hrsg.) (2005): Markenmanagement. Identitätsorientierte Markenführung und praktische Umsetzung. 2. vollst. überarb. u. erw. Aufl. Wiesbaden.

Meffert, Heribert (1998): Marketing-Management. Analyse, Strategie, Implementierung. Wiesbaden.

Newman, Bruce I. (1994): The marketing of the president. Political Marketing as campaign strategy. Thousand Oaks, California.

Nieland, Jörg-Uwe/Tenscher, Jens (2002): Talkshowisierung des Wahlkampfes? Eine Analyse von Politikerauftritten im Fernsehen. In: Sarcinelli, Ulrich/Schatz, Heribert (Hrsg.): Mediendemokratie im Medienland? Opladen. 319-394.

Niffenegger, Phillip B. (1989): Strategies for Success from Political Marketing. In: Journal of Consumer Marketing. 6. 45-51.

Oellerking, Christian (1988): Marketingstrategien für Parteien. Gibt es eine Technologie des legalen Machterwerbs? Frankfurt/M.

O'Shaughnessy, Nicholas J. (1999): Political Marketing und Political Propaganda. In: Newman, Bruce I. (Hrsg.): Handbook of Political Marketing. Thousand Oaks, California. 725-740.

Plehwe, Kerstin (2005): Mit Dialogmarketing zum Wahlerfolg. Berlin.

Sarcinelli, Ulrich (2005): Politische Kommunikation in Deutschland. Zur Politikvermittlung im demokratischen System. Wiesbaden.

Scammell, Margaret (1999): Political Marketing: Lessons for Political Science. In: Political Studies. 47. 718-739.

Schmitt-Beck, Rüdiger (1999): Wirkungen der Parteienwerbung m Fernsehen. Mannheim. Unveröff. Ms.

Schmitt-Beck, Rüdiger/Pfetsch, Barbara (1994): Politische Akteure und die Medien der Massenkommunikation. Zur Generierung von Öffentlichkeit in Wahlkämpfen. In: Neidhardt, Friedhelm (Hrsg.): Öffentlichkeit, öffentliche Meinung, soziale Bewegung. Kölner Zeitschrift für Soziologie und Sozialpsychologie. Sonderheft 34. Opladen. 106-138.

Schneider, Helmut (2004): Marken in der Politik. Erscheinungsformen, Relevanz, identitätsorientierte Führung und demokratietheoretische Reflexion. Wiesbaden.

Soeffner, Hans-Georg/Tänzler, Dirk (2002): Medienwahlkämpfe – Hochzeiten ritueller Politikinszenierung. In: Dörner, Andreas/Vogt, Ludgera (Hrsg.): Wahl-Kämpfe. Betrachtungen über ein demokratisches Ritual. Frankfurt/M. 92-115.

Vowe, Gerhard/Wolling, Jens (2000): Amerikanisierung oder Politisches Marketing? In: Kamps, Klaus (Hrsg.): Trans-Atlantik - Trans-Portabel? Die Amerikanisierungsthese in der politischen Kommunikation. Wiesbaden. 57-92.

Volkery, Carsten (2005): Umbra, die Farbe des Erfolges. http://www.spiegel.de/politik/deutschland/0,1518,363926,00.html. Zugriff am 21.08.2006.

Wangen, Edgar (1983): Polit-Marketing. Das Marketing-Management der politischen Parteien. Opladen.

Überzeugen oder Überreden?

Argumentationsstrategien in den Wahlwerbespots der Bundestagsparteien 1994 bis 2005

Marcus Maurer

In Bundestagswahlkämpfen haben die politischen Parteien viele unterschiedliche Möglichkeiten der Wähleransprache. Sie können die Wähler z.b. über Wahlprogramme, Parteiveranstaltungen, Infostände oder Postwurfsendungen direkt ansprechen. Der Nachteil dieser Formen der Wähleransprache besteht darin, dass so nur vergleichsweise wenige Wähler erreicht werden. Wahlprogramme und Postwurfsendungen werden kaum gelesen, Infostände und Parteiveranstaltungen werden nur von wenigen Wählern besucht. In der Regel handelt es sich dabei um die Wähler, die die jeweilige Partei ohnehin mit einer hohen Wahrscheinlichkeit wählen werden. Deutlich mehr Wähler erreichen die Parteien, wenn es ihnen gelingt, ihre Botschaften in der aktuellen Berichterstattung der Massenmedien – vor allem im Fernsehen – zu platzieren. Weil sie hier nicht gleich als Werbebotschaften erkennbar sind, erreichen sie auch Anhänger der anderen Parteien. Allerdings stehen zwischen den Botschaften der Parteien und den Wählern journalistische Selektionsfilter. Die Partei gibt folglich die Kontrolle über ihre Botschaften aus der Hand. Sie muss damit rechnen, dass das, was sie transportieren möchte, verkürzt, sinnentstellt oder überhaupt nicht berichtet wird.

Ideale Mittel der Wähleransprache sind Kommunikationsformen, in denen die Botschaften ungefiltert eine große Zahl von Wählern – eigene Anhänger, Unentschiedene und Anhänger der anderen Parteien – erreichen. Dies trifft zum einen auf politische Diskussionsrunden und Fernsehdebatten zu. Hier hat man 60 oder 90 Minuten Zeit, das eigene Programm darzustellen, die eigene Kompetenz und Glaubwürdigkeit zu unterstreichen oder durch geschicktes Auftreten Sympathiepunkte zu sammeln. Allerdings muss man sich die Arena mit mindestens einem weiteren Kandidaten teilen, der dieselben Ziele verfolgt. Zum anderen trifft es auf die Wahlwerbespots zu, die von den öffentlich-rechtlichen Fernsehprogrammen kostenlos zum Teil zur besten Sendezeit ausgestrahlt werden müssen, und für die man zusätzlich im Privatfernsehen Sendezeit kaufen kann. Zwar hat man die Sendezeit in diesem Fall exklusiv. Allerdings schalten die meisten Zuschauer nicht gezielt ein und verfolgen den Spot folglich eher beiläufig. Die Sendezeit ist zudem im öffentlich-rechtlichen Fernsehen seit 1998 auf 1:30 Minuten pro Spot begrenzt. Im Privatfernsehen kann man zwar theoretisch unbegrenzt werben. Praktisch ist die Sendezeit aber so teuer, dass sich die Parteien meist auf wenige 30 Sekunden-Spots beschränken.

Wenn man von Dritten mehr oder weniger unbeeinflusst Werbebotschaften verbreiten kann, stehen dafür unterschiedliche Kommunikationsstrategien zur Verfügung. Grob vereinfacht kann man dabei zwei Strategien unterscheiden. Man kann versuchen, die Wähler mit Argumenten und Informationen zu *überzeugen*: Wofür steht eine Partei? Was wird sie im Falle eines Wahlsieges machen? Wie sieht die Bilanz der amtierenden Regierung aus? Diese Strategie arbeitet häufig mit so genannten Evidenzen – Statistiken oder Zitaten von mehr oder weniger Prominenten (Testimonials), die die Behauptungen belegen oder unterstreichen. Oder man kann versuchen, die Wähler mehr oder weniger ohne konkrete Argumente zur Wahl einer Partei zu *überreden*: Unser Kandidat ist sympathisch. Wir machen eine gerechte Politik. Die anderen Parteien gefährden die Zukunft des Landes. Diese Strategie arbeitet häufig mit so genannten emotionalen Appellen – Texte oder Bilder, die Emotionen bei den Rezipienten wecken sollen. Plakativ könnte man diese beiden idealtypischen Strategien, die in Wahlwerbespots selbstverständlich häufig vermischt werden, als Information und Manipulation (Huh 1996) bezeichnen. An dieser Stelle sollen stattdessen weiterhin die Begriffe überzeugen und überreden verwendet werden.

1 Überzeugen oder Überreden? – Drei Sichtweisen

Die Sicht der Wähler

In einer idealen Demokratie basieren Wahlentscheidungen vor allem auf dem Wissen der Wähler (vgl. z.B. Habermas 1981). Diese sollten sich regelmäßig über das politische Geschehen informieren. Sie sollten die Bilanz der amtierenden Regierung kennen. Und sie sollten wissen, welche Maßnahmen die Parteien im Falle eines Wahlsieges planen und welche Folgen diese Entscheidungen für die Wähler hätten (vgl. Bartels 1996; Kuklinski/Quirk 2000, siehe aber auch Popkin 1991). Die meisten Wähler glauben, dass ihre Willensbildung in diesem Sinne den Erfordernissen einer idealen Demokratie entspricht. Sie glauben, dass sie Politiker vor allem aufgrund ihrer Problemlösungskompetenz beurteilen (vgl. Kepplinger/Maurer 2005) und dass sie ihre Wahlentscheidungen vor allem aufgrund der Wahlprogramme der Parteien treffen (www.infratest-dimap.de). Tatsächlich beurteilen sie Politiker aber aufgrund ihrer Persönlichkeit – vor allem der Einschätzung, ob sie sympathisch sind – und wählen eine Partei, weil sie dies schon immer getan haben oder weil sie den Kandidaten der Partei schätzen. Die Ziele der Parteien sind den meisten dagegen vollkommen unbekannt (vgl. z.B. Rölle 2002). Es besteht folglich ein Widerspruch zwischen dem Selbstverständnis als informierte Wähler und den tatsächlichen Kenntnissen.

Betrachtet man nun die Rolle von Wahlwerbespots als Quelle wahlrelevanten Wissens im Vergleich zu anderen Quellen, wird ein weiterer Widerspruch deutlich: Fragt man die Wähler danach, wo ihnen Informationen zur Bundestagswahl *aufgefallen* sind, nennen rund 90 Prozent die Wahlwerbespots im Fernsehen. Ähnlich häufig werden nur Fernsehnachrichten und Wahlplakate genannt (vgl. Schmitt-Beck 1999). Deutlich häufiger als andere Kommunikationsmittel werden die Spots von politisch weniger Interessierten wahrgenommen – also der Klientel, die in einem Wahlkampf am ehesten beeinflussbar ist. Fragt man dagegen danach, welche Quellen die Wähler nutzen, um sich *über die Bundestagswahl zu informieren*, spielen die Spots kaum eine Rolle. Im Bundestagswahlkampf 2005 haben sich gerade einmal 11 Prozent der Wähler aus TV-Spots über die Wahl informiert (vgl. Maurer 2006). Weniger als 10 Prozent der Wähler glauben, dass TV-Spots eine Hilfe für ihre Wahlentscheidung sind, zwei Drittel halten sie für komplett überflüssig (vgl. Kliment 1994). Den meisten Wählern erscheint die Wahlwerbung der Parteien zudem wenig informativ, wenig interessant und wenig glaubwürdig (vgl. Podschuweit 2006). Dabei handelt es sich nicht um nachträgliche Rationalisierungen: Computergestützte Messungen während der Rezeption von Wahlwerbespots (Real-Time-Response) zeigen, dass die Zuschauer die Spots bereits beim Ansehen überwiegend negativ bewerten (Kaid 1996). Wahlspots fallen den Wählern folglich zwar auf. Zugleich vermitteln sie – zumindest aus Sicht der Rezipienten – aber kaum wahlrelevantes Wissen.

Die Sicht der Parteien und Werbepraktiker

Parteien wollen in Wahlkämpfen nicht das Wissen der Wähler vermehren, sondern die Wahl gewinnen. Agenturen, die die Fernsehspots der Parteien konzipieren, sollen dazu beitragen, dass dies gelingt. Beide haben in einem Wahlkampf folglich ganz andere Interessen als die Wähler. Während die Wähler möglichst viele konkrete Informationen für ihre Wahlentscheidung benötigen, wollen Parteien durch TV-Spots kurzfristig Aufmerksamkeit erzielen und längerfristig durch Wiederholen der Botschaften alte Wähler halten und neue überzeugen. Dabei kann es durchaus hilfreich sein, die Wähler über bestimmte Sachverhalte zu informieren. Es kann jedoch genau so hilfreich sein, bestimmte Informationen zu verschweigen.

Als Ziele von Wahlwerbung werden häufig Information, Identifikation und Mobilisierung genannt (vgl. z.B. Langguth 1995). Dabei ist Information aber nicht unbedingt gleichbedeutend damit, dass man über die Ziele einer Partei informiert. Dies wird deutlich, wenn man differenziertere Typologien der Ziele von Wahlwerbung betrachtet. Nach Zolleis und Weilmann (2004) soll Wahlwerbung Betroffenheit erzeugen, sie soll erreichen, dass die Wähler einem Thema eine Bedeutung zusprechen, sie soll Kompetenz vermitteln – und zwar möglichst exklusiv, sie soll Glaubwürdigkeit erwecken, sie soll Transparenz erzeugen, sie soll durch Personalisierung gekennzeichnet sein, sie soll mobilisieren und schließlich soll eine Botschaft möglichst oft wiederholt werden. Letztlich geht es also nicht darum, den Wählern im Detail klar zumachen, was die Ziele einer Partei sind. Es geht vor allem darum, dass man den Wählern das *Gefühl* gibt, dass man in einem bestimmten Themenbereich kompetent ist. Ob diese Kompetenz belegt, begründet oder nur behauptet wird, ist eine andere Frage. Ihre Antwort hängt erstens davon ab, ob die Fakten für oder gegen eine Partei sprechen. Sie hängt zweitens davon ab, ob eine Partei oder die von ihr beauftragte Werbeagentur die rationale, faktenorientierte oder die emotionale, die Gefühle der Wähler ansprechende Kommunikationsstrategie für wirksamer hält.

Betrachtet man die einschlägige Literatur aus der Werbepraxis, ist eindeutig, welche Strategie empfohlen wird: Glaubwürdig zu sein ist wichtiger als die besseren Argumente zu haben. Faktenhaltige Argumentationen, Wahlwerbung mit Informationsschwerpunkt gefährden die Glaubwürdigkeit einer Partei und schrecken die Wähler eher ab (vgl. Kroeber-Riel/Esch 2000: 225; Weichsel 2000). Glaubwürdigkeit, Betroffenheit, Transparenz werden durch emotionale Botschaften transportiert. Es geht darum, emotionale Erlebnisse zu vermitteln und atmosphärische Wirkungen zu erzielen. Beides zusammen steigert die Akzeptanz der Werbung (vgl. Kroeber-Riel/Esch 2000: 212ff.). Eine häufig angewandte Strategie besteht deshalb darin, zunächst emotional an ein Bedürfnis zu appellieren oder eine Bedrohung für die Rezipienten zu skizzieren und anschließend die eigene Kompetenz herauszustreichen, dieses Bedürfnis zu befriedigen oder das skizzierte Problem zu lösen (vgl. ebd.: 62; Buchholz/Wördemann 2000: 39). Während Kompetenz und Glaubwürdigkeit eher über Texte vermittelt werden, können Emotionen sowohl über Texte als auch über Bilder vermittelt werden. Bilder senden jedoch stärkere emotionale Reize aus als Texte (vgl. Kroeber-Riel/Esch 2000: 147). Allerdings weisen fast alle Praktiker zugleich auch darauf hin, dass inhaltsleere und rein emotionale Spots oder Kampagnen nicht funktionieren, weil sie wenig glaubwürdig wirken (vgl. z.B. Hinrichs 2002).

Die Sicht der Wissenschaft – Persuasionsforschung

Die Persuasionsforschung steht in der Tradition der antiken Rhetorik und beschäftigt sich mit der Frage, wie man argumentieren muss, um die Adressaten einer Botschaft zu überzeugen. Auch hier werden die faktenhaltige und die emotionale Kommunikationsstrategie unterschieden. Die Wirksamkeit von Argumenten, die mit Evidenzen angereichert werden, ist vielfach belegt (vgl. Reinard 1988). In Wahlkämpfen bringen Botschaften mit Evidenzen aber zwei Probleme mit sich: Evidenzen wirken nur dann, wenn sie für die Zuschauer neu sind (vgl. Morley/Walker 1987). Informiert eine Partei die Wähler folglich immer wieder über ihre eigenen Bilanzen oder die Bilanzen der gegnerischen Parteien, überzeugt dies die Wähler nach einer gewissen Zeit nicht mehr. Dies stellt für Wahlkampfbotschaften, die auf Wiederholung angelegt sind, ein Problem dar.

Wenn eine Partei die Wähler über ihre Ziele für die Zukunft informiert, stellt sich ein weiteres Problem: Ein Großteil der Wähler ist schon zu Beginn eines Wahlkampfs parteipolitisch gebunden oder hat sich bereits Meinungen zu umstrittenen Sachfragen gebildet. Dieser Teil der Wähler ist mit Evidenzen kaum umzustimmen. Im Gegenteil: Werden Evidenzen angeführt, die die Position der Rezipienten in Zweifel ziehen, lehnen diese den Urheber ab und bleiben umso entschiedener bei ihrer Meinung (vgl. z.B. Meffert et al. 2006). Konkrete Aussagen über die Programmatik einer Partei polarisieren das Publikum folglich. Unabhängig davon, welche Maßnahmen eine Partei nach einer Wahl plant, gibt es immer zumindest einen Teil der potenziellen Wähler, der mit diesen Maßnahmen nicht einverstanden ist. Weil das Risiko, durch einen klaren Standpunkt Wähler zu verlieren, größer ist, als die Chance, durch einen klaren Standpunkt Wähler zu gewinnen, profitieren Politiker davon, sich in Wahlkämpfen unkonkret und vage auszudrücken (vgl. auch Shepsle 1972). Emotional verpackte Gemeinplätze beeindrucken die Mehrheit der Zuschauer, weil ihnen auch die Gegner eines Politikers zustimmen können (vgl. Maurer/Reinemann 2003: 92ff.; Reinemann/Maurer 2005). Eine emotionale Sprache steigert die Wirkung einer Botschaft vor allem bei Wählern, die von einem Thema betroffen sind, und eine andere Position vertreten als die, die in einer Botschaft vertreten wird (vgl. Hamilton/Hunter 1998). Spots, die Emotionen wecken, erhöhen demnach die Wahrscheinlichkeit, Anhänger anderer Parteien zu einem Wechsel zu bewegen. Insgesamt bestätigen die Erkenntnisse der Persuasionsforschung also die Erfahrungen der Werbepraxis. Es besteht folglich nicht nur ein Widerspruch zwischen den Interessen der Wähler und den Interessen der Wahlkämpfer. Derselbe Widerspruch zeigt sich auch zwischen den Postulaten normativer Demokratietheorien und den Ergebnissen empirischer Persuasionsstudien.

2   Die Inhalte der Wahlwerbespots

Aufgrund der bisherigen Überlegungen kann man vermuten, dass Wahlwerbespots den Wählern kaum Informationen über die Ziele der Parteien und Kandidaten liefern, weil andere Argumentationsstrategien wirksamer sind bzw. für
wirksamer gehalten werden. Ob diese Annahme zutrifft, lässt sich anhand der
bislang durchgeführten Inhaltsanalysen von Wahlwerbespots nur ansatzweise
beantworten. Johnson-Cartee und Copeland (1997: 87f.) haben hierfür eine
umfangreiche Klassifikation entwickelt, die bislang allerdings nur wenig empirische Forschung nach sich gezogen hat. Sie unterscheiden zwischen drei Strategien: Der Sachthemenstrategie (political issue appeal), der Persönlichkeits-
strategie (political character appeal) und der Strategie emotionaler Appelle
(emotional appeal). Letztere werden noch einmal nach positiven und negativen
Appellen unterschieden.

Tatsächlich geht es in den Inhaltsanalysen von Wahlwerbespots aber meist
nur um zwei Fragen (vgl. Kaid 1999): Die erste Frage ist, ob eher die positive
Selbstdarstellung oder eher die Kritik am politischen Gegner im Vordergrund
steht. Die Analysen zeigen, dass in Deutschland positive Spots die negativen
deutlich überwiegen. Lediglich die kleineren, nicht im Bundestag vertretenen
Parteien betreiben relativ häufig negative campaigning (vgl. Jakubowski 1998:
216). Die Spots der Regierungsparteien sind in der Regel positiv, die der Oppositionsparteien negativer (vgl. Holtz-Bacha 2000: 181). Die zweite häufig unter-
suchte Frage ist, ob es in den Spots überwiegend um Personen oder überwiegend um Sachthemen geht. Die Analysen zeigen, dass dies in Deutschland von
Wahlkampf zu Wahlkampf verschieden ist. In manchen Jahren werden in drei
Vierteln der Spots Politiker gezeigt, in anderen nur in etwa einem Viertel (vgl.
ebd.: 183ff.). Zugleich werden in den meisten Spots aber auch Sachthemen
angesprochen. 70 bis 80 Prozent aller Sequenzen in den Wahlspots enthalten
wenigstens ein Sachthema (vgl. ebd.: 175). Mit dem Informationsgehalt der
Spots haben sich bislang nur wenige Untersuchungen beschäftigt. Sie deuten
darauf hin, dass die Wähler kaum Informationen über die Parteiziele erhalten.
Emotionale Appelle kommen in den Spots häufiger vor als rationale Argumentationsstrategien (vgl. Kaid/Holtz-Bacha 1995). Die Spots enthalten vor allem
Behauptungen, die nicht belegt oder argumentativ gestützt werden. Der Anteil
dieser „bloßen Behauptungen" ist zwischen 1957 und 1998 relativ kontinuierlich gestiegen (vgl. Holtz-Bacha 2000: 203f.).

Die zuletzt präsentierten Befunde zeigen, dass die in vielen Untersuchun-
gen zumindest implizit mitschwingende Annahme, dass positive Wahlspots, die
Sachthemen in den Vordergrund stellen, den Wählern Informationen über die
Ziele und Bilanzen der Parteien liefern und somit eine echte Hilfe bei der Wahl-

entscheidung sind, vermutlich falsch ist. Vielmehr können diese Spots einen ähnlich geringen Informationsgehalt wie personenorientierte Spots aufweisen – z.B. dann, wenn Sachkompetenzen nur behauptet („Wir werden die Arbeitslosigkeit senken") oder Parteiziele nur vage formuliert werden („Wir wollen ein gerechtes Steuersystem"). Der vorliegende Beitrag setzt an diesem Punkt an und untersucht die Kommunikationsstrategien der Wahlwerbespots der Bundestagsparteien in den Wahlkämpfen 1994 bis 2005 mit Hilfe einer detaillierten Aussageanalyse. Analysiert werden unter anderem die unterschiedlichen Aussagearten, der unterschiedliche Informationsgehalt und die rhetorischen Stilmittel, die in den Spots verwendet werden.

3 Methode

Im Rahmen eines größeren Projekts zur Informationsvermittlung in Wahlkämpfen wurden auch TV-Wahlwerbespots analysiert. Basis der hier präsentierten Daten ist eine quantitative Inhaltsanalyse der Spots der Bundestagsparteien zu den Bundestagswahlen 1994 bis 2005. Der Untersuchungszeitraum wurde deshalb so gewählt, weil nach der Wahl 1994 die Länge der Spots im öffentlich-rechtlichen Fernsehen von 2:30 auf 1:30 Minuten gekürzt wurde. Es kann folglich auch untersucht werden, ob längere Spots mehr Informationen vermitteln als kürzere. Um die Anzahl der Spots pro Wahljahr konstant zu halten, wurden erstens nur die Spots der Parteien untersucht, die durchgehend im Bundestag vertreten waren und in allen Wahlkämpfen eigene Spots gesendet haben. Nicht einbezogen wurden folglich die PDS und die CSU, die bei der Kanzlerkandidatur Edmund Stoibers 2002 keine eigenen Spots geschaltet hatte. Zweitens wurde pro Wahljahr mit einem Zufallsprinzip ein Spot pro Partei ausgewählt. So sollten Ungleichgewichte ausgeschaltet werden, die dadurch entstehen können, dass die Parteien in den verschiedenen Wahljahren eine unterschiedliche Zahl von Spots geschaltet haben.

Analysiert wurde ausschließlich die Textebene, also der gesprochene Text und die Texteinblendungen in den Spots. Bilder können zwar Emotionen wecken, sind in der Regel aber eher ungeeignet, wenn es darum geht, Informationen über Parteiziele oder -bilanzen zu vermitteln. Sie werden in dieser Untersuchung folglich nicht berücksichtigt. Der Gesamtanteil emotionalisierender Botschaften in den Spots wird folglich deutlich unterschätzt. Die Konzentration auf den Text ermöglicht eine detaillierte Aussageanalyse. Für jede Aussage in einem Spot wurde beispielsweise erfasst, ob die eigene oder andere Parteien thematisiert werden, ob Sachthemen oder Personen im Vordergrund stehen, ob sie positiv oder negativ ist usw.

Darüber hinaus wurden die Argumentationsstrategien der Spots detailliert untersucht. Hier wurde zunächst der Aussagentyp erfasst. Unterschieden wurden Aussagen über die Ziele der Parteien/Kandidaten im Falle eines Wahlsieges, die Bilanz der Parteien/Kandidaten in der Vergangenheit, die Problemlösungskompetenz der Parteien/Kandidaten, die Persönlichkeit der Kandidaten, die Lage des Landes (z.b. Wirtschaftslage, Lage am Arbeitsmarkt usw.) und Aussagen ohne jeden politischen Informationsgehalt („Kennen Sie die Mopsfledermaus?", „Die Menschen wollen arbeiten"). Für die informierenden Aussagentypen wurde dann festgehalten, wie konkret die Informationen vermittelt werden. Als konkret wurde eine Information eingestuft, wenn den Wählern z.b. die Maßnahmen, die eine Partei nach der Wahl ergreifen will, detailliert vermittelt werden („Wir wollen die Mehrwertsteuer um 2 Prozent erhöhen") oder die Lage des Landes detailliert beschrieben wird („Wir haben 5 Millionen Arbeitslose"). Als weniger konkret wurde eine Information eingestuft, wenn z.b. lediglich Ziele präsentiert werden, ohne dass deutlich wird, wie diese erreicht werden sollen („Wir brauchen mehr Steuereinnahmen") oder die Lage des Landes ohne Nennung konkreter Fakten beschrieben wird („Wir haben zu viele Arbeitslose"). Als unkonkret bzw. vage wurde eine Information eingestuft, wenn den Wählern Aussagen vermittelt werden, die keinerlei politische Richtungsentscheidung beinhalten oder quasi selbstverständlich sind („Wir wollen ein gerechtes Steuersystem", „Wir müssen die Interessen der Arbeitgeber und der Arbeitnehmer berücksichtigen"). Schließlich wurde auch festgehalten, welche rhetorischen Stilmittel in einer Aussage enthalten sind. Dabei wurde erstens erfasst, ob eine Aussage Evidenzen enthält. Hierbei kann es sich um Zahlenbelege handeln, aber auch um Statements von mehr oder weniger bekannten Persönlichkeiten (Testimonials), die die Glaubwürdigkeit einer Information erhöhen sollen. Zweitens wurde die Verwendung von emotionalen Appellen erfasst. Hierbei wurde zwischen positiven (z.B. Stolz, Hoffnung) und negativen Emotionen (z.B. Furcht, Ärger) unterschieden.

4   Ergebnisse

Die 15 untersuchten Spots[1] enthielten insgesamt 250 Aussagen. Die Aussagen verteilten sich relativ gleichmäßig auf die Spots der vier Parteien, wobei die Spots von CDU und FDP jeweils etwas mehr Aussagen enthielten als die Spots von SPD und Grünen. Betrachtet man zunächst die allgemeinen Befunde, bestätigen sich die Ergebnisse der vorangegangenen Untersuchungen: Die meisten Aussagen

---

1   Die Grünen verzichteten im Bundestagswahlkampf 1994 auf die Ausstrahlung von Wahlwerbespots und stellten ihre Sendezeit stattdessen einer Initiative gegen Rassismus zur Verfügung.

in den TV-Spots (55%) drehten sich um Sachthemen – vor allem Arbeit, Wirtschaft und Steuern. In sieben Prozent der Aussagen standen Wahlkampfthemen – vor allem Koalitionsdiskussionen – im Vordergrund. In nur fünf Prozent der Aussagen ging es um die Persönlichkeit oder das Privatleben der Kandidaten. Allerdings hatte auch etwa ein Drittel (32%) der Aussagen überhaupt keinen politischen oder sachthematischen Kontext. Die Parteien waren deutlich häufiger Gegenstand der Aussagen als die Kandidaten. In etwa zwei Dritteln der Aussagen wurde die eigene Partei bzw. der eigene Kandidat thematisiert, um gegnerische Parteien oder Kandidaten ging es nur selten (10%). Dementsprechend enthielten die Spots weitaus mehr positive (61%) als negative (18%) Aussagen.

Die meisten Parteienspots zu den Bundestagswahlen 1994 bis 2005 waren folglich von positiver Selbstdarstellung im Kontext von relevanten politischen Sachthemen geprägt. Dies sagt aber noch nichts darüber aus, ob die Spots den Wählern ausreichend Informationen über die Ziele und Bilanzen der Parteien geliefert haben, damit diese informationsbasierte Wahlentscheidungen treffen konnten. Einen ersten Hinweis hierauf gibt ein Blick auf die Aussagentypen in den Spots: Fast ein Drittel (29%) aller Aussagen in den Spots waren Aussagen über die Ziele der Parteien und Kandidaten. Relativ häufig kamen auch Bilanzen vergangener Leistungen (15%) und Aussagen über die Lage des Landes (11%) vor. Aussagen über die Kompetenz der Parteien und Kandidaten und vor allem Aussagen über die Persönlichkeit der Kandidaten waren deutlich seltener. Am häufigsten (32%) enthielten die Spots allerdings Aussagen ohne jeden politischen Informationsgehalt. Dabei handelt es sich in der Regel um mehr oder weniger inhaltsleere Sätze, in die die politischen Kernbotschaften eingebettet waren. Auf die Funktion dieser Sätze wird später im Beitrag noch näher eingegangen werden.

	Anteil an allen Aussagen (n=250) %
Aussagen über die Ziele der Parteien/Kandidaten	29
Aussagen über die Bilanz der Parteien/Kandidaten	15
Aussagen über die Kompetenz der Parteien/Kandidaten	9
Aussagen über die Persönlichkeit der Kandidaten	4
Aussagen über die Lage des Landes	11
Sonstige Aussagen (ohne politischen Informationsgehalt)	32
Summe	100

Tabelle 1: Aussagentypen in den Wahlspots. Basis: 15 TV-Wahlspots von CDU, SPD, FDP und Grünen aus den Bundestagswahlkämpfen 1994-2005

Aussagen über die zukünftigen Ziele und vergangenen Bilanzen der Parteien sowie Aussagen über die Lage des Landes sind im Prinzip dazu geeignet, den Wählern die Informationen zu liefern, die sie für eine wissensbasierte Wahlentscheidung benötigen. Ob dies tatsächlich der Fall ist, hängt vor allem davon ab, wie konkret sie formuliert werden. Die eingangs des Beitrags zitierte Literatur legt den Schluss nahe, dass vor allem die Ziele der Parteien vage formuliert werden, um möglichst wenig Angriffspunkte zu liefern. Dies bestätigen die Analysen eindrucksvoll: Fast drei Viertel der Aussagen über die Ziele der Parteien bzw. Kandidaten (73%) waren ausgesprochen vage formuliert. Meist wurden Ziele formuliert, die geradezu selbstverständlich von allen Parteien und Wählern geteilt werden, ohne dass die – in der Regel umstrittenen – Maßnahmen zur Erreichung dieser Ziele erwähnt wurden. So spricht sich Angela Merkel im CDU-Spot zur Bundestagswahl 2005 „für mehr Wachstum und mehr Arbeit" aus und Gerhard Schröder kündigt im SPD-Spot 2002 „die mutigste Arbeitsmarktreform, die es in Deutschland je gegeben hat" an. Nur in drei Prozent der Aussagen über die Ziele der Parteien wurden konkrete Maßnahmen genannt, die im Falle einer Regierungsbeteiligung umgesetzt werden sollen. Dies entspricht zwei Aussagen, die zudem beide aus dem Wahlspot der Grünen zur Bundestagswahl 1998 stammen. Darin wies die Partei in Texteinblendungen darauf hin, dass sie die Atomkraftwerke abschalten und das Kindergeld auf 300 Mark erhöhen wolle.

Ähnlich vage wie die Aussagen über die Ziele der Parteien waren in der Regel auch die Aussagen über ihre Bilanzen. Gerhard Schröder konstatiert im Spot 2002: „Seit dem Regierungsantritt haben wir wirklich hart und auch konsequent gearbeitet" und fährt fort, indem er zumindest noch darauf hinweist, dass es „mehr Geld für die Bildung" und eine „bessere Förderung der Familien" gegeben habe. Belegt wird beides allerdings nicht. Nur fünf Prozent aller Aussagen über die Bilanzen der Parteien waren so konkret formuliert, dass die Wähler alle Informationen erhielten, die sie benötigt hätten, um die Leistungen der jeweiligen Partei adäquat einzuschätzen. Dabei wurden die eigenen Ziele und Bilanzen erwartungsgemäß vager präsentiert als die Ziele und Bilanzen gegnerischer Parteien. Allerdings sind diese Befunde wenig aussagekräftig, weil die Ziele und Bilanzen gegnerischer Parteien – wie eingangs beschrieben – nur selten thematisiert wurden.

Eine bemerkenswerte Ausnahme von dieser Regel stellen die Aussagen über die Lage des Landes – also die Lage am Arbeitsmarkt, die Wirtschaftslage usw. – dar. Sie werden in der Regel von den Parteien zwar eingesetzt, um die Bilanz der amtierenden Regierung zu verdeutlichen, unterscheiden sich von den eigentlichen Bilanzen aber dadurch, dass die Regierungsparteien nicht explizit erwähnt und als für die Lage verantwortlich bezeichnet werden. In mehr als

einem Drittel aller Aussagen über die Lage des Landes (35%) wurde diese kon-
kret beschrieben („1000 Arbeitsplätze verliert Deutschland jeden Tag", „Jede
Stunde kommen 6 Millionen Euro neue Schulden dazu"). In etwa ebenso vielen
Fällen (42%) wurde die Lage vage beschrieben („Deutschland ist auf dem rich-
tigen Weg"). Anders als die Ziele und Bilanzen der Parteien wurde die Lage des
Landes in den Spots folglich relativ häufig präzise charakterisiert.

	Aussagen über Ziele (n=70) %	Aussagen über Bilanzen (n=38) %	Aussagen über die Lage des Landes (n=26) %	Alle Aussagen (n=134) %
hoch (konkrete Aussagen)	3	5	35	10
mittel	24	26	23	25
niedrig (vage Gemeinplätze)	73	68	42	66
Summe	100	99	100	101

Tabelle 2: Informationsgehalt unterschiedlicher Aussagentypen. Basis: 15 TV- Wahlspots von
CDU, SPD, FDP und Grünen aus den Bundestagswahlkämpfen 1994-2005

Bei der Erklärung dieser Befunde hilft ein Blick auf die Bedingungen, unter
denen die Spots konkrete Aussagen enthielten. Entscheidend dafür, ob eine
Aussage konkret oder vage formuliert wurde, war ihre Tendenz. Konkrete Informationen enthielten die Aussagen fast immer nur dann, wenn sie mit Kritik
verbunden waren. In diesem Fall wurden in mehr als einem Drittel aller Aussagen (38%) präzise Fakten genannt. Positive Aussagen wurden dagegen in der
Regel nicht belegt (5%). Besonders deutlich spiegelt sich dies bei den Aussagen
über die Lage des Landes wieder: Fast alle negativen Aussagen über die Lage
des Landes wurden konkret belegt. Fast alle positiven Aussagen über die Lage
des Landes blieben vage.

	positive Aussagen (n=105) %	negative Aussagen (n=21) %
hoch (konkrete Aussagen)	5	38
mittel	22	24
niedrig (vage Gemeinplätze)	73	38
Summe	100	100

Tabelle 3: Informationsgehalt positiver und negativer Aussagen. Basis: 15 Wahlspots von CDU, SPD, FDP und Grünen aus den Bundestagswahlkämpfen 1994-2005

Zusammenfassend kann man folglich festhalten, dass die Parteien in den Spots immer dann vage argumentieren, wenn sie ihre eigenen Ziele oder Bilanzen präsentieren. Dies entspricht den theoretischen Annahmen, nach denen die Parteien versuchen, ein möglichst breites Publikum anzusprechen und sich möglichst wenig angreifbar zu machen. Direkte Kritik an den Zielen und Bilanzen der gegnerischen Parteien kommt in den Spots nur selten vor. Dies entspricht ebenfalls den theoretischen Annahmen, weil direkte Kritik am politischen Gegner die Zuschauer polarisiert und somit Wechselwahlverhalten unwahrscheinlicher macht. Kritik der Oppositionsparteien am politischen Gegner wird in der Regel dadurch geäußert, dass auf die – vermeintlich oder tatsächlich – schlechte Lage des Landes verwiesen wird. Um diese zu belegen, werden meist konkrete Fakten genannt. Auch dies entspricht den theoretischen Annahmen, weil die Zuschauer zwar für die schlechte Lage mit hoher Wahrscheinlichkeit die Regierungsparteien verantwortlich machen werden, diesen Schritt aber selbst vollziehen müssen. Der Polarisierungseffekt direkter, faktenhaltiger Kritik der Parteien aneinander könnte auf diese Weise abgemildert werden. Dagegen sprechen allerdings Untersuchungen der Wirkungen von Argumentationsstrategien in Fernsehdebatten, die zeigen, dass auch die faktenhaltige negative Darstellung der Lage des Landes die Zuschauer polarisiert (Maurer/Reinemann 2003; Reinemann/Maurer 2005).

Betrachtet man abschließend die Verwendung von Evidenzen und emotionalen Appellen in den Spots, zeigt sich zunächst, dass die wenigsten Aussagen Evidenzen enthielten. Zahlenbelege wurden nur in fünf Prozent aller Aussagen angeführt. Fast alle traten im Zusammenhang mit Aussagen über die Lage des Landes auf. Mehr als zwei Drittel der Aussagen über die Lage des Landes (37%) enthielten Zahlenbelege. Dies deckt sich mit den Befunden über den Informationsgehalt der Aussagen – schon deshalb, weil eine Aussage im Wesentlichen durch die Verwendung von Fakten und Zahlenbelegen konkret wird. Dementsprechend gilt auch hier: Zahlenbelege wurden fast ausschließlich angeführt, um die Lage des Landes negativ zu charakterisieren. Mehr oder weniger bekannte Persönlichkeiten wurden in den Spots noch seltener eingesetzt, um eine Behauptung zu unterstreichen (2%). Meist handelte es sich dabei um ehemalige Spitzenpolitiker, die die Leistungen eines aktuellen Kandidaten herausstrichen, z.B. im CDU-Spot zur Bundestagswahl 1994 Kohls Verdienste um die Deutsche Einheit.

	Evidenzen		Emotionale Appelle	
	Zahlenbelege %	Testimonials %	positiv %	negativ %
Aussagen über die Ziele der Parteien/ Kandidaten	1	-	13	1
Aussagen über die Bilanz der Parteien/ Kandidaten	5	5	8	5
Aussagen über die Kompetenz der Parteien/Kandidaten	-	-	9	17
Aussagen über die Persönlichkeit der Kandidaten	-	-	27	-
Aussagen über die Lage des Landes	37	-	4	19
Sonstige Aussagen (ohne Informationsgehalt)	-	4	33	18
Alle Aussagen	5	2	18	11

Tabelle 4: Evidenzen und emotionale Appelle in unterschiedlichen Aussagentypen. Basis: 15 TV-Wahlspots von CDU, SPD, FDP und Grünen aus den Bundestagswahlkämpfen 1994-2005. Lesebeispiel: 37 Prozent der Aussagen über die Lage des Landes enthielten Zahlenbelege

Wesentlich häufiger als Evidenzen verwendeten die Spots emotionale Appelle. Sie waren in fast einem Drittel (29%) aller Aussagen enthalten. Dabei kamen positive Appelle wie Hoffnung oder Stolz (18%) häufiger vor als negative wie Furcht oder Ärger (11%). Besonders häufig waren emotionale Appelle in Aussagen ohne wirklichen politischen Informationsgehalt („Deutschland wird es schaffen"; „Was würde aus Deutschland ohne die Liberalen?"). In die Spots wurden folglich häufig informationsarme Füllsätze integriert, die die Zuschauer emotionalisieren sollen. Auch Aussagen über die Persönlichkeit der Kandidaten enthielten häufig emotionale Appelle – allerdings ausschließlich positive. Ein Beispiel ist Rudolf Scharpings Auftritt im SPD-Spot zur Wahl 1994: „Die familiäre Erfahrung prägt mich. Die Erfahrung der gegenseitigen Rücksichtnahme und des gegenseitigen Helfens...". Vergleichsweise selten kamen emotionale Appelle dagegen in Aussagen über die Ziele und Bilanzen der Parteien vor. Je eher eine Aussage folglich zur Vermittlung wahlrelevanten Wissens geeignet war, desto geringer war die Wahrscheinlichkeit, dass sie emotionale Appelle enthielt.

5   Zusammenfassung und Diskussion

Ausgangspunkt dieses Beitrags war die Überlegung, dass sich in Wahlkämpfen die Interessen der Wähler und der politischen Parteien nicht unbedingt gleichen. Während die Wähler – folgt man normativen Demokratietheorien – Sachinformationen über die Ziele und Bilanzen der Parteien benötigen, um wissensbasierte Wahlentscheidungen treffen zu können, wollen die Parteien Wahlen gewinnen. Erkenntnisse aus der Werbewirkungs- und politischen Persuasionsforschung legen die Annahme nahe, dass dies am besten gelingt, wenn sie in Wahlkämpfen ihre eigenen Ziele möglichst vage formulieren, damit sie sich nicht angreifbar machen. Statt den Wählern konkrete Sachinformationen zu vermitteln, ist es Erfolg versprechender, sie emotional anzusprechen. Fakten, die zu wissensbasierten Wahlentscheidungen beitragen könnten, bleiben dann auf der Strecke. Um zu untersuchen, ob die Parteien ihre TV-Wahlwerbespots nach diesen Prinzipien gestalten, wurde eine quantitative Inhaltsanalyse der Argumentationsstrategien in den Wahlwerbespots von vier Parteien zu den Bundestagswahlen 1994 bis 2005 durchgeführt. Ihre Ergebnisse bestätigen die Annahmen weitestgehend: Ein Drittel der Aussagen in den Spots hatte keinerlei politischen Informationsgehalt. Es handelte sich vielmehr um Füllsätze, die die Wähler emotionalisieren sollten. Aussagen über die Ziele und Bilanzen der Parteien, die für die Wähler theoretisch eine gute Grundlage für ihre Wahlentscheidung wären, waren in der Regel so vage gehalten, dass sich die Wähler kein wirkliches Urteil bilden konnten. Durch Fakten belegt wurden allein negative Aussagen über die Lage des Landes. Auf diese Weise versuchten vor allem die Oppositionsparteien die Bilanz der Regierung zu kritisieren, ohne diese direkt anzugreifen. Berücksichtigt man zudem, dass die Bilder in den Spots, die hier gar nicht untersucht wurden, ausschließlich Emotionen und keine substanziellen Informationen über die Parteiziele transportieren können, wird deutlich, dass Wahlwerbespots vor allem auf die Emotionalisierung der Zuschauer abzielen. Wie in der kommerziellen Werbung geht es eher darum, Stimmungen zu transportieren als den Rezipienten detaillierte Informationen über die beworbene Marke zu vermitteln. Allerdings ist dieser Mangel in der politischen Werbung zweifellos folgenreicher als in der kommerziellen. Den Wählern fehlen nicht nur die relevanten Informationen für eine wissensbasierte Wahlentscheidung, sie erhalten zudem – weil die Parteien nur vage Ziele formulieren, die nahezu alle Parteien und Wähler teilen – zunehmend das Gefühl, dass sich die Parteien in ihren politischen Zielen kaum noch unterscheiden.

Zweifellos wäre es naiv zu erwarten, dass die Parteien den Wählern in einem 90 Sekunden-Spot ihr Wahlprogramm erklären. Ebenso unrealistisch ist die Vorstellung, die Sendezeit für Wahlwerbung im öffentlich-rechtlichen Fernsehen könnte so ausgeweitet werden, dass den Parteien für solche Erklärungen genug Zeit zur Verfügung stünde – obwohl dies in einigen Ländern durchaus der Fall ist (vgl. Plasser/Plasser 2002: 270f.). Auch eine Rückkehr zu etwas längeren Sendezeiten würde im Übrigen nichts ändern: Vergleicht man die Argumentationsstrategien in den Spots vor ihrer Verkürzung im Jahre 1998 mit denen in der Zeit danach, zeigen sich praktisch keine Unterschiede. Auch die 150 Sekunden-Spots im Jahre 1994 enthielten kaum konkrete politische Informationen. Man könnte sich folglich damit abfinden, dass Wahlspots vergleichsweise substanzlos sein müssen. Andererseits zeigen Befragungen zur Wirkung von Wahlwerbespots aber, dass die Wähler hier sehr wohl etwas über die Ziele der Parteien lernen können, wenn die entsprechenden Informationen in den Spots enthalten sind. In diesem Fall können die Lerneffekte sogar größer sein als die Lerneffekte von Fernsehnachrichten und Printmedien, was man vor allem damit erklären kann, dass die Spots im Unterschied zu Nachrichtenbeiträgen mehrfach gesendet werden (vgl. z.B. Brians & Wattenberg 1996). Aus normativer Sicht wären deshalb Spots wünschenswert, in denen zumindest einige der zentralen Parteiziele möglichst konkret verdeutlicht werden. Dies könnte zudem das Image von Wahlwerbespots in der Bevölkerung verbessern und sogar ihre Glaubwürdigkeit erhöhen. Dass sich die Parteien Sorgen um die Glaubwürdigkeit ihrer Wahlwerbung machen, zeigt nicht zuletzt der FDP-Spot zur Bundestagswahl 2005, der mit Guido Westerwelles Behauptung beginnt, es handele sich nicht um Wahlwerbung, stattdessen sollten Argumente präsentiert werden. Wenn es nun noch gelänge, diese

Argumente auch in Form von konkreten Sachaussagen zu präsentieren, wäre dies ein erster Schritt zu einer besser informierten Wählerschaft, wie sie dem Ideal normativer Demokratietheorien entsprechen.

Literatur

Bartels, Larry M. (1996): Uninformed votes: Information Effects in Presidential Elections. In: American Journal of Political Science. 40. 194-230.

Brians, Craig Leonard/Wattenberg, Martin P. (1996): Campaign Issue Knowledge and Salience: Comparing Reception from TV Commercials, TV News and Newspapers. In: American Journal of Political Scinece. 40. 172-193.

Buchholz, Andreas/Wördemann, Wolfram (2000): Der Wachstums-Code für Siegermarken. München.

Habermas, Jürgen (1981): Theorie des kommunikativen Handelns. Frankfurt/M.

Hamilton, Mark A./Hunter, John E. (1998): The Effect of Language Intensity on Receiver Evaluation of Message, Source and Topic. In: Allen, Mike/Preiss, Raymond W. (Hrsg.): Persuasion. Advances through Meta-analysis. Cresskill. 99-138.

Hinrichs, Jan-Peter (2002): Wir bauen einen Themenpark. Wähler werden doch mit Inhalten gewonnen – durch Issues Management. In: Marco Althaus (Hrsg.): Kampagne! Neue Strategien für Wahlkampf, PR und Lobbying. Münster. 45-59.

Holtz-Bacha, Christina (2000): Wahlwerbung als politische Kultur. Parteienspots im Fernsehen 1957-1998. Wiesbaden.

Huh, Tina (1996): Moderne politische Werbung - Information oder Manipulation? Werbestrategien im Wahlkampf, dargestellt anhand der Landtagswahlkämpfe in Baden-Württemberg von 1952 bis 1992. Frankfurt/M. u.a.

Jakubowski, Alex (1998): Parteienkommunikation in Wahlwerbespots. Eine systemtheoretische und inhaltsanalytische Untersuchung zur Bundestagswahl 1994. Opladen.

Johnson-Cartee, Karen S./Copeland, Gary A. (1997): Manipulation of the American Voter. Political Campaign Commercials. New York.

Kaid, Lynda Lee (1996): „Und dann auf der Wahlparty...". Reaktionen auf Wahlwerbespots: Computergestützte Messungen. In: Christina Holtz-Bacha/Kaid, Lynda Lee (Hrsg.): Wahlen und Wahlkampf in den Medien. Untersuchungen aus dem Wahlkampf 1994. Opladen. 208-224.

Kaid, Lynda Lee (1999): Political Advertising: A Summary of Research Findings. In: Newman, Bruce I. (Hrsg.): Handbook of political Marketing. Thousand Oaks. 423-438.

Kaid, Lynda Lee/Holtz-Bacha, Christina (1995): Political Advertising across Cultures. Comparing Content, Styles and Effects. In: Kaid, Lynda Lee/Holtz-Bacha, Christina (Hrsg.): Political Advertising in Western Democracies. Thousand Oaks. 206-227.

Kepplinger, Hans Mathias/Maurer, Marcus (2005): Abschied vom rationalen Wähler. Warum Wahlen im Fernsehen entschieden werden. Freiburg, München.

Kliment, Tibor (1994): Orientierung im Wahlkampf oder nur Propaganda? Wahlwerbespots im Urteil der Bevölkerung – eine Repräsentativumfrage in Hessen. In: Media Perspektiven. 419-427.

Kroeber-Riel, Werner/Esch, Franz Rudolf (2000): Strategie und Technik der Werbung. Verhaltenswissenschaftliche Ansätze. Stuttgart.

Kuklinski, James H./Quirk, Paul J. (2000): Reconsidering the Rational Public: Cognition, Heuristics, and Mass Opinion. In: Lupida, Arthur/McCubbins, Mathew D./Popkin, Samuel L. (Hrsg.): Elements of Reason. Cognition, Choice and the Bounds of Rationality. Cambridge. 153-182.

Langguth, Gerd (1995): Von der Mauerinschrift zum modernen Werbemittel – Eine kleine Geschichte der Entwicklung des politischen Plakats. In: Langguth, Gerd (Hrsg.): Politik und Plakat. Fünfzig Jahre Plakatgeschichte am Beispiel der CDU. Bonn. 7-18.

Maurer, Marcus (2006): Wissensvermittlung durch Massenmedien. Was haben die Wähler im Bundestagswahlkampf 2005 gelernt? Mainz. Unveröff. Ms.

Maurer, Marcus/Reinemann, Carsten (2003): Schröder gegen Stoiber. Nutzung, Wahrnehmung und Wirkung der TV-Duelle. Wiesbaden.

Meffert, Michael u.a. (2006): The Effects of Negativity and Motivated Information Processing during a Political Campaign. In: Journal of Communication. 56. 27-51.

Morley, Donald R./Walker, Kim B. (1987): The Role of Importance, Novelty, and Plausibility in Producing Belief Change. In: Communication Monographs. 54. 436-442.

Plasser, Fritz/Plasser, Gunda (2002): Globalisierung der Wahlkämpfe. Praktiken der Campaign Professionals im weltweiten Vergleich. Wien.

Podschuweit, Nicole (2006): Wirkungen von Wahlwerbung. Eine Analyse zum Bundestagswahlkampf 2002. Mainz. Unveröff. Ms.

Popkin, Samuel L. (1991): The Reasoning Voter: Communication and Persuasion in Presidential Campaigns. Chicago.

Reinard, John C. (1988): The Empirical Study of the Persuasive Effects of Evidence: The Status after Fifty Years of Research. In: Human Communication Research. 15. 3-59.

Reinemann, Carsten/Maurer, Marcus (2005): Unifying or Polarizing? Effects of Different Rhetorical Strategies in Televised Debates. In: Journal of Communication. 55. 775-794.

Rölle, Daniel (2002): Nichts Genaues weiß man nicht!? Über die Perzeption von Wahlprogrammen in der Öffentlichkeit. In: Kölner Zeitschrift für Soziologie und Sozialpsychologie. 54. 264-280.

Schmitt-Beck, Rüdiger (1999): Wirkungen der Parteienwerbung im Fernsehen. Mannheim. Unveröff. Ms.

Shepsle, Kenneth A. (1972): The Strategy of Ambiguity: Uncertainty and Electoral Competition. In: American Political Science Review. 66. 555-568.

Weichsel, Fred (2000): Der TV-Wahlwerbespot. In: Altendorfer, Otto u.a. (Hrsg.): Handbuch. Der moderne Medienwahlkampf. Professionelles Wahlkampfmanagement unter Einsatz neuer Medien, Strategien und Psychologien. Eichstätt. 151-156.

Zolleis, Udo/Weilmann, Dennis (2004): Moderner Themenwahlkampf. In: Karp, Markus/Zolleis, Udo (Hrsg.): Politisches Marketing. Eine Einführung in das Politische Marketing mit aktuellen Bezügen aus Wissenschaft und Praxis. Münster. 29-50.

Meister Propper, die Kanzlerin und das Konkurrenzprodukt

Clemens Schwender, Manuela Wiest und Martin Kreeb

TV-Produktwerbung und TV-Parteienwerbung unter gleichen Kategorien zu betrachten, scheint nahe zu liegen. Die Kontexte durch die TV-Ausstrahlung während Programmunterbrechungen und die Gestaltung der Clips scheinen für beide Formen sehr ähnlich zu sein. Die Kreativ-Agenturen für TV-Produktwerbung und TV-Parteienwerbung als Produzenten stellen mit entsprechenden Budgets technisch vergleichbare Spots her. Beiden Formen lassen sich auch eindeutig Persuasionsabsichten unterstellen. Das Ziel ist jeweils eine Handlung zu initiieren. Doch bei dieser Allgemeinheit bleibt es. Schaut man sich die ökonomischen Rahmenbedingungen im Vertrieb der Sender an, machen sich Unterschiede fest. Für die Ausstrahlung von Produktwerbung muss der Auftraggeber in der Regel marktübliche Preise bezahlen, bei Parteienwerbung wird den Organisationen ein gesonderter und als Wahlwerbung gekennzeichneter Sendebereich zugewiesen, der von der übrigen Werbezeit erkennbar abgegrenzt ist. In beiden Fällen soll der Zuschauer zu einem bestimmten Verhalten (kaufen oder wählen) motiviert werden. Im ersten Fall sollen Kunden gewonnen werden, die Geld ausgeben sollen für ein Produkt oder eine Dienstleistung oder ein zumindest ein positives Image erzeugt werden, das später zum Konsum der Ware anregt, im zweiten Fall soll der wahlberechtigte Bürger vom Programm einer Partei so überzeugt werden, dass er ihr seine Stimme im Rahmen einer demokratischen Wahl gibt.

Immerhin werden in beiden Fällen meist Profis beauftragt, die Werbeclips kreativ zu gestalten. Eine Ausnahme bilden die Fälle, bei denen Mitglieder oder Anhänger einer kleinen Partei auch mal selbst zur Videokamera greifen und mit viel Engagement und wenig Kenntnissen einen Beitrag selbst erstellen. In den meisten Fällen sind aber Werbeagenturen am Werk, die sich professionell mit der Präsentation beschäftigen. Alle Agenturen, die für die Parteien tätig sind, sind auch im Rahmen von kommerziellen Kampagnen tätig. Marion Müller befragte während der Bundestagswahlen 1998 und 2002 die Verantwortlichen der Agenturen (vgl. Müller 1998 und 2002). Das zentrale Interesse galt den Freiheiten, die Parteien den Kreativen einräumten. Den Gestaltungsspielraum im Vergleich zu kommerziellen Kampagnen stufte Reinhard Zoffel, Leiter der Werbeagentur, die die CDU 1998 beriet, sogar als größer ein. Die Vorgaben der CDU waren dabei eher offen, nämlich: „Kandidat und Partei modern und zukunftsorientiert darstellen und Angriffe auf politische Mitbewerber formulieren". Christian Monzel, der Werbechef der Agentur, welche 1998 die Grünen unterstützte, schätzte die Freiheiten als vergleichbar mit kommerziellen Kampagnen ein. Einschränkend bemerkte er, dass man bei politischen Kampagnen die parteiinternen Diskussionen stärker berücksichtigen müsse. „Man muss außerdem viel flexibler sein, um auch auf aktuelle Situationen reagieren zu können." KNSK/BBDO – das von der SPD 1998 und 2002 beauftragte Unternehmen – sieht sich als „klassische Werbeagentur", die sich als „Kreativagentur" versteht, das heißt,

> „wer sich für uns entscheidet, weiß was ihn erwartet", so der Management-Supervisor Michael Stech. Demzufolge vermarktet die Agentur die SPD „als Produkt, wie jedes andere auch (...) allerdings ist die Partei ein Produkt, das sich schnell ändert, was bedeutet, dass die Beauftragten flexibel auf Aktuelles reagieren müssen. Außerdem macht man für Marken kontinuierlich Werbung, bei der Partei gibt es aber mit dem Wahltermin eine messerscharfe Deadline."

Den Gestaltungsspielraum sieht Stech ähnlich wie bei kommerziellen Kampagnen. Weitere Besonderheiten sind für ihn:

> „Die Politik benutzt eine andere Sprache – nämlich die der Soziologen – und nicht die Marketingsprache. Zudem denkt eine Partei nicht in Begriffen der werblichen Kommunikation, sondern in denen der Presseberichterstattung. Müntefering hat die Bedeutung werblicher Kommunikation erkannt. Außerdem ist in einer politischen Kampagne das Involvement höher."

Deutlich spricht es auch Günter Sendlmeier von der Agentur McCann-Erickson Hamburg aus, wenn er über die Unterschiede nachdenkt: „Es entspricht dem McCann-Erickson Selbstverständnis, die Partei als eine Marke zu begreifen, genauso wie wir alle unseren Kunden als Marken verstehen. Diese strategische Sichtweise schließt eine Unterscheidung zu Markenartiklern von vorne herein aus. Sind die strategischen Eckpfeiler gesetzt, nämlich die Markenpositionierung mit ihren relevanten Themen, dann ist der Gestaltungsspielraum enorm. Vorausgesetzt man hält sich an das Corporate Design und die Corporate Identity der Marke." Am deutlichsten bringt es Detmar Karpinski von der Agentur KNSK/BBDO auf den Punkt:

> „Es gibt vor allem viele Parallelen. Ein Art-Director denkt für eine Partei nicht anders als für einen Schokoriegel. Für die Marke und die Partei ist kontinuierliche Werbung ausschlaggebend und zudem stehen die Parteien im Wettstreit nicht nur untereinander, sondern auch mit der Markenartikelwerbung! Es gibt aber auch Un-

terschiede: Die Wahlwerbung ist vor allem ein sehr schnelles Geschäft. Außerdem, das Produkt sind Menschen."

Parallelen der TV- Produktwerbung und der TV-Pateienwerbung liegen in ihrer emotionalen Aufmachungen. Da gerade bei den großen Volksparteinen kaum inhaltlich gravierende Unterschiede beim Wähler sichtbar werden, sind emotionale Differenzierungen mit Hilfe starker Bilder anzutreffen. Sind Produkte in ihrem Grundnutzen objektiv kaum noch differenziert, wie dies etwa bei Waschmitteln gilt – steht der Protagonist im Werbespot im Vordergrund.

1 Das Unvergleichbare vergleichen

Das Anliegen ist nicht ein Vergleich der Wahlspots untereinander, sondern ein Vergleich, der TV-Wahlwerbung traditioneller TV-Produktwerbung gegenüberstellt. Zu erkennen sind dadurch Argumentationsstrukturen und Gestaltungsweisen, um deren Beweisführungen und Intentionen darzulegen.

Um Ähnlichkeiten und Differenzen kenntlich zu machen, muss man zunächst einmal Vergleichbares herausarbeiten. Ansatzpunkt ist dabei die Persuasionsabsicht. Um jemanden zum Handeln zu animieren, müssen Argumente geliefert und Gründe angegeben werden. Diese können gegenübergestellt werden. Erkenntnisinteresse ist dabei, diese Argumente zu verstehen und ihre Anwendungen auszuloten. Argumente kommen in audiovisuellen Produkten nicht nur als verbale, kognitive und abwägende Statements vor, sondern sie sind verpackt in visuelle, emotionale und suggestive Gestaltungsweisen. Diese zu dekodieren ist das Anliegen dieses Beitrages. Eine audiovisuelle Argumentation ist beiden Werbeformen gemein. Im Vergleich zwischen Produkt- und Wahlwerbung können die Begründungen, die für das intendierte Verhalten gegeben werden, offen gelegt werden.

Grundlage des Vergleiches ist die empirische Untersuchung eines größeren Samples von TV-Werbebotschaften, die jeweils nach gleichen oder zumindest vergleichbaren Kriterien inhaltsanalytisch betrachtet wurden.

Das Subsample der Produkt- und Dienstleistungswerbung wurde im Rahmen des balance-Projekts[1] gesammelt. Innerhalb von zwei Wochen, vom 29.08.2005 bis 11.09.2005, wurde als „rollende Woche" die gesamte Werbung der Primetime zwischen 18 und 23 Uhr erfasst. Jeder Sender wurde an einem Tag aufgenommen und am folgenden ausgelassen. Nach zwei Wochen ging

---

1   Verbundprojekt „balance Entwicklung, Anwendung und Verbreitung eines Kommunikations-und Trendsetting-Konzeptes zum nachhaltigen Leben und Wirtschaften", gefördert durch das Bundesministerium für Bildung und Forschung (vgl. Schulz et al. 2006a)

somit jeder Sender mit einem anderen Wochentag in die Auswertung ein. Damit ist gewährleistet, dass man Schwankungen im Laufe der Woche berücksichtigt und dennoch eine größere Auswahl an Ereignissen erhält. Aufgezeichnet wurden die „großen acht" Sender ARD, ZDF, RTL, SAT1, Pro7, RTL2, VOX, Kabel 1. Diese erreichen 75 % der Zuschauer. Da in der gleichen Zeit auch der Wahlkampf zur Bundestagswahl im Gange war und folglich auch die Wahlspots in diesem Zeitraum ausgestrahlt wurden, ist diesbezüglich Vergleichbarkeit gegeben. In der ausgewählten Zeit wurden 6.633 Clips plus Programmhinweise ausgestrahlt. Diese dauern, wenn sie an einem Stück liefen, fast 45 Stunden bei jeweils etwa 20 Sekunden Dauer. Dies entspricht 15,7 % der Sendezeit. Da die meisten Clips mehrfach ausgestrahlt werden, gehen in die Auswertung schließlich 716 unterschiedliche Spots ein. Aus der Analyse ebenfalls ausgelassen wurden so genannte Social Spots, da es um den Vergleich zwischen Partei- und Produktwerbung ging. Zieht man zudem noch die so genannten Reminder ab, die oftmals nur den Claim wiederholen und keine neuen Argumente mehr liefern, bleiben 656 Einzelspots, die einer quantitativen Inhaltsanalyse zugeführt wurden. Die Clips wurden mit den zugehörigen Remindern codiert, sodass neue Argumente nicht verloren gingen. (vgl. Schulz et al. 2006a) Zur Auswertung standen zudem insgesamt 26 unterschiedliche Wahlwerbungen zur Verfügung.

2 Die Agenten

Wer wird gezeigt? Wer kommt zu Wort? Die ersten Fragen gelten der narrativen Funktionen der Agenten (vgl. Schwender 2006b). Ein nonverbales, emotional basiertes Argument der Produktwerbung kann es sein, einfach einen glücklichen und erfolgreichen Nutzer einer Ware zu zeigen. Im Vordergrund steht nicht der sachliche Grundnutzen des Produkts („wäscht Wäsche weiß"), sondern ein emotionaler Zusatznutzen („macht die Betroffenen glücklich und zufrieden"). Eine Übertragung auf die Parteienwerbung schlägt hier fehl, da weder eine sachliche Nutzung noch ein Kauf stattfindet. Eine Gemeinsamkeit besteht allerdings darin, dass jeweils eine Entscheidung stattfindet: Einmal für den Erwerb eines Produktes, das andere Mal für die Wahl einer Partei. Vergleichbar wären die Auswirkungen dieser Entscheidung. Streng genommen sind die Wähler (Noch-)Nichtbenutzer. Diese gilt es zu überzeugen. Schließlich gibt es um Nutzer oder (Noch-)Nichtbenutzer herum Agenten, die zum Umfeld gehören. Die Zielgruppe für ein Automobil sind Menschen ab 18 Jahren, die eine Fahrerlaubnis haben, bzw. wahlberechtigte Bürger des Landes. In beiden Fällen können Kinder im Umfeld gezeigt werden. Nutzer bzw. Wähler werden dadurch näher klassifiziert als Menschen mit Nachwuchs. Sowohl Autohersteller als auch Parteien können diese Personengruppen besonders im Visier haben.

Den potenziellen Wählern und Kunden gegenüber stehen die Produkt-repräsentanten. Sie stehen für den Anbieter. In einem Werbespot können dies Verkäufer sein oder auch Firmeninhaber. Diese Repräsentation kann bis hin zur metaphorischen Allegorie reichen in dem Sinn, dass Agenten für ein Produkt stehen. „Meister Propper" ist dafür ein gutes Beispiel. Auf Seiten der Parteien-werbung sind die so genannten Spitzenkandidaten zu erwarten, die die jeweilige Partei im Wahlsport auftreten und vielleicht auch zu Wort kommen lässt (Ta-bellen 1a-c). Problematisch ist deren Rolle insofern, als das deutsche Wahlrecht keine Regierungswahl kennt. Man wählt Volksvertreter, die durch Direktmandat (wer in einem Wahlkreis die meisten Stimmen auf sich vereinigt) oder über einen Listenplatz einer Partei (die nach dem Anteil der Zweitstimmen vergeben werden) in den Bundestag einziehen. Diese Volksvertreter wiederum wählen einen Kanzler oder eine Kanzlerin. Trotz dieses Verfahrens spielen die Reprä-sentanten der Parteien eine bedeutende Rolle bei der Darstellung im Rahmen der TV-Spots. Gewählt werden nicht nur sachpolitische Standpunkte, sondern eben-so emotionale Konstrukte wie das Image eines Spitzenkandidaten.

In der Werbung kommen Menschen zu Wort oder werden in Aktion in Be-zug auf das Produkt oder auf den Produktnutzer gezeigt. Da jedes Produkt eine Zielgruppe hat, die sich alters- und geschlechtsbezogen darstellen lässt, sind Vergleiche möglich. Babynahrung ist für Säuglinge, Werbung für Altersvorsor-ge richtet sich an junge und mittlere Erwachsene, Haarfestiger eher an Frauen. Jede Produktgruppe und jedes Produkt ist daraufhin festzulegen. Bei Parteien bilden alle potenzielle Wählerinnen und Wähler die Zielgruppe, nämlich als Personen mit deutschem Pass ab einem Alter von 18 Jahren unabhängig von Geschlecht, solange ihnen das Wahlrecht nicht entzogen ist. Die Produzenten und Verantwortlichen können ihre Kommunikationsmaßnahmen dabei durchaus auf besondere Gruppen ausrichten, deren Interesse man besonders vertreten will oder von denen man sich eher Wechselwähler verspricht. Da sich Produkte an unterschiedliche Altersgruppen oder an beide Geschlechter richten können, wurden die Prozentwerte der quantitativen Inhaltsanalyse zur Grundlage der Berechnung in den Tabellen 1a-c genommen. Die Items heißen: „Altersspezifi-sche Zielgruppen mit den Ausprägungen Säugling, Kleinkind, Kind, Pubertät, junge Erwachsene, mittleres Erwachsenenalter und Senioren", die „Funktionen der dargestellten Agenten und Personen: Nutzer und Repräsentant" und die „Anzahl der Personen" in der jeweiligen Gruppe. Die dargestellten Agenten, Nutzer und Repräsentanten wurden jeweils nach ihrer Anzahl ausgewertet.

2.1　Alter als Argument

		Zielgruppe nach Alter in % (Antworten) N=862	Zielgruppe nach Alter in % (Fälle)	Altersverteilung der dargestellten Agenten N=5745	Differenz
Produkt	Säugling	0,8	0,2	0,2	-0,0
	Kleinkind	13,3	3,8	2,0	-1,8
	Kind	26,2	7,5	6,0	-1,5
	Pubertät	61,7	17,4	4,4	-13,0
	Junge Erwachsene	92,0	26,0	64,8	38,8
	Mittlere Erwachsene	87,6	24,8	21,3	-3,5
	Senioren	71,8	20,3	1,4	-18,9
Partei	Säugling			0,0	
	Kleinkind			2,4	2,4
	Kind			7,3	7,3
	Pubertät			7,3	7,3
	Junge Erwachsene	100	33,3	24,4	-8,9
	Mittlere Erwachsene	100	33,3	38,0	4,7
	Senioren	100	33,3	20,5	-12,8

Tabelle 1a: Vergleich der Alterszielgruppen mit den dargestellten Personen im Spot.

Viele Produkte lassen sich gleichzeitig mehreren Altersgruppen zuordnen. In der ersten Spalte in Tabelle 1a wurden die Antworten erfasst und ihre absoluten Anteile eingetragen. 92,0 Prozent aller Produkte richten sich an junge Erwachsene. Wertet man diese Anteile nochmals nach den Fällen aus, kann man Erwartungen darüber formulieren, wie die einzelnen Altersgruppen in der Werbung vorkommen müssten, wenn man eine repräsentative Verteilung annimmt. Bei der Betrachtung der Spalte „Differenz" in den Tabellen 1a und 1b fällt auf, dass eine Gruppe – die jungen Erwachsenen – deutlich überrepräsentiert sind, während zwei Gruppen auffallend unterrepräsentiert sind. Jugendliche und Senioren kommen bei der Produktwerbung seltener vor, als das ihr Anteil bei den Zielgruppen erwarten lässt. Dies lässt sich durch drei Einflüsse erklären. Zunächst geht es bei der Ansprache der Zielgruppen nicht nur um deren biologisches Alter, sondern vielmehr um deren gewünschtes Alter. Bei Befragungen zeigte sich immer wieder, dass Jugendliche gerne älter sein würden, während Menschen ab 24 gerne jünger wären (Kaliterna u.a. 2002). Je älter, desto größer ist die Differenz zum tatsächlichen Alter. Heranwachsende in der Pubertät – darum fehlen sie hauptsächlich bei den dargestellten Personen – haben zudem ein schlechtes Image. Es ist dieses Alter, das vielen Eltern am meisten Probleme bereitet, da durch die Pubertät eine Loslösung vom Elternhaus stattfindet, die für beide Seiten schmerzlich sein kann. Bei den Senioren kommen zwei weitere Gründe hinzu. Mit zunehmendem Alter nimmt der Fernsehkonsum zu. Junge Erwachsene schauen am wenigsten (20- bis 29-Jährige verbrachten 2004 im Durchschnitt 169 Minuten vor dem Fernseher, bei den über 60-Jährigen steigt der Konsum auf über 240 Minuten täglich, vgl. Media Perspektiven 2004). Hier richtet sich das Angebot an die Gruppe, die am schwierigsten zu erreichen ist. Ältere Erwachsene erreicht man sowieso, da sie am meisten Zeit vor dem Fernseher verbringen. Schließlich werden viele konsumorientierten Entscheidungen im jungen Erwachsenenalter getroffen. Eigene Familie, eigener Haushalt, eigenes Einkommen erfordern eine Vielzahl von neuen Entscheidungen: Welches Waschmittel? Welches Auto? Welche Zahncreme? Da einige dieser Entscheidungen für den Rest des Lebens konstant bleiben, ist die Altersgruppe der 18-40-Jährigen von großer Bedeutung für die Werbetreibenden.

Dieser Befund lässt sich für die Parteienwerbung nur zum Teil replizieren. Da sich die Zielgruppe auf Wahlberechtigte beschränkt, müssen alle jüngeren dargestellten Personen überrepräsentiert sein. Sie sind lediglich als visuelles Argument eingesetzt, um sich an Wähler zu richten, die in Familien eingebunden sind. Parteien, die Angebote für Familien machen, brauchen diese Konstellationen. Die jungen Menschen machen immerhin 17 % aus.

Bei der Betrachtung der potenziellen Wähler stellen sich die Befunde aus der Produktwerbung wieder her: Junge Erwachsene sind überrepräsentiert, Senioren fehlen weitgehend. Als Grund für diese Verzerrung lassen sich ähnliche Vermutungen anstellen wie bei den Konstellationen der kommerziellen Werbung.

		Zielgruppe nach Alter in % (Fälle) N=682	Altersverteilung der dargestellten Nutzer in % N=1405	Differenz
Produkt	Säugling	0,2	0,2	0,0
	Kleinkind	3,8	0,7	-3,1
	Kind	7,5	8,7	1,2
	Pubertät	17,4	10,3	-7,1
	Junge Erwachsene	26,0	60,2	34,2
	Mittlere Erwachsene	24,8	17,8	-7,0
	Senioren	20,3	2,1	-18,2
Partei				
	Junge Erwachsene	33,3	58,3	25,0
	Mittlere Erwachsene	33,3	33,3	0,0
	Senioren	33,3	8,3	-25,0

Tabelle 1b: Vergleich der Alterszielgruppen mit den dargestellten Nutzern im Spot.

		Zielgruppe nach Alter in % (Fälle) N=682	Altersverteilung der Repräsentanten in % N=730	Differenz
Produkt	Säugling	0,2		
	Kleinkind	3,8	0,2	-3,6
	Kind	7,5	0,6	-6,9
	Pubertät	17,4	0,3	-17,1
	Junge Erwachsene	26,0	75,6	49,6
	Mittlere Erwachsene	24,8	22,7	-2,1
	Senioren	20,3	0,5	-19,8
Partei	Junge Erwachsene	33,3	6,7	-26,6
	Mittlere Erwachsene	33,3	40,0	6,7
	Senioren	33,3	53,3	20,0

Tabelle 1c: Vergleich der Alterszielgruppen mit den dargestellten Repräsentanten im Spot.

Ein weiteres Indiz für die narrative Funktion der Menschen als Gruppe oder Masse ist der höhere Anteil der Statisten in Wahlspots. Sie repräsentieren das Volk. Während in kommerzieller Werbung 16,4 % aller Darsteller Komparsen ohne besondere Aktivitäten sind, verdoppelt sich ihr Anteil bei Wahlwerbung auf 32,9 %.

Betrachtet man die Altersverteilung der Produktrepräsentanten bleibt das Bild erhalten: Es sind vor allem junge Erwachsene, die für das Produkt stehen. Anders bei den Parteien. Hier sind ältere und alte Erwachsene gegenüber den jungen stärker vertreten. Dies mag am Alter der Kandidaten liegen. Alter ist hier in Zeichen von Seriosität, Verlässlichkeit und Erfahrung.

2.2   Geschlecht als Argument

Auf ähnliche Weise, wie man nach Repräsentanz der Altersgruppen in den Kommunikationsangeboten sucht, kann man auch nach Verteilung der Geschlechter fragen. Bei Parteien gibt es keine geschlechtsspezifischen Einschränkungen. Jede und jeder darf die Partei wählen, die seinen Präferenzen entspricht, was natürlich genauso für Produkte gilt. Um einen Vergleich zu ermöglichen, wurde die Analyse der kommerziellen Werbung auf die Produkte eingeschränkt, die sich an beide Geschlechter richten. Ausgeschlossen wurden also Hygieneartikel, Parfums, Haarpflege- und Haarfärbeprodukte oder Zeitschriften, die sich erkennbar nur an ein Geschlecht wenden. Schaut man sich alle Personen an, die in den Clips vorkommen, ist in beiden Kategorien eine leichte Tendenz zu männlichen Darstellern festzustellen (Tabelle 2a). Schränkt man die Betrachtung auf Nutzerinnen und Nutzer ein, werden bei der Produktwerbung die Geschlechter in gleichem Ausmaß dargestellt. Bei der Parteienwerbung finden sich mehr Frauen als Männer Tabelle 2b). Richtet man das Augenmerk auf die Repräsentanten der Produkte, also Firmenleiter, Laborarbeiter oder Verkäufer bzw. auf Kandidaten der Parteien, kommen jeweils gut zwei Drittel Männer zu Wort (Tabelle 2c). Bei der Darstellung der Geschlechter finden sich keine gravierenden Unterschiede. Offenbar können die verantwortlichen Produzenten ihre bei der Produktwerbung gemachten Erfahrungen ohne Weiteres auf Wahlwerbestrategien in diesem Punkt übertragen. Die Muster sind tendenziell ähnlich.

N=4834	Geschlecht	Personen nach Geschlecht in %	Aufteilung nach Geschlecht in % ("gemischt" einbezogen)
Produkt	weiblich	16,4	46,8
	männlich	22,4	53,2
	gemischt	54,5	
	nicht erkennbar	6,7	
Partei	weiblich	2,6	48,2
	männlich	6,2	51,8
	gemischt	88,7	
	nicht erkennbar	2,5	

Tabelle 2a: Anteile der Personen nach Geschlecht bei den dargestellten Personen im Spot.

N=1263	Geschlecht	Nutzer nach Geschlecht in %
Produkt	weiblich	50,6
	männlich	49,4
Partei	weiblich	58,3
	männlich	41,7

Tabelle 2b: Anteile der Personen nach Geschlecht bei den dargestellten Nutzern im Spot.

N=715	Geschlecht	Repräsentanten nach Geschlecht in %
Produkt	weiblich	36,0
	männlich	64,0
Partei	weiblich	30,4
	männlich	69,6

Tabelle 2c: Anteile der Personen nach Geschlecht bei den dargestellten Repräsentanten im Spot.

2.3 Prominenz als Ratgeber

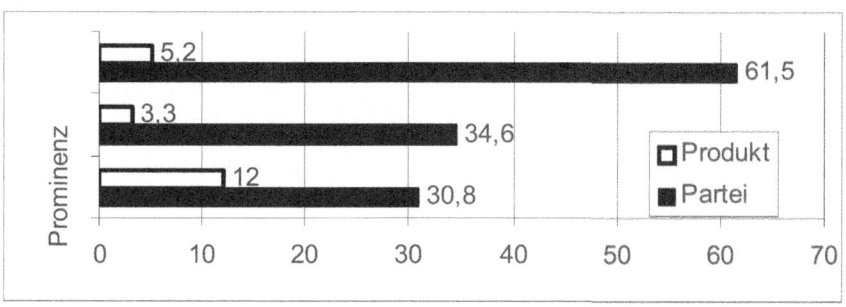

Grafik 1: Argumente „Produktrepräsentanten", „Erfahrung" und „Prominenz" in Prozent

Prominente Personen sind Autoritäten. Sie werden von vielen wahrgenommen, und ihre Stimme wird gehört. Dabei besteht oft kein Zusammenhang zwischen dem Produkt und dem Prominenten, das Bekanntsein des Empfehlenden reicht hier aus. Der Einsatz prominenter Agenten soll zu einer Nachahmung anregen und die Glaubwürdigkeit unterstützen (vgl. Schwender 2006b).

In der TV-Produktwerbung werden zu 12 % Prominente eingesetzt. In den Wahlwerbespots werden meist die Spitzenkandidaten der jeweiligen Partei dargestellt, und so ist – zumindest bei den größeren Parteien – jeweils ein Prominenter Agent dargestellt (30,8 %). Dass sich Prominente aus dem Showgeschäft oder dem Sport in einem TV-Spot zu einer Partei äußern, ist in Deutschland selten (in der vorliegenden Stichprobe kommt dies nur bei einem Spot vor), während beispielsweise in den USA ebenfalls schon früh in der Geschichte der Wahlwerbung prominente Agenten für den Kandidaten sprachen (vgl. Holtz-Bacha 2000).

Direkt vergleichen lässt sich der Einsatz von Prominenten in der Wahlwerbung nicht, da sich die Prominenz der Politiker aus ihren jeweiligen Ämtern und der Parteizugehörigkeit ableitet. Sie fungieren hier eher als Experten, als Autorität, die Wissen und Erfahrung auf dem entsprechenden Gebiet mitbringt und somit Glaubwürdigkeit erzeugt (34,6 %).

Diese Gruppe von Agenten wird auch in der Produktwerbung eingesetzt, allerdings zu einem geringen Anteil von 3,3 %.

Gleichzeitig gehören die Politiker der in der Produktwerbung als Produktrepräsentanten bezeichneten Personengruppe an. Hier wird ein Name mit einem Produkt in Verbindung gebracht und steht somit ebenfalls für Glaubwürdigkeit, Sympathie, Akzeptanz und lange Tradition. Und so wie der Produktrepräsentant mit seinem Namen für die Qualität seiner Produkte gegenüber seiner

Kunden bürgt (eingesetzt zu 5,2 %), verbürgt sich der Kandidat einer Partei direkt gegenüber seinen Wählern (61,5 %).

2.4   Anzahl der dargestellten Personen

Da Produkte oft im Gebrauch gezeigt werden, kann man über die Verwendung und die Intentionen der Verwendung Indizien finden. Es gibt Dinge, die man für sich alleine konsumiert (darunter Hygieneartikel), andere werden eher in Gemeinschaft mit anderen (etwa Telekommunikationstechnik) genutzt. Einiges wird zwar individuell angewendet, soll aber eine Wirkung auf andere haben (Deodorant). Zählt man die Personen pro Spot aus, ist deren Anzahl im Spot ein Indiz für das Image des Produktes in Bezug auf dessen soziale und kommunikativen Kontexte und Eigenschaften. Ingesamt kommen in der Produktwerbung 2,7 Personen pro Spot vor. Bei der Wahlwerbung erhöht sich die durchschnittliche Anzahl auf 7,6 Personen. Ein genauerer Blick in die Produktkategorien ist dabei lohnenswert. Eher „einsame" Produkte sind mechanische Hilfen (Brille, Treppen-Lift oder Haft-Creme für die Dritten), Versicherungen, Reinigungsmittel oder Telefon-Auskunft. Unter den Angeboten, die mehrere Menschen im Spot zeigen gehören Autoersatzteile und dazugehörende Dienstleistungen (2,5), Alkoholische Getränke (5,4), Foto/Video/Bildbearbeitung (9,4), Telekommunikationstechnik (10,8) und schließlich Messen und Konzerte (22,2). Die Parteien ordnen sich also – was ihre medial-argumentative Aufbereitung angeht – im Durchschnitt zwischen Alkohol einerseits und Medienkommunikation und Massenveranstaltungen andererseits ein. Das bedeutet, dass eine Partei sich als kommunikative Gruppe darstellt. Dies hat mehrere Implikationen: Gerade bei der Durchsetzung von politischen Interessen bracht man viele Unterstützer, da die Anzahl in einer demokratischen Entscheidungsfinden sehr wohl zählt. Masse ist also ein Indiz für Stärke und Durchsetzungsfähigkeit der Interessen. Wenn also viele Menschen „hinter einer Partei" stehen, suggeriert das, dass sich andere bereits für diese Partei entschieden haben und zeigt, dass die Entscheidung für diese Partei nicht ganz falsch sein kann. Andererseits stehen die vielen Menschen stellvertretend für das Volk, von dem die Macht ausgeht und es ist schließlich die Zielgruppe, die man als Wähler und Wählerinnen gewinnen möchte.

3 Die audio-visuellen Argumente

Die systematische Sortierung von Argumenten ist nicht ohne Probleme. Eine standardisierte Liste gibt es nicht. Die aktuelle Klassifizierung von Schwender (vgl. 2006b) ist auf das vorliegende Erkenntnisinteresse anwendbar, die acht Cluster vorschlägt: 1. Moral, 2. Tradition, 3. Intuition, 4. Testimonials, 5. Produktqualitäten, 6. Ware als knappes Gut, 7. Komparative Vorteile sowie 8. Ökonomie. Für Produkt- und Dienstleistungsangebote sind die Cluster bestätigt, doch sie sind nicht alle auf Wahlwerbung anwendbar. So fallen „Ware als knappes Gut" – hier geht es darum, eine Entscheidung herbeizuführen mit dem Argument, dass sich der Wert einer Ware aus deren Nachfrage und Zugänglichkeit bemisst – und die Argument-Gruppe der Ökonomie – wo der Wert oder der Preis einer Ware als Kaufargument angeführt wird – aus dem Vergleich heraus. Die Abgabe einer Stimme ist für den Wähler nicht mit direkten Kosten verbunden. Weitere Unterschiede und Gemeinsamkeiten ergeben sich bei der Betrachtung.

3.1   Argument-Gruppe „Tradition"

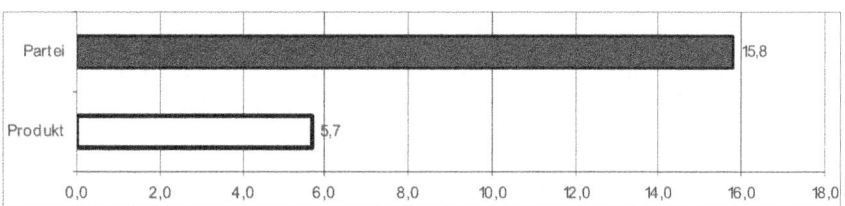

Grafik 2: Argumentgruppe „Tradition" in Prozent

Wenn ein Produkt schon lange auf dem Markt ist oder eine Partei schon lange existiert, ist dies ein Qualitätsindiz. Beide mussten sich immer wieder gegen Konkurrenten behaupten und sich auch in unterschiedlichen Umgebungen bewährt haben. Das Argument „Tradition" verweist auch auf Vertrauen. Wer sich lange hält, braucht eine kontinuierliche Zuwendung durch Kunden bzw. Wähler.

Die gewählte Partei bestimmt über das bevorstehende Schicksal des Landes und seiner Bewohner. Da über die Zukunft keine Aussagen möglich sind, dienen vergangene Entscheidungen als Maßstab für zukünftige. Parteiprogramme verweisen auf grundlegende Werte und Moralvorstellungen, unter denen die Wahlberechtigen auswählen. Wer auf stabile und gefestigte Werte verweisen kann, schafft eine höhere Glaubwürdigkeit in Bezug auf eine standhafte Verlässlichkeit.

In der Parteienwerbung ist diese Argumentgruppe wesentlich häufiger genutzt. Vertrauen wird als wichtige Grundlage für eine Wahlentscheidung angesehen. Dies zumindest deutet der gegenüber der Produktwerbung mehr als doppelt so hohe Anteil an.

3.2 Argument-Gruppe „Intuition"

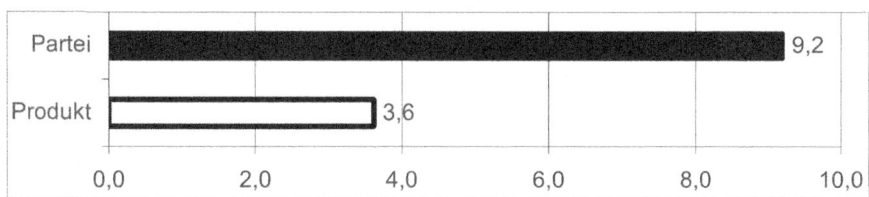

Grafik 3: Argumentgruppe „Intuition" in Prozent

Ob Kauf- oder Wahlentscheidungen als Ergebnis von egoistischem Interesse im Sinne einer rationalen Entscheidung fallen, die auf den eigenen ökonomischen Vorteil zielen (vgl. Klein 2002), ob Entscheidungen auf Grundlage von ästhetischen Präferenzen getroffen werden (vgl. Holbrook & Schindler 1994, 2003) oder ob im Sinne einer intuitiven Heuristik (vgl. Gigerenzer 1999, 2000, 2001) entschieden wird, ist Gegenstand psychologisch orientierter Wählerforschung. Hier geht es darum, ob entsprechende Angebote im Rahmen von Produkt- und Wahlwerbespots gemacht werden, die auf die Intuition gerichtet sind. Die Frage ist, wie stark also nicht-rationale Gründe angeboten werden, eine Partei zu wählen oder ein Produkt zu nutzen. Dabei wird einfach auf das gute Gefühl verwiesen, das man durch die Entscheidung bekommen wird. „Hör auf Deinen Bauch" hieß es in einer Auto-Werbung, nachdem man aus dem Off eine tiefe Stimme hört, die zum Kauf rät.

Tatsächlich wird diese Form der Überredung bei der Parteienwerbung – wenn auch auf niedrigem Niveau – mehr genutzt als bei der Produktwerbung. Es darf nicht vergessen werden, dass Werbespots im Fernsehen nicht die einzige Form der Kunden- bzw. Wählerkommunikation sind. Gerade bei Wahlen gehören Plakate im öffentlichen Raum, Print-Anzeigen, öffentliche Auftritte der Kandidaten und schließlich deren Präsenz im redaktionellen Teil der Massenmedien zu den zentralen Kommunikationsstrategien. TV-Werbung ist als ein Mosaik-Stein im Rahmen eines komplexen Marketing-Konzeptes zu sehen. Fernsehen ist allgemein als Lean Backward Medium einzuschätzen, bei dem man eher zurückgelehnt rezipiert, sich dem Fluss der Ereignisse hingibt, nicht – wie etwa beim Internet – auf der aktiven Suche nach Informationen ist, ständig neue Entscheidungen trifft, außer der, ob man um- oder ausschaltet. Die Strategie – gerade bei der Werbung, die kaum aufmerksam wahrgenommen wird – zielt also eher auf Emotion denn auf kognitive Beschäftigung ab. Rationale Begründungen können besser in Form von verbalen Präsentationen oder Auseinandersetzungen vorgebracht werden. TV-Sendungen wie „Sabine Christiansen" bieten dafür eine geeignete Plattform. In den Wahlspots ist in aller Regel keine Zeit für die Aufzählung und die ausführliche Erläuterung der Gründe, eine bestimmte Partei zu wählen. Immerhin wird sowohl in der Produkt- wie in der Wahlwerbung über der Hälfte aller Fälle Musik eingesetzt. In der kommerziellen Werbung in 85,8 %, in der Wahlwerbung in 69,2 % aller Fälle. Eine Wahl soll zumindest in der Tendenz eher den Eindruck von Information und Sachlichkeit vermitteln. In beiden Fällen ist der hohe Einsatz von Musik ein Indiz für die auf Emotion zielende Persuasionsabsicht. Spots werden mit funktionaler Musik angereichert, um eine entsprechende Stimmung als Hintergrund für die Botschaft zu erzeugen (vgl. Leo 1999). Diese kann – im Fall der Wahlwerbung – gute Laune herstellen, Bedrohung signalisieren oder nationale Gefühle wecken.

3.3   Argumentgruppe „Vergleich"

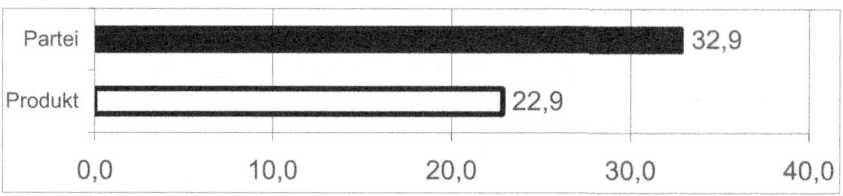

Grafik 4: Argumentgruppe „Tradition" in Prozent

Steigende Produktvielfalt bei einer gleichzeitigen großen qualitativen Ähnlichkeit bedeutet, dass man sich durch Werbung von seinen Mitbewerbern abgrenzen muss. Ein mögliches Argument zur Abgrenzung von der Konkurrenz stellt ein Hinweis auf das Vorgänger- oder Konkurrenzprodukt dar. Diese Form der vergleichenden Werbung ist in Deutschland noch nicht so verbreitet wie in anderen Ländern.

Hier ebenfalls neu ist das aus den USA stammende „negative campaigning" in der Wahlwerbung. Dabei werden politische Gegner in einer Kampagne direkt angegriffen und diffamiert. Die jeweilige Konkurrenzpartei wird als unzuverlässig, unzurechenbar und als eine Gefahr für das Allgemeinwohl dargestellt, das positive Image von Kandidaten soll zerstört werden (vgl. Falter

2002). Der Trend ist in Deutschland in den TV-Wahlwerbespots nicht ausgeprägt, dennoch wird in 32,9 % der Spots das Argument Vorgänger/Konkurrenzprodukt verwendet. In kommerzieller Werbung ist dieser Trend mit 22,9 % nicht ganz so stark zu finden. Weiter bezieht sich das Argument aber meist auf allgemeine Vorgängerprodukte im Sinne eines „jetzt neu" oder „jetzt noch besser", während bei der Wahlwerbung direkter Bezug auf andere Parteien hergestellt wird, auch wenn Partei- oder Kandidatennamen selten genannt werden, die negative Wahlkampfführung bezieht sich eher auf politische Inhalte.

3.4   Argument-Gruppe „Moral"

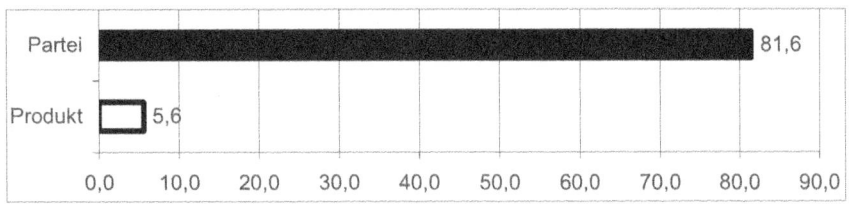

Grafik 5: Argumentgruppe „Moral" in Prozent

Produkte werden in der Werbung neben ihrem direkten Nutzen mit einem Zusatznutzen beworben. Ein möglicher Zusatznutzen für Verbraucher ist es, mit dem gekauften Produkt nicht nur den individuellen Nutzen – wie etwa Gesundheit – zu erhöhen, sondern gleichzeitig das Allgemeinwohl, den sozialen Nutzen – wie etwa Umweltfreundlichkeit oder Fairen Welthandel – zu steigern. Argumente, welche in diesem Sinne überzeugen zu versuchen, fallen unter die Argumentations-Gruppe „Moral". Mit dem Kauf eines Produktes, das als moralisch vorbildlich beworben wird, wird das gute Gefühl erworben, eine direkte oder indirekte Unterstützung für die Gesellschaft zu leisten. Hilfeleistung und Handeln im Allgemeinwohl sind dabei Verhaltensweisen, die Anerkennung verheißen, und entsprechende motivationale Hinweise können in diesem Sinne wirksam werden (vgl. Schwender 2006b). Die Argumentations-Gruppe „Moral" setzt sich zusammen aus den Einzelargumenten Umweltschutz, Ressourcen schonend, sozial verträglich und Unterstützung Benachteiligter. Da Parteien zur Wahl antreten, um einen Beitrag für das Allgemeinwohl zu leisten, ist es nicht verwunderlich, dass die Argumente aus der Gruppe Moral in 81,6% der Parteienwerbespots eingesetzt werden. Überraschend ist die geringe Anzahl von 5,6% der Werbespots auf der anderen Seite, die Umwelt- oder soziale Aspekte in ihren Spots bewerben.

3.4.1   Nachhaltigkeit als Argument

Von besonderem Interesse ist die Frage, wie die Debatte um Nachhaltigkeit sowohl in der Produktwerbung als auch in der Wahlwerbung präsent ist. Nachhaltigkeit wird gesehen als eine besondere Ausprägung der moralischen Argumentation.

Nachhaltigkeitswerbung liegt dann vor, wenn in die Werbung Argumente der Umweltfreundlichkeit und/oder Sozialverträglichkeit im weitesten Sinne mit einbezogen werden. Dazu zählt die einfache Nennung des Zusatznutzens bis hin zu einer Betonung dieser Argumente als Hauptnutzen.

Insgesamt werden in 81,6 % der Parteienspots Umweltschutz oder soziale Gerechtigkeit angesprochen. Dabei wird am häufigsten das Argument sozial gerecht genannt (61,5%), danach die Unterstützung Benachteiligter (34,6 %). Darauf folgen erst Umweltschutz (23,1 %) und die Schonung von Ressourcen (7,6 %). Für die Bundestagswahl 2005 lag die Betonung einer sozialen Dimension also deutlich vor der Argumentation Umweltschutz.

Wird der Begriff Nachhaltigkeit als die gleichzeitige Berücksichtigung ökologischer und sozialer Bedürfnisse definiert, kann streng genommen in die Wertung Nachhaltigkeitswerbung nur eine Kombination von Umwelt- und sozialen Aspekten eingehen. 42,3 % der Parteienspots kombinieren mehr als eines der Argumente, dabei wird auch hier die Verbindung der sozialen Gerechtigkeit mit der Unterstützung Benachteiligter (23,1%) bevorzugt.

Die Kombination beider Aspekte wird mit Umweltschutz und sozialer Verträglichkeit von 7,7% der Parteienspots genannt, ebenso wie die Erwähnung aller Argumente. Ein Zusammenschluss der Argumente Umweltschutz, soziale Gerechtigkeit und Unterstützung Benachteiligter kommt bei 3,8 % der Spots vor. Somit können streng genommen nur 19,2 % aller Wahlspots einen Bezug zum Thema Nachhaltigkeit herstellen.

Da es Aufgabe der Parteien ist, gesellschaftliche Interessen zu bündeln, verwundert es nicht, dass sich 81,6 % der Spots auf den Entwurf gesellschaftlicher Ordnung und das Allgemeinwohl beziehen. Im Unterschied zur kommerziellen Werbung wurden für die Parteienwerbung in diesem Bereich noch weitere Argumente eingeführt: Dabei steht an erster Stelle ein wirtschaftlicher Aufschwung (34,6 %), gefolgt von der Schaffung von Arbeitsplätzen (23,1 %) und dem Argument Frieden und Sicherheit (15,4 %).

Auf der Seite der Produktwerbung bedeutet die vergleichsweise geringe Prozentzahl von 5,6 nicht, dass sich Unternehmen nicht mit Umweltschutz und sozialer Gerechtigkeit auseinandersetzen. 90 Prozent der Unternehmen in Deutschland engagieren sich für die Gesellschaft. Nach einer Studie der Initiative Neue Soziale Marktwirtschaft (INSM) über die gesellschaftliche Verantwortung von Unternehmen (Corporate Social Responsibility) geben die Firmen jährlich 10,3 Milliarden Euro für gemeinnützige Zwecke aus (vgl. Global Compact Deutschland, 2005). Es scheint, dass die Nachhaltigkeitsaspekte von Produkten heute noch nicht zu einer selbstverständlichen Voraussetzung für PR- und Marketingstrategen geworden ist, dass sie als Argument zur Kaufentscheidung selten angeführt wird oder durch ein entsprechendes Label (Fair Trade, FSC-Holzlabel etc.) gekennzeichnet ist.

Weiter stellen TV-Spots einen Bestandteil im Marketing-Mix von Unternehmen dar, die mit anderen Kommunikationsmaßnahmen abgestimmt sind. Die Übernahme gesellschaftlicher Verantwortung für die Umwelt, sozial Schwache oder Benachteiligte wird in der TV-Werbung nur zu einem geringen Anteil kommuniziert, sondern in Umwelt- und Nachhaltigkeitsberichten und weiteren Informationsmaterialien, die eher dem Bereich Öffentlichkeitsarbeit zugerechnet werden können. Erste Anzeichen, dass die Bereiche Öffentlichkeitsarbeit und Produktwerbung in der TV-Produktwerbung zusammenarbeiten.

4 Schlussfolgerungen

Es lässt sich nicht leugnen: Wahlspots sind Werbespots. Parteien sind aber ein besonderes Produkt, das bisweilen eigene typische Argumentations- und Darstellungsweisen erfordert.

In der Absatzwerbung wurde es mit steigender Produktvielfalt notwendig, nicht nur auf die Verfügbarkeit von Produkten und ihre Eigenschaften hinzuweisen, sondern Produkte mit Lebensstil und bestimmten Emotionen beim Konsumenten in Verbindung zu bringen. Um ein positives Image zu bewirken, die Bekanntheit eines Produktes oder Unternehmens zu steigern, Präferenzen bei Zielgruppen hervorzurufen und sich somit von Mitbewerbern abzugrenzen, wird ein Produkt oder ein Unternehmen als Marke aufgebaut und gepflegt. Auch für den Bereich der Wahlwerbung wird Imagewerbung immer wichtiger. Die Partei wird mit den Möglichkeiten der Markenführung als einmalige Marke auf dem politischen Markt etabliert, die sich von ihren Konkurrenzprodukten eindeutig abgrenzt. Bereits durch den zeitlichen Rahmen ergeben sich aber einige Unterschiede zur kommerziellen TV-Werbung für Produkte. Wahlwerbung arbeitet mit dem Ziel, die Zielgruppen zu mobilisieren und zu überzeugen, dass sie sich am Wahltag für die jeweilige Partei entscheiden. So ist der Aufbau eines positiven Images und einer hohen Bekanntheit bis zu diesem Tag von entsprechender Bedeutung.

In der Regel wird bei der Politikwerbung auf konkrete politische Aussagen verzichtet. In den TV-Spots wird versucht, Bedürfnisse, Ängste und Wünsche der Öffentlichkeit auszumachen, die dann in emotionale Slogans und Bilder übersetzt werden. Für die Wahlwerbung ist hier die Gruppe der Argumente, die sich auf das gesellschaftliche Wohl beziehen von entscheidender Bedeutung, während kommerzielle Werbung hier eher andere Argumentationsformen wählt. Für Parteien gilt es, neben ihren Stammwählern neue, junge oder Wechselwähler zu überzeugen. Es müssen Argumente gewählt werden, die generations-, geschlechts- und milieuübergreifend sind und mit denen sich jeder identifizieren kann. Begriffe wie Wohlstand, Frieden oder Freiheit bilden hier den Schwerpunkt. Verkauft werden diese Argumente dann meist über das Gesicht des Spitzenkandidaten, der als Integrationsfigur dient. Die Darstellung des Kandidaten inmitten einer größeren Gruppe von Menschen – seinen Wählern – fördert die Identifikation, während die Angriffe auf die anderen Parteien eine Abgrenzung zur Konkurrenz unterstreichen.

Der Zusammenhang zwischen Wahl- und Produktwerbung ist nicht nur über die Produzenten der Wahlspots zu belegen, die allesamt in beiden Kategorien arbeiten und sowohl für Güter- und Dienstleistungsanbieter, als auch für politische Parteien ihre Arbeit machen. Was die Gestaltung und Formulierung der Argumente angeht, gibt es viele Überschneidungen. Denn um eine Entscheidung zu treffen – erst recht, wenn es um eine Entscheidung zwischen mehreren Alternativen geht – bedarf es der Präsentation von Gründen. Diese müssen keinesfalls nur sachlich, logisch oder rational sein, denn gerade die intuitive und emotionale Ansprache ist wesentlich für die Überredung. Hier haben die Produktwerber viel Erfahrung, die sie ungebrochen in die Wahlwerbung übernehmen können.

Literatur

Bode, Matthias (2004): Musik in der Werbemittelforschung unter besonderer Berücksichtigung interpretativer Verfahren. Frankfurt/M. u.a.

Falter, Jürgen W. (2002): Politik als Inszenierung – Ein Essay über die Problematik der Mediendemokratie in 24 Punkten. In: Alemann, Ulrich von/Marschall, Stefan (Hrsg.): Parteien in der Mediendemokratie. Wiesbaden.

Gigerenzer, Gerd/Todd, Peter M./ABC Research Group (1999): Simple Heuristics that make us smart. Oxford, New York.

Global Compact Deutschland (2005): Global Compact Deutschland 2005. Karlsruhe.

Heller, Eva (1984): Wie Werbung wirkt: Theorien und Tatsachen. Frankfurt/M.

Holbrook, Morris B./Schindler, Robert M. (1994): Age, Sex and attitudes toward the past as Predictors of Consumers' Aesthetic Tastes for Cultural Products. In: Journal of Marketing Research (JMR). Aug. Vol. 31. Issue 3.

Holbrook, Morris B./Schindler, Robert M. (2003): Nostalgia for early experience as a determinant of consumer preference. In: Psychology and Marketing. 20. 275-302.

Holtz-Bacha, Christina (2000): Wahlwerbung als politische Kultur. Parteienspots im Fernsehen 1957-1998. Wiesbaden.

Kaliterna, Lipovčan u.a. (2002): Chronological and Subjective Age in Relation to Work Demands: Survey of Croatian Workers. In: Experimental Aging Research. Volume 28. Januar. 39-49.

Klein, Markus (2002): Wählen als Akt expressiver Präferenzoffenbarung. Bern u.a.

Klenger, Franz/Krautter, Jochen (1972): Simulation des Käuferverhaltens. 3 Bde. (= Schriften zur theoretischen und angewandten Betriebswirtschaftslehre. Bd. 10). Wiesbaden.

Lasogga, Frank (1998): Emotionale Anzeigen- und Direktwerbung im Investitionsgüterbereich. Eine exploratorische Studie zu den Einsatzmöglichkeiten von Erlebniswerten in der Investitionsgüterwerbung. Frankfurt/M.

Leo, Hildegrun (1999): Musik im Fernsehwerbespot. Frankfurt/M., u.a.

McEwen, William J./Leavitt, Clark (1976): A way to describe TV commercials. In: Journal of Advertising Research 16(6).

Media Perspektiven (2004): Media Perspektiven Basisdaten. Daten zur Mediensituation in Deutschland 2004. Frankfurt/M.

Müller, Marion G. (1999): Parteienwerbung im Bundestagswahlkampf 1998. Eine qualitative Produktionsanalyse politischer Werbung. In: Media Perspektiven 5/1999. 251-261.

Müller, Marion G. (2002): Parteienwerbung im Bundeswahlkampf 2002. Eine qualitative Analyse politischer Werbung und PR. In: Media Perspektiven. 12/2002. 629.

Müller, Marion G. (1998 und 2002): Interviewstudien zu „Parteienwerbung im Bundestagswahlkampf 1998 und 2002". Originalprotokolle der Interviews mit den Wahlkampfleitern und den Leitern der Werbeagenturen.

Murrey, Noel M./Murrey, Sandra B. (1996): "Music and Lyrics in Commercials: A Cross-Cultural Comparison between Commercials." In: Journal of Advertising 25(2). 51-64.

Rentel, Nicola (2005): Bild und Sprache in der Werbung. Die formale und inhaltliche Konnexion von verbalem und visuellem Teiltext in der französischen Anzeigenwerbung der Gegenwart. Frankfurt/M.

Royo-Vela Marcelo (2005): Emotional and Informational Content of Commercials: Visual and Auditory Circumplex Spaces, Product Information and their Effects on Audience Evaluation. In: Journal of Current Issues and Research in Advertising. 27 (2).

Schulz, Werner F. u.a. (2006a): Marketingkonzept Balance. Arbeitspapier 1. Lehrstuhl Umweltmanagement. Hohenheim.

Schulz, Werner F. u.a. (2006b): Nachhaltigkeitsargumente in der TV-Produktwerbung. Arbeitspapier 2. Lehrstuhl Umweltmanagement. Hohenheim.

Schwender, Clemens (2006a): Medien und Emotionen. Wiesbaden.

Schwender, Clemens (2006b): Die audiovisuelle Argumentation in der Werbung. In: Zeitschrift für Kommunikationsökologie und Medienethik. 9/06.

Schwender, Clemens (2006c): Wahrnehmung, Bewertung und Kunst. Die Grundlagen der Ästhetik aus evolutionärer Sicht. Medienpädagogische Konsequenzen. In: Ludwigsburger Beiträge zur Medienpädagogik (im Auftrag des Interdisziplinären Zentrums für Medienpädagogik und Medienforschung). 9/06.

Schwender, Clemens/Schwab, Frank (in Druck): Evolutionäre Grundlagen emotional-ästhetischer Medienwahrnehmung. In: Jens Eder, Anne Bartsch,/Kathrin Fahlenbrach (Hrsg.): „Audiovisuelle Emotionen. Emotionsdarstellung und Emotionsvermittlung durch audiovisuelle Medienangebote". Köln.

Weinberger, Marc C./Gulas, Charles (1992): The impact of humor in advertising: A Review. In: Journal of Advertising. 21. 35-59.

Weinberger, Marc C./Spotts, Harlan E. (1989): Humor in U.S. versus U.K. TV advertising. In: Journal of Advertising. 18 (2). 39-44.

Willems, Herbert/Kautt, York (2005): Theatralität der Werbung Theorie und Analyse massenmedialer Wirklichkeit: Zur kulturellen Konstruktion von Identitäten. Berlin, New York.

Politik im Spot-Format

Werner Dieball

1 Auftrittswirkung in Wahlwerbespots 2005

Durch die fortschreitende Personalisierung in Deutschland gewinnt die Fähigkeit der Selbstdarstellung an Bedeutung.

Die zunehmende Konzentration auf Personen in der Politik ist durch die verstärkte Annäherung in der Parteiprogrammatik, die Unübersichtlichkeit der Parteiziele und der ideologischen Standpunkte zu erklären. Es ist eine Lockerung der emotionalen Bindungen beträchtlicher Teile der Wählerschaft an ihre Parteien und damit verbunden ein erhöhter Wechselwähleranteil zu konstatieren. Aufgrund dieses Entwicklungsprozesses wird das Medium Fernsehen, die Macht der Bilder und in diesem Zusammenhang die Auftrittswirkung für die Politiker/innen wichtiger.

Die „Selbstinszenierung der Person als Programm" (Campbell 1982: 96) rückt gegenwärtig immer weiter in den Vordergrund des politischen Geschehens, denn das Transportieren von wichtigen Inhalten läuft in der durch die Medien informierten Gesellschaft über Personen.

Die Personalisierung ist mittlerweile als ein wesentliches Grundmuster der Politikvermittlung anzusehen, denn 'Köpfe' lassen sich leichter darstellen und vermitteln als Inhalte (Sarcinelli 1990: 43).

In der Mediengesellschaft wird das politische Geschehen auf die Fernsehkonsumenten 'häppchenweise' zurechtgeschnitten, so dass die Rezipienten die Ereignisse 'einfach' auf der visuell-auditiven Ebene verarbeiten können.

Durch den auf die Kandidaten ausgerichteten Wahlkampf werden die politischen Themen in der Medienwelt ganz bewusst an Personen gekoppelt und weniger über die reine Sachebene vermittelt. Deshalb ist es für Politiker aller Couleurs essentiell, dem Publikum überzeugende Bilder ihrer Persönlichkeit zu vermitteln, wobei die körpersprachliche Präsentation eine entscheidende Rolle einnimmt (Laux 1996: 27).

Die Analyse der Wahlwerbespots aus dem Bundestagswahlkampf 2005 soll aufzeigen, inwiefern die Spitzenpolitiker/innen auftreten und ihr 'nonverbales Management' einsetzen. Die Untersuchung konzentriert sich auf die Spots der beiden großen deutschen Volksparteien CDU und SPD.

Es ist zu klären, welche Prägung die körpersprachlichen Merkmale: Äußeres Erscheinungsbild, Mimik, Gestik, Motorik und Stimmklang den Wahlwerbe-Spots geben.

Vor diesem Hintergrund wird zunächst ein theoretischer Einblick über die einzelnen nonverbalen Wirkkräfte gegeben.

2 Elemente und Einsatzmöglichkeiten der Körpersprache

2.1 Äußeres Erscheinungsbild

Die Anforderungen an die richtige Kleiderwahl ist für Spitzenpolitiker/innen sehr hoch, da sie in der Öffentlichkeit mehr darstellen als nur ihre eigene Person. Die 'Kleidersprache' beeinflusst sowohl den Träger als auch die Personen in seinem Umfeld (Argyle 2002: 305).

Der Stil der Kleidung signalisiert Persönlichkeitsmerkmale eines Politikers. Kleidung, Frisur, Schminke und sonstige Accessoires tragen unmittelbar zum Image bei und geben Aufschluss über die Persönlichkeit eines Menschen (ebd.: 133).

Zum ungeschriebenen Kleidungscodex männlicher Politiker zählen schwarze, dunkelblaue oder anthrazitfarbene Anzüge, weiße Hemden und traverse Krawatten. Politikerinnen sind prinzipiell mit einem Hosenanzug oder einem Kostüm angemessen gekleidet. Damit können Blusen, T-Shirts oder feiner Strick kombiniert werden.

2.2 Mimik

Das Gesicht ist „der wichtigste Bereich des Körpers für nonverbale Signale" (Argyle 2002: 201 f). Der Gesichtsausdruck ist in persönliche Eigenschaften, Emotionen und Interaktionssignale zu segmentieren.

Es ist anzunehmen, dass der mimische Ausdruck einen „Teil der kulturellen Sozialisation" widerspiegelt und dass er nur „in einem gewissen Maß kontrolliert werden kann" (ebd.). Eine mögliche Erklärung für die Schwierigkeit eines Mimik-Trainings könnte sein, dass die Mimik eng mit den Emotionen und ihren zentralnervösen Prozessen verknüpft ist. Für die sichtbaren Veränderungen der Hautoberfläche sind etwa 20 Muskeln hauptverantwortlich. Dem Blickkontakt wird vor allem eine regulative Funktion für die ablaufende Interaktion zugesprochen (Rosenbusch/Schober 2000: 24).

Bei der Interpretation der mimischen Ausdrucksformen ist das Gesicht in drei Teile zu gliedern, „den Stirnbereich (inkl. der Augenbrauen, das Mittelgesicht, d.h. Augen-, Nasen- und Wangenbereich, Mund- und Kinnpartie" (Birkenbihl 2002: 35).

2.3   Gestik

Die Hände sind ein wichtiges Ausdrucksmittel, um den 'Grad der Aufregung' eines Sprechenden abzulesen. Durch angespannte, verkrampfte Hände, die sich einander festhalten oder die Stuhllehne umklammern, wird Nervosität zum Ausdruck gebracht. Es gilt: Die Hände sind zum Handeln da. Sie sollen die Worte des Sprechenden moderat begleiten. Durch akzentuiert eingesetzte Gesten kann Sprache plastisch gemacht werden.

Zur Gestik gehören alle Bewegungen der Arme, der Hände und der Finger. Es ist zwischen der offenen, Vertrauen schenkenden, und der zudeckenden, abwehrenden Hand zu unterscheiden. Des Weiteren wird zwischen runden, fließenden Gesten und eckig, abgehackten Bewegungen differenziert (Scherer 1984: 103).

Allgemein ist zwischen sprachbezogenen Gesten, wozu Illustratoren und Embleme gehören, und Manipulationen, d.h. „Berührungen des eigenen Körpers oder von Gegenständen", zu trennen (Rosenbusch/Schober 2000. 35).[1] Embleme sind Zeichen, die auf größere Distanz jemanden anweisen, z.B. das Aufzeigen in der Klasse, das o.k.-Zeichen oder das Victory-Zeichen.

Neben den Emblemen zählen die Illustratoren oder objektgerichteten Bewegungen zu den sprachbezogenen Gesten. Die Illustratoren beziehen sich in unterschiedlicher Weise auf die Sprache und betonen das Gesagte.

Als Adaptoren werden körpergerichtete Bewegungen bezeichnet, die von verbalen Ausführungen eher unabhängig sind. Es wird expliziert, dass sie „in Beziehung zu allgemeiner emotionaler Erregung stehen" (Dies.: 36).

2.4   Motorik

Die Motorik umschließt alle Formen der Körperhaltung von aufrechter bis hin zur gebeugten Körperposition. Insbesondere Kopfhaltung, Rumpf, Schultern und Arme können Auskünfte über die Gefühle und die persönliche Stimmung eines Individuums geben. Die Körperhaltung liefert Interpretationshilfen, wie

---

1   Diese Unterscheidung wird nahezu durchgängig in der Forschung zu diesem Thema getroffen.

sicher, souverän und überlegen sich jemand in bestimmten Situationen präsentiert resp. fühlt.

2.5 Stimmklang

Dem Stimmklang sind Tonfall, Sprechmelodie, Sprechpausen, Lautstärke und Sprachrhythmus zuzuordnen. Der Tonfall lässt sich in Stimmhöhe, Schnelligkeit, Volumen und Rhythmus kategorisieren. Bei der Sprechmelodie ist zwischen dem Heben und Senken der Stimme zu unterscheiden.[2]

Für einen überzeugenden Medienauftritt ist darauf zu achten, ob sich der oder die Politiker/in rhythmisch oder abgehackt, hart oder weich, dünn oder voluminös, monoton oder engagiert artikuliert (Heidemann 2003. 128 ff.).

3 Die Wahlwerbespots von CDU und SPD im Vergleich

3.1 Angela Merkel die Kanzlerkandidatin im Spot-Format

Den Rezipienten wird ein schlichtes, steriles Konferenzzimmer präsentiert. Durch das Dachfenster fällt etwas Licht in den Raum hinein. Nach wenigen Sekunden gehen die Lichter wie Spotlights an.

Ein männlicher Sprecher mit klarer, kräftig klingender Stimme ertönt aus dem Hintergrund: „Was wird aus unserem Land?" Diese Frage ist der Anstoß für eine silberne Kugel, die aus einer Männerhand auf den Konferenztisch gelegt wird und langsam Fahrt aufnimmt. Die Kugel rollt über den Tisch und hinterlässt Chaos. Analog zu einer Flipper-Simulation, bahnt sie sich den Weg über Büro-Utensilien, stößt gegen Kaffeetassen, schließlich kippt ein Wasserglas um. Gleichzeitig erklärt der Diseur aus dem Off:

> „Nach sieben Jahren hinterlässt rot-grün eine erschreckende Bilanz. Wir haben das geringste Wachstum in ganz Europa und das seit Jahren. Nie waren mehr Menschen ohne Arbeit. Tausend Arbeitsplätze verliert Deutschland jeden Tag. Jede Stunde kommen sechs Millionen Euro dazu. Rot-grün hat viel versprochen und viel verspielt. Die Menschen sehnen sich nach Perspektive."

Die kurzen, prägnanten Sätze wirken nachhaltig, da der Sprecher rhetorische Wirkpausen setzt und seine Stimme moduliert einsetzt. Die Fähigkeit, seine

---

2   vgl. dazu Birkenbihl 2002: 44 f., 171. sowie Argyle 2002: 107.

Stimme situationsspezifisch zu modulieren, ist ein wesentlicher Bestandteil für eine erfolgreiche Inszenierung. Durch die variierenden Intonationen und die bildhafte Sprache sollen bei den Rezipienten Emotionen geschürt werden. Mit den Zahlen, Daten, Fakten Informationen [„Jede Stunde kommen sechs Millionen Euro...“] und den illustrativen Formulierungen [„...viel verspielt.“], wird sowohl die Sach- als auch die Beziehungsebene der potenziellen Wähler/innen angesprochen.

In diesem Kontext ist auf den Einfluss der zwei Gehirnhemisphären zu verweisen. Während die linke Gehirnhälfte des Menschen digitale Informationen aufnimmt, werden auf der rechten Gehirnhälfte analoge Informationen wie Bilder, Gleichnisse und Parabeln verarbeitet. Sie ist für die Gefühlswelt und die Spontaneität der Menschen ausschlaggebend. Wer die Bürger/innen durch Wahlwerbung zur Stimmabgabe animieren möchte, sollte es anstreben, beide Gehirnhälften zu stimulieren.

Angela Merkel tritt ins Bild, als die Kugel vom Tisch zu fallen droht. Mit der flach ausgestreckten Hand stoppt sie souverän und entschlossen den Ball, der hier als Sinnbild für die miserable wirtschaftliche Lage in Deutschland steht.

Die Unionskandidatin trägt einen blauen Blazer, ein helles T-Shirt, und eine silberne Kette schmückt ihr Dekolletee. Im Zuge des Bundestagswahlkampfes 2005 veränderte sich Merkels äußeres Erscheinungsbild frappierend. Die bis dato kleidersprachlich eher bieder wirkende Unionsvorsitzende tritt seitdem distinguierter, femininer auf. Durch taillertere Jacketts in dezenten Farbtönen verkörpert sie schnörkellose Eleganz.

Die Präsidentin nutzt ein glättendes Make-up. Es überdeckt die Gesichtsfalten vor allem um die Mundpartie und lässt ihren Teint frischer erscheinen. Zusätzlich trägt sie eine Spezialpflege um die Augen auf, damit ihr Blick wacher und die Gesichtszüge insgesamt überzeugender wirken.[3] Ihre Lippen sind in einem dezenten Terrakotta-Ton geschminkt, der ihrem Antlitz mehr Ausdruckskraft verleiht. Dadurch strahlen besonders ihre blauen Augen leuchtend hervor.

Merkels früher viel diskutierte stumpfe Bob-Frisur und der gerade Pony, sind einem 'peppiger', modischer erscheinenden Haarschnitt mit blonden Strähnchen gewichen. Das durchgestufte blondierte Haar lässt ihre Physiognomie weicher und freundlicher erscheinen.[4]

---

3   vgl.: Welt am Sonntag, 06.03.2005. S.73.
4   Die Merkel-Biographin Jacqueline Boysen erklärt, dass „Angela Merkel immer wieder vorgab, gegen Anfechtungen in Bezug auf ihr Äußeres immun zu sein. Aber auch ihr selbst fiel auf, wenn sie zu diversen Anlässen tagelang im selben Blazer im Fernsehen zu sehen war. Sie verbesserte ihre Haltung und bemühte sich, bei Fernseh- oder Hörfunkinterviews flüssig zu antworten. Schließlich ist sie nicht so uneitel, wie sie zu sein vorgibt“ (Boysen 2001: 219).

Eine Folge ihrer 'äußerlicher Metamorphose' ist, dass die kürzlich noch häufig belächelte Frisur und Kleidersprache von den Medien nicht mehr moniert wird. Nach 48 Sekunden setzt die Kanzlerkandidatin ein. Sie spricht kurze, klare Sätze:

> „Dies ist keine Wahl wie andere *(Kopf leicht schief, ernster Blick)*. Es steht viel auf dem Spiel *(rhetorische Wirkpause)*. Deutschland braucht einen klaren Kurs und eine verlässliche Politik *(rhetorische Wirkpause)*. Für mehr Wachstum und mehr Arbeit *(Kopf etwas schräg nach links)*. Für eine gesicherte Zukunft jedes einzelnen *(rhetorische Wirkpause)*. Die CDU und ich ganz persönlich, bitten Sie um diesen Auftrag *(leichtes Lächeln, Augenbrauen etwas hoch, rhetorische Wirkpause)*. Deutschland wird es schaffen *(leichtes Lächeln)*."

Angela Merkel strahlt durch ihre ruhige Stimme, moderate Betonungen und deutliche Formulierungen Ruhe und Souveränität aus. Ihr Blick ist offen und kamerazentriert. Der Unionsvorsitzenden gelingt es, ihr Mienenspiel als positiven, emotionalen Verstärker einzusetzen. Durch den direkten Blickkontakt zur Kamera möchte sie die Zuschauer mimisch mit einbeziehen, deren Beziehungsebene ansprechen, um so Sympathien zu erlangen. Der Politikwissenschaftler Walther Keim analysiert, dass Merkel mit ihrem direkten Blick aufrichtig wirkt. Zu Merkels Lächeln bemerkte Keim, dass „sie manchmal fast schelmisch lächelt."[5]

Zur Betonung ihrer Schlussbotschaft zieht sie die Augenbrauen etwas hoch. Parallel dazu, ist ein leichtes Lächeln wahrzunehmen, wodurch Zuversicht zum Ausdruck gebracht werden soll.

In dem CDU-Spot sind keine Gesten der Unionsvorsitzenden zu konstatieren. Fehlende Arm- und Handbewegungen sind üblicherweise ein Indiz für Hemmungen und mangelndes Engagement. In diesem Fall ist allerdings zu berücksichtigen, dass Frau Merkel im Porträt-Format gefilmt wird, so dass ihre Gesten nicht erkennbar sind.

Phasenweise sind leichte Kopfbewegungen bei ihr zu beobachten. Diese dosierten Kopf- und Oberkörperbewegungen dienen zur nachhaltigen Verstärkung ihrer verbalen Ausführungen (Dieball 2005: 331). Im Vergleich zu ihren männlichen Kollegen ist Merkels gestisch-motorischer Radius insgesamt als defensiv und weniger raumeinnehmend zu begutachten. Dies ist jedoch kein spezifisches Merkel-Phänomen, sondern rührt daher, dass Männer im Allgemei-

---

5   www.welt.de/data/2005/09/05/770854.html. Auch bei Fernsehauftritten setzt Merkel häufig ein offenes Lächeln zur Begrüßung und Verabschiedung ein. vgl.: ARD, Sabine Christiansen, 21.08.2005. Analog: ARD, Bericht aus Berlin, 31.07.2005.

nen körpersprachlich mehr Präsenz beanspruchen als Frauen. Auf diese Weise wird der maskuline Geltungsdrang von Politikern zum Ausdruck gebracht. Der Spot verzichtet auf instrumentale Musikunterlegung. Lediglich das Rollen der silbernen Kugel auf dem Konferenztisch sorgt für einen akustischen Effekt.

3.2 Gerhard Schröder der 'Medienkanzler' im Spot-Format

Der Spot wird mit dem Appell: „Deutschland braucht einen Bundeskanzler, der für eine moderne Familienpolitik eintritt.", eröffnet. Die Frauenstimme aus dem Off klingt ruhig und entschlossen zugleich.

Mit der immer wiederkehrenden Formulierung: „Deutschland braucht einen Bundeskanzler, der [...].", werden sämtliche Teilsequenzen des Spots eingeleitet. Dieses einfache, einprägende rhetorische Stilmittel, die Anapher, soll die Beziehungsebene der Rezipienten aktivieren, damit die Botschaften nachhaltig bei ihnen haften bleiben.[6]

Dass der klar strukturierte SPD-Wahlwerbespot eindeutig auf den Bundeskanzler zurechtgeschnitten ist, offenbart bereits die erste Szene.

Drei Jungs rutschen auf einem Spielplatz. Im nächsten Ausschnitt Gerhard Schröder inmitten der Jugend. Der Bundeskanzler hält zwei junge Mädchen im Arm, zeigt sein breites 'Haifischlächeln', bei dem die obere Zahnreihe deutlich zu sehen ist. Dieses klassisch offene, einnehmende Schröder-Lächeln ist immer dann zu beobachten, wenn er im Rampenlicht steht. Sobald sich eine medienwirksame Situation ergibt, versteht es Schröder, sein Lächeln automatisch 'anzuknipsen'.

Anschließend wird eine junge Familie, die mit ihren beiden Kindern auf einer Bank in einer Gartenanlage sitzt, eingeblendet. Die Familien-Sequenz wird durch den schlichten Abschluss-Text "Für eine moderne Familienpolitik" abgerundet und sichtbar markiert.[7] Parallel zu diesen symbolischen Bildern wird der auditive Wahrnehmungskanal der potenziellen Wähler/innen durch gedämpfte, instrumentale Hintergrund-Klänge bedient.

Nach diesem familienpolitischen Intro folgt ein Szenenwechsel. Der Bundeskanzler schreitet entschlossen und mit raumeinnehmenden Schritten durch das Kanzleramt. Schröders lockerer, federnder Gang ist ein Indiz für seine

---

6   Die Anapher ist das immer gleiche Satzfragment, das in eine Rede eingebaut wird. John F. Kennedy, 1961 in Berlin: „Ich bin stolz...Ich bin stolz..." oder Martin Luther King, 1963: „I have a dream...I have a dream..." sind bekannte Beispiele für das effektvolle Nutzen der Anapher.

7   Auch die folgenden Teilsequenzen enden mit einer Folie, auf der die jeweilige Botschaft schriftlich formuliert ist.

Selbstsicherheit und Energie. Diese Art des Schreitens symbolisiert ein Gefühl der Würde für die eigene Person (Rückle 1991: 46). Im gebührenden Abstand hinter ihm sein Gefolge, drei Männer in Anzügen und zwei Frauen in Hosenanzügen. In diesem Abschnitt wird Schröder als selbstbewusst voranschreitender Macher und distinguierter Staatsmann inszeniert. Analog zu den Worten „Deutschland braucht [...]", wiederholt sich diese 'visuelle Anapher' zwischen den einzelnen inhaltlichen Forderungen.

In der zweiten Parole: „Deutschland braucht einen Bundeskanzler, der den Atomausstieg weiter durchsetzt.", wird Schröder in Arbeitsatmosphäre gezeigt. Er sitzt neben Entwicklungshilfeministerin Heidemarie Wieczorek-Zeul, trägt eine Brille und hantiert geschäftig mit Akten.

Der nächste Schauplatz zeigt Schröder am Podium. Wie so häufig in Wahlkämpfen präsentiert er sich hemdsärmelig ohne Sakko. Auf diese Weise demonstriert der Bundeskanzler, dass seine Körpersprache auf Kampf und Leidenschaft programmiert ist. Seine Stirn liegt tief in Falten, er setzt vehemente, entschlossene Gesten mit der rechten Aktionshand ein. Kopf- und Oberkörper begleiten seine verbalen Ausführungen pulsierend. Durch diese nonverbale Komposition bringt Schröder seine Angriffslust zum Ausdruck. Durch das Stirn in Falten legen, hebt er die Bedeutung seiner verbalen Ausführungen hervor und durch die gestischen Agitationen signalisiert er seinen Willen nach Handlungsbereitschaft (Dieball 2005: 332 f.).

Obwohl diese Teil-Sequenz nur 1,5 Sekunden gezeigt wird und die Rezipienten lediglich die Stimme der Sprecherin aus dem Off hört, ist Gerhard Schröders leidenschaftliches Engagement förmlich spürbar.

Die dritte Botschaft des Spots lautet: „Deutschland braucht einen Bundeskanzler, der für neue Arbeit auch die Wirtschaft in die Pflicht nimmt."

Passend dazu wird Schröder bei einer Betriebsbesichtigung in der Automobilindustrie eingespielt. Mit dem Betriebschef und einigen Mitarbeitern durchläuft der herzlich strahlende Bundeskanzler in einem zügigen, dynamischen Tempo die Fabrikhalle. In typischer Macher-Manier hat er seine linke Hand lässig in die Hosentasche gesteckt. Mit der rechten Hand fasst er sich an den Oberkörper. 'Das Hand in die Hose stecken' ist typisch für Schröders Körpersprache (vgl.: Dieball 2002). Er möchte dadurch sinnbildlich eine ungezwungene Lockerheit verkörpern. Allerdings kann diese Geste zum 'nonverbalen Bumerang' werden, da sie auf die Rezipienten arrogant und überheblich wirkt (Dieball 2005: 331).

Die Gesichts- und Oberkörperberührungen an Nase, Mund oder Oberkörper sind ebenfalls charakteristisch für Gerhard Schröders Körpersprache. Der 'Nasengriff' zählt bspw. seit seiner Juso-Zeit zu einer Art körpersprachlichem Ritual, einer Stereotype, die er als Instrument nutzt, um den für den Bruchteil einer Sekunde 'luftleeren' Raum, bei dem sich 'alle' Augen auf seine Person richten, zu überbrücken. Da viele Menschen den Druck der Öffentlichkeit schon einmal am eigenen Leibe erfahren haben, werden Schröders häufig auftauchende verlegen wirkende Körperberührungen von den Bürgern/ innen als menschlich, teilweise auch als sympathisch, empfunden (ebd.: 268).

Den vorherigen Passagen entsprechend marschieren der Bundeskanzler und seine fünf Gefährten weiter. Schröder stolziert voran, mit ernstem, nach vorne gerichtetem Blick. Das Mienenspiel eines Machers, der unmissverständliche Entschlossenheit in sich trägt. Seine Arme begleiten seinen dynamischen Gang, wodurch seine Selbstsicherheit nachhaltig unterstrichen wird.

Je näher der Bundeskanzler herangezoomt wird, desto spürbarer wird sein nonverbaler Habitus: Der dynamische, raumergreifende Gang, der durchgedrückte Oberkörper und der klare, ernste Blick sollen keinen Zweifel darüber aufkommen lassen, dass er derjenige ist, der die Fäden in der Hand hält.

Bei der sozialpolitischen Forderung: „Deutschland braucht einen Bundeskanzler, der sich stark macht für den Kündigungsschutz.", gilt es Empathie und Herzlichkeit zu beweisen. In einem Betrieb schüttelt Schröder einer Angestellten im weißen Arbeitskittel freudestrahlend die Hand. Er senkt seinen Kopf etwas, nimmt sie vertrauensvoll ins Visier und schenkt ihr ein breites Lächeln.

Bei einer weiteren Betriebsbesichtigung trägt Schröder einen weißen Schutzhelm. Neben ihm steht ein lächelnder Arbeiter mit silbernem Schutzhelm, Ohrenschallschützern und rußgeschwärztem Gesicht. Diese Sequenzen offenbaren Schröders Gabe, sich professionell zu inszenieren und dennoch authentisch zu wirken. Er hat seine Rolle und die Gesetzmäßigkeiten der Medienwirkung so verinnerlicht, dass er über einen Sensor verfügt, der ihn je nach Situation von staatsmännisch auf jovial umschalten lässt.

Das 'nonverbale Management' Gerhard Schröders ist ebenso kongruent zu dem Slogan: „Deutschland braucht einen Bundeskanzler, der mutig unser Land erneuert."

Im anthrazitfarbenen Anzug steht er offensiv nach vorne gerichtet am Rostrum. Er scheint lautstark seine Vorstellungen zu verkünden, denn seine energischen Handkantenschläge versprühen Kampfeswillen und Entschlossenheit Veränderungen für „unser Land" durchzuführen.

In den Anapher-Reigen fügt sich der Ausspruch ein: „Deutschland braucht einen Bundeskanzler der sich entschlossen für die soziale Gerechtigkeit einsetzt".

In zwei Situationen wird Schröder hierzu passend volksnah dargestellt. Er 'ankert' herzlich einen älteren Angestellten bei einer Betriebsbesichtigung am Oberarm, wendet sich diesem interessiert zu und spricht kurz zu ihm. Allem

Anschein nach etwas Aufmunterndes, Zuspruchgebendes, da beide zufrieden lächeln.

Das 'Ankern' komplettiert Schröders nonverbales Standard-Repertoire. Mit festem Augenkontakt und starkem Händedruck vollzieht er diese Manipulationsbewegung. Er schränkt damit die Bewegungsfreiheit seines Gegenübers ein und kann so mit seiner linken Hand den Weg bestimmen. Das Ankern deutet seine Gefühlsoffenheit an, aber zugleich möchte er die Reaktionen des Anderen lenken (Ders. 2002: 166 ff.).

An anderer Stelle steht Schröder als Zuhörer inmitten des Volkes auf einer Kundgebung im Kreise von Jung und Alt. Er lächelt breit, schaut begeistert nach vorn und applaudiert anerkennend. Die Botschaft: „Der Bundeskanzler, einer wie du und ich."

Im letzten Punkt wird expliziert: „Deutschland braucht einen Bundeskanzler der standhaft bleibt für den Frieden." Parallel dazu wird ein Ausschnitt aus einer Antikriegs-Demonstration eingeblendet. Ein weißes Plakat mit der Aufschrift "Give peace a chance" ragt heraus. Diese eindringlich gestalteten Appelle nehmen mit gut 50 Sekunden den größten Zeitanteil ein. Ab der 52. Sekunde spricht der Bundeskanzler direkt zu den Bürgern und Bürgerinnen: „Deutschland ist auf dem richtigen Weg. Es ist der sicherste und gerechteste Weg in eine gute Zukunft. Dafür stehe ich."

Der Bundeskanzler ist angemessen staatsmännisch in einen dunklen Anzug, weißen Hemd und einer diagonal gestreiften Krawatte gekleidet. Der Gesichtsausdruck ist ernst. Allerdings suggeriert Schröders leicht schiefer Mund phasenweise ein Schmunzeln. Dadurch bringt er unbewusst Zuversicht zum Ausdruck. Er beschränkt sich auf drei kurze, einfache und plakative Sätze. Indem er auf Nebensätze verzichtet, beachtet Gerhard Schröder einen der wesentlichen Grundsätze für eine überzeugende Sprechtechnik.

Sein Sprechstil wirkt durch die sonore, durchdringende Stimme angenehm und wird der Situation gerecht. Durch den Einsatz der Pausentechnik gelingt es Schröder seinen wenigen Worten mehr Gewicht und Prägnanz zu verleihen.

Die starke Personalisierung in diesem SPD-Spot wird durch die Schlussbotschaft: „Damit Gerhard Schröder Bundeskanzler bleibt.", nochmals unterstrichen.

4   Fazit und Schlussbetrachtung

Die analysierten Werbespots von CDU und SPD sind professionell gestaltet und orientieren sich an den Gesetzmäßigkeiten der modernen Medienkommunikation. In diesem Kontext ist der Faktor "Zeit" hervorzuheben. Beide Spots sind mit etwa 01:10 Minuten 20-40 Sekunden kürzer als die Werbefilme der anderen Parteien.[8] Die Regie hat berücksichtigt, dass die Aufnahmebereitschaft der Rezipienten bereits nach einer Minute drastisch zurückgeht. Neben der Kürze ist die Einfachheit und die klare Struktur beider Spots zu erwähnen. Um eine möglichst breite Masse an potenziellen Wählern/innen zu erreichen, verzichten sowohl Angela Merkel als auch Gerhard Schröder auf Schachtelsätze, Fremdwörter oder politisches Fachvokabular. Die Sprechtechnik ist bei den beiden Opponenten ebenfalls ähnlich. Nach etwa 50 Sekunden visuell-auditiver Stimulanz, wenden sie sich direkt den Bürgern/innen zu. Dabei beschränken sich beide auf prägnante Minimalwortsätze, die moduliert und mit rhetorischen Wirkpausen ausgesprochen werden. Passend zu den kurzen, einfachen Sätzen strukturiert sich Merkels und Schröders Körpersprache. Fernsehkompatibel verzichten sie auf weite Bewegungen und strahlen durch ihr 'nonverbales Management' Ruhe und Souveränität aus.

Allerdings wirkt Gerhard Schröders telegen-zentrierte Körpersprache etwas überzeugender. Wie anhand des Spots analysiert, ist er in der Lage, sich in kürzester Zeit verbal und nonverbal auf die verschiedensten Gruppierungen einzustellen, egal ob es sich um jugendliche Schülerzeitungsredakteure oder Verbandsfunktionäre handelt. Er hat eine Körpersprache, die Distanzen überwindet, d.h. das Auf-die-Schultern-hauen, das Anfassen, das Nähe-Suchen. Durch diese Gabe, die gelegentlich zu seinem 'Chamäleon-Image' führte, kann Schröder durch eine Mischung aus heiterem und ernstem Ton Sympathien gewinnen. Der 'Inszenierungsartist' Schröder weiß genau, wo die Kameras stehen, in die er lächeln muss, damit die potenziellen Wähler positive Bilder geliefert bekommen.

In beiden Schluss-Statements werden Ich-Botschaften platziert [Angela Merkel: „[...] und ich ganz persönlich [...]." Gerhard Schröder: „Dafür stehe ich."], wodurch die eindeutige Personalisierung noch einmal verbalisiert wird.

Die Unionsvorsitzende, die kürzlich noch als 'graue Maus' im Politikgeschehen galt, hat ihr Erscheinungsbild mittlerweile an ihre Rolle als "Bundeskanzlerin" angeglichen. Um der allgemeinen Erwartungshaltung gerecht zu werden, befolgt sie die Spielregeln der Medien, lässt mehr Nähe zu und gibt sich körpersprachlich offener.

Die Fähigkeit der Selbstdarstellung in Kombination mit einer überzeugenden Auftrittswirkung wird mit der fortschreitenden Personalisierung ein entscheidender Faktor für den politischen Erfolg in Deutschland sein.

---

8   CSU: 01:45min, PDS: 01:30min.

Literatur

Argyle, Michael (2002): Körpersprache und Kommunikation. 8.Aufl. Paderborn.

Birkenbihl, Vera F. (2002): Signale des Körpers. Körpersprache verstehen und Körpersprache einsetzen. 16. Aufl. Landsberg.

Boysen, Jacqueline (2001): Angela Merkel. Eine deutsch-deutsche Biographie. 2. Aufl. München.

Campbell, Angus (Hrsg.) (1964): The American Voter. An abridgement. New York.

Dieball, Werner (2002): Gerhard Schröder: Körpersprache – Wahrheit oder Lüge? Bonn.

Dieball, Werner (2005): Körpersprache und Kommunikation im Bundestagswahlkampf. Gerhard Schröder versus Edmund Stoiber. Berlin, München.

Heidemann, Rudolf (2003): Körpersprache im Unterricht. Ein Ratgeber für Lehrende. 7. akt. Aufl. Wiebelsheim.

Laux, Lothar/Schütz, Astrid (1996): „Wir, die wir gut sind." Die Selbstdarstellung von Politikern zwischen Glorifizierung und Glaubwürdigkeit. München.

Patterson, Thomas E. (1982): Television and election strategy. In: Academy of Political Science Proceedings 34. 4-35.

Rosenbusch, Heinz/Schober, Otto (Hrsg.) (2000): Körpersprache in der schulischen Erziehung. Pädagogische und fachdidaktische Aspekte nonverbaler Kommunikation. 3. unveränd. Aufl. Baltmannsweiler.

Rückle, Horst (1991): Körpersprache. Niedernhausen.

Sarcinelli, Ulrich u. a. (1990): Politikvermittlung und Politische Bildung. Bad Heilbrunn/Obb.

Scherer, K. R./Wallbott, H. G. (Hrsg.) (1984): Nonverbale Kommunikation: Forschungsberichte zum Interaktionsverhalten. 2. Aufl. Weinheim, Basel.

Großes Kino im Sekundenformat.

Kinematographische Codes in den Wahlwerbespots der Parteien

Karl Prümm

Die im Fernsehen platzierten Werbespots der Parteien sind mit sehr widersprüchlichen und geradezu paradoxen Grundbedingungen konfrontiert. Obwohl der Sonderstatus dieser Programmsegmente ausdrücklich hervorgehoben wird, sich das Medium per Insert, durch Ansage und durch eine rahmenhafte Ausgrenzung der Programmverantwortung enthebt („Für den Inhalt der Spots sind die Parteien verantwortlich"), und diese Sendungen durch ihre turnushafte Bindung an das Wahlereignis ja ohnehin aus dem Programmalltag herausfallen, sind sie dennoch untrennbar mit dem Medium verknüpft. Sie sind Teil des *Programmflows*[1] und sind daher sowohl den televisionären Präsentationsmodi wie auch den Gebrauchs- und Aneignungsformen des Fernsehens angepasst. Sie werden unvermeidlich auf Programmkontexte und auf verwandte Programmformen bezogen, auf die sie ihrerseits aber auch aktiv referieren, um die gewünschten Effekte zu erzielen. Die Wahlspots der Parteien sind in diesem Sinne durch zwei sehr heterogene Grundverweise determiniert. Bereits *per definitionem* sind sie ein Teil der TV-Werbung, sind Werbespots und konkurrieren daher mit der Produktwerbung, mit der Produktmarken ihre öffentliche Präsenz sichern und den Verkauf von Suppen, Windeln und Autos ankurbeln möchten. Sie gehören damit einem Programmbereich an, für den sich der Zuschauer in der Regel nicht bewusst entscheidet, den er als Werbeunterbrechung in Kauf nehmen muss. Dies bedeutet aber auch für die Hersteller der Spots einen erheblichen Druck, das Interesse der Zuschauer zu wecken und ihren Blick zu fesseln, ein *Wegzappen* zu verhindern. Die Werbespots der Parteien sind zugleich aber auch untrennbar verknüpft mit den übrigen Repräsentationsformen des Politischen im Medium Fernsehen. Allein schon durch die simple Tatsache, dass die Hauptdarsteller der Spots auch die bevorzugten Akteure der Nachrichtensendungen, der politischen Magazine und der Talkshows sind, ergibt sich ein enger Konnex zwischen den beiden Programmbereichen. Zudem bedienen sich die

---

[1] 1975 hat Raymond Williams auf den „Flow-Effekt" als wesentliches Kennzeichen des Mediums Fernsehen hingewiesen: Television. Technology and Cultural Form. London, New York 1975.

Wahlspots des Formenarsenals der politischen TV-Programme, greifen deren Darstellungskonventionen auf und wandeln sie ab.

Auf diese Weise sind die Wahlwerbespots einem doppelten Erwartungs- und Anforderungsprofil unterworfen. Sie werden zum einen an den Standards der Werbung gemessen. Von ihnen wird ganz selbstverständlich verlangt, dass sie sich auf höchstem professionellen Niveau bewegen und in der Bildlichkeit, in den Kameratechniken, in Rhythmus und Montage, in der Tonarbeit und in der Musikuntermalung nicht hinter den Konkurrenzprodukten der Konsumindustrie zurückbleiben, dass sie intelligent und phantasievoll gemacht sind und somit Interesse und Zuwendung der Zuschauer erzeugen. Dieser umworbene und stimulierte Zuschauer behandelt die Werbespots aber zum Zweiten mit den gleichen Maßstäben, die er an politische Sendungen heranträgt. Er testet die Persönlichkeitswerte der Werbenden, überprüft deren persönliche Aura, die Überzeugungskraft ihres Auftretens ebenso wie den Sachverstand, die Kompetenz und die Plausibilität ihrer Argumente. Betrachtet man die Geschichte der Wahlwerbung unter der Perspektive dieses unausweichlichen, weil genreimmanenten Zielkonflikts, so lässt sich *cum grano salis* konstatieren, dass die Gestalter dieser Spots gerade im letzten Jahrzehnt immer stärker den Pol der Produktwerbung gegenüber einer Orientierung an den Politikformaten des Fernsehens favorisieren. Der Werbespot als 70-Sekunden-Konzentrat ließe sich durchaus als Herausforderung begreifen, die programmatischen Ziele in ihrer Essenz, die Kernpunkte des politischen Wollens oder gar eine Zukunftsvision in ihren Grundkonturen sichtbar zu machen, mit audiovisuellen Mitteln zu versinnlichen, sinnlich erfahrbar zu machen. Solche programmatischen Verdichtungs- und Versinnlichungsanstrengungen sind jedoch bei den Wahlspots 2005 allenfalls in Ansätzen auszumachen. Manifest wird vielmehr. dass die audiovisuelle Wahlwerbung eingebunden ist in die generelle historische Entwicklung der Werbespots im Fernsehen, wie sie bereits 1991 von Rolf Kloepfer und Hanne Landbeck in einer umfassenden Studie herausgearbeitet wurde.[2]

Kloepfer/Landbeck skizzieren die Geschichte der TV-Werbung als eine Abfolge von Werbungsformen und Werbungsmodi, die sich synchron zum Prozess der Modernisierung und zum Wandel der Lebensstile und Mentalitäten veränderten. In den 1950er Jahren verstand sich die Werbung im neuen Medium Fernsehen noch als „Propaganda" und als „Reklame", operierte mit einer sehr direkten Aufforderungs- und Verkündigungsrhetorik. Die televisionäre Produktwerbung berücksichtigte dann in der Folgezeit immer intensiver und suggestiver die Wunschvorstellungen und die Lebenswelten der Konsumenten, um

---

2   Kloepfer, Rolf/Landbeck, Hanne: Ästhetik der Werbung. Der Fernsehspot in Europa als Symptom neuer Macht. Frankfurt am Main 1991.

schließlich unter den Bedingungen des „Neo-Fernsehens"[3] am Ende der 1980er Jahre in einer „Verkaufsästhetik" aufzugehen,[4] bei der nicht mehr an die Kauf- und Konsumaktivität, sondern an die Wahrnehmungsfähigkeit des Zuschauers appelliert wird. Mit einem immer stärkeren Gestaltungsraffinement, mit der Verdichtung von Zeichen und der Steigerung des Montagetempos offeriert sich der Werbende als ein kreativer Erfinder von Bild- und Tonwelten, die nur noch locker mit dem Produkt verbunden sind. Stimmungen werden evoziert, magische und mythologische Räume eröffnet, in die das zu bewerbende Produkt ganz selbstverständlich integriert ist und damit auf eine sehr indirekte Weise überhöht und gefeiert wird. Der Reiz der ästhetisierten Präsentation überlagert völlig die Funktionalität, Käufer und Konsumenten zu gewinnen. Die gesteigerte und frappierende „Anmutungsqualität"[5] der Spots nimmt die Zuschauer nun auf ganz neue Weise für sich ein. Die Spots umschmeicheln ihren Rezipienten, indem sie eine hohe Differenzierungs- und Decodierungsfähigkeit beanspruchen. Der Zuschauer muss sich der Avanciertheit der medialen Formen gewachsen zeigen, damit die Selbstgratifikation dann wieder dem Produkt zuströmen kann, das als Arrangeur mitreißender Medienwelten auftritt. Die Werbespots des Neo-Fernsehens ermöglichen dem Zuschauer, sich als hochkompetenter ‚Entschlüsseler' avancierter Fernsehtexte zu erfahren. Dies erfordert allerdings einen beständigen Avantgardismus der Form, einen Zwang zur unaufhörlichen Innovation und zur Übersteigerung der Effekte, was dann wiederum leicht die Überforderung und Ermüdung der Zuschauer zur Folge haben könnte.

Gleichwohl beherrschen solche sublimen Beeinflussungsstrategien und Überreizungen der Präsentationsformen wie sie von Klöpfer/Landbeck bereits Anfang der 1990er Jahre konstatiert wurden, immer noch die aktuelle TV-Werbung. Und sie ziehen auch die Macher der Wahlwerbespots in ihren Bann. Diese riskieren keine Widerständigkeit zu den Darstellungskonventionen des Werbeumfelds, sondern schließen sich der Dynamik der TV-Werbung an. Dies wird erkauft mit dem Verzicht auf die Entwicklung gegenstands- und politikadäquater Formen der Selbstpräsentation.

---

3   Ich schließe hier an die Unterscheidung zwischen „Paläo- und Neo-Fernsehen" an, die Francesco Casetti und Roger Odin 1990 vorgeschlagen haben. Ihr Aufsatz „De la paléo- à la néotélévision. Approche sémio-pragmatique" ist in deutscher Übersetzung enthalten in: Ralf Adelmann/Jan O. Hesse/Judith Keilbach/Markus Stauff/Matthias Thiele (Hrsg.): Grundlagentexte zur Fernsehwissenschaft. Theorie – Geschichte – Analyse. Konstanz 2001. S. 311 – 333.

4   Siegfried J. Schmidt/Brigitte Spieß: Geschichte der Fernsehwerbung in der Bundesrepublik Deutschland: Eine Skizze. In: Geschichte des Fernsehens in der Bundesrepublik Deutschland. Band 4: Unterhaltung, Werbung und Zielgruppenprogramme. Hrsg. von Hans Dieter Erlinger und Hans Friedrich Foltin. München 1994. S. 239.

5   Ebenda S. 240.

Die kleinen und chancenlosen Parteien unternehmen den verzweifelten
Versuch, die medialen Präsentationsformen zu minimalisieren und sich damit
von den übermächtigen Konkurrenten zu unterscheiden. Mit ostentativ einfachen Mitteln und einer betonten filmischen Unprofessionalität, mit simplen
Statements und einer direkten Zuschaueradressierung, die an die Pionierzeiten
der Fernsehwerbung erinnert, wollen sie authentisch erscheinen, ihr Nichtange-
wiesensein auf den medialen Schein, auf Glanz und Effekte unter Beweis stellen. Für die etablierten Parteien ist es dagegen selbstverständlich, sich durch
einen gut gemachten Spot auszuweisen, durch mediale Professionalität zugleich
auch politische Kompetenz und Handlungsmächtigkeit auszustrahlen. Die
Formbeherrschung soll Regierungsfähigkeit annoncieren. Wie in der avancierten Produktwerbung des Fernsehens werden auch hier indirekte Präsentationsmodi bevorzugt, aus einem politikfernen Zeichenrepertoire politische Affekte
und Energien abgeleitet. Es ist auffällig, dass alle großen Parteien in ihren
Wahlspots mit einem Code arbeiten, der sich deutlich als „kinematographisch"
zu erkennen gibt. Mit spezifischen Erzählkonventionen und Strukturelementen,
mit Bild- und Kameratechniken verweisen sie über den Ort der Präsentation des
Spots, über das Fernsehen hinaus, auf das Kino. Im Unterschied zum Alltags-
und Gebrauchsmedium Fernsehen ist das Kino im allgemeinen Bewusstsein und
vor allem bei der Zielgruppe der Jung- und der Erstwähler mit einer Fülle von
positiven Konnotationen verbunden. Das Kino wird mit Jugendlichkeit und
Aktualität gleichgesetzt. Dem Kino werden die spannenden und bewegenden
Geschichten, die großen Gefühle und die spektakulären Bilder zugeschrieben.
Kino ist Kult, ist ein Ort der Träume und der Wünsche und damit eines Begeh-
rens nach Zukunft. Hier agieren die glamourösen Stars mit ihrem besonderen
Nimbus und ihrer Ausstrahlungskraft. An solchen Energien und Gefühlsströme
möchten die Wahlwerbespots partizipieren. Sie zitieren daher das Kino herbei,
lassen kinematographische Elemente aufscheinen.

Konsequent durchgestaltet nach dem Muster einer Spielfilmsequenz ist bei-
spielsweise ein Wahlwerbespot der CDU. Wie ein *Establishing-Shot* wird der
Raum des Geschehens eingeführt, der dann auch nicht verlassen wird, als die
Kanzlerkandidatin Angela Merkel am Ende die Wähler um ihre Stimme bittet:
Ein menschenleeres futuristisches Büro, das im Halbdunkel liegt. Zwar fällt ein
Oberlicht herein, das auf den in der Bildmitte platzierten Tisch fällt, doch das
Licht dringt nicht bis in die Randzonen des Bildes vor. Ein Seitenlicht aus Ne-
onröhren muss daher hinzutreten. Effektvoll flackert es auf, begleitet von dem
typischen, leicht explosionsartigen Geräusch, das dann entsteht, wenn der elekt-
rische Impuls die Gasröhre durchquert. Eine doppelte Codierung, die den gesamten Spot bestimmen wird, wird schon hier kenntlich gemacht. Ein leichter
Anflug von Horror und Unheimlichkeit stellt sich ein. Zugleich sind die filmi-

schen Zeichen aber auch als ein hoffnungsvolles, vielversprechendes Aufleuchten lesbar. Eine doppelte Bedeutung kann auch dem Raum in seiner Gesamtheit zugeschrieben werden. Er könnte die im Morgenlicht noch verlassene Machtzentrale eines großen Konzerns sein, der Konferenzraum, der in jedem Augenblick von den Planungsstäben in Beschlag genommen wird. Es könnte aber auch der düstere Ort einer verschwörerischen Zusammenkunft sein. Nicht nur diese gezielte Hervorbringung von Zuschauerhypothesen und das Transparentmachen der Mittel durch ein selbstreflexives Licht gleichen den Spot einem qualitativ hochwertigen Kinodrama an. Wie in einer gewohnten Kinoerzählung wird der Diskurs der Bilder von der Totale über die Halbtotale hin zur Detaileinstellung geführt. Eine starke und suggestive Bildlichkeit fesselt die Aufmerksamkeit und verleiht der mit einer Off-Stimme vorgetragenen katastrophalen „Bilanz von sieben Jahren Rot-Grün" eine visuelle Eindringlichkeit. Wirkungsvoll wird die parteiliche Bilanz an die Sprache der Dinge delegiert. In einer aufwendigen Inszenierung, die jedem hochbudgetierten Spielfilm Ehre machen würde, wird der Zuschauer in ein Mikrodrama der Gegenstände verwickelt. Die Kamera bleibt konzentriert in der Mikrosphäre der Objekte und verwandelt sie so auf sehr geschickte Weise in symbolische Chiffren.

Eine Hand setzt auf dem glatten Konferenztisch, der ja bereits zielgenau etabliert ist, eine Kugel aus. Die streng partikularisierte Einstellung ist so gewählt, dass der Akteur mit dem Rücken zum Tisch stehen muss: Ganz offenkundig ein blinder Spieler, der nicht weiß, was er anrichtet. Ein ganzes Set von polemischen Assoziationen wird durch die Koppelung von Ton und Bild freigesetzt. Rot-Grün, so erzählt das Drama der Dinge, hat viel versprochen und viel verspielt, hat leichtsinnig und verantwortungslos agiert. Alles ist auf einer schiefen Ebene, der Absturz droht. Die Kugel rast über den Tisch, knapp am Abgrund der Tischkante vorbei und zerstört in ihrem Lauf die schöne Ordnung, erzeugt ein wildes Chaos: Ein Stapel von Notizzetteln flattert durcheinander, eine Kollektion penibel gespitzter Bleistifte, ergießt sich auf den Tisch, ein Wasserglas stürzt um. Doch wo viel Gefahr ist, wächst das Rettende auch: Eine zum Tisch hin geöffnete, eine dem Geschehen zugewandte Hand stoppt entschlossen den Lauf der Kugel. Das narrative Schema vieler Kinoerzählungen, die Rettung im letzten Moment, im Augenblick der höchsten Bedrohung bleibt gewahrt. Mit kinotypischen Mitteln wird das Drama der Dinge noch einmal übersteigert. Ein überdeterminierter Ton verwandelt die Dinggeschichte in ein Horrorszenario, der exakt kalkulierte und präzise durchgeführte Wechsel der Kameraperspektiven, die Abfolge von Seiten-, Frontal- und Vertikalshot dynamisiert und rhythmisiert die Sequenz. Mit einem perfekt inszenierten „Kinostück" wird der Auftritt von Angela Merkel effektvoll vorbereitet. Die Kanzlerkandidatin ist vollkommen integriert in den narrativen Rahmen und in das Katastrophenszenario der Dinge. Sie agiert durch eine sorgfältig realisierte *Conti-nuity-Montage* im gleichen Raum, vor dem klar identifizierbaren szenischen Hintergrund und lässt so die Suggestion entstehen, sie könnte jene aufmerksame und schützende Hand sein, die den zerstörerischen Lauf der Kugel stoppt.

Auch in einem Werbespot des Amtsverteidigers Gerhard Schröder erhält die Inszenierung einen kinematographischen Rahmen. Rhythmisiert wird der Spot durch eine wiederkehrende Einstellung, die an einen Bildtopos des Westerns anschließt: Aus der Tiefe des Bildraumes schreitet eine Gruppe von Akteuren frontal auf die statische Kamera zu. Der Held und Leitwolf der Gruppe ist dabei deutlich abgesetzt von seiner Entourage. Er geht in ziemlichem Abstand voran, so dass eine geometrische Figur der Entschlossenheit ins Bild gesetzt wird, wie sie aus dem Actiongenre nur allzu vertraut ist. Die Distanzen sind bei diesem Illusionsbild so gewählt, dass der physisch relativ kleine Kanzler seine im Hintergrund Mitschreitenden anonymen Akteure immer um ein Stück überragt. Gekoppelt werden diese Bewegungseinstellungen mit einer Kette von Behauptungssätzen, die schließlich in der Aussage kulminieren: „Deutschland braucht einen Bundeskanzler, der mutig unser Land erneuert". Eine hierarchisierende Bilddramaturgie bereitet diesen Höhepunkt vor, und immer näher war die Kamera an den voranschreitenden Kanzler herangerückt und isoliert ihn am Ende in einem völlig abstrakten und entleerten Bild. Drastischer kann die Fixierung einer ganzen Partei auf einen Spitzenkandidaten, die Abhängigkeit von einem, wie sich dann zeigen sollte, gänzlich imaginären „Kanzlerbonus" nicht visualisiert werden. So gesehen entfaltet die kinematographische Inszenierung einen Authentizitätseffekt, denn sie offenbart die Schwäche der SPD-Strategie.

Auch die *Grünen* setzten ausschließlich auf einen personalisierten Wahlkampf und stellten ihre Spots ganz auf den großen Kommunikator Joschka Fischer ab. Als ein rastender einsamer Wanderer wird er ins Bild gesetzt. Auf einer breiten rustikalen Bank, die im Bildvordergrund aufgebaut ist, hat er Platz genommen, mit einem Büschel Gras in der Hand und offenbar ganz eins mit der imposanten Mittelgebirgskulisse, die in satten grünen Farben und mit einem gigantischen Wolkenpanorama im Hintergrund erstrahlt. Seine Rede ist als eine sinnierende Reflexion angelegt, zieht den Zuhörer gewinnend ins Vertrauen und vermeidet so den Eindruck, hier würden Parteiparolen verkündet. Der Spot streicht die rhetorischen Qualitäten von Joschka Fischer heraus, seine Begabung für Witz und Ironie, seine Fähigkeit, zugleich pointiert-analytisch wie auch emotional und engagiert sprechen zu können. In diesem Spot ist alles überdeutlich bis an die Grenze der Selbstkarikatur: die prunkvolle, fast schon zu schöne, fotografisch verklärte Naturidylle, die Geste der Naturbewahrung, die bei Joschka Fischer in besten Händen ist, die lockere Souveränität des einsamen, weil alle überragenden Wanderers, der von dem zutiefst überzeugt ist, was er sagt, der scheinbar jeder Politikerroutine entgeht. Das Umkippen in die Selbstentlarvung wird jedoch durch das Offenlegen der Inszenierungsprinzipien verhindert. Auf zwei Ebenen wird der Spot selbstreflexiv. Durch beschleunigte Weißblenden wird zum Einen die sinnierende Rede gegliedert und zugleich das gesteigerte Tempo des Spots, die zwanghafte Hast problematisiert, die dem narrativen Rahmen widerspricht, dem entspannten Verweilen in der so überwältigend schönen Natur. Zum zweiten greift der Spot auf ein klassisches Motiv filmischer Selbstreflexion zurück, auf die Klappe, mit der jede Einstellung akustisch und visuell gekennzeichnet wird und die für gewöhnlich aus dem Endprodukt herausgeschnitten wird. In diesem Spot ist sie jedoch zweimal sichtbar, allerdings in einem solchen Maße beschleunigt, dass nur ein schnelles Auge die Firmenbezeichnung Arri und vielleicht noch den mit Kreide aufgebrachten Namen des *Director* Pepe Danquart entziffern kann. In einem verhuschten Bild kommt für Sekunden, fast schon an der Grenze der Wahrnehmbarkeit der Clapperboy ins Bild, setzt sich neben den einsamen Wanderer Joschka Fischer, der mit seinem Blick das Erscheinen eines Dritten ankündigt. Es könnte aber auch Pepe Danquart selbst sein, ein „Star" der alternativen Filmszene, Dokumentarfilmer und Spielfilmregisseur, der für seinen Kurzfilm „Schwarzfahrer" 1994 mit dem Oscar ausgezeichnet wurde. Klar identifizierbar ist dieser Medienakteur jedoch nicht, ebenso wie die Schriftzeichen, die auf die Autorenschaft des Spots verweisen, wird auch seine körperhafte Präsenz in die Unschärfe, in die bloße Andeutung gerückt. Selbst in ihren Wahlwerbespots pflegen die Grünen offenkundig ihren Ruf als Virtuosen einer politischen Theatralik, beauftragen die Idole der Filmbranche, die ihr Produkt wie einen Wahlaufruf, wenn auch nur flüchtig, signieren.

In den 1980er Jahren leitete das Erscheinen der alternativen Liste auf der Bonner Bühne eine ‚Semiotisierung' des Politischen ein. Sie waren die ersten, die mit einer gezielten Politik der Zeichen, die an die Happening-Tradition der 1960er Jahre anschloss, mediale Aufmerksamkeit auf sich zogen. Inzwischen bedienen sich alle Parteien solcher Techniken, um sich selbst zu inszenieren oder den Gegner polemisch zu attackieren. Die Spots des Jahres 2005 belegen jedoch, dass die *Grünen* auf diesem Feld immer noch besonders einfallsreich sind, dass sie damit aber ihre problematische Situation im Wahlkampf nicht ganz kaschieren können. Die Lust am Spielerischen scheint auf. Klassische Chiffren filmischer Selbstreflexion werden benutzt: Das Sichtbarmachen des Produktionsprozesses und das Erscheinen der Macher im Bild, das Durchbrechen der Bildillusion und das Ausstellen der eingesetzten Mittel – und gleichzeitig werden diese Spuren wieder verwischt, an die Grenze des Sichtbaren verschoben. Manifest sind die Widersprüche auch auf der inhaltlichen Ebene. Die Überdimensionalität der Heldenfigur Joschka Fischer passt nicht zum

Selbstbild einer breiten Bewegung „von unten", die Umwelt und Natur bewahren will, der lockere Plauderton entspricht nicht der monumentalen Schlussgeste. Joschka Fischer blickt in die Weite des Horizonts und der Zukunft, gehorsam folgt die Kamera seinem Blick und erfasst die in der Ferne aufleuchtende Schrift: Ja zu Joschka Fischer! Ja zu den Grünen!

Im Wahljahr 2005 wurde manifest, wie eminent wichtig kinematographische Codes für die Gestaltung der Werbespots geworden sind. Damit ist die Wahlwerbung der Parteien im Fernsehen auf der Höhe der Produktkampagnen, mit denen in den Werbeblöcken Parfums, Hautcremes oder Autos angepriesen werden. Auch hier sind die Zeichen, die auf das kinematographische Medium verweisen, sind Kinotouch und Kinoappeal die entscheidenden Faktoren der Warenästhetik und des Erlebnisversprechens. Mit der Verwendung jener kinematographischen Codes in ihren TV-Spots bekennen sich die Parteien ausdrücklich als Teilhaber am Werbegeschäft. In der politischen Selbstpräsentation der Parteien sind die Kinozeichen ein willkommenes Mittel, um ein Vakuum zu füllen oder Widersprüche zu überspielen – wie im Falle der *Grünen*. Außer der Grundfarbe Rot als Signum der revolutionären Linken ist der SPD nichts mehr geblieben von der alten traditionsreichen Ikonographie einer Arbeiterpartei, die Veränderung, Gerechtigkeit und Solidarität beansprucht. Die CDU, ohnehin eine neue, erst nach 1945 gegründete Partei, tat sich immer schon schwer, ein prägnantes und wirksames Zeichenrepertoire zu entwickeln. Da bietet sich die Kinoästhetik an, um Konsistenz und emotionale Wirksamkeit, um Dynamik und Zukunftsgewissheit auszustrahlen. Die Wahlwerbespots belegen daher vor allem auch eins: die Macht und den Erfolg der Gefühlsmaschine „Kino".

Literatur

Casetti, Francesco/Odin, Roger (1990): De la paléo- à la néotélévision. Approche sémiopragmatique. Dt. Übersetzung in: Adelmann, Ralf u.a. (Hrsg.) (2001): Grundlagentexte zur Fernsehwissenschaft. Theorie – Geschichte – Analyse. Konstanz.
Kloepfer, Rolf/Landbeck, Hanne (1991): Ästhetik der Werbung. Der Fernsehspot in Europa als Symptom neuer Macht. Frankfurt/M.
Schmidt, Siegfried J./Spieß, Brigitte (1994): Geschichte der Fernsehwerbung in der Bundesrepublik Deutschland. Eine Skizze. In: Erlinger, Hans Dieter/Foltin, Friedrich (Hrsg.): Geschichte des Fernsehens in der Bundesrepublik Deutschland. Band Unterhaltung, Werbung und Zielgruppenprogramme. München.
Williams, Raymond (1975): Television. Technology and Cultural Form. London, New York.

Bausteine einer historischen Poetik des Wahlwerbespots

Peter Riedel

1 Ambivalenzen

Wahlwerbespots führen ein ambivalentes Dasein. Auf der einen Seite verfügen sie über eine klare referentielle Dimension, beziehen sie sich auf die gesellschaftliche Wirklichkeit oder zumindest auf einzelne ihrer Facetten (zum Beispiel auf Arbeitslosigkeit oder den Generationenvertrag), um dabei – wie bestimmt oder unbestimmt auch immer – das Wahlprogramm der Parteien zu umreißen. Dieses gibt entsprechend einen zweiten Referenzpunkt vor. Zudem können die Spots etablierter Parteien ein bereits geschaffenes öffentliches Bild der Kandidaten wie der Partei selbst anvisieren, das somit die Position eines zusätzlichen symbolischen Referenten einnimmt. Wenig oder gar nicht bekannte Parteien bieten abstraktere Vorstellungen auf, an denen sie sich affirmativ oder kritisch abarbeiten; Vorstellungen, die mit Begriffen wie »Christlichkeit«, »Nationalismus«, »Feminismus« und so fort einhergehen. Wir haben es bei den Wahlwerbespots also mit einer Form der Phantasietätigkeit zu tun, die sich Programmpunkte, Images und Wirklichkeitsfragmente gleichermaßen einverleibt, sie zeitlich organisiert und in anschaulichen Bildern zu synthetisieren versucht.

Auf der anderen Seite gehören die Beiträge der Parteien als Werbespots einem eigenen Genre an, für das der Realitätsbezug lediglich eine Komponente unter anderen darstellt – und vielleicht nicht einmal die wichtigste. Hier ergeben sich Anforderungen, die unmittelbar der Einbettung in den Flow televisueller Reize entspringen, ebenso wie der Tatsache, dass das Publikum den Spots mit einem hochgradig ausdifferenzierten Schemawissen begegnet. Es hat eine lange und intensive mediale Sozialisation durchlaufen und verfügt über ein entsprechend breit gefächertes Repertoire an Fähigkeiten zur Erschließung ästhetischer und narrativer Strategien. Dieses mag im Regelfall vorbewusst zur Anwendung kommen, der Zuschauer wird nicht zwingend Rechenschaft über den konkreten Umgang mit seinem analytischen Know-how ablegen können; gleichwohl bildet dieses Wissen den unabdingbaren kognitiven Rahmen für die Rezeption televisueller Angebote.

Weitgehend mühelos wechselt der Zuschauer zwischen der Verarbeitung zum Teil äußerst heterogener Darstellungsmodi und verknüpft dabei die Elemente des Flows spielerisch zu einem Konglomerat aus Dokumentar- und Phantasieprodukten, Subjekt- und Objektpartikeln, die nach dem Prinzip eines sporadischen und mehr oder weniger rasch verebbenden Interesses zueinander in Beziehung gesetzt werden. Ein beständiger Abgleich ist im Gange zwischen dem präsenten Programmbeitrag und den bereits gesehenen Sendungen. Als Objekt individueller Wahrnehmung existiert der einzelne Beitrag nicht isoliert, sondern nur in einer mehr oder weniger flüchtigen Konstellation, die sich aus der kognitiven Mitarbeit des Zuschauers ergibt.

Bei der Gestaltung medialer Produkte spielt die Ausreizung dieses Rezeptionspotentials eine entscheidende Rolle. Man muss ästhetische Strategien finden, die der Aktivität des Zuschauers zuarbeiten und ihm eine befriedigende Anwendung seines Schemawissens ermöglichen. Zugleich aber sind zwangsläufig auch Differenzen zu erzeugen, groß genug, um das einzelne Produkt als etwas Eigenes, ›Originäres‹ erscheinen zu lassen. Eine Gratwanderung ist gefordert zwischen Wiederholung und Differenzierung.

Dieses grundsätzliche Problem medialer Angebote verschärft sich bei den Wahlwerbespots aufgrund ihres ambivalenten Charakters: Als Werbespots, die innerhalb des televisuellen Flows Aufmerksamkeit auf sich ziehen sollen, müssen sie sich bis zu einem gewissen Grad an die ästhetischen Bedürfnisse der Zuschauer anpassen, müssen sie den Abgleich suchen mit anderen Fernsehangeboten, die gestalterisch ›auf der Höhe der Zeit‹ sind. Zugleich sollen sie aber die referentielle Dimension unterstreichen, den zumindest suggerierten Wirklichkeitsbezug der Bilder, dessen Aktivierung im Zuschauer ja die wesentliche Voraussetzung für das Auslösen des gewünschten Wahlverhaltens ist. Auch hier kann, wie wir noch sehen werden, auf ein ästhetisches Repertoire rekurriert werden, das zur Markierung der ›Seriosität‹ des Beitrags dient. Diese Verfahren sind gegenüber der betonten Stilisierung und narrativen Durchformung der Spots abkünftig. Sie bilden eine Gegenästhetik, die um der Differenzerfahrung willen gesucht wird. Die Zeichen des Ernstes entwickeln einen eigentümlichen Reiz, der gerade der Distanz zur Ästhetik avancierter Wahlwerbespots entspringt. Wenngleich die Spots also gesellschaftspolitische Relevanz haben und ihnen der Wirklichkeitsbezug (wie verzerrt auch immer) eingeschrieben ist, dienen dennoch in erster Linie die stilbetonten Produkte ihres medialen Umfelds als Referenztexte. Sie sind es, mit denen die Spots im Wahrnehmungsfluss zu Konstellationen verschmelzen.

Generell hat sich seit den 80er Jahren bei fiktionalen wie nicht-fiktionalen Fernsehproduktionen ein hoher ästhetischer Standard etablieren können. Die Wahrnehmung der Zuschauer ist durch ausgefeilte Produktwerbung und Videoclips geprägt, durch Fernsehserien, die vor allem bei US-amerikanischer Provenienz den Vergleich mit Kinoproduktionen häufig nicht mehr zu scheuen brauchen. Das Drehen auf Filmmaterial ist nur eine der gängigen Methoden, um einen filmischen Look zu erzielen. Vielfältige Austauschprozesse zwischen den unterschiedlichen Formaten und Medien haben stattgefunden und sind nach wie vor im Gange. Stilisierte Farbgebung und beschleunigte Montagerhythmen, ausgefeilte Kamerabewegungen und ein elaboriertes Sounddesign prägen zunehmend die Fernseherfahrung (vgl. Caldwell 1995).

Den Wahlwerbespots ist nun allerdings eine äußerliche Bürde auferlegt, die ihrer Ästhetik in vielen Fällen entgegenarbeitet und ihre Wirkung ausbremst. Zunächst stechen die zeitlich gesetzten Rahmungen hervor. Vor Beginn der Spots werden diese auf Texttafeln wie auch durch eine Stimme aus dem Off angekündigt: Die Alleinverantwortlichkeit der Parteien für die Inhalte wird unterstrichen, ein Verfahren, das sich nach Beendigung des Spots wiederholt. In seinem Verlauf wird er von einem blauen Rahmen umgeben, an dessen unterem Rand der schriftliche Zusatz: »Wahlwerbung« platziert ist.[1] Während die Spots selbst also auf eine möglichst effektive Positionierung im Flow ausgerichtet sind, wird von den Sendern dieser Effekt wieder durch distanzierende Verfahren gemildert, die noch die teuersten Spots in ein ästhetisches Vakuum setzen.

Andererseits wird auf diesem Weg nicht nur der serielle Charakter der Spots unterstrichen – sie haben in etwa dieselbe Länge und Rahmung, denselben Anfang und dasselbe Ende –, sondern auch das Intervall akzentuiert, das zwischen sie und andere Sendungen geschaltet ist, so dass die Spots per se aus dem Flow herausstechen. Während im übrigen Programmverlauf generell möglichst fließende Übergange geschaffen werden (vgl. Williams 2002), arbeiten die Sender bei den Wahlwerbespots mit harten, unästhetischen Einschnitten.

Da Wahlwerbespots zudem nur in einer festgelegten Zeitspanne vor den jeweiligen Wahlen zu sehen sind, bekommt ihre Ausstrahlung zusätzlich einen Eventcharakter. Gerade die Spots eher unbekannter Parteien stellen oft schon als solche kleine mediale Attraktionen dar. Dies aufgrund der nicht oder kaum vorhandenen finanziellen Mittel, die für sich genommen bereits ästhetische Differenzen zum Programmumfeld schaffen und damit das Eigenwillige der meist chancenlosen Anliegen auch gestalterisch zum Ausdruck bringen – wenn auch gegen die Intention der Parteien. Gerade weil sie den ästhetischen Standards nicht gewachsen sind, sind sie Gegenstand des (oft belustigten) Interesses.

Inzwischen allerdings gibt es ein zweites öffentliches Forum, in dem die Spots rezipiert werden können – das Internet nämlich, genauer: die Homepages der Parteien, auf denen diese einen eigenen Rahmen für ihre Spots schaffen können, wobei das distanzierende Framing von Seiten der Sender entfällt. Kaum

---

1   Damit werden bereits eventuelle Unterschiede bei den Seitenverhältnissen der Bilder tendenziell nivelliert: So weisen die Spots der NPD ein Verhältnis von 16:9 auf, die der übrigen Parteien das klassische Fernsehformat 4:3.

eine Partei, die nicht in ihren Spots auf den eigenen Internetauftritt verweist. Auf diesem kann er mit anderen Angeboten eng geführt werden – mit Parteiprogrammen, Porträts und so fort. Die *Anarchistische Pogo Partei Deutschlands* (APPD) stellte ihren Wahlwerbespot 2005 unzensiert auf ihre Homepage, nachdem ARD und ZDF die Ausstrahlung verweigerten beziehungsweise ihn nur mit kaschierenden Texttafeln sendeten. Auf der Homepage der NPD wiederum können neben den aktuellen Spots auch ältere Beiträge zu Bundes- und Landtagswahlen abgerufen werden, ebenso wie die kompletten »Schulhof CDs«: Rechtsextremistisches Liedgut, das von Parteimitgliedern an Schulhöfen verteilt wurde, um Nachwuchs für künftige Wahlen zu rekrutieren. Im Zusammenspiel mit diesen zusätzlichen Angeboten wirken die Spots in einer Weise an der Modellierung einer *Corporate Identity* mit, wie es durch ihre Ausstrahlung im Fernsehen allein nicht möglich wäre.

Versuchen wir nun, einige Strategien herauszuarbeiten, die den intermedialen Wechselwirkungen entspringen und mit deren Hilfe dem Zuschauer differentielle Reizangebote unterbreitet werden sollen – »differentiell« in Bezug auf den allgemeinen Programmkontext, aber auch mit Blick auf alternative Gestaltungsmöglichkeiten von Wahlwerbespots.

2   Die Ansprache

Die scheinbar unmittelbarste Adressierung des Zuschauers erfolgt über seine direkte Ansprache, meist durch den Parteivorsitzenden beziehungsweise die Parteivorsitzende. Um diese direkte Hinwendung zum Publikum und in eins damit zur Kamera besser verstehen zu können, lohnt sich ihre historische Perspektivierung. Denn wenngleich sie im Film seit langem schon eine Ausnahme darstellt, war sie in seinen frühen Jahren keineswegs unüblich, in jener Zeit, als das Kino noch unverblümt von der Ausstellung seiner Schauwerte lebte und die Differenz zwischen Fiktion und Dokumentation noch nicht existierte. Hier konnte sich der Protagonist noch gestikulierend an das Publikum wenden, um durch Mimik und Körpersprache das Außergewöhnliche des Gezeigten zu unterstreichen (vgl. Gunning 1990: 57).

Erst mit der Etablierung des klassischen Erzählkinos in den 1910er Jahren wurde der Blick in die Kamera verpönt, da er die gewünschte illusionäre Wirkung durchbrach und den Status des Zuschauers als ›unsichtbaren Zeugen‹ der gezeigten Ereignisse relativierte. Erhalten konnte er sich zunächst in Slapsticks (man denke an Oliver Hardys ebenso berühmten wie entnervten Blick in die Kamera), später in reformistischen Ästhetiken wie der Nouvelle Vague oder dem Neuen Deutschen Film. Generell jedoch wurde die direkte Adressierung des Publikums weitgehend abgedrängt in den Bereich dokumentarischer Formate, um schließlich in den Bildangeboten des Fernsehens durch Moderatoren und Nachrichtensprecher zum Standard zu werden – eine der Voraussetzungen jener parasozialen Beziehungen, die das Fernsehen in exponierter Weise begünstigt (vgl. Horton/Wohl 2002).

Diese grobe Skizze lässt bereits erkennen, dass man auch die so selbstverständlich wirkende Hinwendung zur Kamera in den Wahlwerbespots als symbolische Form mit einer eigenen Geschichte begreifen muss, dass die Unmittelbarkeit der Ansprache eben nur eine vermeintliche ist und aus einem ästhetischen Fundus schöpfen kann, der sich nach sehr unterschiedlichen Paradigmen gliedert. Und in der Tat zeugen die meisten der betreffenden Spots von einem ausgeprägten Bewusstsein für die ästhetischen Konstellationen, in denen sich die Wahlwerbung auch in diesem Punkt a priori bewegt.

Unterscheiden wir zunächst zwei Modi der Ansprache: Den dominanten Modus, bei dem die Ansprache die gesamte Sendezeit füllt, sowie den integrierten Modus, bei dem sie lediglich einen Teil dieser Zeit einnimmt und ihre Wirkung in stärkerer Abhängigkeit von anderen rhetorischen Mitteln entfaltet. Der dominante Modus beherrschte im Bundestagswahlkampf 2005 die Spots der Parteien *Bündnis für Deutschland*, FDP, *Grüne*, PSG (*Partei für soziale Gleichheit*), *Die Partei* und *Zentrum*. Im integrierten Modus begegnete sie bei den Parteien AGFG (*Allianz für Gesundheit, Frieden und soziale Gerechtigkeit*), APPD, BP (*Bayernpartei*), CDU, CSU, PBC (*Partei Bibeltreuer Christen*), PDS und SPD.

Bei der Wahl des dominanten Modus kann es sich zunächst natürlich schlicht um eine Kostenfrage handeln. Vom Prinzip her lassen sich auf diesem Weg die gewünschten Aussagen ohne nennenswerten technischen Aufwand zu einem audiovisuellen Text formen. So entschieden sich die Parteien *Bündnis für Deutschland*, PSG und *Zentrum* offensichtlich aus finanziellen Gründen für dieses Format – und erzielten damit immerhin noch ein visuell ansprechenderes Produkt als die Partei *50Plus*, die sich auf einen schlichten (zusätzlich von einer männlichen Stimme verlesenen) Lauftext beschränkt hat.

Anders verhält es sich mit den Spots der *Grünen* und der FDP. Hier würde das Budget ein breiteres Spektrum alternativer ästhetischer Verfahren zulassen als bei den Klein- und Kleinstparteien. Doch auch wenn das Prinzip auf den ersten Blick identisch ist, weichen die Funktion und die ästhetische Textur doch auffallend von den Billig-Spots ab. Dies sticht vor allem bei den *Grünen* ins Auge. Schon das Setting ist signifikant: Joschka Fischer sitzt in einem eleganten Anzug auf einem Holzblock inmitten einer weiten Wiesenfläche. Das Zeichen des Establishments (Anzug) wird also schon auf den ersten Blick mit den Grundanliegen und historischen Wurzeln der *Grünen* – der Umweltpolitik –

kurzgeschlossen. Joschka Fischer, so wird nahe gelegt, bewegt sich stilsicher auf dem politischen Parkett, hat seine geistige Heimat jedoch nie verlassen.

Die Mimik und Körperhaltung Fischers unterstreichen diesen Aspekt: Er sitzt entspannt, leicht nach vorne gebeugt, und spielt mit einem Grashalm, den er in den Händen hält. Der Sprachduktus ist bestimmt und lässig zugleich, seine Rede ist angereichert mit ironischen Spitzen gegen den politischen Gegner: „Ich kenne das seit langem: Vor Wahlen sind die Grünen an allem schuld. Okay, wir sind nicht schuld an Angela Merkel, an Guido Westerwelle, an Edmund Stoiber." Diese Doppelstrategie aus Betonung des ernsthaften Anliegens und Unterstreichen der ironischen Gelassenheit eines weltgewandten (Ex-)Spontis spiegelt sich auch in der Montage des Spots: Immer wieder werden in die Ansprache Bilder eingeschnitten, die Fischer beim Aufgeben der eingeübten Pose zeigen, wenn er sich zum Beispiel lachend abwendet. Auch ist die Klappe, mit der beim Dreh der Beginn eines Takes markiert wird, gleich an mehreren Stellen in den Spot integriert.

Abb. 1 und 2: *Die Grünen*

Dieses Verfahren ist seit den 60er Jahren im Spielfilm präsent und dient im Regelfall zur Störung filmischer Illusionswirkungen. So schneidet Alexander Kluge in seinem Film ABSCHIED VON GESTERN (1966) in einzelne Szenen Aufnahmen ein, die am Rande der Dreharbeiten entstanden. Vertrauter dürfte den meisten Zuschauern dieses Prinzip aus den Outtakes sein, die sich auf vielen DVDs im Bonus-Material finden: Durch einen Versprecher, das Vergessen des Textes oder ähnliches kippt eine Szene ins Komische.

Durch die kurzen Momente des Ausscherens aus der Inszenierung wird diese noch einmal eigens als solche ausgestellt. Das Bild, das von Joschka Fischer und mit ihm von der gesamten Partei erzeugt werden soll, ist das einer bodenständigen Professionalität, die sich der medialen Spielregeln bewusst ist, sie jedoch nicht zynisch verwendet, sondern auf die Interessen und Lebensäußerungen realer Menschen zurück bezieht – auf das, was in der institutionalisierten Politik keinen Platz zu haben scheint.

Eine ganz andere Strategie verfolgt die FDP. Konnte man dieser Partei bei früheren Wahlkämpfen kaum einen Mangel an Spaßhaftigkeit vorwerfen, so gibt sie sich nun betont ernsthaft und reduziert das ästhetische Angebot dramatisch. Gerade aus dieser Reduktion soll sich nun die gewünschte Differenzqualität ergeben, wie Guido Westerwelles Eingangsstatement deutlich macht: „Liebe Mitbürgerinnen und Mitbürger. Wir senden ihnen jetzt keinen Werbespot, sondern wir nennen Ihnen unsere Argumente." Gleichwohl ist das Arrangement mit Bedacht gewählt: Guido Westerwelle sitzt vor einem in blau gehaltenen Hintergrund, der den Bundestag zeigt, während am unteren Bildrand ein dem Newsticker nachempfundener Textstreifen entlangläuft. Zu lesen sind hier ein Wahlkampfslogan (»steuern runter – arbeit rauf +++ zweitstimme fdp«) sowie Kontaktmöglichkeiten via Internet und Telefon. (Abb. 3) Bei aller gestalterischen Reduktion kann eine genau kalkulierte visuelle Rhetorik beschrieben werden, eine Betonung der Sachlichkeit durch Anpassung an den allen Zuschauern vertrauten Nachrichtenlook vermittels des blauen Hintergrunds und des ‚Newstickers'. Beinahe wichtiger als der Inhalt – „unsere Argumente" – ist die Konnotation der ‚Sachlichkeit'. Mehr noch: Eine sachliche Haltung zur Wirklichkeit, die das Urteilsvermögen der Zuschauer ernst nimmt, ist die eigentliche Botschaft des Spots.

Der Beitrag der Partei *Die Partei* nimmt sich dagegen fast wie die Metakritik dieser Sachlichkeit aus.[2] (Abb. 4) Dadurch, dass nahezu das gesamte Bild in Gelb gehalten ist, stellt sich auch wie von selbst die Assoziation »FDP« ein. Als Persiflage von Wahlkampfbeiträgen ernsthafter oder sich zumindest selbst ernst nehmender Parteien trumpft *Die Partei* mit einem verspielten Nonsens auf, der allenfalls in den Parolen der APPD[3] ein ebenbürtiges Gegenstück findet.

---

2   Gegründet wurde *Die Partei* von der Redaktion der Satirezeitschrift *Titanic*. Sie ist also buchstäblich eine ‚Spaßpartei'.

3   „Balkanisierung! Rückverdummung! Nie wieder Arbeit! APPD wählen!"

Abb. 3 und 4: FDP und *Die Partei*

3   Bildsegmentierung und Stilisierung

Die Diskussion des dominanten Ansprache-Modus lässt bereits erkennen, dass auch hier, in der vermeintlich unmittelbaren Hinwendung zum potentiellen Wähler, sehr unterschiedliche Gestaltungsmöglichkeiten greifen, die durch die Anbindung an die Seherfahrungen der Zuschauer mit ebenso unterschiedlichen Assoziationen einhergehen – etwa das Spekulieren auf einen Seriositätsbonus durch die Nachrichtenästhetik bei der FDP oder die an filmischen Traditionen und Ästhetiken geschulte Präsentation der *Grünen*.[4]

Greifen wir noch einmal das Prinzip der Bildsegmentierung auf, der Untergliederung des Bildes in separate Informationsfelder. Wir haben es bereits bei der FDP durch die Arbeit mit einer Bildeinblendung als Hintergrund und einem Lauftext am unteren Bildrand kennen gelernt. Ihren ersten großen Siegeszug trat die Bildsegmentierung in den 60er Jahren an, als die Anwendung von Split-screen-Verfahren durch Filme wie Richard Fleischers THE BOSTON STRANGLER (1968) und Norman Jewisons THE THOMAS CROWN AFFAIR (1968) populär wurde. Dabei wurden simultan ablaufende Ereignisse in mehreren Bildsegmenten gleichfalls simultan auf der Leinwand gezeigt. In jüngerer Zeit verwendete Quentin Tarantino dieses Verfahren in KILL BILL: VOL. 1 (2003), um zugleich mit dem Retro-Effekt des Splitscreen zu spielen. Im Fernsehen gelang es der Serie 24 (2001 bis heute), den Splitscreen effektiv als Verfremdungsverfahren zu nutzen.

Inzwischen ist der Blick des Zuschauers aber nicht nur durch eine lange Film- und Fernsehtradition geschult, sondern auch durch seine Erfahrungen mit dem Computer. Die Untergliederung des Bildschirms in Fenster, Symbolleisten

---

4   Man denke hier auch an den ›Heber‹ am Ende des *Grünen*-Spots, bei dem sich die Kamera
     durch eine Kranbewegung emporschwingt, um den Blick auf die Landschaft zu öffnen.

und so fort ist hier die Norm. Zugleich werden im Internet Prinzipien der Flächenunterteilung sowie der Text/Bild-Kombination aus den Printmedien integriert, so dass sich für den Nutzer noch unabhängig von der Qualität der Inhalte ein komplexes Informationsangebot ergibt. Durch die Verlinkung, das heißt durch den Verweis auf weitere Informationsflächen, steigert sich diese Komplexität noch, um zugleich die kognitive Tätigkeit des Nutzers in konkrete symbolorientierte Handlungen auslaufen zu lassen.

Längst hat sich auch das Fernsehen an diese neuen Konfigurationen angeglichen. Auch hier erscheint das Bild in diversen Formaten – und sei es nur sequenzweise – als untergliederte Fläche, deren einzelne Informationsfelder separate Blöcke bilden. Neben den Nachrichtensendungen einschließlich Börsen-TV ist dabei auch an die Teleshopping-Angebote zu denken. Und der Verweis auf die Internetpräsenz des Anbieters, die Einbindung also eines interaktiven Faktors, gehört zum Standard. Es ist dies eines der wichtigsten Zeichen von ›Modernität‹ und begegnet entsprechend auch in den meisten Wahlwerbespots.

So geht im Beitrag der trotzkistischen Partei PSG der Hintergrund, vor dem die Sprecher positioniert sind, von einem Screenshot der Webseite fließend in das Bild einer Weltkugel über. Stärker noch nutzen die *Grauen Panther* die Möglichkeiten der Bildsegmentierung, um zugleich eine der Zielgruppe angemessene Erdung zu vollziehen: Der Hintergrund, die deutsche Fahne, ist hier klar als separate Bildebene zu erkennen, als eine ›Schicht‹, auf der weitere Ebenen platziert sind. Es ergibt sich im Effekt eine schwarz/rot/goldene Rahmung, die durch das von den Sendern auferlegte Framing verdoppelt wird. Links verläuft von unten nach oben ein Textfeld mit dem Inhalt: »Bundestagswahl 2005«. Man sieht hier sehr schön, wie das Verfahren selbst zu einem wesentlichen Inhalt des Spots wird, insofern die ›Information‹, dass der Beitrag mit Bezug auf die Bundestagswahl wahrzunehmen sei, für sich genommen überflüssig ist. Ähnlich verhält es sich mit den anderen Schriftzügen: »Am 18. September mit Ihrer Zweitstimme DIE GRAUEN – Graue Panther wählen« (unterer Bildrand), sowie „Graue Panther wählen" (in das zentrale Bildfenster am oberen Rand integriertes Textfeld mit Panther-Silhouette und Wählerkreuz als Ergänzung). Durch die weitgehende Redundanz der Aussagen wird erkennbar, dass man die Untergliederung des Bildes und damit die Angleichung an andere Medienangebote, wie das Teleshopping, als eigentümliches und eigenwertiges Reizangebot begriffen hat, demgegenüber die Inhalte als sekundär erscheinen. Durch die Einbindung eines Gedichts in den Spot[5] wird zugleich ein anachronistischer Gegenpol aufgebaut, der in der Tradition der Wahlwerbung der 50er und frühen 60er Jahre steht.

---

5   „Die Roten sind vertrieben,/die Schwarzen sind am Ziel,/die Gleichen sind's geblieben,/war's nur ein Farbenspiel?"

Abb. 5: *Die Grauen*

Der Spot der *Linkspartei* hingegen schließt an ein Prinzip der Bildsegmentierung an, das seine Wurzeln im Kino hat. Hier sticht vor allem das Ästhetisierungspotential der Splitscreen-Technik ins Auge, eine Verfremdung und Überhöhung der Realität, die den gesamten Spot prägt. Ergänzt um Bilder der prominentesten Parteimitglieder, zeigen die einzelnen Felder des Splitscreens (bis zu drei an der Zahl) eine Reihe aufgelesener Wirklichkeitsfragmente, die repräsentativ für einzelne Facetten der Gesellschaft stehen, für das Stadt- und Landleben, die Industrie und den Agrarbereich; ein Verfahren, das auch aus dem Vorspann vor allem amerikanischer Fernsehserien wie zum Beispiel DALLAS (1978-1991) bekannt ist.

Abb. 6 und 7: Links *Linkspartei*, rechts DALLAS

Der Stilisierungsgrad erhöht sich durch die vergleichsweise hohe Schnittfrequenz wie auch durch das forcierte Einstreuen grellroter Blickanker: Frauen mit roten Haaren und/oder roten Hemden, rote Straßenampeln und so fort. Sie verleihen dem Spot seinen ästhetischen Rahmen und umhüllen die eingestreuten Bilder vom anti-faschistischen Alltag mit einem Lifestyle-Flair. Vertraut ist dieses farbdramaturgische Prinzip aus der Produktwerbung und Musikvideos, ebenso aus ambitionierten Kinoproduktionen wie Kieslowskis TROIS COULEURS-Trilogie (1993/94) oder den Filmen von Tom Tykwer, vor allem WINTERSCHLÄFER (1997) und LOLA RENNT (1998). Der Verdacht des Unsinnlichen, der die Linke seit je begleitet, soll durch die Ästhetisierung der Realität, durch ein überhöhendes Formenspiel ausgehebelt werden, um zugleich über die eingestreuten Konnotationsmarker (rote Bildelemente/Antifa-Transparente) elegant die parteipolitische Situierung zu unterstreichen. Erst durch die integrierten Ansprachen von Gysi und Lafontaine am Ende des Spots, zwei simulierten Interviewszenen, wird die Programmatik der Partei andeutungsweise in Worten skizziert. Entscheidender sind aber auch hier die zwischengeschnittenen Szenen: Lafontaine sieht man auf der Straße im Gespräch mit Passanten, ›einfachen‹ Menschen, bei Gysi wird eine Druckerpresse gezeigt, die die Wahlplakate der *Linken* auswirft. Der Slogan ist als ganzer nicht zu entziffern, deutlich stechen jedoch die Worte „Gysi...Linke...Vertrauen" hervor.

Das Aufgreifen von Kinokonventionen muss nicht unbedingt von einem großen Budget abhängig sein. So nutzt auch die *Familienpartei* filmische Verfahren, um ihre Vorstellung vom Zusammenleben der Generationen zu unterbreiten: Zunächst sehen wir eine Handvoll älterer Menschen untätig auf einem Spielplatzgelände herumsitzen und apathisch vor sich hin starren. Die Mittel zur Schilderung dieser Situation sind ebenso einfach wie effizient: So liegt die Bildschärfe anfangs im Vordergrund auf einer Spinne, einem tradierten Symbol für den Stillstand, um dann auf einen älteren Herren im Rollstuhl verlagert zu werden, der sich im Hintergrund des Bildes aufhält. Mit einer Folge fragmentarischer Einstellungen wird nun das Aufbrechen dieser tristen Situation vorbereitet: Ein Springseil wird über einen Zaun geschwungen, ein Kind klettert an einem Gestell hoch, wobei sich sein Gesicht außerhalb des Bildes befindet: Gezielt werden dem Zuschauer visuelle Informationen vorenthalten, um seine Neugierde zu wecken. Nahaufnahmen der gleichfalls neugierigen Gesichter, mit denen die alten Menschen das Geschehen verfolgen, kommentieren die einsetzende Veränderung, die in eine gänzliche Auflösung der Stagnation mündet. Durch den Auftritt der Kinder gerät alles in Bewegung, einschließlich der Kamera, die nun auch einmal einen Schwenk vollzieht, um sich am Ende mittels einer Kranbewegung ganz über die Situation zu erheben. Die Schnittfrequenz steigt erkennbar, die Kameraperspektiven werden durch Auf- und Untersichten abwechslungsreicher. Lediglich zwei Slogans werden dem Zuschauer am Ende offeriert: »Ohne Kinder keine Zukunft« und »Für unsere Kinder – Die Familienpartei«. Ansonsten finden sich keine verbalen Aussagen, man verlässt sich ganz auf die Suggestivkraft dieser kleinen Erzählung.

Die Nutzung vielfältiger, teils ungewöhnlicher Kameraperspektiven zeichnet vor allem die Spots der CDU und CSU aus. Sie können auch komplementär zueinander wahrgenommen werden, insofern sich eine Rollenverteilung zwischen Angela Merkel und Edmund Stoiber abzeichnet, die auch im Wahlkampf eine Rolle spielte: Der Vorwurf Stoibers, Merkel sei zu kalt, sie erreiche das Herz der Menschen nicht, findet sein Pendant in der Inszenierung der beiden Protagonisten

Abb. 8: CDU

Das Setting des CDU-Werbespots ist kühl und sachlich gehalten. Ein äußerst funktional gestalteter, spartanisch eingerichteter Raum in dunklen Farben wird präsentiert, offenbar ein Konferenzraum. Darin befindet sich lediglich ein langer, von Stühlen umgebener Tisch, auf dem einige charakteristische Gegenstände platziert sind: Papier und Stifte, eine Wasserkaraffe, Tassen und Gläser, ein Diktiergerät. Erhellt wird der Raum neben der Deckenbeleuchtung von quadratischen Lichtfeldern an den Wänden, die zu Beginn eingeschaltet werden und durch ihre geometrische Beschaffenheit den Eindruck des Kalten, Geordneten unterstreichen. (Abb. 8) Eben dieser Eindruck wird nun durch den Auftritt eines Mannes gestört, dessen Gesicht nicht zu sehen ist und dessen Namen wir nicht erfahren. Aus dem Gesamtzusammenhang wie aus der Art der visuellen Information – in Nahaufnahme wird eine kräftige Männerhand mit Ehering gezeigt, ein blauer Anzug ist erkennbar – kann jedoch auf Gerhard Schröder geschlossen werden, der also zumindest metonymisch vertreten ist. Er steht mit dem Rücken zum Tisch, auf den er eine etwa tennisballgroße, metallische Kugel rollen lässt, die sich nun unreguliert ihren Weg bahnt, einen Becher mit Stiften umstößt, Papier aufwirbelt, das durch die Luft fliegt, an den roten Aufnahmeknopf des Diktiergeräts stößt, um schließlich am Ende, noch ehe sie zu Boden fällt, von Merkel mit sicherer Hand gestoppt zu werden.

Abb. 9: CDU

Wirkt die Symbolik auch eher abgeschmackt, so ist die Gestaltung doch bemerkenswert. Der Lauf der Kugel wird aus unterschiedlichen Perspektiven gezeigt, die die sinnlichen Qualitäten der Dinge akzentuieren und auf diesem Weg der ästhetischen Textur einen Eigenwert verleihen. (Abb. 9) Man folgt der Kugel mittels paralleler und diagonaler Kamerafahrten, präsentiert sie in senkrechter Aufsicht, wobei ihr Weg auf der Tonebene durch verzerrte, dissonante Geräusche begleitet wird, die beim Anstoßen an die Gegenstände entstehen. Sie unterstreichen das Gegenstrebige zur inszenierten Ordnung, das Unkontrollierte, das im Sinnbild der aus der Hand gerollten Kugel impliziert ist. Aber es ist eben nicht das Sinnbild allein entscheidend, sondern die filmische Auflösung des Geschehens, die Wahl der Einstellungen ebenso wie die Modellierung durch das Licht, die die Oberflächentexturen und die Plastizität der Materialien in den Vordergrund rückt (die Maserung des Tischs, der metallische Glanz der Kugel). Wenn Angela Merkel sich am Ende an die Wählerinnen und Wähler richtet, nimmt die Kamera sie nicht einfach frontal auf, sondern bewegt sich konstant in einer leichten Seitwärtsbewegung – eine in Film und Fernsehen gängige Methode zur Dynamisierung des Bildes, die an sich nichts besagt. Ihr Wert ist ein rein ästhetischer, wird in diesem Fall aber genau dadurch wieder signifikant, als Zeichen eines modischen Stilbewusstseins.

Der CSU-Spot konterkariert die unterkühlte Sachlichkeit des CDU-Beitrags gleich auf mehreren Ebenen. Zunächst durch eine betonte Hinwendung zu Repräsentanten der Bevölkerung, die ihre politischen Wünsche Richtung Kamera äußern: "Ich habe einen Arbeitsplatz – und ich will ihn auch behalten." „Ich will mich um meine Familie kümmern und auch arbeiten können." Und so fort. Merkel hingegen steht in ihrem Spot alleine da. Die Bilder der CSU sind stark aufgehellt und kontrastreich und wirken schon dadurch offener als der dunkle, hermetische Spot der Schwesterpartei. Die Kamera befindet sich in ständiger Bewegung, nähert sich den Personen oder gleitet seitlich an ihnen vorbei. Überblendungen lassen die Bilder ineinander fließen, harmonisieren den audiovisuellen Fluss. Auch Stoiber wird zunächst auf diese dynamische Art gefilmt; für seine kurze Ansprache am Ende des Spots entschied man sich jedoch für eine frontale, statische Aufnahme als visuellen Kontrapunkt.

Ungewöhnlich sind zum Teil auch hier die Kameraperspektiven, wobei die Häufigkeit von Unter- und Aufsichten hervorsticht. So beginnt der Spot mit Bildern eines Bäckers bei seiner Arbeit. Die Kamera ist unterhalb eines Glastisches platziert, auf den mit Elan der Teig geworfen wird (Richtung Kamera). Nach einem Schnitt sehen wir den Bäcker an seinem *Holz*tisch stehen und eben diesen Teig bearbeiten – ein gängiges filmisches Verfremdungsverfahren, das im Einnehmen ›unmöglicher‹ Positionen durch die Kamera besteht (zum Beispiel im Mund eines Zahnarztpatienten).

Abb. 10 und 11: CSU

Auch die SPD arbeitet in ihrem Spot mit hellen, warmen Farben, nutzt jedoch im Gegensatz zu ihren christlichen Konkurrenten durchgängig statische Aufnahmen. War Gerhard Schröder bei den Bundestagswahlen 1998 und 2002 auch auf der Tonebene den ganzen Spot hindurch präsent, so kommt er 2005 erst am

Ende persönlich zu Wort, während der Off-Kommentar von einer jungen Frau gesprochen wird: „Deutschland braucht einen Bundeskanzler, der für eine moderne Familienpolitik eintritt. Deutschland braucht einen Bundeskanzler, der den Atomausstieg weiter fortsetzt." Und so weiter. Die Schlüsselformeln werden durch zweizeilige, den Spot rhythmisierende Zwischentitel noch einmal isoliert vorgestellt: „Für eine moderne/Familienpolitik", „Den Atomausstieg/durchsetzen", und so fort.

Im Anschluss an diese Zwischentitel sehen wir Gerhard Schröder zusammen mit fünf Mitarbeitern frontal und festen Schritts auf die Kamera zugehen, bis er im letzten Take in einer halbnahen Einstellung begegnet. Schröder geht dabei einige Schritte vorneweg, seine Mitarbeiterinnen und Mitarbeiter wiederum sind so hinter ihm angeordnet, dass der Kader in seiner ganzen Breite gefüllt wird. – Ein Bild, das den entschlossenen Teamcharakter der Arbeit unterstreichen soll und dessen Prinzip aus Filmen wie RESERVOIR DOGS (1992) oder ARMAGEDDON (1998) bekannt ist.

Abb. 12 und 13: Links SPD, rechts ARMAGEDDON

Zwar ist der Spot auch im Jahr 2005 ganz auf Gerhard Schröder zugeschnitten; durch den Verzicht auf die Egoperspektive früherer Schröder-Spots wird jedoch eine nüchterne Außenperspektive suggeriert, die ihre Stütze in den freundlichen, unaufdringlichen Farben des Beitrags findet. Der Akzent in der Darstellung Schröders liegt dabei auch auf sozialen Kompetenzen: Man sieht ihn immer wieder im interessierten Gespräch mit der Bevölkerung, ein Bild, das sich bei Merkel überhaupt nicht findet, bei Stoiber wiederum auf die Begegnung mit zwei jungen Mitarbeitern beschränkt ist.

4 Resümee

So prosaisch das Anliegen der Wahlwerbespots auch sein mag, so vielgestaltig sind die ästhetischen Einflüsse, die sie prägen. Kaum eine mediale Entwicklung, die sich nicht in den einen oder anderen Spot eingeschrieben hätte. Mit ihren Beiträgen unterbreiten die Parteien dem intermedial geschulten Publikum ein Reizangebot, das gleichermaßen mit Prinzipien des Films, Fernsehens und Internets operiert, um über die Befriedigung ästhetischer Erwartungshaltungen eine Grundlage für die Rezeption der Wahlkampfaussagen zu schaffen. Meine Ausführungen zu den Spots aus dem Bundestagswahlkampf 2005 sollen nicht mehr als einen Ausblick geben auf die Möglichkeiten einer formal-ästhetischen Aufschlüsselung dieses Formats. Sie legen nahe, dass eine historische Poetik der Wahlwerbespots ihrer inhaltlichen Analyse zur letzten Konkretion verhelfen kann. Die Untersuchung der einbezogenen Elemente und Modelle im medienhistorischen Kontext erschließt die synthetische Arbeitsweise dieser noch jungen Form menschlicher Phantasietätigkeit.

Literatur

Caldwell, John (1995): Televisuality: Style, Crisis and Authority in American Television. Brunswick, New York.

Gunning, Tom (1990): Cinema of Attractions. Early Film. Its Spectator and the Avant-Garde [1986]. In: Elsaesser, Thomas (Ed.): Early Cinema: Space, Frame, Narrative. London. 56-62.

Horton, Donald/Wohl, Richard (2002): Massenkommunikation und parasoziale Interaktion. Beobachtungen zur Intimität über Distanz [1956]. In: Adelmann, Ralf (Hrsg.): Grundlagentexte zur Fernsehwissenschaft. Theorie – Geschichte – Analyse. Konstanz. 74-104.

Williams, Raymond (2002): Programmstruktur als Sequenz oder flow [1975]. In: Adelmann, Ralf u.a. (Hrsg.): Grundlagentexte zur Fernsehwissenschaft. 33-43.

„Denn sie wissen nicht, was sie tun"

Symbolik und Enttäuschungspathos im CDU-Spot zur Bundestagswahl 2005

Klaus Kamps

Am Anfang war ein Maulwurf, und so lernten die Bilder schneller laufen, als CDU-Generalsekretär Volker Kauder lieb war: Einen Tag bevor er der Hauptstadtpresse im „Cinestar" am Potsdamer Platz den zentralen Wahlspot seiner Partei für die 2005er-Kampagne präsentieren wollte, stellte SPD Geschäftsführer Hajo Wasserhövel mit einem schönen Gruß an den politischen Gegner – „wir haben da einen Wink bekommen" – eine Persiflage auf eben diesen Kurzfilm in das Internet ein und löste damit eine kleine Kontroverse aus um Formen und Habitus moderner Gegnerbeobachtung, neudeutsch: *Op-Research* in *Rapid Response*-Manier. Ein derartiges „Abkupfern" sei nicht gerade Ausweis innovativer Kraft, grummelte Kauder und empfahl der Presse: „setzen Sie ja nicht auf Fälschungen". „So etwas produzieren wir im Vorbeigehen", freute sich dagegen Wasserhövel ob seines Coups[1]. Zwar schaffte es „Flip Flop"[2] – so der Titel des Gegen-Filmchens – nicht in Gänze in die traditionellen Medien, doch wurde dort reichlich über Polit-Ulk und Partei-Agenten parliert; selbst CNN war der Vorgang einen Beitrag wert. Zugleich, ganz nebenbei, platzierte die Frage, wie der Spot zur Unzeit das Gefilde wechselte, bei der Union ein gewisses Unterwanderungsgefühl – jemand in der Truppe schien abgängig.

Eine politische Arabeske, sicher, ein anekdotischer Beiläufer, aber doch Ausdruck einer Kampagnenkultur, die sich seit einigen Jahren erheblich differenziert hat. Spätestens mit dem unter permanenten Amerikanisierungsverdacht stehenden 1998er-Kampa-Wahlkampf der SPD gilt dabei auch das breite, reflexartige Schwadronieren über den *Stil* des politischen Opponenten zum guten Ton der Wahlkampfführung. Freilich ist eine derartige Meta-Kommunikation kein originäres Kind der 1990er-Jahre, und so stellt sich die Frage, inwieweit sich in materiellen Diktionen politischer Kommunikation – hier: Wahl-

---

1   Beide Zitate aus der Stuttgarter Zeitung v. 25. August 2005.
2   Der Titel dürfte sich einem Sprachgebrauch der US-Wahlkampf-*Consultants* verdanken: mit „Flip Flop" wird in der Branche ein Policy-Wechsel von Kandidaten bezeichnet; im 2004er Wahlkampf hat beispielsweise George W. Bush seinen Herausforderer John Kerry permanent als „Flip Flopper" bezeichnet, weil er mal so, mal so abgestimmt habe, also keine klare Linie besitze; vgl. Shea/Burton 2005: 130.

werbespots als Seismographen ihrer Zeit – ein Wandel politischer Symbolik und der politischen Selbstdarstellungskultur widerspiegelt. Ausgangspunkt der folgenden, anhand des CDU-Spots 2005 vorgetragenen Überlegungen ist, dass Änderungen und Modifikationen in der politischen Werbung (Inhalte, Formen, Dramaturgie usf.) nicht allein durch Bezug auf ein Referenzsystem „professionelle Werbung" zu beschreiben sind (und dann gleichsam mit diesem Referenzsystem „wachsen"), nicht allein auf eine – wie auch immer geartete – „Modernisierung" des *Campaigning*, sondern auch in Traditionslinien politischer Konfrontation.

1 Die Kugel

Der Spot selbst sei, zur Erinnerung[3], rasch skizziert:

Die Szenerie: eine kühle, düstere Konferenzetage mit hoher, von grauen Säulen getragener Decke; in der Mitte des bunkerartigen Raums ein länglicher schwarzer Besprechungstisch, vielleicht – ein Kabinettstisch. Der Raum ist (anfangs) menschenleer, auf dem Tisch Design-Utensilien, das Feingeschirr des gehobenen Managementlebens. Aufflackernde Lichter und eine Stimme aus dem Off: „Was wird aus unserem Land?" Nun fängt die Kamera in Großaufnahme eine (männliche?) Hand ein, die eine eiserne Kugel auf den Tisch fallen lässt. Die Kugel rollt, rempelt eine Kaffeekanne an, lässt einen Kugelschreiber kreiseln, gerät haarscharf an die Tischkante und rollt doch wieder zurück auf Linie, wirbelt Papier auf, stürzt einen Bleistiftköcher, eckt an einem Aufnahmegerät an, stößt ein Wasserglas um und wird schließlich, bevor sie über die gegenüberliegende Kante rauschen kann, von einer energisch gestreckten (weiblichen?) Hand aufgehalten. Es erscheint: Angela Merkel, und sie spricht.

Der von einer männlichen Stimme vorgetragene Off-Text zur Kugelfahrt:

„Nach sieben Jahren hinterlässt Rot-Grün eine erschreckende Bilanz. Wir haben das geringste Wachstum in Europa. Und das seit Jahren. Nie waren mehr Menschen ohne Arbeit. Eintausend Arbeitsplätze verliert Deutschland jeden Tag. Jede Stunde kommen sechs Millionen Euro Schulden mehr dazu. Rot-Grün hat viel versprochen und viel verspielt. Die Menschen sehnen sich nach Perspektive."

Die Spitzenkandidatin wiederum sagt in ihrer, den Spot abschließenden Einstellung:

---

3   Eine schöne Sammlung politischer Werbespots findet sich bei der Bundeszentrale für politische Bildung: www.bpb.de/themen/U4VYI8,0,0,Wahlspots.html.

„Dies ist keine Wahl wie jede andere. Es steht viel auf dem Spiel. Deutschland braucht einen klaren Kurs und eine verlässliche Politik. Für mehr Wachstum, mehr Arbeit. Für eine gesicherte Zukunft jedes Einzelnen. Die CDU und ich ganz persönlich bitten sie um diesen Auftrag. Deutschland wird es schaffen." (Auffälligerweise huscht während des letzten Satzes ein Lächeln über das sonst recht strenge Gesicht Merkels.)

Der Spot ist formal zweigeteilt; die erste Phase ist ausnehmend dynamisch geschnitten: 31 Einstellungen in 36 Sekunden, wobei Kamerafahrten, nahe Neben- und Aufsichten der „Kugel" auf ihrem Weg eine eindrucksvolle (scheinbare) Unaufhaltsamkeit geben. Dieser hochsymbolischen Phase folgt die klassische politische, also Gelegenheit der Spitzenkandidatin, einige (wenige) Statements zur Wahl vorzutragen.

Einmal abseits der politischen Semantik ist der kleine Film von hoher gestalterischer Qualität und auf der Höhe der Werbezeit. Dass sich allerdings bei der eingangs erwähnten Spotpräsentation eher die versammelten Journalisten kugelten, ist wohl auf den fristgerecht ins Netz gestellten „Gegen-Spot" der SPD zurückzuführen: ein Merkel-Double jongliert mit einer Boule-Kugel, unterlegt mit Kommentaren wie:

> „Merkel ist mal gegen, mal für die Erhöhung der Mehrwertsteuer. Mal für, mal gegen den Irak-Krieg. Mal will sie die Brutto-Löhne erhöhen. Oder doch die Netto-Löhne. Oder Brutto-Netto-Löhne?"

Schließlich fällt der imaginierten Spitzenkandidatin die Kugel kraftlos aus der Hand, Motiv: Sie kann sich einfach nicht entscheiden. Damit fusionierten am Potsdamer Platz für die eingeweihten Journalisten binnen weniger Stunden gleich mehrere Bedeutungsebenen: die ursprüngliche Expressivität der Spots mit der meta-kommunikativen Ebene des Wahlkampfs selbst, die die Autonomie der Werbung, die Eigenständigkeit der vordergründig isoliert zu betrachteten Zeichensysteme unmittelbar aufhob.

2   Politische Trivialsymbolik in Bild und Ton

Das Motiv des Originals scheint klar: alles, was die rot-grüne Truppe ins Rollen brachte, stößt an, irritiert, bringt die Dinge planlos durcheinander, und da braucht es schon die exzeptionelle Persönlichkeit – Angela Merkel mit der rettenden Hand –, um Ruhe und Ordnung wieder herzustellen. Die Kugel verweist also auf den politischen Gegner, das von ihm angerichtete Chaos und auf die eigene, dem Chaos diametral entgegengesetzte Kompetenz.

Soweit dieses Motiv unterstellt werden darf, ist die künstlerische Umsetzung, das *Impression Management* durch Metaphern und Symbole durchaus gelungen. Eine schöpferische, also produzierende, nicht re-produzierende Kamera schafft durch Bewegung und Perspektive Bilder in schneller, assoziationsstiftender Abfolge und eine Augenblicksdramatisierung im Duktus des „Wir-gegen-Die": ein *Corpus Mysticum* in Form symbolischer Konkurrenz unterschiedlicher Interessen durch das Inbeziehungsetzen zweier Hände, die sich *nicht* schütteln. In dieser Dimension, in der Originalität des Visuellen, wird sogar Kreativität demonstriert, also die Fähigkeit, etwas zu erzeugen, was vorher nicht da war.

Aber eben nicht diese, gar eine künstlerische Qualität ist das eigentliche Motiv eines politischen Werbespots, sondern seine *Bedeutung*: eine Synthese aus Bild- und Ton*interpretation*. Dabei tritt der Intention, die dem visuellen Produkt zugrunde liegt, ein Reflexionsraum des Deutens durch die einzelnen Zuschauer entgegen. Schließlich werden keine natürlichen, mimetischen Bilder angeboten, sondern künstliche, expressive, die das Dargestellte verfremden – etwas Dahinterliegendes soll abgebildet werden. Die vehemente Symbolisierung, die Künstlichkeit dieser Bilderwelt, kennt daher keinen *effet du réel*, keinen Wirklichkeitseffekt derart, dass man glaubt, was man sieht. Die persuasive Reduktion von Wahrnehmungsalternativen – Wahlkampf ist immer auch Auseinandersetzung um Interpretationshorizonte und damit „kalkulierte Realitätsillusion" (Meyer 2001: 112) – wird damit dem Text angetragen, respektive der Text-Bild-Kombination.

Tatsächlich finden sich bei abgeschaltetem Ton andere Interpretationen des Bildangebotes, andere Deutungsmuster. Zum einen lässt sich die Fahrt der Kugel doch positiv wenden: es bewegt sich etwas, selbst gegen Widerstände. Zugegeben, Schönheit liegt immer im Auge des Betrachters, und das gilt auch für solcherart politische Selbstdarstellung: die zuerst dargelegte Version liegt ob der doch rüpelhaften Manier der Kugel sicher näher, aber die Grundbedeutung der Situation ist mindestens verhandelbar. Zum anderen ist der „Plot" des Filmchens in einem erweiterten Sinnkontext durchaus problematisch zu lesen: die Hand Merkels, die dem Kugelgeschehen ein Ende bereitet, erinnert an die Metapher der „ruhigen Hand", mit der Bundeskanzler Schröder den Reformstil seiner Koalition umschrieb. Zumindest erscheint es mir bemerkenswert, dass hier ein Schlüsselbild verwendet wird, das anderweitig „besetzt" ist oder war – und von der Union selbst furios attackiert wurde. Nebenbei erwähnt, diese Hand als Kugelstopp bedient auch die klassische konservative Attitüde des Bewahrens und des allenfalls vorsichtigen Wandels: da man bekanntlich mit Bremse schneller Auto fahren kann als ohne.

Visuelle Metaphern können eben eindrucksvoll und gefährlich zugleich sein, weil jedes expressive Bild für sich genommen Resistenzen des Wahr-Nehmens frei setzt. Damit soll betont werden, dass die Transformation politischer Komplexität in politische Werbung und die zwangsläufig collagenartige Fraktionierung von Botschaften in 60- oder 90-Sekündern – jedenfalls soweit Strategien der expressiven Symbolik verwendet werden – durch die Synthese von Bild und Text Erfolg verspricht. Der CDU-Spot kennt dabei im Wesentlichen zwei Themenappelle: einen retrospektiven (Vergangenheit), einen prospektiven (Zukunft) – in der Tat *Appelle*, als die dem Spot genügende zeitliche Beschränkung textalisch kaum mehr als eine operative Gestaltung in der Diktion von *Sound-Bites* zulässt.

Der retrospektive Appell beschreibt als Furchtappell die raue Wirklichkeit im Stil eines milden – ohne Krawall, ohne Klamauk – *negative Campaigning*: geringes Wachstum, Arbeitslosenzahlen, Schuldenstände gekoppelt an einen moralischen Generaleinwand der Nicht-Politik: „Rot-Grün hat viel versprochen und viel verspielt". Diese erste Textphase des Spots ist damit zum einen als Anschlusskommunikation jener enervierten Frustration zu lesen, jener „Die-können-es-nicht"-Rhetorik, mit der die Bundesregierung unter Gerhard Schröder seit Amtsantritt von der Opposition beharkt wurde. Der Anspruch ist hier der eines *objektiven* Erkenntnismodells, dass es also a) dem Land schlecht geht und dass dies b) kausal auf die gegenwärtige, abzuwählende Regierung zurückzuführen sei. Zum anderen ist dieser retrospektive Themenappell in die strategische Narration des Unions-Wahlkampfs einzuordnen, der – hinsichtlich seines allgemeinen, übergeordneten Realitätsbezugs – eine Vertrauenskrise, Reformstillstand und die Notwendigkeit des Politikwechsels in den Vordergrund stellte.

Die prospektive Textphase ist der Spitzenkandidatin vorbehalten, die mit einer – wohl der Mobilisierungsfunktion geschuldeten – Illusion des *jamais vu*, des Nochniedagewesenen beginnt: „Dies ist keine Wahl wie jede andere". Nun durfte man auch bei dieser Wahl weder panaschieren noch kumulieren, der Satz darf als Angebot einer neuen Politik-Allianz, als Dramatisierung des Richtungswechsels gelesen (gehört) werden. Es folgen Andeutungen des großen Vorhabens – „klarer Kurs", „verlässliche Politik". Dass die Union das „für mehr Wachstum" dem „für mehr Arbeit" voranstellt mag ein wirtschaftspolitisches Zeichen darstellen – der Vagheit bleibt Raum. Zuletzt bittet Merkel um den „Auftrag" – eine subjektive Botschaft der Verhaltensvorgabe, die Freiheit gewährt: zu wählen (die richtige Partei).

Kurzum: Ton und Bild bewegen sich im Spektrum zwischen Utopieverlust und Aufbruchstimmung und bieten allein generelle politische Vorstellungs- und Deutungsmuster, also eher ein Erlebnis- denn ein Erkenntnismodell. Mag der Versuch, dem Abstrakten in Form einer marodierenden Kugel visuell Gestalt zu verleihen, noch originell bewertet werden, so zeigt der Textteil deutliche Symptome des Omnibus-Dilemmas der Volksparteien: sich an große Teile der Bevölkerung wenden zu müssen (und zu wollen). Kaum Wunder, wenn die Kritik an Inszenierungs- und Entpolitisierungstendenzen auch das Zeichensystem des politischen Werbespots erreicht.

3 Inszenierung, Entpolitisierung und Enttäuschungspathos

Trivial, dass sich mit politischer Werbung, kein kritischer, kein analytischer Diskurs verbindet. Wenn die didaktisch überdenkenswerte Ankündigung „Parteien zur Bundestagswahl ..." daran erinnert, dass die Parteien für den Inhalt der Spots verantwortlich sind, tritt das öffentliche Bild an die Stelle des öffentlichen Raums. Wie Markenwerbung dient Politikwerbung im Kern dazu, Inhalte auf den Punkt zu bringen, Schlüsselbilder zu verdichten: sie ist rhetorisch mit gelegentlich dogmatischen Zügen, kein dialogisches Netzsystem. Und: sie ist ein Epiphänomen der Massenkultur, Kommunikationsfeld Werbung, Systemfeld Politik – mit einer eigenen Logik des Scheins.

Mit dieser Anlehnung an die Werbung trägt der politische Fernsehspot Strukturen eines „Politainments" (Dörner 2001); mit dem Anspruch zu informieren und zu überzeugen, entspringt das eigentlich Kreative – ihre spezifische Bild-Ton-Synthese – einer Medienkultur, in der die Unterhaltung das beherrschende Element ist. Einerseits nimmt das Werbefeld der Politik dabei ein Stück Autonomie, weil das Ästhetische – die Lehre und die Gegenwart von dem, was gefällt – Einzug in den Politikvermittlungsprozess hält: ein Schelm, wer daran denkt, das Produkt, den Spot, in den Parteigremien diskutieren und abnehmen zu lassen; Parteien sind doch recht konfliktlastige Mitgliederorganisationen. Andererseits gibt dieser „Einbruch" in das Werbesystem der Politik einen hohen Grad an Kontrolle der Kommunikationsinhalte – ganz im Gegensatz zu den ansonsten gegebenen Bedingungen der Mediengesellschaft. Politische Gestaltungsmacht und Legitimationsidee haben durch den Rekurs auf das Werbefeld dabei eine Professionalisierung durch Ästhetisierung und symbolische Inszenierung erfahren, wenn man so will: eine Ideologie des Geschmacks.

Inszenierung und Symbolisierung von Politik und speziell von Politik im Wahlkampf haben wohl immer schon ein leichtes Unbehagen ausgelöst. „Die Bürger von Pompeji dürften die primitiven politischen Wahlempfehlungen an Hauswänden ebenso zweifelnd begutachtet haben wie die heutigen Wähler manches Großplakat der Parteien. Das galt wohl auch für den ringsum mit politischen Transparenten bespannten Pferdemöbelwagen, der im Jahre 1848 anlässlich des Wahlkampfs zur Frankfurter Nationalversammlung durch die Mainzer

Straßen fuhr, und gilt für die heutigen Werbespots der Parteien im Fernsehen" (Wolf 1987: 291). Inszenierung und Symbolisierung sind dabei aber nicht nur als populistische Verführungsmittel, sondern als nachgerade notwendiges Mittel moderner Politikvermittlung analysiert worden (vgl. z.B. Meyer u.a. 2000; Sarcinelli 1987).

Auch die politische Werbegeschichte und der Wandel von Parteienspots haben gezeigt, dass die politische Kommunikationskultur keine unveränderliche Größe darstellt, sondern einer ständigen Aktualisierung in Bezug auf das Referenzsystem professioneller Wirtschaftswerbung unterliegt (vgl. Holtz-Bacha 2000). Dass Bilder heute der dominante Code politischer Selbstdarstellung und Werbung sind und eine gewisse Autorität über die (politische) Vorstellungskraft des Publikums beanspruchen, wird im CDU-Spot besonders deutlich. Damit soll keineswegs einem Nicht-Anspruch der Schriftlichkeit und des Textes in der politischen Kommunikation das Wort geredet werden; gleichwohl ist doch zu konstatieren, dass die dort realisierte Bildwelt sich prinzipiell nicht von jener lebensfernen Dramaturgie und Dynamik, von den ästhetischen Konventionen unterscheidet, mit dem das (Werbe-)Publikum anderweitig in die Welt karibischer Sandstrände entführt wird, um sich exklusiver Pralinen in illustren Kreisen zu erfreuen.

Freilich entspricht die Grammatik des Werbespots zumeist nicht der der Repräsentation. Sind Inhaltsleere, gar: Geschwafel allenthalben Stichworte des politischen Kommentars, so gilt dies umso mehr, je deutlicher die expressive Logik des Bildes einen politischen Spot dominiert. Anders ausgedrückt: die Frage steht im Raum, inwiefern der Text und die Synthese aus Bild und Ton einer „Entcontentalisierung" entgegen wirken. Nicht umsonst wird ja der optimistische Glaube der Aufklärung an die Macht der Ratio seit der Etablierung des Fernsehens bezweifelt. Und wie gesagt: in dem Spot wird die Welt nicht dar-, sondern vorgestellt – und dies benötigt den mündlichen Kommentar zur (visuellen) Botschaft. Würde er fehlen, so könnte man durchaus von politischem Analphabetismus sprechen.

Es war – *wieder einmal* – Enttäuschung. Der Text geriert sich zunächst als Information *ex negativo*. Negativismus, gleichwohl, ist die Logik der Opposition, er gehört zum Normalfall des sozialen Systems Politik. Konkret wird die schlechte Positionierung der Republik in Sachen Wirtschaftswachstum im europäischen Vergleich, die Zunahme der Arbeitslosenzahlen und der Anstieg der Schulden benannt, bevor die Allgemeinkeule – „Rot-Grün hat viel versprochen und viel verspielt" – den Ton setzt: keine neuen Formeln der dramatischen Betonung des eigenen Regierungsanspruchs, sondern Stilisierung eines Enttäuschungspathos, der im Kern auf die Mobilisierung der Unionsanhänger und die emotional geleitete Überzeugung der Wechselwähler abhebt, also auf eine schon traditionelle Strategie des *Campaignings*.

Auch die anschließende Selbstexpressivität Angela Merkels besitzt mehr Marken denn Produkt- oder gar Programmcharakter. Kreativität als Leerlauf, könnte man meinen; bevor aber mit Blick auf die Vagheit der Formulierungen der Verdummungsverdacht geäußert wird, sei daran erinnert, dass der politische Werbespot kaum der Ort sein kann, um die Feinheiten des Außensteuerrechts zu diskutieren. (Das hat natürlich noch den Vorteil, dass man nach dem Wahlgang, zumindest diesbezüglich, nicht an Konkretes erinnert werden kann – was in der politischen Szene, wie wir seit Münteferings offenherzigen Reaktionen wissen, gelegentlich als unfair verstanden wird).

Vielmehr verlangt doch jede strategische Publikation im Wahlkampf die Integration in die Historie politischer Auseinandersetzung, die Verbindung mit Einstellungen, gegebenenfalls Wissen und Kognitionen des Publikums. Auch ein Wahlspot ist inferentielle Kommunikation, die Interpretationsfreiheit und die pragmatische Bedeutungszuweisung liegen *de facto* bei den Empfängern. Das heißt: der Gesamteindruck wird durch Perzeptionsgewohnheiten geprägt, und hier koppelt die Union an ihre überdauernde Strategie des „Die-können-es-nicht" an. Eine gewisse Ritualisierung in der Legislaturperiode und vermehrt im Wahlkampf ist unverkennbar: geringes Wachstum, Schulden, Arbeitslosigkeit – eine *Wende* steht an. Wenn Wirtschaftswerbung eine Form der Konditionierung der Wirklichkeit ist, so ist der Enttäuschungspathos des Kugelspots der Auslösemechanismus einer Konditionierung, die auf allen Ebenen öffentlicher Kommunikation schon länger angelegt war. Dieser Enttäuschungspathos, in der Bild-Ton-Beziehung des vorderen Teils eindringlich angeboten, findet seine Entsprechung *erstens* in der politischen Streitkultur und *zweitens* in Aktualisierungen öffentlicher Kommunikation.

Zum einen ist das politikschicksalentscheidende Gefühl der Enttäuschung keine Entdeckung der letzten Opposition. Ludwig Erhard, kaum im Amt, enttäuschte viele – am Ende des Wirtschaftsbooms hatte er die Ausgaben gekürzt und wurde als Versager beschimpft. Schon von Helmut Kohl waren weite Teile der Bevölkerung enttäuscht – „Danke Helmut, es reicht!"[4] –, und den wiederum hatten die Menschen einst gewählt, (auch) weil sie erst von Schmidt und der sozialliberalen Koalition und dann von Lafontaine enttäuscht waren, der ihnen sagte, die Einheit würde teuer werden. (Lafontaine selbst ist später aus Enttäuschung zurückgetreten und ist heute so etwas wie ein „Avantgardist der Enttäuschung" und als Fraktionsvorsitzender der Linkspartei „ihr führender Repräsentant"[5].) Seit der 1980er Wahl gibt es das Phänomen, dass mit jedem Urnengang

---

4   So ein SPD Plakat zur Bundestagswahl 1998.
5   Die Zeit, Nr. 38/2005, S. 62.

die führende Regierungspartei Stimmen einbüßt – seit Arbeitslosigkeit und
Staatsverschuldung stetig steigen, zeigt sich die Wählerschaft bei der Abstim-
mung enttäuscht. Zum anderen haben sich die Medien der Enttäuschungskom-
munikation angenommen und stets aktualisiert: das reicht heute von der Bild-
Zeitung – „Ich hab' die Schnauze voll" – bis zu Sabine Christiansen – „Droht
Deutschland ein Sozialkrieg?". In der Talkshow „haben die Enttäuschten immer
Recht. [...] Wir erleben einen wahren Enttäuschungsboom. [...] Egal wer regiert,
die Deutschen sind enttäuscht"[6]. Eine „Schreckensbilanz" folgt der anderen, und
wenn nicht alles täuscht, zeigt sich derzeit in den Zustimmungswerten eine
breite Enttäuschung über die Führung der großen Koalition. Mindestens aber ist
der Enttäuschungspathos eine Konstante öffentlicher Kommunikation – vielleicht erklärt diese Allgegenwart Edmund Stoibers „Ausrutscher" im Vorfeld
der Wahl, er lasse es nicht zu, dass wieder einmal „Frustrierte" die Wahl entscheiden[7].

Insofern koppelt der CDU-Spot stringent an bekannte Parameter der politischen Streitkultur wie auch der medialen Begleitung des politischen Prozesses
an – eine traditionelle Dramaturgie politischer Kommunikation. Er erhebt damit
nicht den Anspruch, sich alleinstehend zu entfalten – wie häufig Wirtschaftswerbung –, sondern arbeitet als ein Element unter vielen im Konglomerat
der öffentlichen Kommunikation: eine Strategie des *Momentum*.

4   Fazit

Ein Zugang zu politischen Werbespots im Stile der kulturindustriellen Kritik
Adornos würde heute verbreitet das Diktum der Massentäuschung wiederbele-
ben. Die Idee idealer Komplexität findet dort offenkundig keine Entsprechung;
allerdings erscheint es doch jenseits eines solch normativen Zugangs trivial,
dass politische Kommunikation und Selbstdarstellung mit Strategien der Reduktion von Komplexität einhergehen, mit Mechanismen der Simplifizierung
und Fokussierung. Empirisch betrachtet stellen sich damit Fragen nach Distanz
und Realitätsbezug, nach Politikvollzug und Politikvermittlung.

Der „Kugelspot" der CDU zur Bundestagswahl 2005 bedient sich zur Mo-
bilisierung und Überzeugung textalisch einer milden Strategie des *negative
Campaigning*, das an ein übergeordnetes Kommunikationsklima ankoppelt: der
Enttäuschung. Hinsichtlich der visuellen Metaphern, der Symbolik, der Bild-
Ton-Beziehung und ihrer technischen Umsetzung ist das Filmchen professionell
gestaltet – kein Werbespot, sondern *politischer* Werbespot, als er eine Strategie

---

6   Ebenda.
7   vgl. z.B. Süddeutsche Zeitung v. 11. August 2005, S. 3.

der Anschlusskommunikation verfolgt. Natürlich bleibt immer ein unerklärbarer Rest, aber in der Analyse zeigt sich allein ein abstrakter Realitätsbezug, der z. B. die Steuerungsfähigkeit von Politik, Willensbildungsprozesse, Einflusschancen usf. nicht berührt – und als 90-Sekünder vielleicht auch nicht berühren kann. Andererseits: der Versuch schon scheint strafbar, und so verharrt der Spot trotz professioneller Machart als neuerlicher Ausweis symbolischer Politik semantisch in der allgemeinen Dimensionen des „Die-können-es-nicht".

Literatur

Dörner, Andreas (2001): Politainment. Politik in der medialen Erlebnisgesellschaft. Frankfurt/M.

Holtz-Bacha, Christina (2000): Wahlwerbung als politische Kultur. Parteienspots im Fernsehen 1957 – 1998. Wiesbaden.

Meyer, Thomas (2001): Mediokratie. Die Kolonisierung der Politik durch die Medien. Frankfurt/M.

Meyer, Thomas u.a. (2000): Die Inszenierung des Politischen. Zur Theatralität von Mediendiskursen. Wiesbaden.

Sarcinelli, Ulrich (1987): Symbolische Politik. Zur Bedeutung symbolischen Handelns in der Wahlkampfkommunikation der Bundesrepublik Deutschland. Opladen.

Shea, Daniel M./Burton, Michael John (2005): Campaign Craft. The Strategies, Tactics and Art of Political Campaign Management. 3. Aufl. Westport.

Wolf, Werner (1987): Wahlkampf – Normalfall oder Ausnahmesituation der Politikvermittlung? In: Sarcinelli, Ulrich (Hrsg.): Politikvermittlung. Beiträge zur politischen Kommunikationskultur. Bonn. 290-300.

„Schaut auf dieses Land!"

Deutschlandbilder in den Fernsehspots zur Bundestagswahl 2005

Marcus S. Kleiner und Jörg-Uwe Nieland

Das im Titel des vorliegenden Beitrags enthaltene Zitat stammt aus dem Wahlwerbespot der *Anarchistischen Pogo-Partei Deutschlands* (APPD). Neben der medienrechtlichen und medienethischen Debatte, die sich um die Ausstrahlung des Spots bei ARD und ZDF drehte (vgl. stellvertretend Holtz-Bacha/Lessinger 2006: 165ff.), fordert der Auftritt der „Polit-Punker" zu einer Auseinandersetzung mit den Fremd- und Eigenbildern in der *Berliner Republik* heraus. Offenbar befinden sich die Symbole, Deutungsrahmen und Orientierungen des Landes im Umbruch und gleichzeitig erhöht sich die Dringlichkeit einer Verständigung über die „Deutschen Zustände" (Heitmeyer 2006). Die Deutschlandbilder in den Fernsehspots zu Bundestagswahlkampf 2005 liefern einen Beitrag zu diesem gesellschaftlichen Selbstverständigungsdiskurs.

1 Deutschland auf der Suche nach seiner Identität

Identitätsbildung beginnt dort, wo das Nachdenken über das Selbst startet; in diesem Prozess kommt es zur Selbstvergewisserung.[1] In Deutschland dominiert ein gebrochener Umgang mit nationaler Identität. Belege dafür liefern die periodisch stattfindenden Debatten über Werte, Patriotismus und Leitkultur (vgl. stellvertretend die Beiträge in Weidenfeld 1983 und in Lammert 2006).[2] Geprägt werden diese Debatten von den intellektuellen Eliten des Landes – wie z.B. Dahrendorf, Habermas, Grass.[3] Eine Plattform, auf der eine Verständigung über die kollektive (und nationale) Identität organisiert ist, fehlt augenblicklich.[4]

---

1   Kollektive Identität ist nach Bergem (2002: 193) als „Reservoir an Gemeinschaftlichkeit und Zusammengehörigkeitsgefühl, auf das auch moderne Gesellschaften zur Sicherung eines zu ihrer Existenz notwendigen Mindestmaßes an Integration angewiesen sind", definiert.

2   Erinnert sei an die Auseinandersetzung über die *Walzer-Rede* oder die öffentliche Aufarbeitung der Vergangenheit von Günter Grass.

3   vgl. zu Eliten der Bundesrepublik Deutschland Hitzler/Hornbostel/Mohr 2004; Gabriel/Neus/Rüther 2006.

4   Die Zeitschrift *Cicero* tritt mit dem Anspruch auf, eine solche Plattform bereitzustellen – dies gelingt aber nur ansatzweise. Deutsche Kulturmagazine in Fernsehen und Hörfunk stoßen in

Dabei verlangt der Übergang in die „Mediengesellschaft", die identitätsstiftende Funktion der globalen „Medien-Kulturkommunikation" (Saxer 1999; vgl. auch Eisenberg 2001) zu berücksichtigen.[5] Den vorläufigen Höhepunkt auf der Suche nach einer bzw. der nationalen Identität markiert der Party-Patriotismus während der Fußball-WM 2006. Das Event bescherte Deutschland ein neues, angeblich, ungezwungenes nationales Bewusstsein: „Fanmeile" wurde zum Wort des Jahres gewählt und auf Geheiß der *Bild-Zeitung* war alles „schwarz-rot-geil".

Ein Jahr zuvor war die Stimmung eine andere: im Bundestagswahlkampf 2005 wähnten die Mehrzahl der politischen Akteure und der Medienvertreter das Land am Abgrund. Im Vergleich mit den europäischen Nachbarn sei Deutschland längst Abstiegskandidat und die sozialen Verwerfungen seien kaum zu bewältigen.

Während die *Berliner Republik* außenpolitisch ihre Souveränität und ihre Gestaltungskraft errungen und unter der Regierung Schröder/Fischer wiederholt unter Beweis gestellt hat, scheint eine Anbindung dieses Selbstverständigungsdiskurses im Wahlkampf 2005 auszubleiben. Für die Regierungskoalition ergab sich auf dem Feld der Außenpolitik, anders als im Falle der Debatte über die „Ostverträge" oder die Kriegsgefahr im Irak, kaum ein Anhaltspunkt und die Oppositionsparteien konnten sich auf das Thema „Türkei-Beitritt" als Wahlkampfthema nicht verständigen.

Dieser Vermutung spürt der folgende Beitrag nach. Er fragt nach den Deutschlandbildern und Symbolen in ausgewählten Wahlkampfspots 2005. Als (kommunikations- und politik-)theoretischer Bezugsrahmen dient dabei die Verbindung zwischen Wahlwerbung und Politischer Kultur. Konkret heißt dies: Wahlwerbespots sind in besonderer Weise geeignet für die Untersuchung der Sinn- und Deutungsangebote, die Parteien machen (Holtz-Bacha 2000: 230).

Die Argumentation erfolgt in vier Schritten. Zunächst wird die theoretische Verortung erläutert. Daran schließen sich die Präzisierung der Untersuchungs-

---

der Regel diese Debatte nicht an, sondern beschränken sich auf die Darstellung der unterschiedlichen Positionen. Die kulturelle und wissenschaftliche Elite überlässt das Feld den Pseudo-Experten. Die für die politische Kommunikation diagnostizierte Talkshowisierung (vgl. stellvertretend Sarcinelli/ Tenscher 1998) hat an dieser Entwicklung sicherlich ihren Anteil, denn in Fernsehrunden, wie sie sonntäglich bei *Sabine Christiansen* abgehalten werden, steht der Effekt und nicht der intellektuelle Streit im Vordergrund.

5   Die Diskussionen über kulturelle Identität sind keineswegs auf die Hochkultur und damit einen kleinen Kreis von Intellektuellen beschränkt: Im Bereich der Popkultur lässt sich anhand des Aufkommens der so genannten „Neuen Neuen Deutschen Welle" oder der Forderung nach einer „Deutschquote" für Radioprogramme beobachten, welche Bedeutung der Selbstfindung und Selbstbestimmung zufällt; vgl. mit einer Bewertung dieses Prozesses im Rahmen einer Policy-Studie zur Bundeskulturpolitik Nieland 2006a. vgl. grundlegend zum Zusammenhang von politischer Kultur und Unterhaltungskultur Dörner 2000a, 2000b sowie die Beiträge in Kamps/Nieland 2004.

frage und die Beschreibung des methodischen Vorgehens an. In Abschnitt 4 wird der Forschungsstand zu Wahlwerbespots vorgestellt. Bei diesem Untersuchungsschritt liefert insbesondere die Studie von Holtz-Bacha (2000) den Rahmen.[6] Der nächste Abschnitt ist der Vergewisserung der Ausgangslage für den Bundestagswahlkampf 2005 vorbehalten. Die Untersuchung der einzelnen Wahlspots, sprich die Gegenüberstellung der Themen, Deutschlandbilder und der Bezüge zur Außenpolitik in den ausgewählten Spots, findet sich in Abschnitt 6. Abschließend werden diese Befunde vergleichend diskutiert.

2 Theoretische Verortung

Die Wahlwerbeforschung ist als Teil der Forschung zur Politischen Kultur zu begreifen (Holtz-Bacha 2000). Diese Anbindung erfolgt unter Rückgriff auf den Ansatz von Rohe (1987) zur Politischen Kultur. Rohe schlägt die Abkehr von der überwiegend an Einstellungen orientierten Forschung zur Politischen Kultur vor. Damit ebnet er den Weg für einen inhaltsanalytischen Zugriff und kann die gesellschaftlichen Entwicklungen in den Blick nehmen (stellvertretend Holtz-Bacha 2000: 17; Dornheim/Greiffenhagen 2003: 22f.).[7] Der Ansatz von Rohe arbeitet mit der Unterscheidung zwischen Soziokultur und Deutungskultur. Die Soziokultur wird als der selbstverständliche und gegebene, nicht immer neu hinterfragte Bereich der politischen Kultur beschrieben. Die politische Deutungskultur markiert quasi die Metaebene der Politischen Kultur. Auf dieser Metaebene werden die Angebote der Soziokultur reflektiert und ggf. neue Sinn- und Deutungsangebote hervorgebracht. Die Reflexion, Umdeutung und Neugenerierung macht nach dem Konzept von Rohe den sozialen Wandel aus. Zentraler Punkt in Rohes Argumentation ist, dass zwischen der Soziokultur und der Deutungskultur ein „spannungsreiches Austauschverhältnis" besteht (Rohe 1987: 42; vgl. auch Dörner 2003). Um die Produktivität und die Spannungen dieses Austauschverhältnisses zu untersuchen, bietet sich in besonderer Weise die politische Werbung an. Denn die in Wahlwerbespots angebotenen Fremd- und Eigenbilder entstehen aus den und prägen die jeweiligen gesellschaftlichen Diskurse über kollektive und nationale Identitäten.

---

6   Auf eine ausführliche Würdigung der Forschungen zur „visuellen Kommunikation" muss an dieser Stelle verzichtet werden. vgl. grundlegend die Beiträge in Knieper/Müller 2004.
7   vgl. grundlegend Rohe 1987; Dörner 1996, 2000a; Dörner 2001.

Bei der Analyse der Entstehung und Wirkung von nationalen Fremd- und Eigenbildern ist der Rückgriff auf Stereotype hilfreich. Ein Beispiel für einen Stereotyp wären Donald Rumsfelds Äußerungen über das „alte Europa".[8]

Beim Zustandekommen von Bildern über ein Land ist zwischen persönlichen und vermittelten Erfahrungen zu unterscheiden. Angesichts der wachsenden Bedeutung der vermittelten Erfahrung kommt es zu einer „Fiktionalisierung von nationalen Bildern".[9]

Inzwischen unterstützt diese Fiktionalisierung die Identitätsbildung – gleichzeitig verstärkt sie aber die Multiperspektivität. Identität und Identitäten stehen nun nebeneinander, es entwickelt sich ein Wechselspiel von Selbsterkenntnis und Selbstbehauptung, von Selbsterkennen und Anerkennen, von Selbstdarstellung und Selbstmanagement (Hettlage 2000: 16ff). Angesichts von Verschiebung der „Wir-Ich-Balance" sowie der immer dringender werdenden Frage nach dem Gelingen der Identitätsbalancen diagnostiziert Hettlage (ebd.) die „radikale Relativierung von Sinn", die „kulturelle Hybridisierung von Lebensstilen" sowie den „Verlust von Wirklichkeit" oder „Verzicht der Rahmung". Im Ergebnis führt dies zu Selbststilisierung und Selbstästhetisierung, zu Erlebnissucht sowie Ambivalenz, Melancholie und Standardisierung (ebd.). Dieser Prozess ist abgebildet in der Wahlwerbung.

3   Untersuchungsfrage und methodisches Vorgehen

Untersuchungen zu Wahlkampfspots bleiben in Deutschland fast ausschließlich auf die Bundestagswahlkämpfe beschränkt. Dies ist darauf zurückzuführen, dass sich die Ausstrahlung der Wahlspots im Fernsehen (aber auch im Kino) hierzulande auf die (so genannte heiße) Wahlkampfphase konzentriert.[10] Zu berücksichtigen ist außerdem, dass die Parteien unter sehr unterschiedlichen fi-

---

8   vgl. grundlegend zur Rolle von Stereotypen sowie der unterschiedlichen Deutschlandbilder
      die Beiträge in Stierstorfer 2003.
9   vgl. Dörner 2000a, 2000b. Stierstorfer (2003: 14) geht noch einen Schritt weiter: „Da nationa-
      le Fremd- und Eigenbilder einen wichtigen Beitrag zur Identitätsbildung einer Nation leisten,
      kann die Untersuchung der Entstehung und Funktion solcher Bilder einen wichtigen Beitrag
      im Prozess der Völkerverständigung leisten."
10   So wurden im Bundestagswahlkampf 2005 die Fernsehspots zwischen dem 22. August und
      dem 16. September (also dem Freitag vor dem Wahltermin) ausgestrahlt (vgl. Holtz-
      Bacha/Lessinger 2006: 170).
      In jüngster Zeit ist eine Zunahme von Studien zu Informations- und Imagekampagnen von
      Bundesregierung, Ministerien, Parlament(en) und Parteien zu verzeichnen (vgl. stellvertretend
      die Beiträge in Balzer/Geilich/Rafat 2005; vgl. mit einer Untersuchung zur Kampagne „Land der
      Ideen" und der „Bundestagsarena" im Rahmen der Fußball-WM 2006 Kamps/Nieland 2007.

nanziellen und organisatorischen Bedingungen Wahlwerbespots planen und produzieren (lassen).[11]

Für den Bundestagswahlkampf 2005 wurden insgesamt 38 Fernsehspots von 24 Parteien produziert. 31 Spots liefen im öffentlich-rechtlichen Fernsehen (Holtz-Bacha/Lessinger 2006: 175). Die Materialbasis des folgenden Beitrags stellt die von den Herausgebern des vorliegenden Bandes zusammengestellte Spotauswahl dar. Es handelt sich um 21 Spots von 20 Parteien[12], die in der ARD ausgestrahlt wurden. Sämtliche der uns zur Verfügung gestellten Spots wurden mit Hilfe eines qualitativen Verfahrens untersucht. Auf eine umfängliche Schilderung der Inhalte der einzelnen Spots sowie eine Einordnung der Spots in die Wahlkampfstrategien der Parteien wird allerdings im Folgenden verzichtet. Die Konzentration liegt auf der Analyse der politischen Symbole[13] und somit dem „Beitrag", den der jeweilige Spot zur Identitätsbildung leistet. [14]

Bei den symbolischen Gestaltungsmitteln (vgl. stellvertretend Jakubowski 1998: 115ff., 206f.) und genauer den „politischen Symbolen", kann zwischen nationalen und supranationalen Symbolen unterschieden werden. Den staatlichen Symbolen zugehörig sind insbesondere die deutsche Nationalflagge, die Nationalfarben oder auch Symbole der Bundesländer, des Militärs und schließlich deutsche Münzen und Banknoten;[15] supranationale Symbole lassen sich beispielsweise der *Europäischen Gemeinschaft* (bzw. der *Europäischen Union*), der *NATO* oder der *UNO* zuordnen. Zu der symbolischen Gestaltungsvermittlung gehört außerdem die Darstellung politisch-symbolischer Orte. Dazu gehören Bilder von prominenten Bauwerken im In- und Ausland (z.B. Reichstag, Bundestag, Bundeskanzleramt, Buckingham Palace, Elysée-Palast, Weißes Haus), von Denkmälern (z.B. Brandenburger Tor, Siegessäule) oder politisch bedeutsamen Straßen, „typisch deutsche" Landschaften, wie Rhein oder Alpen (vgl. stellvertretend Jakubowski 1998: 207; Holtz-Bacha 2000: 220f.). Einen wichtigen Stellenwert haben in deutschen Wahlwerbespots politisch-symbolische Ereignisse, also in erster Linie der Nationalsozialismus, der Mauerbau und insbesondere die Wiedervereinigung. Hinzu kommen Symbole,

---

11   vgl. grundlegend zur „Professionalisierung der Politikvermittlung" Tenscher 2003 sowie Falk/
     Rehfeld/Römmele/Thunert 2006; vgl. zum Forschungsstand zu Wahlwerbespots vor allem Ja-
     kubowski 1998; Holtz-Bacha 2000; Holtz-Bacha/Lessinger 2006.
12   Einzig von der NPD lagen zwei Spots vor. Strenggenommen handelt es sich um 22 Spots; da
     der Spot der APPD in der zensierten und unzensierten Version zur Verfügung gestellt wurde
     und wir uns in der Betrachtung auf die unzensierte Version beziehen, sprechen wir von 21
     Spots.
13   Kategorien zur inhaltsanalytischen Bestimmung von politischen Symbolen liefert dabei vor
     allem die Studie von Holtz-Bacha (2000); vgl. außerdem die Beiträge in Knieper/Müller 2003.
14   vgl. grundlegend zur Identitätsbildung mit Hilfe von Unterhaltungsangeboten Dörner 1996,
     2000a.
15   vgl. zu den deutschen Nationalsymbolen stellvertretend Reichel 2005.

wie sie etwa der Identifikation der Parteien oder der Symbolisierung der Wahl dienen, daneben Tier- und Pflanzensymbole (z. B. Friedenstaube) oder kontextuelle Symbole (z.B. „Made in Germany"). Gesondert untersucht wurden Landschaftsdarstellungen sowie Aufnahmen von Städten oder Industrie. Hier wurde zusätzlich codiert, ob eine eindeutig positive oder negative Konnotation bei solchen Darstellungen zu identifizieren war. Schließlich wurde die Darstellung allgemeiner politischer Ereignisse, wie politische Massenveranstaltungen (z.b. Demonstrationen) oder kriminelle Handlungen politischer und unpolitischer Art, erhoben (vgl. Holtz-Bacha 2000: 221).[16]

Orientiert an dieser Operationalisierung der symbolischen Gestaltungsmittel wurden bei der vorliegenden Untersuchung folgende Leitfragen zu Grunde gelegt: Welches Deutschlandbild vermitteln die Wahlkampfspots 2005? Inwieweit kommen außenpolitische Dimensionen zum Ausdruck? Lassen sich die Befunde zu den Deutschlandbildern in den Wahlkampfspots in die Debatte um die nationale Identität und deutsche Leitkultur einordnen?

Werden die unterschiedlichen Auswertungsperspektiven, wie sie von Holtz-Bacha und Lessinger (2006: 171) aufgelistet werden, zu Grunde gelegt, dann liefert unsere Auswertung Aufschluss darüber, „wie sich die Parteien selbst darstellen und gesehen werden möchten" und im Vergleich dieser Selbstdarstellungsstrategien werden Unterschiede zwischen den Parteien deutlich.[17]

4   Forschungsstand

Die Mediengesellschaft hält für die politischen Akteure eine Reihe von Fallen bereit[18] – letztlich sind die Ergebnisse ihrer Kampagnen unkalkulierbar geworden. Gleichzeitig haben sich die Bedingungen für Werbekampagnen deutlich verbessert (vgl. stellvertretend Müller 2004; Balzer/Geilich/Rafat 2005; Falk/ Rehfeld/Römmele/Thunert 2006). Und tatsächlich hat die Werbung in deutschen Wählkämpfen an Bedeutung gewonnen. Erste Anzeichen gibt es seit dem Bundestagswahlkampf 1994; die Studien von Jakubowski (1998) und Holtz-Bacha (2000) konzentrierten sich auf die Fernsehwahlwerbespots; aktuelle Befunde weisen allerdings einen Bedeutungsverlust der Spotwerbung nach (Holtz-Bacha/

---

16   vgl. grundlegend zur Analyse von Symbolen und Schlüsselbildern Ludes 2001.
17   Nach Veränderungen im Zeitverlauf oder Unterschieden im internationalen Vergleich konnte nicht gefragt werden. Auch musste auf eine Gegenüberstellung der inhaltsanalytischen Befunde mit den Planer in den Parteien oder der Wirkung bei den Wählern verzichtet werden.
18   Darauf verweist das von Hoffmann-Riem geprägte Bild von den „Politikern in den Fesseln der Medien"; vgl. mit einer ausführlichen Diskussion der These von Hoffmann-Riem die Beiträge in Schatz/Rössler/Nieland 2002.

Lessinger 2006: 180f.) – inzwischen sind andere Werbeformen (etwa die Onlinewerbung) im Fokus der PR-Spezialisten.

Grundbestand der Untersuchungen zur politischen Werbung ist, dass diese eher indirekte Wege beschreitet. Politische Werbung stützt sich auf Emotionalisierung und Ästhetisierung – diese beiden Strategien treten gemeinsam auf und verstärken sich gegenseitig. Unzweifelhaft steht die visuelle Ansprache der Rezipienten, also der Wähler, im Vordergrund.

Der Forschungsstand zu deutschen Wahlwerbespots weist die unmittelbar auf „die Wahl" und auf „den Wahlkampf bezogenen Themen" als die jeweils bestimmenden Themen der Wahlkämpfe aus. Eine Ausnahme bildete das Wahljahr 1969, denn hier befanden sich die Themen „Außenpolitik" (17 Prozent) und „Wirtschafts- und Finanzpolitik" (16 Prozent) im Vordergrund (vgl. Holtz-Bacha 2000: 176). Blickt man auf alle Wahljahre und alle Parteien, erweisen sich die „Sozialpolitik", das Thema Arbeitslosigkeit ist hier der Sozialpolitik zugerechnet, ebenso, wie wirtschafts- und finanzpolitische Fragen, als „Dauerbrenner" (ebd.: 178).

Bezogen auf die Unterschiede zwischen den Parteigruppen zeigten sich im Verhältnis von positiver zu kritischer Bewertung der jeweiligen Themen, dass die kleineren Parteien eher Kritik üben und den Themen eine negative Bewertung beimessen (ebd.: 181).

Gefragt nach der Personalisierungstendenz ist zu resümieren, dass im Zeitverlauf die Formate mit Parteivertretern im Verhältnis zu Formaten ohne Parteivertreter erheblich an Bedeutung gewinnen (ebd.: 165). Die gestiegene Kandidatenorientierung schlägt sich vor allem zugunsten von Statements der Politiker nieder. Die Befunde für die Präsentationsformen zeigen weiter, dass Parteienvertreter vergleichsweise selten als handlungstragende Akteure auftauchen. Nachzuweisen ist, dass wenn Parteivertreter visuell präsent sind, diese überwiegend in formellen Situationen präsentiert werden – somit die deutsche Wahlwerbung nur wenig Neigung hat, Politiker in informeller, privater Atmosphäre zu zeigen (ebd.: 197).

Zu den symbolischen Gestaltungsmitteln deutscher Fernsehwahlwerbespots lässt sich im Zeitverlauf folgender Befund festhalten: In der Gruppe der politischen Symbole kommt den Staatssymbolen die größte Bedeutung zu. Insbesondere die Bundesflagge, deren Farben im Grundgesetz festgelegt sind, eignet sich aufgrund ihrer Eindeutigkeit und als vertrautes Symbol besonders für die Parteienwerbung (ebd.: 221). Die Verwendung der Staatssymbole steigt ab 1972 langsam an und erzielte 1976 mit fast 20 Prozent einen Spitzenwert. Dieser Spitzenwert wurde im Jahr 1990, in der Bundestagswahl zur Deutschen Einheit, noch einmal erreicht. Die Sozialdemokraten setzten Staatssymbole erst in den Wahlkämpfen in den 1970er Jahren ein, also zu einem Zeitpunkt, als sie an der Regierung waren. In den 1980er Jahren ging der Rückgriff auf diese Symbole zurück und 1990 gab es sogar einen Verzicht auf die emotionale Leistungskraft dieser Symbole (ebd.: 222). Andere politische Symbole hatten in der deutschen Wahlwerbung wenig Bedeutung: bei den supranationalen Symbolen gewann ab den 1990er Jahren der Sternenkranz der EU an Bedeutung (1998 waren es immerhin 7,5 Prozent; Flaggen anderer Länder tauchten in 2 Prozent der Spots auf). Wie zu erwarten war, lag in der Gruppe der politisch-symbolischen Orte der Fokus auf den politisch-symbolischen Bauwerken in Deutschland. Diese waren in gut drei Prozent aller Sequenzen zu sehen. Daneben hatten nur noch deutsche Denkmäler eine gewisse Bedeutung – allen voran das Brandenburger Tor, nämlich zunächst als Symbol für die deutsche Teilung und später als Symbol für die deutsche Einheit (ebd.: 223). Bezogen auf politisch-symbolische Ereignisse, lässt sich in den Wahlwerbespot ein großer Anteil an Szenen zur Wiedervereinigung, zum Bau der Mauer bzw. zu Symbolen der deutschen Teilung und Einheit finden. Landschaftsaufnahmen, die positive und/oder negative Assoziationen hervorrufen, tauchen in etwas mehr als vier Prozent aller untersuchten Sequenzen auf. Der größte Teil entfällt auf Darstellungen mit einer positiven Konnotation (ebd.: 226). Im Vordergrund der Wahlwerbung stehen Symbole, die der Identifikation mit der Partei dienen. In diese Gruppe gehören Logos, der typische Schriftzug oder Farben der Partei. Hinzu kommen Wahlsymbole wie Stimmzettel, Wahlkabinen oder -urnen, wenngleich diese Symbole abnehmende Bedeutung im Zeitverlauf besitzen.

Positive Emotionen werden in den Spots mit Hilfe von Bildern spielender Kinder, lachender Menschen, schöne Landschaften und angenehmen Farben erzeugt; negative Gefühle wie Furcht, Ärger oder Mitleid rufen Bilder von kranken oder armen Menschen, Militärdarstellungen oder verödeten Landschaften hervor. Holtz-Bacha (ebd.: 227) fasst diese Aspekte wie folgt zusammen: „Im Durchschnitt für alle Parteien finden sich solche emotionalisierenden Bildelemente in rund 28 Prozent der Sequenzen. Der größere Teil davon, nämlich 19 Prozent, entfällt auf Bilder, die auf positive Gefühle zielen, rund sieben Prozent legen eher negative Gefühle nahe, der Rest besteht aus Kombinationen. Die Wahlwerbung zur Bundestagswahl 1998 erweist sich dabei als die am stärksten emotionalisierte im Zeitvergleich: Für 46 Prozent der Sequenzen wurden Bildelemente identifiziert, die auf positive oder negative Emotionen setzen."

Insgesamt verzeichnet Holtz-Bacha einen Rückgang von Bildelementen, die negative Emotionen ansprechen. Die am häufigsten gewählte Emotionalisierungsstrategie ist der Einsatz von Kindern: 1998 waren Kinder in 17 Prozent der Szenen zu sehen und in drei Viertel der Fälle, in denen Kinder im Bild waren, war eine Emotionalisierungsstrategie zu erkennen.

5 Die Ausgangslage: Wahlkampfstrategien und Themenkonjunkturen

Mit der Ankündigung, schnellstmöglich Neuwahlen anzustreben, gaben Gerhard Schröder und Franz Müntefering am Abend der NRW-Landtagswahl den Startschuss für den Bundestagswahlkampf 2005. Die Umfragewerte der SPD waren zu diesem Zeitpunkt im Keller, wohingegen sich die CDU in der Wählergunst (zunächst) stetig verbesserte. Bei der Kanzlerfrage allerdings lag Schröder noch vor Angela Merkel. Am 30. Mai 2005 nominierte die CDU Merkel als Kanzlerkandidatin, einen Tag später wartete die *Bild-Zeitung* ganzseitig mit einem Merkel-Bild und dem Zitat „Ich will Deutschland dienen" auf. Am 1. Juli 2005 stellte Kanzler Schröder im Bundestag die Vertrauensfrage, 20 Tage später (am 21. Juli) löste Bundespräsident Horst Köhler den Bundestag auf und setzte als Neuwahltermin den 18. September fest.

Der Bundestagswahlkampf 2005 zeichnete sich durch die bislang einmalige Geschlechter-Konstellation Mann vs. Frau aus. Hinzu kam eine deutlich differenzierte, persönliche Positionierung und Ausgangslage der Kandidaten. Korte (2005: 13) formulierte dies so: „Der mediale Charismatiker stand einer Kandidatin mit protestantischer Demutsethik gegenüber."

Ab dem 10. August war die Kritik von Edmund Stoiber an den ostdeutschen Wählern, die er auf einer Wahlkampfveranstaltung geäußert hat, das zentrale Thema in den Medien. Eine Woche später gab Merkel ihr Kompetenzteam bekannt. Die Aufnahme des Steuerexperten Paul Kirchhof in das Team verlieh dem Wahlkampf 2005 eine neue Wendung. Kirchhofs Aussagen in Bezug auf mögliche steuer- und finanzpolitische Einschnitte für die Bevölkerung spielten der Wahlkampftaktik der SPD in den nächsten Wochen in die Karten. Gleiches galt für die im Regierungsprogramm der CDU angekündigte Erhöhung der Mehrwertsteuer (vgl. stellvertretend Brettschneider 2005).[19] Die Sozialdemokraten rückten das Thema der „Sozialen Gerechtigkeit" in den Vordergrund und konnten sich, obwohl sie in der Regierungsverantwortung waren, als „Oppositionspartei" gegenüber der siegessicheren CDU profilieren (vgl. Korte 2005: 13; Rattinger/Juhasz 2006: 30 ff.). Im TV-Duell am 4. September konnte Schröder gegenüber Merkel punkten. In allen Umfragen sahen die Wähler Schröder vorn, gleichwohl blieb die CDU klar vor den Sozialdemokraten bzw. Schwarz-Gelb vor Rot-Grün. Neben den Fragen der sozialen Gerechtigkeit rückte nun die Kirchhof-Debatte, die sowohl seitens der SPD als auch innerhalb der CDU (z.B. Friedrich Merz) geführt wurde, in den Fokus des medialen Interesses. In den letzten Tagen vor der Wahl wurde das Bild der CDU mit Blick auf Kirchhof in der Öffentlichkeit immer zerstrittener dargestellt bzw. wahrgenommen und die

---

19   Bemerkenswert ist, dass die Union dem am 11. Juli vorgestellten Programm nicht den Status eines Wahlprogramms, sondern den eines Regierungsprogramms anheftet.

SPD holte in den Umfragen immer mehr auf. Die Wahl am 18. September endete mit dem Ergebnis, dass Schwarz-Gelb über keine Mehrheit verfügte (vgl. stellvertretend Jung/Wolf 2005). Mit der Medienschelte von Gerhard Schröder begann noch am Wahlabend (vgl. Konken 2005) das zähe Ringen um mögliche Regierungskoalitionen. Schließlich wurde eine Große Koalition gebildet und Angela Merkel am 22. November 2005 zur Kanzlerin gewählt.

Die hier knapp geschilderte Ereignisabfolge lässt sich in der These vom „Medienwahlkampf mit zwei Siegern" (Korte/Nieland/Ballensiefen/Klingen 2006) verdichten. Die Herausforderin Angela Merkel hatte in der Berichterstattung zur Bundestagswahl 2005 einen medialen Image-Vorteil gegenüber Bundeskanzler Gerhard Schröder. Merkel wurde in einer Duisburger-Studie (Korte/Nieland/Ballensiefen/Klingen 2006; Ballensiefen/Klingen/Nieland 2007), die sich auf eine umfassende Untersuchung der politischen Berichterstattung der *Süddeutschen Zeitung* und *Bild-Zeitung* sowie der Politischen Talkshow *Hart, aber fair* stützt, bereits als ‚gefühlte Kanzlerin' dargestellt – der Kanzlerbonus Schröders kam in der Berichterstattung nicht zum Tragen. Damit standen die untersuchten Medien im Kontrast zur Stimmung in der Bevölkerung. Die Wähler wollten laut Umfrageinstituten, mit Ausnahme von vier Wochen nach der NRW-Landtagswahl, mehrheitlich Schröder als Kanzler behalten. Vor allem in der *Bild-Zeitung* wurde Merkel deutlich positiver dargestellt als Schröder. Der Herausforderin wurden 37,3 Prozent positive Beschreibungen zugeordnet, bei Schröder waren es im Vergleich nur 13,6 Prozent. Sowohl in der Bildauswahl als auch bei der inhaltlichen Erwähnung war ein Image-Vorsprung Merkels messbar (vgl. ausführlich Korte/Nieland/Ballensiefen/Klingen 2006; Ballensiefen/Klingen/Nieland 2007).

Die extreme Personalisierung trug einerseits dazu bei, dass Problemlösungskompetenzen verstärkt an Personen und nicht an Parteien festgemacht wurden. Als Folge dieser Pointierung, die zur medialen Präsentation notwendig erscheint, lässt sich einerseits anführen, dass sich auch politisch eher uninteressierte Bevölkerungskreise mit Wahlinhalten befassen. Auf der Policy-Ebene lässt sich jedoch kritisch formulieren, dass die Medienfixierung politischer Kommunikation die politische Substanz aushöhle (vgl. Sarcinelli 2005: 161). Die komplizierten Verfahren der Verhandlungsdemokratie werden übersprungen. Auch im Feld der politischen Führung hat sich eine neue, mit Bescheidenheit gepaarte Sachlichkeit ausgebreitet.

Dieser Rückblick wäre nicht vollständig, wenn nicht an die Debatte um den Türkei-Beitritt zur *Europäischen Union* erinnert würde. Während Edmund Stoiber sich im Frühjahr 2005 mehrfach gegen einen Beitritt aussprach, schlug die Kanzlerkandidatin eine moderatere Haltung ein. Sie redete von einer privile-

gierten Partnerschaft.[20] Letztlich aber wurde von den großen Parteien die Perspektive, die der Türkei eingeräumt wird, kaum im Wahlkampf thematisiert –
ähnliches galt auch für die Auswirkungen der VISA-Affäre auf das Image von
Außenminister Joschka Fischer. Außenpolitik also war kein Wahlkampfthema.
Der kurze und intensive Wahlkampf beschränkte sich nahezu auf die Themen
„soziale Gerechtigkeit" und „ökonomische Effizienz". Dies verwundert, hätte
die Rot-Grüne Regierung sowohl aufgrund ihrer Haltung 2002, als der Irak-
Krieg drohte, als auch auf dem Feld der „kulturellen Modernisierung", substan-
tielle Erfolge und Imagepunkte sammeln können.

6 Befunde

Der folgende Abschnitt liefert einen Überblick über die Deutschlandbilder und
die Bezüge zur Außenpolitik in den einundzwanzig Wahlkampfspots.[21]
  Die Partei 50+ wartet mit keinem expliziten Deutschlandbild auf. Ihr Spot
kommt bewusst und konsequent ohne Bilder oder gar Spezialeffekte aus. Mit
dem Parteilogo im Hintergrund läuft der Text über die Positionen der Partei –
wie auf einem Teleprompter – durch. Der Text wird im Stil einer Nachrichtensendung verlesen. Die „sparsame" Präsentationsform entspricht der Forderung
der Partei. 50+ wendet sich gegen die Wahlpropaganda und die mit dem Wahlkampf verbundenen Kosten. Das von der deutschen Politik gezeichnete Bild ist
durchgängig negativ.
  Auch die Allianz für Gesundheit, Frieden und soziale Gerechtigkeit (Allianz GFG) zeichnet kein explizites Deutschlandbild. Die Allianz GFG stellt der
Pharmaindustrie das Verfahren ihres Parteivorsitzenden und Kandidaten Dr.
Rath gegenüber. Der Mediziner verkündet im Stil einer Produktwerbung, dass
seine Methoden nicht nur die Volkskrankheiten (z.B. Krebs und Aids) bekämp-
fen können, sondern auch ein „Rezept" gegen alle großen Probleme der bundesdeutschen Gesellschaft seien. Eine positive Stimmung sollen die Landschafts-
bilder vom Wattenmeer – hier ist auch der Spitzenkandidat zu sehen – erzeugen.
Diese Sequenz erinnert an den Werbespot der Brauerei Jever, der auch für
den SPD-Spot 1998 Pate stand. Bemerkenswert ist, dass der Spot ohne (nationale oder staatliche) Symbole auskommt. Die Emotionalisierung geschieht auf
der einen Seite durch Bilder jubelnder Menschen (es handelt sich um Patienten
von Dr. Rath, die offenbar von ihm erfolgreich behandelt wurden) und auf der
anderen Seite durch Bilder von Kranken.

---

20   An dieser Stelle kann nicht diskutiert werden, dass diese Bezeichnung „in die Irre führt", denn
     die Türkei verfügt längst über ein privilegiertes Verhältnis zur EU.
21   Die Darstellung folgt der Reihenfolge der von Dörner und Schicha zusammengesellten DVD.

Die *Anarchistische Pogo Partei Deutschland (APPD)* griff mit einem äußerst umstrittenen Spot in den Wahlkampf ein. Die APPD zeigt eine exzessive Punk-Party. Sexuelle Handlungen und Gebrauch von Heroin werden angedeutet. Im Verlauf der „Party" wird Hundefutter und Bier konsumiert. Der Spot verwendet als politische Symbole Wahlzettel – diese werden verbrannt. Außerdem sind Plastiktüten der Discounter *Aldi* und *Lidl* zu sehen. Als weitere Symbole der bürgerlichen Gesellschaft sind ein entwendeter Mercedes-Stern (der einer Punkerin um den Hals hängt) und ein PC (der mit einer Axt zerstört wird) im Bild. Die Botschaft lautet „Deine Stimme für den Müll".

Die *Bayernpartei* benützt eine Vielzahl von Symbolen. Ein Größenvergleich mit der Europalandkarte soll die Dimensionen des Freistaats Bayern gegenüber anderen EU-Mitgliedsländern verdeutlichen. Abgeleitet von der Größe und wirtschaftlichen Leistungskraft Bayerns argumentiert die *Bayernpartei*, dass der Überschuss, den Bayern erwirtschaftet, für die Bürger Bayerns verwendet werden sollte. Im Mittelpunkt ihrer Arbeit würde die *Bayernpartei* die Verbesserung von Wasser, Luft und Böden sehen. Neben dieser Forderung wird auf die Versäumnisse in Berlin hingewiesen: Deutschland (also der Bundesstaat) blockiert den Fortschritt. Bilder von einer idyllischen Landschaft und einer Familie beim Spaziergang sollen in Verbindung mit den bayerischen Farben bzw. der bayerischen Flagge eine positive Stimmung erzeugen.

Das *Bündnis für Deutschland Volksabstimmungen gegen die Zuwanderung ins soziale Netz* verwendet in seinem Spot als politisches Symbol die Deutschlandflagge und erwähnt die EU-Verfassung. Außerdem sind Baustellen im Bild, allerdings ohne Arbeiter, was den Stillstand in Deutschland symbolisieren soll.

Die *CDU* stellt in ihrem Spot die erschreckende Bilanz von Rot-Grün heraus. Wachstum und mehr Arbeit werden angekündigt. Die Botschaft lautet: „Deutschland wird es schaffen". Es werden keine nationalen Symbole gezeigt. Nur implizit wird auf die Außenpolitik eingegangen, Deutschland soll ein verlässlicher Partner sein.

Die *CSU* kapriziert sich auf das Thema Ausbildung, denn mit mehr Arbeitsplätzen wird es bald wieder besser. Propagiert wird der Wechsel, damit es mit Deutschland wieder aufwärts geht. Der Parteivorsitzende Stoiber wird im Gespräch mit Mitarbeitern und Bürgern gezeigt. Außenpolitik, beispielsweise die Position der *CSU* gegen den Türkei-Beitritt zur EU, wird nicht angesprochen.

Die *Familienpartei* stellt heraus, dass das Land ohne Kinder keine Zukunft besitzt. Im Bild ist ein Kinderspielplatz. Im ersten Teil des Spots ist dieser leer und auf den Bänken sitzen nur ältere Menschen. Mit dem Eintreffen der Kinder (auf dem Spielplatz) hellt sich die Stimmung auf.

Die *FDP* arbeitet in ihrem Wahlkampfspot mit einem der stärksten politischen Symbole, dem Reichstag. Spitzenkandidat Westerwelle ist wie ein

Nachrichtensprecher vor dem Bild des Reichstags platziert (vgl. auch Holtz-Bacha/Lessinger 2006: 174). In seiner Ansprache greift er das Wort des Bundespräsidenten Horst Köhler auf: „Arbeit hat Vorfahrt". Westerwelle suggeriert, dass der Aufschwung durch Wachstum zu erreichen ist und fordert deshalb eine wirtschaftsfreundliche Politik. Das liberale Motto lautet: „Leistung muss sich lohnen". Die europäischen Nachbarn hätten es geschafft.

Bündnis'90/Die Grünen zeigen in ihrem Spot den Spitzenkandidaten vor einer Alpenkulisse – der Spot trägt den Titel: „Joschka auf der Alm".[22] Die Grünen stellen das Thema Umwelt in den Mittelpunkt. Umwelt dürfe nicht gegen Arbeit gesetzt werden. Aufmerksamkeit erzielt der Spot aufgrund der Schnitttechnik. Fischer führt aus, dass die Grünen nicht an allem schuld sind. Die ehemalige Protestpartei steht für Frieden und Sicherheit, d.h. gegen den Irak-Krieg. Das (angespannte) Verhältnis zu den USA rechtferig und beschreibt der damalige Außenminister so: „Freundschaft ja, Gefolgschaft nein". Die politische Werbung der Grünen lässt sich auf den Nenner bringen: „Ja zu Joschka!" (ebd.: 174).

Die Grauen positionieren sich gegen die so genannte Hartz IV-Gesetzgebung. Sie setzen sich für Gesundheit, Frieden, Gerechtigkeit ein. Auf nationale Symbole wird nicht zurückgegriffen.

Die *MLPD* wählt als Hintergrund die Weltkugel, interessanterweise ist der nordamerikanische Kontinent zu sehen. Gefordert wird Widerstand durch eine internationale sozialistische Perspektive. Die Marxisten sprechen sich gegen die Macht der globalen Konzerne aus. Um erfolgreich zu sein, braucht es ihrer Meinung nach eine internationale Strategie der Arbeit. Die MLPD wendet sich gegen Lafontaine und das kapitalistische Kerneuropa.

Von der *NPD* liegen zwei Spots vor. Im ersten wird auf den Adler als ein starkes nationales Symbol zurückgegriffen. Mit Verweis auf das Fremdarbeiter-Zitat von Oskar Lafontaine wird die Linkspartei als Raubkopierer bezeichnet. Als europapolitische Forderung wird die Abwahl des Euro genannt. Im zweiten NPD -Spot „erscheint" wiederum der Adler. Dann wird die Deutschlandhymne eingespielt (und zwar die verbotene erste Strophe), aber das Bild verdunkelt sich und der Wolf, als Symbol der Türkei, erscheint. Diese Stimmung wird untermalt mit dem Slogan: „Deutscher! Deutschland ist Dein".

Die vom Satire-Magazin *Titanic* gegründete Partei für Arbeit, Rechtsstaat, Tierschutz, Elitenförderung und basisdemokratische Initiative (= Die Partei) verwendet als nationales politisches Symbol die Fahne. Der Spot ist als Satire erkennbar, da die Kulisse in den Farben und durch das Logo des Billigflug-Anbieters *Hapag-Lloyd-Express* (HXL) gehalten ist. Der ehemalige *Titanic-*

---

22 Der Spot existiert in zwei Versionen (Holtz-Bacha/Lessinger 2006: 173); zur Analyse lag die „funky version" vor.

Chefredakteur Martin Sonneborn berichtet in dem Spot über das von „extrem hochbezahlten Beratern" entwickelte Projekt HXL, welches zum Ziel hat, die „Verlagerung von qualifizierten Leistungsträgern nach Bari, Neapel, Pisa, Olbia, Salzburg und weiteren Destinationen" sicherzustellen. Die Forderungen sind – zumal in der Zusammensetzung – absurd: hohe Leistungsmaximierung, gute Laune. Indirekt greift die Partei den Schleichwerbeskandal auf[23] und rettet sich am Ende in den Klamauk, als die Fahne umfällt. Stolz wird verkündet, dass *Die Partei* „die einzige Partei sei, die von der *Stiftung Warentest* mit gut benotet wurde" (Holtz-Bacha/Lessinger 2006: 166f.).

Die Partei Bibeltreue Christen (PBC) wirft die Frage auf: Was braucht ein Kind? Im Spot sind Bilder von spielenden Kindern zu sehen. Es handelt sich nicht um einen Film, sondern um Zeichnungen – im Stil von Kinderbüchern, ohne dabei nationale Symbole zu verwenden.

Die *Linkspartei.PDS* setzt Bauwerke ins Bild. Die Brücke soll die Verbindung zwischen Ost und West symbolisieren. Die fahrradfahrenden Parteivertreter werden von dem Ausspruch begleitet: „Das ist unser Land". Die politische Botschaft lautet: der Reichtum darf nicht nur wenigen gehören. Die Linkspartei ruft dazu auf, das Land gemeinsam zu ändern. Für die Linke stehen die Spitzenkandidaten Lafontaine und Gysi. Zu einer Demokratie gehören Alternativen. Es handelt sich nach Ansicht von Holtz-Bacha und Lessinger (ebd.: 175) um eine Negativkampagne. Das Leitmotiv des Spots ist die Farbe Rot.

Die Republikaner (REP) meinen, dass sich Deutschland am Abgrund befände. Die Rede ist vom Abbau des Sozialsystems und vor allem von der Terrorgefahr. Geier erzeugen eine bedrohliche Stimmung. Außerdem sind Bilder vom Arbeitsamt zu sehen. „Wenn ihr Deutschland nicht liebt, dann geht nach Hause". In einer Bildmontage werden Osama Bin Laden und ein bewaffneter Al-Qaida-Kämpfer gezeigt. Im Anschluss werden Steckbriefe von Schröder und Schilly gezeigt. *Die Republikaner* greifen auf zahlreiche Gestaltungsmittel zurück: es gibt Bilder vom Wiederaufbau (Trümmerfrauen), der Fußballweltmeisterschaft 1954 und der Maueröffnung. Am Schluss des Spots werden vier Millionen neue Arbeitsplätze versprochen.

Der Spot der *SPD* zeigt Demonstrationen gegen den Kriegseinsatz im Irak. Die Botschaft lautet: die SPD ist standhaft für Frieden. Weitere Verdienste der Sozialdemokraten sind die Einigung auf den Atomausstieg, die konsequente Familienpolitik und das Eintreten für den Kündigungsschutz. Der ganz auf Gerhard Schröder zugeschnittene Spot zeigt ihn von Mitarbeitern begleitet durchs Kanzleramt gehend und zeigt Einblendungen von öffentlichen Auftritten des (damaligen) Kanzlers (Holtz-Bacha/Lessinger 2006: 172).

---

23   Eines der Ziele ist die „komplette Abschaffung der Schleichwerbung".

Die *Tierschutzpartei* zeigt in ihrem Spot aufwühlende Bilder von Tiertransporten und -versuchen. Als Partei, die sich „nur" einem Thema verschrie-
ben hat, kommt sie ohne weitere Symbole aus. Ein Bezug zur außenpolitischen
Dimension des Tierschutzes (etwa das Drängen auf europaweite Bestimmungen
zur Verbesserung von Tiertransporten) wird verzichtet.

Die Zentrumspartei ließ einen einfachen Spot produzieren. Der Spitzenkandidat verliest die Forderungen in einem Amtszimmer sitzend. In dem
sparsamen Spot sind keine Symbole eingebaut. Der Kandidat beschäftigt sich in
seinem Statement ausschließlich mit der Innenpolitik. Konkret geht es um die
Rolle der Parteien nach der Wiedervereinigung. Es werden Portraits von Schröder und Merkel sowie auch Altkanzler Kohl – wie bei einer Nachrichtensendung
– eingeblendet. Der CDU wird vorgeworfen, sie hätte sich am Vermögen der
Zentrumspartei bereichert.

7   Diskussion der Befunde und Ausblick

Die Identitätssuche bleibt ein „deutsches Problem". Im Rückblick zeigt sich,
dass weder der Wiedervereinigungsgedanke noch der Europagedanke lange für
eine Verständigung auf eine gemeinsame Orientierung taugt. Die Flucht aus
diesem Dilemma lautet: „[Weil] der Zugang zur Vergangenheit verbaut war,
erhalten Gegenwartsbezüglichkeit und die augenblickliche Leistungsstärke ein
Übergewicht" (Hettlage 2000: 13). Versuche, mit Begriffen wie „Leitkultur" zu
einer ernsthaften, unvoreingenommenen und breiten öffentlichen Auseinandersetzung über die Grundlagen und die tragenden Orientierungen der bundesdeutschen Gesellschaft zu gelangen – so der Anspruch des Sammelbandes von Bun-
destagspräsident Norbert Lammert (2000) – waren bislang ohne großen Erfolg.

Gleiches gilt auch für den Bundestagswahlkampf 2005. Dieser war, nicht
zuletzt aufgrund der kurzen Vorbereitungszeit nach den überraschend angestrebten Neuwahlen durch Schröder und Müntefering, besonders intensiv und me-
dienzentriert. Die Fernsehspots standen aber nicht im Mittelpunkt der Kampagnen der Parteien (vgl. Holtz-Bacha/Lessinger 2006: 180f.). Gleichwohl sorgten
mindestens drei Spots für Aufmerksamkeit und Anschlusskommunikation (ebd.:
165f.) – die oben betrachteten Spots der *APPD* und *Die Partei* gehörten dazu.
Die von *APPD* und *Die Partei* gezeigten Deutschlandbilder stellen einen Bruch
zur Tradition des deutschen Selbstverständnisses dar.

Ingesamt lassen sich aus der Gegenüberstellung der 21 Wahlkampfspots
fünf Befunde ableiten:

1. Keiner der untersuchten Spots nimmt Bezug auf ein Fremdbild von Deutschland. Explizit wird nicht von Deutschland als Teil des „alten Europas", als „Dichternation" oder „den fleißigen Deutschen" gesprochen.

2. Insgesamt ist ein sparsamer Umgang mit Eigenbildern zu verzeichnen. Klassische Eigenbilder werden von den REP's und der NPD eingesetzt, dann mit nationalistischem Hintergrund. Es werden nur wenige nationale Symbole gezeigt, meist die Flagge, selten der Reichstag. Eine Konstruktion von Eigenbildern findet sich bei den Grünen und der SPD.

3. Gegenüber älteren Studien ist eine Zunahme der (ironischen) Brechung, Zerstörung und Ironisierung der Eigenbilder zu beobachten: das Asoziale wird als das Normale dargestellt (APPD) oder ironisiert (Die Partei). Vereinzelt werden Zukunftsbilder (positiv Familie und negativ Zuwanderung) zu Eigenbildern erhoben.

4. Explizit wird die Außenpolitik nur bei der SPD und den Grünen erwähnt (und gezeigt). Der Türkeibeitritt ist für die NPD ein wichtiges Thema, aber dieser wird „nur" auf der Symbolebene angesprochen. Die EU taucht in den untersuchten Spots überwiegend mit negativer Zuordnung auf: bei der NPD, der AGFG, der Bayernpartei und der MLPD. Dieser Befund überrascht angesichts der laufenden Verfassungs- bzw. Identitätsdebatte und der Ratspräsidentschaft der Bundesrepublik Deutschland im ersten Halbjahr 2007.

5. Die zentralen Themen sind „Wirtschaft" und „soziale Gerechtigkeit". Das Thema „Migration" fehlt, die Zuwanderung wird nationalistisch interpretiert (*REP, NPD* und zum bei der *Allianz GFG*). Die Terrorgefahr findet ebenso wie der Umweltschutz vereinzelt Erwähnung.

6. Die Rückgriffe auf Werte (etwa christliche Werte bei der PBC oder (internationale) Solidarität bei der MLPD und der Linkspartei) bleiben diffus. Es findet keine direkte Thematisierung der kulturellen Modernisierung statt. Trotz der häufigen – eigentlich durchgängigen – Verwendung von staatlichen und nationalen Symbolen, wird der Patriotismus nur von der NPD und den REP erwähnt.

Die Ergebnisse können als eine Fortführung der Befunde der Studie von Holtz-Bacha aus dem Jahre 2000 eingeordnet werden. Auch 2005 orientierte sich die deutsche Wahlwerbung an der Wirtschaftswerbung. Weiterhin sind die Spots mit Statements, die von den Kandidaten gesprochen werden, die Klassiker unter den Präsentationsformen der politischen Werbung.[24] Festzustellen ist eine gemäßigte Personalisierung, denn die Kandidatenorientierung bedeutet, dass Par-

---

24   vgl. für die Wahlwerbung 1957 bis 1998 Holtz-Bacha 2000: 232.

teienvertreter zwar häufig im Bild zu sehen sind, aber seltener zum Thema der Spots gemacht werden.[25] Ausnahme bildeten Fischer und Schröder sowie die Angriffe auf Lafontaine vor allem durch die NPD. Schwerpunkt bleibt auch 2005, dass die Kandidaten selten privat und informell präsentiert werden. Politik wird also auch weiterhin als ein seriöses Geschäft „verkauft" – deshalb sorgten die Spots von APPD und Die Partei für so große Aufmerksamkeit. Die überwiegende Zahl der Spots weist ein sachpolitisches Thema auf und dabei ist das thematische Spektrum der Parteienspots relativ eng.[26]

Nachdem 2002 die rot-grüne Koalition mit dem Thema Irak-Krieg die Stimmung bei den Wählern zu ihren Gunsten drehen konnte, blieb die Außenpolitik in den Wahlwerbespots 2005 im Hintergrund. Damit ist ein weiterer langfristiger Trend bestätigt.

Unserer Meinung nach liegt es aber weniger daran, dass kein außenpolitisches Thema vorlag, sondern an der Tatsache, dass die SPD sich entschlossen hatte, einen Oppositionswahlkampf zu führen. Für diese Strategie bot sich das Thema „soziale Gerechtigkeit" an. Auf der anderen Seite wählte die Union (und in Teilen auch die FDP) einen Regierungswahlkampf. Dabei griff die Union – hier bezogen auf die Werbespots von CDU und CSU – nicht auf außenpolitische Fragen zurück. Bezogen auf ihre Haltung in der Irak-Frage wäre dies sicherlich auch schwierig gewesen, angesichts der Erfolge der Kohl-Regierungen in der Europapolitik hätten sich aber auch andere Felder angeboten.

Bemerkenswert ist, dass die identitätsstiftende Kraft des Visuellen 2005 nicht im Mittelpunkt der Wahlspots stand – zumindest bezogen auf die Fremd- und Eigenbilder. Hängen geblieben ist der Slogan „Schaut auf dieses Land" der APPD als Ironisierung und auch als Angriff auf die klassischen Formen der Wahlwerbung.

Literatur

Ballensiefen, Moritz/Klingen, Tobias/Nieland, Jörg-Uwe (2007): Imagesetting im Bundestagswahlkampf 2005 – Eine Untersuchung der Berichterstattung der Süddeutschen Zeitung und der Bild-Zeitung. In: Gassen, Vera/Hofer, Lutz/Rinke, Eike Mark/Stollen, Torsten/Wolf, Christian (Hrsg.): Düsseldorfer Forum Politische Kommunikation. Schriftenreihe DFPK – Band 2. Berlin, i.E.
Balzer, Axel/Geilich, Marvin/Rafat, Shamim (Hrsg.) (2005): Politik als Marke. Politikvermittlung zwischen Kommunikation und Inszenierung. Münster.

---

25   vgl. für die Wahlwerbung 1957 bis 1998 Holtz-Bacha 2000: 233.
26   vgl. für die Wahlwerbung 1957 bis 1998 Holtz-Bacha 2000: 235.

Bergem, Wolfgang (2002): Identität. In: Greiffenhagen, Martin/Greiffenhagen, Sylvia (Hrsg.): Handwörterbuch zur politischen Kultur der Bundesrepublik Deutschland. 2. Aufl. Wiesbaden. 192-200.

Brettschneider, Frank (2005): Bundestagswahlkampf und Medienberichterstattung. In: Aus Politik und Zeitgeschichte, 51-52/2005. 19-26.

Dörner, Andreas (1996): Politischer Mythos und symbolische Politik. Der Hermannmythos: Zur Entstehung des Nationalbewusstseins der Deutschen. Reinbeck.

Dörner, Andreas (2000a): Politische Kultur und Medienunterhaltung. Zur Inszenierung politischer Identitäten in der amerikanischen Film- und Fernsehwelt. Konstanz.

Dörner, Andreas (2000b): Politische Identität in Unterhaltungsöffentlichkeiten. Zur Transformation des Politischen in der medialen Erlebnisgesellschaft. In: Hettlage, Robert/Vogt, Ludgera (Hrsg.): Identitäten in der modernen Welt. Wiesbaden. 155-180.

Dörner, Andreas (2001): Politainment. Politik in der medialen Erlebnisgesellschaft. Frankfurt/M.

Dörner, Andreas (2003): Politische Kulturforschung. In: Münkler, Herfried (Hrsg.): Politikwissenschaft. Ein Grundkurs. Reinbek. 587-619.

Dornheim, Andreas/Greiffenhagen, Sylvia (2003): Einführung: Identität und politische Kultur. In: Dornheim, Andreas/Greiffenhagen, Sylvia (Hrsg.): Einführung: Identität und politische Kultur. Stuttgart. 11-28.

Eisenberg, Eric M. (2001): Building a Mystery: Toward a New Theory of Communication and Identity. In: Journal of Communication. Sept. 534-552.

Falter, Jürgen W./Gabriel, Oskar W./Wessels, Bernhard (Hrsg.) (2005): Wahlen und Wähler. Analysen aus Anlass der Bundestagswahl 2002. Wiesbaden.

Falk, Svenja/Rehfeld, Dieter/Römmele, Andrea/Thunert, Martin (Hrsg.) (2006): Handbuch Politikberatung. Wiesbaden.

Gabriel, Oscar W./Neus, Beate/Rüther, Günther (Hrsg.) (2006): Eliten in Deutschland. Bedeutung – Macht – Verantwortung. Bonn.

Heitmeyer, Wilhelm (Hrsg.) (2006): Deutsche Zustände. Folge 4. Frankfurt a. M.

Hettlage, Robert (2000): Identitäten im Umbruch. Selbstvergewisserungen auf alten und neuen Bühnen. In: Hettlage, Robert/Vogt, Ludgera (Hrsg.): Identitäten in der modernen Welt. Wiesbaden. 9-51.

Hettlage, Robert/Vogt, Ludgera (Hrsg.) (2000): Identitäten in der modernen Welt. Wiesbaden.

Hitzler, Ronald/Hornbostel, Stefan/Mohr, Cornelia (Hrsg.) (2004): Elitenmacht. Wiesbaden.

Holtz-Bacha, Christina (2000): Wahlwerbung als politische Kultur. Parteienspots im Fernsehen 1957-1998. Wiesbaden.

Holtz-Bacha, Christina/Lessinger, Eva-Maria (2006): Wie die Lustlosigkeit konterkariert wurde: Fernsehwerbung 2005. In: Holtz-Bacha, Christina (Hrsg.): Die Massenmedien im Wahlkampf. Die Bundestagswahl 2005. Wiesbaden. 164-182.

Jakubowski, Alex (1998): Parteienkommunikation in Wahlwerbespots. Eine systemtheoretische und inhaltsanalytische Untersuchung zur Bundestagswahl 1994. Opladen, Wiesbaden.

Jung, Matthias/Wolf, Andrea (2005): Der Wählerwille erzwingt die große Koalition. In: Aus Politik und Zeitgeschichte. 51-52/2005. 3-12.

Kamps, Klaus/Nieland, Jörg-Uwe (2007): Weltschaufenster Fußball. Kampagnen aus Anlass der Fußball-WM 2006. In: Mittag, Jürgen/Nieland, Jörg-Uwe (Hrsg.): Das Spiel mit dem Fußball. Interessen, Projektionen und Vereinnahmungen. Essen. 573-586.

Kamps, Klaus/Nieland, Jörg-Uwe (Hrsg.) (2006): Regieren und Kommunikation. Meinungsbildung, Entscheidungsfindung und gouvernementales Kommunikationsmanagement – Trends, Vergleiche, Perspektiven. Köln.

Kleiner, Marcus (2005): Semiotischer Widerstand. Zur Gesellschafts- und Medienkritik der Kommunikationsguerilla. In: Hallenberger, Gerd/Nieland, Jörg-Uwe (Hrsg.): Neue Kritik der Medienkritik. Köln. 314-366.

Kleiner, Marcus S. (2006): Medien-Heterotopien. Diskursräume einer gesellschaftskritischen Medientheorie. Bielefeld.

Knieper, Thomas/Müller, Marion G. (Hrsg.) (2003): Authentizität und Inszenierung von Bilderwelten. Köln.

Knieper, Thomas/Müller, Marion G. (Hrsg.) (2004): Visuelle Wahlkampfkommunikation. Köln.

Konken, Michael (2005): Medienmacht und Medienmissbrauch. In: Aus Politik und Zeitgeschichte. 51-52/2005. 27-32.

Korte, Karl-Rudolf (2005): Was entschied die Bundestagswahl 2005? In: Aus Politik und Zeitgeschichte. 51-52/2005. 12-18.

Korte, Karl-Rudolf/Nieland, Jörg-Uwe/Ballensiefen, Moritz/Klingen, Tobias (2006): Ergebnisbericht der Medienanalyse zum Image und der Bewertung von Spitzenpolitikern und Parteien in der Politikberichterstattung 2005. Unveröff. Ms. Duisburg.

Lammert, Norbert (Hrsg.) (2006): Verfassung, Patriotismus, Leitkultur. Was unsere Gesellschaft zusammenhält. Bonn (Bundeszentrale für politische Bildung).

Ludes, Peter (2001): Multimedia und Multi-Moderne: Schlüsselbilder. Fernsehnachrichten und World Wide Web. Medienzivilisierung in der Europäischen Währungsunion. Wiesbaden.

Müller, Marion G. (2004): Parteienwerbung im Bundestagswahlkampf 2002: Eine qualitative Produktionsanalyse politischer Werbung und PR. In: Knieper, Thomas/Müller, Marion G. (Hrsg.): Visuelle Wahlkampfkommunikation. Köln. 100-128.

Müller-Dohm, Stefan (1999): Kulturelle Identität im Zeitalter der globalen Medienkultur. In: Viehoff, Reinhold/Segers, Rien T. (Hrsg.): Kultur. Identität. Europa. Frankfurt a. M. 75-97.

Nieland, Jörg-Uwe (2006a): Pop und Politik. Zur Annäherung zweier Sphären in der Mediengesellschaft. Unveröff. Diss. Duisburg, Essen.

Nieland, Jörg-Uwe (2006b): From Music to Politics or from Politics to Music? Stellungnahmen deutscher Künstler zum Wandel der politischen Popmusik. In: Forschungsjournal Neue Soziale Bewegungen. Jg. 19. 3/2006. 20-29.

Rattinger, Hans/Juhasz, Zoltan (2006): Die Bundestagswahl 2005. Neue Machtkonstellation trotz Stabilität der politischen Lager. München.

Reichel, Peter (2005): Schwarz – Rot – Gold. Kleine Geschichte deutscher Nationalsymbole. Bonn (Bundeszentrale für politische Bildung).

Rohe, Karl (1987): Politische Kultur und der kulturelle Aspekt von politischer Wirklichkeit – Konzeptionelle und typologische Überlegungen zu Gegenstand und Fragestellung Politischer Kulturforschung. In: Berg-Schlosser, Dirk/Schissler, Jakob (Hrsg.): Politische Kultur in Deutschland: Bilanz und Perspektiven der Forschung. Opladen. 39-48.

Sarcinelli, Ulrich (2005): Politische Kommunikation in Deutschland. Zur Politikvermittlung im demokratischen System. Wiesbaden.

Sarcinelli, Ulrich/Tenscher, Jens (1998): Polit-Flimmern und sonst nichts? Das Fernsehen als Medium symbolischer Politik und politischer Talkshowisierung. In: Klinger, Walter/Roters, Gunnar/Zöllner, Oliver (Hrsg.): Fernsehforschung in Deutschland. Themen - Akteure - Methoden. Teilbd. 1. Baden-Baden. 303-318.

Saxer, Ulrich (1999): Kulturelle Identitätsmuster und Medienkommunikation. In: Viehoff, Reinhold/Segers, Rien T. (Hrsg.): Kultur. Identität. Europa. Frankfurt a. M. 98-119.

Schatz, Heribert/Rössler, Patrick/Nieland, Jörg-Uwe (Hrsg.) (2002): Politische Akteure in der Mediendemokratie: Politiker in den Fesseln der Medien? Wiesbaden.

Stierstorfer, Klaus (Hrsg.) (2003): Deutschlandbilder im Spiegel anderer Nationen. Literatur, Presse, Film, Funk, Fernsehen. Reinbeck.

Tenscher, Jens (2003): Professionalisierung der Politikvermittlung? Politikvermittlungsexperten im Spannungsfeld von Politik und Massenmedien. Wiesbaden.

Weidenfeld, Werner (Hrsg.) (1983): Die Identität der Deutschen. Fragen, Positionen. München.

Inszenierung und Instrumentalisierung von Familienpolitik im Wahlwerbespot 2005

Petra Missomelius

Der politische Wahlwerbespot soll der freien Meinungs- und Willensbildung der Bürger bezüglich der zur Wahl stehenden politischen Parteien dienen. Für Letztere ist er ein Teil der Öffentlichkeitsarbeit, die „Außenseite" (Bovelet 1996: 109) der Politik. Den Parteien wird hierzu von den öffentlich-rechtlichen Programmen kostenlos Wahlwerbezeit zur Verfügung gestellt. Unterstützt durch Werbeagenturen nutzen die Parteien dies Mittel, um Aufmerksamkeit zu erregen und Wähler anzusprechen. So ist diese Form politischer Kommunikation als wesentlicher Ausdruck politischer Kultur zu begreifen. Dabei steht die argumentative, informative und inszenierte Form der massenmedialen Medienvermittlung der komplexen und vernetzten Struktur politischer Zusammenhänge gegenüber.

Der bestehende Konsens von Politik, Gesellschaft und Wirtschaft bezüglich der Herausforderungen der demografischen Entwicklung Deutschlands wird in den Massenmedien kaum zum Thema gemacht. Auf politischer Ebene hat das Querschnittsthema „Familie" zweifellos Konjunktur. Als die Zukunft der Gesellschaft entscheidende Faktoren werden Überalterung, Geburtenrückgang, soziale Sicherungssysteme usw. als familiäre Aufgabenfelder erkannt. Im Fernsehprogramm hingegen finden sich beispielsweise die Vereinbarkeit von Familie und Beruf, Fragen elterlicher Erziehungskompetenz, Armut und Familie sowie Bildungschancen und Ganztagsschulen kaum ausführlich thematisiert. Der reale Familienalltag ist fiktiven Formaten des deutschen Fernsehens gar vollends fern, es sei denn, es handelt sich um den gänzlich unpolitischen familiären Nahbereich. Im gleichförmigen Figurenrepertoire kommen etwa Alleinerziehende eher selten vor. Konflikte zwischen Menschen mit und ohne Kinder oder auch Widersprüche mit den Anforderungen des Arbeitsmarktes werden dramaturgisch nicht eingesetzt. Lediglich Skandale um sozial schwierig gestellte Familien und Kinder in negativem Kontext werden medial breit (wenn auch nicht vielfältig oder gar tiefgründig) aufbereitet. Man mag das eklatante Defizit an familienpolitischen Fernsehbeiträgen der Mittel- bis Langfristigkeit sowie der Komplexität von Familienpolitik zuschreiben. Die Gültigkeit eines solchen Arguments ist allerdings anzuzweifeln, denn dieser Umstand trifft ebenso auf politische Felder wie die Bekämpfung der Arbeitslosigkeit zu.

Es ist festzustellen, dass sich das Nischendasein familienpolitischer Themen ebenfalls in den Wahlwerbespots der Parteien fortsetzt. Diese beschränken sich in der Regel auf zwei bis drei zentrale Themen ihres Wahlprogramms, die zudem über die Stammwählerschaft hinaus wirken sollen. Ein Beispiel hierfür ist die Bekämpfung der Arbeitslosigkeit. Glänzen nun viele Wahlspots (CDU, Grüne, 50Plus, Allianz GFG, Zentrum und einige mehr) durch gänzliche Abstinenz gegenüber dem Themenkomplex Familie, so soll im Folgenden der Fokus auf die Inszenierung und Instrumentalisierung dieser Thematik in fernsehgerechter Wahlkampfwerbung gerichtet werden.

Abb. 1 und 2: Stereotype Familien-Darstellung. Ausschnitte aus den Wahlwerbespots der SPD (links) und der Bayern-Partei (rechts)

In den seltenen Fällen, in denen tatsächlich Familie in der Wahlwerbung dargestellt wird, – dies ist lediglich im Spot der Bayern-Partei sowie zu Beginn des SPD-Spots der Fall – so ist die Ähnlichkeit der visuellen Inszenierung frappierend: in beiden Fällen handelt es sich um die lachende Mutter, den nachdenklichen Vater, das ausgelassene Kleinkind und den vom Vater auf dem Schoß gehaltene bzw. im Kinderwagen gefahrene Säugling, die hier die harmonische Familie im Grünen darstellen.

Diese allen demoskopischen Erkenntnissen über neue Familienformen wie Ein-Eltern- oder Patchwork-Familien zuwiderlaufende traditionelle Familienkonstellation wird zudem in der SPD-Werbung von dem Off-Kommentar einer weiblichen Stimme „Deutschland braucht einen Bundeskanzler, der für eine moderne Familienpolitik eintritt" begleitet und der Einblendung „Für eine moderne Familienpolitik" gefolgt. Die im Text proklamierte „Modernität" findet demnach in der bildlichen Darstellung keinen Niederschlag und verbleibt dem traditionellen Familienbild verpflichtet.

Der Spot der Bayern-Partei geht hingegen schon eher ins Detail. Die Einblendung der idealtypischen Familie bebildert die Ausführungen des Off-

Sprechers, der zuvor Einsparungen durch eine Selbständigkeit Bayerns innerhalb der Europäischen Union darlegt und anschließend anhebt:

„Die Bayern-Partei wird diese Überschüsse für die Zukunft Bayerns einsetzen, z.B.
Familienförderung: zur Förderung der bayerischen Familien in Form von Erzie-
hungsgeld und erhöhtem Kindergeld; großzügige Unterstützung begabter Jugendlicher."

Abb. 3: „Ich will mich um meine Familie kümmern und auch arbeiten können." (CSU)

Einen Stellenwert in der politischen Agenda nimmt die Familie ebenfalls in der
Selbstdarstellung der CSU ein: der Spot ist um den am Ende aus dem Mund
Edmund Stoibers deklarierten Slogan „Die Menschen wollen arbeiten" herum
inszeniert. Das Problem von drohender Arbeitslosigkeit wird hier positiv ange-
gangen, indem glückliche Menschen von ihrer Arbeit berichten. Die Thematik
wird in Wort und Bild als generationenübergreifend vermittelt. So präsentiert
der Spot in makelloser Werbeästhetik verschiedene Menschen, die unterschiedliche Berufe darstellen. Zwischen dem Bäcker und dem Architekten erscheint so
die Frau und Mutter, die sagt: „Ich will mich um meine Familie kümmern und
auch arbeiten können", ein Kind mit den Worten „Ich will, dass mein Papa

endlich wieder Arbeit findet", zwei Jugendliche, von denen einer deklariert „Ich will, dass auch mein kleiner Bruder einen Ausbildungsplatz bekommt" sowie ein Opa mit Enkelin: „Ich will, dass alle wieder Arbeit finden so wie früher". Stoibers Schlussstatement lautet „Deutschland braucht den Wechsel, damit [...] unsere Kinder eine sichere Zukunft haben."

Prädestiniert für eine mediale Darstellung des Themenkomplexes Familienpolitik sollte die Familien-Partei Deutschlands sein. Ihr Spot emotionalisiert, indem er auf akustischer und visueller Ebene Kinderlosigkeit mit Öde und Langeweile alter Menschen konnotiert, während mit dem Auftauchen von Kindern Leben und Trubel auf dem Spielplatz ausbricht. Das Miteinander von Alt und Jung – allesamt augenscheinlich der europäischen Hemisphäre zugehörig – wird von lebhafter Musik begleitet. Der Spot schließt mit den Texteinblendungen „Ohne Kinder keine Zukunft" und „Du hast die Wahl...", schließlich ertönt ein Off-Sprecher „Für unsere Kinder – die Familien-Partei".

Andere Parteien streifen den Themenkomplex Kinder bzw. Familie als einen von vielen Aspekten politischer Arbeit. Bei einer Erwähnung im gesprochenen Text bleibt es bei dem Bündnis für Deutschland („Deutschland muss eine kinderfreundliche Politik machen"), der FDP („weil auch nur so [durch die Bekämpfung der Arbeitslosigkeit; Anm. PM] die soziale Sicherheit erhalten bleibt [...] für die Älteren genauso wie für die Familien und für die Kinder") und der Partei Die Grauen Panther, die u.a. Kinderarmut und Jugend ohne Zukunft sowie den miserablen Zustand von Schulen als Folge bisheriger Politik anprangert.

Abb. 4 und 5: Kinder als Geschenk Gottes (Partei Bibeltreuer Christen (PBC))

Die Partei Bibeltreuer Christen (PBC) nimmt sich Kindern als „Geschenk Gottes" an und nutzt diese zur Verbreitung reaktionären Gedankenguts, indem es gezeichneten Kindergesichtern die Aussagen, sie wollten Mami und Papi um sich haben und das jemand zu Hause ist, in den Mund legt. Der Spot deklariert

die Frage der Kinderbetreuung zur moralisch verwerflichen „Aufbewahrung".
Diesen Mangel an avancierten politischen Konzepten lässt die „Partei, die Gottes Gebote als Maßstab hat" mit dem Spruch (ebenfalls aus diesen Kindermün-
dern) „Die sind auf unserer Seite" schließen.

Abb. 6 und 7: Kinder als Werbeträger für nationaldemokratische Politik (NPD)

Der Spot der NPD endet mit verschiedenen von Slogans gezierten Standbildern,
zwei davon zeigen fröhliche „deutsche" Mädchengesichter. Diese werden zur
Verbreitung des nationaldemokratischen Gedankenguts instrumentalisiert, indem sie in den Kontext „deutsch" und „Inland" gestellt werden.

Zum Abschluss der Untersuchung sollen noch zwei Werbespots genannt
werden, die zwar keine Familienpolitik bewerben, jedoch Kinder als provoka-
tives Element einsetzen. Dabei handelt es sich zum einen um die Tierschutzpartei, die das Gesicht eines Kleinkinds einblendet, während die Sprecherin
kundtut: „Wer Natur und das Leben von Tieren achtet, der achtet auch das Leben seiner Mitmenschen."

Auf der anderen Seite scheint der Spot der Anarchistischen Pogo-Partei
(APPD) dieses programmatische Statement fast aufzugreifen und setzt an zwei
Stellen im für großen Wirbel sorgenden Wahlwerbespot Kinder zur gewünschten Aufmerksamkeitslenkung ein. Sonst kein visuelles Tabu auslassend ist hier
ein Kind mit Totenkopf-T-Shirt und wenig später ein mit der Axt um sich schla-
gendes Kind ins Bild gerückt.

Abb. 8 und 9: Tabubruch mit Kind (APPD)

Familie wird im Kontext politischer Medienkommunikation, zu diesem Schluss kommt auch eine Studie des Adolf Grimme Instituts (Hannover/Birkenstock 2005), in Deutschland als „Softthema" behandelt und nicht wirklich ernst genommen. Der nutzbringende Polarisierungsgrad, der von den jeweiligen familienpolitischen Parteiprogrammen ausgeht, scheint relativ gering. Wie die Untersuchung des Diskursstranges Familienpolitik in der Wahlwerbung zur Bundestagswahl 2005 zeigen konnte, wird dies für die Wahlwerbung ebenso übernommen, ohne das Agenda-Setting-Potential der Medien auszuschöpfen. Die Inszenierung der Wahlwerbespots entspricht insofern der politischen Wirklichkeit wie sie massenmedial im Fernsehen transportiert wird. Dieser Aspekt demonstriert einmal mehr, dass vitale Fragen, die auf einer politischen Ebene behandelt werden, nicht (ausreichend) kommuniziert werden.

Literatur

Bovelet, Rainer (1996): Werbung und Politische Kultur in der Bundesrepublik Deutschland. Eine Analyse von Wirkungszusammenhängen unter besonderer Berücksichtigung der Fernsehwerbung seit Zulassung privater Fernsehanstalten. Aachen.

Hannover, Irmela/Birkenstock, Arne (2005): Familienbilder im Fernsehen. Familienbilder und Familienthemen in fiktionalen und nicht-fiktionalen Fernsehsendungen. Eine Studie des Adolf Grimme Instituts im Auftrag des Bundesfamilienministeriums.

Medienethische Überlegungen zu den Wahlwerbespots 2005

Ingrid Stapf

Einleitung

Was haben eine grüne Wiese, eine rollende Silberkugel auf einem Schreibtisch, ein backender Bäcker und ein fliegender Adler gemeinsam? Sie alle bebilderten Werbespots des Bundestagswahlkampfes 2005. Metaphern, symbolische Bilder und vermittelte Stimmungen sind gängige Bestandteile visueller Werbung. Bilder eignen sich auf besonders suggestive Weise, Botschaften zu vermitteln, ein Image von etwas, das beworben werden soll, ein Lebensgefühl oder zur Verdeutlichung einer Argumentation. Doch wie verändert sich das Prinzip Werbung, wenn es nicht um Margarine oder Waschmittel, sondern um Ideen und Parteien geht? Gibt es, sowohl in theoretischer als auch in praktischer Hinsicht, problematische Aspekte einer Wahlwerbung im Spotformat? Dieser Frage widmet sich der folgende Artikel aus medienethischer Sicht anhand der Wahlwerbespots zur Bundestagswahl 2005. Die Besonderheit des Wahlkampfes wird dabei ebenso berücksichtigt wie zwei Beispiele, die sich zur kritischen Auseinandersetzung mit dieser Frage eignen.

1 Theoretische Überlegungen zu Wahlwerbespots

Werbung als "Zwischenwelt"

Werbung bewirbt. Soll ein Produkt verkauft oder bekannt gemacht werden, dann bedarf es einer Plattform, auf der potentielle Käufer erreicht werden können. Dabei wird die Werbebotschaft zielgruppengerecht aufgearbeitet und in ein Bild, einen Slogan oder eine Information verdichtet. Werbung im Bildmedium Fernsehen bietet sich an für Kurzgeschichten. In nur kurzer Zeit muss ein Spannungsbogen aufgebaut werden, der eine Ausgangsthese hat, ein Problem aufwirft und dann zu einer Lösung kommt. Gerade für kurze Werbebotschaften sind Bilder wegen ihrer emotionalen und assoziativen Besetzung besonders geeignet dazu, Interesse zu wecken oder um Botschaften zu vermitteln; kurz: zu suggerieren, aber auch zu manipulieren.

Was Werbung bewirbt, hängt ab vom Produkt. Neben primären Produktqualitäten sind dies auch sekundäre Attribute wie Lebensgefühl oder Image. So geht es bei der Margarine nicht nur darum, dass sie sich gut aufs Brot schmieren lässt, sondern dass der Käufer sein Frühstück als „Lebenskultur" erlebt und beim Streichen des Produktes auf das Brot an goldene Felder und grüne Wiesen denkt. An die Produktwerbung selbst sind damit auch andere Botschaften geknüpft. Das Produkt wird eingebettet in einen Kontext, eine bestimmte Kultur.

Wie Werbung wirkt und ob sie wirkt, ist nicht ganz klar. Doch umso klarer ist, dass der Werbemarkt eine zunehmende Professionalisierung und Marktwachstum verzeichnet, die dafür sprechen, dass Produktanbieter daran glauben, dass irgendetwas an ihr wirken muss. Vor allem Bilder. In der Fernsehwerbung findet eine zunehmende Visualisierung und damit einhergehende Ästhetisierung statt (vgl. Holtz-Bacha 2000: 15). Bilder vermitteln emotionale Erlebnisse, sie sprechen den Betrachter nicht nur rational, sondern auch durch emotionale Appelle an. In der „Zwischenwelt" (Holtz-Bacha 2000: 15), die Werbung anbietet, werden dem Produkt Bedeutungen zugewiesen, die es an sich nicht haben muss. Der direkte Kaufappell ist damit nachrangig. Das Publikum wird auf indirektem Weg zu erreichen versucht.

Das Bezeichnende an der klassischen Werbung ist, dass sie (anders als die Schleichwerbung) klar als solche auftritt und erkennbar ist. Der Zuschauer weiß also um seine Rolle als Beworbener. Er entscheidet beim Konsum von Werbespots, der ja zumeist zufällig erfolgt, ob er sich ihnen aussetzen will. Er lernt im Laufe der Zeit bestimmte Muster der Werbung und der Werbeansprache kennen, die auch seine Informationsaufnahme, -verarbeitung und sein eventuell später daraus resultierendes Verhalten (z.B. den Kauf des Produktes) mit steuern. Form und Inhalt der Werbespots unterliegen damit verschiedenen Einflussvariablen – von der Produktionstechnik, der Art der Werbung und des Mediums sowie des Kontextes der Ausstrahlung und der Wahrnehmung durch die Rezipienten.

Werbung kann damit als „sensibler Indikator sozialen Wandels im Bereich des Welt- und Lebensgefühls der Menschen in modernen Gesellschaften" (Schmidt 1995: 37f.) gelten. Werbebotschaften werden mit Ideen, Überzeugungen und kulturellen Mustern verknüpft, die von ihren Auftraggebern und Zielgruppen akzeptiert bzw. gewünscht werden (Schmidt/Spieß 1996: 38). Werbung findet also in einem gesellschaftlich-kulturellen Kontext statt. An ihre Produktion, ihre Form und Inhalte sowie ihre Rezeption werden damit auch (moralische) Normen und Werte geknüpft. Um diese soll es im Folgenden unter einer medienethischen Perspektive gehen.

Welche medienethischen Fragen oder Besonderheiten tun sich bei Wahlwerbespots auf? Zunächst stellt sich die Frage, ob sich beide Ansprüche – die demokratische Wahlentscheidung und die Werbung - überhaupt vereinbaren lassen; d.h. ob es ein Problem darstellt, wenn im Medium Fernsehen um politische Ideen und Meinungen geworben wird. Gerade der Rundfunk wurde und wird in totalitären politischen Systemen für Propagandazwecke genutzt, um Ideologien massengerecht zu verbreiten und zu instrumentalisieren. Daher geht es konkreter auch um die Frage, inwieweit sich Wirtschafts- und Wahlwerbung unterscheiden und ob diese Unterscheidung relevant ist.

Rahmenbedingungen der Wahlwerbespots

Um dies zu beurteilen, müssen die *Rahmenbedingungen* für Werbespots betrachtet werden. Wie bereits erörtert, verfolgt nicht nur die Wahlwerbung, sondern auch die Wirtschaftswerbung eine Vermittlung von Ideen und Überzeugungen, die mit einem Produkt in Verbindung gebracht werden sollen. Beide Werbeformen sind auf ein Trägermedium angewiesen, an dessen Eigenschaften sich die Auftraggeber auszurichten und anzupassen haben. Und beide Werbeformen erfolgen in einem Kontext zunehmender Professionalisierung.

Seit den 1970er Jahren wurden, nach Holtz-Bacha (2002), auch die deutschen Wahlkämpfe nach US-Vorbild zu „Medienwahlkämpfen". Ein Umbruch ereignete sich vom „traditionellen zum audiovisuell dominierten Wahlkampf", in dem „aktives Wahlmanagement" betrieben wird. Mit dem Fernsehen als Hauptziel von Medienkampagnen wurden zunehmend spezialisierte Profis und Experten eingesetzt sowie Erkenntnisse und Methoden der Markt- und Meinungsforschung herangezogen. Gerade die Wahlspots im Fernsehen erhalten dadurch besondere Relevanz, dass sie von den Parteien selbst kontrolliert werden können, und beim öffentlich-rechtlichen Rundfunk sogar kostenfrei Sendeplätze für sie zur Verfügung gestellt werden müssen. Das Werbemittel Fernsehspot gewinnt aber weiterhin dadurch an Bedeutung für die Medienkampagne, dass bei den privat-kommerziellen Sendern zusätzlich Werbeminuten gekauft werden können.

Im Zuge eines professionalisierten Wahlkampfes verlagert sich die Politikvermittlung damit auch in die Unterhaltung und zieht ökonomische und strategische Kriterien mit in die Kampagne ein.

Damit liegt den Wirtschafts- und Wahlwerbespots eine starke Gemeinsamkeit zugrunde: der Medienmarkt mit seinen eigenen Gesetzen wie Ökonomisierung, Zielgruppenorientierung, Unterhaltungs- und Emotionalisierungstendenzen. Ob Waschmittel oder Wirtschaftspolitik: Wahlspots unterliegen einem ökonomischen Kontext und Produktionsbedingungen ebenso wie Auftraggeber-

Interessen und Zielgruppen-Merkmalen. Und dennoch unterscheiden sich Wirtschafts- und Wahlwerbung gravierend. So sind politische Parteien im demokratischen Rechtsstaat besonders privilegiert, da sie als konstitutiv für diesen gelten. Da die parlamentarische Demokratie des Wirkens politischer Parteien bedarf, hat ihnen das Bundesverfassungsgericht den Rang von „verfassungsrechtlichen Institutionen", d.h. Verfassungsorganen, gegeben und sie gegenüber privaten Vereinen, Verbänden und Medien herausgehoben (vgl. Becker 1990: 10). Ebenso wie die Parteien selbst, erhält auch der Rundfunk eine öffentliche Funktion für die Demokratie. Nach Fuhr (1989) hat der öffentlich-rechtliche Rundfunk die Pflicht zu „möglichst umfassenden optimal vielfältigen Informationen über sämtliche Ereignisse, Zustände und Entwicklungen des gesellschaftlichen Umfeldes", die dem Bürger Orientierung und Wissen ermöglicht, um als „mündiger Bürger auch am Pluralismus der Meinungen des demokratischen Prozesses teilzunehmen." (zitiert nach Becker 1990: 11f.) Als eine essentielle Funktion des öffentlich-rechtlichen Rundfunks gilt es auch, die Bevölkerung mit Wahlwerbespots politischer Parteien zu versorgen.

Die Rundfunkanstalten sind bei der kostenlosen Zuteilung von Sendezeiten für Wahlwerbung „hoheitlich" tätig und treten den Parteien als „Teil der Staatsgewalt" gegenüber. Aus dieser Idee resultiert, nach Becker (1990: 11), der Anspruch der Parteien auf (abgestufte) Gleichbehandlung, auf Neutralität und Schutz vor inhaltlicher Einflussnahme, wie er in §5 des Parteiengesetzes festgelegt ist. Erlauben die Rundfunkgesetze generell eigentlich keine politische Werbung, so dürfen Parteien im Rundfunk in den letzten Wochen vor der Wahl für sich werben und ihre Werbung muss von den Rundfunkanstalten so ausgestrahlt werden, wie sie von den Parteien angeliefert wurde.

Die Wahlwerbespots unterliegen jedoch bestimmten Beschränkungen (z.B. zeitliche Beschränkung, Platzierung der Spots durch den Sender, Ankündigung der Parteienwerbung vor dem Spot). Das oberste Prinzip der rechtlichen Regulierung ist die *Chancengleichheit* der Parteien.[1] Eine Regulierung der Wahlwerbespots darf damit nur auf formaler Ebene erfolgen. Inhaltlich liegt die Ges-

---

1   Dies bedeutet nicht, dass alle Parteien im gleichen Umfang zu Wort kommen müssen, sondern vielmehr, dass bei der Zuteilung der Sendezeit die Bedeutung der Parteien berücksichtigt wird. Diese Bedeutung differenziert z.B. mit den Ergebnissen vorangegangener Wahlen. Dazu gibt es bestimmte Formeln. Die Anteile sind z.B. beim öffentlich-rechtlichen Rundfunk 8:4:2 (CDU/SPD: je 8 Sendeplätze, kleine Parteien: je 2, die anderen im Bundestag vertretenen Parteien: jeweils 4). Beim Privatfunk ist die Zahl der Spots nicht vorgegeben. Die Parteien können die ihnen zur Verfügung stehende Sendezeit auf mehrere Spots verteilen. Anders als beim öffentlich-rechtlichen Rundfunk, können die Parteien beim Privatfunk beim Ankauf von Werbezeiten mit entscheiden, in welchem Programmumfeld ihr Spot ausgestrahlt wird. Damit ergibt sich die Möglichkeit der Zielgruppenansprache (vgl. Holtz-Bacha 2000).

taltung der Werbespots in der Hand der Parteien. Die Anstalten verfügen kaum über Möglichkeiten, die Ausstrahlung der Parteienwerbung abzulehnen. Ein Wahlwerbespot kann, gemäß der Rechtsprechung des Bundesverfassungsgerichts, nur dann abgelehnt werden, wenn er eine evidente Verletzung der Strafgesetze beinhaltet (vgl. Bethge 1990: 35).

Dennoch hat es in der Geschichte der Wahlwerbespots immer wieder Auseinandersetzungen gegeben. Sie wurden meist zugunsten der Parteien entschieden und die Sender zur Ausstrahlung verpflichtet. Bedingung der Ausstrahlungspflicht ist allerdings, dass es sich nachweislich um Wahlwerbung handelt. Bei der bisherigen Rechtsprechung wurde der etwaige Verstoß von Inhalten gegen die Programmgrundsätze hinter die Möglichkeit der Parteien zur Präsentation ihrer Programme gestellt. Dazu Holtz-Bacha (2000: 76):

> „Nicht nur weil die Rechtsprechung stets die Chancengleichheit der Parteien zum obersten Prinzip beim Zugang zum Rundfunk erhob, sondern auch weil die wichtige Rolle von Wahlkämpfen in der Demokratie immer wieder betont wurde, rangierte die Möglichkeit der Parteien, ihr Programm zu präsentieren, meist höher als Zweifel am Inhalt der Werbespots."

Seit Ende der 1980er Jahre zeichnet sich eine Zunahme der Auseinandersetzungen um die Spots ab. 1993 hatte eine ARD-Initiative versucht, die Sendepflicht für Spots abzuschaffen. Im Zentrum der Auseinandersetzungen liegen meist die Spots rechtsradikaler Parteien. Problematisch ist in diesem Zusammenhang die *Negativwerbung*, die in deutschen Parteienspots mittlerweile als durchaus etabliert gilt (vgl. Holtz-Bacha 2000: 80). Die Diskussion verdeutlicht die zugrunde liegende Frage, ob ausländer- und menschenfeindliche Werbespots erlaubt sind und ob über die Medien demokratiefeindliches Gedankengut verbreitet werden darf.

Bevor diese Frage anhand der Wahlwerbespots 2005 behandelt wird, gilt es zu konstatieren, dass sich Wahl- und Wirtschaftswerbung in vieler Hinsicht unterscheiden, aber dennoch viele Gemeinsamkeiten haben. Wesentlich ist in der Unterscheidung, dass Wahlwerbespots einen Beitrag zur politischen Willensbildung leisten sollen und dass ihnen daher besonderer Schutz zukommt.

2   Praxis der Wahlwerbespots

Stellenwert und Wirkung von Wahlwerbespots

Nachdem der theoretische Rahmen von Wahlwerbespots angesprochen wurde, soll nun die Frage nach ihrer Praxis und möglicher Wirkungen behandelt werden, um dann auf die Frage nach medienethischen Aspekten einzugehen. Zwischen der Ankündigung von Neuwahlen im Mai 2005 und der vorgezogenen Bundestagswahl im September 2005 lagen nur knapp vier Monate. Im Vergleich zu anderen Wahlen war die Zeit für den Wahlkampf und die Produktion der Wahlwerbespots extrem kurz. Eine Repräsentativ-Befragung von ARD und ZDF zur Medienberichterstattung im Bundestagswahlkampf und am Wahlabend hat herausgestellt, dass Fernsehen in dieser Zeit die wichtigste Informationsquelle der Wahlberechtigten war, mit zunehmender Relevanz des Internets vor allem bei den jüngeren Befragten (vgl. Geese et al. 2005). Zur Information wurden vor allem die öffentlich-rechtlichen Sender herangezogen, denen Seriosität, Glaubwürdigkeit, Objektivität und Fairness attribuiert wurde. Ihre Qualität und Zuverlässigkeit motivierten rund 70% am Wahlabend, nur auf ARD und ZDF als Informationsquelle zurück zu greifen.

Wird den von den öffentlich-rechtlichen Medien selbst erstellen Programmen Seriosität und Glaubwürdigkeit zugeschrieben, so verhält sich dies anders bei den Wahlwerbespots, für die die Sender keine Verantwortung tragen. Sie haben beispielsweise kein eigenes Publikum, sondern ihre Betrachter werden nach dem Zufallsprinzip „erwischt" (vgl. Holtz-Bacha 2000: 81). Generell erzielen die Parteien mit den Wahlwerbespots im Fernsehen „beträchtliche Einschaltquoten und damit ein so großes Publikum, wie sie es durch andere Werbemittel kaum erreichen können" (Holtz-Bacha 2000: 81). Im Zuge der Zunahme von Fernsehprogrammen sind allerdings die Reichweiten der Spots kleiner geworden und die Chancen auf gute Einschaltquoten relativ gesunken.

Um medienethische Annahmen über Wahlwerbespots zu machen, ist auch die Frage nach Medienwirkungen zentral. Welche Wirkungen Wahlwerbespots haben ist umstritten. Der Forschungsstand gilt als „mager" (Holtz-Bacha 2000: 86). Von einer direkten Einstellungsänderung des Rezipienten aufgrund eines Medienreizes wird heute nicht mehr ausgegangen. In die kognitive und affektive Verarbeitung von Information spielen vielmehr auch subjektive und situative Faktoren hinein, wie z.B. Vorwissen und bestehende Einstellungen, das soziale Umfeld und die Peer-Group (z.B. Meinungsführer), die Bereitschaft zur Aufnahme von Informationen, die Quantität des Medienkonsums sowie erhoffte Nutzen und Gratifikationen. Spots wirken, wie Medien allgemein, nicht einheitlich auf ihre Betrachter, zumal das Spektrum an verschiedenen Informationsquellen und Medien mit entscheidet. Besonders relevant ist die *Agenda-Setting-Funktion* von Wahlspots, wonach mediale Produkte die Wichtigkeit von Themen oder Behandlungsweisen von Themen beeinflussen (vgl. Semetko/ Schoenbach 1994). Obwohl es auch dazu keine eindeutigen Studien gibt, werden zumindest die Spots selbst immer wieder Gegenstand der Berichterstattung (vgl. Holtz-Bacha 2000: 89).

Nach Holtz-Bacha (2000: 83) gelten Wahlspots generell als ein Werbemittel, von dem gerade auch die weniger politisch Interessierten erreicht werden. Auch rangieren die Spots im Vergleich mit anderen Kampagnekanälen der Parteien immer auf den ersten Plätzen, wenn Wähler gefragt werden, wo sie etwas über die Wahlkampagne erfahren haben. Den Spots wird zudem ein hoher Unterhaltungswert zugesprochen. Sie werden primär von denen rezipiert, die viel fernsehen. Höhere Aufmerksamkeit als andere erreichen vor allem die großen Parteien SPD und CDU (wegen ihrer größeren Sichtbarkeit) sowie die rechtsradikalen Parteien (wegen ihrer Umstrittenheit).

Da den Spots also keine allgemein (negativen) Wirkungen zugeschrieben werden können und sie zudem stark rezipiert werden, haben sie eine wichtige öffentliche Funktion für die politische Willensbildung. Entscheidend für ihre Kritik mag daher das Kriterium sein, ob sie gegen gesellschaftlich bedeutsame moralische Normen verstoßen. Um diese Fragestellung beispielhaft zu behandeln, sollen nun Beispiele der Wahlwerbespots angesprochen werden.

Beispiele der Wahlwerbespots

a) Pluralität der Werbespots
Zurück zur Wiese, zum Bäcker und zum fliegenden Adler. Wahlwerbespots sind kurze Erzählungen zum Zwecke der Werbung für politische Zwecke. Sie bewerben Parteien und ihre Programme, Themen und Kandidaten. Sie tun dies, wie auch der Wahlkampf 2005 zeigt, auf sehr unterschiedliche Weise, auch wenn kein Format seit Bestehen der Spots verschwunden ist (vgl. Holtz-Bacha 2000: 165).

Bisher hat sich gezeigt, dass den Parteien selbst, aber auch der Art ihrer Werbung großer Schutz und rechtliche Spielräume zugute kommen, da sie als essentiell für die politische Willensbildung gelten und dem Prinzip der Meinungsfreiheit unterliegen. Gleichzeitig wurde deutlich, dass Werbespots relativ häufig gesehen werden, dass ihre Rezeption aber Kontextbedingungen wie einer eher zufälligen Betrachtung unterliegt, und dass keine eindeutigen Wirkungsannahmen postuliert werden können.

Unterschiede in der Machart der Werbespots zeigen sich in Bezug auf die Parteiengröße (mit einer stärkeren Personalisierung bei den großen Parteien), die filmtechnischen Mittel, die thematische Ausrichtung, die Text- vs. Bildorientierung sowie die Art der Präsentation von Inhalten und Themen. Die Wahlwerbung in der Bundesrepublik gilt, nach Holtz-Bacha (2000), die 12 Bundestagswahlkämpfe im Zeitverlauf von 40 Jahren einer Inhaltsanalyse unterzogen hat, als mehrheitlich themenorientiert (78 % sachpolitische Themen) mit einem Schwerpunkt von bloßen Behauptungen als Argumentationsmuster (neun bis 12 Wahlkämpfen), die zumeist unbelegt und unausgewogen bleiben; eine Erscheinung, die von Werbung allgemein zu erwarten ist. Allerdings zeigt sich ein *Trend zur Betonung visueller Elemente*. Denn stärker als Text eignet sich die Bildebene der Spots zur Ansprache von Gefühlen. Rund 28% der Sequenzen von Spots weisen emotionale Bildstrategien auf, die dann in den meisten Fällen komplementär mit der Verwendung von Text erfolgt (33 %). Auch politische Symbole, wie nationale Symbole (z.B. Flaggen), politisch-symbolische Ereignisse (z.B. deutsche Wiedervereinigung) erhalten große Bedeutung.

Es existiert demnach ein großes Spektrum von Wahlwerbespots, die ihre Freiheitsräume unterschiedlich gestalten. Ab welchem Punkt aber ergeben sich Spannungsfelder? Was macht Wahlwerbespots moralisch fragwürdig? Inwieweit werden die gesetzlich gewährten Freiräume bewusst genutzt, um auch negative Aufmerksamkeit zu erregen? Kurz: Was an bestimmten Wahlwerbespots ist zwar rechtlich erlaubt, aber unter ethischen Gesichtspunkten problematisch?

b) Medienethische Einordnung

Generell befasst sich die Medienethik, eine Bereichsdisziplin der Angewandten Ethik, mit medialer Produktion, Distribution und Rezeption. Dabei steht die politische und gesellschaftliche Funktion von Massenmedien für die Öffentlichkeit im Vordergrund. Die Massenmedien erhalten aufgrund ihrer Freiheiten besonderen Schutz zur Erfüllung ihrer öffentlichen Aufgaben. Auch die Medien-Selbstkontrolle verfolgt das Ziel, eine verantwortete Freiheit der Medien für die Gesellschaft einzufordern und normiert unter dieser Maßgabe mediales Verhalten. So formuliert beispielsweise der Deutsche Presserat in seinem Pressekodex in 16 Ziffern die Normen einer Professionsethik der Printmedien und sanktioniert Verstöße gegen diese.[2]

Anders als beim Recht geht es bei der Moral und der über sie reflektierenden Ethik um selbst verantwortete Freiräume. Sanktionskraft der Moral ist im Medienbereich vor allem die Öffentlichkeit. So soll die Aussprache von Rügen einen moralischen Normverstoß von Journalisten oder Medienunterneh-

---

2   Zu Informationen zum Presserat und dem Pressekodex vgl. www.presserat.de (4.3.2007).

men öffentlich machen und somit negativ sanktionieren. Fällt das Recht als gesellschaftliche Normierungsinstanz in den Bereich der Fremdkontrolle, so bewegt sich die Moral im Bereich der Selbstkontrolle (vgl. Stapf 2006). Während die Regulierungsinstanzen bei medienrechtlichen Fragen feststehen, so stellt sich in Bezug auf die Medienethik die Frage, wer für das „Hybridprodukt Wahlwerbespot" eigentlich zuständig ist? Der *Deutsche Presserat* ist das Selbstkontrollorgan der gedruckten Presse in Deutschland; ähnlich existieren für die audiovisuellen Medien Selbstkontrollorgane, wie die *Rundfunk- und Fernsehräte* der öffentlich-rechtlichen Rundfunkanstalten und die *Freiwillige Selbstkontrolle Fernsehen* (FSF) für die privat-kommerziellen Fernsehsender.[3] Diese Selbstkontrollinstanzen befassen sich vorwiegend mit publizistischen und unterhaltungsorientierten Medienformaten. Wahlwerbespots fallen jedoch nicht in die Berufsethik der Medien, da sie dem Verantwortungsbereich der Parteien unterliegen. Sie werden aber über die Massenmedien als Werbung ausgestrahlt.

Der *Deutsche Werberat*[4] dagegen beschäftigt sich mit Werbeprodukten, schließt politische Werbung allerdings eindeutig aus.[5] Wenn der Werberat aber keine Wahlwerbung behandelt, wie werden dann moralisch fragwürdige Spots ethisch reguliert?

Ein Beispiel für eine rechtliche Regulierung war der Wahlwerbespot der *Anarchistischen Punk- und Pogo-Partei Deutschlands* (APPD) von 2005, der aufgrund jugendschutzrechtlicher Verstöße zensiert wurde. Hierbei hatte der Rundfunkrat des Westdeutschen Rundfunks als zuständiger ARD-Sender Klage erhoben. Auch ARD und ZDF zeigten eine stark zensierte Fassung. Laut WDR verstieß der Wahlwerbespot gegen die Menschenwürde und gefährdete „die Entwicklung von Kindern und Jugendlichen und ihre Erziehung zu einer eigenverantwortlichen und gemeinschaftsfähigen Persönlichkeit".[6] Denn der Jugend-

---

3   Zu den Institutionen der Medienselbstkontrolle in der Bundesrepublik vgl. Baum et al. 2005.

4   Der Deutsche Werberat regelt Konflikte in Sachen Werbung zwischen Unternehmen und den Bürgern als Konsumenten. Träger des Werberats sind die 41 im Zentralverband der Werbewirtschaft zusammengeschlossenen Verbände der werbenden Unternehmen, Medien und Agenturen. Das Entscheidungsgremium Werberat wird aus dieser Struktur gewählt. In der Verfahrensordnung reguliert Artikel 2 (1) die Zuständigkeit des Deutschen Werberats: "Die Tätigkeit des Deutschen Werberats ist auf den Bereich der Wirtschaftswerbung beschränkt." (http://www.werberat.de 4.3.2007).

5   Trotzdem hatte dieser die Parteien im Wahlkampf hinsichtlich des Verhaltens gegenüber Konkurrenten kritisiert: „Würden die Werbegesetze der Wirtschaft auch für politische Reklame gelten, müsste ein Teil davon als irreführend oder diskriminierend und damit als unlauter eingestuft werden," so Volker Nickel, Sprecher des Deutschen Werberates. Denn „die Werbung der Wirtschaft muss den Vorgaben des Gesetzes gegen unlauteren Wettbewerb (UWG) entsprechen. Die Umworbenen dürfen nicht irregeführt und die Konkurrenten nicht diskriminiert werden – sonst ist sie unlauter." (http://www.medienhandbuch.de/prchannel/details.php? callback=index&id=4986. Zugriff am 4.3.2007).

6   http://www.heise.de/tp/r4/artikel/20/20916/1.html (4.3.2007).

schutz gilt im besonderen Maße für den Rundfunk, der allgemein stärker reguliert ist als der Printbereich.

In diesem Fall existierten sowohl ethisch-moralische wie rechtliche Bedenken in Hinblick auf einen Werbespot. Doch überwiegen die Fälle, in denen rechtlich gesehen Freiräume bestehen, die moralisch aber bedenklich bleiben. Bevor der Frage nach medienethischen Aspekten weiter nachgegangen wird, sollen kurz zwei Spots vorgestellt werden, die in rechtlicher Hinsicht als unbedenklich galten, unter medienethischen Aspekten allerdings fragwürdig bleiben: die Spots von *NPD* und den *Republikanern*.

3 Medienethische Überlegungen zu ausgewählten Spots

Zusammenfassung des NPD-Spots[7]

Wagner-Musik. Großaufnahme eines fliegenden Adlers in Zeitlupe. Langsam rückt das NPD-Emblem nach vorne. Marschmusik. Eine blonde junge Frau, modern gekleidet, steht in einem grünen Feld, während unten die Telefonnummer der NPD eingeblendet wird und die Deutschlandhymne instrumental erklingt. Die Frau wiegt sich im Wind. Close-Up auf die Frau. Langsame Blende. Die „Idylle" wird gebrochen. In die Musik und das Bild schleicht sich etwas ein: Ethnische Musik und dunkle Wolken ziehen schnell an einem dunklen Himmel vorbei. Das Feld erscheint schwarz. Verstörende düstere Musik. Das Mädchen steht im Dunkeln. Ein Wolf heult vor einem Vollmond. Man hört den Wind. Stimme im Off: „Deutscher. Deutschland ist Dein. Lass es Dir nicht nehmen. NPD". Bildwechsel zu blonder Frau im Feld. „NPD. Denn deutsch soll Deutschland sein". Der Chor singt die Nationalhymne. Close-Up auf das blonde lächelnde Mädchen: „NPD. Die Nationalen". Dann ein Bild von zwei blonden lächelnden Kindern mit der Überschrift": „inländerfreundlich". Wechselndes Bild: „Für Deutsche: Kindergeld. 500 Euro". „Arbeit für Deutsche". Zum Ende erfolgt wieder die Wagner-Musik und das Bild des Adlers. Eine Männerstimme sagt: „Nicht vergessen. Für jeden von der NPD, der in den Bundestag reinkommt, fliegt einer von den anderen raus". Im Bild sieht man den Tritt in den Hintern eines Politikers. Dazu die Stimme: „Das ist die einzige Sprache, die die da oben verstehen." Zum Abschluss zum NPD-Bild sagt die Stimme: „Nur der Protest haut richtig rein. NPD. "

Thema des Wahlwerbespots der *NPD* ist Deutschland und damit verbunden Heimat. Deutschland, so die dem Spot unterliegende These, solle den Deutschen

---

gehören. Die Visualisierung des Spots erfolgt durch Kontraste zweier Vorstellungswelten: Dem Deutschland, wie es, nach Wahrnehmung der Partei, sei und dem Deutschland, wie es sein sollte. Dabei wird die Heimatidylle als Stereotyp (ein blondes Mädchen in der Natur) und Deutschtum-Bilder gegen Düsterheit und Angst-Bilder direkt kontrastiert und überblendet. Die Musik (Wagner-Musik, die Deutschlandhymne und instrumentale Musik) wiederholt die Bilder. Die Bilder sind emotional belegt und werden durch den gesprochenen Text wiederum affirmiert. Dem Spot unterliegt eine Ästhetik von Vertrautem vs. Fremden, von Heimat vs. Angst. Emotionen werden durch Assoziation mit Bildern und Metaphern geschürt. Diese Kontraste werden normiert mit den Attributen gut und böse. Die Dramaturgie des Spots folgt ebenfalls diesem Prinzip der Kontrastierung von Gut und Böse. Es erfolgt eine klare Abgrenzung von einem Feindbild, getragen über ein Wir-Gefühl, das sich auf Deutschland als Nation bezieht, symbolisiert durch den Adler und Heimatbilder. Dieses Idealbild wird im Spot verzerrt durch düstere Bilder von Bedrohung, Dunkelheit und Gefahr. Das Programm oder Partei wird nicht über einen Kandidaten präsentiert, sondern durch Bilder und eine Stimme aus dem Off. Es wird negativ artikuliert über das Feindbild einer Bedrohung des nationalen Einheitsstaates durch das „Fremde", symbolisiert im heulenden Wolf und dunklen Wolken.

Zusammenfassung des Republikaner-Spots

Instrumentalmusik. Aus einem schwarzen Bild werden langsam Geier auf einem Ast vor einem dunklen Sonnenuntergang sichtbar. Dazu eine Stimme aus dem Off: „Deutschland am Abgrund". Dramatische Musik. Blende zu einer langen Schlange am Arbeitsamt. Überblendung der Bilder vom Arbeitsamt und den Geiern. „Noch nie hatten wir so viele Arbeitslose in unserem Land." Nahaufnahme eines Geiers: „Noch nie wurde unser Sozialsystem so drastisch abgebaut". Blende Geier zu Hartz-IV-Demo. Blende zum fliegenden Geier. Al-Quaida-Bild. „Und noch nie war die Terrorgefahr in Deutschland so groß". Überblendungen fliegender Vögel: Schriftzug: „Wenn ihr Deutschland nicht liebt, dann geht nach Hause". Überblendung Geier mit Moschee. Sog in ein schwarzes Bild: „Wer übernimmt die Verantwortung?" Ticker-Geräusch. „Gesucht wird". Schröder auf einer Schriftrolle. „Deutschlands größter Arbeitsplatzvernichter." „Gesucht wird:" Bild von Otto Schily. „Deutschlands größtes Sicherheitsrisiko". Beginn der instrumental gespielten Nationalhymne. In schwarz-rot-goldenem Rahmen werden Deutschland-Ikonen gezeigt: z.B. Trümmerfrauen, Wunder von Bern, Wiedervereinigung. Dazu die Stimme aus dem Off: „In dieser Situation müssen wir uns wieder auf uns selbst besinnen. Wir Deutsche haben aus eigener

Kraft schon schlimmere Zustände gemeistert. Jetzt muss gelten: Vorfahrt für Deutsche." Tusch in der Nationalhymne. Musik wird lauter. Einblendung: „Vier Millionen neue Arbeitsplätze. Wir sorgen dafür. REP". Voice-Over: „Wir haben das Konzept und die Kompetenz". Deutschlandfahne mit blauem Löwen: „Nutzen Sie Ihre Chance. Wählen Sie Vorfahrt für Deutschland. Die Republikaner. Wir sind Deutschland." Dann „Ihre Zweitstimme für Deutschland".

Der Wahlwerbespot der *Republikaner* ist dem der *NPD* ähnlich in seinem Vorgehen. Auch hier wird die These „Deutschland den Deutschen" als Parteiprogramm und Idealzustand vertreten. Thema ist ebenso die Ausnutzung des Sozialstaates, die Terrorgefahr, Arbeitslosigkeit sowie das Versagen derzeitiger Politiker. Auch in diesem Spot stehen Symbolbilder und Metaphern im Vordergrund. Sie werden negativ und positiv bzw. gut und böse normiert. Wiederum finden sich stark angstbesetzte Bilder einer Bedrohung des Vertrauten und Guten (der Zusammenhalt der Deutschen) durch das Fremde und Böse (Geier, Fremde, Islamisten, führende Politiker). Die Ästhetik des Spots artikuliert sich durch Kontrast und Stimmung. Musik und Bilder sind redundant zum jeweiligen Text. Der Spot beschreibt das Parteiprogramm durch das Präsentieren von Feindbildern und damit eine Abgrenzung gegen das, was die negative Situation angeblich verursacht hat. Die Lösung der „Verdunkelung Deutschlands" wird durch ein „deutsches Wir-Gefühl" postuliert, durch Besinnung auf Situationen des Selbst-Aufbau Deutschlands, symbolisiert in den Bildern der Trümmer-Frauen und Wiedervereinigung.

4   Medienethische Überlegungen

Kritische Überlegungen zu den Spots von Republikanern und NPD

Die Wahlwerbespots der *Republikaner* und der *NPD* verdeutlichen einerseits das Prinzip des Werbespots in seinem Format, sowie andererseits die möglichen Probleme, die mit dem Format einhergehen können. Werbespots, so wurde anfangs postuliert, erzählen Kurzgeschichten. Sie müssen in kürzester Zeit einen Spannungsbogen aufbauen, der eine Ausgangsthese postuliert, ein Problem aufwirft und eine Lösung anbietet. Bei beiden Spots werden die „Probleme" ähnlich definiert: die Bedrohung Deutschlands als Nation durch „Fremde". Dieses „Problem" wird zugespitzt durch Bilder und Metaphern der Angst und Bedrohung und wird angeblich gelöst durch eine stärkere Wir-Identität, die *nur* über Ausgrenzung des postulierten „Fremden" hergestellt werden kann.

Die *Form* beider Werbespots ist nicht untypisch. Sie findet sich in vielen anderen Werbespots in ähnlicher Form. Vielmehr problematisch ist ihr Inhalt.

Dieser Inhalt spiegelt allerdings Parteiprogramme von Parteien wider, die derzeit in Deutschland legal sind. Ihre Meinungsäußerung ist durch Art. 5 GG vor Zensur geschützt, solange sie keine verfassungswidrigen Inhalte oder strafgesetzliche Verstöße beinhaltet. Es hatte sich an früherer Stelle gezeigt, dass die Spots rechtsradikaler Parteien immer wieder kontrovers diskutiert und ihre Absetzung verlangt wurden, dass sie aber immer wieder ausgestrahlt werden durften. Dies hängt auch damit zusammen, dass sie etwas artikulieren, was als allgemein bekanntes und erwartbares Gedankengut der sie bewerbenden Parteien gelten darf.

Dennoch ergeben sich Fragen in Bezug auf die moralische Vertretbarkeit der Wahlwerbespots im Zusammenhang mit ihrer öffentlichen Ausstrahlung. Die Spots verdeutlichen, dass sich die Problematik einer Artikulation von Gedanken und Ideologien im Format der Wahlwerbespots verschärft, da dieses Genre mit der Notwendigkeit einer Dramaturgie sowie der Tendenz zur Visualisierung und Emotionalisierung unterliegt. Auch zeigt sich, dass sich dieses Phänomen dann intensiviert, wenn es sich um Ideologien handelt, die auf fragwürdige Weise ausgrenzend agieren. Wahlwerbespots können allerdings nicht gleich stark wie publizistische Medieninhalte auf den Anspruch Wahrheit hin kritisiert werden. Wahrheit und Wahrhaftigkeit stellen keine genuin normativen Forderungen an Werbespots dar. Gleichzeitig wird auch an Werbung die Forderung nach Richtigkeit der Behauptungen gestellt. Welche normativen Forderungen sind dann aber vor allem in Bezug auf Wahlwerbespots relevant?

Die moralische Fragwürdigkeit genannter Wahlwerbespots rechtsradikaler Parteien liegt *inhaltlich* in der geforderten Ausgrenzung bestimmter gesellschaftlicher Gruppen („Fremder") von den Rechten der Bürger des Nationalstaates. Sie liegt ästhetisch-dramaturgisch in der Angsterzeugung und negativen Assoziierung der von den Parteien dargestellten und teilweise benannten „Feindbilder". Damit liegen Ansätze einer Diskriminierung vor: einer Diskriminierung von ausländischen Mitbürgern sowie den nach der unterliegenden Ideologie nicht als „Deutschen" anerkannten Mitbürger.

Diese Diskriminierung ist im kommerziellen Bereich nach den Vorgaben des *Deutschen Werberates* beispielsweise nicht erlaubt. Die „Grundsätze des Deutschen Werberats zur Herabwürdigung und Diskriminierung von Personen" betonen, dass in der *kommerziellen* Werbung Bilder und Texte nicht die Menschenwürde und das allgemeine Anstandsgefühl verletzen dürfen. Insbesondere darf Werbung nicht den Eindruck erwecken,

> „dass bestimmte Personen minderwertig seien oder in Gesellschaft, Beruf und Familie willkürlich behandelt werden können. Vor allem dürfen keine Aussagen oder Darstellungen verwendet werden, die Personen wegen ihres Geschlechts, ihrer Ab-

stammung, ihrer Rasse, ihrer Sprache, ihrer Herkunft, ihres Glaubens, ihrer politischen Anschauung, ihres Alters oder ihres Aussehens diskriminieren".[8]

Auch der Presserat untersagt Diskriminierungen laut Ziffer 12 des Pressekodex:

> „Niemand darf wegen seines Geschlechts, einer Behinderung oder seiner Zuge-
> hörigkeit zu einer ethnischen, religiösen, sozialen oder nationalen Gruppe dis-
> kriminiert werden".[9]

Diskriminierungen unterlaufen damit medienethischen Normen und dem Prinzip
der gleichen Freiheit für alle, wie es freiheitlichen Demokratien wesentlich ist,
und wie es vor allem in der Bundesrepublik aufgrund der Geschichte der Nazi-
Ära, als besonders herausragend gilt. In der Behauptung und Reduktion von
Freiheitsrechten auf durch die Partei definierte Gruppe findet eine bewusste
Ausgrenzung und Diskriminierung statt, die durch die emotionale Angsterzeugung und die Verwendung nationaler Symbole verschärft wird.

Medienethische Spannungsfelder

Damit zeigt sich ein normatives Spannungsfeld, wie es für die Medienethik
typisch ist: Die rechtlich garantierte Möglichkeit deutscher Parteien auf freie
Meinung und die (im öffentlich-rechtlichen Rundfunk kostenfreie) Artikulation
dieser Meinung in Form von Wahlwerbespots im Rundfunk trifft auf die verfas-
sungsrechtlich garantierten Medienfreiheiten der Medienunternehmen, die in
ihrer Veröffentlichung frei von Zwängen sein sollen. Diese Veröffentlichungs-
freiheit wird dadurch gebrochen, dass es sich bei Wahlwerbespots nicht um von
den Rundfunkanstalten selbst gestaltete (und damit nicht publizistische) Inhalte
handelt, sondern dass die Rundfunkanstalten nur zu *Trägermedien* der von den
Parteien selbst gestalteten und verantworteten Spots werden. Die Sender können
also zur Ausstrahlung von Werbespots verpflichtet werden, die ihren eigenen
Prinzipien (wie sie in Rundfunkstaatsverträgen oder rundfunkspezifischen Normen artikuliert sind) widersprechen können. Die Wahlwerbespots können so
eine Öffentlichkeit und ein Forum auch für solche Ideen erreichen, die als moralisch problematisch gelten.

   Welche medienethischen Konsequenzen ergeben sich aus diesem Spannungsfeld? Das Problem einer medienethischen Auseinandersetzung mit Wahlwerbespots liegt darin, dass es sich nicht um publizistisch-mediale Inhalte im

---

8   vgl. Fassung von 2004 unter http://www.werberat.de.(4.3.2007).
9   http://www.presserat.de/Pressekodex.pressekodex.0.html (4.3.2007)/

eigentlichen Sinn handelt. Vielmehr geht es um *parteipolitische Werbung auf einer massenmedialen Plattform*. Weder Wirkungen noch die Art der Rezeption dieser Spots gilt als eindeutig definierbar. Die Spots werden eher zufällig konsumiert, sie werden aber als primäre Quelle der Information zu Wahlkampagnen aufgezählt. Sie sind ein beliebtes Medium für die Parteien selbst, da sie kostenfrei und mit geringer Aufwendung ein potenziell großes Publikum erreichen können. Sie fallen in einen großzügig definierten Rechtsraum und wurden in der bisherigen Geschichte der Wahlwerbespots so gut wie nicht unterbunden. Gerade die Wahlwerbespots der rechtsradikalen Parteien werfen Fragen ihrer öffentlichen Vertretbarkeit auf, fallen aber auch unter den Schutz der Meinungsfreiheit, solange sie nicht gegen das Strafgesetz verstoßen. Wie ist dann also mit problematischen Inhalten von Wahlwerbespots umzugehen, vor allem angesichts der ihnen gewährten besonderen rechtlichen Freiräume?

Zentral in diesem Zusammenhang könnte es ein, die Zuständigkeit der Selbstkontrollinstanzen in Bezug auf moralisch problematische Wahlwerbespots zu klären. Wer ist für das Mischgenre Wahlwerbespot zuständig? Wie können sich Bürger bzw. Rezipienten dieser öffentlich ausgestrahlten Wahlwerbespots beispielsweise beschweren, an wen sollen sie sich wenden? Welche Formen der öffentlichen Sanktionierung wären bei Verstößen gegen moralische Normen denkbar? Wesentlich erscheint es auch, in Reaktion auf fragwürdige Wahlwerbespots nicht mit vermehrter negativer Aufmerksamkeit zu reagieren, wie sie v.a. für rechtsradikale Wahlwerbespots typisch ist. Wichtig wäre daher auch der Versuch einer aufklärenden und relativierenden Aufarbeitung politischer Ideologien durch die Medien selbst. Hier könnten die Medien zu ihrer eigentlich demokratischen Funktion gelangen: der Herstellung von Öffentlichkeit durch Information, Kritik, Orientierung und Aufklärung.

Literatur

Baum, Achim/Langenbucher, Wolfgang/Pöttker, Horst/Schicha, Christian (Hrsg.) (2005): Handbuch Medienselbstkontrolle. Wiesbaden.

Becker, Jürgen (1990): Wahlwerbung politischer Parteien im Rundfunk. Begrüßung und Einführung. In: Becker, Jürgen (Hrsg.): Wahlwerbung politischer Parteien im Rundfunk. Baden-Baden. 9-13.

Bethge, Herbert (1990): Rechtsfragen der Wahlwerbung in Hörfunk und Fernsehen. In: Becker, Jürgen (Hrsg.): Wahlwerbung politischer Parteien im Rundfunk. Baden-Baden. 31-40.

Geese, Stefan/Zubayr, Camille/Gerhard, Heinz (2005): Berichterstattung zur Bundestagswahl 2005 aus Sicht der Zuschauer. In: Media Perspektiven. 12/2005. 613-626.

Holtz-Bacha, Christina (2002): Massenmedien und Wahlen: Die Professionalisierung der Kampagnen. In: Politik und Zeitgeschehen. 15-16/2002. http://bpb.de/publikationen/ML1DT.html. Zugriff am 15.05.2006.

Holtz-Bacha, Christina (2000): Wahlwerbung als politische Kultur. Parteienspots im Fernsehen 1957-1998. Wiesbaden.

Schmidt, Siegfried J. (1995): Werbung zwischen Wirtschaft und Kunst. In: Schmidt, Siegfried J./Spieß, Brigitte (Hrsg.): Werbung, Medien und Kultur. Opladen. 26-43.

Schmidt, Siegfried/Spieß, Brigitte (Hrsg.) (1996): Die Kommerzialisierung der Kommunikation. Fernsehwerbung und sozialer Wandel 1956-1989. Frankfurt/M.

Semetko, Holli A./Schoenbach, Klaus (1994): Germany's „Unity Election". Voters and the media. New York.

Stapf, Ingrid (2006): Medien-Selbstkontrolle. Ethik und Institutionalisierung. Konstanz.

Guido gibt Gas. Vorfahrt für Arbeit in den FDP-Wahlwerbepots zur Bundestagswahl 2002 und 2005

Christian Schicha

1 Einleitung

Die im folgenden Beitrag exemplarisch behandelten TV-Wahlwerbespots der FDP zu den Bundestagswahlen 2002 und 2005 zeichnen sich u.a. durch Bestandteile der Inszenierung, Personalisierung, Visualisierung und Symbolisierung aus. Bevor die beiden Spots anhand ihrer visuellen und verbalen Aussagen analysiert werden, sollen zunächst allgemeine Merkmale des politischen Theatralitätskonzeptes skizziert werden, dessen Bestandteile im Rahmen der Spotinterpretation berücksichtigt werden. Eine zentrale Aufgabe dieses Aufsatzes liegt darin, die „Rekonstruktion der Inszenierung von Vertrauenswürdigkeit" (Wachtel 1988: 3) am Beispiel der FDP-Spots auf der Ton- und Bildebene herauszuarbeiten. Es ist zu prüfen, ob neben der Appellfunktion auch eine Informationsfunktion in den Werbefilmen vorhanden ist und ob politische Alternativen zu den konkurrierenden Parteien in angemessener Form deutlich werden.

2 Die politische Inszenierung als Strategie der Aufmerksamkeitserzeugung

Neben der Performance, Wahrnehmung und Verkörperung fungiert die Inszenierung als klassischer Teilbereich der Theatralität (vgl. weiterführend Schicha 2007a). Beim Spiel mit den Inszenierungsoptionen im Kampf um die Aufmerksamkeit arrangieren die Parteien ihre Themen und Kandidaten. Dabei gilt: „Inszenierung ist politisches Handeln, politisches Handeln ist immer auch Inszenierung..." (Hitzler 1991: 243). Edelman (1964/1990) weist als einer der Ersten darauf hin, dass Politik nicht nur als instrumentelles Entscheidungshandeln, sondern auch als dramaturgisches Darstellungshandeln betrachtet werden müsse. Die ästhetische Überformung der Politikdarstellung unter der Prämisse einer bestimmten Wirkungsabsicht spielt dabei eine zentrale Rolle. Der Zwang zur Inszenierung des Politischen speist sich aus zwei Quellen gleichermaßen: aus der Komplexität moderner Gesellschaften, in denen die Politik in Gefahr ist, ihr Primat zu verlieren und aus der Selektions- und Präsentationslogik der Medien.

Die ständige Präsenz visueller Massenmedien ruft grundlegende Veränderungen in der politischen Präsentation hervor: Der einzelne Politiker gerät zunehmend unter den Druck, seine politische Rationalität in einer ästhetisch kalkulierten Darstellung emotional zu transportieren (vgl. Sarcinelli 1998). Spätestens durch den Übergang von der Schriftkultur zur visuellen Kultur avanciert die Aufmerksamkeit zur zentralen Größe politischer Machtausübung, zum limitierenden Faktor im Diskurs, der primär ikonisch und weniger diskursiv gesteuert wird (vgl. Franck 2007). Dabei lenken Images und Bilder den öffentlichen Themendiskurs, um die eigene Agenda zu propagieren oder von den Themen der politischen Konkurrenten abzulenken. Zentrales Ziel eines Politikers ist vor diesem Hintergrund die gelungene „Synthetisierung von Ästhetik und Politik" (Soeffner 1995: 4). Die politische Inszenierung wirkt vor allem dann, wenn sie ihren Charakter dissimuliert und vorgibt, authentisches Geschehen zu sein (vgl. Schicha 2003c).

In öffentlichen Debatten und in der politischen Auseinandersetzung wird der Inszenierungsbegriff meist mit negativen Konnotationen in Verbindung gebracht und instrumentalisiert, um ein bestimmtes Verhalten oder eine bestimmte Kampagne zu kritisieren oder zu diffamieren. Mit der politischen Inhalts- und Sachebene werden positiv besetzte Begriffe wie Wahrheit, Sein und Authentizität assoziiert, während der Inszenierungsebene negative Bedeutungen wie Schein, Täuschung und Manipulation zugeschrieben werden. Das dürfte auch daran liegen, dass sich gerade politische Inszenierungen nicht als solche zu erkennen geben. Diese pauschale Kritik verkennt aber, dass Inszenierungen prinzipiell den jeweils thematisierten politischen Fragen durchaus angemessen sein können. Zudem ist das Erkennen und Bewerten der Inszenierung als solche in der heutigen Medienkultur in zunehmendem Maße zum Deutungsmuster geworden. Im Zuge dieser Entwicklung geben sich die Inszenierungen durch die Massenmedien (das heißt in den journalistischen Inszenierungen) als auch in den Inszenierungen für die Massenmedien (den Inszenierungen der Politiker und ihrer PR-Manager für die Fernsehkameras) immer deutlicher als Inszenierungen zu erkennen. In den Massenmedien haben infolgedessen Formen der Selbstreferentialität eine große Bedeutung erlangt (vgl. Frieske 1998). Der Inszenierungsbegriff kann als Analysekategorie bei der Betrachtung politischer und medialer Vorgänge in einem heuristischen Sinn eingesetzt werden (vgl. Willems/Jurga 1998). Wertfrei meint der Begriff der Inszenierung zunächst die bedeutungsvolle, wirkungsorientierte und bisweilen dramatisierende Überformung von Handlungszusammenhängen. In Wahlwerbespots liegt diese Inszenierungshoheit, die in ihrem ästhetischen Gehalt auf die wirkungsorientierte Darstellung von Inhalten oder Personen zielt, zur Gänze bei den politischen Parteien. Diese orientieren sich dabei auch an den gängigen Mustern der Produktwerbung.

3 Der Politiker ist die Botschaft: Personalisierung

Neben der Inszenierung konzentriert sich die Theatralität als Verkörperung (Korporalität) auf den Körper mit seinen spezifischen Darstellungsmitteln als Ausstellungsobjekt und inszeniertes Subjekt. Der Körper wird beim Rollenspiel oder der Maskerade zur Schau gestellt. Kleidung und Schminke werden eingesetzt, um spezifische Wirkungen zu entfalten. Bestimmte Körperbilder prägen zentral die Wahrnehmung des Rezipienten.

Die Theatralisierung des Politischen vollzieht sich hingegen durch eine Verkörperung politischer Gegenstände. Gemeint ist die Verbindung von Informationen über politische und soziale Sachverhalte mit szenischen Situationen, Körpersprache, Stimme, Musik- und Geräuschelementen sowie verschiedenen anderen visuellen Reizen. Die Dimension der Verkörperung im Rahmen des Theatralitätsmodell richtet ihren Fokus in Bezug auf die körperliche Qualität von kollektiven und individuellen Inszenierungen. Politische Herrschaftsansprüche werden durch körperliche Aufführungen in sinnliche Wahrnehmungsmuster transformiert (vgl. Fischer-Lichte 2005). Verkörperung wird zusätzlich mit konkreten politischen Handlungsakteuren zur Komplexitätsreduktion von unübersichtlichen politischen Prozessen verbunden. Verkörperungen abstrakter Vorgänge benötigen auch den Körper als Darstellungsmedium, so dass eine repräsentative Öffentlichkeit sich über die personale Darstellung im Rahmen der Medienberichterstattung vollzieht, die bei der Politikvermittlung unter dem Schlagwort „Personalisierung" diskutiert wird.

Leitfiguren, Wortführer und Vorbilder stehen auch in der Politik im Mittelpunkt des Interesses. Personalisierung meint insgesamt die systematische Konzentration auf eine bestimmte Person, die Darstellung von spezifischen Persönlichkeiten, die dadurch prädestiniert sind, dass sie etwa über einen Amtsbonus verfügen. Sie bewirkt eine Reduktion von Komplexität auf ein überschaubares, kognitiv wie emotional verarbeitbares Maß (vgl. Kamps 1998). Dabei offeriert die Permanenz weniger Schlüsselpersonen Erwartungssicherheiten und Identifikationsmöglichkeiten. Politikern, die ein breites Echo auf sich ziehen, wird dadurch besondere Wichtigkeit zugewiesen. Die Personalisierung politischer Information kann dazu beitragen, die Vermittlung komplexer Sachverhalte zu vereinfachen, indem die Neugierde der Rezipienten auf die relevanten Akteure gelenkt wird (vgl. Funke 1978).

Die Notwendigkeit, das Darstellungsverhalten strategisch zu kontrollieren, ergibt sich aus dem nachweislich entscheidenden Einfluss, den vor allem körpersprachliche Äußerungen in der medialen Vermittlung auf die Vorstellungen haben, die sich die Zuschauer von den Eigenschaften, den Motiven, den zu erwartenden Handlungen und der Kompetenz der dargestellten Personen machen. Durch die Politikvermittlung in Form der Personalisierung können politische Vorgänge hinter einer dargestellten Persönlichkeit „verschwinden". Die Personalisierung von Politik durch bildliche Schlüsselreize trägt zentral dazu bei, die Zeitknappheit durch die systematische Konzentration auf bekannte Politiker und Prominente zu überwinden. Das Verständnis für politische Entscheidungsverfahren wird durch diese komprimierte Fixierung auf einzelne Politiker jedoch nicht erhöht. Gremienarbeit und Expertentum bei der Entstehung von Politik entzieht sich der Daueraufmerksamkeit der Öffentlichkeit. Sachkomplexität, komplizierte Verfahrensabläufe und Alltagsroutine werden in der Regel in den Medien nicht vermittelt (vgl. Sarcinelli 1994).

Politiker sind gefordert, sich selbst zu profilieren, um öffentlich wahrgenommen zu werden. Sie müssen die Fähigkeit besitzen, sich so zu inszenieren, dass sie im Vergleich zu den politischen Konkurrenten einen besseren Eindruck hinterlassen.

Insgesamt zeigt sich, dass die Personalisierung durch die ständige Verknüpfung von politischen Nachrichten mit den Namen und Gesichtern von Politikern forciert wird. Dadurch gewinnt der Politiker Profil und gilt als Experte im Zusammenhang mit bestimmten Themenfeldern.[1]

Im Wahlkampf stehen bei der Personalisierung der Spitzenkandidaten die Führungsstärke und persönliche Integrität im Zentrum des Interesses, die einen höheren Stellenwert einnehmen als Sachthemen oder ideologische bzw. parteipolitische Positionen.[2] Die Person verkörpert spezifische Inhalte und Positionen, die aufgrund des Bekanntheitsgrades der Protagonisten nicht weiter erläutert werden.

Im Kontext der Wahlkampfberichterstattung wird die fortschreitende Personalisierung insgesamt kritisch betrachtet. Sie gilt als oberflächlich, konzentriert sich auf Akteure und Aktionen und wird als Gegenstück zu einer sachbezogenen und informativen Berichterstattung eingestuft. Indem Politik auf Personen reduziert wird, avancieren die Spitzenkandidaten zum Deutungsmuster komplexer politischer Tatbestände. Aufgrund der Fixierung auf die politischen Rolleninhaber fällt die Auseinandersetzung mit politischen Inhalten zunehmend unter den Tisch. Ähnlich wie die symbolische Politikinszenierung fungiert die Personalisierung als Reduktion von komplexen politischen Vorgängen, die sich

---

1   Dieser Eindruck kann zudem noch ergänzt werden durch Berichte über die menschlichen
     Qualitäten des Politikers, um einen positiven Gesamteindruck zu suggerieren
2   Dies geht sogar soweit, dass der Spitzenkandidat auf Plakaten (dies galt übrigens für Kohl und
     Schröder gleichermaßen) nur als Person abgebildet wird und das Parteienlogo und/oder ein
     zusätzlicher Wahlkampfslogan weggelassen wird.

durch diese oberflächliche Betrachtung nicht erschließen lassen. Die Strategie der Personalisierung von politischer Prominenz kommt dem Orientierungs- und Identifizierungsbedürfnis der Rezipienten entgegen. Abromeit (1972: 63f.) bringt die zentralen Aspekte der politischen Personalisierung auf den Punkt:

> „Der Glanz der ‚Aufmachung' aber, der die Gleichgültigkeit zum Handeln motivieren soll, ist der in der Politik vor allem der Glanz der ‚Persönlichkeit'. Vor die Alternative ‚Programm oder Persönlichkeit' gestellt, werden Werber immer letztere bevorzugen, für einen Artikel zu werben ist einfacher als für ein ganzes Sortiment, für einen ‚politischen Kopf' besser als für eine Partei, bei der ein langer Prospekt von Merkmalen mit angeboten werden muß."

Personalisierung durch symbolische Politik zeigt sich vorwiegend durch die Inszenierung des Politikers in seiner spezifischen politischen Rolle. Rituelle Akte wie Staatsbesuche oder Vertragsunterzeichnungen suggerieren aktives Handeln, da die konkreten politischen Entscheidungsprozesse des Politikvollzugs z.T. in nichtöffentlichen Foren vollzogen werden und damit keinen Handlungsspielraum zur publikumswirksamen Präsentation bieten. Neben der Rolle als Politiker werden weiterhin die menschlichen Facetten des Politikers durch Alltagsaktivitäten präsentiert. Das „Bad in der Menge", oftmals verknüpft mit exzessivem Händeschütteln wird als idyllisches Alltagsszenario wahrgenommen, das eine symbolische Sinnvermittlung und Bürgernähe erzeugen soll (vgl. Holtz-Bacha/Lessinger/Hettesheimer 1998). Die Identifikation soll dabei über die Einbeziehung der „ganzen" Person erfolgen. Neben der Rolle des politischen Funktionsträgers steht die Privatperson des Politikers im Mittelpunkt des Interesses, wodurch ein spezifisches Image suggeriert wird, das gezielt in Unterhaltungssendungen eingesetzt wird, um auch die politisch wenig interessierten Bürger zu erreichen. Die „Entertainisierung" von Politik drückt sich dabei auch durch Auftritte von Politikern in Spiel- und Talkshows aus (vgl. Schicha 1998). Insgesamt avanciert dabei die Fernsehpräsenz und Telegenität zur entscheidenden Machtressource politischer Führung in der Mediengesellschaft (vgl. Jarren 1998).

Aus Sicht der Parteistrategen lassen sich „Köpfe" besser darstellen als komplexe politische Sachverhalte. Aber auch die Politiker und Parteien haben erkannt, dass prominente Politiker eine hohe Aufmerksamkeit in den Medien erhalten (vgl. Peters 1996). Dabei haben neben prominenten Persönlichkeiten vor allem die Protagonisten eine gute Chance zur Medienpräsenz, die über rhetorischen Fähigkeiten und/oder ein großes Showtalent verfügen. Der Politiker als Entertainer etwa schafft es, Interesse beim Publikum zu erzeugen (vgl. Hoinle 2003). Dadurch kann sich jedoch die Problematik ergeben, dass die Seriosität des Politikers leidet, sofern die Show die Inhalte verdrängt (vgl. Schicha 2007b).

Der agierende Politiker strebt durch die Verkörperung seiner Person eine Form der Authentizität an, bei der er sich darauf beruft, mit dem inhaltlich übereinzustimmen, wofür er körperlich steht. Er repräsentiert neben den Interessen der Bürger auch die politische Ordnung. Damit verkörpert er als Vertreter einer spezifischen politischen Ausrichtung die Idee und das Weltbild, das legitimerweise durch ihn vertreten wird. Sein Handeln wird im Medienzeitalter elektronisch aufgezeichnet und ist reproduzierbar und überprüfbar. Insofern muss sein strategisches Handeln darauf ausgelegt sein, den Inhalt seiner politischen Mitteilung durch seinen Tonfall, die Kleidung und die Körpergesten widerspruchsfrei zu synchronisieren, um glaubwürdig zu sein. Seine Darstellungskapazität besteht also im Wesentlichen aus seinem Körper und den damit verbundenen Ausdrucksmöglichkeiten (vgl. Soeffner 1998).

Einerseits können Personalisierungen zu einer notwenigen Komplexitätsreduktion von politischen Zusammenhängen beitragen, sofern spezifische Schlüsselpersonen eine konkrete Politikrichtung repräsentieren und somit zur Orientierungssicherheit beitragen. „Personalisierung ist also eine durchaus rationale Antwort auf die Komplexität der Politik." (Holtz-Bacha 2004: 30) Andererseits gerät auch der politische Journalismus zunehmend „unter Anpassungsdruck", da erwartet wird, dass die Themen, die er bearbeitet, immer auch personenbezogen ausgerichtet werden (vgl. Meng 2002: 79).

Personalisierung durch Medienkompetenz avanciert zur politischen Machtprämie. Dabei kann eine direkte Legitimation politischer Entscheidungen über die Öffentlichkeit unter Umgehung von Delegierten, Gremien und des Parteiapparates erfolgen, wodurch sich eine Stärkung medienprominenter Parteispitzen herausbildet (vgl. Sarcinelli 2003). Auch von den prominenten politischen Protagonisten wird erwartet, dass sie sich publikumswirksam in Szene setzen. Dadurch bauen sie ggf. ein Bild oder ein Image auf, das weder den realen politischen Prozessen noch den eigenen Entscheidungskompetenzen entspricht: Die Vermittlung des Politischen auf den Aspekt der Personalisierung konzentriert sich dabei auf die Persönlichkeits- und Charaktermerkmale des Politikers in Bezug auf seine „Integrität und Authentizität" (Imhof 2002: 93f.). Politische Inhalte werden dadurch sukzessive in den Hintergrund gerückt. Auch die Präsentation durch den Körper avanciert zum „Ausdrucksrahmen für unterschiedliche individuelle und kollektive Strategien der Darstellung" (Wachlin 2000: 42). Sofern sich eine Diskrepanz zwischen der Körpersprache und dem verbalen Ausdruck aufzeigen lässt, wird die Integrität und die Glaubwürdigkeit des betroffenen Politikers in Frage gestellt.

Die Konsequenz dieser Entwicklung liegt darin, dass derjenige Politiker, der weniger in der Lage ist, sich souverän vor einer Kamera zu präsentieren, kaum noch eine Chance besitzt, am Wettbewerb um politische Spitzenämter erfolgreich mitwirken zu können. Die „Fähigkeit zur telegenen Selbstdarstellung" (Münkler 2001: 160) scheint immer wichtiger zu sein, und es stellt sich die Frage, ob die fachliche Kompetenz zugunsten der Selbstdarstellungskompetenz in den Hintergrund gerät. Der telegene Politikdarsteller vermittelt eben nicht nur spezifische politische Inhalte, sondern wird auch als Darsteller mit einer besonderen körperlichen Präsenz wahrgenommen, wobei die Gestik, Mimik, Physiognomie und Kleidung ebenso in die Gesamtbewertung der Beurteilung der Person einfließen (vgl. Hickethier 2001).

Es besteht das Risiko, dass langfristig nur noch die Politiker Erfolg haben, die in der Lage sind, den Selbstdarstellungsansprüchen im Mediensystem gerecht zu werden, weil sie sich interessant und unterhaltsam präsentieren (vgl. Schicha 2004a). Ob diese Experten der Selbstdarstellung auch immer in der Lage sind, eine Problemlösungskompetenz für komplexe politische Entscheidungen zu besitzen, darf zumindest bezweifelt werden. Problematisch an der Strategie der Personalisierung ist, dass die Inhalte regelmäßig nicht kritisch reflektiert werden, sondern eher die Art ihrer Darstellung. Es werden ggf. nicht die sozialstrukturellen Ursachen bestimmter Tatbestände diskutiert und analysiert, sondern Symptome dargestellt, die in die Gesamtthematik eingeordnet werden müssen.

4 Wahrnehmung durch Visualisierung

Neben der Inszenierung und der Personalisierung stellt die Wahrnehmung eine weitere Kategorie des Theatralitätskonzeptes dar. Bei der Wirkung der Politikvermittlung spielen neben den verbalen politischen Aussagen vor allen die visuellen Eindrücke beim Rezipienten eine zentrale Rolle. Die Dominanz der Selektions- und Präsentationslogik des Fernsehens fördert in der Darstellung des Politischen eindrückliche Schlagbilder und symbolische Ereignisstrukturen (vgl. Schicha 2000). Dabei widmet sich die Bildanalyse der Frage, „welche Funktionen die Verwendung der einzelnen Bilder für das Verstehen und Akzeptieren der Ansprüche auf Kompetenz und Wahrhaftigkeit übernehmen kann." (Wachtel 1988: 5)

Diese Betonung des Visuellen führt dazu, dass die assoziative Kraft der Bilder durch die filmische Dynamik einen „Erlebniskontext" bei den Zuschauern erzeugt, der authentizitätsstimulierend wirkt und die entsprechenden Informationen verdichtet. Nach dem bisherigen Forschungsstand sind für die mediale

Rhetorik die technisch-visuellen Darstellungsmöglichkeiten ausschlaggebender als die informativen und argumentativen Elemente ihrer Diskurse selbst. Medienrhetorik im Fernsehen ist vor allem eine Rhetorik der Bilder. Durch ihre filmischen Darstellungsmöglichkeiten ist die Visualisierung strukturell der Verbalisierung und der Textualität überlegen, da mit dem Reservoir technischer und akustischer Bildbearbeitungsoptionen mehr Sinne der Rezipienten erreicht und damit ein höherer Grad an Emotionalisierung und vermeintlich wahrgenommener Realitätsnähe erreicht werden können. Visuelle Kommunikation geht über den Bereich verstandesmäßiger Abwägung hinaus. Nicht die Frage nach der Authentizität der Behauptung sondern die Glaubwürdigkeit der Assoziation spielt dabei eine dominierende Rolle. Die rhetorische Persuasion liegt mithin in erheblichem Maße schon im Einsatz der Bilder selbst. Das bewegte Bild genießt Priorität bei der Selektion von Reizen.

In der Wahlkampfkommunikation werden visuelle Darstellungsmöglichkeiten dazu genutzt, komplexe politische Sachverhalte mittels unterschiedlicher Bildstrategien zu verdichten und in symbolhafte Zusammenhänge einzukleiden (vgl. Müller 1997). Gerade in den von den Parteien produzierten TV-Werbespots zeigt sich die Tendenz, gängige Verbildlichungsstrategien aus anderen Programmkontexten oder aus der kommerziellen Werbung aufzugreifen, die die suggestiven Möglichkeiten der visuellen Kommunikation in besonderer Weise zu nutzen verstehen. Die Bilder sollen Emotionen erzeugen und positive Assoziationen mit der werbenden Partei erzeugen. Politische Symbole spielen aufgrund ihrer Verdichtungsfunktion zur Reduktion von Komplexität nach wie vor eine zentrale Rolle in den politischen Werbespots. Zentral für die politische Bewertung ist dabei auch hier die Frage nach der Angemessenheit in Relation zum angesprochenen politischen Sachverhalt (vgl. Schicha 2002).

5   Symbole als Bestandteil der Performance

In der theaterwissenschaftlichen Terminologie ist die so genannte Performance neben der Inszenierung, der Korporalität und der Wahrnehmung als einer der vier Aspekte zu sehen, die in wechselnden Konstellationen situationsabhängig Theatralität konstituieren.

Performance bedeutet Aufführung, Darstellung bzw. den Vollzug einer Handlung (vgl. Legnaro 2004). Im Rahmen dieser kulturwissenschaftlichen Verwendung werden Äußerungen auch als Inszenierung betrachtet, wobei das Soziale als Art der Theatralisierung interpretiert wird, der ein bestimmtes Skript zugrunde liegt, das soziales Handeln ausmacht, aus dem sich Diskurse ergeben können (vgl. Butler 1977). Die Performance verweist auf den theatralischen

Handlungszusammenhang, in dem ein oder mehrere Akteure öffentlich vor Publikum etwas anderes darstellen. Weitere Komponenten von Theatralität beziehen sich wesentlich auf verschiedene Bestandteile der Performance: die Inszenierung auf die ästhetische Überformung, die Korporalität auf den zentralen Ausdrucksmodus und die Wahrnehmung auf die Rezeption der Darstellung in einer Performance durch das Publikum. Unter einer Darstellung im Verständnis einer „performance" versteht Goffman (1969) ein Gesamtverhalten, das jemand vor anderen zeigt, wodurch diese anderen beeinflusst werden. Die Ausdrucksmittel der eigenen Fassade reichen von Statussymbolen über die Kleidung bis zur Körperhaltung und den verbalen Ausdrucksformen.

Symbole sind wie Rituale zentrale Bestandteile von Wirklichkeitskonstruktionen und Weltdeutungen, die Ordnung und Verhaltenssicherheit erzeugen. Sie besitzen eine integrative Funktion, die ein „Wir-Gefühl" ebenso erzeugen können wie das Gefühl einer kollektiven Identität, sofern symbolische Handlungen emotionale Bereiche ansprechen. Das Symbol stellt etwas dar, das für etwas anderes steht. Es drückt auf komprimierende Weise etwas Verborgenes optisch, sprachlich oder szenisch aus. Symbole erfüllen also eine „Stellvertreterfunktion", indem sie einen selbst nicht gegenwärtigen Zusammenhang vergegenwärtigen, in diesem Sinne eignen sie sich zur Inszenierung (Meyer 1992: 54). Sie stehen mit anderen Symbolen in einer systematischen Verbindung und dienen zur Sinnstiftung (vgl. Douglas 1974).

Kulturgüter wie Flaggen, Plätze, Gebäude oder Hymnen können Symbole darstellen. Sie können ebenso auf der Handlungsebene angesiedelt sein, sofern sie durch traditionelle Bräuche, Rituale und Spiele zum Ausdruck kommen. Aber auch sprachliche Äußerungen in Form von Mythen oder Metaphern fungieren als Symbole. Sie wirken selektiv, sofern sich die Aufmerksamkeit auf sie richtet, kategorisieren Wahrnehmungen, indem sie Dingen und Ereignissen einen Sinngehalt vermitteln und wirken demzufolge etikettierend. Sie können weiterhin orientierend und identitätsstiftend wirken, sofern sie auf eine Gemeinschaft verweisen, an der jeder teilnehmen kann. Faktisch sind Symbole oftmals in einen größeren Sinnzusammenhang eingebunden, sofern sie als Kulturprodukte auf bestimmte historische und traditionelle Kontexte rekurrieren (vgl. Blickle 1993). Symbole erfordern neben einer aktiven sinnlichen Wahrnehmung die Einordnung in bedeutungsvolle „Sinnselektoren" (Ludes 2002: 7), die entsprechend interpretiert und eingeordnet werden müssen. Daher sollten Symbole nie isoliert betrachtet werden, um den Sinnzusammenhang erfassen zu können. Edelman (1964/1990) differenziert zwischen zwei verschiedenen Strategien dieser Vergegenwärtigung: Verweisungssymbole, die das, was die Zuschauer sehen und hören können, auf einen anderen (möglicherweise gar nicht existierenden) Sachverhalt beziehen und Verdichtungssymbole, die komplexe Verhältnisse zusammenfassen.

Das Phänomen der symbolischen Politik kann auch als Ausdruck einer zunehmenden Theatralisierung des Politischen interpretiert werden. Aufgrund der
abnehmenden Problemlösungskapazität der Politik sieht Plasser (1985) einen
erhöhten Bedarf nach symbolischen Politikformen. Symbolische Tätigkeiten
haben sich als Formen der Inszenierung herausgebildet, durch die eine erfolgreiche Politik ausgedrückt werden soll und die zumeist eng mit der Personalisierung korrespondieren (vgl. Sartor 2000). Dabei kann mit manipulativen
Strategien ebenso agiert werden wie mit notwendigen Formen der Reduktion
von Komplexität, um politische Prozesse darzustellen.

Die Empfänglichkeit für Symbole im politischen Kontext liegt vor allem
darin, dass sich Politik für die breite Öffentlichkeit im Fernbereich ihrer Erfahrung abspielt und somit kontrollierbare Erfahrungen politischer Zusammenhänge kaum möglich sind. In vielen Fällen sind zudem auch nur sehr vage
und vorläufige Informationen vorhanden, um sich ein umfassendes Bild über
politische Prozesse machen zu können. Insofern werden symbolische Deutungsmuster von Zusammenhängen aufgegriffen, um vom Komplexitätsdruck
zu entlasten. Insgesamt verfügt symbolische Politik über eine Signalfunktion,
um als kommunikatives Steuerungsmittel Aufmerksamkeit zu initiieren.

Sarcinelli (2005) zufolge haben symbolische Mittel in der politischen
Kommunikation folgende Aufgaben:

- Sie verfügen über eine Signalfunktion und fungieren daher als kommunikatives Steuerungsmittel, um Aufmerksamkeit zu initiieren.
- Sie dienen als zentrales Regulativ, um große Informationsmengen zu verarbeiten. Dabei erfolgt eine Reduktion politischer Problemkomplexität, da
  die Vielschichtigkeit der Informationen abstrahiert und vereinfacht wird.
- Neben der Benennung eines Sachverhaltes geht es auch um eine Benennungsmacht spezifischer Themen, die auf die politische Agenda gesetzt
  werden sollen.
- Symbolische Politik ist immer auch ein Stück auf Gefühle hin ausgerichtet.
  Damit mobilisiert sie Emotionen, steigert das Gruppenbewusstsein und
  „Wir-Gefühl", trägt aber gleichzeitig dazu bei, diejenigen auszugrenzen,
  die nicht dazugehören.

Besonders durch die visuelle Darstellung symbolischer Handlungen wird eine
Form der Emotionalität beim Rezipienten artikuliert, die neben der kognitiven
Verarbeitung auch eine affektiv ansprechende Komponente besitzt (vgl. Mikos
1994). Hierbei wird auf Formen der symbolischen Verdichtungen u.a. durch Be-

griffe und Formeln sowie optische Signale zurückgegriffen. Politiker bedienen sich dieser strategischen Muster, um ihre Ziele durchzusetzen und ihre öffentlichen Auftritte nach ihnen zu gestalten. Bei der symbolischen Politik geht es also nicht nur um „Wissenstransfer, rationale Reflexion und Überzeugung" (Schmitt-Beck/Pfetsch 1994: 108), sondern auch um „Suggestion, Faszination und Emotionalisierung" (Sarcinelli 1987a: 33).

Symbolisierung ist Sarcinelli (1987b: 46) zufolge ein „unerläßliches Requisit der Machtbildung." Es geht also nicht nur um Ablenkung, Simulation und Täuschung, sondern auch um eine Reaktion auf den gesellschaftlichen Bedarf an symbolischer Orientierung nach Sinn und Identität. Dies ist einerseits notwendig für den Bestand des politischen Gemeinwesens, kann aber ebenso eingesetzt werden für die Instrumentalisierung spezifischer Interessen. Symbolische Politik – in Form einer bestimmten (scheinbaren) Darstellung von Politik im öffentlichen Vollzug durch die Politik – lässt sich auf Basis der von der Medienforschung bereits ermittelten Spezifika journalistischer Auswahlkriterien wie den Nachrichtenfaktoren oder dem visuellen Gehalt als „legitimatorisches Problemlösungssurrogat" (Sarcinelli 1987b: 116) kalkuliert entwerfen. Die so erzeugten Images können einen illusionären Charakter besitzen: Die selektive Ausrichtung von Aufmerksamkeit auf symbolische Vorgänge kategorisiert Wahrnehmungen und gibt den Dingen einen spezifischen Sinnzusammenhang, aus dem sich Identifikationsmöglichkeiten ableiten lassen. Es wird auf Formen der symbolischen Verdichtungen u.a. durch Begriffe und Formeln sowie optische Signale zurückgegriffen.

Symbolische Politikinszenierungen werden dann erfolgreich eingesetzt, wenn es gelingt, eine variable Anpassungsleistung an die Zuschauer, die erreicht werden sollen, zu bewerkstelligen.

Eine kritische Sicht auf das Phänomen der symbolischen Politikinszenierung „als systematisch verzerrter Kommunikation" untermauert Meyer durch eine Reihe von Beispielen, die mit einer Manipulationsabsicht vollzogen wurden. „Symbolische Ideologien" setzen nicht auf den Diskurs, sondern auf blinde „Gefolgschaft". Dabei wird oftmals der normative Gegensatz zwischen einer bloß inszenierten symbolischen Politikvermittlung und der effektiven Entscheidungspolitik konstruiert. Es geht mehr um die „Identifikation" und weniger um die „Mündigkeit". In symbolischen Debatten werden Sachkontroversen inszeniert, „die in Wahrheit gegenstandslos sind" (Meyer 1992: 177ff.). Ähnlich argumentiert Blickle (1993), der die Akzeptanz und Übernahme symbolischer Deutungsmuster neben dem Fehlen kontrollierbarer Erfahrungen, zusätzlich auf Faktoren der Gutgläubigkeit, einen vorherrschenden Komplexitätsdruck und allgemeines Desinteresse zurückführt. Diese Voraussetzungen auf Seiten der Rezipienten machen sich gut organisierte Gruppen zunutze, um ihre Ziele kalkuliert durchzusetzen. In immer komplexeren Gesellschaften können sie mit sinnfälligen symbolischen Inszenierungen die Aufmerksamkeitsbarriere der massenmedialen Selektionslogik überspringen und so Medienberichterstattung nach sich ziehen.

Meyer (1992: 107) weist darauf hin, dass symbolische Inszenierungen keine Form des Diskurses darstellen, da sie eine suggestive Kraft besitzen und nicht auf Argumentation hin angelegt sind. Und Kepplinger (1992: 52) zufolge ist symbolische Politik „weniger die Lösung von Problemen als die Darstellung von Problemlösungskompetenz." Sie fungiert als eine Art Ersatz, als politisches Placebo, das dazu beitragen soll, durch Täuschung die Akzeptanz politischer Entscheidungen zu verbessern, ohne dass damit tatsächlich wirksame sachpolitische Maßnahmen verbunden sein müssen. Die Kritik an symbolischer Politik, die Meyer (1992: 54) klassifiziert hat als „sinnfällige Inszenierung, für die der Zusammenhang, auf den sie zu verweisen scheint, nur als trügerische Suggestion existiert", geht davon aus, dass symbolische Politik ein auf Täuschung angelegtes Handeln darstellen kann, das von den wahren Absichten der politischen Akteure ablenken soll. Sie wird dann kritisch eingestuft, wenn nur eine unzureichende und unvollständige Versorgung des Publikums mit entscheidungsrelevanter politischer Information erfolgt. In einem verbreiteten Verständnis fungiert symbolische Politik also als Scheinaktivität, die strategisch ausgerichtet ist, um politische Vorgänge zu verschleiern. Sie vernebele das instrumentelle Geschehen und verhindere somit eine realistische Sicht auf die Dinge.

Symbolische Politik wird demzufolge in der publizistischen und politikwissenschaftlichen Debatte, ähnlich wie die Inszenierung, mit negativen Konnotationen belegt und aus einer kritischen Perspektive in der Tradition Edelmans als inszeniertes Schauspiel verstanden, das von der eigentlichen politischen Realität ablenkt. Symbolische Politik entzieht sich diesem Verständnis zufolge dem Diskurs, da sie sich mit den Mechanismen von Scheinhandlungen bediene und nicht argumentiere. Symbolische Politikinszenierungen werden zusammenfassend als problematisch erachtet, wenn der Argumentationsradius der politischen Akteure auf Schlagworte und symbolische Handlungen zusammenschrumpft, und es nur noch darauf ankommt, positive Eindrücke beim Rezipienten zu lancieren.

Es lässt sich dennoch konstatieren, dass symbolische Politik keineswegs Nichthandeln oder Handlungsverzicht impliziert, sondern vielmehr ein Handeln zum Ausdruck bringt, das sowohl der Funktion symbolischer Komplexitätsreduktion sozialer Wirklichkeit als auch den spezifischen Anforderungen des Mediensystems nach Verkürzung und Vereinfachung durch die Handlung einer oder mehrerer Personen entgegenkommt. Durch die Verwendung politischer Symbole und symbolischer Handlungen wird das Publikum bei der

Wahrnehmung und Verarbeitung komplexer Vorgänge entlastet. Stereotypen, Symbole und symbolische Handlungen fungieren somit als Steuerungs- und Ordnungsfunktion, um auch politische Prozesse einordnen und bewerten zu können, da die reale Umgebung „insgesamt zu groß, zu komplex und auch zu fließend (ist), um direkt erfasst zu werden" (Lippmann 1922: 18).

Entscheidend ist die Bewertungsfrage, ob symbolische Politikinszenierungen einen faktischen Bezug zu realen politischen Entscheidungen haben, also für etwas Vorhandenes als Stellvertreter stehen, oder zum Ersatz für reale Politik avancieren und demzufolge nur den politischen Schein wahren wollen. Insgesamt kann symbolische Politik auch wertfrei als Stellvertreter für einen Ausschnitt der politischen Wirklichkeit klassifiziert werden.

Symbolische Politik kann demzufolge nicht a priori mit den Kategorien der Lüge, Täuschung und Manipulation gleichgesetzt werden. Sie fungiert als genuine Wahrnehmungs- und Handlungsebene des politischen Prozesses. Sie stellt in diesem Verständnis kein Ablenkungsinstrument oder Ersatzmittel dar, wenn es an fertiger Sachpolitik mangelt, sondern gilt als konstitutiver Bestandteil bzw. Teilprozess von Politik. Sie fungiert dann als legitime strategische Gestaltung politischer Öffentlichkeit durch politische Akteure mit dem Ziel einer akzeptanz- und legitimationswirksamen Darstellung politischer „Realität". Politik ist insgesamt ohne symbolische Akte geradezu unvorstellbar geworden.

Nach diesen grundlegenden Anmerkungen zur Theatralisierung des Politischen erfolgt die Analyse der exemplarischen ausgewählten FDP-Wahlwerbespots zu den Bundestagswahlen 2002 und 2005. Zunächst werden jedoch einige allgemeine Rahmendaten zur Entwicklung der FDP seit ihrer Gründung bis heute skizziert.

6   Die Rolle der FDP in der bundesdeutschen Parteienlandschaft

Die Freie Demokratische Partei, die 1948 in Westdeutschland gegründet wurde, war über viele Jahrzehnte die drittgrößte Fraktion im Deutschen Bundestag und galt mehrfach als „Zünglein an der Waage", da sie als Koalitionspartner maßgeblich über die Form und Zusammensetzung der Regierung zu entscheiden hatte. Als fester Bestandteil der bundesdeutschen Parteienlandschaft zwischen „Totenglöcklein und Größenwahn" (Michel 2005: 294) verfügte die FDP aufgrund einer kleinen Stammwählerschaft über geringe Stimmanteile, die häufig nur knapp über der 5% Grenze lag. Dennoch ergab sich aufgrund der Koalitionsnotwendigkeit der großen Parteien immer wieder ein erhebliches Machtreservoir für die Liberalen. Sie waren länger an der Regierung beteiligt als SPD und CDU, besetzten mit den Innen-, Außen- und Wirtschaftsressorts immer wieder wichtige Ministerien und stellten auch den Vizekanzler, u.a. durch Jürgen W. Möllemann. Nachdem die FDP in den 1970er Jahren zunächst mit der SPD unter den Bundeskanzlern Brandt und Schmidt koalierte, schloss sie sich 1982/83 der Union an, mit der sie 16 Jahre lang unter Kohl regierte. Durch den Einstieg der Grünen in den Deutschen Bundestag hat die FDP „ihre Monopolstellung als Mehrheitsbeschaffer für eine der beiden Großparteien" bis heute eingebüßt (Dittberner 2005: 27). 1998 verlor die schwarz-gelbe Regierungskoalition die Bundestagswahl. Die FDP hatte im Vergleich zur vorherigen Bundestagswahl Stimmen verloren und der war von 6,9 auf 6,2 Prozent abgerutscht. In den neuen Bundesländern wurde der Sprung über die Fünfprozenthürde komplett verfehlt.

Rot-Grün übernahm die Amtsgeschäfte und erhielt auch 2002 erneut eine knappe Mehrheit, die eine Regierungsbildung ermöglichte. Nach zahlreichen verlorenen Landtagswahlen hat die SPD dann 2005 für Neuwahlen plädiert, die letztlich zu einer großen Koalition zwischen der Union und den Sozialdemokraten führten. Trotz guter Ergebnisse bei Landtagswahlen und stabilen Zahlen bei den Bundestagswahlen hat die FDP es nunmehr seit neun Jahren nicht mehr geschafft, Regierungsverantwortung auf Bundesebene zu übernehmen.

Interessant ist die jüngere Entwicklung der Liberalen, die vor allem im Bundestagswahlkampf 2002 durch die Auseinandersetzungen zwischen Guido Westerwelle und Jürgen W. Möllemann geprägt war. Die Kontroverse liefert deutliche Hinweise über die Motive der Wahlkampfkampagnen. Von besonderem Interesse ist dabei das Motiv, das die erhebliche Diskrepanz in den Macharten der Wahlwerbespots 2002 und 2005 auszeichnet.

7   Westerwelle und Möllemann beim Kampf um die Macht in der FDP

Guido Westerwelle hat viel erreicht. Der FDP-Vorsitzende und Rechtsanwalt war seit 1983 sechs Jahre lang Bundesvorsitzender der jungen Liberalen. Seit 1988 ist er Mitglied des FDP-Bundesvorstandes und 1994 wird er Generalsekretär seiner Partei. 2001 wird er auf dem Düsseldorfer Parteitag mit fast 90 Prozent der Stimmen zum bislang jüngsten Bundesvorsitzenden der FDP gewählt und setzte sich damit gegen seinen innerparteilichen Konkurrenten Jürgen Möllemann durch. Bei der Bundestagswahl 2002 trat die FDP als „Partei für das ganze Volk" nach einem entsprechenden Beschluss auf dem 53. ordentlichen Parteitag in Mannheim im Mai 2001 sogar mit Westerwelle als Kanzlerkandidat nach eigenem Bekunden „auf gleicher Augenhöhe mit SPD und CDU/CSU in die Auseinandersetzung" (Westerwelle 2002: 225).

Dort zeichnete sich bereits das „Drama eines Showdown von Möllemann und Westerwelle" als „dramatis personae" ab (Vorländer 2003: 90). Beide kämpften um die Macht in der Partei. Westerwelle konnte sich schließlich durchsetzen und wurde zum offiziellen Kanzlerkandidaten der FPD nominiert. Die Liberalen versuchten daraufhin ohne Erfolg, seine Teilnahme an den Wahlkampfduellen zwischen Schröder und Stoiber juristisch per Eilantrag vor dem Bundesverfassungsgericht durchzusetzen (vgl. Michel 2005). Die FDP verfolgte 2002 das Ziel, 18 Prozent der Stimmen zu erreichen. Unter dem Motto: „Mehr Netto. Mehr Bildung. Mehr Arbeit" wurden „18 gute Gründe" benannt, „FDP zu wählen!" Auf Flyern der Liberalen hieß es: „Mit 18 Prozent FDP kommt Deutschland wieder nach vorn". So genannte „Gründer 18" wurden dort aufgefordert, ihre Spenden an den „Bürgerfond 18/2002" zu richten. Für einen Auftritt in der ARD-Talkrunde „Sabine Christiansen" ließ sich Westerwelle eine gelbe „18" auf die Schuhsohle malen. Er zog während des Wahlkampfes mit einem „Guidomobil" durch die Republik (vgl. Stingl 2002). Als erster und bislang einziger deutscher Politiker besuchte er den Big-Brother-Container (vgl. Brosda 2002), nahm als Gast in der WDR- Spielshow „Zimmer-frei" teil und avancierte somit zu einem Repräsentanten der so genannten Spaßgesellschaft. Die FDP richtete ihre Strategie gezielt auf umstrittene Aktionen von „popkulturellen Medienevents", um wahrgenommen zu werden. Sie setzte „auf gezielte Tabubrüche, um sich mediale Aufmerksamkeit zu sichern" (Bösch 2002: 13). Die Partei wollte durch derartige Aktionen nicht nur jugendliche Wählerschichten ansprechen, sondern einen Imagewechsel vollziehen. Die oftmals als Partei der sozialen Kälte und Lobbyvertretung der Besserverdienenden wahrgenommene FDP wollte durch volksnahe und unterhaltsame Aktionen punkten. Als „Partei für das ganze Volk" (Michel 2005: 290) galt es, die Thesen Rechtsstaatlichkeit, Bildung, Mobilität und Steuerpolitik in den Blickpunkt zu nehmen, um eine breitere Resonanz zu erreichen.

Der NRW-Landesvorsitzende Jürgen W. Möllemann galt als der Prototyp eines Politikers, der sich die Regeln der Mediendemokratie zu eigen machte und die Inszenierung der eigenen Person auch mit zweifelhaften Methoden vorangetrieben hat. Im Bundestagswahlkampf 2002 prägte Möllemann massiv das Image der FDP als „Spaßpartei". Er war maßgeblich verantwortlich für das „Projekt 18" und die Idee einer FDP-Kanzlerkandidatur (vgl. Möllemann 2003). Die Stärke Möllemanns lag in seiner erfolgreichen Selbstdarstellung in den Medien; er hatte erkannt, dass die personalisierte Form der Politikvermittlung ein wichtiger Gradmesser für den politischen Erfolg ist (vgl. Hitzler 1991). Die Medieninszenierung dieses Politikers wurde problematisch, als die Darstellungskomponente die politischen Inhalte verdrängten und Problemlösungskompetenz durch populistische Auftritte ersetzt wurde. Auslöser für den politischen Sturz Möllemanns nach den Bundestagswahlen war letztendlich sein Spielen mit antisemitischen Ressentiments im Kampf um Wählerstimmen (vgl. Schicha 2003b).[3] Die innerparteilichen Querelen zwischen Möllemann und Westerwelle nahmen während der Wahlkampfphase 2002 sukzessiv zu:

> „Man war in diesem gekonnt inszenierten Wahlkampf mit dem Anspruch gestartet, auf gleicher Augenhöhe mit den großen Parteien zu agieren, doch gerade in der Endphase verlor die FDP durch interne Streitigkeiten das hochgesteckte Wahlziel selbst aus den Augen." (Michel 2005: 287)

So nahm die „Entzauberung des Zeremonienmeisters Guido Westerwelle" ihren Lauf. „An die Stelle des Illusionstheaters trat nun Realitätstheater." Vorländer (2003: 92) gelangt zu der Einschätzung:

> „Die Strategie der FDP, sich neu zu erfinden, ging nicht auf. Dies lag zum einen an der Kampagne, die gerade in Fun und Event, also in der Inszenierung der Spaßpartei, das Alleinstellungsmerkmal der FDP darzustellen suchte. Dabei machte sich die FDP die Logik der Mediendemokratie zueigen und zunutze – bis sie sich schlussendlich in den Fallstricken medialer Selbstinszenierung selbst strangulierte."

Zu einer ähnlichen Einschätzung gelangt Hütt (2003: 103) in seinem Artikel „Halbgötterdämmerung" über die „Inszenierbarkeit der Politik und ihre Grenzen". Er vertritt die Auffassung, dass die Liberalen 2002 statt auf den Einsatz eines programmatischen Profils zu setzen, vielmehr eine „Klamauk-Kampagne" betrieb: „Die Spaßwaffe zieht nur, wenn das beworbene Produkt selbst nicht überzeugend ist. Politik mit Spaß zu verwechseln bleibt Kernkompetenz eines rheinischen Karnevalsvereins."

Die FDP konnte mit der Union ebenso wie 1998 im Jahr 2002 trotz ihres passablen Ergebnisses von 7,4 Prozent der gültigen Zweitstimmen keine schwarz-gelbe Mehrheit erreichen. Sie hat „alle ihre zu hoch gesteckten Wahlziele weit verfehlt, so dass sie [...] als Verlierer" (Güllner 2003, 2003: 96) galt. Dies war für die Liberalen eine neue Erfahrung, da sie während ihrer gesamten Parteigeschichte noch nie zwei komplette Legislaturperioden hintereinander in der Opposition verbringen musste.

Möllemann sah sich nach der Bundestagswahl 2002 Vorwürfen der Steuerhinterziehung und des Verstoßes gegen das Parteiengesetz konfrontiert, und es wurde gegen ihn staatsanwaltlich ermittelt. Am 17. März 2003 trat er aus der FDP aus, behielt aber sein Bundestagsmandat. Am 5. Juli 2003 wurde seine

---

3 Kurz vor der Bundestagswahl 2002 ließ Möllemann den Flyer „Klartext. Mut. Möllemann" als Postwurfsendung an die Haushalte in NRW verteilen. In dem Papier griff er Israels Ministerpräsident Ariel Sharon und Michel Friedmann scharf an.

Abgeordnetenimmunität vom Deutschen Bundestag aufgehoben. Am selben Tag kam Möllemann bei einem Fallschirmsprung ums Leben. Der Bundestagswahlkampf 2005 der FDP fiel im Gegensatz zu 2002 vergleichbar moderat aus. Die Liberalen hielten sich mit spektakulären Aktionen zurück. Nur gelegentlich nutzte Westerwelle die Auftrittsmöglichkeiten in Unterhaltungsformaten, etwa am 22. August 2005, an dem er bei Stefan Raab in der Pro-7 Sendung „TV-Total" seinen Slogan „Arbeit hat Vorfahrt" präsentieren konnte.

Die FDP hat nach eigenem Bekunden bereits 1969 „einen informativen, also politischen Wahlkampf einem manipulativen, also emotionalen Wahlkampf vorgezogen" (Friedrichs 1969: 97). Ob dieser selbst aufgestellte Anspruch auch in den Bundestagswahlkämpfen 2002 und 2005 erfüllt wurde, wird exemplarisch anhand der jeweiligen Wahlspots im Folgenden untersucht.

8 Der FDP-Wahlwerbespot zur Bundestagswahl 2002

Akteur der Wahlwerbespots 2002 ist allein Guido Westerwelle. Als Vorsitzender der FDP ist er der Spitzenkandidat seiner Partei und verkörpert die Ziele der Liberalen nach Innen und Außen. Im TV-Spot 2002[4] der Liberalen trat er mit folgender Botschaft an die Wählerinnen und Wähler:

> „Ich habe den Eindruck, dass die allermeisten Menschen wissen, es geht so nicht mehr weiter. Die Menschen sind viel weiter als die Politik. Die Politiker sind die, die bremsen. Die Menschen wissen ganz genau: Wenn wir nicht mit der Zeit gehen, dann werden wir mit der Zeit völlig absteigen. (Musik) Am ehesten würde ich ändern: das Steuersystem. Das ist zu hoch, zu kompliziert und zu ungerecht. (Westerwelle aus dem Off) Steuersenkungen sind das beste Beschäftigungsprogramm. Nur wenn wir die Steuern senken, dann wird wieder investiert. Dann funktioniert die Wirtschaft, und dann gibt es mehr und neue Arbeitsplätze. Der Rohstoff ist die Bildung. Das Können, die Kreativität in den Köpfen unserer Jungen. (Musik) Es ist doch völlig verrückt, dass man beispielsweise in Steinkohle das Geld reinsteckt mit Milliardenbeträgen, gleichzeitig aber dafür sorgt, dass bei den Schulen, in den Klassen der Mangel verwaltet wird. Ich bin optimistisch für Deutschland. Weil das Beste was wir haben, das sind die Menschen die einsteigen wollen, die Chancen suchen und diese Dynamik, die muss man nur entfalten."

---

4 Der Wahlwerbespot kann bei der Bundeszentrale für politische Bildung unter: www.bpb.de/ methodik/GBSNH5,0,0,Wahlwerbespots_der_Parteien.html abgerufen werden.

Textanalyse

In seinem ersten Satz begibt sich Westerwelle gleich auf die Ebene seiner Zielgruppe. Er reflektiert den Kenntnisstand der „allermeisten Menschen", die angeblich mehr wissen als die Politik. Bereits im zweiten Satz wird eine pauschale Politikerschelte betrieben. Das negative Image von Politikern wird aufgegriffen, um Verständnis für die Kritik an den Mandatsträgern zu artikulieren. Es wird zwischen Menschen und Politikern differenziert, wobei die Vernunft und der Durchblick bei den Menschen, d.h. den Wählerinnen und Wählern angesiedelt zu sein scheint, während notwendige politische Entscheidungen offensichtlich nicht angemessen von den gewählten Volksvertretern gefällt werden. Was genau konkret vom wem gebremst wird, bleibt unklar, da eine thematische Zuordnung des Vorwurfes nicht artikuliert wird. Die nichtssagende Floskel: „Wenn wir nicht mit der Zeit gehen, dann werden wir mit der Zeit völlig absteigen", verspricht ebenfalls keine Orientierung.

Nach diesen Allgemeinplätzen wird mit der Steuerpolitik ein konkretes Politikfeld benannt. Steuersenkungen werden versprochen, um die Wirtschaft anzukurbeln und Arbeitsplätze zu schaffen. Diese populistischen Aussagen sollen natürlich Zustimmung beim Wahlvolk erreichen.

Auffallend ist die klare Selbstbezüglichkeit des Liberalen („Ich habe den Eindruck", „Am ehesten würde ich ändern"). Überhaupt erwähnt sich Westerwelle drei Mal selbst, während er fünf Mal den Terminus „wir" anspricht. Die FDP als Partei wird dabei ebenso wenig angesprochen wie weitere politische Repräsentanten der Liberalen, die als Team agieren könnten.

Zumindest wird die Bildungspolitik konkret benannt. Die Gegenüberstellung zwischen den kostenintensiven Steinkohleinvestitionen mit dem Mangel im Schulwesen suggeriert durch den Eindruck eines logisch strengen Ableitungszusammenhanges eine monokausale Vereinfachung. Es wird der Eindruck erzeugt, dass die Gelder für die Steinkohle unmittelbar in die Bildung investiert werden könnten.[5]

Die Sätze sind kurz, die Ansagen deutlich. Die Sprache ist einfach gehalten und entspricht alltäglichen Formulierungen (z.B. „Es ist doch völlig verrückt"). Konkrete politische Handlungsprogramme werden durch die Senkung der Steuern, dem Abbau von Kohlsubventionen und Investitionen in die Bildungspolitik versprochen. Durch „die Darstellung individueller Gestaltungsabsichten und Gestaltungsfähigkeiten" (Wachtel 1988: 26) soll schließlich Kompetenz und Handlungswillen suggeriert werden.

---

5   Dass langfristige Verträge zwischen der Politik und dem Bergbau eine konkrete Umschichtung schon rechtlich nicht möglich machen, wird nicht erwähnt.

Um Aufmerksamkeit zu erreichen, werden im Spot Wiederholungen von Worten und Wortkombinationen (u.a. „Menschen wissen") gewählt.

Positive Leitbegriffe („Steuersenkungen", „Arbeitsplätze", „Bildung", „Können", „Kreativität", „Chancen", „Dynamik") sollen ebenso eine Aufbruchstimmung signalisieren wie der artikulierte Optimismus von Westerwelle.

Recht holperig ist zum Teil der Satzbau (z.B. „Weil das Beste was wir haben, das sind die Menschen die einsteigen wollen").

Ein konkreter FDP-Wahlaufruf auf verbaler Ebene durch Westerwelle findet nicht statt.

Visuelle Analyse

Insgesamt verfügt der FDP-Spot aus dem Jahr 2002 über 18 Kameraeinstellungen. An zwei Stellen ist moderne akustische Wavemusik zu hören. Es kommen zahlreiche Bildtypen u.a. als Personenbild, Beziehungsbild und Aktionsbild zum Einsatz (vgl. Meyer/Ontrup/Schicha 2000).

Folgende Sequenzen zeichnen den Werbefilm aus: Westerwelle läuft im Freizeitlook (Polohemd, Jeans) durch den Park. Dann wirft er einen Stein in den Rhein in Bonn. Anschließend sitzt er vor einem Baum im Park und verkündet ein erstes Statement. Danach ist er auf dem Fahrrad in der Stadt unterwegs.[6] Ein weiteres Statement von Westerwelle vor dem Baum wird nachfolgend artikuliert. Nun geht er im Anzug mit weißem Hemd und Krawatte auf den Reichstag zu, auf den er mit dem Finger zeigt. Weiterhin läuft er durch eine Menschenmenge, ist im Dialog mit Bürgern zu sehen, bevor ihn eine Einstellung vor einer Skulptur im Freien am Bonner Kunstmuseum zeigt, das sich in seinem Wahlkreis befindet. Danach ist er vor einem Bild in dem Museum zu sehen, bevor erneut die Einstellung vor dem Baum im Park gezeigt wird, die Raum für ein Statement lässt. Im Anschluss daran wird eine Schultafel gezeigt, auf der der Satz „Schule fällt aus!" zu lesen ist. Erneut werden einige Einstellungen mit Westerwelle vor dem Reichstag gezeigt, bevor eine Tafel mit dem Slogan „Wahlen am 22. September. Die neue Generation für Deutschland" gezeigt wird. Ein letztes Mal ist der Fahrradfahrer Westerwelle zu sehen, bevor auf blauem Hintergrund eine weiße 18 abgedruckt ist, neben der rechts ein gelbes FDP-Logo positioniert ist. Hier kommen die beiden blau-gelben Farben der Liberalen zur Geltung.

---

6 So soll ein Bild eines sportlich agierenden Kanzlerkandidaten vermittelt werden, der sich auch durch die körperliche Aktionen auch von seinen Konkurrenten Schröder und Stoiber abgrenzt und damit Bürgernähe suggeriert.

Beim Blick auf die visuellen Muster des Spots fällt auf, dass die FDP-Werbestrategen zunächst Naturmotive gewählt haben, in deren Rahmen sie Westerwelle präsentieren. Er läuft durch einen Park, sitzt vor einem Baum und wirft einen Stein ins Wasser. Es wird somit – zumindest visuell – ein Feld besetzt, das nicht zu den Feldern der FDP gehört: der Umweltschutz. Die Kernkompetenz zu diesem Thema wird allgemein den Grünen zugesprochen. Da die FDP sich lange in Konkurrenz mit den Grünen beim Kampf um den dritten Platz im Parteienspektrum befand, könnte somit versucht werden, typisch grüne Motive für den eigenen Wahlkampf zu besetzen. Obwohl in den Spot-Aussagen Westerwelles der Umweltschutz nicht erwähnt wird, dient die Natur als Kulisse, um ein angenehmes Lebensgefühl zu suggerieren. Auch die Fahrradfahrt kann neben dem Ausdruck von Dynamik durchaus umweltschützende Assoziationen beim Rezipienten erzeugen. Unkonventionell ist zudem die Darstellung Westerwelles vor einer Skulptur und einem Gemälde. Erneut scheinen primär positive Assoziationen als „Feel-Good-Faktor" (vgl. Dörner 2001) durch den Kunstgenuss des Liberalen geweckt werden, da die Kulturpolitik neben der Umweltpolitik ebenfalls keine Spitzenposition auf der Prioritätenliste der FDP einnimmt. Eine konventionelle Machart des Spots ist an dem Punkt zu erkennen, wo Westerwelle in seriösem Outfit vor dem Reichstag steht und demonstrativ auf das Gebäude zeigt, das als Symbol für die parlamentarische Demokratie steht. Zusätzlich stellt die Bildkomposition, die Westerwelles Kopf mit dem Reichstag und einer deutschen Fahne zeigt, ein typisches Muster für einen Politikertyp dar, der als gewählter Vertreter des deutschen Bundestages in seiner exponierten Position als Partei- und Fraktionsvorsitzender eine exponierende Rolle einnimmt.

Der FDP-Wahlwerbespot aus dem Jahr 2002, in dem Westerwelle als „Anwalt der Bürger" inszeniert wird, erhält von Kießling (2002) eine negative Kritik. Es fehlt der narrative Faden; vielmehr ist ein typischer Reportagestil gewählt worden, um die Statements des „Kanzlerkandidaten" zu vermitteln. Dabei werden zahlreiche berufliche und private Situationen nachgestellt, wobei der Eindruck entsteht, das speziell in den Szenen im Park ein Interview geführt wird, bei dem nur die Antworten gezeigt werden. Dabei ist eine erhebliche Diskrepanz zwischen der angenehmen Atmosphäre, in der sich Westerwelle in lockerer Kleidung unter dem Baum sitzend präsentiert und der ernsten Ansprache („Ich habe den Eindruck, dass die allermeisten Menschen wissen, es geht so nicht weiter.") deutlich. Vogelzwitschern und Sonnenschein im Park passen nicht zu den dramatischen Worten des Liberalen, der betroffen in die Kamera blickt. Sein Sprachduktus ist vergleichbar mit dem seiner zahlreichen Auftritte in Talkshows. Insofern wirkt die suggerierte Privatheit im Freizeitlook unglaubwürdig. Die Atmosphäre ist gekünstelt und wirkt dadurch nicht authentisch. Inhaltlich werden sowohl Steuersenkungen, der Kohlebergbau und die Bildung thematisiert. Diese Themen werden nur schlagwortartig angerissen. Ein unmittelbarer Zusammenhang zwischen den politischen Themenkomplexen lässt sich nicht nachvollziehen. Kießling (2002) gelangt insgesamt zu der Einschätzung:

> „Die politischen Misstände und die Unzufriedenheit der Bürger werden nicht eindringlich und emotional dargestellt, sondern vermitteln sich durch die geschilderten ‚Eindrücke' Westerwelles. Die Bilder sind größtenteils wahlkampftypisch, austauschbar und bieten somit keine individuelle Optik. Ein Gefühl von Bürgernähe wird [...] ebenfalls nicht erzeugt – trotz der gelegentlich eingeschnittenen „privaten" Szenen."

Beim Blick auf den FDP-Spot 2005 ist zu konstatieren, dass eine völlig neue Wahlkampfstrategie gewählt worden ist, um den potenziellen Wähler anzusprechen. Erneut steht Westerwelle als alleiniger Politiker seiner Partei im Mittelpunkt des Kurzfilms, jedoch in einer völlig anderen Rolle.

9 Der FDP-Wahlwerbespot zur Bundestagswahl 2005

Der Wahlwerbespot der FDP zur Bundestagswahl 2005 ist in der ARD und im ZDF vom 23.8 bis 16.9.2005 jeweils vier Mal zwischen 17.10 und 23.00 Uhr ausgestrahlt worden.[7]

Im Gegensatz zu seinem Vorgänger aus dem Jahr 2002 wird auf musikalische Einspieler komplett verzichtet. Die Ansprache Westerwelle erfolgt unmittelbar ohne eine weitere Einführung. Der sehr deutlich betonte und langsam vorgetragene Text lautet wie folgt:

> „Liebe Mitbürgerinnen und Mitbürger, wir senden Ihnen jetzt keinen Werbespot, sondern wir nennen Ihnen unsere Argumente.
> Arbeit hat Vorfahrt, denn Millionen Menschen sind arbeitslos. Das ist schlimm für jeden Betroffenen und schlimm für unser ganzes Land. Wir brauchen einen Aufschwung, und den gibt es nur mit Wachstum. Wachstum entsteht mit einer wirtschaftsfreundlichen Politik. Es gibt keine bessere Politik für Arbeitnehmer, als dafür zu sorgen, dass derjenige, der einen Arbeitsplatz sucht, ihn auch findet. Nur wenn in Deutschland investiert wird, entstehen hier auch Arbeitsplätze.

---

7 Der Spot ist bei der FDP unter http://www3.fdp-bundesverband.de/files/556/guido_westerwelle_windows.wmv abrufbar.

Deshalb laden wir Forschung und neue Technologien nach Deutschland ein. Deshalb brauchen wir ein niedrigeres, einfacheres und gerechteres Steuersystem. Weil Leistung sich für alle lohnen muss und weil auch nur so die soziale Sicherheit erhalten bleibt – für die Älteren genauso wie für die Familien und für die Kinder. Die FDP hat vorgerechnet, wie das geht. Wenn unsere europäischen Nachbarn das schaffen, dann schaffen wir das auch. Wir können es besser, deshalb wollen wir einen Neuanfang. Wir wollen Rot-Grün beenden, und wir wollen verhindern, dass es eine Mehrheit aus SPD, Grünen und PDS gibt. Der Schlüssel dazu ist eine starke FDP. Deswegen bitte ich Sie, bei der Bundestagswahl die FDP zu wählen. Auf jeden Fall mit ihrer Zweitstimme."

Textanalyse

Der FDP-Spot 2005 ist klassisch aufgebaut. Nach einer Begrüßung erfolgt die Problembeschreibung mit sich anschließenden Problemlösungsansätzen, einem Eigenlob, der Benennung des politischen Gegners und dem konkreten Wahlaufruf. Die Komplexität ist überschaubar.[8] Die narrative Dramaturgie des Spots folgt einem typischen Muster. Zunächst werden dramatische Zustände konstatiert („Millionen Menschen sind arbeitslos"). Dann werden stichwortartig Lösungsstrategien präsentiert (u.a. Wachstum, Forschung), bevor der politische Gegner angegriffen wird, den es zu „verhindern" gilt. Als Lösung wird die „starke" FDP benannt. Dies kann der Wähler nur durch die Abgabe – so Wes-

---

8   Schließlich gilt: „Grundsätzlich müssen die in den Spots angebotenen Wirklichkeitsentwürfe möglichst verständlich und schnell nachvollziehbar sein. Komplizierte politische Entscheidungen haben nur wenig Chancen, angemessen dargestellt zu werden." (Jakubowski 1998, S. 60)

terwelle – seiner Zweitstimme für die Liberalen bewerkstelligen.[9] Inhaltlich bleibt die Aussagekraft der „Argumente" dürftig. Es werden populistische Allgemeinplätze formuliert, konkrete Konzepte und Strategien nicht umrissen. Stattdessen erfolgt durch die Aussage: „Die FDP hat vorgerechnet" eine Form der eigenen Kompetenzzuschreibung. Schließlich soll durch die Regierungsbeteiligung alles „besser" werden. Konkrete Versprechungen und Perspektiven werden nicht skizziert.

Auf der verbalen Ebene des FDP-Spots 2005 erfolgt zunächst eine direkte Adressierung der Zielgruppe durch die Verwendung einer freundlichen Ansprache („Liebe Mitbürgerinnen..."), die geschlechtsspezifisch ausdifferenziert wird. Dadurch erfolgt ein Bruch mit der gewählten Form eines Nachrichtendesigns, bei dem der Nachrichtensprecher in der Regel eine unpersönliche Ansprache wie „Guten Abend, meine Damen und Herren" wählt. Die Verwendung von Personalpronomina im Plural (unsere, wir) dient als Mobilisierungsslogan der Wählerbindung, um Tatkraft der Problemlösungskompetenz zu suggerieren. Auffallend ist zunächst die häufige Verwendung des Begriffes „wir", der insgesamt an zehn Stellen und in einem Satz auch mehrfach auftaucht.[10] Dafür kann es mehrere Gründe geben. Zum soll die FDP nicht allein auf die Person des Partei- und Fraktionsvorsitzenden reduziert werden, der isoliert im Spot auftaucht. Ein „Kompetenzteam" wird schließlich nicht präsentiert. Zum anderen wird durch das „wir" ein Gemeinschaftsgefühl mit dem potenziellen Wähler erzeugt (Wir brauchen Forschung...). Er drückt seine Anteilnahme und sein Mitgefühl mit den Betroffenen aus, die arbeitslos sind. Zweimal gebraucht er in einem Satz die Bezeichnung „schlimm", einerseits um die Dramatik der Zustände zu betonen, andererseits um die individuelle und gesellschaftliche Dimension des Problems der Arbeitslosigkeit hervorzuheben.

Inhaltlich distanziert Westerwelle sich zunächst von dem Instrument des Wahlwerbespots. Er greift damit den Vorwurf auf, dass Parteien ihr Profil vor allem im Wahlkampf verlieren und populistischen Slogans statt konstruktiver Lösungsvorschläge abliefern. Werbung hat generell ein schlechtes Image, während Argumente als zielgerichtete Lösungsvorschläge angesehen werden. Schließlich nimmt derjenige, der gut begründete Argumente liefert, seinen Gegenüber ernst und wertet ihn damit auf.

Hier findet also kein selbstreferentieller Verweis auf die Verdeutlichung der spezifischen Techniken und Voraussetzungen der Machart des Spots statt. Vielmehr wird versucht, das Instrument der Wahlwerbung auf eine davon los-

9 Es wäre auch kontraproduktiv, die Erststimme für die FDP abzugeben, da sie kaum Chancen hat, Direktmandate zu erlangen.
10 Nur einmal wählt er den Terminus „ich" für einen persönlichen Wahlaufruf. 2002 wurde der selbstbezügliche Begriff im Spot noch drei Mal erwähnt.

gelöste Metaebene zu übertragen. Der Verweis auf einen diskursiven Begründungszusammenhang soll eine Abgrenzung von der üblichen Machart der Spots signalisieren und ein authentisches Verhalten des FDP-Kandidaten suggerieren, um Glaubwürdigkeit zu erreichen (vgl. auch den Beitrag von Diehl in diesem Band).[11]

Der Text strotzt vor positiven Leitbegriffen und politischen Leitvokabeln, die einen hohen Grad an Zustimmung erzielen sollen (Aufschwung, Wachstum, Forschung, Technologien, Leistung). Zusätzlich sollen positive Signale durch Wortkombinationen (u.a. wirtschaftsfreundliche Politik, soziale Sicherheit, niedrigeres, einfacheres und gerechteres Steuersystem, soziale Sicherheit) vermittelt werden. Durch das Zitat einer Metapher des Bundespräsidenten Köhler „Arbeit hat Vorfahrt"[12] verweist er auf eine politische Autorität mit staatstragender Bedeutung.

Die ehemalige Konzentration der Wirtschaftspartei FDP auf die „Besserverdienenden" wird nun erweitert durch die Fokussierung auf Arbeitnehmer, Ältere, Familien und Kinder. Dadurch soll ein breiteres Wählerspektrum angesprochen werden.

Der Verweis auf die „europäischen Nachbarn" bleibt vage. Wer was genau geschafft hat, bleibt offen. Weder spezifische Länder, noch konkrete Inhalte werden benannt.

Der Gebrauch von positiv besetzten Metaphern (Vorfahrt, Schlüssel) sorgt dazu, dass die Gesamtrahmung des Spots im Sinn einer Aufbruchstimmung verstärkt wird.

Sprachlich sind die Sätze des Spots sehr einfach gestaltet und werden überdeutlich artikuliert. Kernbegriffe werden wiederholt (u.a. „schlimm", „Wachstum", „schaffen"), um eine Einprägsamkeit der Schlagworte beim potenziellen

---

11 Bündnis 90/Die Grünen arbeiten mit einer gegenteiligen Strategie. Paula Diehl skizziert in ihrem Beitrag in diesem Band die Dekonstruktion als Inszenierungsmethode, die den Prozess der Konstruktion des Wahlwerbespots vor dem und für den Zuschauer transparent macht. Am Beispiel des Spots von Bündnis 90/Die Grünen zeigt sie auf, dass hier ein mündiger Zuschauer vorausgesetzt wird, der in der Lage ist, die Konstruktions- und Inszenierungsstrategien der Spots zu durchschauen und damit die produzierten verbalen und visuellen Botschaften zu dekonstruieren.

12 Derartige Slogans simplifizieren komplexe Sachverhalte und werden von allen Parteien eingesetzt. Häufig werden platte Wahlparolen auch mit dem Parteinamen in Verbindung gebracht. Bereits 1953 wählte die FDP die Formel: „Mir geht ein Licht auf – FDP". Durch diesen Spruch wir ein deutlicher Bezug zur Markenwerbung deutlich. 1961 hieß es: „Am besten fahren Sie mit der FDP". Ein weiterer Spruch aus diesem Jahr „Wer weiter denkt, wählt FDP" sollte eine Aufwertung des Wählers bewerkstelligen. Im Jahr 1968 wählten die Liberalen dann das Diktum „FDP – ich bin dafür." (Abromeit 1972)

Wähler zu erreichen (vgl. zu den Selbstdarstellungstechniken weiterführend Meyer/Schicha/Brosda 2001).[13] Elemente des für Wahlkämpfe typischen Negativecampaining sind dadurch zu beobachten, da eine klare Abgrenzung vom politischen Gegner (SPD, Grüne, PDS) erfolgt. Was den Parteien genau vorgeworfen wird, bleibt unklar.[14] Der politische Gegner wird diffamiert und mit negativen Konnotationen belegt. Eine weitere Regierungsarbeit der rot-grünen Koalition ist zu „verhindern" und zu „beenden". Die Union als möglicher Koalitionspartner wird von Westerwelle nicht angegriffen.

Visuelle Analyse

Die Präsentationsform des FDP-Spots entspricht der klassischen Form des so genannten Personenbildes als „Talking Head" (vgl. Meyer/Ontrup/Schicha 2000). Es liegt eine halbnahe Einstellung vor, in der die Körpersprache zur Geltung kommen kann, die hier jedoch kaum zum Einsatz kommt. Die Gestik ist stark begrenzt, während die Mimik sich durch ein freundliches Lächeln mit gelegentlichem Kopfnicken bemerkbar macht, um das Gesagte zu unterstreichen. Die reizarme visuelle Darstellung ermöglicht die Konzentration auf die verbalen Aussagen Westerwelles. Die visuellen Möglichkeiten des Mediums Fernsehens werden bei weitem nicht ausgenutzt. Auf Effekte, Schnitte und Zooms wird komplett verzichtet, um die Betonung auf die Wortbotschaft nicht zu beeinträchtigen.[15] Ein derartiges Kandidatenstatement lässt sich kostengünstig produzieren (vgl. Holtz-Bacha/Lessinger 2006). Lediglich eine Kameraeinstellung sorgt für die notwendige Ruhe und Hinwendung zum Wähler. Weder Schnitte noch Zooms werden eingesetzt. Kopf und Oberkörper von Westerwelle dominieren den Bildausschnitt, während seine Hände nicht gezeigt werden. Der Gesichtsausdruck ist freundlich. Der Augenkontakt wird konsequent gehalten.[16]

---

13 An dieser Stelle werden komplexe politische Sachverhalte vereinfacht: „Wesentliche inhaltliche Argumente fallen unter den Tisch, nur wenige Schlagworte, Symbole und Personen werden genannt, um den Wähler nicht zu überfordern." (Jakubowski 1998, S. 60)

14 Typisch ist auch die Form der eigenen Selbstaufwertung: „Parteien erheben für sich selbst den Anspruch auf Kompetenz und Wahrhaftigkeit, bestreiten diesen Anspruch jedoch den Mitkonkurrenten" (Wachtel 1988: 27).

15 Zudem wird auf visuelle Überlegenheitsgesten verzichtet, die arrogant wirken könnten. Siegergesten und Winken, die häufiger bei Wahlkampfauftritten u.a. von Schröder zu beobachten waren, werden beispielsweise nicht eingesetzt.

16 Ebenso wie der „Ankerman" in den Fernsehnachrichten wirkt Westerwelle auch durch seine Körpersprache beruhigend. Trotz der verbal artikulierten Probleme soll der Eindruck erzeugt werden, dass er die anstehenden Aufgaben vertrauensvoll und unaufgeregt meistert.

Die Sorgenfalten auf der Stirn werden deutlich ins Bild gerückt (vgl. Huwendiek/Böll 2005).

Neben einem schwarzen Nadelstreifensakko ist der FDP-Vorsitzende mit einem weißen Hemd und einer orange-silbernen Krawatte und einer Brille ausgestattet. Im Hintergrund des Politikers ist die Reichstagskuppel vor einem blauen Hintergrund zu sehen. Eine gewisse Dynamik als visuelle Auflockerung erzielt der ansonsten eher statische Spot durch den Einsatz eines Laufbandes, das am unteren Bildausschnitt nach etwa 15 Sekunden des Spots seinen Betrieb wie folgt aufnimmt: *„ +++ steuern runter – arbeit rauf +++ zweitstimme fdp +++ www.fdp.de +++ hotline: 11885 kennwort fdp +++ "*[17]

Am Ende des Spots wird in einer zweiten Einstellung das FDP-Logo vor einem gelben Hintergrund eingeblendet. Westerwelle ist nicht mehr im Bild. Links oben in der Ecke wird eine bewegliche schwarz-rote Farbkombination eingeblendet, die in Kombination mit dem gelben Hintergrund eine Deutschland-Fahne symbolisieren soll. Rechts unten ist das blaue Logo der FDP zu sehen, dass wie durch einen Stempel die Markierung „Zweitstimme" aufgedrückt bekommt. Links unten ist zusätzlich der Wahltermin „18. September" notiert.

Da Westerwelle wie ein Tagesschau-Nachrichtensprecher im Studio traditionell sitzend positioniert ist, kommt dies der Sehgewohnheit der Rezipienten entgegen. Es ist zu vermuten, dass Glaubwürdigkeit, Sachlichkeit und Seriosität in Anlehnung an das Nachrichtenformat die gewünschten Wirkungsdimensionen des Werbespots der FDP zur Bundestagswahl 2005 ausmachen sollen.[18] Die visuelle Fixierung auf den Liberalen dient der Komplexitätsreduktion. Als Parteivorsitzender und Fraktionsvorsitzender verkörpert er die FDP wie kein anderer Politiker die Inhalte und Ziele seiner Partei. Er verfügt aufgrund von zahlreichen Medienauftritten in Politik- und Unterhaltungsformaten über einen hohen Bekanntheitsgrad beim Wahlvolk.

Die verbal artikulierten Botschaften werden visuell durch die im Laufband enthaltenen Schlagworte „steuern runter – arbeit rauf" unterstützt. Dies entspricht sprachlich etwa dem Niveau von Schlagzeilen in der BILD-Zeitung. Es ist fraglich, ob diese monokausale Prognose tatsächlich die Komplexität des politischen Geschehens angemessen widerspiegelt.

---

17   Warum bei dem Anruf der Hotline ein „Kennwort" erforderlich ist, bleibt unklar.
18   Dieser Wahlwerbespot, der sich an der Machart einer Nachrichtensendung orientiert, dokumentiert erneut den Status des Fernsehens mit einem selbstreferentiellen Charakter. Speziell in Unterhaltungsformaten wie der Harald-Schmidt-Show (ARD) oder TV-Total (Pro 7) wird durch Einspieler aus dem TV-Programm und daraus resultierenden ironischen Kommentaren die Selbstbezüglichkeit des Mediums deutlich (vgl. Frieske 1998).

Neben der politischen Botschaft wird ein konkreter Wahlappell signalisiert, da bereits auf die Zweitstimme verwiesen wird, die auch beim Abschlussbild noch einmal prägnant in Erscheinung tritt. Zusätzlich wird die Erreichbarkeit der Liberalen in der modernen Variante via Internet und traditionell über das Telefon angegeben, um den potentiellen Wähler zu motivieren, sich intensiver mit den Inhalten der FDP auseinanderzusetzen.

Laufbänder in Nachrichtenformaten dienen vor allem der Vermittlung aktueller Informationen. In der Regel werden dort Aktienkurse, Sportergebnisse und ggf. aufgrund dramatischer Ereignisse zusätzlich ins Programm gerufene Sondersendungen angezeigt. In jedem Falle handelt es sich um „objektive" Meldungen, die über eine hohe Glaubwürdigkeit verfügen. Die von der FDP gewählte Form einer unterstützenden Laufbandwerbung macht sich die Seriosität klassischer Nachrichtenformate zunutze, um entsprechende Assoziation mit nachrichtlicher Berichterstattung zu erzeugen.[19] Die hinter Westerwelle verschwommen dargestellte Reichstagskuppel gilt als das entscheidende Symbol des bundesdeutschen Parlamentarismus. Als Bundestagsmitglied und Fraktionsvorsitzender gehört er zu den exponierten Politikern in der Berliner Republik. Nicht nur seine verbale Präsentation sondern auch sein visuelles Auftreten hinterlässt einen positiven Eindruck. Er unterstreicht seine Aussagen durch eine entspannte Körpersprache, die sympathisch wirken soll. Eine Diskrepanz zwischen Wortausdruck und Mimik bzw. Gestik, z.B. durch Übersprungshandlungen und Nervosität findet nicht statt. Es wird deutlich, dass er als geschulter Politikprofi souverän agiert. Von zentraler Bedeutung ist in diesem Kontext der unmittelbare Blickkontakt mit dem Fernsehzuschauer, der sympathisch wirken soll. Insgesamt hat Westerwelle die Gesetzmäßigkeiten des Fernsehens internalisiert, da er seine Körpersprache – ähnlich wie ein Nachrichtensprecher – sparsam einsetzt und so nicht vom Gesagten ablenkt.

Erst am Ende der Präsentation kommt Bewegung in den Spot. Die bewegte schwarz-rote Farbkombination mit dem gelben Hintergrund steht für einen staatstragenden Machtanspruch mit nationalem Symbolgehalt. Das blaue Logo der FDP sorgt für den Wiedererkennungswert. Der knallige Aufdruck „Zweitstimme" sorgt für die Dynamik, die zuvor fehlte. Die zentrale Botschaft: FDP wählen am 18. September mit der Zweitstimme werden stichwortartig präsentiert. Und damit entlarvt sich die Botschaft als das, was sie ist: Wahlwerbung.

---

19 Laufbänder besitzen den weiteren Vorteil, dass sie ohne Ton verstanden werden können. An zahlreichen öffentlichen Orten (u.a. Bahnhöfen, Restaurants, Arztpraxen) sind Bildschirme aufgestellt, die Sender wie n-tv zeigen, die nebenbei lautlos konsumiert werden können.

Die Kritik am Wahlwerbespot 2005 der Liberalen richtet sich vor allem auf die Person Westerwelles, der nun auffallend seriös auf dem Bildschirm erscheint:

> „Guido Westerwelle, der ehemalige Spaßpolitiker, macht hingegen ganz auf ernsten Staatsmann und sitzt wie einst Adenauer anno 1957 am Tisch [...] und behauptet: ‚Wir senden Ihnen jetzt keinen Werbespot, sondern nennen Ihnen unsere Argumente.' Schön gelogen." (Klemm 2005: 7)

Der Westerwelle-Wahlspot 2005 hat nicht nur bei Klemm die Frage nach der Glaubwürdigkeit seiner Performance ausgelöst. Huwendiek und Böll (2005) machen sich über die Machart des Werbevideos offen lustig und erinnern an die zahlreichen Unterhaltungsauftritte des FDP-Vorsitzenden: „Vergessen sind die Zeiten, als ein äußerst gut gelaunter FDP-Spitzenkandidat mit seinem quietschegelben ‚Guidomobil' durch deutsche Lande tingelte, Spaß und 18 Prozent predigte und auf ‚Big Brothers'-Sofas fläzte."

Inhaltlich werden nun nachdenkliche Sätze vom Teleprompter abgelesen. Glaubwürdig ist das nicht: „Die Zeiten ändern sich, die Floskeln nicht. Slogan-Recycling at its best." Neben der bereits erwähnten „Tageschau" können Assoziationen mit der „Aktuellen Kamera" ebenso abgeleitet werden, wie mit dem "Wort zum Sonntag", das durch das n-tv-Design des Nachrichtentickers etwas modernisiert wird. Glaubwürdigkeit wird durch Westerwelle jedoch nicht verkörpert. Die Bewertung des Spots fällt insgesamt verheerend aus:

> „Man kann einen Spot so machen. Nur ist Guido Westerwelle nicht die beste Besetzung für einen Nachrichtensprecher, der seriös wirken soll. Dafür haben sich die

18-prozentigen-Spaßpartei-Eskapaden zu tief ins Gedächtnis der Wähler eingegraben." (Huwendiek/Böll 2005)

Die Orientierung an den Textsorten der Nachrichtenformate bei der Vermittlung von fragwürdigen Botschaften hat inzwischen mehrere Nachahmer gefunden. So hat die NPD das Nachrichtendesign der Tagesschau adaptiert, um über das Videoportal YouTube Öffentlichkeit herzustellen (vgl. o.V. 2006).[20] Es zeigt sich, dass das offizielle Design seriöser Nachrichten missbraucht werden kann. Insofern kann es für seriöse Parteien durchaus riskant sein, entsprechende Formate als Vorbild für eigene politische Botschaften zu verwenden, da die Seriosität von Nachrichten durch extreme Gruppierungen instrumentalisiert wird.

10   Fazit

Riedel differenziert in seinem Aufsatz in diesem Band zwischen zwei Modi der Ansprache. Der dominierende Modus der direkten Ansprache des FDP-Vorsitzenden füllt vor allem den FDP-Spot 2005 über die gesamte Sendezeit, während alternativ der integrierte Modus durch zusätzliche rhetorische und ästhetische Mittel zum Einsatz kommt, bei dem etwa Bürger in den Spot eingebaut werden, wie im Werbefilm der Liberalen aus dem Jahr 2002. Das eher langweilige und einfaltslose Format des FDP-Spots 2005 sorgt mit der symbolträchtigen Darstellung der Bundestagsglaskuppel und dem Laufband für eine unkonventionelle Abwechslung durch den Verweisrahmen auf ein Nachrichtenformat im Stil von n-tv oder n-24. Die ehemalige Spaßpartei präsentiert sich in der Person ihres Vorsitzenden nun betont ernsthaft und staatstragend.[21]

Das ästhetische Angebot wird durch die Darstellung der Reichstagskuppel, das Laufband und die deutliche Betonung der Kernaussagen von Westerwelle

---

20   Der helle Holztisch, der blaue Hintergrund und die Schriftart erinnern stark an das Design der wichtigsten ARD-Nachrichtensendung. Geplant ist langfristig eine wöchentliche Nachrichtensendung im Internet, wie der Parteisprecher der rechtsextremen Partei dem Internet-Forum „Spiegel-Online" mitteilte. Unlängst haben auch radikale Islamisten auf der Internetseite Globale Islamische Medien-Front (GIMF) einen Videoclip gesendet, in dem ein maskierter Studiosprecher vor blauem Hintergrund wie in einer modernen Nachrichtensendung eine Botschaft an die „Regierungen von Deutschland und Österreich" in arabischer Sprache verliest, die durch eingeblendete Untertitel ins Deutsche übersetzt wird. Gefordert wird ein Abzug der Soldaten aus den muslimischen Staaten. Das Video der Terroristen zeigt die Flaggen Deutschlands und Österreichs vor züngelnden Flammen. Im Anschluss daran werden die Bundesminister beider Länder eingeblendet (vgl. Bittner 2007).

21   Dabei gilt: „Tatsächlich lässt sich zeigen, dass ein Themenbezug eher in solchen Spots hergestellt wird, in denen die Kandidaten direkt in die Kamera sprechen, wobei die meist formell gekleidet sind." (Holtz-Bacha 2000: 40)

drastisch reduziert. Der Politiker will sich durch sein Auftreten und die zurückhaltende Dynamik des Spots von den anderen Parteien absetzen. Inhaltslose Effekthascherei – so ein möglicher Interpretationsansatz – steht eben nicht mehr im Mittelpunkt des vormals heftig kritisierten FDP-Spaßwahlkampfes, sondern die dezidiert genannten Argumente sollen einen positiven Eindruck beim Wähler hinterlassen und ggf. auch einen Imagewandel bewirken. Riedel weist zu Recht darauf hin, dass die Suche nach ästhetischen Strategien, die das Schemawissen[22] der Rezipienten berücksichtigen, eine zentrale Rolle spielt, um wahlaktivierend zu wirken. Dabei wird eine Gradwanderung zwischen Wiederholung und Differenzierung vollzogen, um Aufmerksamkeit zu erreichen.[23]

Die untersuchten Wahlwerbespots der FDP aus den Jahren 2002 und 2005 setzen durch die Personalisierungsstrategie beide ausschließlich auf die Überzeugungskraft ihres Spitzenkandidaten Guido Westerwelle. Dies dient zunächst der Orientierung und der Komplexitätsreduktion. Zugleich ergibt sich die Problematik, dass nur eine Person die Ziele der FDP verkörpert und der Wähler sich bei einer Partei mit Ambitionen auf eine Regierungsbeteiligung ggf. die Frage stellt, welche weiteren Liberalen im Falle eines Wahlsieges dem Kabinett angehören sollen. Obwohl auch eine künstliche Teambildung kontraproduktiv sein kann, erinnert sei z.B. an die Troika der SPD mit Lafontaine, Schröder und Scharping, so kann durch das Aufzeigen eines breiteren personellen Angebotes eine stärkere Wählerbindung erfolgen

Während Westerwelle im Spot 2002 als dynamischer Politiker gezeigt wird, der radelnd unterwegs ist, Kunstwerke besichtigt oder einen Stein in den Rhein wirft, findet 2005 eine Reduktion auf das vermeintlich Wesentliche statt. Es geht um Politik; sportliche und kulturelle Ambitionen des Liberalen spielen keine Rolle mehr. Das Image des ehemaligen „Spaßpolitikers" Westerwelle wurde radikal korrigiert.

Die Möglichkeiten der visuellen Gestaltungstechniken des Fernsehens werden im Spot 2005 nicht ansatzweise ausgenutzt. Auf Kamerafahrten, Schnitte und Einspielfilme wird komplett verzichtet. Innovativ ist die konsequente Orientierung am Nachrichtenlook der Tagesschau, die journalistischen Darstellungskonventionen entspricht. Die Referenz an diese Nachrichtensendung fällt

---

22 Das Schemawissen wird sukzessiv im Verlauf der Mediensozialisation erlernt. Der FDP-Spot 2005 erinnert auch an Neujahrs-, Weihnachts- sowie Regierungsansprachen, die von politischen Akteuren gehalten werden, die über eine Regierungsverantwortung verfügen. Dies ist schließlich auch das Ziel Westerwelles. Es bedient sich also zum einen der vertrauten Form des Nachrichtendesigns und agiert zugleich wie ein staatstragender Politiker.

23 Die direkte Ansprache als dominanter Modus ist auch in den Wahlwerbespots 2005 von den Parteien Bündnis 90/Die Grünen, der PSG, Partei, Zentrum gewählt worden, weil sie zum einen kostengünstig produziert werden können und sich zum anderen aufgrund der zurückhaltenden Bebilderung auf die verbalen Kernaussagen konzentrieren.

aufgrund der Farbgestaltung durch den blauen Hintergrund sofort ins Auge. Dennoch handelt es sich bei dem Gezeigten natürlich um einen Werbespot, auch wenn Westerwelle dies verbal bestreitet (vgl. auch den Beitrag von Brosda in diesem Band). Dadurch kann ggf. Verwirrung beim Zuschauer entstehen, und auch die Glaubwürdigkeit des Gesagten kann bezweifelt werden,

Die Inszenierung einer Nicht-Inszenierung im Spot 2005 kann auch als Abgrenzung zum „Spaßwahlkampf" 2002 interpretiert werden, der erhebliche öffentliche Kritik nach sich zog. Auflockernde visuelle Elemente werden nicht eingesetzt. Erst am Ende des Spots kommt durch die Werbetafel Bewegung in den Kurzfilm.

Es fällt auf, dass Westerwelle in beiden Spots Distanzierungen vornimmt, wobei sich daraus gewisse Paradoxien ergeben. Im ersten Spot greift er „die Politiker" an, obwohl er selber als Berufspolitiker agiert. Im zweiten Spot bestreitet er die Ausstrahlung eines Werbespots, obwohl dieser bereits durch die obligatorische Einrahmung vor und nach dem Werbefilm als Wahlwerbung deklariert wird. Zudem ist während des gesamten Spots die Bezeichnung „Wahlwerbung" links unten im Bild eingeblendet, wodurch die Ankündigung, dass es sich nicht um einen Wahlspot handelt, zusätzlich widerlegt wird.

Die Form des Spots aus dem Jahr 2005 entspricht zwar eher einer Nachrichtensendung; inhaltlich werden hingegen konventionelle Werbebotschaften transportiert. Die pauschale Abgrenzung von mit negativen Konnotationen verbundenen Gruppen der „Werbung" und der „Politiker" mag zwar populär sein, besonders glaubwürdig ist sie nicht.

Während kleinere Splitterparteien aus Kostengründen ein sparsames und nüchternes ästhetisches Angebot liefern und ihren Spitzenkandidaten im Spot z.B. am Schreibtisch präsentieren, greift die FDP auf eine derartige Strategie der visuellen Reduktion zurück, um Sachlichkeit zu suggerieren (vgl. auch den Beitrag von Riedel in diesem Band).

Durch das Spiel mit den Gestaltungskonvention einer Nachrichtensendung soll in dem „Tarnspot" 2005 ein routinisierter Wiedererkennungswert in der Form erreicht werden, dass die Seriosität durch die Adaption der News-Form auch auf den Inhalt des FDP-Werbefilms überschwappt.[24]

---

24 Folgende Strategie wird durch die Produktion von „Tarnspots" verfolgt: Sie „imitieren fernsehspezifische Sendeformen wie zum Beispiel eine Nachrichten- oder Magazinsendung. Mit der Verwendung dieses Formats versucht die politische Werbung – ebenso wie die Produktwerbung– das persuasive Ziel des Spots zu tarnen und von der Glaubwürdigkeit des Fernsehens zu profitieren" (Holtz-Bacha 2000: 161).
Bereits bei der Bundestagswahl 1989 trat die FDP in den privat-kommerziellen Spots mit drei verschiedenen 15-sekündigen „Tarnspots im Format von Nachrichtensendungen auf" (Holtz-Bacha 2000: 148).

Die gewählte Wahlkampfstrategie im Werbespot 2005 dokumentiert erneut, dass Genremedien im Leitmedium Fernsehen zunehmend verschwimmen. Real-Live-Formate besitzen Elemente einer Talk- und Quizshow, politische Magazine arbeiten mit Glossen und Satiren und auch der Wahlwerbespot wird zum Hybridformat, indem Nachrichtenelemente adaptiert werden. Beide Spots enthalten wohl kalkulierte theatralische Elemente, die in unterschiedlicher Ausprägung zum Ausdruck kommen. Gemeinsam ist der klare Bezug der Personalisierung. Außer Westerwelle tauchen weitere Politiker weder verbal noch visuell auf. Die Fixierung auf den Spitzenkandidaten ermöglicht eine klare Konturierung.[25] Dies hat den Nachteil, dass politische Kompetenz lediglich auf eine Person ausgerichtet ist. Ob dieses politische Angebot den Wählerinnen als Alternative ausreicht, ist fraglich. Im Spot 2002 spielt Westerwelle unterschiedliche Rollen. Auch wenn er nicht den Unterhaltungsmarathon zeigt, den er zuvor in diversen Fernsehauftritten absolviert hatte, wird zumindest eine gewisse Leichtigkeit zum Ausdruck gebracht. Westerwelle bewegt sich in der Natur, ist auf dem Fahrrad unterwegs, hat sogar noch Zeit für die Kunst. Hier wird kein typischer Politiker gezeigt, der sein Dasein im muffigen Fraktionssälen fristet, sondern vielseitige Interessen zeigt und zu leben weiß. Er wird auch als Politiker im Dialog mit Bürgern gezeigt. Dadurch soll dokumentiert werden, dass er zuhören kann und nicht von oben herab monologisiert. Als Fahrradfahrer, Spaziergänger, diskutierender Politiker und Kunstfreund werden ihm eine Reihe von Rollen zugeschrieben, die ggf. auch unübersichtlich werden können.

Diese Überforderung für die Rezipienten kann 2005 nicht passieren, da er in einer Kameraeinstellung seine Botschaften ohne Ablenkung verbal vermittelt. Westerwelle vollzieht einen Rollenwechsel. Vollkommen eigenständig richtet er staatstragend seine Worte ans Volk. Die Situation ist ernst, aber nicht hoffnungslos, denn sein freundliches Nicken und seine motivierende Ansprache zeigen Zuversicht. Ebenso wie der Nachrichten-Ankermann übt er den Spagat zwischen ernsten Meldungen und einer positiven Grundhaltung. Der dialogische Charakter entfällt demzufolge. Zudem ist der Inszenierungscharakter des Werbefilms aufgrund der deutlichen Anlehnung an das Nachrichtenformat offenkundig. Im Gegensatz zur eher antiquierten Tagesschau wird im Spot aber ein Laufband als Nachrichtenticker eingesetzt, um Dynamik zu erzeugen und eine moderne Form der visuellen Nachrichtenvermittlung zu bewerkstelligen.

Die Werbefilme sind durch visuelle Elemente symbolhaft aufgeladen. Der Reichstag steht für das Symbol der parlamentarischen Demokratie und wird als solches mit den relevanten politischen Entscheidungen des Deutschen Bun-

---

25   Angesichts der Konkurrenz zwischen Westerwelle und Möllemann im Bundestagswahlkampf 2002 wäre eine Berücksichtigung Möllemanns im Spot kontraproduktiv gewesen.

destages in Verbindung gebracht. Im Spot 2002 tauchen hingegen zahlreiche symbolische Phänomene auf, die auf einen weitergehenden Bedeutungszusammenhang verweisen. Das Fahrrad symbolisiert Dynamik und Jugendlichkeit. Der Park und der Rhein stehen neben dem Umweltbezug auch für Freizeit und Erholung. Der Komplex der Bildungspolitik wird durch eine Tafel mit entsprechenden Zeichen symbolisiert, und die bundesdeutsche Fahne steht auch für die staatstragende Bedeutung der Bundestagswahl.

Das aus einer demokratietheoretischen Perspektive angestrebte Ziel einer angemessenen Wahlkampfkommunikation sollte darin liegen, die unterschiedlichen Positionen der um die Wählergunst konkurrierenden Parteien deutlich werden zu lassen. Maurer weist in seinem Beitrag in diesem Band zu Recht darauf hin, dass sich die FDP offensichtlich Sorgen um die Glaubwürdigkeit ihrer Wahlwerbung macht, und daher die Argumentationsnotwendigkeit betont. Da konkrete Sachaussagen aber auch im FDP-Spot 2005 ausbleiben, die zu einer besser informierten Wählerschaft hätten führen können, konnte das Ideal normativer Demokratietheorien trotz aller Ankündigungen hier nicht erreicht werden.

Es bleibt insgesamt eine empirisch offene Frage, ob mediale Politikinszenierungen in Wahlwerbespots politische Anschlussdiskurse durch eine angemessene Reduktion von Komplexität befördern, oder ob sie verhindern, dass das tatsächliche politische Handeln von den Rezipienten so wahrgenommen werden kann, wie es die Rationalitätsanforderungen eines deliberativen Demokratieverständnisses nahe legen. Es ist davon auszugehen, dass die Wahlwerbung überwiegend mobilisierende Funktionen erfüllt und darüber hinaus insbesondere zur Ansprache politikferner Wählersegmente genutzt wird. Aus diesen beiden strategischen Grundparametern lassen sich Anforderungen an Spots oder Plakate formulieren, die in einem „realistischen" Zusammenhang zu den Möglichkeiten des Mediums stehen. Es wäre irreführend, sie an den gleichen Kriterien zu messen, wie etwa einen journalistischen Beitrag zu einem politischen Thema. Eine derartig simplifizierende Herangehensweise mag zwar nach wie vor in publizistischen Debatten populär sein, sie verkennt allerdings die zunehmende Ausdifferenzierung der Gesellschaft in eigenlogische Funktionsbereiche, zu denen auch die Werbung zu zählen ist. Politik bedient sich, aufgrund ihres generalisierenden Anspruchs der Allgemeinzuständigkeit, der spezifischen Darstellungsformate der Werbung, um auch auf diesem Weg ihre Botschaften zu verbreiten oder zumindest ihren eigenen Systemzusammenhang zu stabilisieren. Ähnlich wie die kommerzielle Produktwerbung zielt auch die politische Werbung vor allem auf stimulierende und persuasive Effekte (vgl. Schicha 2004b). Für dieses besondere und klar abgrenzbare Feld der politischen Kommunikation müssten Angemessenheitsbedingungen entwickelt werden – auch im Sinne einer Selbstkontrolle der politischen Akteure, wie das in anderen Bereichen etwa der Produktwerbung längst üblich ist.

Eine Analyse der Wahlwerbung von Parteien erfasst entsprechend nur einen eng umrissenen Ausschnitt der politischen Kommunikationsbemühungen politischer Akteure, der allerdings in vielfältigen Wechselbeziehungen zu den anderen Kommunikationswegen zu sehen ist. Gerade in Wahlkampfzeiten ist davon auszugehen, dass Werbung, Pressearbeit und Public Relations im Sinne eines integrierten Kommunikationsmanagements der gesamten Organisation aufeinander abgestimmt und koordiniert werden. Erst diese Gesamtheit der öffentlichen Kommunikationen eines politischen Akteurs sollte – aus normativer Sicht – demokratiepolitischen Grundbedingungen genügen, die es den Bürgerinnen und Bürgern möglich machen, sich zwischen sachlich begründeten alternativen Politikvorschlägen entscheiden zu können (vgl. weiterführend Brosda/Schicha 2002).

Literatur

Abromeit, Heidrum (1972): Das Politische in der Werbung. Wahlwerbung und Wirtschaftswerbung in der Bundesrepublik. Opladen.

Bittner, Jochen (2007): Al-Qaida spricht Deutsch. Islamisten treten im Internet als Nachrichtensprecher auf und drohen Deutschland. Doch sind sie wirklich Terroristen – oder nur Trittbrettfahrer? In: DIE ZEIT vom 22. März 2007. 13.

Blickle, Gerhard (1993): Politik als symbolisches Handeln: Bedingungen symbolisch vermittelter Realitätsdeutung und Präferenzformung. In: Gruppendynamik 3/1993. 275-286.

Bösch, Frank (2002): Bereit für den Wechsel? Die strategische und inhaltliche Positionierung von CDU/CSU und FDP vor der Bundestagswahl 2002. In: Aus Politik und Zeitgeschichte B 21/2002. 13-21.

Brosda, Carsten (2002): „Und von Hause bin ich Rechtsanwalt und habe einen Hund". Politikerauftritte in Unterhaltungssendungen am Beispiel ‚Big Brother' In: Schweer, Martin K.W./Schicha, Christian/Nieland, Jörg-Uwe (Hrsg.): Das Private in der öffentlichen Kommunikation. Big Brother und die Folgen. Köln. 206-232.

Brosda, Carsten/Schicha, Christian (2002): Politische Werbung als Teil der Wahlkampfkommunikation. Anmerkungen zur Angemessenheit der Inszenierung. In: Willems, Herbert (Hrsg.): Die Gesellschaft der Werbung. Kontexte und Texte. Produktionen und Rezeptionen. Entwicklungen und Perspektiven. Wiesbaden.

Butler, Judith (1997): Körper von Gewicht. Die diskursiven Grenzen des Geschlechts. Frankfurt/M.

Dittberner, Jürgen (2005): Die FDP – Geschichte, Personen, Organisation, Perspektiven. Eine Einführung. Wiesbaden.

Dörner, Andreas (2001): Politainment. Politik in der medialen Erlebnisgesellschaft. Frankfurt/M.

Dombrowski, Ines (1997): Politisches Marketing in den Massenmedien. Wiesbaden.

Douglas, Mary (1974): Ritual, Tabu und Körpersymbolik. Sozialanthropologische Studien in Industriegesellschaft und Stammeskultur. Frankfurt/M.

Edelman, Murray (1964/1990): Politik als Ritual. Die symbolische Funktion staatlicher Institutionen und politischen Handelns. Frankfurt/M.

Fischer-Lichte, Erika (2005): Diskurse des Theatralen. In: Fischer-Lichte, Erika u.a. (Hrsg.): Diskurse des Theatralen. Tübingen, Basel. 11-34.

Franck, Georg (2007): Ökonomie der Aufmerksamkeit. Ein Entwurf. München.

Fridrichs, Hans (1989): Die Konzeption des F.D.P. Werbespots. In: Casdorff, Claus Hinrich u.a. (Hrsg.): Fernsehen in Deutschland. Die Bundestagswahl 1969 als journalistische Aufgabe. Mainz. 97-102.

Frieske, Michael (1998): Selbstreferentielles Entertainment. Televisionäre Selbstbezüglichkeit in der Fernsehunterhaltung. Wiesbaden.

Funke, Hans-Jürgen (1978): Die Haupt- und Spätausgabe der „Tagesschau". Ein inhaltsanalytischer Vergleich ihrer Inlandsberichterstattung. Berlin.

Goffman, Erving (1969): Wir alle spielen Theater. Die Selbstdarstellung im Alltag. München.

Michel, Marco (2005): Die Bundestagswahlkämpfe der FDP 1949-2002. Wiesbaden.

Güllner, Manfred (2003): Die FDP: Zwischen Renaissance des Liberalen und rechtspopulistischen Anfeindungen. In: Forschungsjournal Neue Soziale Bewegungen. Heft 1/2003. 93-96.

Hickethier, Knut (2001): Film- und Fernsehanalyse. 3. überarb. Aufl. Stuttgart.

Hitzler, Roland (1991): Eine Medienkarriere ohne Ende? Fallstudie zur öffentlichen Darstellung von Politikern am Beispiel von Jürgen W. Möllemann. In: Müller-Doohm, Stefan/Neumann-Braun, Klaus (Hrsg.): Öffentlichkeit, Kultur, Massenkommunikation. Oldenburg. 251-266.

Hoinle, Marcus (2003): Ernst ist das Leben, heiter die Politik. Lachen und Karneval als Wesensmerkmale des Politischen. In: Aus Politik und Zeitgeschichte. 53/2003. 3-11.

Holtz-Bacha, Christina (2000): Wahlwerbung als politische Kultur. Parteienspots im Fernsehen 1957-1998. Wiesbaden.

Holtz-Bacha, Christina (2004): Unterhalten statt überzeugen? Politik als Entertainment. In: Nieland, Jörg-Uwe/Kamps, Klaus (Hrsg.): Politikdarstellung und Unterhaltungskultur. Zum Wandel der politischen Kommunikation. Köln. 24-37.

Holtz-Bacha, Christina/Lessinger, Eva-Maria/Hettensheimer, Merle (1998): Personalisierung als Strategie der Wahlwerbung. In: Imhof, Kurt/Schulz, Peter (Hrsg.): Die Veröffentlichung des Privaten – Die Privatisierung des Öffentlichen. Opladen. 240-250.

Holtz-Bacha, Christiana/Lessinger, Eva-Maria (2006): Wie die Lustlosigkeit konterkariert wurde: Fernsehwahlwerbung 2005. In: Holtz-Bacha, Christina (Hrsg.): Die Massenmedien im Wahlkampf. Die Bundestagswahl 2005. Wiesbaden. 164-182.

Hütt, Hans (2003): Halbgötterdämmerung. Die Inszenierbarkeit der Politik und ihre Grenzen. In: Forschungsjournal Neue Soziale Bewegungen. Heft 1/2003. 100-103.

Huwendiek, Frederic/Böll, Sven (2005): Mehr FDP. Mehr Guido. www.sueddeutsche.de/deutschland/artikel/568/59509/print.html. Zugriff am 01.04.2007.

Imhof, Kurt (2002): Medienskandale als Indikatoren des sozialen Wandels. Skandalisierungen in den Printmedien im 20. Jahrhundert. In: Hahn, Kornelia (Hrsg.): Öffentlichkeit und Offenbarung. Eine interdisziplinäre Mediendiskussion. Konstanz. 73-98.

Jakubowski, Alex (1998): Parteienkommunikation in Wahlwerbespots. Eine systemtheoretische und inhaltsanalytische Untersuchung von Wahlwerbespots zur Bundestagswahl 1994. Wiesbaden.

Jarren, Otfried (1998): Medien, Mediensystem und politische Öffentlichkeit im Wandel. In: Sarcinelli, Ulrich (Hrsg.): Politikvermittlung und Demokratie in der Mediengesellschaft. Bonn. 74-96.

Kamps, Klaus (1998): „Zur Politik nach Bonn…". Politische Kommunikation in Fernsehnachrichten. In: Kamps, Klaus/Meckel, Miriam (Hrsg.): Fernsehnachrichten. Opladen. 33-48.

Kamps, Klaus (1999): Politik in Fernsehnachrichten, Struktur und Präsentation internationaler Ereignisse – Ein Vergleich. Baden-Baden.

Kießling, Daniel (2002): Wahlwerbung – Ihr Anspruch und ihre Wirklichkeit im Bundestagswahlkampf. http://tobias-lib.ub.uni-tuebingen.de/volltexte/2004/1490/. Zugriff am 01.03.2007.

Kepplinger, Hans Mathias (1992): Ereignismanagement. Wirklichkeit und Massenmedien. Osnabrück.

Klemm, Michael (2005): „Opa, warum sind die Fische tot?" Vom Wirtschaftswunderbaum zum Kampf der Kugeln: Kleine Geschichte der Wahlwerbespots in der Bundesrepublik. www.tu-chemnitz.de/phil/leo/dv.pht?seite=r_/klemm.spots.php, Zugriff am 01.03.2007.

Legnaro, Aldo (2004): Performanz. In: Bröckling, Ulrich/Krasmann, Susanne/Lemke, Thomas (Hrsg.): Glossar der Gegenwart. Frankfurt/M. 204-209.

Lippmann, Walter (1922): Die öffentliche Meinung. München 1990.

Ludes, Peter (2002): Medien und Symbole: €UROpäische MedienBILDung. Mit zwei Beiträge zur Medienzivilisierung von Jürgen Zinnecker. Siegen.

Meng, Richard (2002): Der Medienkanzler. Was bleibt vom System Schröder? Frankfurt/M.

Meyer, Thomas (1992): Die Inszenierung des Scheins. Voraussetzungen und Folgen symbolischer Politik. Essay-Montage. Frankfurt/M.

Meyer, Thomas/Ontrup, Rüdiger/Schicha, Christian (2000): Die Inszenierung des Politischen. Zur Theatralität von Mediendiskursen. Wiesbaden.

Meyer, Thomas/Schicha, Christian/Brosda, Carsten (2001): Diskurs-Inszenierungen. Zur Struktur politischer Vermittlungsprozesse am Beispiel der „ökologischen Steuerreform". Wiesbaden.

Mikos, Lothar (1994): Fernsehen im Erleben der Zuschauer. Vom lustvollen Umgang mit einem populären Medium. München.

Möllemann, Jürgen W. (2003): Klartext. Für Deutschland. München.

Müller, Marion G. (1997). Politik mit bewegten Bildern. Wahrnehmung und Wirklichkeit der Wahlwerbung. In: Sozialwissenschaftliche Information: Film und Wirklichkeit – Wirklichkeit des Films. 4/1997. 239-247.

Münkler, Herfried (2001): Die Theatralisierung der Politik. In: Früchtl, Josef/Zimmermann, Jörg (Hrsg.): Ästhetik der Inszenierung. Dimensionen eines künstlerischen, kulturellen und gesellschaftlichen Phänomens. Frankfurt/M. 144-164.

o.V. (2006): NPD produziert eigene Nachrichten. In: WELT KOMPAKT vom 28.9.2006. 5.

Peters, Birgit (1996): Prominenz. Eine soziologische Analyse ihrer Entstehung und Wirkung. Opladen.

Plasser, Fritz/Ulram, Peter A./Welan, Manfred (1985): Einleitung. In: Plasser, Fritz/Ulram, Peter A./Welan, Manfred (Hrsg.): Demokratierituale. Zur politischen Kultur der Informationsgesellschaft. Wien u. a. 7-8.

Reichel, Peter (2005): Schwarz-Rot-Gold. Kleine Geschichte deutscher Nationalsymbole. Bonn.

Sarcinelli, Ulrich (1994): Politikvermittlung durch Parlamente. Ein Problemaufriß. In: Sarcinelli, Ulrich (Hrsg.): Öffentlichkeitsarbeit der Parlamente. Politikvermittlung zwischen Publik Relations und Parlamentsdidaktik. Baden-Baden.

Sarcinelli, Ulrich (1987a): Politikvermittlung und demokratische Kommunikationskultur. In: Sarcinelli, Ulrich (Hrsg.): Symbolische Politik. Zur Bedeutung symbolischen Handelns in der Wahlkampfkommunikation der Bundesrepublik Deutschland. Opladen. 19-45.

Sarcinelli, Ulrich (1987b): Symbolische Politik. Zur Bedeutung symbolischen Handelns in der Wahlkampfkommunikation der Bundesrepublik Deutschland. Opladen.

Sarcinelli, Ulrich (2003): Parteien in der Kommunikationsfalle? Zwischen politischem Traditionsverein und Event-Agentur. In: Sarcinelli, Ulrich/Tenscher, Jens (Hrsg.): Machtdarstellung und Darstellungsmacht. Beiträge zu Theorie und Praxis moderner Politikvermittlung. Baden-Baden. 49-60.

Sarcinelli, Ulrich (2005): Politische Kommunikation in Deutschland. Politikvermittlung im demokratischen System. Wiesbaden.

Sartor, Ralph (2000): Symbolische Politik. Eine Neubewertung aus prozess- und rezeptionsorientierter Perspektive. Wiesbaden.

Schicha, Christian (1998): Theatralitätselemente im Kontext medialer Politikvermittlung, Schränken Inszenierungsmerkmale in der Mediengesellschaft die Postulate Informativität und Argumentativität ein? In: Göttlich, Udo/Nieland, Jörg-Uwe/Schatz, Heribert (Hrsg.) Kommunikation im Wandel. Zur Theatralität der Medien, Köln. 141-153.

Schicha, Christian (2000): Die Visualisierung des Politischen. – Zur Relevanz der Bilder in der Medienberichterstattung. In: Psychosozial 4/2000. 99-112.

Schicha, Christian (2002): Politik als Inszenierung. Zur Angemessenheit bei der Politikvermittlung in Unterhaltungsformatem. In: Forum Medienethik 2/2002. 61-67.

Schicha, Christi an (2003a): Die Theatralität der politischen Kommunikation. Medieninszenierungen am Beispiel des Bundestagswahlkampfes 2002. Münster.

Schicha, Christian (2003b) Möllemann: „Kämpfen, Jürgen, kämpfen..." Die Inszenierungsstrategien des Jürgen W. Möllemann zwischen Popularität, Provokation und Populismus. In: Zeitschrift für Kommunikationsökologie 1/2003. 57-60.

Schicha, Christian (2003c): Die Inszenierung von Authentizität und Emotionen. Zur Selbstdarstellung von Politikern auf den Bühnen der Mediendemokratie. In: Knieper, Thomas/Müller, Marion (Hrsg.): Authentizität und Inszenierung von Bilderwelten. Köln. 25-41.

Schicha, Christian (2004a): Die Bühnen unterhaltsamer Politikvermittlung. Politische Inszenierungen am Beispiel der öffentlichen Auftritte von George W. Bush. In: Forum.Medien.Politik (Hrsg.): Trends der politischen Kommunikation. Beiträge aus Theorie und Praxis. Münster. 48-59.

Schicha, Christian (2004b): Die Theatralität der Politikvermittlung. Zur Medieninszenierung in der Wahlkampfkommunikation. In: Kreyher, Volker J. (Hrsg.): Handbuch Politisches Marketing. Impulse und Strategien für Politik. Wirtschaft und Gesellschaft. Baden-Baden. 113-128.

Schicha, Christian (2007a): Legitimes Theater? Inszenierte Politikvermittlung für die Medienöffentlichkeit am Beispiel der „Zuwanderungsdebatte". Münster.

Schicha, Christian (2007b): Politik als Showgeschäft. In: KURSIV – Journal für Politische Bildung 1/2007. 22-29.

Schmitt-Beck, Rüdiger/Pfetsch, Barbara (1994): Politische Akteure und die Medien der Massenkommunikation. Zur Generierung von Öffentlichkeit in Wahlkämpfen. In: Neidhardt, Friedhelm (Hrsg.): Öffentlichkeit, Öffentliche Meinung, Soziale Bewegungen. Opladen. 106-138.

Soeffner, Hans-Georg (1995): Die Ordnung der Rituale. Die Auslegung des Alltags. 2. Aufl. Frankfurt/M. (2. Auflage).

Stingl, Rita (2002): Unterwegs mit dem Guidomobil. Frontal21 am 30. Juli 2002. www.zdf.de/ZDFde/inhalt/8/0,172,2008360,00.html. Zugriff am 01.04.2007.

Vorländer, Hans (2000): FDP – Freie Demokratische Partei. In: Andersen, Uwe/Woyke, Wichard (Hrsg.): Handwörterbuch des politischen Systems der Bundesrepublik Deutschland. Bonn. 173-176.

Vorländer, Hans (2003): Die FDP – Ein Lehrstück medialen Illusionstheaters. In: Forschungsjournal Neue Soziale Bewegungen. Heft 1/2003. 89-92.

Wachlin, Klaus Dietrich (2000): Anmerkungen zu Szenen im gen-ethischen Theater. In: Schell, Thomas von/Seltz, Rüdiger (Hrsg.): Inszenierungen zur Gentechnik. Konflikte, Kommunikation und Kommerz. Wiesbaden. 33-53.

Wachtel, Martin (1988): Die Darstellung von Vertrauenswürdigkeit in Wahlwerbespots. Eine argumentationsanalytische Untersuchung zum Bundestagswahlkampf 1987. Tübingen.

Westerwelle, Guido (1998) Neuland. Einstieg in einen Politikwechsel. München.

Westerwelle, Guido (2000): Die Rückkehr der Bürgerdemokratie. Politik und Wahlkampf im Internet. In: Altendorfer, Otto/Wiedemann, Heinrich/Mayer, Hermann (Hrsg.): Der moderne Medienwahlkampf. Professionelles Wahlmanagement unter Einsatz neuer Medien, Strategien und Psychologien. Eichstätt. 247-255.

Westerwelle, Guido (2002): 18 – Mein Buch zur Wahl. München.

Politische Inszenierung im Zeitalter ihrer (medialen) Simulation – Die Wahlkampagne der PARTEI mit Baudrillard gelesen

Florian Mundhenke

1 Einführung: Verlauf der PARTEI-Kampagne

Neben den etablierten Volksparteien und den bereits bekannten, zumeist programmspezifischen Klein- und Nischenparteien trat beim Bundestagswahlkampf 2005 erstmals auch Die PARTEI mit eigenem Konzept und eigener Kanzlerkandidatin an. Als *Partei für basisdemokratische Initiative, Soziales, Tierschutz und Elitenförderung* wurde diese im Jahr 2004 von Redakteuren des Satiremagazins *Titanic* gegründet.[1] Die *Titanic* hatte sich bereits mit einigen Aktionen an verschiedenen Wahlkämpfen in Deutschland beteiligt. So wurde zur Bundestagswahl 2002 ein FDP-Parteistand mit antisemitischen Parolen fingiert und bei der Landtagswahl in Bayern 2003 nach dem CSU-Wahlsieg ein SPD-Bus mit der Aufschrift „Wir geben auf" durch das Land bewegt. Die PARTEI stellt sich dabei allerdings trotz des satirischen Hintergrunds des impulsgebenden Zeitschriftenorgans hinter ein zielgerichtetes und – vergleichbar mit anderen linksalternativen Parteien wie der APPD – handlungsorientiertes, wenngleich radikales und populistisches Parteiprogramm. Schon bei der Bekanntgabe ihrer Gründung im September 2004 zählte die Organisation über 1000 Mitglieder und konnte mit einem Landesverband bei den Wahlen in Nordrhein-Westfalen im Mai 2005 mit einer eigenen Liste antreten. Hier zeigte sich bereits die subversive und gegen die Gepflogenheiten der etablierten politischen Institutionen gerichtete Intention, da die PARTEI schon im Vorfeld der Wahlentscheidung plante, gegen das Endergebnis Klage einzureichen, da ihre Liste aufgrund des nordrhein-westfälischen Wahlrechts nur in den Kreisen gewählt werden konnte, in denen Direktkandidaten aufgestellt waren (vgl. Sonneborn 2004). Im Juli 2005 wurde die Eröffnung und Wahl weiterer Landeslisten in Bayern, Rheinland-Pfalz und Hessen sowie Hamburg bekannt gegeben. Eine Jugendorganisation der PARTEI mit dem beziehungsreichen Namen „Hintner-Jugend" – be-

---

[1] Zu den Zielen und Kampagnen der PARTEI vgl. den Internet-Auftritt der Organisation unter www.die-partei.de. Zur thematischen Kontextualisierung ihres Vorgehens vgl. auch Kailitz (2004) und Trost/Neuemeyer (2005). Eine relativ objektive Darstellung der Geschichte und der Ziele des Unternehmens bietet auch Wikipedia unter de.wikipedia.org/wiki/Die_PARTEI.

nannt nach dem Generalsekretär der Organisation, Thomas Hintner – wurde noch im gleichen Jahr eingerichtet (vgl. www.hintner-jugend.de).

Das Programm der PARTEI orientiert sich dabei an dem virulente Probleme kritisierenden, oft überspitzten Impetus der Zeitschrift *Titanic*. Seit der Wiedervereinigung Deutschlands findet man im Impressum des Magazins den einst von Walter Ulbricht geäußerten Ausspruch „Niemand hat die Absicht eine Mauer zu errichten. Außer uns" (vgl. www.titanic-magazin.de/index.php). So ist es das Ziel der PARTEI, die Berliner Mauer und die Begrenzungen zum Gebiet der ehemaligen Deutschen Demokratischen Republik wieder aufzurichten und die neuen Bundesländer im Folgenden zu einer Sonderbewirtschaftungszone (SBZ) mit gestraffter Verwaltung und externalisierter Versorgung (rück) zu verwandeln (vgl. Programm der PARTEI 2006). Auch die anderen von der Organisation geplanten Maßnahmen, wie eine Reform des Gesundheitssystems oder der Schutz natürlicher Ressourcen sowie die Etablierung eines alternativen Arbeitsmarktsystems zur *Agenda 2010* lassen erkennen, dass es der PARTEI weniger um den Erfolg mit spezifischen Inhalten bzw. dem Interesse an einer besonderen Klientel geht (wie beispielsweise der *Partei bibeltreuer Christen*, den *Grauen Panthern* oder der *Bayernpartei*), sondern um einen allgemeinen Stimmenfang mit den medienwirksamen Mitteln des politischen und kommunikativen Populismus. So erklärt der ehemalige *Titanic*-Chefredakteur und Bundesvorsitzende der PARTEI, Martin Sonneborn: „In der Politik wird heutzutage geäußert, was Stimmen bringt, und das werden wir auch tun. Ich finde es schließlich besser, wenn wir die Stimmen bekommen als irgendwelche Rechtsradikale" (Zitiert nach: de.wikipedia.org/wiki/die_PARTEI). Auch im Bundestagswahlkampf 2005 trat die PARTEI mit einer eigenen Liste an, wobei die Absicht mit bewusst skandalorientierter Demagogie, Reaktionen der Öffentlichkeit zu forcieren, auch hier wieder beobachtet werden konnte. So wurde die Kanzlerkandidatin der politischen Gruppe durch ein Casting unter jungen Frauen bestimmt, da diese einen auch äußerlichen Gegensatz zum Erscheinungsbild der CDU-Kandidatin Angela Merkel bilden sollte (vgl. ebd.). Den Kulminationspunkt der Kampagne stellte jedoch der affrontierende Umgang mit den parteieigenen Wahlkampspots dar, indem die kostenlos von ARD und ZDF zur Verfügung gestellte Sendezeit von 90 Sekunden für wahlkampffremde, letztlich kommerzielle Zwecke genutzt wurde (vgl. N-tv.de 2005). DIE PARTEI bot zunächst einen Spot beim Online-Auktionshaus *eBay* zum Verkauf an, wobei die Sendezeit allerdings nach Auktionsende zum doppelten Preis zurückgekauft wurde. Im zweiten Spot spielte die mit der Gestaltung beauftragte Werbeagentur explizit mit den Kennzeichen bekannter Unternehmen, der dritte und letzte Spot stellte sich als vollständiger Reklamefilm für die Discount-Fluglinie *Hapag Lloyd Express* heraus; in diesem wurde die PARTEI auch – anders als zuvor angeben – als *Partei für Arbeit, Reisefreiheit, Fliegen zum Taxipreis und basis-demokratische Initiative* bezeichnet. Die beauftragte Werbeagentur *Scholz und Friends* erhielt für diese Wahlwerbespots den Preis in Gold im Bereich „Media" bei der jährlichen Preisverleihung des *Art Directors Club Deutschland e.V.* (vgl. Übersicht Preise des *ADCD e.V.* 2006).

Im Anschluss an diese Kampagne und die damit einhergehenden Strategien und Vorgehensweisen stellt sich vorderhand die Frage nach Sinn und Nutzen eines solchen Unternehmens. Dieses kann zunächst vereinfacht – in Bezug auf das als Initiator in Erscheinung tretende Magazin *Titanic* – als Verspottung und Parodie politischer Darstellungsformen bezeichnet werden. Zugleich lassen sich die Spots bei eingehender Betrachtung und Kontextualisierung aber auch als ironischer Reflex und erweiterte Kritik an den Mitteln und Methoden gegenwärtiger politischer Medien(selbst)darstellung verstehen. Somit ließen sich die Inszenierung der PARTEI im Allgemeinen wie auch die TV-Spots im Bundestagswahlkampf 2005 im Besonderen als Symptome und Indikatoren von Veränderungen im politischen bzw. medialen System der Bundesrepublik ansehen. Die hier polemisch verdichtete Vermischung von politischen Inhalten, kommerziellem Kalkül und unterhaltendem Spott erscheint dann als Teil eines größeren Diskurses der Umgestaltung politischer Vermittlungsweisen. Diese befinden sich zunehmend in Vermischung und Auflösung, was zu einer allmählichen Angleichung und Kombination einst systemfremder Präsentationsformen führt. Diesen Wandel der unterschiedlichen Ausdrucksmittel menschlicher Handlungspraxis hat der Theoretiker Jean Baudrillard bereits in den 1970er Jahren beobachtet und als transpolitische (bzw. transökonomische, transsexuelle usf.) Taktik bezeichnet (vgl. Baudrillard 1978b, Baudrillard 1992). Im Zusammenhang mit dieser Bewegung einer Auflösung fester Grenzen der einstmals getrennten Erscheinungen und ihrer Entkopplung von der menschlichen Bestimmung spricht Baudrillard von einer zunehmend stärker werdenden Strategie der Simulation. Diese beschreibt, wie sich einstmals exklusive, für sich wirksame Darstellungsformen – wie eben Werbung oder Satire – den Mitteln politischer Meinungsbildung annähern und sich diese subversiv aneignen, wobei die Grenzen zwischen der Postulierung glaubwürdiger Inhalte und deren Parodie zunehmend verwischen.

Im Folgenden sollen deshalb zunächst die Veränderungen des politischen Systems im Hinblick auf ihre medialen Einflüsse – insbesondere was den Verlust von Bedeutung und Signifikanz anbelangt – mithilfe der Baudrillard'schen Thesen skizziert werden. Danach soll die besondere Erscheinung der Bundestagswahlkampfspots der PARTEI als simulative Strategie charakterisiert werden, die eben sowohl Hinweis auf die Dimensionen der Veränderung des politischen und medialen Systems ist, als auch eine Perspektivierung von Chancen

einer differenten Auseinandersetzung mit aktuellen Problemen in der Politik
bzw. deren Rezeption beim Wähler ermöglicht.

2   Politische Inszenierung im Zeitalter ihrer (medialen) Simulation – eine Baudrillard-Lektüre der PARTEI-Kampagne

2.1   Transpolitische Veränderung des demokratischen Parteiensystems

Bereits in den 1970er Jahren hat Jean Baudrillard versucht, neben dem sozialen
und künstlerischen bzw. medialen System auch das politische Ordnungsgefüge
der demokratischen Staaten in sein Konzept einer sich auflösenden und verall-
gemeinernden symbolischen Struktur einzugliedern. Er spricht davon, dass sich
heute Differenzen und natürliche Spannungen unterschiedlicher politischer
Programme aufgehoben hätten, „[z]ugelassen wird nur noch ein orbitaler Rück-
lauf von Modellen und die simulierte Generierung von Differenzen" (Baudrillard 1978a: 10). Für die genannten Diskurse gelte, dass es zu einem umfassenden Verlust an Realität bzw. einer fehlenden Rückbindung an die Wirklichkeit
der handelnden Menschen gekommen sei. Zwar scheint sich die politische – wie
auch die ökonomische oder mediale – Sphäre beständig zu erweitern, ohne dass
aber ein Bezug an die bestimmende Instanz menschlicher Intentionen und Ziele
bestehen würde:

> „[Dies gilt a]uch in der politischen Sphäre, wo die Simulation eines Gegensatzes
> zwischen der Linken und der Rechten vom Verlust des Bezugs zu jeder realen ge-
> sellschaftlichen Meinungsbildung begleitet wird" (Baudrillard 1978b: 39).

Es komme dadurch zu einer Präzession von Modellen, die sich untereinander
austauschen, ohne einen Bezug zur Ereignishaftigkeit des Wirklichen herzustellen. Für die politische Landschaft bedeute dies eine zunehmende Austauschbarkeit ihrer Inhalte und Positionen:

> „[D]ieser Kurzschluss [...] lässt in jedem Fall Raum für alle möglichen Inter-
> pretationen, selbst für die widersprüchlichsten. Alle Interpretationen sind wahr; ihre
> Wahrheit besteht darin, sich in einem erweiterten Kreislauf auszutauschen, und
> zwar nach Maßgabe von Modellen, denen sie selbst vorgeordnet sind" (Baudrillard
> 1978a: 31).

Das Volk komme als meinungsbildende Instanz nicht mehr vor, stehe vielmehr
nur noch als schweigende Masse dar – „im Gegensatz zum Volk sind die Massen
deshalb kein Referent mehr, weil sich nicht mehr zur Ordnung der Repräsentation
gehören. Sie drücken sich nicht aus, man sondiert sie per Meinungsumfrage" –

zugleich finde in den Medien eine Äußerung von Meinungen statt, die sich aber bloß auf die innersystemische Logik der beiden Diskurse Politik und Medien bezögen, nicht jedoch auf Probleme in der staatlichen Wirklichkeit: „Meinungsumfragen aber [...] sind Dispositive, die nicht mehr auf einer repräsentativen, sondern einer simulativen Dimension angehören" (Baudrillard 1978b: 40).

Neben einer Angleichung an die Vermittlungsprozesse der Medien nähere sich die Politik auch dem ökonomischen Gesetz von Angebot und Nachfrage an: „Vollständig gereinigt von der politischen Dimension, gehört [die politische Macht], wie jede andere Ware auch, zur Massenproduktion und -konsumtion" (ebd. 48). Später hat Baudrillard diese Verselbständigung der großen Diskurse, ihre Entkopplung von der Lebensrealität und die beständige Eigengenerierung von Ereignissen und Gewissheiten unter der Formel der „supraleitenden Ereignisse" zusammengefasst (vgl. Baudrillard 1992). Er spricht von nun an von einer transpolitischen Dimension des sich weiter erhaltenden Systems:

> „Angesichts des Fehlens einer originellen politischen Strategie (die vielleicht nicht mehr möglich ist), angesichts der Unmöglichkeit einer vernünftigen Verwaltung des Sozialen desozialisiert sich der Staat. Er setzt nicht mehr auf politische Willensbildung, er setzt auf Erpressung, Abschreckung, Simulation, Provokation und spektakuläre Sensation. Er erfindet eine Politik des Desinteresses und der Gleichgültigkeit, auch was das Soziale betrifft. Das ist *die Realität des Transpolitischen* hinter jeder offiziellen Politik – zynische Parteinahme für das Verschwinden des Sozialen" (Baudrillard 1992: 92; Herv. i. Orig.).

Die Austauschbarkeit der politischen Strategien weist Baudrillard durch eine Langzeitbeobachtung der französischen Linken nach, die sich je nach ihrem Status im politischen System der Macht bediene, dabei aber ihre postulierten Ziele zunehmend vernachlässige (vgl. Baudrillard 1986). Die erwähnten provokativen und sensationsheischenden Maßnahmen haben ihre Ursache in der Annäherung des Politischen an die Vermittlungsstrategien der populären Medien – vor allem des Fernsehens – und der Logik des Ökonomischen mit seiner Determinierung durch die Kaufkraft und die Orientierung am Kosten-/Nutzenkalkül. Dadurch komme es gleichzeitig zu einer Auflösung authentischer politischer Strategien wie auch zu einem „höchsten Verallgemeinerungsgrad" der umkehrbar werdenden Inhalte (Baudrillard 1992: 16): Letztlich werden darin Politik, Werbung, Unterhaltung, Sexualität und Konsumverhalten und viele andere gesellschaftliche Diskurse ununterscheidbar. Sie greifen die Mechanismen des jeweils anderen auf, gehen aber in dieser Angleichung und der Reproduktion fremder Taktiken in ihrer ursprünglichen Form unter: „Das Politische wird nie mehr aufhören zu verschwinden, es wird aber auch nichts an seine Stelle treten lassen. Wir befinden uns in der Hysterese des Politischen" (ebd. 18).

2.2 Die Rolle der Medien

Die Medien haben eine besondere Funktion im System der Theorie Baudrillards. Einerseits sind sie Bestandteil und Motor der Entkopplung und ‚Orbitalisierung' der Sphären von ereignisverhafteter Wirklichkeit und simulativer Welt der Zeichen und Symbole, andererseits führt ihre dauerhafte Ausstrahlung aber auch zu einer zunehmenden Unmöglichkeit für den Rezipienten, noch an der Welt der externalisierten, verselbständigten Zusammenhänge zu partizipieren. Der Theoretiker spricht in Bezug auf die Medienwelt von einer Durchdringung der unterhaltenden und informierenden Tendenzen: Er beobachtet eine „universale Herrschaft von Information und Statistik", in der aber feststehende Bedeutungen unerwünscht seien, „man muss [...] Sinn injizieren", der aber letztlich austauschbar und arbiträr bleibe (Baudrillard 1978b: 43). Baudrillard folgert:

> „Daher ist auch die Information orbital: ein Wissen, das nie mehr über sich selbst hinauswachsen, noch sich transzendieren kann, [...] aber auch den Boden nie mehr berühren wird und weder eine wirkliche Verankerung noch einen wirklichen Bezugspunkt haben wird. [...] Das Fernsehen ist ein Bild, das nicht mehr träumt, nicht mehr imaginiert, aber auch mit dem Realen nichts mehr zu tun hat. Es ist ein orbitaler Kreislauf" (Baudrillard 1992: 36f.).

Das Fernsehen nehme hierbei auch deshalb eine besondere Stellung ein, da es ununterbrochen Informationen liefere und Zusammenhänge herstelle, die aber zunehmend widersprüchlich und umkehrbar erschienen. Es produziere einen andauernden, unwiderruflichen Strom von kommunikativen Signalen, die die Arbitrarität aller Zeichen und symbolische Inhalte zunehmend zu Tage treten lasse:

> „Das Schweigen ist aus den Monitoren verbannt, verbannt aus der Kommunikation. [...] Schweigen aber wäre eine solche Synkope im Kreislauf, [...] ein mit Angst und Jubel geladener Bruch, der klarstellt, dass diese ganze Kommunikation im Grunde nur ein forciertes Szenario ist, eine ununterbrochene Fiktion des Bildschirms" (ebd.: 20).

Der von Baudrillard hier aufgebrachte Charakter des Fiktionalen unterstreicht noch einmal die Eigengesetzlichkeit und Konstruiertheit dieser Prozesse, die sich in ihrer weiter voranschreitenden Selbstreproduktion immer mehr vom alltäglich handelnden Menschen entfernen. Die Politik nehme auf ihre Wähler nur noch in Form von Umfragen und Meinungsbildern Bezug, die Medien hingegen lieferten auch ohne eine individuelle Rezeption ihr Programm ab, selbst Skandale und Momente der Irritation seien primär generierte Ereignisse; die einzige

Katastrophe wäre die der Unterbrechung – wie sie Baudrillard oben anspricht – oder jene der entgegenstehenden, inkompatibel werdenden ‚Simulation der Simulation', d.h. die Taktik einer Reflektierung und einhergehenden Distanzierung von der Macht der eigengesetzlichen Diskurse.

Dementsprechend sollen im Folgenden zwei Strategien der PARTEI-Spots benannt werden, die mit der hier zunächst allgemein gefassten theoretischen Linie charakterisiert und präzisiert werden können. Zum einen soll die Kampagne als Bestandteil des desintegrierenden Gesamtsystems figuriert werden, als Symptom und Merkmal einer Auflösung und Dekomposition der Diskurse – dabei kommt es zu einer Bloßlegung des problematischen Ist-Zustands politischer Macht. Zum anderen kann die Operation mit Bezug auf Baudrillard auch als konstruktive Gegenstrategie zur zunehmenden Auflösung des Realen gelesen werden – sie erscheint in dieser Perspektive damit als Störung und Subversion der selbstgenügsamen Schau der manipulierten Systeme.

2.3 Durchleuchtung aktueller Strategien der politischen Selbstdarstellung – Reflektierende Funktion der Spots

In seinen Schriften skizziert Jean Baudrillard die Operation der großen Diskurse, durch ihre ausschließliche Selbstverpflichtung und Unkontrollierbarkeit eigene Maßstäbe zu schaffen, anstatt sich selbst an den realen Begebenheiten auszurichten. Sie werden in dem Sinne ‚hyperreal', indem sie ausschließlich einem eigenen, künstlichen, letztlich nicht mehr fassbaren Wirklichkeitsentwurf verpflichtet seien (vgl. Baudrillard 1978a). Folge sei eine zunehmende Ununterscheidbarkeit der Ziele und Vorstellungen durch den Prozess der Simulation, wofür der Theoretiker wiederholt die großen französischen Volksparteien als Beispiel heranzieht; die Vernunft der Aufbietung einer sinnvollen Strategie für die Probleme der Menschen in einem Staat ginge in dieser ‚simulativen' Politik verloren: „Es muss nicht mehr vernünftig sein, da es nicht mehr an irgendeiner idealen oder negativen Instanz gemessen wird. Es ist nur noch operational" (ebd. 9). Dadurch zeige sich, „dass es keine Wahrheit, keine Referenz und keinen objektiven Grund mehr gibt" (ebd. 11). Durch das Fehlen von Überzeugungen und Wahrheiten mache sich eine allgemeine Undeutlichkeit breit, „[h]eute greift diese Undeutlichkeit wiederum auf die Kategorien über und überwältigt das Prinzip der Wahrheit" (ebd. 12). Die Aufbringung und Ausübung politischer Macht sei damit nicht mehr in ihrer eigentlichen Funktion als Vertretung von Interessen wirksam, sondern die Macht „erzeugt dabei fortwährend künstliche [...] politische Einsätze" (ebd. 40), sie inszeniere sich, um sich ihrer (im Grunde abwesenden) Wirksamkeit und Bedeutsamkeit zu versichern. Es sind vor allem die Medien, die die Aufgabe einer Vermittlung und Darstellung dieser einst vorhandenen, nun zunehmend auswechselbaren politischen Strategien übernehmen, durch das In-Szene-Setzen und Stilisieren von Politikern in Interviews beispielsweise oder der eigenen Aussagen in Wahlpropaganda werde durch eine zunehmende Verstärkung figurativer Maßnahmen die Anwesenheit von Überzeugungen behauptet, ohne sie verbindlich sichtbar werden zu lassen. Die Macht zeige sich so als „trügerischer Schein, [...] kollektive Dramaturgie auf der leeren Bühne des Sozialen" (ebd. 43). Zusammenfassend meint der Theoretiker: „Auf diese Weise funktioniert das Roulette der Politik, ein unendliches Scenario, bei dem die Einsätze immer schon gemacht sind und nur stets die gleichen Karten neu verteilt werden" (ebd. 75).

Die Ganzheit der im Bundestagswahlkampf eingesetzten Parteienspots lässt sich im Sinne Baudrillards als Inszenierungen, Fiktionen und Arrangements des jeweiligen Machtanspruchs verstehen. Gerade der TV-Spot mit seiner narrativen Kausalität und seiner persuasiven Dimension verdichtet die beiden zuvor dargestellten Operationen von Politik erstens als Ware und anzupreisendes Gut und zweitens von Politik als metaphorische, fiktionale Verheißung von Bewältigungsmaßnahmen, indem durch die Geschlossenheit und ursächliche Struktur der meisten Spots („wenn wir regieren, werden wir dies anders machen") eine Verbindlichkeit suggeriert wird, die in der Realität kaum erreichbar erscheint. Im simulativen Zusammenhang der Fernsehwirklichkeit, der auch die TV-Spots angehören, wird eine Schließung und dramaturgische Folgerichtigkeit inklusive eines geplanten Zielerfolgs angesetzt, welche auch bei aller Übertragungsleistung und Vereinfachung lediglich ein Modell bilden, das kaum Referenzen auf die Vielfalt und Strukturiertheit realer politischer Probleme aufweist. Ordnet man die verschiedenen Spots nach ihrer Simulationsleistung, nach ihrer Entfernung von den realen Zusammenhängen, in einen kohärenten Zusammenhang, lässt sich eine Bewegung feststellen. Diese beschreibt, wie die einzelnen Parteien mit einem Schema in Verbindung stehen, das immer weiter von der Vermittlung spezifischer und ausdrücklicher Werte über eine zunehmende Zersetzung von Überzeugungen und Gewissheiten hin zur Aufbietung eines letztlich fiktiven Kontextes der Sicherheit bzw. der Lösung virulenter Probleme reicht. So sind es gerade die konservativen, reaktionären Randgruppen wie die Republikaner oder die NPD, die überhaupt noch von Werten und Grundsätzen sprechen; dies gilt auch für die dogmentreuen, letztlich ungerührt buchstabengläubigen Vertreter der PBC. Auf dieser Skala einer voranschreitenden Bewegung hin zur Simulation und (Selbst-)Inszenierung stünden als nächstes jene Gruppierungen, die sich primär durch eine Abgrenzung zur Politik der aktuellen Regierung definieren. Statt eigene Strategien zu konturieren und konkrete Lösungsvorschläge zu machen, geht es diesen Vertretern um die Kritik am Ist-Zustand, wie man beispielsweise in den Spots der ebenfalls randständigen Parteien der Grauen Panther oder des Zentrums sehen kann. Daran schließt sich die Gruppe von Spots an, die eigene politische Forderungen oder die Kritik an den vorhandenen Arbeitsmethoden nur an den Rand stellen, während die Inszenierung, Dramaturgie und technische Gestaltung der Spots in den Vordergrund tritt. Hierfür können als Beispiel die meisten Spots der großen Volksparteien stehen. Im Clip der CDU werden die Fehler der rot-grünen Regierung durch eine Kugel versinnbildlicht, die beim Rollen über einen Tisch eine Spur der Verwüstung hinterlässt, bevor sie von der Kanzlerkandidatin der Union, Angela Merkel, aufgehalten wird. Hier stehen die Augenfälligkeit der Kugel-Metapher sowie die Person von Merkel klar vor der Formulierung deutlich fassbarer Ziele und Gegenmaßnahmen für die Situation in Deutschland. Dies gilt auch für den Clip der Grünen, in welchem die Stimme für die Partei mit einer Stimmabgabe für den damaligen Außenminister Joschka Fischer gleichgesetzt wird.

Zugleich ist der Spot, der die ‚Natürlichkeit' der Umgebung in den Vordergrund stellt, durchdrungen von intertextuellen, fast einem Videoclip gleichen Organisationsmomenten, so dass man zwischen den schnellen Schnitten und Szenen, die den Politiker Fischer außerhalb seiner Ansprache in den Drehpausen zeigen, sogar die Klappe mit dem Namen des bekannten deutschen Filmemachers Pepe Danquart zu sehen bekommt; von den politischen Zielen erfährt man indes hier wenig. Der Spot, der bewusst jenseits politischer Zielsetzungen liegenden APPD gefällt sich durch eine extreme Anhäufung von sittlichen Verstößen und Ekelszenen, die eben jenes Moment des Skandalisierens und Provozierens als politische Strategie, von dem Baudrillard oben spricht, einleuchtend vor Augen führen. Der hier nun zur Disposition stehende Clip der PARTEI könnte in dieser gedachten Hierarchie die Spitze der simulativen Strategie bilden und kann als eine Apotheose der zuvor benannten Mechanismen und Selbstinszenierungsmaßnahmen aufgefasst werden, insofern das Setting, die Gestaltung und der Rhythmus noch weiter in den Vordergrund rücken als schon in den anderen Spots. Der von Martin Sonneborn in dem Clip gesprochene Text ist dabei völlig austauschbar, wird nur von dem hervorstechenden Prinzip der parodistischen Verzerrung der realen Praxis des politischen Appells mit Bedeutung belegt.

Der im Folgenden detailliert betrachtete Clip stellt den letzten der drei während der Kampagne gezeigten Versionen dar, der die Mittel von Schleichwerbung bzw. ihrer Parodie am Konsequentesten zum Einsatz bringt. Zunächst fällt das Setting auf, welches komplett in gelber Farbe gehalten ist. Martin Sonneborn trägt einen gelben Anzug mit gelbem Hemd und unpassender gelber Krawatte. Schon hierin zeigt sich, dass durch die aufgebrachte Übertreibung der traditionellen Vorgehensweisen des Wahlkampfsspots sich ein kontraproduktives, die Effizienz der Inszenierung auflösendes Moment einschiebt, das die eigentliche Sinnaussage und Verbindlichkeit, die ein solcher Reklamefilm vermitteln soll, torpediert. Zwar suggeriert der Anzug, der Schreibtisch und die im Hintergrund aufgestellte Deutschlandflagge Seriosität, die aber durch den unpassend gelben Farbton und das Streifenmuster der Fluggesellschaft HLX konterkariert werden. Diese Widersprüchlichkeit wird durch den Inhalt der Ansprache verstärkt: Während der Name des Parteivorsitzenden in weißen Lettern korrekt als „Martin Sonneborn" eingeblendet wird, stellt er sich selbst in Worten als „Markus Sonneborn" vor, worin sich ein weiteres Element der Irritation zwischen die Pole von inszenierter Ernsthaftigkeit und Parodie schiebt und sich die Zweifel beim Zuschauer über die Glaubwürdigkeit und Absicht dieses Clips noch verstärken. Das gilt auch für die offensichtlich fehlerhafte Wiedergabe einzelner Details, so redet Sonneborn statt von „Elitenförderung" von „Eliten*be*förderung"; es stellt sich die Frage, ob der Sprecher dieser Partei tatsächlich unsicher ist – wie viele Vertreter der kleinen Parteien in ihren Spots –, oder ob diese Fehlerhaftigkeit bewusst eingesetzt wird, um den komischen Effekt zu verstärken, den man als Zuschauer in einem Wahlwerbespot allerdings nicht erwartet.

Die Absenz von politischen Inhalten wird im Folgenden geradeheraus angesprochen, indem der Sprecher sein eigenes Vorhaben mit den Worten „Wir wollen Regierungsverantwortung übernehmen in diesem Land und haben uns deshalb was überlegt" konturiert und damit das Nicht-Vorhandensein einer eigenen Fahrtrichtung hervorhebt. Sind es anfangs die beiden Pole von offiziellem politischen Sprechen und parodistischer Überzeichnung, die widersprüchlich nebeneinander stehen, so nimmt der Spot noch eine weitere Wendung: Sonneborn spricht im weiteren Verlauf davon, einen „extrem hochbezahlten Berater" beauftragt zu haben und erzählt von dem „Projekt HLX". Hier entsteht jetzt ein Antagonismus von Ironie bzw. Parodie, die bis hierhin aufgebaut wurde, und der kommerziellen Idee, indem mit einem Mal die Anzeichen dafür intensiviert werden, es handele sich um einen Werbespot der Fluggesellschaft. Parallel dazu vollzieht Sonneborn mit dem Ausspruch „und nun zu etwas ganz anderem: Schleichwerbung" den finalen Turn zur kommerziellen Natur des Clips und sorgt für anhaltende Verunsicherung. Die letzten Aussagen, in denen Sonneborn „maximalen Optimismus" für den Wähler verspricht – analog zu den gut gemeinten Wahlversprechen der großen Parteien –, die Zielflughäfen von HLX aufzählt und den von der Organisation beworbenen Standardflugpreis von „19,99 Euro" vorbringt, versetzen den Rezipienten zunehmend in den Glauben, es handele sich tatsächlich um einen Werbefilm für diese Firma, die als Wahlwerbespot inszeniert sei.

Doch auch diese Vorstellung wird wiederum gestört, und zwar erstens durch die am Ende wiederkehrenden komischen Elemente – so fällt die

Deutschlandflagge im Hintergrund herunter – und zweitens durch die deutliche Kennzeichnung des Spots als Wahlwerbung in der sendergerechten Einfassung mit dem Hinweis auf den Namen der Partei und die Distanzierung des Senders von den Inhalten des Spots. Zuletzt versichert der Sprecher, für die Ziele sein „Ehrenwort" zu geben, und wiederholt noch einmal bekräftigend „Ich wiederhole: mein Ehrenwort", worin die Substituierbarkeit der Wahlversprechen und die Bedeutungslosigkeit solcher Beteuerungen im inszenierten Kontext des Werbespots pointiert auf die Spitze getrieben wird.

Durch diese detaillierte Lektüre des Verlaufs der 90 Sekunden zeigt sich die schwebende Ambivalenz als primäre Strategie des Films, der sich nicht nur parodistisch der Praxis des Wahlwerbespots annimmt, sondern sich neben der Politik auch auf die anderen Diskurse der kommerziellen Produktwerbung und des Fernsehens bezieht. Diese Elemente sind alle nicht in Reinform, sondern in ihrer Durchdringung und Vermischung vorzufinden: Das Politische, das Fernsehen und das Produkt HLX sind die drei diskrepanten, autonomen Kräfte, der Charakter des Werbespots ist das vermittelnde Element, indem der Reklamespot sowohl für die politische Meinungsbildung, als auch für die Produktwerbung eingesetzt wird und beide im Rahmen des Fernsehprogramms platziert werden. Die Ironie ist das Stilmittel, das die angesprochenen Diskurse in der Schwebe hält, indem sich der Spot keinem der charakteristischen Bestandteile ausschließlich zuordnen lässt. Insofern stellt der Clip eine satirische Karikatur der verwendeten Mittel dar, ohne dass aber hier die oben angesprochene Verbindlichkeit bzw. Schließung durch die problemlösenden und zielorientierten Tendenzen hergestellt wird.

Die Kritik, die der Spot implizit übt, bezieht sich dabei einmal auf den Charakter der Inszenierung, der den großen Diskursen Politik, Ökonomie und Medien/Fernsehen eigen ist, als auch auf deren Entkopplung vom menschlichen Handeln und ihre fortgesetzte Verflechtung. Damit führt er zum einen die simulativen Tendenzen vor, in denen die ‚orbitalisierten Ereignissphären' sich bewegen, weist aber andererseits auf die Ununterscheidbarkeit der von allen dreien verwendeten Zeichen- und Symbolzusammenhänge hin, die durch die Gestaltung als ironisch-schwebender Kommentar in ihrer Austauschbarkeit sehr dicht nebeneinander gestellt werden können. In Bezug auf die Politik wird so die fehlende Fixierbarkeit von Inhalten und die Abwesenheit überzeugender Strategien vor Augen geführt („und haben uns was überlegt"). Zugleich werden die von Baudrillard so genannten ‚Zeichen der Macht' reproduziert, die anfänglich behauptete Seriosität des Vortrags, die Kleidung, das Umfeld, die Flagge, die aber durch den ironischen Umgang (die unpassende farbliche Zusammenstellung, das Fallen der Flagge) in ihrem lediglich allegorischen, von einem Referenten entbundenen Gehalt zunehmend dekonstruiert und in ihrer Glaubwürdigkeit aufgelöst werden; auf diese Weise kommt hinter dem Versprechen von Authentizität und Sicherheit die *Arbitrarität und Willkürlichkeit der Insignien politischer Macht* deutlich zum Vorschein. Was die Produktwerbung anbelangt, so ist es hier weniger das Scheinhafte des Zeichencharakters selbst, das durchleuchtet wird, da sich Produktwerbung ebenfalls den Mitteln der Ironie und Überzeichnung annehmen kann, sondern es ist eher die Abwesenheit des Produkts, wodurch die Strategien herkömmlicher Werbemaßnahmen durchbrochen und ausgehebelt werden. Zwar spricht Sonneborn die Flugziele an, erwähnt den Reisepreis und redet am Anfang von dem „Projekt HLX", aber im gesamten Spot wird weder das Logo der Firma sichtbar, noch Flugzeuge oder Aufnahmen von Fernzielen, die in der Regel Reklame von Reiseunternehmen kennzeichnen. Es ist hier also eher die *Abwesenheit der Zeichen und Symbole*, die so charakteristisch für die Signifikanz einer Marke sind und die eine Irritation und eine subtile Missbilligung der bekannten Taktiken und Reklamemethoden herstellen. Am Ende der meisten Werbespots steht das Produkt mit seinem Logo, in diesem Spot bleibt dies aus, eine finale Integration der Bestandteile erfolgt auch in dieser Hinsicht nicht. Der letzte Zusammenhang, der reflektiert und beanstandet werden soll, ist das Fernsehen. Hierbei jedoch wird eher der Kontext einer Einfassung dieses ‚störenden' Clips in den Gesamtverlauf des TV-Programms affiziert. Es wird primär die oben benannte *Verflechtung der informativen mit den unterhaltenden und kommerziellen Tendenzen* thematisiert, die gerade das Vorabendprogramm der öffentlich-rechtlichen Sender prägen, da hier nicht nur sowohl informierende, als auch tendenziell unterhaltende Formate ihren Platz finden (wie beispielsweise *Brisant, Leute heute*), sondern auch Werbeunterbrechungen erlaubt sind, die ansonsten im Programm dieser Sender fehlen; nicht zuletzt wurden die Vorabend-Seifenopern von ARD und ZDF zuletzt wegen Tendenzen zur Schleichwerbung gerügt (vgl. Welt.de 2005). So erklärt Sonneborn freiheraus, dass man sich für eine Ausstrahlung bei diesen Sendern entschieden habe, „weil ARD- und ZDF-Zuschauer schon an Schleichwerbung gewöhnt sind" (Presseerklärung der PARTEI 2005). Zugleich bezieht man sich konkret auf die zu erwartende Zurückhaltung bei einer Gegenreaktion aufgrund der Langsamkeit der großen Sender – „[a]ußerdem wird man das beim ZDF aber erst merken, wenn der Spot schon gelaufen ist, nach allem, was man so über die Öffentlich-Rechtlichen weiß" – und auf die vermeintlich passiven und interesselosen Zuschauer des Senders – „[m]an werde den Spot aber schon so gestalten, dass von den in der Regel betagten Zuschauern des Senders keiner aufwachen werde" (Kolwitz 2005). Unter der reflektierenden und kritisierenden Funktion der Spots lässt sich damit jene Wirkungsweise fassen, die die Reizpotentiale der großen Diskurse ergründet und dabei versucht, ein Moment der Irritation, der Unterbrechung und Störung einzuschieben. Es werden Schwächen der Verselbstständigung und Verstrickung dieser Zusammenhänge aufgezeigt, aber in einer ironischen Schwebe gehalten. Im Gegensatz zu den APPD-Spots, die aufgrund ihres anstößigen Materials nach einer ersten Ausstrahlung nur noch zensiert aufgeführt werden konnten, hatten die großen Sender gegen diese Form der assoziativen Verwebung unterschiedlichster Reizmomente keine Handhabe (vgl. Eberle 2005). Die Ironie bzw. die unterschiedliche Rezeption der Spots als entweder Werbung oder Parodie deuten hingegen jenseits der bloß irritierenden und augenblicklich störenden Maßnahmen auf eine subversive und neue Zusammenhänge etablierende Funktion hin, die nun im nächsten Abschnitt charakterisiert werden soll.

2.4 Konsequenzen einer Störung des Repräsentationszusammenhangs von außen – Konstruktive Funktion der Spots

Wenn alles Zeichenhafte der großen Zusammenhänge sich in einem Zustand der perpetuierenden Simulation befindet, welche Gegenstrategie bietet sich dann gegen diese Verflüchtigung ins Hyperreale überhaupt an? Jean Baudrillard meint, dass die Simulation eine blinde und unsichtbare Strategie sei, das eigene Überleben zu sichern, sich der Zeichen von Macht und Bestimmung zu versichern, auch wenn diese schon nicht mehr wirklich vorhanden sind. So werde sogar der eigene Tod vorgetäuscht und simuliert, um nicht tatsächlich zu sterben, „mit Hilfe einer Simulation des Todes [versuchen die Mächte,] ihrer wirklichen Agonie zu entkommen" (Baudrillard 1978a: 34). Um also der Simulation als Taktik entgegenzuwirken, bedarf es keiner Einhaltgebietung, sondern vielmehr einer Sichtbar- und Bewusstmachung dieser den Menschen entmündigenden, ‚präzessierenden' Modelle. Die Ununterscheidbarkeit und Übereinstimmung des Zeichenvorrats machten aber diesen Schritt zur Aufklärung so schwierig, „die Ordnung und das Gesetz könnten selber ebenso gut nur Simulation sein" (ebd. 36). Baudrillard schlägt deshalb keine Rückkehr zur Realität und ihrem ursprünglichen Sosein vor, sondern den Weg in die weitere ‚Simulation der Simulation', von einer Ordnung des zweiten Simulakrums zu einer des dritten Simulakrums: „Denn das Gesetz ist ein Simulakrum zweiter Ordnung, wogegen die Simulation der dritten Ordnung angehört, jenseits von wahr und falsch, jenseits von Äquivalenzen und rationalen Unterscheidungen, die das Funktionieren des Sozialen und der Macht erst ermöglichen" (Baudrillard 1978a: 37, zur Ordnung der Simulakra vgl. auch Baudrillard 1982). Dazu müsse man sich denselben Vorgehensweisen und Maßnahmen der Diskurse annehmen, diese aber noch verstärken, und zwar sich „in die rituelle Dechiffrierung und Orchestrierung der Massenmedien einschreiben und sie in ihrer Inszenierung und ihren möglichen Folgen vorwegnehmen" (Baudrillard 1978a: 38).

Genau dies leisten die PARTEI-Spots, indem sie die Austauschbarkeit der Zeichen und die Offenheit, die Unbeschriebenheit des inszenierten Kalküls offen zur Schau stellen, sie allerdings nicht mit einem eigenen Machtanspruch oder mit Inhalten füllen, sondern ihre Vieldeutigkeit bestehen lassen, die sich im Verlaufe der 90 Sekunden zwischen den Polen von politischer Sinnaussage, Verkaufsabsicht und Parodie immer wieder neu ausrichtet und keiner Seite endgültig den Vorrang gibt. Régis Michel spricht in Bezug auf diese Operation als künstlerisches Prinzip desgleichen von einer ‚Simulation der Simulation': „Dadurch verwandelt sich das Reelle – das *Hyperreelle* (würde Baudrillard sagen) in sein Gegenteil: eine Art Gegenpol [...] Das Bild wendet sich gegen sich selbst, gegen das System, gegen die Kontrolle" (Michel 2005: 153f.). Es werden dadurch zwar die Operationsweisen der Inszenierung selbst aufgebracht und eingesetzt, jedoch ohne damit eine Kontrolle ausüben zu wollen, ohne Macht zu beanspruchen, ohne ein definitives Moment zu fordern, wie alle anderen politischen Gruppierungen. Der subversive Kommentar der Spots liegt eigentlich weniger in seinem offenen Bekenntnis zur Schleichwerbung oder in der Ironie, sondern vielmehr in der Abwesenheit eines integrierenden und verbindlichen Sinns, der das Ganze zusammenbringen würde. Dadurch wird nicht nur eine passive Reflexion des vorhandenen Systemzustands hergestellt, sondern auch eine aktive Unterbrechung der Routinen herbeigeführt, die beispielsweise die Vertreter der affizierten Institutionen – der anderen Parteien, der Sender, der Fluggesellschaft HLX – zu Reaktionen provoziert und auf diese Weise deren Grundsätzlichkeit und ihr reales Handeln wieder zum Vorschein bringt, den das rein ironische Kalkül des PARTEI-Spots selbst nicht benötigt. Mario Perniola meint, dass es diese simulative Offenheit des Künstlerischen sei, die die Möglichkeit zu handeln wieder eröffne, indem sie die Lähmung und Blendung der großen Zusammenhänge reflektiere und auf diese Weise zurücknehme; ein Handeln in der und mit der Realität werde auf diese Weise wieder möglich (vgl. Perniola 2005: 117f.). Die künstlerische Illusion, der auch dieser Spot angehört, wird von Baudrillard als „Herausforderung des Realen" (Baudrillard 1991: 78) verstanden: „Ohne diese im eigentlichen Sinne ästhetische, mythische und spielerische Dimension gibt es nicht einmal mehr eine politische Szene, in der irgendetwas zum Ereignis werden könnte" (ebd.). Es geht also in dieser Bloßlegung der operationalen Selbstreproduktion der Inszenierungsmaßnahmen mit ihrem Hinweis auf die Willkürlichkeit alles Symbolischen um eine Errettung des Realen aus dem Verfall ins völlig Illusorische (dem die Politik ebenfalls anheim zu fallen droht): Es geht „um die Macht der Illusion, ins Reale einzubrechen und gewissermaßen seinen Platz zu übernehmen, ohne sich jedoch mit diesem zu identifizieren" (Perniola 2005: 109). Deshalb wird eine mögliche Sinngebung und Bindung der Bedeutungen verhindert, eine Identifikation beispielsweise mit der Struktur der Macht erfolgt nicht: Die ironische Strategie der PARTEI verrät, dass es ihren Vertretern nicht um eine Sicherung eigener Machtansprüche geht; die Taktik der Parodie bewirkt also hier ein interesseloses Hinweisen auf zu beseitigende Missstände und ist insofern auch als konstruktiver Schritt anzusehen.

Es ließe sich aus einer anderen Perspektive aber auch argumentieren, dass die hier aufgebrachten Potentiale letztlich sinnlos verpuffen, da sich die radikale Kritik an der Zeichenhaftigkeit nicht entfaltet und stattdessen der Tendenz zur Simulation weiter zugearbeitet wird. Auch Baudrillard meint: „Die öffentliche Anprangerung des Skandals ist stets eine Huldigung an das Gesetz" (Baudrillard 1978a: 26). Sie dient ihrer Selbstvergewisserung und der Bestätigung der Richtigkeit des Handelns in der Simulation. Wie auch der APPD-Spot erscheint damit das subversive, aufrührerische Moment der PARTEI-Spots letztlich nur die Richtigkeit und Billigkeit des politischen Handelns der großen Parteien zu bestätigen und zu legitimieren; in ihrer Randständigkeit haben diese Gruppen letztlich keine wirksamen Mittel, um greifbare Veränderungen zu initiieren. Dazu kommt, dass die Werbung für die Firma HLX tatsächlich auf einer geschäftlichen Abmachung basiert und insofern nicht nur Spiel und Parodie bleibt. Bezogen auf den Diskurs der ökonomischen Praxis und ihrer voranschreitenden Ausbreitung bleibt der Clip damit ein unwirksames Mittel zur Kritik. So konstatiert Herbert Euler, Leiter Unternehmenskommunikation bei HLX, in einem Interview:

> „Irgendwie passen wir doch da hinein, denn schließlich geht unsere Markenphilosophie ja auch von einer frechen, spitzen, und manchmal auch mit etwas ‚Augenzwinkern' versehenen Positionierung aus. Wir wurden gefragt und hatten nichts dagegen" (Euler 2005).

Damit mag zwar die Praxis politischer Wahlwerbung im Clipformat attackiert worden sein, auch das Selbstverständnis und das Handeln der öffentlich-rechtlichen Sender – dies betrifft den medialen Diskurs – , der andere umfassende Zusammenhang, nämlich der ökonomische, entwischt seiner Tadelung, weil die Filme selbst Bestandteil dieses Systems sind. Auch in seiner Funktion als künstlerische Eigenleistung vermag die Kampagne die eigenen Grenzen kaum zu sprengen, wie der Erfolg der beauftragten Werbeagentur *Scholz und Friends* bei der Preisverleihung beim *Art Director's Club Deutschland* im Jahr 2006 zeigt. Durch die hier geleistete Anerkennung der Spots als ironische Strategie werden diese zumindest in Bezug auf das Werbe- bzw. Kunstsystem wieder fest im eigenen Zusammenhang arretiert und erhalten eine Daseinsberechtigung als gelungene Praxis ironischer Arbeit *innerhalb* des Medien- und Konsumnetzwerks.

3   Fazit

Die Serie von Wahlwerbespots der PARTEI, die während des Bundestagswahl-kampfs 2005 im Fernsehen ausgestrahlt wurden, erscheint nur bei oberflächli-cher Betrachtung als folgenlose Parodie auf die Gestaltungsweise herkömmli-cher Wahlkampfspots. Vielmehr erlauben diese Spots einen tiefgehenden Ein-blick in die zugrunde liegenden Sinnsysteme und ihren gegenwärtigen Zustand, der mit Jean Baudrillard als von einer Taktik der Selbstinszenierung bzw. Sinn-entkopplung jenseits fassbarer Wirklichkeit geprägt erscheint – also als Simula-tion bezeichnet werden kann. Die drei Clips verstärken die in den Diskursen der Medien, der Politik und des Ökonomischen angelegten Tendenzen zur Schein-haftigkeit, zur Entkopplung von realen Gegebenheiten und zum Hyperrealen. Der politische Zusammenhang nimmt einige Strategien der anderen Diskurse auf, um seinen Machtsanspruch zu sichern und seine Bedeutung zu behaupten: So erscheint das politische Kalkül gerade im Wahlwerbespot einerseits als figu-riertes, inszeniertes, eine geschlossene Kausalität behauptendes Versprechen eines nicht wirklich erreichbaren Zustands völliger Problementbundenheit wie andererseits auch als beworbenes und zu verkaufendes Produkt. Die Spots der PARTEI verstärken dies, indem sie sich einerseits noch weiter von realen Zielen und Absichten entfernen und in ihren Gestaltungsmitteln einer Inszenierung und Irreführung noch weiter zusprechen, zugleich aber durch die fast schon auf-dringliche Schleichwerbung für die Fluggesellschaft HLX diese Undurchsich-tigkeit des medialen und politischen Zusammenhangs mit Maßnahmen aus Werbung und Wirtschaft deutlich hervorheben.

Die Analyse hat ergeben, dass die Kritik an den medialen und politischen Strategien und ihrem Ist-Zustand gelungen erscheint, während es unklar bleibt, ob der ökonomische Zusammenhang hier affirmiert oder ebenfalls kritisiert werden soll. Diese Undeutlichkeit ist wiederum das offensichtlichste Stilmittel der Clips, die aus diesem Grunde zwischen den Sinnsystemen und Strukturen zu schweben scheinen und sich dabei weder in Bezug auf eine Aussage, noch hin-sichtlich einer einseitigen Missbilligung fixieren lassen. Diese fehlende Prä-zision, die hauptsächlich durch die humoristischen und satirischen Mittel ge-wonnen wird, lässt die Kampagne nicht nur als überspitzte Reflexion des heuti-gen Verhältnisses politischer Selbstbestimmung erscheinen, sondern kann – im Sinne Baudrillards – auch als ‚Simulation der Simulation' verstanden werden, indem die Möglichkeitsräume realer politischer Handlungspraxis durch diese Imitation verfestigter Strukturmerkmale wieder zurückgewonnen werden.

Literatur

Print-Quellen
Baudrillard, Jean (1978a): Die Präzession der Simulakra. In: Baudrillard, Jean: Agonie des Realen. Berlin. 7-69.
Baudrillard, Jean (1978b): Politik und Simulation. In: Baudrillard, Jean: Kool Killer oder der Aufstand der Zeichen. Berlin. 39-48.
Baudrillard, Jean (1982): Der symbolische Tausch und der Tod. München.
Baudrillard, Jean (1986): Die göttliche Linke. Chronik der Jahre 1977-1984. München.
Baudrillard, Jean (1991): Die fatalen Strategien. München.
Baudrillard, Jean (1992): Transparenz des Bösen. Ein Essay über extreme Phänomene. Berlin.
Perniola, Mario (2005): Die Zukunft einer Illusion: Künstlerisches Handeln, Kommunikation, Pataphysik. In: Gente, Peter u. a. (Hrsg.): Philosophie und Kunst. Jean Baudrillard. Eine Hommage zu seinem 75. Geburtstag. Berlin. 105-122.
Michel, Régis (2005): NULLITAS NULLITATUM ET OMNIA NULLITAS. Kunst als Komplott: eine paranoide Ästhetik? In: Gente, Peter u. a. (Hrsg.): Philosophie und Kunst. Jean Baudrillard. Eine Hommage zu seinem 75. Geburtstag. Berlin. 123-155.

Online-Ressourcen
Übersichten und Programme: de.wikipedia.org/wiki/Die_PARTEI. Zugriff am 10.09.2006.
Übersicht Preise des *ADCD e.V.* 2006. Online-Ressource:
    www.adc.de/servlet/PB/menu/1012129/gewinner_2006_(text).html?catID=101196 2&page= 012141. Zugriff am 10.09.2006.
www.die-partei.de. Zugriff am 10.09.2006.
Programm der Partei 2006. Online-Ressource:
    www.diepartei.de/index.php?mode=content&content_id=1&PHPSESSID=6bb1106 1cb90861597b3ebc3e7257dff. Zugriff am 10.09.2006.
www.hintner-jugend.de. Zugriff am 10.09.2006.
N-tv.de (2005): Waffen, Tabak, Branntwein. Die Partei verkauft Werbezeit. In: N-tv.de. Online-Ressource: www.n-tv.de/570998.html. Zugriff am 10.09. 2006.
Welt.de (2005): Zehn Jahre Schleichwerbung im ARD-„Marienhof". Bavaria kassierte für illegale PR-Geschäfte. Online-Ressource: www.welt.de/data/2005/06/02/7262 05.html?s=2. Zugriff am 10.09.2006.

Aufsätze und Interviews
Eberle, Carl-Eugen (2005): ZDF-Justiziar fordert strengere Regeln für TV-Wahlwerbespots. In: Medienhandbuch.de. Online-Ressource: www.medienhandbuch.de/ prchannel/details.php?callback=index&id=4889. Zugriff am 10.09.2006.
Euler, Herbert (2005): „Sprechen wir hier von Guerilla-PR einer neuen Dimension?". Interview mit Herbert Euler, Leiter Unternehmenskommunikation HLX, von Oliver Hein-Behrens. In: Medienhandbuch.de. Online-Ressource: www.medienhand-buch.de/prchannel/details.php?callback= index&id=4872. Zugriff am 10.09.2006.

Kailitz, Susanne (2004): Mauerbauer und williges Wahlvolk. „Die Partei" will Deutschland wieder teilen. In: Das Parlament. Online-Ressource: www.das-parlament.de/ 2004/50-51/Panorama/002.html. Zugriff am 10.09.2006.

Kolwitz, Kai (2005): „Die Partei" versteigert Wahlwerbespot. In: Netzeitung.de. Online-Ressource: www.netzeitung.de/internet/354622.html. Zugriff am 10.09.2006.

Sonneborn, Martin (2004): „Wir wollen das Schröder-Regime stürzen." Martin Sonneborn im Gespräch mit Joachim Widmann und Dietmar Neuerer. In: Netzeitung.de. Online-Ressource: www.netzeitung.de/spezial/landtagswahlennrw/interviews/3367 24.html. Zugriff am 10.09.2006.

Sonneborn, Martin (2005): „Die Partei, die Partei, die hat immer recht...?". Interview mit Martin Sonneborn, von Oliver Hein-Behrens. In: Medienhandbuch.de. Online-Ressource: www.medienhandbuch.de/prchannel/details.php?callback=index&id= 4859. Zugriff am 10.09.2006.

Trost, Christoph/Neuemeyer, Jochen (2005): Partei-Exoten. Wie die Bundesrepublik „balkanisiert" werden soll. In: stern.de. Online-Ressource: www.stern.de/politik/ deutschland/545850.html. Zugriff am 10.09.2006.

Dekonstruktion als Inszenierungsmethode – Von Berlusconi bis zu den Grünen

Paula Diehl

Wer den Werbespot der Bündnis 90/ Die Grünen bei der Bundestagswahl 2005 gesehen hat, merkt sicherlich einige befremdende Details: Während Joschka Fischer seinen Monolog vor der Kamera spricht, wird die Szene mehrmals von einer Klappe unterbrochen, das Take wird wiederholt, fehlerhafte Bild- und Tonschnitte drängen sich in den Vordergrund des Spots, und man sieht sogar eine Aufnahmeassistentin, die sich für kurze Zeit neben Fischer setzt. Unpräzise Schnitte und Überblendungen, dem Anschein nach, lassen den Mechanismus der Video-Inszenierung durchscheinen, sie zeigen die Stellen, an denen das Bild hätte geschnitten werden sollen, den Zeitpunkt der Tonüberblendung verdeutlichen fehlerhafte Aufnahmen, die wiederholt werden mussten, um das perfekte Produkt herstellen zu können. Es handelt sich dabei nicht um mangelhafte Technikanwendungen, sondern um eine Inszenierungsmethode, die den Prozess ihrer Konstruktion *vor* dem und *für* die Zuschauer selbst dekonstruiert. Sie spielt mit dem Wissen des Publikums über die Konstruktionsmechanismen der massenmedialen Inszenierung und bietet den Zuschauern die Möglichkeit, die produzierten Bilder zu dekonstruieren.

Dekonstruktion als Inszenierungsmethode wird hier als Darstellung der Inszenierungstechniken verstanden, die ihr Konstruktionsprinzip offen legen. Es handelt sich allerdings nicht um eine radikale Offenlegung der *Différance* im Sinne Derridas (Derrida 1998; Royale 2000), sondern um einen selbstreferenziellen Hinweis der Inszenierung auf ihre Techniken und Voraussetzungen, die wiederum inszeniert werden. Besonders im Jugendunterhaltungssegment werden Dekonstruktionstechniken verwendet, aber auch Produzenten aus der Werbebranche spielen mit dem Wissen des Publikums über die massenmedialen Inszenierungen und gestalten ihre Produkte mit einem ironischen Gestus und mit Selbstreferenzialität. Der Werbespot von Bündnis 90/Die Grünen knüpft an dieses Wissen der Zuschauer an und dekonstruiert die politische Inszenierung vor der Kamera. Damit statten die Spotproduzenten nicht nur die politische Wahlkampagne mit einer wichtigen Unterhaltungskomponente aus, sondern sie öffnen eine neue Blickperspektive[1] auf die Politikdarstellung, die viel spieleri-scher mit dem Stoff der politischen Werbung umgeht.

Welche Konsequenzen hat die Verwendung der Dekonstruktion als Inszenierungsmethode in der politischen Werbung? Welche Blickpositionierung der Zuschauer wird dabei vorausgesetzt? Welche Veränderungen bringt diese Art der Inszenierung für die Darstellung von Politik, von politischen Institutionen und von Politikern? Und schließlich: Welchen Einfluss übt sie aus auf die politische Botschaft und auf die symbolische Repräsentation von Politik?

Dekonstruktion als Methode der politischen Inszenierung erfolgt nicht immer gleich und kann auch verschiedene Funktionen innerhalb der politischen Kommunikation haben. Silvio Berlusconi und Joschka Fischer arbeiteten auf unterschiedliche Art und Weise mit der Dekonstruktion in ihren Inszenierungen. Der Vergleich zwischen Fischers Selbstinszenierung im Werbespot von Bündnis 90/Die Grünen zur letzten Bundestagswahl 2005 und der Selbstinszenierung von Silvio Berlusconi in einer seinen massenmedialen „Eventproduktionen" zum Anlass der letzten Parlamentswahlkampagne der Forza Italia im April 2006 soll verdeutlichen, wie Dekonstruktion als Inszenierungsmethode der politischen Werbung unterschiedlich eingesetzt und konnotiert werden kann, aber auch welche Probleme und Möglichkeiten sie für die politischen Kommunikation bringt.

1 Inszenierung

In seiner Abhandlung zur Semantik des Objekts sieht Roland Barthes das Theater, das Kino und die Werbung als Ordnungen der Repräsentation, in denen das Objekt dem Menschen am spektakulärsten, am emphatischsten und am intentionalsten gegeben wird (livré). Mit Bezug auf Bertold Brechts Kommentare zur *Mutter Courage* versucht Barthes die semiotische Wirkung der Inszenierung auf

---

1   Der vorliegende Text versteht den „Blick" kulturwissenschaftlich. Die verschiedenen *Turns* in der Kulturwissenschaft legen die Akzente bei der Definition von Blick unterschiedlich aus. Für die hier behandelte Fragestellung ist wichtig festzuhalten, dass der Blick eine visuelle Praxis ist, die sozial und kulturell geprägt wird, auf technologisierte und medialisierte Wahrnehmungsprägungen bezogen und von Machtverhältnissen abhängig ist. Wie stark durch die Gewöhnung an bestimmte Medien (hier nicht nur als Massenmedien verstanden) der Blick beeinflusst werden kann, zeigt Hans Belting: „Unsere Bilderfahrung gründet zwar auf eine Konstruktion, die wir selbst veranstalten, und doch wird sie gesteuert von der aktuellen Verfassung, in der die medialen Bilder modelliert sind. [...] Der Bildeindruck, den wir durch das Medium empfangen, steuert die Aufmerksamkeit, die wir den Bildern widmen, denn ein Medium hat nicht nur eine physisch-technische Beschaffenheit, sondern auch eine historische Zeitform. Unsere Wahrnehmung unterliegt einem kulturellen Wandel, obwohl unsere Sinnesorgane sich seit urdenklichen Zeiten nicht geändert haben" (Belting 2001: 21); vgl. Belting 2001 und Bachmann-Medick 2006: 346f.

die Objekte zu beschreiben: „[Il] faut faire subir à certains objets de la mise en scène, pour leur faire signifier tel concept; car la loi du théâtre, c'est qu'il ne suffit pas que l'objet soit réel, il faut encore que le sens soit en quelque sorte détaché de la réalité: il ne suffit pas de présenter au public une veste de cantinière réellement usée pour qu'elle signifie l'usure; il faut que vous inventiez, vous, metteur en scène, les signes de l'usure" (Barthes 1985: 254). Die Objekte mit Zeichen zu versehen, die ihnen zusätzliche Eigenschaften zusprechen, ist das, was man Inszenierung nennen kann. Dabei reicht es nicht aus, dass die Weste, die gezeigt wird, wirklich benutzt worden ist – unter Umständen ist dies sogar irrelevant. Wichtig in Barthes Beispiel ist, dass die Weste als abgetragen auf der Bühne erkannt wird, dass sie vom Regisseur mit Zeichen versehen wird, die auf performative Weise miteinander kombiniert und aufeinander bezogen werden, um die Konnotation des Abgetragen-Seins zu erzeugen.

Es ist das Spielen und eine Art des Übertreibens mit den Zeichen, die die Inszenierung kennzeichnet. Die Inszenierung wendet sich immer an ein bestimmtes Publikum – selbst wenn dieses ein imaginiertes Publikum ist –, sie arbeitet mit schon bestehenden ästhetischen, kulturellen und gegebenenfalls mit politischen Codes, die sie bei ihren Zuschauern voraussetzt. Durch Inszenierungstechniken arrangieren Regisseure Zeichenkombinationen und organisieren Blickpositionierungen, die den Zuschauern bei der Betrachtung von Bild und Performance nahe gelegt werden. Wenn Inszenierung eine Art Technik und Praktik ist, „mit denen etwas zur Erscheinung gebracht wird" (Fischer-Lichte 2003: 44), dann ist es nicht nur möglich, diese Technik und Praktik zu analysieren, sondern sie auch in der Inszenierung selbst darzustellen.

Für Barthes operiert Inszenierung vor allem auf der Ebene der Konnotation. Er interessiert sich zwar in erster Linie für die semiotische Bedeutung des Objekts, doch er liefert darüber hinaus Elemente für die Analyse von Inszenierungen und ihrer performativen Wirkung, die die theaterwissenschaftliche Perspektive produktiv ergänzen. In seinem semiotischen Schema unterscheidet der französische Semiotiker zwei Ebenen der Botschaft: die Botschaft der Denotation und die Botschaft der Konnotation. Im Kino, Fernsehen und insbesondere in der Werbung, so Barthes, übertönt die Konnotation die Denotation. Um das Beispiel der Weste im Theater wieder aufzunehmen: Die Weste kann als Inszenierungskomponente vor allem funktionieren, weil sie durch bestimmte Techniken der Darstellung konnotiert erscheint. Wichtiger als die Erkennung der Weste als bloßes Zeichen für ein Kleiderstück wird auf Brechts Bühne ihre Konnotation als alt, als benutzt und als Identifikationsmerkmal einer bestimmten Berufssparte oder eines sozialen Standes gesetzt. In der Werbung wird dieses Inszenierungsprinzip auf die Spitze getrieben und die Denotation hat überwiegend die Aufgabe, die Konnotation zu naturalisieren (Barthes 1985: 254). Es ist eher der Überschuss an Bedeutungen durch die Konnotation und die damit zusammenhängenden emotionalen Komponenten, die sich in den Vordergrund der Werbebotschaft drängen.[2]

Dekonstruktion als Teil der Inszenierung offenbart den Zuschauern die Techniken, die die Objekte auf der Bühne sowie im Fernsehen konnotieren. Wie noch bei der Analyse des Grünen-Werbespots zu sehen sein wird, sind weder Bedeutungsüberschuss noch emotionale Komponente durch die Dekonstruktion in der Inszenierung verbannt. Teilweise sorgt die Dekonstruktion sogar für eine Re-Konnotierung der Botschaften. Die Dekonstruktion als Inszenierungsmethode dient vor allem der Einführung einer Metaebene der Inszenierung, die wie ein selbstreferenzieller Kommentar funktioniert. Allerdings ist die Voraussetzung für die Dekonstruktion als Inszenierungsmethode die Annahme eines Wissensvorsprungs des Publikums über die Inszenierung selbst, und im Fall von Parteiwerbespots ist dieses Wissen sogar auf massenmediale Inszenierungen spezialisiert.

2   Der Abschied vom naiven Zuschauer

Am 6. August 2006 um 19.00 Uhr strahlte MTV Deutschland eine sehr informative Version ihrer Sendung „Masters" aus. Die Sendung hatte sich dem Hauptprodukt von MTV gewidmet: dem Video-Clip. Anders als die gewöhnlichen Hitlisten oder die Übertragung von Video-Clips nach Musikmottos wurde diesmal das Wissen über ihre Herstellung vermittelt. Die Sendung versprach zu zeigen, „wie die besten Videos gedreht werden", und bot den Zuschauern die Offenbarung von Techniken der Video-Clip-Produktion. Dabei erklärten Videoproduzenten und -regisseure Inszenierungs- und Produktionstechniken und kommentierten Bild- und Toneffekte von ausgewählten Beispielen. Neben ihren Erläuterungen demonstrierten die Videospezialisten am Material. Die Zuschauer konnten bei Verlangsamung, beim Rückwärtsspielen und beim Stoppen der Bilder wichtige Einblendungen und Schnittstellen erkennen und dabei lernen, wie Inszenierungseffekte hergestellt wurden. Auch Fehler bei besonders berühmten Video-Clips sind gezeigt worden. Diese Fehler, so die Moderation, würden den Zuschauern normalerweise nicht auffallen, doch mit speziellen Videotechniken konnten sie entlarvt werden. Wer die Sendung gesehen hatte, so

---

2   Das, was hier als Überschuss benannt worden ist, kann nicht als rein semiotisches Phänomen aufgefasst werden. Andreas Dörner spricht in diesem Zusammenhang von zwei verschiedenen Logiken: die „Logik der Zeichen" und die „Logik des Fühlens". Für die vorliegende Analyse werden beide Ebenen der Konnotation gemeinsam untersucht; vgl.: Dörner 2001: 64.

das Versprechen, gewann einen Wissensvorsprung gegenüber anderen Fernseh-konsumenten und könnte Musikvideos besser beurteilen und analysieren.

Mit der Wissensvermittlung über Inszenierungstechniken der Video-Clips knüpfte „Masters" an eine Haltung des Publikums an, die sich vom passiven und naiven Zuschauer verabschiedet hat. Schon längst gehen Produzenten und Regisseure von Unterhaltungssendungen nicht mehr davon aus, dass der Zuschauer an alle Bilder glaubt, die er sieht. Und obwohl das eine das andere nicht ausschließt, werden Offenbarungen vom Privatleben von Prominenten und Politikern weniger als Realität denn vielmehr als Quelle der Unterhaltung angeboten. Zwar bringen die Berichte über das „wahre Leben" von X oder Y Schlagzeilen und hohe Einschaltquoten, doch ihr Wahrheitsstatus ist wackliger geworden. Dafür erobern die Zuschauer vielfältige Möglichkeiten des Umgangs mit den massenmedialen Produkten als Benutzer kultureller Ressourcen und Konsumenten von Waren (Fiske 1998: 11).

Insgesamt kann man von einer skeptischeren, ironischen und teilweise spielerischen Attitüde der Zuschauer sprechen. Der Medienanthropologe Joshua Gamson hat diese Haltung vor allem im Umgang der Zuschauer mit massenmedialer Prominenz festgestellt. In seiner Untersuchung der „Celebrity Watchers" fand er heraus, dass seit dem Aufkommen vom Infotainment in den 1970er Jahren „the audience have been instructed not simply in viewing the self behind the image (what the star really thinks, wears, does) but in viewing the fabrication process (how the celebrity is being constructed to amuse)" (Gamson 1994: 49). Prominente aus den Massenmedien sind besonders verlockend für die Dekonstruktion. Vor allem, wenn sie Schauspieler sind, spaltet sich ihre massenmediale Erscheinung in zumindest drei wichtige Bereiche: die Person selbst, d.h. ihre physisch-körperliche Erscheinung mit ihrem sozialen Habitus, Gender- und Race-Zugehörigkeiten, ihr medial konstruiertes Image und darüber hinaus die von ihr gespielten Rollen im Kino, Fernsehen und sogar in der Werbung.[3] So sind viele Fans motiviert, nach Authentizität und Inszenierung, nach „reeller" Person und nach fabrizierter Prominenz zu differenzieren und die Konstruktionsmechanismen ihres *images* zu dekonstruieren. Das Wissen über die Prominenzkonstruktion liefern allerdings die Medien selbst: „Many texts, though, have become more unabashed and unapologetic about artificial authenticity, instructing readers in how to be more sophisticated in recognizing and using it themselves" (Gamson 1994: 48).

---

3   Diese Aufteilung knüpft an die Systematisierung von Barry King an, um die Star-Produktion zu analysieren, ohne sie jedoch vollständig zu übernehmen. Für King sind mehrere Dimensionen der Fabrikation von Stars von Relevanz: *character*, *person*, *personality*, *image* und *persona* (als Artikulation von *person* und *image*) (King 1991: 175).

Dieses Wissen beschränkt sich nicht auf die Selbstdarstellung der Stars, sondern schließt weitere Bereiche der Inszenierung wie Techniken der Schminke, der Lichteffekte oder der Bildbearbeitung mit ein und ermöglicht dadurch den Zuschauern eine neue Positionierung gegenüber den massenmedialen Produkten. Die Inszenierung zu entlarven, wird zum Teil eines Spiels, das Vergnügen bereitet und dessen Techniken gelernt werden können. Damit verbunden ist ein neuer Blick des Publikums, der sich nicht nur auf Prominenz, sondern auf die massenmediale Unterhaltung insgesamt richtet: Das *know-how* des Publikums ermöglicht eine Distanzierung zu den massenmedialen Bildern, damit können die Zuschauer die Inszenierung decodieren und dekonstruieren – was eine zynische Haltung gegenüber den konsumierten Produkten erlaubt. Das Expertenwissen über die Inszenierung verspricht eine größere Autonomie und Macht beim Unterhaltungskonsum des Zuschauers.

3 Dekonstruktion als Inszenierungsmethode

Der Wissensvorsprung des Publikums über die Bildproduktion und Inszenierungstechniken wird wiederum von der massenmedialen Produktion aufgefangen. Oft verwenden Medienregisseure und Prominente das *know-how* des Publikums als Basis für ihre eigene Inszenierung und produzieren dadurch ironische und selbstreferenzielle Unterhaltung. Darauf griff schon in den 1980er und 1990er Jahren der U.S.-amerikanische Filmregisseur Steven Spielberg zurück, um seinen Abenteuerfilmen wie *Zurück in die Zukunft* oder *Indianna Jones* einen ironischen Gestus zu verleihen. Es werden bekannte TV-Serien, Filme oder Werbung zitiert und Inszenierungseffekte von den Protagonisten selbst kommentiert. Teilweise blicken die Schauspieler in die Kamera und kommentieren die gerade gespielte Handlung anderer Protagonisten, dabei sprechen Sie direkt zum Publikum und zeigen in Brechtscher Haltung, dass das ganze nur gespielt wird. Harrison Fords ironisches Lächeln bei gefährlichen Situationen von *Indianna Jones* führt eine Variante von Spielbergs Dekonstruktionstechniken in der Inszenierung vor, die die Distanz nicht nur des Protagonisten zur Geschichte, sondern auch des Publikums zur Inszenierung betont.

Am Ende der 1990er Jahre wurden das Spielen mit dem Wissen des Publikums und der ironische Umgang mit den Inszenierungstechniken des Fernsehens zum Markenzeichen der TV-Serie *Ally McBeal*. So geht die Hauptprotagonistin schlecht gelaunt aus dem Haus, man hört ihr Aufmunterungslied und gleich danach das Rattern einer Musik-CD. Auch mit hyperbolischen Bildeffekten wird in der Serie gearbeitet: Fühlt sich „Ally" gut, wächst sie in der Größe bis zur Disproportionalität zu den anderen Schauspielern. Hat sie eine

Niederlage erlitten, schrumpft ihr Körper, oder sie erscheint als kleines Kind neben ihren Arbeitskollegen. In *Ally McBeal* verwendet das Regie- und Produktionsteam das Explizitmachen des Inszenierungscharakters im doppelten Sinne an: Zum einen stehen Bild- und Tonverfremdung für den Gemütszustand und für eine psychoanalytische Interpretation des Handelns der Protagonistin und bildet damit eine Art zusätzlicher Kommentar zum Aufbau der Serienfigur. Zum anderen richten sich diese Techniken an ein Publikum, das sie schon kennt und sie dementsprechend decodieren kann.

Die Dekonstruktion als Inszenierungsmethode bricht mit dem Prinzip von Authentizität und somit von Glaubwürdigkeit der Inszenierung.[4] Vordergründig wird dem Publikum nicht mehr die „Realität" präsentiert, sondern ein Spiel angeboten. Bei seiner Untersuchung von Hollywood-Fans stellte Joshua Gamson fest, dass diese Unterscheidung teilweise gar keine Rolle mehr spielt. „For the large segment of celebrity-watching audience, textual authenticity and celebrities' claim to fame are unproblematic simply because they are moot. Rather than dwelling on either the inauthentic or the real, audiences simply go about the business of gossip without an overall concern for questions of authenticity" (1994: 173). „Armed with knowledge about the process, the audience doesn't need to believe or disbelieve the hype, just enjoy it" (Gamson 1994: 49).

Auch der Bezug zur Kontinuität des Seriellen verändert sich mit der Dekonstruktion als Inszenierungsmethode. In traditionell inszenierten TV-Serien ist der eingeweihte Zuschauer in der Lage, Prognosen für die Entwicklung der Hauptcharaktere zu erstellen. Treffen die Vermutungen im weiteren Episodenverlauf zu, ist er in seinem Wissen bestätigt. „Diese Lust an der Erkenntnis vermittelt dem Fernsehzuschauer ein Stück von jener tiefen Befriedigung, die den Wissenschaftler durchströmt, wenn er eine empirisch haltbare Theorie über bestimmte Ausschnitte der Realität gefunden hat." (Dörner 2001: 158) Bei der Dekonstruktion wiederum, bezieht sich die „Lust an der Erkenntnis" weniger auf die Prognose der Geschichtsentwicklung als auf die Decodierung und Analyse ihrer Inszenierungstechniken. „Der kontinuierliche Fluß des Gesendeten", der „im Vordergrund der Wahrnehmung steht" (Dörner 2001: 155), wird zwischendurch von Entfremdungs- und Distanzierungstechniken unterbrochen. Dadurch wird das immer wieder Erkennen desselben Musters, das zu den wiederholenden Strukturen der Fernsehserien gehört, offen gelegt. Nach wie vor garantiert die Selbstreferenzialität die Verfestigung der „Als-Ob-Welt" (Dörner 2001: 61). Doch in der Dekonstruktion als Inszenierungsmethode bildet die Selbstreferenzialität einen Metakommentar zur massenmedialen Inszenierung.

---

4   Der vorliegende Aufsatz knüpft an Christian Schichas Ansatz an, wonach Authentizität vor allem im Bezug auf den Aspekt der Glaubwürdigkeit zurückgeführt wird (Schicha 2003: 28).

Eine weitere Veränderung findet auf der Ebene der Ansprechform des Publikums statt. Das Voraussetzen eines Expertenwissens über die massenmediale Unterhaltung, das dabei angesprochen wird, betont nicht nur die Autonomie und die Interpretationsmacht des Publikums beim Unterhaltungskonsum, sondern suggeriert darüber hinaus eine gemeinsame Wissensbasis von Zuschauern und Medienproduzenten und stellt nicht zuletzt ein Komplizenschaftsverhältnis zwischen beiden in Aussicht. Für die politische Werbung ist diese angedeutete Gleichstellung zwischen Produzenten und Konsumenten der Inszenierung von Bedeutung, denn sie verspricht den Bürgern eine egalitäre Position gegenüber den Produzenten der Inszenierung, was als populistisches Moment fungieren kann. Denn sie kann eine „egalitäre" Position der Zuschauer auch gegenüber den Politikern suggerieren, die sich zur Wahl stellen.

Allerdings kann sowohl die Dekonstruktion als Inszenierungstechnik unterschiedliche Funktionen im politischen Diskurs haben als auch das egalitäre Versprechen unterschiedlich konnotiert werden. Im Folgenden soll der Wahlwerbespot der Bündnis 90/Die Grünen von 2005 unter dem Aspekt der Dekonstruktion analysiert werden.

4   Der Werbespot der Grünen

4.1   Diskurs: Von Mopsfledermaus und Feldhamster

Joschka Fischer sitzt auf einem geschliffenen Holzklotz, der als Bank dient. „Kennen Sie eine Mopsfledermaus oder einen Feldhamster?", fragt er am Beginn des Werbespotmonologs zum Anlass der Bundestagswahl von 2005. Der zu diesem Zeitpunkt noch Außenminister trägt einen dunklen Anzug ohne Krawatte und hält ein Stück Gras in den Händen, mit dem er während seiner gesamten Rede spielt. Im Hintergrund sieht man eine hügelige Landschaft teilweise bewaldet, deren grünen Farbtöne von der Aufnahme besonders betont werden. Fischers Rede fängt ohne eine bildliche oder sprachliche Einführung an, bloß die ersten Klavierklänge, die am Schluss des Spots zu einer eigenständige Melodie werden, begleiten seine Worte. Der Überraschungseffekt ist gelungen: Weder das Hintergrundszenario noch die Rede von den Wiesentieren scheinen irgendetwas mit Politik zu tun zu haben. Doch gleich kommt Fischer zur politischen Bedeutung der Mopsfledermaus und des Feldhamsters: „Es gibt Leute, die behaupten in allem Ernst, das [Mopsfledermaus und Feldhamster] wären die entscheidenden Wachstumshindernisse in unserem Land."

Die Opposition zwischen den besonders kleinen und unbekannten Tieren zu dem bedeutungsvollen Wort „Wachstumshindernis" als Terminologie aus der

Makrowirtschaft kennzeichnet den diskursiven Eintritt in das politische Feld, den das Bild Fischers als bekannter Politiker angekündigt hatte. Dieser Schritt erlaubt die Verbindung zwischen Partikularität und Universalität. Mopsfledermaus und Feldhamster stehen hier als partikuläre Tiere, als Zeichen für die universelle ökologische Idee, als politisches Projekt der Grünen und in Opposition zur Rede über Wirtschaftsmakrostrukturen aus dem Lager des politischen Gegners. In seiner Rhetorik entlarvt Fischer den Diskurs des Gegners, ohne ihn jedoch zu benennen: „Es gibt Leute". Hiermit wird eine Differenz zwischen den Grünen und den „Leuten" aufgemacht – der Gegner wird erst in der Mitte des Werbespots namentlich als Edmund Stoiber, Angela Merkel und Guido Westerwelle genannt. Diese Differenz ist rhetorisch besonders wirksam, denn sie stellt den Topos klein gegen groß, Machtloser gegen Mächtigen her und wirkt emotionalisierend. Damit wird der diskursive Rahmen des Werbespots strukturiert, und Bildelemente, die bisher keine politische Bedeutung zu haben schienen, wie die grüne Landschaft im Hintergrund oder Fischers Anzug, werden in der diskursiven Verbindung von Ökologie und politischer Professionalität eingegliedert.

Die Platzierung von Fischers Stadtkleidung in einer Naturlandschaft steht für die politische Verbundenheit der Grünen zur Umweltpolitik. Dies wird durch das Argument verstärkt, man dürfe nicht Umwelt gegen Arbeit setzen. Dadurch verlässt wiederum der Werbespot die Dichotomie zwischen Schwachen und Starken zugunsten einer Versöhnung zwischen dem makrowirtschaftlichen und dem ökologischen Diskurs. Bei Fischers Argument geht es schließlich darum festzustellen, wer mehr Arbeitsplätze schafft: „Wir haben 1,5 Millionen Arbeitsplätze im Umweltsektor geschaffen". Die erste Botschaft ist vermittelt: Die Grünen schaffen Arbeitsplätze und zwar mit einer ökologischen Marktwirtschaft. Wie wird diese Botschaft bildlich und akustisch organisiert? Ein Blick auf die Bildkomposition und auf den Schnitt soll die diskursive Organisation des Werbespots verdeutlichen und vor allem die Art, wie die Zuschauer angesprochen werden, wie ihnen eine Blickpositionierung schon bei der Produktion des Spots nahe gelegt wird. Da es sich um einen Monolog handelt, sind besonders Körperinszenierung und ihre Verhältnis zur Umwelt zu berücksichtigen.

4. 2 Körper im Bild

Die Inszenierung von Intimität durch die performative Nutzung des Körpers ist ein Markenzeichen von Fischers Selbstinszenierung und stellt einen wichtigen Rekurs in den Werbspots der Grünen dar. Auffällig in den Werbespots der Grünen ist die lockere Körperhaltung Fischers, die alles Offizielle zurückzuweisen scheint. Schon 2002 kennzeichnete diese Körperhaltung die Wahlwerbespots von Bündnis 90/Die Grünen. Damals saß Fischer im dunklen Anzug ohne Krawatte vor einem dunklen Hintergrund, der wie eine kleine Theaterbühne aussah. Sein Holzstuhl war umgedreht, und der Außenminister beugte sich auf dessen Rückenlehne, die er zwischendurch locker umarmte. Diese informelle Haltung entspricht nicht der Distanz zur Autorität seiner damaligen institutionellen Rolle als Außenminister. Vielmehr suggerierte die legere Art Fischers eine Intimität mit den Zuschauern. Fischer erscheint als ein Politiker, der nach dem Ende seines Arbeitstages, also in seiner Freizeit, als politisch engagierter Bürger gegenüber den Zuschauern auftritt. Mit der Krawatte hat er ebenfalls die Repräsentation seines Amtes abgelegt und vertritt „frei von Inszenierungszwängen" seine eigenen politischen Überzeugungen, so die Inszenierung. Auch 2005 sitzt Fischer auf einer Holzbank, wieder sind seine Beine weit geöffnet und wieder beugt er sich nach vorne, als ob er den Zuschauern näher kommen möchte. Doch die angedeutete Intimität mit dem Zuschauer ist ambivalenter geworden. Die Inszenierung einer bewusst nicht inszenierten politischen Kommunikation wird durch das Sichtbarmachen der Inszenierung, durch Dekonstruktionselemente, transformiert.

Der erste Take ist eine Totale. Man sieht Fischer und seinen bildlichen Rahmen (die Landschaft im Hintergrund). Er schaut nicht in die Kamera, sondern erstmal nach links und dann nach rechts und spielt dabei mit dem Stück Gras. Da auf der Tonspur seine Rede schon zu hören ist, ohne dass man ihn sprechen sieht, erweckt die Kombination von Stimme und von nicht sprechendem Gesicht den Eindruck, man würde seine Gedanken bzw. Überzeugungen und nicht seine Werbespot-Ansprache hören. Bei der ersten Aufnahme ist die Kamera weit weg von Fischer, sie ist frontal positioniert und nimmt seinen ganzen Körper auf. Aber noch während des ersten Satzes wird eine Großaufnahme seines Gesichts gezeigt, bei der Fischer in die Kamera blickt und wie für ein Foto zu posieren scheint. Der Schnitt verbindet dieses Bild mit einem weiteren Ganzkörperbild Fischers, und die Stimme läuft dann synchron mit seinen Gesichtsbewegungen. Er blickt in die Kamera und spricht bewusst für sein Publikum durch die technische Apparatur des Fernsehens.

Doch an der Körperhaltung liegt etwas Irritierendes. Obwohl sein ganzer Körper im Bild ist, scheint Fischer dies teilweise nur mit Mühe zu gelingen, denn die Kamera ist frontal, tief und nah positioniert. Ab und zu schneidet sie sogar den obersten Rand seines Kopfes. Durch die nach vorne gebeugte Körperhaltung und die Nähe der Kamera muss Fischer seinen Blick nach oben heben, was manchmal das Gefühl der Enge bewirkt und den Anschein erweckt, er würde sich zwingen in das Format der Kamera zu passen. Diese Situation wird im Verlauf des Werbespots aufgelockert und am Schluss vollständig aufgelöst.

Die meisten Aufnahmen von Fischers Körper in diesem Spot entsprechen nicht der gängigen Ästhetik der politischen Werbung mit optimistischen und Siegerposen. Manchmal wird Fischer aus kleiner Entfernung mit Weitwinkel aufgenommen. Dadurch sieht der Zuschauer seinen ganzen Körper sowie die Hintergrundlandschaft, ohne jedoch seine Mimik und seinen Blick gut erkennen zu können. Fischers direkter Blick zu den Zuschauern wird von der optischen Distanz im Bild neutralisiert. Seine Darstellung als aktives Subjekt des Bildes, die die „demanding pictures" (Kress/van Leeuwen 1996: 124) konnotiert, ist durch die Entfernung im Bild relativiert, und Fischer wird in dieser Einstellung stärker als Objekt des Bildes in einer „offer"-Postion präsentiert.[5] Diese optische Distanz wird vom folgenden Take mit Großaufnahmen kompensiert, bei denen dieselbe Intimität inszeniert wird wie in den Werbespots von 2002. Es entsteht ein Wechselspiel vom „demanding" und „offer picture", bei dem der Blick der Zuschauer zwischen politisch angesprochen sein und einer Haltung als Konsument von Unterhaltung oszilliert. Dieses Wechselspiel ist nicht nur wichtig, um eine doppelte Bindung der Zuschauer an Joschka Fischer als Autoritätsperson und als Objekt des voyeuristischen Blicks herzustellen, sondern bekommt im Hinblick auf die Dekonstruktionsmechanismen der Spot-Inszenierung eine zusätzliche Bedeutung, auf die später eingegangen wird.

4.3   Das Happy End

Das Ende ist optimistisch: „Wir haben viel erreicht", erklärt Fischer, „aber es liegt eine weitere Wegstrecke vor uns. Und die will ich mitgehen und mitgestalten. Am 18. September haben Sie die Entscheidung, und ich bitte Sie, wählen Sie die Grünen." Der „demanding" Charakter seines Bildes wird von der verbalen Aufforderung begleitet. Die Kamera ist leicht von unten positioniert, sie wird mit einem Kran gefahren und kommt von einer Nahaufnahme von Fischer zu einer Großaufnahme seines Gesichts. Anschließend bewegt sie sich zu einer weiten Aufnahme der grünen Landschaft. Fischer selbst wendet sich der Landschaft zu und blickt schräg hinter sich. Sein Blick richtet sich nach rechts. Die

---

5   Gunther Kress und Theo van Leeuwen unterscheiden die Art der Blickpositionierung zum Bildmotiv, die im Bild nahe gelegt wird, in zwei Typen von Bildern, die für die Analyse von Personenbildern wichtig sind: zum einen die „demanding pictures", bei denen die Person oder das anthropomorphische Motiv als aktiv und als in die Kamera blickend dargestellt wird; zum anderen die „offer pictures", in denen kein Blickkontakt zwischen Bildmotiv und Bildbetrachter stattfindet. In den „offer pictures" wird das porträtierte Motiv nicht als Subjekt des Bildes, sondern als „object of contemplation" des Betrachters dargestellt. Zwischen diesen beiden Polen gibt es Mischformen und Relativierungen wie im Fall der o.g. Darstellung Fischers; vgl. Kress/van Leeuwen 1996: 124f.

Kamera begleitet die gedeutete Richtung und wird nach oben gefahren, damit erfasst sie die gesamte Landschaft wie ein fliegender Ballon. Die Klavierklänge, die anfangs nur als Ankündigung und kurze Betonung von Fischers Redepointen fungierten, bilden zunehmend eine eigenständige Melodie und werden lauter, was eine stärkere Emotionalisierung evoziert. In dieser Szene erfährt das Bild eine semantische Verschiebung des Hauptmotivs. Fischer, der Protagonist des Werbespots, wird von der Kamera zugunsten der Landschaft verlassen. Mit seiner Blickwendung und Kopfbewegung leitet er die semantische Verschiebung und markiert die Handlungsachse im Bild. Die Kamera – als Perspektive der Zuschauer – folgt der Körpersprache Fischers und erweckt den Eindruck, er würde den Zuschauern zeigen, in welche Richtung es gehen sollte. Da die Bewegung von links nach rechts geht, wird damit eine Zukunftsperspektive gedeutet.[6] Diese Szene identifiziert bildlich Person mit politischer Vision. Der Spot schließt mit der eingefrorenen Aufnahme der Landschaft, die metaphorisch für die Politik der Grünen steht: weit, friedlich und naturverbunden. Der Abschluss ist alles andere als dekonstruiert, sondern folgt dem traditionellen Sequenzaufbau und betont den Optimismus, den Fischers Rede zu bestätigen scheint.

4.4 Dekonstruktion im Wahlwerbespot der Bündnis 90/Die Grünen

Mit Ausnahme des Abschluss-Takes ist die Kamera auf einem Stativ fixiert. Fischer bleibt erkennbar und im Zentrum des Bildes; die Kameradistanz ist klassisch von der Halbtotalen bis zur Großaufnahme eingestellt. Es gibt im Werbespot keine Zeitsprünge, keine Raumveränderung und keinen Abbruch von Fischers Rede. Auch der Handlungsrahmen, der durch die ersten Bilder markiert wird, entspricht dem traditionellen Aufbau und führt den Zuschauer in die Spielhandlung ein: eine Totale, die den ganzen Körper des Protagonisten mit dem Naturhintergrund zeigt, dann eine Nah- bzw. Großaufnahme des Protagonisten, die klassischerweise Identifikation der Zuschauer mit der abgebildeten Person herstellt. Lediglich Fischers gebeugte Körperhaltung in Bezug zur Kamera, die vor allem den Anfang des Spots prägt, kann das Bild stören. Wie funktioniert die Dekonstruktion als Inszenierungsmethode des Werbespots?

Die Dekonstruktion, von der hier die Rede ist, ist keine radikale, sie zerstört nicht die narrative Struktur des Werbespots, vielmehr betont sie die Inszenierungstechniken der audiovisuellen Massenmedien und erzeugt dadurch einen

---

6   In Europa und in Kulturen, deren Alphabet von links nach rechts gelesen wird, sind Bildaufnahmen, die sich in diese Richtung bewegen, generell mit einer Progression in Zeit und Raum konnotiert (Hickethier 2001: 64f.).

selbstreferenziellen Kommentar zum Wahlwerbespot. Im Werbespot der Grünen wird die Dekonstruktion als Inszenierungsmethode vor allem auf der Ebene des Schnitts eingesetzt, oft wird der Fluss der Bilder unterbrochen oder der Schnitt wird im Bild durch künstliche Markierungen hervorgehoben. Fast jeder Schnitt ist von Überbelichtung des Bildes markiert. An mehreren Stellen wird die Klappe, die die Video-Takes zählt, im Bild eingeblendet. Insgesamt erscheint sie dreimal im Werbespot. Einmal sieht man sogar, wie eine Aufnahmeassistentin sich neben Fischer auf die Bank setzt. Diese Szene ist sehr kurz und überbelichtet, sie verdeutlicht, dass dieses Bild nicht zum eigentlichen fertigen Videoprodukt gehört.

Zu den Objekten der Inszenierung gehören nicht nur die politische Rede und das Bild von Joschka Fischer, sondern die Inszenierungstechniken selbst, von denen der Schnitt die prominenteste Stelle im Werbespot bekommt. Hier findet die Konnotationsarbeit der Inszenierung – von der Roland Barthes in seinem Kommentar zu Brecht spricht – nicht nur auf der Ebene der Gegenstände statt, sondern lässt darüber hinaus ihre eigenen Techniken erscheinen. Die Inszenierung wird durch ihre Dekonstruktion selbst inszeniert.

Indem der Wahlwerbespot auf die Mechanismen seiner Herstellung und Inszenierung aufmerksam macht, legt er eine neue Blickpositionierung der Zuschauer nahe und spielt visuell mit dem Zuschauerwissen über die massenmediale Inszenierung. Damit wird auf die Herstellungsprozesse des Werbespots aufmerksam gemacht und zugleich seine „Authentizität" dekonstruiert. Obwohl Fischers Körperhaltung und seine informellen Ausdrucksweisen auf eine Situation deuten würden, in der Fischer direkt, „authentisch" und ohne Inszenierungszwänge an die Bürger appelliert, offenbart die Dekonstruktion als Inszenierungsmethode, dass es sich um eine Konstruktion handelt: Es wird gezeigt, dass die Statements von Fischer wiederholt werden müssen und für die Kamera inszeniert sind, und dass sie keineswegs natürlich erfolgen. Das, was der Zuschauer sieht, ist ein Werbespot im Herstellungsprozess. Ihm wird gezeigt, dass dieser Spot für seine massenmediale Verbreitung und mit bestimmten Techniken produziert wurde, diese wiederum als allen bekannt vorausgesetzt werden.

4.5   Politische Artikulationen

Die suggerierte Gleichstellung von Produzenten und Konsumenten der Inszenierung gehört im Werbesspot der Grünen wie bei der TV-Serie *Ally McBeal* zur Metaebene der Erzählung. Der Werbespot inszeniert ein Komplizenschaftsverhältnis zwischen Joschka Fischer, Videoproduzenten und Zuschauern/Wählern, das auf einer gemeinsamen Wissensbasis über den Herstellungsprozess der Inszenierung aufgebaut ist, und konstruiert damit eine imaginierte Gemeinschaft der Eingeweihten. Dadurch wird ein egalitäres Verhältnis zwischen Produzenten der Inszenierung und Politiker einerseits und Konsumenten/Wählern andererseits nahe gelegt, das ambivalent bleibt. In der Andeutung einer Gleichstellung der beiden Positionen wird das populistische[7] Versprechen von der Abschaffung der Differenzen zwischen Repräsentierten und Repräsentanten mitartikuliert.

Auf der Ebene der Artikulation von politischer Identität wird die imaginierte Gemeinschaft der Eingeweihten in Abgrenzung zum politischen Gegner in Fischers Rede definiert: „Ok, wir sind nicht schuld an Angela Merkel, Guido Westerwelle sowie Edmund Stoiber". Damit wird schon in der ersten Hälfte des Werbespots die Gruppe benannt, die explizit nicht dazu gehört: die Anhänger und Wähler von CDU, FDP und CSU. Bei der Betrachtung des Werbespots als ein Ganzes wird eine zweite Artikulation des politischen Diskurses deutlich. Die Einordnung im politischen Lager wird mit dem unterstellten Wissensvorsprung und der Kompetenz der Zuschauer in Sachen Dekodierung von massenmedialen Inszenierungen kombiniert. Es entsteht ein Identitätsangebot an die Zuschauer, das vor allem von zwei zentralen Botschaften geprägt ist: Die verbale und vordergründige Botschaft ist die Abgrenzung und Herablassung des politischen Gegners, denn Schuld kann man nur an negativen Dingen sein. Die zweite Botschaft lautet, dass die Anhänger, Wähler und Sympathisanten der Bündnis 90/Die Grünen über einen Wissensvorsprung und Kompetenz in Dekodierung von massenmedialen Inszenierungen verfügen. Das Publikum des Grünen-Werbespots, so die implizite Botschaft, lässt sich nicht manipulieren. Diese zweite Botschaft rekonnotiert die erste, indem sie die angedeutete Sachkompetenz und den Wissensvorsprung als Differenzierungsmerkmal gegenüber ihren Gegnern proklamiert. Diese Abgrenzung ist ein attraktives Identifikationsangebot, denn sie definiert die Zugehörigen in einer erhobenen Position gegenüber den Anderen.

Auf der visuellen Ebene wird gleich nach der Benennung der drei Politiker eine überbelichtete Aufnahme von Fischer eingeblendet, bei der er mit dem gesenkten Kopf nach rechts und nach links lacht. Diese Einblendung ist beides zugleich: Delegitimierung des politischen Gegners und Verstärkung des Komplizenschaftsverhältnisse im populistischen Sinne. Fischers Lachen erscheint als persönlicher Kommentar zu den politischen Gegnern. Dabei ist die Kombination von negativer verbaler Äußerung („Wir sind nicht schuld an") und Fischers Mimik (Lachen) eine delegitimierende. Da das Bild als nicht „richtig" belichtet erscheint und auch nur kurz eingeblendet wird, sieht es aus, als ob das Lachen

---

7   Der Populismus begleitet die Demokratie von Anfang an und erinnert an das „demokratische Versprechen", „dessen Einlösung periodisch immer wieder eingeklagt" wird (Priester 2005: 302).

Fischers nicht beabsichtigt wurde. Hier inszeniert der Spot einen „spontanen" und „authentischen" Gestus Joschka Fischers, der ihn außerhalb seiner institutionellen Rolle zeigt. Das Lachen Fischers über die anderen Politiker inszeniert eine unmittelbare Kommunikation zwischen Wähler und Politiker, die ohne die politischen Institutionen auskommt. Hier entfaltet sich die populistische Seite der Dekonstruktion als Inszenierungsmethode. Für Ernesto Laclau ist Populismus eine politische Praxis, eine Art der Artikulation von Diskursen und Forderungen, die sich gegen die etablierten politischen Institutionen richtet (Laclau 2005). „Populismus ist immer anti-institutionell, anti-elitär und anti-systematisch" und stellt den Repräsentationsmodus in Frage (Priester 2005: 305).

Doch die Dekonstruktion als Inszenierungsmethode kann zugleich aufklärerisch wirken und die politischen Institutionen symbolisch stärken, wie die Betrachtung des Werbespots als Ganzes zeigt. Das Wissen um den Authentizitätsverlust bzw. -verzicht, das Spiel mit dem *know-how* des Publikums sowie die Konstruktion einer imaginierten egalitären Gemeinschaft von kompetenten Zuschauern/Bürgern, Produzenten und politischen Akteuren wirken sich darüber hinaus auf die Blickpositionierung der Zuschauer und auf die Darstellung der politischen Institutionen aus. Der Werbespot der Bündnis 90/Die Grünen ist vor allem interessant, weil er die Dekonstruktion als Inszenierungsmethode verwendet, um eine Differenz zwischen massenmedialer Inszenierung von Politik einerseits und politischen Werten der Grünen, Rolle des Politikers und politischen Institutionen andererseits zu markieren. Paradox erscheint allerdings, dass diese Distanzierung erst als Produkt der massenmedialen Inszenierung konstruiert werden kann. Dekonstruktion als Inszenierungsmethode setzt immer ein ambivalentes Potenzial frei, das sich zwischen Aufklärung und Populismus, zwischen Verstärkung und Delegitimierung der politischen Institutionen bewegt. Das folgende Beispiel Berlusconis Inszenierung soll helfen, diese Ambivalenzen besser zu verstehen.

5 Berlusconis Inszenierung

Berlusconis politische Inszenierungen sind vor allem auffällig, weil sie sowohl ihre eigene Konstruktion als auch den Bezug zu politischen Institutionen dekonstruieren. Allgemein bekannt sind seine Verletzungen des Protokolls durch Körperinszenierung und verbale Tiraden aus seiner Zeit im EU-Parlament, mit denen er die politischen Institutionen diskreditierte.[8] Auch bei der Wahlkam-

---

8   Am bekanntesten ist seine Pose im Gruppenfoto zum Anlass der EU-Konferenz von Februar 2002. Dabei machte Berlusconi hinter dem spanischen Außenminister Josep Pique das Zeichen vom gehörnten Ehemann. Das Foto wurde weltweit von verschiedenen Nachrichtenagen-

pagne von 2006 für das italienische Parlament und für den Posten des Premier-
ministers (Presidente del Consiglio) verwendete Berlusconi die Dekonstruktion
als Inszenierungsmethode im doppelten Sinn. In dem Live-Auftritt vom 21.
März wird die Dekonstruktion auf mehreren Ebenen der Inszenierung verwendet
und richtet sich sowohl auf die Institutionen als auch auf die Inszenierung selbst.
Wie der Werbespot der Bündnis 90/ Die Grünen arbeitet Berlusconis Inszenierung mit dem Wissen des Publikums über die Inszenierungstechniken und vom
Authentizitätsverlust der massenmedialen politischen Kommunikation, aber sie
setzt die Dekonstruktion auf eine delegitimierende Weise in Bezug auf die politischen Institutionen ein. Dies wird im Folgenden anhand einiger Inszenierungs-
episoden aus seinem Live-Auftritt dargestellt.

5.1   Zuschauer im Theater

Die italienische Kampagne für die Parlamentswahl von 9. und 10. April 2006 ist
etwas atypisch verlaufen. Durch ein sehr restriktives Gesetz wurden Zeit und
Dauer der Ausstrahlung von Werbespots für alle Parteien gleich gesetzt und
reduziert. Als Ausweg aus den restriktiven Regelungen für Werbespots luden
Parteien und Kandidaten ihre potenziellen Wähler in geschlossene Räume wie
Theater oder Stadien ein. Sie bemühten sich nicht nur um die Wirkung vor Ort,
sondern vor allem um eine Inszenierung, die eine massenmediale Verbreitung
im Fernsehen und in Zeitungen motivieren könnte. In diesem Zusammenhang
stand auch der Auftritt von Silvio Berlusconi am 21. März im Genovese Theater
Carlo Felice. Obwohl es sich um einen Auftritt in Face-to-face-Situation handelt, orientierte sich die Inszenierung im Theater an den Massenmedien und
insbesondere am Fernsehen. Im Folgenden wird die Inszenierung unter der
Perspektive der teilnehmenden Beobachtung geschildert und analysiert.
    Das Theater Carlo Felice ist ein traditionelles Haus mit Kapazität für 2.000
Zuschauer. An diesem Abend waren es aber 4.000 Personen, die hinein wollten.
Es handelte sich um Mitglieder der Forza Italia und von ihren Koalitionspart-
nern der Casa della libertà (Das Haus der Freiheit) sowie um Sympathisanten
Berlusconis. Da das Theater für das Event unterdimensioniert war, wurde für die
draußen gebliebenen Zuschauer eine Leinwand am Eingang des Theaters montiert. Im Theater war das Publikum mit Handys und Kameras ausgestattet.

---

turen verbreitet. Ein zweites weltbekanntes Beispiel der Dekonstruktion von politischen Institutionen leistete sich Berlusconi als EU-Ratspräsident im Juli 2003, er schlug dem deutschen
Abgeordneten Schulz vor, die Rolle des Kapos in einem KZ-Film zu übernehmen. Die Episo-
de hat für starke Missstimmung innerhalb des EU-Parlaments gesorgt.

Schon eine Stunde vor Veranstaltungsbeginn war das Theater gefüllt. Die Zuschauer ließen sich währenddessen von Freunden, aber auch von Fernsehkameras oder Zeitungsfotografen aufnehmen und übernahmen für kurze Zeit eine aktive Rolle in der Inszenierung. Mitten im Saal gab ein Kameramann Regieanweisungen an eine Gruppe, die auf Kommando „Berlusconi" schrie und die Fahnen der Forza Italia schwenkte. Hier sind die Zuschauer auch Medienakteure. Sie verfügen über das Wissen von der Produktion und Herstellung der Inszenierung als Zuschauer und versuchen dieses Wissen bei der eigenen Inszenierung anzuwenden. Später während Berlusconis Rede verwendeten die Zuschauer vor allem ihre Handys, um die Veranstaltung zu begleiten. Sie filmten, sendeten SMS oder telefonierten während der Veranstaltung, um Freunden life darüber zu berichten. Damit nahmen sie wiederum eine andere Position ein. Die Zuschauer mediatisierten selbst die Live-Performance Berlusconis. Sie schnitten ihren eigenen Film, suchten sich die eigene Kameraperspektive aus und kommentieren das Event per SMS oder Telefon. Hier findet der Zirkulationsmechanismus, von dem John Fiske in Bezug auf die populäre Kultur spricht (Fiske 1998: 6), als technischer und simultaner Vorgang statt. Mit ihrer eigenen medialen Verarbeitung des Geschehens schon bei der Wahrnehmung des Events nehmen die Zuschauer eine aktive Position ein und geben dem Polit-Event eine eigene Ordnung. Allerdings wird diese aktive Position der Zuschauer von der Veranstaltungsregie und von Berlusconis Inszenierung wieder aufgefangen.

5.2 Der Werbespot im Theater

In der Raumgestaltung spiegelt sich der selbstreferenzielle Umgang mit Massenmedien wieder. Mitten auf der Bühne vor einem blauen Hintergrund steht ein weißes Pult und rechts und links hängen zwei Riesenleinwände, die ununterbrochen denselben Werbespot von Silvio Berlusconi zeigen. Als akustische Begleitung gibt es nur die Hymne der Forza Italia: „E Forza Italia, che siamo tantissimi" (Es ist Forza Italia, weil wir so viele sind). Im Werbespot erscheint Berlusconi vor einem blauen Hintergrund, er ist sportlich und ganz in weiß gekleidet. Mit der Einstellung der Kamera von einer Großaufnahme zu einem *Plan american* sieht man, dass er eigentlich auf einer Jacht segelt. Den blauen Hintergrund bildet der Himmel und mit einem weiteren Take das Meer. Der Aufbau ist klassisch: Es wird der Protagonist gezeigt und anschließend seinen Handlungsrahmen – das Meer, der Himmel und die Jacht. Damit verbindet der Werbespot visuell seine zwei Hauptbotschaften: die erste betrifft die Identifikation mit der Person Berlusconis. Die Jacht fungiert hier als Symbol für Reichtum, beruflichen Erfolg und soziales Prestige.

Diese Bilder sind typisch für die Selbstdarstellung Berlusconis. Sie zeigen ihn in luxuriöser Umgebung, alternieren Totale und Großaufnahme und werden oft von einer Kameraperspektive von unten – als Kennzeichen für die Machtdarstellung – aufgenommen. Sie knüpfen an die von Berlusconi verbreitete mythische Erzählung seiner Biografie an, die ihn als Self-Made-Man darstellt. Die Inszenierung von Berlusconi als reicher Mann reicht aber nicht aus, um seine Figur als Projektionsfläche für die Wähler zu gestalten (Diehl 2005: 54f.). Es bedarf der Inszenierung der Unmittelbarkeit zu den Wählern, und so wird der unerreichbare Luxus der ersten Bilder mit Aufnahmen von Berlusconi in der Menge konterkariert, was sich auch während seines Live-Auftrittes wiederholt.

Der Werbespot vor der Veranstaltung funktioniert wie ein Trailer. Er antizipiert nicht nur den Auftritt Berlusconis, sondern erzeugt darüber hinaus einen „kontinuierlichen Fluss des Gesendeten" (Dörner 2001: 154f.), der auf die Aufmerksamkeit des Publikums zielt. Massenmediale und Theaterinszenierung gehören hier zum selben Konzept der politischen Kommunikation und sind aufeinander angewiesen. Die Theaterinszenierung braucht den für das Fernsehen produzierten Werbespot und soll wiederum Bilder schaffen, die in den Massenmedien später gezeigt werden. Regisseure und Produzenten des Events rechnen mit dem Zirkulationsmechanismus der Bilder zwischen den verschiedenen Medien und mit ihrer Nutzung durch das Publikum. Bühnen-Organisation, Werbespot, Kameraführung vor Ort, Beleuchtungs- und Tonregie sind von einer Agentur in Rom zentral entwickelt worden und folgen bei allen Veranstaltungen der Wahlkampagne 2006 genau demselben Schema.[9] Für einen Zuschauer, der Berlusconis Veranstaltungsmarathon verfolgt, wird auch in der Live-Performance ein Fluss des Gesendeten erzeugt, bei dem der Wiederholungseffekt eine imaginäre Bindung zum Premier und zur Gemeinschaft der Forza Italia verspricht. Durch die Fernsehübertragung von Teilen der Auftritte oder durch die Kommentare in der Zeitung kann ebenso ein massenmediales Publikum an der Serialität der Veranstaltungen teilnehmen.

Beim Aufbau des Werbespots wird an keiner Stelle von Dekonstruktionstechniken wie beim Werbespot der Grünen Gebrauch gemacht, ebenso bleibt der Schnitt reibungslos und klassisch. Erst die Live-Inszenierung bringt die Dekonstruktion ins Spiel, die von einem selbstreferenziellen Echo geprägt ist. Im Folgenden werden drei Momente der Inszenierungen hervorgehoben, die die Dekonstruktion als Methode von Berlusconis Inszenierung exemplifizieren.

---

9   Dies wurde der Autorin vom Organisationsbüro der Forza Italia vor Ort mitgeteilt.

5.3   Dekonstruktion als Unterhaltung

Berlusconis Ankunft wird angekündigt. In dem Moment betreten der Chor *Musica Azzura* der Partei Forza Italia und ein Dirigent die Bühne. Die Hymne der Forza Italia wird jetzt vom Chor gesungen. Doch die Stimmen der Sänger werden kaum gehört, denn die Orchester- und Choraufnahme, die als musikalische Unterstützung dient, ist viel lauter eingestellt als die Mikrophone der Sänger, und ihre Sprechgestik und Stimmen erscheinen versetzt zur CD-Aufnahme. Der Effekt ist eine beinahe dadaistische Dekonstruktion der Inszenierung, die ihren Höhepunkt erreicht, als der Dirigent sich zum Publikum dreht, um den Gesang der Zuschauer zu dirigieren, während der Chor mit Blick auf seinen Rücken weiter singt. Mit diesem Gestus zeigt er dem Publikum, dass er weiß, dass der Chor kaum gehört werden kann, und dekonstruiert die Techniken der Inszenierung und die Authentizität der Veranstaltung.

Kurz danach betritt Berlusconi die Bühne. Er begrüßt noch während der Hymne die Zuschauerinnen und die Zuschauer in der ersten Reihe, umarmt und küsst sie. Plötzlich verschwindet er in der Menge, wird aber von den Kameras wieder aufgefangen und erscheint auf den beiden Leinwänden. Das Publikum sieht hier sowohl Berlusconi als auch sich selbst. Theater- und Kameraregie arbeiten synchron und beziehen sich auf einander. Die Inszenierung erzeugt eine Bildverdoppelung, die selbstreferenziellen Charakter hat. Schließlich kommt Berlusconi wieder auf die Bühne, und alle singen die Forza-Italia-Hymne im Stehen. Am Ende des Lieds schreit das Publikum „Silvio, Silvio". Damit ist der Rahmen für die politische Wahlveranstaltung geschaffen: Dekonstruktion, Ironie und Selbstreferenzialität sind hier die Hauptelemente der Inszenierung, die auf Unterhaltung zielt.

Einige Episoden der Veranstaltung schaffen auch die Verbreitung durch Fernsehnachrichten und Presse. Dies ist der Fall, als Berlusconi seine Rede über das politische Programm der Forza Italia unterbricht und sich plötzlich hinter dem Pult beugt. Auch auf den Leinwänden sieht man nur ein leeres Pult. Dann erhebt sich Berlusconi wieder und zeigt dem Publikum eine durchsichtige Zellophanfolie. Diese Folie, erklärt der Premier, klebe an seinen Füssen. Sie überdecke den Kasten, auf dem er steht. Den Kasten habe man hinter dem Pult versteckt, damit er „besser" im Fernsehen raus kommen kann. Mit dieser Bemerkung zeigt Berlusconi den Zuschauern die angewendeten Tricks für seine Inszenierung. In der italienischen Presse ist inzwischen allgemein bekannt, dass der ehemalige Premier nur mit höheren Absätzen zu offiziellen Terminen geht, damit er größer erscheinen kann. Die hier angewendete Dekonstruktion schafft Selbstironie und wie in Fischers Werbespot auch eine Distanzierung der Zuschauer zur Inszenierung, indem sie ihnen die Herstellungsprozesse der Insze-

nierung offenbart. Damit wird das Komplizenschaftsverhältnis zwischen Inszenierungsproduzenten, Politikern und Zuschauern auf dem gemeinsamen Wissen
über die Inszenierung aufgebaut. Doch im italienischen Fall wird die Unterhaltung in den Vordergrund der Veranstaltung zugunsten der Dekonstruktion von
Berlusconis Rolle als Politiker verschoben. Berlusconi erscheint hier ausschließlich als Entertainer, der seinen politischen Botschaften keine Bedeutung bei-
misst. Durch den Rekurs auf den Klamauk distanziert er sich nicht nur von der
Inszenierung, sondern auch von seiner Rolle als Premierminister und Kandidat
für die Wahlen, also von der symbolischen Repräsentation von Politik.

Beim Abschluss der Veranstaltung wird diese Verschiebung deutlicher.
Berlusconi bittet die Zuschauer darum, aufzustehen und seine Fragen zu beantworten, damit „ich sicher sein kann, dass Ihr alles richtig verstanden habt".
Er lacht dabei und das Publikum ebenso. Wie in einem totalitären Ritual fragt er
die Zuschauer, die im Chor immer mit nein antworten: „Volete essere governati
da chi nella sua vita non ha mai governato?" (Wollt Ihr von denjenigen regiert
werden, die niemals regiert haben?), „...da chi ha come regola l'insulto, la men-
zogna?" (von denjenigen, deren Regel Beleidigung und Verleumdung ist?),
„...da chi ha sempre avuto come miti Stalin, Lenin e Mao?" (von denjenigen,
die immer Stalin, Lenin und Mao als Mythen hatten?), „Volete avere nel gover-
no Caruso e Luxuria?" (wollt Ihr Caruso und Luxuria [zwei kommunistische
Politiker] in der Regierung haben?), usw. Doch selbst das totalitäre Ritual ist
gebrochen, durch das Lachen Berlusconis und des Publikums präsentiert sich
eine Unterhaltung, die sich nicht ernst nimmt. Damit macht Berlusconi noch
einmal deutlich, dass das Ganze nur ein unterhaltendes Spiel ist.

6 Was wird dekonstruiert bei Fischer und bei Berlusconi?

Beide Inszenierungen – von Fischer und Berlusconi – gehen von einem Publikum aus, das nicht mehr aus naiven Zuschauern besteht. Inzwischen gibt es
schon zwei Generationen Wähler, die fernsehsozialisiert worden sind, und die
die Mechanismen der Image-Konstruktion und der massenmedialen Inszenierung sehr gut kennen. Folgt man Joshua Gamson, stellt sich für dieses Publikum
weniger die Frage nach der Authentizität als nach dem Spaß am Spiel. Dekonstruktion als Inszenierungsmethode knüpft genau an diesem Punkt an, sie arbeitet auf ironische und selbstreferenzielle Art mit dem Wissen des Publikums über
ihre eigenen Inszenierungstechniken sowie über den Authentizitätsverlust und
bietet den Zuschauern ein Komplizenschaftsverhältnis an.

Der Werbespot von Bündnis 90/Die Grünen legt eine Blickpositionierung
der Zuschauer nahe, die von einer sowohl aufklärerischen als auch skeptischen

Haltung gegenüber der politischen Inszenierung zeugt. Allerdings behält die Inszenierung die Verbindung zu den politischen Institutionen. Die von Joschka Fischer repräsentierten politischen Institutionen – Außenminister, Politiker der Grünen und Kandidat – werden dabei nicht dekonstruiert, sondern nur die Herstellungsmechanismen der eigenen massenmedialen Inszenierung werden explizit gemacht. Das Wissen über die Inszenierungstechniken und über den Authentizitätsverlust in den Massenmedien wird als Lerngegenstand im aufklärerischen Sinn vermittelt. Dekonstruktion erfolgt nicht auf radikale Weise. Sie bricht nicht vollkommen mit der Authentizität des Politikers, sondern nur mit seiner massenmedial inszenierten Authentizität.

Im Gegensatz zum Werbespot der Grünen stellt Berlusconis Inszenierung nicht nur die Herstellungsprozesse der Inszenierung zur Schau, sondern dekonstruiert darüber hinaus seine Rolle als Politiker und die Politik als Ganzes. Wichtig erscheint nicht sein politisches Programm, sondern der Witz über die fehlerhafte Bühnenausstattung, nicht die Repräsentation seines Amtes, sondern die Unterhaltung. Liest man die Chor-Szene bei der Genua-Veranstaltung als Metapher für den Umgang Berlusconis mit der Repräsentation des Politischen, wird deutlich, dass keine politische Referenz für die Inszenierung erkannt werden kann. Das Umdrehen des Dirigenten korrespondiert mit Berlusconis Gestus zu den politischen Institutionen. John Fiske nennt postmodern eine Haltung, die „refutes any hierarchization of the different truths produced by the different modes of representation that descends from the indicative mode of what *is* (the factual documentary, the science textbook) through the mode of what *could be* (the surreal, the anti-real)" (Fiske 1999: 62). Berlusconis provokative Auftritte im Europa-Rat oder in der italienischen Öffentlichkeit (Diehl: 2005) liefern eindeutige Beispiele für diese Haltung auf der Ebene des politischen Diskurses. In diesem Sinne kann hier nicht von einer bloßen Vermischung von Unterhaltung und Politik gesprochen werden, vielmehr muss im Fall Berlusconi der Verlust von politischen Referenzen attestiert werden.

7   Fazit

Dekonstruktion als Inszenierungsmethode ist in Bezug auf die Politik immer ambivalent. Die Blickpositionierung auf die politische Inszenierung, das Identifikationsangebot an das Publikum sowie die Darstellung von politischen Institutionen und Politikern müssen dabei neu verortet werden.

1.   Wie der Vergleich zwischen Fischers und Berlusconis Inszenierung gezeigt hat, kann Dekonstruktion als Inszenierungsmethode unterschiedlichste Ver-

hältnisse der politischen Akteure zu den politischen Institutionen markieren. Sie kann sowohl die politischen Institutionen gegenüber der massenmedialen Inszenierung stärken als auch sie dekonstruieren bzw. delegitimieren.

2. Das Komplizenschaftverhältnis zwischen Zuschauern einerseits und Inszenierungsproduzenten und Politikern andererseits wird auf das geteilte Wissen über die Inszenierung aufgebaut und durch ironische Selbstreferenzialität immer wieder aktualisiert. Dieses Komplizenschaftverhältnis ist sowohl aufklärerisch als auch populistisch und kann im politischen Diskurs unterschiedlich artikuliert werden.

3. Schließlich bedeutet Dekonstruktion als Inszenierungsmethode immer ein Risiko für die Glaubwürdigkeit der politischen Institutionen. Denn sie basiert auf der Erkenntnis eines Authentizitätsverlustes in der massenmedialen politischen Kommunikation. Christian Schicha hat zurecht darauf hingewiesen, dass „ohne einen Anspruch an Authentizität [...] die Legitimationserzeugung politischer Ordnung nicht möglich" ist (2003: 28). Dies ist aus einer normativ-demokratietheoretischen Perspektive unverzichtbar (Schicha 2003: 37), denn erst durch die Glaubwürdigkeit, die dabei erzeugt wird, können sich die Bürger auf das Repräsentationssystem von Politik einlassen. Inszenierung stellt sich sowohl als soziologisch notwendiges Element der Kommunikation als auch als Mittel der Herstellung des Politischen dar. Dies ist vor allem im Hinblick auf die Selbstinszenierung von Politikern wichtig, weil die Rolle als Repräsentant von politischen Institutionen dadurch verfestigt wird. Dekonstruiert die politische Inszenierung den Mechanismus ihrer eigenen Generierung vollkommen, verlieren politische Akteure und politische Institutionen ihre Legitimität. Daher darf die Dekonstruktion, wenn sie gültige Inszenierungsmethode des Politischen bleiben will, niemals radikal sein.

Literatur

Amadori, Alessandro (2002): Mi Consenta. Metafore, Messaggi e simboli. Come Silvio Berlusconi ha conquistato il consenso degli italiani. Milano.

Bachmann-Medick, Doris (2006): Cultural Turns. Neuorientierungen in den Kulturwissenschaften. Reinbek bei Hamburg.

Barthes, Roland (1985): L'aventure sémiologique. Paris.

Belting, Hans (2001): Bild-Anthropologie. München

Bolasco, Sergio/Galli de' Paratesi, Nora/Giuliano, Lucca (2006): Parole in Libertà. Un'analisi statistica e linguistica. Roma.

Derrida, Jacques (1998): Grammatologie. Frankfurt/M.

Diehl, Paula (2005): Körper, Soap Operas und Politik. Die Körperinszenierungen von Fernando Collor de Mello und Silvio Berlusconi. In: Hass, Birgit (Hrsg.): Macht. Performativität, Performanz und Polittheater seit 1990. Würzburg. 41-59.

Dörner, Andreas (2001): Politainment. Politik in der medialen Erlebnisgesellschaft. Frankfurt/M.

Fischer-Lichte, Erika (2003): Performance, Inszenierung, Ritual. Zur Klärung kulturwissenschaftlicher Schlüsselbegriffe. In: Matschukat, Jürgen/Patzold, Steffen (Hrsg.): Geschichtswissenschaft und „Performative Turn". Ritual, Inszenierung und Performanz vom Mittelalter bis zur Neuzeit. Köln, Weimar, Wien. 33-54.

Fiske, John (1998): Understanding Popular Culture. London, Sydney, Wellington.

Fiske, John (1999): Media Matters. Race and Gender in U.S. Politics. Minneapolis, London [revised edition].

Gamson, Joshua (1994): Claims to Fame. Celebrity in Contemporary America. Berkeley, Los Angeles, London.

Hickethier, Knut (2001): Film- und Fernsehanalyse. Stuttgart, Weimar.

King, Barry (1991): Articulating Stardom. In: Gledhill, Christine (Hrsg.): Stardom. Industry of Desire. London, New York. 167-182.

Kress, Gunther/Leeuwen, Theo van (1996): Reading Images. The Grammar of the Visual. London, New York.

Laclau, Ernesto (2005): Populism: What's in a Name? In: Larsen, Lars Bang/Recupero, Cristina/Schafthausen, Nicolaus (Hrsg.): The Populism Reader. New York, Berlin. 101-111.

Priester, Katrin (2005): Der populistische Moment. In: Blätter für deutsche und internationale Politik. März 2005. 301-310.

Royale, Nicholas (2000): „What is Deconstruction?" In: Ders. (Hrsg.): Deconstructions. AUser's Guide. New York. 1-13.

Schicha, Christian (2003): Die Inszenierung von Authentizität und Emotionen. Zur Selbstdarstellung von Politikern auf den Bühnen der Mediendemokratie. In: Knieper, Thomas/Müller, Marion G. (Hrsg.): Authentizität und Inszenierung von Bilderwelten. Köln. 25-41.

„Politik ist Scheiße" auch im Fernsehen

Oder: Was Sie schon immer über Wahlwerbespots wissen wollten, aber bisher nicht zu glauben wagten. Anarcho-ästhetische Aufklärung der APPD.

Burkhard Röwekamp und Matthias Steinle

Dass Wahlwerbespots die Fortführung des Wahlkampfes mit den Mitteln moderner audiovisueller Medien sind, und hier kein Kampf um die Durchsetzung von Inhalten – euphemistisch Programm genannt –, sondern um Bilder und Wahrnehmungen stattfindet, hat keine Partei so gut begriffen wie die APPD (Anarchistische Pogo Partei Deutschlands). Dass mediale Logiken nicht in erster Linie auf – ‚richtige', ‚angemessene', ‚authentische' – Inhalte zielen, dass es in medialen Vermittlungsprozessen vielmehr um die Produktion von Bedeutung, also um In-Formation bestehender Überzeugungen, letztlich also um öffentliche Wahrnehmungen geht – von diesem Bewusstsein zeugt die Aufregung um den Werbespot der APPD zur Bundestagswahl 2005.

Dieser belegt nicht nur raffiniertes Kalkül und Medienkompetenz seiner Produzenten. Als Reflexionsfiguren demaskiert der Spot der APPD gleichzeitig Narzissmus und scheinheilige Einfältigkeit vor allem etablierten Parteien, wenn man so will: deren latente Verachtung einer medial aufgeklärten Öffentlichkeit. Vom Standpunkt des scheinbar Ausgeschlossenen der Politik, von der Anti-Politik, scheint der Affront natürlich ein leichtes: Anti-Programm und Anti-Ästhetik statt langweiliger Versprechens-Rhetorik in hemdsärmelig-heimeligen MTV-Heimatfilm-Amalgamen kann nur gewinnen: nämlich Aufmerksamkeit. Jenes knappe Gut der Öffentlichkeit, auf das es die medienlogistisch überforderten Groß- und Gernegroß-Parteien abgesehen haben, bis das Wahlvolk seine Stimmen abgegeben hat, um dann erneut für vier Jahre nicht mitsprechen zu können...

Bei der Bundestagswahl 2005 erregten zwei Wahlwerbespots Aufmerksamkeit: Derjenige vom Titanic-Ableger ‚Die Partei', die ihre Sendezeit als Werbefläche anbot, und der von der APPD, den die Zensur traf. Was war das, vor dem man die Deutschen schützen musste? Bevor diesem Phänomen anhand einem *close reading* des Clips und seiner Analyse sowie einigen methodischen Überlegungen zur Funktion und Bedeutung dieses bizarren Wahlwerbespots nachgespürt wird, soll kurz die Anarchistische Pogo Partei Deutschlands vorgestellt werden.

1   Die APPD – „Partei des Pöbels und der Sozialschmarotzer"

Eine annähernd treffende Beschreibung der APPD ist schwierig, da eindeutige
Grenzziehungen kaum möglich sind angesichts eines Phänomens, das sich Un-
terscheidungskriterien wie rechts/links, Ernst/Spaß, Politik/Provokation, Partizi-
pation/Pogo entzieht. Das hat nicht nur Methode, das ist Programm. Für Außen-
stehende – und wohl nicht nur für die – gestaltet sich gerade die aktuelle Parteigeschichte äußerst wirr: 1981 im Umfeld der Punk-Subkultur ins Leben gerufen,
kam es nach Auflösung der APPD 1998 zwei Jahre später zu einer Neugrün-
dung. 2005 geriet die Partei in Folge des schlechten Wahlergebnisses in eine
Krise, die sich im ‚Pogo-Krieg' entlud: Als Konsequenz spalteten sich pogo-
anarchistische Fundamentalisten von der APPD ab und gründeten im November
2005 die Pogo-Partei (POP).[1] Weiter ging es im März 2006 mit der Gründung
der "Deutschen einheitlichen Pogo-Partei" (DEPP) und am 1. April 2006 spal-
tete sich aus Protest gegen das Spaltertum der APPD die "Anarchistische Pogo-
Partei Bayerns" (APPB) von dieser ab.[2]

Im Selbstverständnis der APPD hat Pogo-Anarchismus mit klassischen a-
narchistischen Gesellschaftsmodellen „rein gar nichts am Hut". (APPD 1998:
12) Statt – kompliziertem – selbstbestimmtem Leben geht es ihr um – einfaches
– selbstenthemmtes Trinken. Trotz Rekurs auf gemeinhin faschistisch konnotierte Zeichen wie die Verwendung von Frakturschrift, grenzt sich die Partei
explizit von neonazistischen Tendenzen ab.[3] NS-Symbole werden wegen ihres
Schock- und Provokationspotentials benutzt und dies zumeist parodistisch, wie
beispielsweise der offizielle Gruß „Fick Heil!". Die APPD definiert sich selbst
als „Partei des Pöbels und der Sozialschmarotzer". Als „Nichtwähler-Partei" ist
ihr Ziel bei Wahlen nicht die 5%- sondern die 0,5%-Hürde: Deren Erreichen

---

1   Siehe deren ausführliche homepage inklusive „Kommerz-Shop": http://pogo-partei.de/
     (Zugriff: 26.9.2006).
2   In diesem Fall bieten relativ zuverlässige Orientierung die entsprechenden Seiten auf
     http://www.wikipedia.de.
3   3 Der Einsatz der Frakturschrift wird folgendermaßen erklärt: "Die auf unseren Wahlplakaten
     benutzten [sic!] Schrift wurde von einem deutschen Bürger jüdischer Religion namens Koch
     geschaffen und bis zur Errichtung der Nazi-Herrschaft von ALLEN politischen Organisatio-
     nen benutzt. Erst zu Beginn der 40er Jahre wurden derartige Frakturschriften von den Nazis
     mehr und mehr aus dem öffentlichen Leben verbannt und durch ‚moderne' Schriften ersetzt.
     Eine Tradition, die sich bis heute hält. Da die APPD sich von allen modernistischen Strömun-
     gen distanziert und gleichzeitig in antifaschistischer Tradition steht, sieht sie in der Benutzung
     dieser Schrift einerseits eine hervorragende Möglichkeit, pogo-anarchistischer Gesinnung
     Ausdruck zu geben. Anderseits folgt sie damit den Gesetzen zeitgemäßer Werbung, die für
     das Erreichen der gesteckten Ziele den Einsatz aller Mittel erlaubt. In: „38 Attacken gegen die
     APPD", Punkt 11. http://ar.pogo-partei.de/website/action/sub/pp/artikel.php?id=2004102
     7_183400_flyer_9 (Zugriff 26.9.2006).

garantiert Wahlkampfkostenhilfe vom Staat, die programmatisch in Form von Freibierfeten dem Wahlvolk zurückgegeben werden soll – was bisher aber nicht gelang. Zu den Wahlparolen der APPD zählen Losungen wie „Saufen! Saufen! Jeden Tag nur Saufen!", „Arbeit ist Scheiße!", „Dumm und glücklich!", „Euch die Arbeit! Uns das Vergnügen!", „Asoziale an die Macht!" usw. Der Bundestagswahlkampf 2005 stand unter dem Motto „Meine Stimme für den Müll!". Zentrale Punkte aus dem Wahlprogramm lauteten:

- „Balkanisierung Deutschlands"
- Aufteilung Deutschlands in drei Kernzonen: „Asoziale Parasiten-Zonen", „Sichere Beschäftigungs-Zonen" und „Gewalt-Erlebnis-Parks"
- Geschlechtsverkehr auf Krankenschein
- das Recht auf Arbeitslosigkeit bei vollem Lohnausgleich,
- Einführung der Jugendrente, Abschaffung der Altersrente
- Abschaffung der Schulpflicht
- kostenlose Verkabelung und totale Vernetzung für alle
- Errichtung von Mitfickzentralen
- Auflösung der Polizei, Schließung aller Gefängnisse
- Legalisierung aller Drogen
- die „definitive Rückverdummung der Gesellschaft"

Was wie ein Produkt von Letzterem unter Einfluss von zuviel Vorletzterem erscheint, verfügt – zumindest in einigen Punkten – über einen durchaus ernsthaften Hintergrund: So ist das Konzept der ‚Jugendrente' ähnlich der Idee eines ‚bedingungslosen Grundeinkommens', das jüngst verstärkt in der Diskussion ist – und das mit Konzepten von der CDU. Angesichts einer globalisierten Welt, in der vor dem Hintergrund von Automatisierung, Digitalisierung und Rationalisierung Vollbeschäftigung ein Traumwort aus vergangener Wirtschaftswunder-Zeit ist, erscheint die APPD-Gesellschaftsanalyse 'ehrlicher' und realistischer, als die Wahlversprechen ‚seriöser' und weniger seriöser Parteien. War doch bspw. Gerhard Schröder noch 2001 mit dem Versprechen angetreten, bis zur Bundestagswahl 2002 die Arbeitslosenzahl unter 3,5 Millionen zu drücken. Und wenn APPD-Plakate mit „Arbeit ist Scheiße!" neben DKP-Plakaten mit „Arbeit für alle" hängen, enthüllt sich über die Realsatire die Notwendigkeit, den Begriff der ‚Arbeit' neu zu definieren.

Der APPD ist es in den Großstädten aber auch in einigen kleineren Städten gelungen, den öffentlichen Raum in Form von Wahlplakaten, Info-Ständen und Veranstaltungen zu besetzen. Damit tragen sie in ihrer Selbstinszenierung als asoziale Spaß- und Sauf-Guerilla in die Öffentlichkeit, was ansonsten von der Gesellschaft ausgegrenzt wird oder sich wie im Falle der Anarcho-Punks selbst ausgrenzt und das Recht auf Dissidenz und Desintegration subkulturell einklagt (vgl. Kortmann 2006). Im bürgerlichen Sprachgebrauch negativ besetzte Begriffe wie ‚Pöbel', ‚Abschaum', ‚Gesindel', ‚asozial' werden selbstbewusst in Anspruch genommen und zu einer positiven Gruppenidentität umgewertet.

Die APPD zeichnet sich aus durch geschickte Selbstdarstellung und -vermarktung unter Nutzung der neuen Medien, vor allem des Internets. Dafür stehen nicht zuletzt Namen wie Wolfgang Wendland, Sänger der Satire-Punk-Band *Die Kassierer* und Karl Nagel (Pseudonym für Peter N. Altenburg). Letzterer hat ein Konzept der „Informationsvergiftung" entwickelt, mit Anklängen an das ‚Virale' im Sinne Jean Baudrillards: Dabei wird die Erwartungshaltung der Medien genutzt, um gezielt bestimmte (Falsch-)Informationen zu lancieren, die in einem Prozess medialer Rückkoppelungen immer größere Kreise ziehen.[4] Zum eigenen Medienverständnis vermerkt das Parteiprogramm:

> „Gleichzeitig verpflichtet uns die Struktur der Medienlandschaft dazu, den Bürgern die Wahl der APPD mit Personenkult, griffigen Parolen und großherzigen Versprechungen schmackhaft zu machen. Schließlich will man die Wähler nicht langweilen und eine gute Show abliefern. Die APPD wird sich dieser demokratischen Tradition nicht entziehen." (APPD 1998: 10)

Das Wahlversprechen einer alles andere als langweiligen Show hielt die APPD kongenial in ihrem Werbe-Spot. In wie weit dieser gut war, daran schieden sich die Geister. Auf jeden Fall ging er nicht wie sonst genreüblich im medialen Rauschen unter.

2 Der Spot: „Maden der Welt: Schaut auf dieses Land!"

Der Spot[5] beginnt mit Wolfgang Wendland, seines Zeichens APPD-Kanzlerkandidat, der mit hochrotem Kopf in Naheinstellung heiser brüllt: „Maden der Welt: Schaut auf dieses Land!" Was folgt ist eine wüste Orgie, inhaltlich wie formal: In 90 Sekunden werden 61 Einstellungen gezeigt, viele davon kaum eine Sekunde lang. Die inmitten eines unüberschaubaren Chaos agierende wackelige Handkamera schwenkt hektisch umher, zoomt grob vor und zurück – und trotzdem erkennt der Zuschauer mehr als ihm lieb sein dürfte: Mit einem Schlagzeug setzt Punkmusik ein, im Bild ist eine Gruppe Punks zu sehen, die

---

4   Siehe dazu Nagels Erklärungen in der Dokumentation auf der DVD: *Nie wieder Arbeit. Die APPD* von Michael de Sastro (D 2004). vgl. auch Nagels homepage http://www.karlnagel.de/ website/action/sub/home/ (Zugriff: 26.9.2006).

5   Zum download auf der Homepage der Pogo-Partei: http://ar.pogo-partei.de/website/action/ sub/pa/ artikel.php?skin=website_std&id=20060310_194900_wahlspot (Zugriff: 26.9.2006).

begierig nach irgendetwas zu greifen scheinen. Bier fließt die Kehle innen wie außen herab und wird willenlos verschüttet. Ein Arm wird abgebunden und in Großaufnahme setzt sich ein junger Mann mit wohligem Grinsen eine Spritze. Ein Kind mit Mercedes-Stern im Mund wird eingeblendet, ein Punk liegt bewusstlos in der Ecke, eine Büchse mit Hundefutter wird aufgerissen. Dann befindet sich das Tierfutter auf einem Teller am Boden, in den gierig Hände greifen, um es sich in den Mund zu stecken, darunter der Kanzlerkandidat. Zu einer etwas fülligen Frau mit nacktem Oberkörper und abgeklebten Brustwarzen gesellt sich ein nur mit Unterhose bekleideter Mann, beide tragen Plastiktüten über dem Kopf und umarmen bzw. begrapschen sich im Folgenden heftig. Zwei Frauen zerren wie Tiere mit den Zähnen an einem rohen Stück Fleisch. Ein anderes Kind mit einem Totenkopf auf dem Pullover tappt umher und in Zwischenschnitten ist immer wieder zu sehen, wie das Hundefutter auf diverse Körperteile geschmiert wird. In Großeinstellung kaut ein Schäferhund, Müllsäcke werden zerstochen und entleert, Bier ins Gesicht geschüttet, eine Ratte läuft herum. Ein Kind malträtiert einen Computer mit einer Axt, der Kanzlerkandidat tut es ihm gleich, Punks hüpfen fröhlich auf den Resten der IT-Branche herum. Auf der Erde liegende Stimmzettel sind in Großaufnahme zu sehen: Zunächst wandert eine Hand mit einem Stift darauf entlang, in der nächsten Einstellung läuft ein Insekt über das verdreckte Papier, bevor die Stimmzettel angezündet in die Höhe gehalten werden. Eine Hand zerdrückt eine Bierdose mit dem aufgedruckten APPD-Logo, Wendland tritt mit nacktem Oberkörper vor die Kamera und verkündet: „Balkanisierung, Rückverdummung, nie wieder Arbeit. APPD wählen!" Eine Totale zeigt die jubelnde Meute, die Fetzen der Stimmzettel in die Luft wirft, bevor die letzte Einstellung das APPD-Logo mit dem Motto „Meine Stimme für den Müll" und dem Link auf die Homepage zeigt.

3　Orgie der Zeichen und Verweise

Was als billiges und dreckiges ‚Amateurfilmchen' einer unter diversen Drogen stehenden Punkparty daherkommt, ist in Wirklichkeit ein detailliert und kalkuliert auf die Wirkung inszeniertes Video, das aus den Nöten des Wahlwerbespots eine Tugend macht. Der Clip ist das Resultat einer bewussten Inszenierung, die sich auszeichnet durch 1. kalkulierte Tabubrüche (und zwar da, ‚wo es noch weh tut', also noch jenseits televisueller Schockeskapaden à la RTLs *Dschungelcamp*-Exzess „Ich bin ein Star – Holt mich hier raus!"), 2. einen Ikonoklasmus der Herrschaftssymbole sowie 3. zitathafte Verweise auf die Filmgeschichte:

1. In der Ära von *trash*-TV noch zu schockieren ist denkbar schwierig. An
    nackte Haut und Sex hat das Privatfernsehen noch zu Leo Kirchs Zeiten in
    den 1990er Jahren das bundesdeutsche Fernsehpublikum gewöhnt. Und im
    Talk von Bärbel Schäfer & Co wurden wohl sämtliche sexuellen, psychi-
    schen, physischen und sozialen Devianzen und Abnormitäten im Nachmit-
    tagsfernsehen verhandelt (vgl. Bergermann/Winkler 2000, Pundt 2005). Es
    scheint, als könnten nur noch zwei Themen Anstoß erregen: Nationalsozia-
    lismus bzw. Neonazismus und Gewalt gegen Kinder. Beide bedient die
    APPD zugleich oberflächlich und subtil: Die NS-Ästhetik ist bereits in der
    Frakturschrift des Logos enthalten. Passen Pogo-Anarchie und braune
    Ideologie auch nicht zusammen, reicht es, um zu stutzen, wenn man unver-
    mutet dem APPD-typischen Schriftzug im Fernsehen begegnet und das
    auch noch im Zusammenhang mit Wahlwerbung. Kindern wird in dem Vi-
    deo gleich im doppelten Sinn Gewalt angetan, wenn auch keine physische:
    Sie müssen sich scheinbar nicht nur das 'entwürdigende' Spektakel anse-
    hen, in dem Drogenkonsum und tierisches Verhalten gefeiert werden, dar-
    über hinaus werden die 'unschuldigen' Kinder zu Mittätern gemacht, die an
    der Zerstörungsorgie lustvoll teilhaben.
2. Während diese Tabubrüche implizit am moralischen Grundkonsens der
    bundesdeutschen Gesellschaft kratzen, steht die ökonomische Ordnung ex-
    plizit im Fadenkreuz der Inszenierung. Im Bild visualisiert das der abge-
    brochene Mercedes-Stern als Inbegriff von ‚Made in Germany', Wohlstand
    und Luxusgütern. Für Konsum bzw. dessen Verweigerung steht auch das
    Motiv der Einkaufstüte: Über den Kopf gezogene Plastiktüten signalisie-
    ren, das *shoppen* blind und blöd macht, wie es das sich umarmende aber
    nicht zueinanderfindende Paar demonstriert. Die Bilder erinnern auch an
    sadomasochistische Praktiken. Während aber SM-Ästhetik via Hochglanz-
    magazinen und Kunstkatalogen im Mainstream angekommen ist, verwei-
    gert sich die rohe Körperlichkeit im Spot einer ästhetisierenden Überfor-
    mung und konsumkulturellen Domestizierung. Gleiches gilt für massen-
    medial geformte und genormte Vorstellungen von körperlicher Schönheit.
    Dem „großen Konsumverein" (Glaser 1991: 189) wird in Form aufge-
    schlitzter Mülltüten nicht nur sein Abfall als verdrängte kulturelle Rücksei-
    te vor Augen geführt, via Fernsehbildschirm landet er auch im Wohn-
    zimmer und damit im Zentrum der Intimsphäre bürgerlicher Innerlichkeit.
    Die Zerstörung der Computer lässt sich wahlweise als Technikfeindlichkeit
    oder auch als Protest gegen das digitale Imperium von Bill Gates lesen –
    auf jeden Fall handelt es sich um Bilder, die bei absturzgeplagten PC-Nut-
    zern durchaus auf Sympathie stoßen dürften.

Noch direkter als auf die ökonomischen Symbole zielt der Ikonoklasmus auf politische Sinnbilder in Form der Wahlzettel, die zerrissen und verbrannt werden, so dass der Slogan „Deine Stimme für den Müll" sinnlich erfahrbar wird. Neben dieser dumpf-derben Verweigerungspose operiert das Video aber auch auf der Ebene historischer Verweise: Das Eingangsstatement „Maden der Welt: Schaut auf dieses Land!" adaptiert den Aufruf des Berliner Bürgermeisters Ernst Reuter anlässlich der Berlin-Blockade 1948: „Völker der Welt: Schaut auf diese Stadt!". Dieser Appell steht mit der Luftbrücke für den Umschwung in der Nachkriegszeit, in dem die Westdeutschen in Form des Widerstandswillens der Westberliner von Gegnern im Zweiten Weltkrieg zu Verbündeten im Kalten Krieg wurden. So entwertet der APPD-Spot das politische Legitimationssymbol der alten Bundesrepublik und eignet sich gleichzeitig dessen Widerstandspathos ironisch an.

3. Die filmhistorischen Verweise sind für Freunde des Horror- und Science Fiction-Genres deutlich zu erkennen: Die Inszenierung des APPD-Videos bedient sich vor allem bei den Endzeitvisionen von *Dawn of the Dead* (1978) und *Soylent Green* (1973), die jeweils eine Gesellschaft am Abgrund zeigen. In George A. Romeros *Dawn of the Dead* verbarrikadieren sich vier Menschen vor der Bedrohung durch Zombies in einer typischen US-amerikanischen *shopping mall*, wo sie vergeblich versuchen, der Langeweile mit Konsum zu entkommen. Die Szene im APPD-Spot, in der die beiden Frauen mit ihren Zähnen an einem Stück Fleisch zerren, ist ein direktes Zitat aus dem Romero-Film und auch die Hintergrundmusik klingt „wie eine Low-Fidelity-Version des SoundTracks" (Machotta 2005). Der Verweis auf Richard Fleischers *2022...die überleben wollen*, so der deutsche Verleihtitel von *Soylent Green*, ist durch den Titel des Wahlprogramms der Berliner APPD evident: „Veranda 2022 – die überleben wollen".[6] *Soylent Green* zeigt die Welt nach der Ökokatastrophe, in der Scharen von Arbeitslosen sich um knappe Nahrungsressourcen streiten, die, wie sich am Ende herausstellt, ein skrupelloser Konzern aus Leichen herstellt. Parallelen zum Kampf um das Hundefutter im APPD-Spot liegen auf der Hand. Gleichzeitig entsteht aus der rabiaten Collage solcher Zutaten – Fleisch, Nackte, Flüssigkeiten, Körper, enthemmte Handlungen, Ekel, Horror usw. – ein Wahrnehmungsbild, das an die physischen, mentalen und sexuellen Folterorgien aus Pier Paolo Pasolinis *Salò o le 120 giornate di Sodoma* (*Die 120 Tage von Sodom*, 1975) erinnert – wenngleich 'seitenverkehrt' in lustvoller Kurzform. Daneben finden sich in der hemmungslosen

---

6   Wobei das Wahlprogramm dann weder den Titel noch das Jahr 2022 thematisiert. http://www.appdberlin.de/wahlprogramm.html (Zugriff: 26.9.2006).

Destruktion der Computer mit einer großen Axt Reminiszenzen an Horror-
film-Klassiker wie *The Shining* (1980) von Stanley Kubrick, in dem sich
der wahnsinnig gewordene Schriftsteller Jack Torrance – gespielt vom dabei diabolisch grinsenden Jack Nicholson – den Weg zu seiner vollkommen verängstigten Frau im Bad frei hackt: Die Angstökonomie des Horror-
films, manifestiert in der rücksichtlosen Entfesselung physischer Macht,
gerinnt im Spot zur skurrilen Destruktionspose gegenüber den Symbolen
technischen Fortschritts. Die Genreverweise auf apokalyptische Horrorvi-
sionen sind zugleich durchsetzt von einer exzessiven Körperlichkeit, die
neben Genre-Topoi wie Ekel und Schmerz auch Lustvolles zu Tage fördern, das an Russ Meyers überdimensioniert körperbetonte Sexfilme erinnert, wie die barbusige Unbekannte, die auffällig ins Bildzentrum gerückt
wird, aber auch die schlaffen Typen, die im Spot ein ums andere Mal aus-
gelaugt den Boden bevölkern.

Die Assoziationsräume, die das Wahlwerbe-Video eröffnet, konstituieren ein
mediales Geflecht unterschiedlichster Zuschreibungssysteme und kultureller
Erscheinungsformen, deren inter- und intramediale Verweisstruktur vor allem
Film-/Mediengeschichte, deutsche Geschichte und aktuelle Politik zusammen
mit medial präfigurierten Moralklischees in einem multiplen audiovisuellen
'Zeichenpotpourri' zur absurden Groteske verdichtet. Auf diese Weise zielt der
Spot auf etwas völlig anderes, als auf den Transport verbalisierbarer Inhalte: auf
die Dekonstruktion des medial verfassten öffentlichen Zeichengebrauchs im
politischen Diskurs und auf die Sprache des Wahlwerbespots als dessen vier-
jährlich über die Bildschirme der Republik flimmernde Sonderform selbst. Ganz
im Sinne von Marshall McLuhan offenbart sich darin zugleich der eigentliche
Inhalt: Die Medialität des politischen Wahlwerbespot-Diskurses ist die Botschaft, das Medium formiert die Politik und nicht umgekehrt, darin besteht die
Medienlogik (nicht nur) dieser Sendeform. All das entging aber der TV-
Exekutive ebenso wie der Judikative und wirft zugleich ein bezeichnendes Licht
auf die Medienkompetenz politischer Funktionsträger, die dieser Logik offenbar
nur mit moralischer Empörung und juristischer Macht zu Leibe rücken wollten
und wohl auch konnten.

4   Zensur und Medienhype

Nachdem der Spot bereits gezeigt wurde, lehnte der WDR als innerhalb der
ARD zuständige Anstalt eine weitere Ausstrahlung ab, weil er „gegen die Menschenwürde verstößt und offensichtlich geeignet ist, die Entwicklung von Kin-

dern und Jugendlichen und ihre Erziehung zu einer eigenverantwortlichen und gemeinschaftsfähigen Persönlichkeit schwer zu gefährden".[7] Das ZDF schloss sich dem mit einer gleichlautenden Begründung an. Nach erfolglosen Vermittlungsversuchen der APPD den Spot auf das Spätprogramm zu verschieben, gingen die Pogo-Anarchisten – was nicht einer gewissen Ironie entbehrt – juristisch gegen das Verbot vor: Die Verwaltungsgerichte in Köln und Mainz folgten der Argumentation von ARD und ZDF. Letzteres hielt es sogar „für sehr zweifelhaft, ob es sich um Wahlwerbung handelt".[8] Die mediale und generell intellektuelle Kompetenz des Fernsehpublikums schienen die Mainzer Richter nicht sehr hoch einzuschätzen, denn: „Abgesehen davon, dass der Betrachter nicht erfährt, welche Partei hinter dem Kürzel APPD steht, wird dem Betrachter in keiner Weise klar, welche Ziele und Inhalte hier vermittelt werden sollen und worum es in dem Spot überhaupt geht." (ebd.) Im Gegensatz dazu hielt das Oberverwaltungsgericht Münster das Video zwar für „geschmacklos" und nicht der politischen Willensbildung dienlich, sah aber keine „offensichtliche Verletzung der Menschenwürde" oder der Jugendschutzvorschriften.[9] Trotzdem konnte die APPD ihren Spot nur zensiert präsentieren: Dabei waren abgesehen von der Ansprache und dem Schlusswort des Kanzlerkandidaten nur ein bildschirmfüllender Hinweis angezeigt, warum die Szenen nicht gezeigt werden durften.[10] Den Höhepunkt erreichte die juristische Auseinandersetzung mit einer Verfassungsbeschwerde der APPD. In dieser argumentierte sie mit der „auf den ersten Blick erkennbaren künstlerisch überhöhten Darstellung des Geschehens im Wahlwerbespot und den Umstand, dass der Film unmissverständlich erkennen lässt, dass die Antragstellerin und ihr Spitzenkandidat die gezeigten Praktiken ablehnen und die zugrunde liegenden gesellschaftlichen Ursachen anprangern."[11] In wie weit die moralische Argumentation angesichts eines Wahlslogans wie „Saufen, Saufen, immer nur Saufen" glaubwürdig ist, sei dahingestellt. Aufschlussreich hingegen ist die filmtechnische Argumentation, die besagt, dass Kinder und Jugendliche nicht gefährdet wurden, weil sie bei den Aufnahmen gar nicht anwesend waren. Vielmehr wurden die Bilder von diesen „am Ende

---

7 Begründung des WDR vom 25.8.2005, des ZDF vom 30.8.2005. Der Schriftverkehr und die Gerichtsurteile sind auf der Homepage der Pogo-Partei veröffentlicht und nach dieser zitiert. (Zugriff 26.9.2006). Als weitere Ausstrahlungstermine waren vorgesehen: WDR: 26.8.2005 um 17.47 Uhr, 5.9.2005 um 22.28 Uhr; ZDF: 1.9.2005 um 17.10 Uhr, 12.9.2005 um 21.40 Uhr.

8 Beschluss des Verwaltungsgerichts Mainz vom 1.9.2005 (Az. 4 L 515/05.MZ), Beschluss des Verwaltungsgerichts Köln vom 5.9.2005 (Az. 23 L 1420/05).

9 Beschluss des Oberverwaltungsgerichts Münster vom 7.9.2005 (Az. 5 B 1549/05).

10 Ausstrahlung im WDR: 26.8.2005 um 17.47 Uhr; im ZDF: 1.9.2005 um 17.15 Uhr sowie 12.9.2005 um 21.40 Uhr.

11 Verfassungsbeschwerde der APPD vom 9.9.2005. Weiterer Antrag auf Einstweilige Anordnung vom 11.9.2005 zur Verfassungsbeschwerde der APPD vom 9.9.2005.

lediglich als künstlerische Kontrastpunkte eingefügt" (ebd.). So fielen die Medienanstalten nicht nur hinter Erkenntnisse aus der Genrefilmpraxis zurück, sondern auch hinter das kleine Einmaleins der Filmmontage.

Eine ‚Entschuldigung' seitens der APPD als Ersatz für den inkriminierten Spot gelangte ebenso wenig auf die deutschen Bildschirme[12]: In dieser sitzt Wolfgang Wendland in Hemd und Krawatte betont seriös hinter einem Schreibtisch, auf dem sich neben Büroutensilien ein Teddy und weitere Spieltiere befinden. Es folgt eine reumütig vorgetragene Entschuldigung des Kanzlerkandidaten bei den Wählerinnen und Wählern für das, was die APPD ihnen habe zeigen wollen, wozu kurz Schlüsselbilder aus dem Spot eingeblendet werden. „ARD und ZDF haben richtig gehandelt die Ausstrahlung zu verweigern", so Wendland, „denn Sie sind einfach noch nicht reif genug für unseren Wahlspot." Dieses scheinbar naive, Kritik und Justiz desavouierende Statement ist freilich keineswegs so albern, wie es sich anhört: In Anbetracht der geäußerten Empörung und der richterlichen Eingriffe trifft Wendlands Einschätzung den Nagel auf den Kopf. Problematisch wird es freilich, sollte sich die augenscheinlich mangelnde Medienkompetenz als etwas anderes entpuppen, etwa als simple Interessenpolitik einer biedermeierlich-bürokratischen Empörungskultur, die das Andere innerhalb der eigenen Gesellschaft auch nicht in der formal aus dem Programmfluss herausgehobenen, von einer Sprecherstimme als individuelle Äußerung eindeutig markierten, kuriosen Form des Wahlwerbespots duldet – der Ikonoklasmus der APPD hätte hier seine Wurzeln. Die Weigerung von ARD und ZDF, den Spot unzensiert zu zeigen, führte jedenfalls zu einer für das Genre ungewöhnlichen Medienpräsenz: Im Rahmen der ARD-Sendungen *Extra 3* (1.9.2005) und *Polylux* (8.9.2005) war er mehrfach zu sehen und nach Angaben der APPD wurde der Clip seinerzeit ca. 30.000 Mal am Tag von der Homepage herunter geladen (Machotta 2005).

Damit haben die Öffentlich-rechtlichen ebenso wie die ‚Medienöffentlichkeit' genau so reagiert, wie es das APPD-Konzept intendierte: Aus gezielter Provokation resultiert gespielte Aufregung und ohne genau hinzusehen, geschweige denn sich mit Form und Inhalt wirklich auseinander zu setzen, wird die Empörungsspirale zum Medienhype hochgeschraubt. Dass dies nicht nur als These aus der Analyse des Spots resultiert, sondern ironischerweise das öffentlich-rechtliche Fernsehen selbst belegt, ist einer Sendung von Radio Bremen und dem Saarländischen Rundfunk über *Kleine Parteien in Deutschland* zu

---

12   Laut APPD durfte der Spot nicht im öffentlich-rechtlichen Fernsehen gezeigt werden. Das ZDF habe den Ersatz-Spot aus vorgeschobenen „terminlichen Gründen" abgelehnt. Ebenfalls zum download auf der Homepage der Pogo-Partei: http://ar.pogo-partei.de/website/action/sub/pa/artikel.php? skin=website_std&id=20060310_194900_wahlspot (22.9.2006).

entnehmen.[13] Das ARD-Team hat dem Dreh des APPD-Spot beigewohnt und beginnt seinen Bericht von diesem mit Aufnahmen von Karl Nagel, der zu einer Gruppe Punks sagt: „OK, fangen wir noch mal an", worauf diese sich folgsam in Positur stellen. Nette junge Menschen, von Exzess keine Spur. Im anschließenden Interview erklärt Nagel das inhaltliche Konzept: „Den Ekel, den wir bei Politik empfinden, wollen wir natürlich auch als Partei in unserer Wahlwerbung zum Ausdruck bringen." Die medienpolitische Strategie bringt der leicht verkaterte Kanzlerkandidat Wolfgang Wendland prägnant auf den Punkt: „Ja, er muss auffallen. Der Mensch muss aus dem Fernseher... Quatsch, aus dem Wohnzimmer gehen und sagen: ,Um Gottes Willen, was hab' ich da gesehen!'"

Lag das Verbot nur an mangelnder filmhistorischer Kompetenz und/oder konservativen, bewahrpädagogischen Konzepten von Fernsehanstalten und Gerichten? Reichen die inhaltlichen Tabubrüche, die sich mehr in den Köpfen bzw. Imaginationen der Kritiker und Richter als in den Bildinhalten zutragen, aus, um die Reaktionen zu erklären? Oder steckte dahinter nicht vielmehr eine Störung im „Gleichlauf von politischer und medialer Mobilmachung" (Segeberg 2004: 8) durch das Vorführen von Wahrnehmungsdispositiven, womit die APPD Sand ins medienpolitische Getriebe streute.

5 Von der Wahrnehmung der Politik zur Politik der Wahrnehmung – und zurück?

Eines lässt sich mit Gewissheit sagen: Keine Partei des Wahlkampfes 2005 hat Werbestrategien so gut adaptiert wie die APPD. Das Ziel von Werbestrategien besteht in der poetischen Anverwandlung des Produkts durch einen Text bzw. mediale Formenspiele und nicht in der textuellen bzw. medialen Diskursivierung des Produkts. Insofern verschwindet im Wahlwerbespot der APPD folgerichtig Politik als diskursive Größe in der Materialität der Bilder, in der medialen Poetik des Formenspiels. Die Destruktion ästhetischer und erzählerischer Konventionen des Wahlwerbespots vermittels einer – filmhistorisch gar nicht so neuen, vielmehr ganz ursprünglichen – Strategie der Störung und Verstörung bzw. Versinnlichungsstrategie medialer Attraktion wird so zur Reflexionsfläche des Mediums Wahlwerbespot an sich. Die Störästhetik des Werbespots der APPD zerlegt die medialen Sinneinheiten der ,großen Erzählung' des TV-Formats Wahlwerbespot in ,freie Sinnradikale', die innerhalb der auf 90 Sekunden begrenzten Sendezeit zwar einen zeitlichen Rahmen finden, aber eben keinen geschlossenen Sinnzusammenhang mehr konstituieren, der mit dem Vertrauten

---

13 *Wahl 05: Die bunte Republik - Kleine Parteien in Deutschland* (ARD: 14.09.2005) von Gregor Petersen, Dörte Schipper, Sabine Müller, Karin Lambert-Butenschön.

in Einklang gebracht werden könnte. Auf diese Weise stellt die APPD historisch eingeschliffene Diskursregeln des Wahlwerbespots radikal in Frage: nicht seine Wahrnehmung der Politik, sondern die Politik seiner Wahrnehmung, seine Genreförmigkeit. Dieser Strukturen und Funktion des Wahlwerbespots ästhetisch schonungslos aufklärenden diskursiven Kraft kann oder will sich die verfasste Öffentlichkeit offenbar nicht stellen.

Methodisch lässt sich die Arbeit des APPD-Werbespots an der Formzerstörung – die immer auch Formproduktion ist – der fernsehhistorischen Institution ‚Wahlwerbespot' anhand einer Analyse seiner poetologischen Strategie erläutern. In Anlehnung an Tom Gunnings Beobachtungen zur Formensprache des frühen Kinos lassen sich zwei Pole filmischer Formenspiele unterscheiden: auf der einen Seite das „cinema of attraction" (Gunning 1986) von den Anfängen der Filmgeschichte bis zu Beginn des 20. Jahrhunderts und auf der anderen Seite das narrative Kino, wie es etwa seit den 1910er Jahren entstand und infolge Hollywoods Massenproduktion marktbeherrschend wurde. Im Unterschied zum narrativen Film, der Bild- und Tonästhetik sowie Erzählstrategien ganz der Konstruktion fiktionaler Welten bzw. der zu erzählenden Geschichte bzw. Aussage unterordnet und dessen Formensprache bis heute das Kino dominiert, war die Wahrnehmung des frühen Films geprägt von der Attraktion des Mediums selbst. Ein kinematografisches Konzept, das sich von den eigenen formgebenden Möglichkeiten – „[its] ability to *show* something" – fasziniert zeigt, kurzum: „a way of presenting a series of views to an audience, fascinating because of their illusionary power [...] and exotism." (ebd.: 64; Herv. im Orig.) Nicht das Erzählen, sondern das Zeigen prägt dieses Kino der Attraktionen. Dabei verfährt es im Unterschied zum narrativen Kino weniger voyeuristisch, sondern exhibitionistisch. Es ist die Sensation des sinnlichen Vermögens des neuen Mediums Film, seiner Wahrnehmungsmöglichkeiten, dass diese Form von der heute gebräuchlichen narrativen, d.h. an raum-zeitlichen und Handlungslogiken ausgerichteten Sinnproduktion, unterscheidet. Die beiden Spielarten stehen sich freilich nicht diametral gegenüber. Historisch lässt sich lediglich eine – wenngleich bereits lang andauernde – Verschiebung des Modus des Filmischen von der Attraktion zur Narration beobachten (umgekehrt weisen frühe Attraktionsfilme zumeist eine rudimentäre Narration auf). Spuren jenes „cinema of attraction" finden sich immer noch, etwa in selbstreflexiven Formen, die innerhalb der Diegese das eigene Medium wahrnehmbar machen oder im so genannten *excess* (Thompson 1977), womit filmische Elemente bezeichnet werden, die sich narrativer Sinnproduktion entziehen und filmische Eigenwerte ausbilden, die keiner räumlichen, zeitlichen oder Handlungslogik folgen.

Es scheint als funktionalisiere der APPD-Werbespot eben diese filmhistorische Unterscheidung im Formenspiel seines Wahlkampfspots. Er benutzt eben jenes sinnliche Vermögen des audiovisuellen Materials, um seine aufklärerische Arbeit an etablierten Wahlwerbespot-Narrationen und damit verbundener Sinnangebote in einer an Fernsehbedürfnisse angepassten Form jenes „cinema of attraction" offen auszustellen. Das anti-narrative Kalkül bemächtigt sich narrativer Einheiten filmischer Erzählstandards, wie sie auch für den Wahlwerbespot typisch sind – „setting plus characters – goal – attempts – outcome – resolution" (Bordwell 1985: 35) – und formt sie um in mediale Attraktionen: Hier gibt es keine aufwändige Licht- und Kameraführung, nur die amateurhafte Unmittelbarkeit der Videotechnik; keine Überblick ermöglichende Einstellungen, nur beliebige Bildausschnitte; keinen wohltemperiert-unsichtbaren Schnitt, nur unkontrolliert-hektische Bildfolgen; keine aufwändigen Dekors, nur einen kleinen kargen Raum voller Müll; keine bekannten Politiker, nur delirierende Statisten; keine geschliffenen Dialoge, nur gebrüllte Parolen; keine einfühlsame Musikbegleitung, nur aufdringliche Szenemusik; keine Problemskizze mit Lösungsvorschlägen, nur die Negation aller Probleme; keinen Hinweis auf Kontinuitäten und Traditionen, nur den Schock des Augenblicks; keine Repräsentativität, nur Präsentativität; kein sympathieheischendes Lächeln und kein verständnisvolles Zuhören, nur Saufen und Raufen; keine Handlungsmotivationen, nur ekstatische Affekte; keine allwissende Beobachterposition, nur ein Trommelfeuer audiovisueller Eindrücke; keine übergreifenden Handlungen und Motivationen, nur chaotischer Aktionismus; keine *story*, nur Entropie; keine *plot points*, nur ungerichteter Situationismus; keine Psychologie, nur Triebhaftigkeit; keine Linearität, nur unzurechenbares Nebeneinander; keine Hierarchie der Formen, nur informelle Heterarchie. Kurzum: Die Form der Inszenierung produziert mit Blick auf die Konditionierung der Wahrnehmung bzw. das Genreverständnis nur Anti-Sinn, gestaltet Politikvermittlung zur formalen Attraktion und zu einem Exzess der medialen Wahrnehmung um. Zugegeben, erzählerische Momente finden sich durchaus, von der *découpage* der ausgelassenen Feier bis zur Rahmung durch den Auftritt des Kanzlerkandidaten Wendland. Ebenso erzeugt das im Spot kalkuliert montierte Material in kaum geringerem Maße eine Fiktion (der Pogo-Realität), wie die Erzählungen der anderen Parteien auch Politikfiktionen hervorbringen. Doch das gab es bereits im Attraktionskino; zwischen Attraktion und Narration besteht kein Ausschließungs- sondern ein differentielles Verhältnis. Der gemäß ästhetischen Konventionen des Mediums und landläufigen Vorstellungen bewusst anstößig wirkende exhibitionistische *look* – ein medialer Oberflächeneffekt – lässt sich freilich auch als weit überzeichnende Karikatur verstehen. Diese hätte allerdings das Problem, dass sie selbst nicht länger als (alternatives, kritisches oder wie auch immer) Sinnangebot in Bezug auf das Karikierte verstanden werden kann. Sogar verbalisierte Inhalte, jene vermeintlich bedeutungsgarantierenden Elemente, erscheinen hier nur mehr als Effekte des Medialen im Stil dadaistisch-absurder Sponti-Sprüche, die je nach Wahrnehmungsdisposition als (ironisches, witziges, verstörendes, abstoßendes) Differenzerlebnis mit Blick auf die Inhalte anderer Parteien wirken, aber nicht als sinnstiftende realpolitische Optionen. Der formale Sinn dieser narrativen Sinnlosigkeit besteht wohl auch in der Vermittlung eines ungeordneten bzw. chaotischen Politikgefühls und damit in der Rückgewinnung einer sinnlichen Erfahrung von Politik. „Weil nichts mehr Sinn hat, muss alles perfekt funktionieren", so Baudrillard (Baudrillard 1985: 49), – im Umkehrschluss verweist der Wahlwerbespot der APPD eben darauf, dass Sinn durch Irritation und Störung einer bis dahin perfekt funktionierenden Wahlkampfspot-Maschine rückgewonnen werden kann. Dieser Sinn ist dann vor allem auch reflexiv gegen das Medium gerichtet. Auch im Zusammenhang mit den Regularien von Programmstruktur und Sendeformaten der gesetzlich zur Präsentation verpflichteten öffentlich-rechtlichen und privaten Institutionen fällt der Spot buchstäblich aus jedem Rahmen, verweigert der Mehrheit der Zuschauer jede parasoziale Interaktion. Der Wahlwerbespot der APPD legt auf diese Weise die fernsehgerechte mediale Konditionierung audiovisuell vermittelter politischer Sinnangebote offen.

Die Absage an narrative Sinnkonstruktion, die immer auch Fiktionen generiert bzw. der antifiktionale Charakter des Spots verleiht ihm die Form einer medialen Attraktion im Sinne Gunnings. Und so sehr man sich auch bemüht, seinem Formenspiel Sinn einzuschreiben, so sehr verfehlt man seine Funktion – und so sehr wird man genötigt, in den Spiegel der eigenen Lesegewohnheiten und Wahrnehmungsdispositionen zu blicken. Die Form der Attraktion stört die Wahrnehmung des gewohnten illusionistischen Pathos herkömmlicher TV-Wahlwerbespots. Sie denunziert im Falle des APPD-Spots gewissermaßen die Botschaften und Versprechen der bürgerlichen Parteien: ,Wir beherrschen Eure Probleme – zumindest medial'. Nicht mehr, aber auch nicht weniger macht der APPD-Werbespot wahrnehmbar: Die Politik eben dieser Wahrnehmung. An die Stelle der Sinnproduktion stellt die APPD die Produktion von Sinnlichkeit. Das Problem der Vermittlung von Sinn und Sinnlichkeit scheint derzeit freilich nur paternalistisch und/oder juristisch lösbar zu sein. Das Problem angemessenen Verständnisses ist immer noch offenbar eine Angelegenheit der Ordnungsmacht und nicht einer tiefer ansetzenden öffentlichen Auseinandersetzung über Sinn und Zweck televisionär-medialer Politikvermittlung.

PS: In diesem Zusammenhang eine Meldung in der *Oberhessischen Presse* vom 25.9.2006: „Marburg. Die Polizei nahm gestern Abend gegen 18.37 Uhr in Marburg an der Grillhütte 'Runder Baum' 17 junge Männer wegen des Verdachts der Volksverhetzung fest. Die 16 bis 36 Jahre alten Männer hätten im Wald rechtsextreme verbotene Parolen skandiert und Flaggen gezeigt. [...] Die

Polizei geht nach der Vernehmung davon aus, dass die Angaben der Festge-
nommenen vermutlich zutreffen. Demzufolge gehören sie der Pogo-Partei an
und persiflierten während der Geburtstagsfeier ihres Vorsitzenden den politischen Gegner. Sie wurden nach der Vernehmung entlassen. Die Ermittlungen
dauern jedoch an." – to be continued...

Literatur

APPD (1998): Kampfprogramm: Gebt uns 100 Tage Zeit. In: http://www.appd.
de/download/wahlprogramm98.pdf. Zugriff am 26.9.2006.
Baudrillard, Jean (1985): Die fatalen Strategien. München.
Bergermann, Ulrike/Winkler, Hartmut (Hrsg.) (2000): TV-Trash. The TV Show I Love
to Hate. (Schriftenreihe der GFF). Marburg.
Bordwell, David (1985): Narration in the Fiction Film. Madison (Wis.).
Glaser, Hermann (1991): Kleine Kulturgeschichte der Bundesrepublik 1945-89. Bonn.
Gunning, Tom (1986): The Cinema of Attraction. Early Film, Its Spectator, and the
Avant-Garde. In: Wide angle. Jg. 8. Nr. 3-4. 63-70.
Kortmann, Christian (2006): Die Freiheit, fremd zu sein. In: taz. 19.8.2006. 20.
Machotta, Thilo (2005): APPD-Wahlwerbespot. Mit voller Absicht gegen den guten
Geschmack. 12.09.2005. In: http://www.heise.de/bin/tp/issue/r4/dl-artikel2.cgi?arti-
kelnr=20916&mode=print. Zugriff am 26.9.2006.
Pundt, Christian (2005): "Spot an, Lust aus. Wie der Sex ins Fernsehen kam und darin
verschwand". In: Jörg Metelmann (Hrsg.): Porno-Pop: Sex in der Oberflächenwelt.
Film – Medium – Diskurs. Bd. 8. Würzburg. 167-180.
Segeberg, Harro (Hrsg.) (2004): Mediale Mobilmachung I. Das Dritte Reich und der
Film. Mediengeschichte des Films. Bd. 4. München.
Thompson, Kristin (1977): "The Concept of Cinematic excess." In: Ciné-tracts. Nr. 2.
54-63.

Homepages
http://www.appd.de/
http://pogo-partei.de/
http://www.karlnagel.de
http://www.appdberlin.de
http://www.wikipedia.de

Filmdokumentationen
Nie wieder Arbeit. Die APPD. R: Michael de Sastro (D 2004).
Wahl 05: Die bunte Republik – Kleine Parteien in Deutschland (ARD: 14.09.2005). R:
Gregor Petersen, Dörte Schipper, Sabine Müller, Karin Lambert-Butenschön.

Grünes Politikmarketing in TV- und Radiospots

Caja Thimm und Annika Hartmann

1 Einleitung

Zu Beginn des 21. Jahrhunderts leben wir nicht nur in einer Welt, die stark von Medien geprägt und beeinflusst ist, sondern auch in einer besonders von (bewegten) Bildern dominierten, visualisierten Umgebung.

Die Medialisierung der Gesellschaft bringt Veränderungen in vielen Lebensbereichen mit sich, auch in der Vermarktung von Politik. Dabei sollte mit „Vermarktung" keineswegs per se eine abwertende Haltung gegenüber den Instanzen der Politik verbunden sein, seien es nun Parteien, Bürgergruppierungen, Regierungen oder Lobbyisten. Es gehört zu den realistischen Einschätzungen des Mediensystems, auch der Politik das Recht auf ihre Vermarktung zuzugestehen. Wenn wir entsprechend von „Politikmarketing" sprechen, so heißt das letztendlich nichts anderes, als nüchtern anzuerkennen, dass heute auch in der Politik die Form mehr und mehr das Produkt bestimmt und dass damit auch dem Vermarkten von politischen Inhalten ein immer höherer Stellenwert zukommt.

Zum Vermarkten der Politik gehören einerseits ihre Inhalte, ihre Anlässe, aber auch vor allem ihr Personal. Nichts ist inzwischen wichtiger als das richtige, d.h. auch mediengerechte Personal zu haben. Und dieses Personal muss in der ihm entsprechenden Form medial einsetzbar sein. Beeinflusst wird über die Form auch, wie wir politische Inhalte verstehen und wahrnehmen. Das wissen auch Politikerinnen und Politiker, die, besonders im Wahlkampf, unsere Stimme als Legitimation für ihre Politik benötigen. Um diese Legitimation zu erhalten, brauchen sie die Medien als Vermittler zwischen sich und ihren Wählerinnen und Wählern: Wahlwerbung ist inzwischen einer der Hauptanlassfaktoren für Politikmarketing.

Eine Besonderheit der medialen Konstruktion von Politik ist die Wahlwerbung in Form des Wahlwerbespots. Wahlwerbespots sind ein wichtiges Element der medialen Aufbereitung, da heute politische Informationen vor allem über Bilder, und hier immer noch führend über das Fernsehen, kommuniziert werden. Wahlwerbespots sind nicht nur Teil einer auch zunehmend ästhetisch aufgeladenen Inszenierung von Politik, sie können auch dazu beitragen, dem Wahlvolk inhaltliche Schwerpunktsetzungen zu vermitteln. Damit ist ein Wahlwerbespot nicht nur Interpretationshilfe, sondern auch Teil der medialen Konkurrenz um die Wählerschaft.

Ein besonders wichtiges Element dieser Form der Wahlwerbung ist die Möglichkeit zur Inszenierung und Bebilderung von Personen. So haben sich die TV-Spots der Parteien im Einklang mit der zunehmenden Personalisierung vermehrt ihrem Führungspersonal gewidmet. Dass dies im Bundestagswahlkampf 2005 sogar bei Bündnis90/Die Grünen zu beobachten war, einer Partei, die jahrelang eine dezidiert inhaltsbezogene und personenferne, wenn nicht sogar personenfeindliche, Kommunikationsstrategie verfolgt hat, ist ein interessantes Phänomen. Die Grünen stellten mit Joschka Fischer eine Medienfigur par excellence in den Mittelpunkt ihrer Kampagne und vermittelten dies ganz zentral in den Spots.

Neben der Heraushebung des politischen Personals ist ein weiteres Charakteristikum vieler Wahlwerbespots die durch die szenische Bilderabfolge ermöglichte Kombination von Themen und Anspielungen. Viele Spots haben eine dezidiert ironische Bildsprache, einige lassen sich sogar einem belustigten „negative Campaigning" zurechnen. Hier sei nur an den berühmt gewordenen Spot der SPD aus dem Bundestagswahlkampf 1998 erinnert, in dem in einem Raumschiffsetting, das der „Enterprise" nachempfunden war, einige Politiker zur Rettung der Erde nach unten gebeamt werden sollen. Allerdings stellte sich Helmut Kohl als „un-beambar" dar und blieb als einziger „Astronaut" in einen Raumanzug gekleidet im Rondell zurück. Der Kommentar einer Filmfigur dazu war:„Was tun – Die Energie reicht nicht aus!", danach folgte der aus dem Off gesprochene Kommentar: „Die Zukunft – nicht jeder ist dafür geschaffen". Diese Inszenierung zeigt eine trockene und strategisch wohlplatzierte Ironie und verdeutlicht die narrative Kraft des Spots vor allem in der Ironisierungsfunktion – ein Spot mit Augenzwinkern.

Bisher weniger beachtet wurde die Bildsprache der Spots. Sie hat sich an der intendierten Botschaft und dem Selbstbild der Partei bzw. Gruppierung zu orientieren und lässt daher interessante Rückschlüsse auf das bildhaft komponierte Image der jeweiligen Gruppierung zu. So bei dem oben erwähnten SPD Spot – er kommuniziert Modernität und Jugendlichkeit, indem er sowohl sprachliche als auch visuelle Elemente der Kultserie „Raumschiff Enterprise" integriert und damit Kohl als „von gestern" ironisch persifliert.

Neben TV-Spots sollen aber auch die Radiospots nicht vergessen werden – sie bilden aufgrund ihrer hohen Flexibilität und leichteren Produzierbarkeit ein gewichtiges, leider aber häufig unterschätztes Element politischer Wahlwerbung. Nachstehend werden daher sowohl TV- als auch Radiospots von Bündnis 90/Die Grünen vorgestellt. Dabei konzentrieren wir uns auf die Europawahlkampagne 2004. Unser besonderes Interesse liegt auf der Kampagnenintegration der Spots, es soll verdeutlicht werden, wie sich TV- und Radiospots in den Gesamtrahmen einer medialen Vermarktungsstrategie einfügen.

2 Medien und Politik

Das Spannungsfeld zwischen Medien und Politik hat sich in den letzten Jahren weiter verschärft. Einerseits besteht in der Politik die Notwendigkeit zur Öffentlichkeit und zur optimalen PR für Personen und politischen Ziele, andererseits existiert eine strukturelle Abhängigkeit von Informationen aus der Politik auf Seiten der Medien. Die Selektionsmacht der Medien und die darauf fußende Macht zum Agenda Setting hat die Rolle der Journalisten und Journalistinnen als „gate keeper" wichtiger Informationsflüsse verfestigt. Immer mehr versucht die Politik, sich aus diesem Kontrollverhältnis zu lösen: allerdings ohne Erfolg:

> „In Deutschland sind wir seit kurzem Zeuge einer "kopernikanischen Wende": Die Parteiendemokratie klassischen Zuschnitts wird zur Mediendemokratie. Die Regeln der medialen Politikdarstellung – unterhaltsam, dramatisierend, personalisiert und mit Drang zum Bild, allesamt der Darstellungskunst des Theaters entlehnt – greifen in zunehmendem Maße und mit beträchtlichen Folgen auf das politische Geschehen selbst über. Die Selektion spektakulärer Ereignisse, die effektsichere Inszenierung der Profis, die weite Teile des Mediensystems bestimmen, regieren zunehmend auch die Politik" (Meyer 2003: online).

Fraglos, neben aller Medienkritik, bleibt aber, dass Politik, um in einer Demokratie zu funktionieren, informierter und wirkungsvoller Partizipationsmöglichkeiten an politischen Prozessen bedarf. Dazu bedarf es einer Öffentlichkeit, die heute zwar nicht allein, aber zum großen Teil durch die Medien geschaffen wird. Die drei elementaren Funktionen dieser Öffentlichkeit sind die Transparenzfunktion, die Orientierungsfunktion und die Validierungsfunktion. Diese Funktionen setzen einen hohen Anspruch an die demokratische Öffentlichkeit, der bei der Bewertung der Medienentwicklung eine große Rolle spielt (Meyer/ Schicha 2002: 55). Denn was die Menschen heute für Realität halten, wonach sie also ihr Denken und Handeln ausrichten, wird entscheidend durch die Medien geprägt. Aktivitäten von PolitikerInnen oder politischen Institutionen und journalistische Berichterstattung sind „alles andere als voneinander unabhängige [...] Bereiche" (Meyer/Ontrup 1998: 524). Es besteht eine politisch-mediale Symbiose, also ein Tauschverhältnis zum gegenseitigen Nutzen, in dem die Ressourcen Publizität und Information ausgetauscht werden. Publizität stellen die Medien, Information die Politik zur Verfügung (s. Hoffmann 2003: 38).

Erst in Zeiten von Internet und Blogkultur wird dieses Kräfteverhältnis langsam verändert – Meinungsbildung findet nun zunehmend in anderen Umgebungen statt, und zwar solchen, die weder durch die Politik, noch durch die etablierten Massenmedien zu kontrollieren sind (Schmidt 2006). Ganz im Gegenteil: auch die Medien selbst werden zum Gegenstand beißender Medienkritik (z.B. im Bildblog, s. auch Thimm/Berlinecke 2007).

2.1 Mediale Regeln bei der Politikvermittlung

Die Massenmedien erreichen ihren Zweck im Wesentlichen durch die Befolgung von zwei aufeinander abgestimmten Regelsystemen: Das erste Regelsystem *(Selektionslogik)* besteht in der Auswahl berichtenswerter Ereignisse nach Maßgabe ihrer *Nachrichtenwerte.* Das zweite Regelsystem *(Präsentationslogik)* besteht aus einem Kanon von attraktionssteigernden *Inszenierungsformen* für das so ausgewählte Nachrichtenmaterial, um die Maximierung eines anhaltenden Publikumsinteresses zu sichern (Meyer/Ontrup 1998). Das Zusammenwirken beider Regelsysteme, das sich in einem gewissen, allerdings eng begrenztem Ausmaß von Medium zu Medium anders gestaltet, kennzeichnet die spezifische *Logik des Mediensystems.* Dieser Logik ist alles unterworfen, was im Mediensystem hervorgebracht wird: jede Information und jeder Bericht über alle anderen gesellschaftlichen Teilsysteme und deren Leistungen. Sie wirkt als eine zwingende *Prä-Inszenierung,* die den Zugang zu den Medienbühnen regelt.

Die Medien stellen zwei Regeln bei der Politikvermittlung auf: Es gibt Auswahlregeln, bei denen die Relevanz des Themas und das Interesse des Publikums im Mittelpunkt stehen, und Darstellungsregeln, die festlegen, wie das ausgewählte Thema präsentiert werden muss, um beim Publikum anzukommen. Zusätzlich sind Nachrichtenfaktoren wie die Berichterstattung über Personen, Konflikte und Ereignisse sowie die Nähe zum Rezipienten und zur Rezipientin von hoher Bedeutung für die Entscheidung, ob über das Thema berichtet wird. Diese Prozessregeln der Medien, die berichten, unterscheiden sich massiv von den Prozessregeln der Politik, über die berichtet werden soll – gerade die unterschiedlichen Zeitlichkeiten stellen oft ein Problem dar. In der Politik geht es grundsätzlich um gesamtgesellschaftlich verbindliche Entscheidungen, die sich in monate- bis jahrelangen Prozessen entwickeln und schwer zu überblicken und darzustellen sind (vgl. Meyer/Schicha 2002: 56).

Die Rahmenbedingungen für Politik haben sich also in der Gegenwartsgesellschaft verändert. Modernisierung, Individualisierung, Optionalisierung und mediale Erlebnisgesellschaft stellen Faktoren dar, die Politikvermittlung zum medial fokussierten „Politkmarketing" werden lassen; Politikvermittlung scheint „schlechter, aber leichter machbar, wenn man sich an den Medien orientiert" (Hoffmann 2003: 179). Damit Politik handlungsfähig bleibt, muss sie sich auf diese gewandelten Bedingungen einstellen. Um weiterhin ausreichend Zustimmung und Wählerstimmen zu bekommen und den Kontakt zum Publikum nicht zu verlieren, muss sie sich auf Symbolisches und Inszenatorisches einlassen (Vogt 2002: 134). Genau hier bieten sich die Spots als medienwirksames Mittel an.

Medienpräsenz ist so zu einer unverzichtbaren Vorraussetzung des Erwerbs und der Stabilisierung von Macht geworden, und das in einer Gesellschaft mit immer knapper werdenden Aufmerksamkeitsressourcen. Die AkteurInnen stehen vor einem Dilemma: wenn sie die Medienöffentlichkeit meiden, verlieren sie ein zentrales Machtinstrument. Wenn sie sie aber nutzen, sich ihren Regeln anpassen, gehen sie ein Risiko ein, denn diese Mechanismen sind nur zum Teil steuerbar (vgl. Dörner 2001: 14).

2.2 Politainment als Form der politischen Kommunikation

In der heutigen „medialen Erlebnisgesellschaft", im „Zeitalter des entfesselten „Politainment", wird die symbiotische Beziehung zwischen Politik und Medienunterhaltung immer enger. Der Begriff des Politainment lehnt sich an den Begriff des „Infotainment" an und beschreibt die enge Kopplung von politischer und unterhaltender Kommunikation, die zu einer zentralen Bestimmungsgröße von politischer Kultur geworden ist. Eine eingängige Definition des Begriffs liefert Dörner:

> „[Politainment ist] eine bestimmte Form der öffentlichen, massenmedial vermittelten Kommunikation, in der politische Themen, Akteure, Prozesse, Deutungsmuster, Identitäten und Sinnentwürfe im Modus der Unterhaltung zu einer neuen Realität des Politischen montiert werden [...] Das Bild, das Wähler und Mediennutzer, Publikum und Elektorat sich von der Politik machen können, ist maßgeblich geprägt von den Strukturen und Funktionen des Politainment" (Dörner 2001: 31).

Es scheint sinnvoll, die Kommunikationsstrategien der PolitikerInnen der Unterhaltungslogik anzupassen, um so an gängige Seh- und Hörgewohnheiten anzuknüpfen. Hier kommt dem Spot eine wichtige Funktion zu – er spiegelt in seinem dramaturgischen Aufbau nicht nur die sich verändernden ästhetischen Muster wider, sondern reflektiert in seinem Aufbau, seinen Narrationsstrukturen und seiner Bebilderung auch neue Sehbedürfnisse. So ist die Erwartung an Jugendlichkeit oder Modernität ein Postulat, mit dem sich heute alle Parteien konfrontiert sehen. Um diesem zu genügen, werden nicht nur junge Inhalte präsentiert, sondern auch junge Medienformen gesucht. So haben sich Podcasts, Video- und Textblogs genauso etabliert wie eine Veränderung der Schnitttechnik im Kontext der Videoclipästhetik. Damit wird deutlich, dass sich Wahlwerbespots nicht von den allgemeinen Regeln der Unterhaltungsindustrie lossagen können, sondern, ganz im Gegenteil, ihre Bildsprache übernehmen.

Als ein Element des Politainment gilt die Inszenierung. Inszenierung im Sinne von „einem Geschehen Gestalt und Form geben, eine Geschichte in einen Rahmen fügen, sie in einen Raum, in eine Aktion von Figuren zu überführen" (Hickethier/Bleicher 1998: 369), meint natürlich auch eine Adaption an die jeweils vorliegenden medialen Notwendigkeiten und Rahmenbedingungen. Im Gegensatz zur Inszenierung im Theater ist die Inszenierung in den technischen Medien eine doppelte Inszenierung. Es besteht eine Doppelstruktur aus der vormedialen Inszenierung und dem medialen Inszenierungs- und Präsentationsrahmen. Die AkteurInnen inszenieren vor der Kamera, aber auch die durch die technische Apparatur stattfindende Transformation stellt eine Inszenierung dar.

Das bedeutet, dass alle Bilder, die scheinbar Realität wiedergeben, nur Inszenierungen der Realität zeigen. Beim Publikum jedoch entsteht ein Eindruck von Realität, der so weit gehen kann, dass es den Inszenierungscharakter des Dargestellten vergisst. Im Rahmen der politischen Kommunikation bedeutet das einerseits, dass die Inszenierungsmöglichkeiten der PolitikerInnen begrenzt sind, zeigt aber andererseits, dass die Inszenierung von großer Wichtigkeit ist, weil sie von den BetrachterInnen für Realität gehalten werden kann. Das Medium bestimmt also auch hier die Regeln, denen sich die vormediale Inszenierung anpassen muss, um in der medialen Öffentlichkeit wirksam zu werden (s. Hickethier/Bleicher 1998: 369-371). Glaubwürdig werden Inszenierungen dann, wenn das Publikum die Rolle mit der Identität verwechselt. Ausdruckskontrolle gilt aus diesem Grund als wichtigste Vorraussetzung für den Erfolg der Inszenierung (Hoffmann 2003: 83). Dies aber bedeutet, ein sehr klares Bild über das jeweilige Image des Politikers als Ausgangspunkt für die im Spot gewählte Inszenierungsform zu haben.

Die dargestellten politischen Handlungen werden im Rahmen einer professionellen journalistischen Selektions- und Präsentationslogik inszeniert. Die (Re-)Inszenierung von alltäglichen Situationen, Verhaltensweisen und Ereignissen spielt insofern eine große Rolle, als das Private auch in Deutschland zunehmend relevant wird. Genau diesen Spagat gilt es in den wenigen Minuten des Spots perfekt zu inszenieren.

Spotinhalte orientieren sich an der Möglichkeit, prominente Personen, Personenverhalten, Konflikte und Dialoge vorzuführen, Moral und Werte zu kommunizieren und dies in den Rahmen einer dramatischen Narrativierung zu stellen. Sie sind verbunden mit dem Zwang zur Aktualität und zur Einsparung von

Produktionsaufwand und geraten deshalb in die Gefahr der Standardisierung. Spots werden dann politisch wenig wirksam oder sogar schädlich, wenn sie sich der medialen Möglichkeiten des Filmischen nicht bedienen. Gelungene Spots werden – wie vielfach auch Videoclips – zum innovativen bzw. intellektuellen Aushängeschild.

Für die PolitikerInnen ist das ein Drahtseilakt: Sie müssen mediale Inszenierungen mitgestalten, face-to-face-Kommunikation und face-to-Technik-Relation verbinden, das Weltbild, das sie repräsentieren, in ihr mediales Selbstbild integrieren und gleichzeitig Abstand zur Inszenierung halten (Kurt 1998: 565). Begnadete Selbstdarsteller wie Gerhard Schröder oder Joschka Fischer haben hier einen großen Vorsprung vor denjenigen, die bei jedem Fernsehauftritt den Eindruck erwecken, sie könnten ein mehrwöchiges Medientraining gut gebrauchen.

3 Möglichkeiten und Grenzen von Spots im Wahlkampf

Bezieht man die obenstehenden Überlegungen mit ein, so stellt sich die Grundsatzfrage, ob man im Rahmen des Politainment eine Dominanz von Unterhaltungsinszenierungen feststellen kann? Und wenn es diese Dominanz gibt, führt sie dann zu einer Entpolitisierung der Politikvermittlung?

Durch Medieninszenierungen ist es möglich, mehr Menschen als zuvor zu erreichen. Wenn die Eigenart des Politischen aber nicht mehr sichtbar ist, kann diese große Verbreitung ein Nachteil sein, weil durch Inszenierung Verständnisillusionen erzeugt werden können. Es besteht aber kein negativer Kausalzusammenhang „zwischen dem Grad und der Art der Inszenierung auf der einen Seite und der Vollständigkeit und Angemessenheit des sachlichen Informationsgehalts auf der anderen Seite" (Meyer 2001: 197). Der Sachverhalt kann transformiert und trotzdem angemessen repräsentiert werden, Infotainment oder Politainment und seine Unterhaltungsinszenierungen sind also nicht zwingend der Feind der Information, wenn die MedienakteurInnen die doppelte Kompetenz medialer Inszenierung und des Verständnisses der politischen Logik haben, wenn sie über den Willen, die Verantwortung und die Kompetenz verfügen, die Synthese beider Bereiche zu vollziehen, wenn eine vernünftige Zeitökonomie besteht und wenn auch in den Redaktionen eine Kultur der demokratischen Verantwortlichkeit besteht.

Neben der Kompetenz und der Qualität der Medien spielen aber auch die RezipientInnen eine wichtige Rolle, deren Vorabinformation, Motivation und Konzentration bestimmen, was sie aus dem jeweiligen Medienangebot machen. Media Literacy, also die Fähigkeit, zu Erkennen, wo es sich um Inszenierung mit oder ohne politischen Inhalt handelt, ist in einer medialisierten Gesellschaft häufig Grundbedingung für das Verstehen von komplexeren Zusammenhängen. Dies gilt besonders für Wahlkämpfe, in denen in kurzer Zeit eine Vielzahl kompetitiver Positionen ausgetragen und kommuniziert werden muss – eine durchaus die Wählerschaft fordernde und medial intensive Phase für das jeweilige Wahlgebiet. Hier kann der Spot die Funktion der *Deutung der Gesamtbotschaft* übernehmen – neben den alltäglichen Pressemeldungen über Programm und Inhalt wird im Wahlkampf die emotionale Nähe zum politischen Personal immer wichtiger – genau hier hat der Spot sein Alleinstellungsmerkmal.

3.1   Politische Kommunikation im Wahlkampf

Wahlkämpfe sind Phasen der intensivierten politischen Kommunikation und stellen so die Beziehungen im Dreieck von politischem System, Mediensystem und Wählerschaft besonders deutlich dar (vgl. Holtz-Bacha/Kaid 1995). In Wahlkampfzeiten wird die Interaktion zwischen Parteien und WählerInnen verdichtet, die verstärkten Bemühungen, durch Personal und Programm zu überzeugen, führen zu einer Polarisierung. Es kommt zu einem Wettbewerb, bei dem die Politikangebote der konkurrierenden Parteien direkt verglichen werden. Im Rahmen der Wahlkampfkommunikation finden zwei Arten von Interaktionsprozessen statt: der direkte Austausch zwischen Parteien und WählerInnen sowie der indirekte Austausch, bei dem der Kommunikationsfluss von den Medien vermittelt wird. Diese Interaktionsprozesse sind sowohl aufeinander bezogene Beeinflussungs- als auch Selektionsprozesse, da jede Botschaft, die gesendet wird, selektiv aufgenommen und modifiziert wird. Das bedeutet, dass nicht nur die Kommunikationsstrategien der Parteien, sondern auch die spezifische Selektion der Medien und der WählerInnen den Erfolg der Parteien bestimmt (vgl. Klingemann/Voltmer 1998).

Vor diesem Hintergrund lassen sich einige Funktionen von Wahlkampfkommunikation benennen, wobei zentral ist, dass Wahlkampf den politischen Akteuren dazu dienen soll, sich selbst und ihre Position im öffentlichen Wahrnehmungsraum sichtbar zu machen. Präsenz in diesem Wahrnehmungsraum ist eine Grundvoraussetzung dafür, dass man als Option von den Medien und von den Wählern überhaupt zur Kenntnis genommen wird.

Betrachtet man jedoch die Wahlwerbespots in diesem Funktionszusammenhang, so wird ersichtlich, dass sie weniger dazu dienen, politische Inhalte zu transportieren, sondern viel mehr dazu, Aufmerksamkeit zu erregen. Spots scheinen daher weniger auf Information denn auf Image abzuzielen – es sollen Stimmungen und Haltungen transportiert werden, während Positionen und Personen – je nach Wahlkampf – in den Hintergrund treten (vgl. auch Maier/Maier 2004).

Die Entwicklung des Wahlkampfs wird häufig als Amerikanisierung bezeichnet, da viele Merkmale des Wahlkampfs, wie er heute in Deutschland stattfindet, zuvor im amerikanischen Wahlkampf aufgetreten sind. Elemente dieser Form der Wahlwerbung können u.a. sein:

▪ Sichtbare Personalisierung der Kampagne, was bedeutet, dass der Spitzenkandidat oder die Spitzenkandidatin die zentrale Botschaft der Partei verkörpert und im Mittelpunkt steht.

▪ Der Wahlkampf wirkt als KandidatInnen-Wettstreit, Aspekte des Wettkampfs (horse-race) und die Beobachtung der Umfrageergebnisse verdrängen die politischen Themen.

▪ Im Angriffswahlkampf werden nicht nur die positiven Merkmale der eigenen Partei, sondern auch die negativen der anderen Parteien hervorgehoben („Negative Campaigning")

▪ Durch Ereignis- und Themenmanagement wird die Werbekampagne durch eine politische Kampagne ergänzt. Es werden Pseudoereignisse inszeniert und politisches Handeln wird mediengerecht gestaltet.

Eine amerikanisierte Wahlkampagne entspricht also in erster Linie den Aufmerksamkeitskriterien des Fernsehens, erfüllt aber auch die Bedürfnisse anderer Medien, wie z.B. die der Boulevardpresse (Schulz 1997).

Der Begriff Amerikanisierung impliziert, dass Merkmale aus den USA ungefragt übernommen und importiert würden. Allerdings bleibt dabei häufig außer acht, dass es jeweils kultur- und politikspezifische Adaptionen gibt, die im Einklang mit einer umfassenden gesellschaftlichen Vorstellung von Politik stehen. Dazu gehört auch, dass die Auswahl der Medien selbst als Träger der Information in die Beurteilung mit einfließt. So gilt z.B. das Internet auch heute noch als „neues" und damit modernes Medium, daher ist auch ein Wahlkampf ohne einen klar fokussierten Internetwahlkampf heute nicht mehr vorstellbar (Thimm/ Schäfer 2002).

Situative Faktoren, das Image der SpitzenkandidatInnen und die allgemeine politische Stimmung gewinnen an Einfluss. Das Wahlverhalten wird also nicht mehr so leicht voraussehbar, der hohe Anteil von WechselwählerInnen macht Politik unberechenbar, wie nicht zuletzt das Debakel der Demoskopie in der Bundestagswahl 2005 eindrucksvoll bestätigt hat. Dadurch, dass die Verlässlichkeit der WählerInnen zurückgeht und kurzfristige, situative Faktoren an Einfluss auf die Wahlentscheidung gewinnen, kommt der Wahlkampagne verstärkt Bedeutung zu (Holtz-Bacha 2006: 12). Hier ist der Wahlwerbespot eines der wenigen autonomen Handlungsfelder der Politik: Er wird selbst produziert, vorher gestestet und stellt die einzige originäre Filmquelle im Wahlkampf da, die zwar in Einzelbilder zerlegbar ist, aber letztlich doch der Bearbeitung durch die Massenmedien Grenzen setzt (vgl. die Berichte aus der SPD-Kampa 1998 zur Erstellung der Spots unter http://www.arte.tv/de/suche/905458.html).

3.2 Politik als Marke

Insbesondere in Wahlkampfzeiten setzen die Kommunikationsprofis der Parteien auf Strategien und Methoden, die sich im Marketing bewährt haben. Dabei werden Parteien und PolitikerInnen zu Marken entwickelt, d.h. sie werden mit festen Eigenschaften, einem bestimmten „Look" und individuellem Auftreten präsentiert. Markenidentität vermittelt Kompetenz und erzeugt Vertrauen, dient als Orientierungshilfe und reduziert Komplexität, steht als ganzheitliches Signal für die im Produkt vorhandenen Besonderheiten und erzeugt Markentreue (Meckel 2003: 70).

Es gibt allerdings Unterschiede zwischen Konsummarken und politischen Marken: Verkauft man einen wirtschaftlichen Markenartikel, ist dieser Verkauf steuerbar. Bei einer politischen Marke hingegen ist die Anzahl externer Faktoren, die die Wirkung der Kampagne beeinflussen können, groß. Es können jederzeit Ereignisse auftauchen, die eine Änderung der Strategie zur Folge haben. Politische Informationen der Tagespolitik müssen mit den programmatischen Absichten der Partei und den kommunikativen Fähigkeiten der Wahlkampfführung in Einklang gebracht werden. Außerdem wird das 'Produkt' (also der Politiker/die Politikerin, die Partei/Gruppierung), das vermarktet wird, vorgegeben und ist in der Öffentlichkeit zumeist schon bekannt. Man muss mit vorhandenen Gegebenheiten und Kandidaten arbeiten und kann die Marke nicht völlig neu entwickeln, wie es in der Wirtschaft oft der Fall ist.

Das Wahlkonzept wird auf Grund der Programme, der gesamtpolitischen Situation und des Wählerverhaltens entworfen und koordiniert die Ansprache der WählerInnen über Parteiorganisationen, MeinungsführerInnen und Massenmedien. Im Wahlkampf als Umsetzungsphase der Planungen werden das Konzept, die Kommunikation und die Organisation durch einen Wahlkampfmanager oder eine Wahlkampfmanagerin koordiniert, der oder die unmittelbaren Zugang zu den KandidatInnen und der Parteiführung hat, über die Wahlkampfausgaben im Rahmen eines Budgets verfügen kann und den Zeitplan des Wahlkampfes bestimmt.

Im Wahlkampf lassen sich drei Kampagnen unterscheiden, die alle politisch determiniert sind: Die Kampagne in den Massenmedien, die Parteien- und

Mobilisierungskampagne und die Werbekampagne. Die Kampagne in den Massenmedien wird von der Mehrzahl der WählerInnen nicht als Wahlkampf verstanden, denn sie läuft kontinuierlich als ständiger Prozess ab. PolitikerInnen versuchen hier, nicht nur auf Ereignisse zu reagieren, sondern selbst Anlässe zu schaffen. Politische Informationen werden im Rahmen dieser Kampagne auf verschiedene Art und Weise transportiert. Es gibt die unvermittelte, also reine Übertragung von Information, die teilvermittelte, bei der sich PolitikerInnen nach bestimmten Regeln mit JournalistInnen oder anderen PolitikerInnen unterhalten und die weitgehend unvermittelte, bei der die Medien selbst informieren. Vieles davon lässt sich steuern, einiges, wie die hilfreiche Oderflut im Wahlkampf der SPD 2002, wird dagegen nur dann zum Thema, wenn Anlass und mediale Inszenierung Hand in Hand gehen.

Die Parteien- oder Mobilisierungskampagne dient dazu, die anderen Kampagnen durch interpersonale Kommunikation zu unterstützen und fortzusetzen. Der Einfluss der Massenmedien kann durch sie nicht nur begrenzt, sondern sogar übertroffen werden.

Werbespots, Anzeigen und Plakate sind Elemente des Wahlkampfes und, wenn sie entsprechend gut konzipiert sind, auch vom Wähler als Kampagne erkennbar.

Die Frage, die nun am Beispiel des Europawahlkampfes von Bündnis90/Die Grünen gestellt werden soll, gilt nicht allein den Spezifika des grünen Images und dessen Vermarktung im Wahlwerbespot, sondern versucht, anhand eines kampagnenbezogenen Gesamtüberblicks eine Integration des Spots in die Gesamtstrategie.

In Anlehnung an die marketingbezogene Konzeption der *Integrierten Marketingkommunikation* wird davon ausgegangen, dass dem Spot ein spezifischer und durchaus exponierter Platz in der Gesamterscheinung des Wahlkampfes zukommt. „Spot" verstehen wir hier übrigens wie schon gesagt durchaus mehr-medial, auch Radiospots sind ein wichtiges Wahlkampfelement, allerdings ähnlich wie das Medium Radio überhaupt, stark unterschätzt und wenig analysiert.

4 Die Europawahl 2004

Das Europaparlament ist die einzige Institution der Europäischen Union, deren Mitglieder direkt von den BürgerInnen gewählt werden. Die Wahlen im Jahre 2004 fanden vom 10.-13. Juni statt, 25 Staaten waren an ihnen beteiligt. Das Parlament, das gewählt wurde, sollte 453 Millionen Menschen repräsentieren.

Hauptaufgabe des neu gewählten Parlaments war die Schaffung einer Einigung über eine europäische Verfassung (siehe ausführlich Tenscher 2005). Die Europawahlen nehmen unter den Wahlen das geringste Interesse für sich in Anspruch (vgl. Radunski 1980, Tenscher 2005). Die Wahlbeteiligung der Deutschen an der Wahl zum Europäischen Parlament war immer schon gering und zeigt weiter fallende Tendenz. Bei der ersten Wahl im Jahre 1979 lag die Wahlbeteiligung bei 65,7%, im Jahre 2004 nur noch bei 45,2% (Bundeswahlleiter 2004). Ein Grund dafür ist, dass mit der Wahl keine Wahl oder Abwahl einer Regierung verbunden ist. Nationale Wahlen haben dagegen weit größere Attraktivität. Ein Problem ist auch das Fehlen einer kollektiven Identität, das durch unterschiedliche Sprachen, unterschiedliche Nationalgeschichten, unterschiedliche Kulturbegriffe und eine fehlende gemeinsame Medienlandschaft bedingt ist (Beierwaltes 2002: 213).

Die geringe Beteiligung hat allerdings nichts mit dem Bekanntheitsgrad oder einer negativen Einstellung gegenüber dem Europaparlament zu tun. Die WählerInnen unterschätzen eher die Einwirkungen der Europäischen Union und sind mehr an nationaler Politik interessiert, sie messen den Wahlen zum Europäischen Parlament keine politische Bedeutung für die nationale Politik zu (Landfried 2004: 13).

Das Fernbleiben von der Wahlurne sollte aber gerade in dieser Zeit der Verfassungsfindung und des Beitritts der neuen Staaten verhindert werden, denn die Wahlbeteiligung entscheidet oft über die Legitimation eines Systems.

Schulz (1998) unterscheidet zwei Arten von politischer Partizipation: Expressive Partizipation, bei der Partizipation als Ausdruck der Systemunterstützung interpretiert wird, und instrumentelle Partizipation, die manifest auf die Beeinflussung politischer Entscheidungen gerichtet ist. Er sieht die Europawahl als eine Wahl, die eher expressive als instrumentelle Funktionen erfüllt. Eine hohe Wahlbeteiligung ist also unter den genannten Bedingungen von großer Wichtigkeit für die Systemunterstützung.

Im Zuge der Modernisierung der Gesellschaft ist der Themenwahlkampf schwieriger geworden. Europawahlen stellen zusätzlich eine Sondersituation dar, bei der von vornherein mehr Konsens zwischen Parteien und Medien über die Themenrangordnung besteht. Die vorherrschenden Themen bei der Europawahl 2004 waren die europäische Verfassung, die Umverteilungsprobleme im Zuge der Ost-Erweiterung, die Frage des Türkeibetritts und die Einhaltung des Stabilitätspakts. Zusätzlich kommt bei der Europawahl hinzu, dass die zu wählenden nationalen PolitikerInnen einen sehr eingeschränkten Handlungsspielraum haben. Sie vermeiden aus diesem Grund Versprechen und setzen auf allgemeine Vertrauenswerbung mit möglichst unverbindlichen Zusicherungen (Holtz-Bacha 2006: 18). Die KandidatInnen stehen daher hier weniger im Zentrum als bei anderen Wahlen, Personalisierung des Wahlkampfes spielt eine weniger große Rolle. Die Europawahl ist weitestgehend eine Themenwahl, die jedoch durchaus über prominente Zugpferde visuell angereichert wird. Etwa 20 Prozent der WählerInnen geben bei den Europawahlen ihre Stimme einer Partei, die sie bei nationalen Wahlen nicht wählen würden. Dieses Verhalten ist nicht auf die Haltung der Parteien zu Europa zurückzuführen, sondern eher auf die Funktion der Wahl als Denkzettelwahl, um Parteien abzustrafen, zu belohnen oder zu unterstützen, ohne bei wichtigeren Wahlen eine Stimme zu verschwenden (Landfried 2004: 13).

5 Europawahlkampagne von Bündnis 90/ Die Grünen

Beispielhaft für die Selbstinszenierung der Marke „Die Grünen" sollen einige der Elemente der Europawahlkampagne von Bündnis 90/Die Grünen dargestellt werden. Der Schwerpunkt liegt dabei auf der Frage, inwiefern sich die Spots in Radio und Fernsehen als Elemente einer integrierten Kampagne darstellen lassen und welche Funktionen sie übernehmen.

Die Strategien, denen Parteien in ihren Präsentationen im Wahlkampf folgen, lassen sich gut an den Kampagnenmitteln ablesen, die nicht durch die Massenmedien redaktionell bearbeitet werden, die also nicht selektiert und neu getextet bzw. bebildert werden. Zu diesen Mitteln gehören unter anderem die Fernseh- und Radiospots und die Plakate. Auf diese Kampagnenmittel im Bezug zu den genannten Faktoren der Amerikanisierung und Merkmalen der Medienwirkung soll in der folgenden Betrachtung eingegangen werden.

5.1 Bündnis 90/Die Grünen

Die Grünen sind aus der Umweltschutz- und Friedensbewegung entstanden und verstanden sich in ihren Anfangsjahren als Arm der außerparlamentarischen Oppositionsgruppen. Sie wollten deren Forderungen ins Parlament tragen, ohne selbst zu einer etablierten Partei zu werden. Aus diesem Grund spielte die Basisdemokratie eine große Rolle. Es sollte eine dezentrale Parteiorganisation geben und die Repräsentanten, Führungsfiguren und Mandatsträger sollten an den Willen der Parteibasis gebunden sein. Dieses System führte zu einigen Besonderheiten der Grünen als Partei: Die Grünen sollten selbst die höchsten Parteiämter ehrenamtlich ausüben, es sollte eine kollektive Führung geben, also einen Doppelspitze, es herrschte das Verbot der Ämterhäufung, ein Rotationsprinzip für Mandatsträger und die Trennung von Amt und Mandat. Durch diese

Maßnahmen sollen Themen im Vordergrund stehen, nicht Personen (Klein/ Falter 2003: 87-92).

Diese Regelungen sind heute teilweise aufgehoben, zwei von ihnen spielen aber in Hinsicht auf die Europawahl noch eine Rolle. Zum einen gibt es auch hier eine Doppelspitze mit Dany Cohn-Bendit und Rebecca Harms. Zum anderen ist es, ganz nach den alten Vorstellungen, bei der Europawahl wirklich der Fall, dass Themen im Vordergrund stehen und Personen zweitrangig sind. Das wird auch beim der Analyse der Kampagne deutlich.

Eine Besonderheit der Grünen bei der als Beispiel gewählten Europawahl ist, dass sie als erste Partei mit einer eigenen europäischen Partei und nicht mit einem Parteienverbund in den Wahlkampf gestartet waren. Die European Greens wurden am 22. März 2004 in Rom gegründet, indem sich 25 Grüne Parteien für ein gemeinsames Spitzenteam, ein gemeinsames politisches Manifest, eine gemeinsame Werbelinie und einen europäischen Werbeauftritt entschieden haben (Eurogreens 2004).

Die gemeinsame europäische Kampagne der Grünen lief europaweit und mehrsprachig, wobei einzelne Module der Werbemittel länderspezifisch gestaltet werden konnten. Bernd Heusinger von der Berliner Agentur „Zum goldenen Hirschen", die die Kampagne gestaltete, hebt die „große Gemeinsamkeit" und den „hohen Wiedererkennungswert" der Kampagne hervor und weist auf die Betonung von „Grünen Kernthemen" und auf eine „neue Ästhetik" hin. Den Slogan der Kampagne, „Du Entscheidest" sieht er als Grundlage zukünftiger europäischer Politik (Eurogreens 2004: 1).

5.2   Der Fernsehspot

Der für den Europawahlkampf erstellte Fernsehspot behandelt aus inhaltsanalytischer Sicht die „klassischen" grünen Themen. Dabei lässt sich keine klare narrative Struktur erkennen, die im Sinne eines Storytellings die Punkte der im grünen Programm enthaltenden Schwerpunkte enthält. Vielmehr handelt es sich um einen „Spot in Spotform", also eine durch eher abrupte, strenge Schnitte gestaltete Aneinanderreihung, wobei jede einzelne Sequenz für sich steht und keine „Geschichte" erzählt wird, Diese „Spot-im-Spot-Technik" zeigt deutliche Anlehnungen an die Videoclipkultur und versucht damit, zumindest in der Formensprache, eine modernes Bild zu kommunizieren.

Die Grundstruktur des Spots besteht in einer Aufzählung wichtiger grüner Inhalte, die z.T. auch durch bekannte PolitikerInnen bebildert werden. Einzig verbindendes Element ist die Musikunterlage, die mit einem bekannten südamerikanischen Stück und einer deutschen Übertextung spielt („Please Mr. don't touch me tomato"). Das musikalische Botschaftslevel verbindet einen fröhlichen Unterton mit einer sachlich-thematischen Botschaft: „Don't toch me tomato", der Refrain des auf Englisch gesungenen, grammatikalisch nicht ganz korrekten Textes spricht das Thema Gentechnik an, ohne es jedoch in einen plakativen oder bedrohlichen Kontext zu stellen. Damit bewegt sich der musikalische Hintergrund im gleichen Stil wie die Visualisierungen. Locker-leicht und fröhlich-beschwingt soll an die wichtigen Themen der Grünen erinnert werden.

Das dargestellte politische Personal steht klar im Dienst der inhaltlichen Botschaft: Jürgen Trittin vor einem Solardach, Renate Künast vor einem Teller mit (roten) Tomaten und (grünem) Basilikum. In einer der letzten Sequenzen, in der ein Junge Pommes mit grünem Ketchup zu sich nimmt, schwebt Joschka Fischer sozusagen als übergeordnete Autoritätsperson hinter der Szene und ist nur leicht verschwommen im Hintergrund auf einem Plakat zu erkennen – gewolltes Understatement für die wichtigste politische Leitfigur der Partei. Damit gehört dieser Spot zum Typus des „personenfernen" Spots, der weniger auf die politische Prominenz setzt, sondern eine klar auf die Politikinhalte bezogene Narrationsfigur aufweist.

Eine weitere Verbindung der Einzelelemente, neben der Musik, ist die Farbe – nahezu jede Szene enthält das markante Grün als Signalfarbe – sei es nun natürlich (Wiese) oder als Inszenierung erkennbar (grünes Ketchup)

Um dies noch genauer zu belegen, wurden die Spots-im-Spot einzeln analysiert und in folgendes Ablaufschema gebracht. In der nachstehenden Tabelle sind in der linken Spalte die Motive, die im Fernsehpot zu sehen sind, in der Reihenfolge ihres Erscheinens aufgezählt. Rechts sind die Themen genannt, die diese Motive repräsentieren sollen.

Szene	Themen
Flug über eine grüne Landschaft	Umweltschutz
Kurzblick auf Elektronik	Forschung/Technik
Picknick mit jungen Leuten	Natur/Lifestyle/Jugend
Schnell wachsendes Gras	Umweltschutz
Zwei kopulierende grüne Käfer	Familienplanung
Grüne Straßenbahn (Stadtszene)	Klima/Nutzung ÖPNV
Tischtennisspielen	Sport/Lifestyle
Ampelschaltung von rot auf grün	Fortschritt
Jungen Frauen spielen Fußball (grüne T-Shirts)	Gleichberechtigung
Grün bespraytes, durchkreuztes Plakat eines Atomkraftwerkes	Anti-Atomkraft
Minister Trittin vor Solarzellen	Erneuerbare Energien
Baby im Wasser	Zukunft
Platten	„Alte Werte"/Lifestyle,
Grüne Kondome (Zeichentrick)	Vielfalt/Homosexualität
Lehrer zeichnet Europas Grenzen an der Tafel	Europa/Neue Beitrittsländer
Ministerin Künast vor Tomatensalat	Gentechnik/Italien/Europa
Der schiefe Turm von Pisa wird von einer jungen Frau gerade gerückt	Pisa-Studie/Bildung
Junge isst Pommes mit grünem Ketchup vor einem Plakat von Fischer	Volksverbundenheit/Zukunft
Foto von Merkel/Berlusconi mit einem grünen Kaktus	Stachelig gegen Rechts
Rebekka Harms und Dany Cohn-Bendit mit grüne Lollies	Spitzenkandidaten in selbstironisierender Pose
Slogan „Du Entscheidest"	
European Greens Logo	
Bündnis 90/ Die Grünen Logo	

Der Spot arbeitet, wie beschrieben, wenig mit Personalisierung. Die Spitzen-kandidatInnen sind nur in einer Szene zu sehen und werden in dieser auch nicht explizit thematisiert. Sie sind nicht durch einen Off-Text, sondern nur durch grünen Lutscher und T-Shirts als grüne SpitzenkandidatInnen gekennzeichnet. Auf ihre Person wird nicht eingegangen.

Ausschnitt 1: Die Sptizenkandidaten

Die Themen dominieren den Spot. Typische grüne Programmpunkte wie Um-weltschutz, Gleichberechtigung und Bildung sind gemischt mit Bildern zu se-hen, die eher den Feel-Good-Faktor darstellen und einen bestimmten Lifestyle vermitteln sollen. Auch die teilweise selbstironische Bebilderung vermittelt den Versuch, leicht und beschwingt die politischen Themen zu vermitteln. Aller-dings bleiben die Positionen auch aufgrund dieser Leichtigkeit unklar. Außer der deutlichen Positionierung als Anti-Atomkraft Partei finden sich keine weite-ren klaren Aussagen. Dafür ist dieser plakativ in Szene gesetzt.

Ausschnitt : 2. Anti-Atomkraft

Ein kurzer kritischer Anklang im Hinblick auf die politischen Gegner („negative campaining") ist in der Kaktus-Szene zu finden, allerdings nur in einer sehr milden Form.

An diesem Spot wird auch eine der typischen Gefahren der Fernsehspots deutlich – die unpräzisen, fast ins Belanglose abgleitenden inhaltlichen Positionen. Wenn, wie in diesem Spot, die Bildsprache (Farbe, Schnitte, Musik, Fehlen von gesprochenem Text) und die Inszenierung (straffe Themenabfolge, wenig politisches Personal) dominiert, so besteht die Gefahr, die Inhalte dabei im Vagen zu belassen.

Bezieht man jedoch die Frage der Zielgruppe des Spots in die Analyse mit ein, so ist zu vermuten, dass es hier weniger um die Gewinnung neuer Wählerschichten geht, sondern vielmehr darum, das „klassische" grüne Wahlpotential für die Wahl zu mobilisieren. Diese Zielgruppe braucht letztlich auch weniger an neuen Informationen zu bestimmten Positionen, hier geht es vielmehr darum, die wenig populäre Europawahl als wichtiges politisches Ereignis zu kommunizieren. Sieht man den Spot aus dieser Perspektive, so darf er durchaus als gelungen angesehen werden – für Grünwählerinnen und -wähler sind die wichtigen Themen angesprochen, auch wenn es sich bei einigen von ihnen um nationale und nicht um originär europäische Themen handelt (z.B. Bildung), und der ironisch-intellektuelle Unterton ist zielgruppengerecht. Wichtig ist zudem, dass am Ende des Spots, wie auch beim Radiospot und den Plakaten, der Slogan der Kampagne („Du Entscheidest") und das Logo der „European Greens" zu sehen ist.

5.3 Der Radiospot

Der Radiospot ist, rechtzeitig zur Fußball-EM, an eine Fußballberichterstattung im Radio angelehnt. Hier findet sich im Gegensatz zum TV-Spot eine klare narrative Struktur, in die die politischen Botschaften eingeblendet sind. Dany Cohn-Bendit und Rebecca Harms als Spitzenduo kommentieren als „Reporter" ein Spiel. In der folgenden Tabelle ist in der Mitte der gesprochene Text zu sehen, rechts finden sich die daraus extrahierten Themen:

Sprecher:	Text:	Themen:
Dany:	Da, Berlusconi ist am Ball. Er dribbelt, er stürmt, er überholt Haider rechts außen und AUS! Was macht Merkel? Merkel läuft mit Berlusconi mit. Hat kein Konzept, schlägt den Ball planlos nach vorne, ins Abseits, aber der Schiedsrichter pfeift nicht und Berlusconi schießt rein. Wo bleibt der Pfiff? Was für eine Sauerei! Null zu Eins, völlig unverdient, Rebekka, hast du so etwas schon gesehen?	→ Negative Campaigning gegen Rechts
Rebecca:	Ja, meine Damen und Herren, Europa macht es spannend. Anstoß! Finnland stürmt vor. In Pisa waren sie Europameister. Aber was sehe ich da? Dany, die Atomlobby kommt zum Zug! Was soll das, die spielt rückwärts, ein Eigentor gerade noch verhindert...	→ Pisa-Studie → Anti-Atomkraft
Dany:	Das darf doch nicht war sein. Die Europäer haben doch so viel erneuerbare Energie, und dann foulen sie den europaweiten Atomausstieg. Aber er kommt schon wieder hoch. Zum Glück ist die grüne Mannschaft sehr stark aufgestellt.	→ Erneuerbare Energien → Atomausstieg
Rebecca:	Ja hier auf dem Grün bekommt die Gleichberechtigung jetzt ihre Chance. Und was macht sie als erstes? Sie hilft den Männern!	→ Gleichberechtigung
Dany:	Wunderbar macht die Gleichberechtigung das. Sie spielt den Ball zum Europaweiten Atomausstieg, der stürmt weiter	→ Gleichberechtigung → Atomausstieg → Anti-Rechts

	nach vorn und da grätscht Berlusconi wieder von rechts, seine Kameraden Stoiber und Merkel versuchen's von beiden Seiten, schreien sich an und holzen sich gegenseitig um. Haha, erstklassiges Zusammenspiel hingegen bei der grünen Mannschaft. Und jetzt der Pass in die Tiefe. Jaaaaa!	
Rebecca:	Jetzt steht es unentschieden, das heißt die Entscheidung fällt erst im letzten Augenblick bei der Europawahl am 13. Juni. Es kommt also absolut auf ihre Stimme an. Mann, was für eine Spannung!	Spannungsaufbau Wahlaufruf an die Wählerschaft
Off:	Du entscheidest mit deiner Stimme für die Grünen, bei der Europawahl am 13. Juni.	Slogan

Die Funktion des Mediums wird hier originell genutzt. Das Setting einer Fußball-Radioreportage vermittelt Direktheit, Life-Atmosphäre und Spannung zwischen den Kontrahenten. Die textuelle Akkommodation an die Sprache des Sportes, mit der entsprechend Fachlexik („dribbelt", „stürmt", „Eigentor", „Pass in die Tiefe") vermittelt ein szenisches Gefühl für die Hörerschaft und markiert den Wettbewerbscharakter der Wahl.

Die Personalisierung spielt auch hier nur am Rande eine Rolle, die beiden SpitzenkandidatInnen kommentieren zwar das Spiel, treten aber wieder nicht explizit in den Vordergrund. Die Themen hingegen stehen stärker im Vordergrund, es sind wie schon beim Fernsehspot die grünen Themen Anti-Atomkraft, Umweltschutz, Gleichberechtigung und Bildung – aber auch hier spielerisch verpackt und ohne klare inhaltliche Positionierung. Ganz offensichtlich geht man davon aus, dass die Positionen der Grünen hier bekannt sind und inhaltliche Klärungen nicht erforderlich sind. Auch dieser Spot hat also vor allem Mobilisierungsfunktion und dient eher der Imagepflege als der programmatischen Positionierung.

In der Szene, in der Berlusconi Haider rechts außen überholt und Merkel mit Berlusconi mitläuft, taucht wieder eine Anspielung auf, die sich dem „Negative Campaigning" zurechnen lässt, auch hier die einzige Stelle, an der ein politischer Konflikt zum Thema wird. Der Spot schließt genau wie der Fernsehspot mit dem Slogan „Du Entscheidest" und einem Wahlaufruf.

5.4 Plakate

Die Plakate enthalten fast alle Großaufnahmen von Objekten, die mit grüner Politik assoziiert werden. Sie alle sind mit dem Slogan „Du Entscheidest" und einer Headline versehen. Außerdem findet sich auf den Plakaten sowohl das Logo von Bündnis 90/Die Grünen als auch das der European Greens. Die Plakatierung wurde für den Ablauf in zwei Phasen geplant. Die erste Phase umfasste Themenplakate und die Kopfplakate der SpitzenkandidatInnen, diese Plakate sind alle eher neutral. Die Plakate für die zweite, heiße Wahlkampfphase haben mehr Witz und beinhalten auch Negative Campaigning.

Motiv	Thema
1. Phase	
Sonneblume	Klima
Demonstration	Frieden
Meer	Gewässerschutz
Tomaten	Gentechnik
Wald	Umweltschutz
Solarzellen	Erneuerbare Energien
Sperma	Gleichberechtigung
Dany Cohn-Bendit	Kandidat
Rebecca Harms	Kandidatin
2. Phase	
Bush	Klonen
Pilz	Anti-Atomkraft
Berlusconi und Merkel	Gegner – Negative Campaigning
Blair und Co.	Transparenz
Schiff	Frauenpolitik
Joschka	Joschka/Europa
Federn	Friedenspolitik

Hinsichtlich der Personalisierung ist hier auffällig, dass neben den Kopfplakaten der SpitzenkandidatInnen in der zweiten Phase auch ein Kopfplakat von Joschka Fischer auftaucht. Joschka Fischer wird hier als prominentester Grüner in Anspruch genommen und stellt damit ein gutes Beispiel für Personalisierung dar. Desweiteren sind wieder alle grünen Themen vertreten, durch die Großaufnahmen sind die Themen allerdings erst auf den zweiten Blick zu erkennen. Mit Umweltschutz, Frieden und Anti-Atomkraft, Themen, die sowohl im Fernseh-, also auch im Radiospot und auf den Plakaten präsent sind, sind Themen ausgewählt worden, die alle eine Europäische Relevanz haben.

6   Fazit

Die Grünen erzielten bei der Europawahl 2004 ein sehr gutes Ergebnis von 11,9%, das war eine Steigerung von 5,5% zur vorangegangenen Europawahl. Inwieweit dieses Ergebnis als direktes Resultat der Kampagne gewertet werden kann, ist im Einzelnen schwierig zu beurteilen (vgl. dazu besonders Maier/ Maier 2004). Bündnis 90/Die Grünen hatten sich als kleiner Regierungspartner eher im Hintergrund gehalten, während SPD und CDU sich harte Diskussionen lieferten. Die Grünen blieben also ,sauber' und bedienten die weichen Themen. Sie distanzierten sich in dieser Zeit massiv von Korruption und beharrten auf der Erhaltung der moralischen Werte auch in der Politik. Dieses Verhalten könnte zu einer positiven Grundhaltung gegenüber der Partei geführt haben.

Wichtig war es für die europäischen Grünen, die eigene Klientel zur Wahl zu motivieren. Bündnis 90/Die Grünen scheint das mit ihrer Kampagne und der Betonung von vermeintlichen „Luxusthemen" wie Umwelt und der Lifestyle-Komponente, die sich durch die gesamte Kampagne zogen, erreicht zu haben. Die grüne Agenda stand dabei nicht nur farblich im Vordergrund, auch thematisch wiederholten und betonten die Grünen immer wieder ihre Stammthemen Umweltschutz, erneuerbare Energien und Frieden.

Auch wenn man im Einzelnen die Wirkungen nicht valide belegen kann, so kann doch davon ausgegangen werden, dass die Art der Kampagnenführung ihren Teil zum Erfolg beigetragen hat. Sie war der Medienlogik angepasst und professionell von einer Agentur organisiert, es wurde auf Ästhetik, Inszenierung und Politainment gesetzt. Auch hatte man sich, ganz im Sinne einer Europawahl, auf die Themen konzentriert, die Personen blieben im Hintergrund.

Die Spots sind insofern als Elemente einer Vertrauenswerbung im Rahmen dieser Kampagne zu charakterisieren. Radio- und Fernsehspot greifen stilistisch und thematisch auf vergleichbare Muster zurück und verdeutlichen, nicht nur durch die selbstverständliche Nutzung des Slogans, eine einheitliche Zielrichtung. Die Kampagne ist insofern ein gutes Beispiel dafür, wie massenmediale Anforderungen erfüllt werden können, ohne die politischen Kernthemen zu vernachlässigen. Interessanterweise ist den Parteien inzwischen bewusst, dass die Spots bleibenderen Eindruck an die Kampagne hinterlassen – viele der Spots sind von namhaften Profis konzipiert und realisiert. Bedauerlicherweise jedoch haben die meisten Parteien noch nicht erkannt, dass Spots nicht nur wirksam, sondern auch langlebig sind: allzu schnell werden sie nach Ende des Wahlkampfes von den Webseiten entfernt.

Die Grünen haben auch in einem späteren Wahlkampf, dem Landtagswahlkampf in Baden-Württemberg 2006, eine ähnliche Bildsprache in ihrem Spot verwendet. Insbesondere die Form der spotbezogenen Auseinandersetzung mit dem Gegner erinnert stark an die Europa-Kampagne 2004, in der Landtagswahl ging man sogar noch weiter und wählte die Form eines Comic. Ein bezeichnender Ausschnitt aus dem Spot soll das verdeutlichen (http://www.bawue.gruene.de/index.php?id=4258):

Ausschnitt. 3: Spot Landtagswahlkampf Baden-Württemberg 2006

Durch eine gute Wahlkampagne können positive Trends verstärkt und negative abgeschwächt werden, sie kann Wahlen gewinnen helfen, aber nicht selbst Wahlen gewinnen, denn Wahlkampf ist nicht nur Marketing, sondern in erster Linie Politik.

Literatur

Beierwaltes, Andreas (2002): Demokratie und Medien. Der Begriff der Öffentlichkeit und seine Bedeutung für die Demokratie in Europa. Baden-Baden.

Bundeswahlleiter (2004): Europawahl 2004. http//www.bundeswahlleiter.de/ europawahl2004/ergebnisse/bundesergebnisse/be_tabelle_99.html.

Dörner, Andreas (2001): Politainment. Politik in der medialen Erlebnisgesellschaft. Frankfurt/M.

Eurogreens (2004): Europäisches Spitzenteam konstituiert. http//www.eurogreens.org/ cms/default/dok/37/37480.europaeisches_spitzenteam_konstituiert_s@de.htm.

Eurogreens (2004 1): Du Entscheidest. http//www.eurogreens.org/cms/default/dok/37/ 37713.du_entscheidest@de.htm.

Hickethier, Knut/Bleicher, Joan Kristin (1998): Die Inszenierung der Information im Fernsehen. In: Willems, Herbert/Jurga, Martin (Hrsg.): Inszenierungsgesellschaft. Ein einführendes Handbuch. Opladen, Wiesbaden. 369-383.

Hoffmann, Jochen (2003): Inszenierung und Interpenetration: Das Zusammenspiel von Eliten aus Politik und Journalismus. Wiesbaden.

Holtz-Bacha, Christina/Kaid, Lynda Lee (1995): Vorwort. In: Holtz-Bacha, Christina/Kaid, Lynda Lee (Hrsg.): Wahlen und Wahlkampf in den Medien. Untersuchungen aus dem Wahljahr 1994. Opladen.

Holtz-Bacha, Christina (2006): Personalisiert und emotional: Strategien des modernen Wahlkampfes. In: Aus Politik und Zeitgeschichte. 7/2006. 11-19.

Klein, Markus/Falter, Jürgen W. (2003): Der lange Weg der Grünen. Eine Partei zwischen Protest und Regierung. München.

Klingemann, Hans-Dieter/Voltmer, Katrin (1998): Politische Kommunikation als Wahlkampfkommunikation. In: Jarren, Otfried/Sarcinelli, Ulrich/ Saxer, Ulrich (Hrsg.): Politische Kommunikation in der demokratischen Gesellschaft. Ein Handbuch mit Lexikonteil. Opladen, Wiesbaden. 396-405.

Kurt, Ronald (1998): Der Kampf um Inszenierungsdominanz. Gerhard Schröder im ARD-Politmagazin ZAK und Helmut Kohl im Boulevard Bio. In: Willems, Herbert/Jurga, Martin (Hrsg.): Inszenierungsgesellschaft. Ein einführendes Handbuch. Opladen, Wiesbaden. 565-582.

Landfried, Christine: Europawahlen 2004. In: Informationen zur politischen Bildung. 03/2005. S. 10-22

Maier, Michaela/Maier, Jürgen (2004): Nebensache Europa: Parteienspots zur Europawahl 2004 und ihre Wirkung. Ergebnisse einer Experimentalstudie. In: Tenscher, Jens (Hrsg.): Wahl-Kampf um Europa. Analysen aus Anlass der Wahlen zum Europäischen Parlament 2004. 118-135.

Meckel, Miriam (2003): Campaigning 2002 – die Inszenierung der Inszenierung. In: Rolke, Lothar/Wolff, Volker (Hrsg.): Die Meinungsmacher in der Mediengesellschaft. Deutschlands Kommunikationseliten aus der Innensicht. Wiesbaden. 67-77.

Meyer, Thomas (2000): Die Theatralität der Politik. In: Siller, Peter/Pitz, Gerhard (Hrsg.): Politik als Inszenierung. Zur Ästhetik des Politischen im Medienzeitalter. Baden-Baden. 117-121.

Meyer, Thomas (2001): Mediokratie. Die Kolonisierung der Politik durch die Medien. Frankfurt/M.

Meyer, Thomas (2003): Die Theatralität der Politik in der Mediendemokratie. In Aus Politik und Zeitgeschichte (B 53/2003) online unter http://www.bpb.de/publikationen/B49BYV,2,0,Die_Theatralit%E4t_der_Politik_in_der_Mediendemokratie.html

Meyer, Thomas/Ontrup, Rüdiger (1998): Politik und Politikvermittlung im Fernsehzeitalter. In: Willems, Herbert/Jurga, Martin (Hrsg.): Inszenierungsgesellschaft. Ein einführendes Handbuch. Opladen, Wiesbaden. 523-564.

Meyer, Thomas/Schicha, Christian (2002): Medieninszenierungen zwischen Informationsauftrag und Infotainment. Kriterien einer angemessenen Politikvermittlung. In: Schicha, Christian/Brosda, Carsten (Hrsg.): Politikvermittlung in Unterhaltungsformaten: Medieninszenierungen zwischen Popularität und Populismus. Münster, Hamburg, London. 53-60.

Radunski, Peter (1980): Wahlkämpfe. Moderne Wahlkampfführung als politische Kommunikation. München.

Schmidt, Jan (2006): Weblogs. Eine kommunikationssoziologische Studie. Konstanz.

Schulz, Winfried (1998): Politische Kommunikation: Theoretische Ansätze und Ergebnisse empirischer Forschung zur Rolle der Massenmedien in der Politik. Opladen, Wiesbaden.

Tenscher, Jens (2004) (Hrsg.): Wahl-Kampf um Europa. Analysen aus Anlass der Wahlen zum Europäischen Parlament 2004. VS-Verlag, Wiesbaden

Thimm, Caja/Schäfer, Holger (2001): Politische Kommunikation im Internet: Hyper-Textsorten und politische Semantik im Online-Wahlkampf. In: Diekmannshenke, Hajo/Meißner, Ingrid (Hrsg.): Politische Kommunikation im historischen Wandel: Ein Überblick. Tübingen, Stauffenberg. 199-224.

Thimm, Caja/Berlinecke, Sandra (2007): Mehr Öffentlichkeit für unterdrückte Themen. Chancen und Grenzen von Weblogs. In: Pöttker, Horst/Schulzki-Haddouti, Christiane (Hrsg.): Vergessen? Verschwiegen? Verdrängt? 10 Jahre "Initiative Nachrichtenaufklärung" Unterdrückte Nachrichten – 10 Jahr Initiative gegen Nachrichtenunterdrückung. Wiesbaden; S. 79-99

Vogt, Ludgera (2002): Scharping im Pool. Über Chancen und Risiken der Privatisierung des Politischen. In: Schicha, Christian/Brosda, Carsten (Hrsg.): Politikvermittlung in Unterhaltungsformaten: Medieninszenierungen zwischen Popularität und Populismus. Münster, Hamburg, London. 134-151.

Von Kugeln, Parkbänken und vermeintlicher Sachlichkeit im Wahljahr 2005. Oder: Wahlwerbespots als visuelle Kommunikationsangebote im und für den Politikunterricht

Anja Besand

Der Bundestagswahlkampf 2005 war ein kurzer Wahlkampf. So überraschend er sich angekündigt hatte, so schnell war er zu Ende und noch dazu fand er zum wesentlichen Teil in den Sommerferien statt. Für die Akteure bedeutete das einen erheblichen zeitlichen Druck. Es mussten Kampagnen entwickelt, Plakate entworfen und Werbespots gedreht werden. Die Werbestrategie der politischen Gegner mussten beobachtet und Reaktionen darauf schnell und strategisch in die eigene Wahlkampfkommunikation integriert werden (vgl. Strohmeier 2002). Für die Wählerinnen und Wähler waren damit allerdings auch Chancen verbunden, denn aufgrund der zuweilen etwas improvisierten Struktur dieses Wahlkampfes konnten sie so manches Phänomen deutlicher beobachten, als es in anderen voll durchkomponierten Wahlkämpfen möglich gewesen wäre. Zu den Phänomenen, die im Wahljahr 2005 besonders deutlich sichtbar wurden, gehörten unter anderem die Strategien der Gegnerbeobachtung sowie der Negativ- und Metakampagnen.

Gegnerbeobachtung und Negativkampagnen sind tatsächlich keine wirklich neuen Strategien in der Wahlkampfkommunikation. So existieren auch in der Vergangenheit kaum politische Kampagnen, die ob direkt oder indirekt ohne den politischen Gegner als wesentlichen Bezugspunkt auskommen (vgl. Althaus 2001: 28). Echte Negativ- bzw. Metakampagnen, in denen die Kampagnen der politischen Gegner *direkt* einbezogen oder zitiert werden, gehörten in Deutschland im Bereich der Wahlwerbespots allerdings lange Zeit eher zu den Ausnahmeerscheinungen. Wahlwerbespots, die in der Regel über das Fernsehen ausgestrahlt werden, waren lange Zeit schlicht zu teuer und zu aufwendig in der Produktion, als dass man sich eine solche durchaus riskante Vorgehensweise hätte erlauben können. Erst durch die Vereinfachung medialer Produktions- und auch Distributionsmöglichkeiten begannen die Parteien neben ihren zentralen Spots auch noch „kleinere" Werbespots zu entwickeln, mit denen sie sich direkt auf die Kampagnen ihrer politischen Gegner beziehen konnten. Im Wahlkampf 2005 gab es schließlich eine ganze Reihe solcher Metakampagnen. Am deutlichsten wurde diese Vorgehensweise allerdings sicherlich im so genannten *Kugel-Spot* der SPD, der sich direkt auf den zentralen Wahlwerbespot der CDU bezog – ja sozusagen als ironische Antwort auf diesen konzipiert war – nicht zuletzt, weil dieser paradoxerweise bereits einen Tag vor dem CDU Spot, auf den er sich bezog, den Medien vorgestellt wurde.

1   Von den Schwierigkeiten im Umgang mit Wahlwerbespots
Oder: Ein populistischer Anachronismus

Tatsächlich soll es aber im folgenden Aufsatz weniger darum gehen, solche Wahlwerbespots im politikwissenschaftlichen Sinn zu analysieren. Das ist in den vorangehenden Artikeln schon zur genüge passiert. Es geht vielmehr darum, sich mit der Frage zu beschäftigen, auf welche Weise solche Spots Eingang in den politischen Unterricht finden könnten. Denn während Wahlwerbespots im Bereich der politikwissenschaftlichen Auseinandersetzungen der letzten Jahre zunehmend interessant geworden sind (vgl. beispielhaft Dörner/Vogt 2002; Holtz-Bacha 2002; Knieper/Müller 2004), herrscht in der politischen Bildung noch immer eine gewisse Ratlosigkeit, wie mit ihnen im politischen Unterricht umzugehen sei.[1] Doch worin liegen die Gründe dafür, dass ausgerechnet solche anschaulichen, zuweilen sogar unterhaltsamen politischen Erscheinungen wie wir sie in den Werbespots der verschiedenen Parteien finden können, nur ungern zum Gegenstand politischer Vermittlungsarbeit gemacht werden? Wären solche Spots nicht sogar in besonderem Maße geeignet, den ansonsten oft sehr trockenen Gegenstand Politik für eine jüngere Zielgruppe attraktiv oder zumindest interessant zu machen?

Tatsächlich befindet sich die politische Bildung beim Umgang mit Wahlwerbespots in einem gewissen Dilemma. Zwar ist auch in diesem Bereich in den letzten Jahren deutlich geworden, dass es nicht die trockenen schriftlichen Wahlprogramme, sondern vielmehr die vielfältigen audiovisuellen Präsentationen der Parteien sind, die im Vorfeld der Wahl letztlich über deren Ausgang entscheiden. Gleichzeitig ist im Bereich der politischen Bildung aber noch immer eine medien- und kulturkritische Grundhaltung verbreitet, die einer intensiven Beschäftigung mit solchen Formaten eher im Wege steht (vgl. Besand 2004). Da Wahlwerbespots die Wählerinnen und Wähler in vielen Fällen eher emotional als intellektuell anzusprechen versuchen, werden sie vielfach nicht als sinn- und wertvolle Instrumente zur Darstellung politischer Inhalte, sondern

---

1   So werden die aktuellen Spots gemeinsam mit einem Überblick über Wahlplakate aus den letzten 50 Jahren zwar auf der von der Bundeszentrale für politische Bildung und dem Zentrum für Medien und Interaktivität (ZMI) gemeinsam getragenen Internetplattform www.wahlthemen.de für Unterrichtszwecke zum Download bereitgestellt. Überlegungen, was man im Unterricht aber konkret mit ihnen machen sollte, findet man bislang jedoch nur wenige.

lediglich als irrationale Verführungsinstrumente verstanden, mit denen sich eine sachliche Auseinandersetzung kaum lohnt und vor denen Schülerinnen und Schüler entsprechend auch eher gewarnt werden sollten. Wahlwerbespots fördern nach dieser Lesart nicht den rationalen Umgang mit Politik, auf den wir im Bereich der politischen Bildung ja besonderes Gewicht legen, sondern scheinen im Gegenteil eher der unsachlichen Verblendung zu dienen und sind in diesem Sinn keine ernstzunehmenden Erscheinungen im Bereich der politischen Kommunikation. Eine solche medienkritische und kulturpessimistische Haltung mag im Kontext eines Buches über Politik im Spotformat antiquiert und anachronistisch erscheinen, doch tatsächlich ist sie weit über den Bereich der politischen Bildung hinaus populär. Wenn man genau hinschaut, kann man diese Haltung sogar in den Wahlwerbespots des Wahljahrs 2005 selbst wiederentdecken, wie beispielsweise in dem zumindest auf den ersten Blick betont nüchtern und sachlich erscheinenden Spot der FDP. Ja es könnte fast so erscheinen, als ob sich nach dem schlechten Abschneiden der Liberalen im letzten Wahlkampf, was nicht zuletzt auf die medial zu offensiv angelegte Kampagne Guido Westerwelles zurückgeführt worden ist, eine ganze Reihe von Parteien – und nicht etwa nur die FDP – im Wahljahr 2005 entschlossen haben, ihre Wahlwerbung in ihrer formalästhetischen Ausdrucksweise deutlich nüchterner zu gestalten.

2   Vom sinnvollen Umgang mit Wahlwerbespots im politischen Unterricht

Doch zurück zur Ausgangsfrage: Wie kann ein sinnvoller Umgang mit Wahlwerbespots im politischen Unterricht aussehen? Soll man diese Spots mit einer der vielfältigen und durchaus aufwendigen Methoden der Filmanalyse im Unterricht bearbeiten und, wenn ja, nach welcher? Soll man sich stärker auf die visuellen oder auf die sprachlichen Aussagen in den Spots beziehen? Ist es didaktisch sinnvoller, eine Produktions- oder Produktanalyse zu versuchen, oder vielleicht lieber eine Wirkungs- oder eine Rezeptionsanalyse (vgl. Müller 2003: 14), und wie kann das im Unterricht konkret funktionieren? Oder sollten wir die Spots doch nur als interessanten Einstieg oder Aufmacher benutzen?
     Wenn wir politischen Wahlen in der Mediendemokratie gerecht werden wollen, kommen wir im politischen Unterricht an der Thematisierung von Wahlwerbespots nicht vorbei. Ein besonderes Problem, das sich bei der Integration dieser Spots allerdings ergibt, ist, dass die Kompetenzen zum sachkundigen Umgang mit ihnen weder auf der Seite der Lehrenden noch der Lernenden einfach vorausgesetzt werden können. Zwar scheint die grundsätzliche Bereitschaft zum didaktischen Einsatz von visuellen und audiovisuellen Materialien in den

letzten Jahren auch im politischen Unterricht deutlich gewachsen zu sein. Überdies darf aber nicht übersehen werden, dass bereits die Komplexität und Vielschichtigkeit einer Bildinterpretation für viele Lehrerinnen und Lehrer eine Überforderung darstellt (vgl. Pandel 2006: 54). Eine Filmanalyse – und sei es nur die Analyse eines aller Wahrscheinlichkeit nach nur wenige Minuten dauernden politischen Wahlwerbespots – ist dagegen um ein vielfaches komplizierter und aufwendiger. Betrachtet man beispielsweise die vorhandenen und durchaus empfehlenswerten Einführungen in die Filmanalyse, wie etwa bei Faulstich (2002), Korte (2004) oder Müller (2003), wird sehr schnell deutlich, dass eine solche Vorgehensweise für ein in den meisten Bundesländern lediglich einstündig unterrichtetes Fach eine echte Herausforderung darstellt. So braucht Korte allein zur Klärung des Vokabulars, das zur Beschreibung von Schnittfolgen, Kamerabewegungen, -einstellungen und ähnlichem notwendig ist, fast 30 Seiten (Korte 2004). Wer könnte es da nicht verstehen, dass man im politischen Unterricht vor Filmanalysen noch vielfach zurückschreckt? (vgl. auch Stiller 2004: 216)

Doch gerade weil Filmanalysen im Rahmen der schulischen Zeitstrukturen so schwer umzusetzen sind, stellen Wahlwerbespots eine günstige Gelegenheit für den politischen Unterricht dar. Denn wenn man es recht bedenkt, eignen sich Wahlwerbespots nicht nur aus inhaltlichen, sondern gerade auch aus formalen Gründen, um im Bereich von Filmanalyse und Filmkritik visuelle Kompetenzen in unserem Fach aufzubauen. Sie sind nämlich anders als viele andere audiovisuelle Formate extrem kurz. Ein Wahlwerbespot ist aufgrund der von den Fernsehanstalten bereitgestellten Sendezeiten selten länger als 2 Minuten. Wenn wir die Schülerinnen und Schüler deshalb nicht „um ihre Interpretationskompetenzen" betrügen wollen, wie Pandel schreibt (2006: 54), stellen Wahlwerbespots im politischen Unterricht ein besonders geeignetes Material dar, um an ihrem Beispiel zumindest in Grundzügen in die Technik der Filmanalyse einzuführen. Denn tatsächlich sollten Schülerinnen und Schüler auch in unserem Fach wissen, wie man ein Filmtranskript oder -protokoll erstellt, auf dessen Grundlage eine rationale Analyse filmischen Materials erst nachvollziehbar wird. Sie sollten nicht nur um politisch urteilsfähig, sondern auch um politisch handlungsfähig zu werden wissen, mit welchen filmischen Mitteln man welche Wirkungen erzielt. Dazu müssen sie aber tatsächlich zumindest in groben Zügen auch Einstellungen und Schnitte charakterisieren können. Doch im Politikunterricht geht es sogar um mehr als das, denn der Politikunterricht ist kein Kunstunterricht, hier kann es nicht *alleine* um den Aufbau eines Begriffsapparates für die Interpretation visueller Quellen gehen. Im sozialwissenschaftlich orientierten Unterricht geht es vielmehr im Umgang mit Wahlwerbespots darum, diese als komplexe soziopolitische Quellen zu betrachten, von denen in diesem Zusammenhang nicht nur der visuelle oder filmische Gehalt, sondern auch die Produktions-, Distributions- und Rezeptionsgeschichte interessant ist (vgl. Müller 2003: 202). Und damit kommen wir zurück zum Ausgangspunkt dieses Beitrags. Was uns nämlich im politischen Unterricht an Wahlwerbespots besonders interessiert ist die Frage, wie diese sich im politischen Kommunikationsgeflecht des Wahlkampfs positionieren, auf was sie sich beziehen, wie sie wahrgenommen werden. Und diese Zusammenhänge lassen sich am besten beobachten, wenn wir die Werbespots nicht als isolierte Quellen, sondern als Kommunikationsimpulse in ihrem politischen und medialen Kontext betrachten. Konkret bedeutet das: Im politischen Unterricht geht es niemals nur um einen Spot, sondern immer um eine ganze Serie. Wie die Lehrerinnen oder Lehrer diese Serien zusammenstellen, welche Auswahl sie treffen bzw. ob sie überhaupt eine Vorauswahl treffen, ist dabei nicht festgelegt. So könnten Wahlwerbespots einerseits beispielsweise historisch verglichen werden (z.B. auf die Veränderungen in der Wähleransprache einer Partei), andererseits könnten die Spots der etablierten Parteien aber auch in ihrer vielfach aufeinander bezogenen Kommunikationsstruktur analysiert werden. Genauso ist es aber auch denkbar, verschiedene Spots eher randständiger oder kleiner Parteien mit ihrer häufig immanenten Parteienkritik zu betrachten und in ihrer Kommunikations- oder Argumentationsstruktur zu analysieren.[2] Immer aber sollte es dabei neben der reinen Filmanalyse auch um die Rekonstruktion des politischen Kommunikations- und Rezeptionskontextes gehen. Das heißt, egal ob man sich in Anlehnung an Panofsky mit einem klassisch hermeneutischen Dreischritt zunächst vom Phänomensinn über den Bedeutungssinn zum Dokumentensinn eines Wahlwerbespots durcharbeitet, wie Müller dies vorschlägt (2003: 46ff), oder eher nach Faulstich Leitfragen formuliert (2002: 25ff) (vgl. Abbildung 1), sollte doch das besondere Augenmerk des politischen Unterrichts nicht nur auf die Frage gerichtet sein, welche politischen Aussagen der Spot transportiert, sondern auch und vor allem die Kommunikationskontexte beleuchten, in dem seine Botschaft steht oder gestanden hat.

---

2 Besonders deutlich wurde dieser letzten Punkt in den Spots der „Partei" von Titanic-Chef Martin Sonneborn, die zwar im Rahmen des Wahlkampfes wenig ernstzunehmen, für den politischen Unterricht deshalb dennoch nicht unergiebig war.

Pa-nofsky	Vor-ikonographische Beschreibung		Ikonographische Analyse	Ikonologische Interpretation
Müller	Phänomensinn		Bedeutungssinn	Dokumentensinn
Faul-stich	Was?	Wer?	Wie?	Wozu?
	Was geschieht im Film in welcher Reihenfolge?	Wer sind die wesentlichen Figuren oder Elemente des Films? Für was stehen diese? Wen repräsentieren Sie?	Welche „Bauformen" des Erzählens werden verwendet? Wie werden die Figuren/Elemente dargestellt?	Welche Message soll oder wird im Film transportiert?
	Filmbeschreibung mit Hilfe eines Filmtranskripts oder Filmprotokolls		Bedeutungsanalyse	Filminterpretation

Abb.1

Aus diesem Grund müssen in der politischen Bildung im Rahmen von Filmanalysen nach den klassischen Analysefragen (vgl. Abb.1) immer auch Fragen gestellt werden wie: An welche Zielgruppe richtet sich der Spot? An welchen Stellen bezieht der Spot sich auf die Spots anderer Parteien oder Organisationen? Wie haben die Wählerinnen und Wähler auf den Spot reagiert? Wie wurde der Spot rezipiert bzw. gibt es oder gab es Reaktionen, die uns etwas über diese Rezeptionsweisen verraten? Das heißt, neben der eigentlichen Bild- oder Filmanalyse wie sie auch in anderen schulischen Fächern geübt werden kann, sollte im politischen Unterricht der mediale Kontext und die Rezeption eines Wahlwerbespots deutlich sichtbar gemacht werden.

3   Mediale Rezeptionsprozesse lassen sich medial rekonstruieren

Doch wie lässt sich dieser Kontext im politischen Unterricht rekonstruieren und wie können wir die Rezeptionsprozesse von Wählerinnen und Wählern überhaupt sichtbar machen?

Eine gute Möglichkeit, gleichzeitig Zugang zu den politischen Kontexten und den Rezeptionsprozessen von Wählerinnen und Wählern zu erhalten, ohne erneut ausschließlich auf schriftliche Quellen wie Kommentare und Artikel aus Zeitungen und Zeitschriften im Unterricht zurückzugreifen, bieten sich durch moderne Kommunikationsplattformen im Internet und hier vor allem durch die Angebote des so genannten Web2.0, wie YouTube oder Clipfish u.Ä. an. So ermöglicht YouTube nicht nur den Zugriff auf alle offiziellen Wahlwerbespots, sondern gleichzeitig auch Zugang zu den kleineren, nebengeordneten Spots von Parteien und deren Jugendorganisationen sowie zu einer unglaublichen Vielfalt von persönlichen Verarbeitungen und Kommentierungen dieser Spots durch die Wählerinnen und Wähler.

Gibt man den Suchbegriff „Wahlkampf 2005", „Wahlwerbung", oder Einzelbegriffe wie „Partei" „Wahl" oder „Bundestagswahl" ein, lassen sich nach und nach nahezu alle offiziellen und inoffiziellen Spots betrachten. Das ermöglicht es dem Rezipienten, Wahlwerbung international oder auch historisch zu vergleichen. So findet man in YouTube beispielsweise Wahlwerbespots der SPD von 1957 und damit dem ersten Jahr, in dem den Parteien Sendezeiten zur Ausstrahlung von Wahlwerbespots im Fernsehen zur Verfügung gestellt worden sind, bis heute.[3] Neben den Fernsehspots finden sich hier auch die Kinospots unterschiedlicher Parteien, die sich häufig deutlich von den Fernsehspots unterscheiden, und neben den Spots der nationalen Parteien finden sich unzählige Spots der verschiedenen Landesverbände und anderer Parteigremien, die aber gleichwohl im Rahmen der Bundestagswahl gezeigt worden sind. Das heißt, hier gibt es nicht einen Spot pro Partei, sondern bis zu 15 verschiedene, und in dieser Vielfalt wird die Kommunikationsstrategie hinter den Spots viel leichter sichtbar. Vergleicht man beispielsweise die verschiedenen Spots, die sich hier allein für *Bündnis 90/Die Grünen*, aber auch für die *FDP* oder *Die Partei* von Titanic-Chef Martin Sonneborn aus dem letzten Wahlkampf finden lassen, wird das differenzierte Zielgruppenmanagement innerhalb der verschiedenen Parteien geradezu offensichtlich. Vergleicht man dagegen die FDP Spots und Wahlkampfauftritte der FDP aus dem Wahlkampf 2002 mit denen aus dem Wahlkampf 2005 wird die betonte Sachlichkeit der neuen Spots im Vergleich zur Offensivität der Vorgängerkampagne leicht sichtbar und kann trotzdem als bewusster und gezielt eingesetzter Inszenierungsstil erkannt werden.[4]

Aber in Online-Video-Communitys wie YouTube u. ä. finden sich – wie bereits angedeutet – nicht nur die originalen Wahlwerbespots der Parteien wieder, sondern auch diverse Videospots, in denen Rezipienten ihre Eindrücke dieser Spots bzw. ihren Eindruck von den Wahlen als Ganzes verarbeiten. Das

---

3   Unter http://www.youtube.com/watch?v=ZAWxHnS2ZCw kann der SPD Wahlwerbespot von 1957 betrachtet werden.

4   Bis hin zu Westerwelles Schuhsohlenauftritt bei Sabine Christiansen sind hier bemerkenswert viele Beiträge zu finden, vgl. beispielsweise: http://www.wdr.de/themen/kultur/rundfunk/ schmidt/galerie/_mo/foto_show_050316.jhtml?bseite=6 oder auch http://www.hauenstein-aktuell.de/ hauenstein/ 2003/01/Wester-welle.htm

aber heißt: Durch die Vereinfachung medialer Produktions- und Distributionsmöglichkeiten ist es nicht nur für die etablierten politischen Akteure möglich
geworden, in Negativ- und Metakampagnen die Wahlwerbung der politischen
Gegner direkt zu verarbeiten oder zu zitieren, wie dies eingangs angedeutet
wurde. Vielmehr besteht damit zum ersten Mal auch die Möglichkeit, dass die
Wählerinnen und Wähler selbst solche Metakampagnen produzieren. Auch
wenn der Inhalt dieser Spots zuweilen problematisch sein kann, liegt genau in
diesen privaten Bild- oder Videoclips ein großes Potenzial für die Rekonstruktion der differenten und eben auch durchaus kontroversen Wahrnehmungswei-
sen der Wählerinnen und Wähler im Wahlkampf.[5] So wurde beispielsweise das
Motiv der Parkbank aus dem zentralen Spot von *Bündnis 90/Die Grünen* mit
Joschka Fischer in diversen privaten Spots zitiert und satirisch überzeichnet.
Vom verfremdeten semiprofessionellen Filmtrailer[6] über diverse Musikvideos[7]
bis zur spontan zusammengebastelten Diashow[8] findet sich hier für und gegen
jede politische Richtung oder Partei interessantes visuelles Material. Ja, wenn
man genau hinschaut steckt das ganze Netz voll von solchen subjektiven Verarbeitungen. Prominent wurde beispielsweise das so genannte Angelina-Projekt[9],
in dem in Anspielung auf die zum Teil erhebliche Retusche mancher CDU
Wahlplakate die Frage bearbeitet wurde, wie *schön* man Angela Merkel mit
Hilfe digitaler Retuschierverfahren überhaupt machen kann.

Aber diese subjektiven Verarbeitungen sind darüber hinaus auch noch aus
einem weiteren Gesichtspunkt für diesen Zusammenhang interessant, denn
gerade in diesen Spots oder Projekten wird deutlich, dass Wahlwerbung als
visuelles Diskursangebot von den Rezipienten zumindest teilweise auch visuell
weiter verarbeitet wird (vgl. dazu Besand 2006: 39), und eben dieser Punkt ist

---

5   Internetcommunities wie YouTube o.Ä. halten sich mit der Bewertung solcher Beiträge im
     Regelfall sehr zurück. Obwohl es nach den Nutzungsbedingungen von YouTube nicht erlaubt
     ist, Videos mit rassistischem und/oder ethnisch diskriminierendem Inhalt hochzuladen und
     Videos, nachdem sie von Zuschauern als unangebracht deklariert werden, eigentlich durch die
     Plattformbetreiber gelöscht werden bzw. nur noch für registrierte Nutzer zugänglich sein soll-
     ten, tauchen immer wieder Videos mit problematischen Inhalten auf der Website auf. Da bei
     einer Registrierung aber auch keine Altersverifizierung durchgeführt wird, ist YouTube unter
     Jugendschutz-Gesichtspunkten nicht immer unproblematisch. Allerdings könnte man vor die-
     sem Hintergrund auch den Umgang mit sämtlichen Internetsuchmaschinen im politischen Un-
     terricht problematisieren, da auch sie Zugang zu unter dem Gesichtspunkt des Jugendschutzes
     problematischen Inhalten ermöglichen.
6   vgl. beispielsweise http://www.youtube.com/watch?v=wfUjb7pkFsQ&mode=related&search=
     oder auch http://www. youtube.com/watch?v=wex70f-H0Ks&mode=related&search=
7   vgl. beispielsweise http://www.youtube.com/watch?v=wjcNWMN4m7A&mode=related&search=
8   vgl. beispielsweise http://www.youtube.com/watch?v=_RzxmD6NSnA
9   Auf die Titelseite des Projekts gelangt man auch heute noch unter http://www.angelina-
     merkel.de/ Mittlerweile sind die Projektergebnisse aber besser in diversen Blogs dokumen-
     tiert, beispielsweise unter http://manche-bilder.blogstart.de/

nicht unerheblich für den politischen Unterricht. Denn warum sollen nicht auch im politischen Unterricht solche Verarbeitungsstrategien mit den Schülerinnen und Schülern eingesetzt und erprobt werden. Warum sollen neben sprachgebundenen Argumenten nicht auch visuelle Argumentationsstrategien entwickelt und trainiert werden? Es gibt genügend Anhaltspunkte, die dafür sprechen, dass vor allem Jugendliche in diesem Bereich über Kompetenzen verfügen, die in unserem häufig sprach- und textlastigen Unterricht bislang eher selten zur Geltung kommen (vgl. JIM 2006 oder auch Curran u.a. 2001).

In diesem Sinn sollten Schülerinnen und Schüler im politischen Unterricht durchaus ermuntert werden, Wahlwerbespots nicht nur zu analysieren, sondern auch selbst visuell zu verarbeiten. Mit Hilfe digitaler Technologien ist es, wie sich problemlos in Online-Video-Communitys wie YouTube u.ä. beobachten lässt, heute ein Leichtes, eigene Versionen oder kritische Kommentierungen der Parteispots zu produzieren und auf diese Weise die Kommunikationsstrategien und deren Wirkung in anschaulicher Weise selbst zu verarbeiten und zu erproben.

4   Zusammenfassung

Wahlwerbespots können heute ohne große Umstände im politischen Unterricht eingesetzt werden. Während audiovisuelles Material früher erst aufwendig gesammelt und archiviert werden musste, stellen heute Internetplattformen wie beispielsweise die der Bundeszentrale für politische Bildung, YouTube oder aber auch die Seiten der politischen Parteien selbst, die Wahlwerbespots für den politischen Unterricht bereit. Sie können sowohl einzeln als auch im Vergleich zueinander im Unterricht analysiert werden. Wobei letztere Vorgehensweise aus didaktischen Gründen deutlich zu favorisieren wäre, da es im politischen Unterricht, wie oben bereits dargestellt, immer darum gehen sollte, Spots in ihrem medialen Kontext zu analysieren. Für den politischen Unterricht ergeben sich zusammenfassend nun verschiedene Möglichkeiten:

a)   Mit Hilfe einer Filmanalyse der Wahlwerbespots können die Kommunikationsstrategien der verschieden politischen Akteure nachgezeichnet werden.

b)   Zusätzlich kann durch die Analyse vielfältiger anderer visueller Materialien aus dem Kontext von Wahlkämpfen (die sich heute leicht über das Internet finden lassen), aber natürlich auch durch Umfragen oder Rezeptionsstudien der Versuch unternommen werden, die Rezeption der Wahlwerbespots innerhalb des Wahlkampfes nachzuzeichnen oder zu rekonstruieren.

c) Nicht zuletzt entsteht aber auch beim Herstellen eigener filmischer Spots über Wahlkämpfe eine besondere Chance für den politischen Unterricht, denn diese ermöglicht den Schülerinnen und Schülern ihre eigene Rezeptionsprozesse selbst visuell zu verarbeiten und damit unter Umständen sogar selbst aktiv am politischen Kommunikationsprozess teilzunehmen.

Literatur

Althaus, Marco (2001): Strategien für Kampagnen. Klassische Lektionen und modernes Targeting. In: Ders. (Hrsg.): Neue Strategien für Wahlkampf, PR und Lobbying. Münster. 11-44.

Besand, Anja (2004): Angst vor der Oberfläche - Zum Verhältnis ästhetischen und politischen Lernens im Zeitalter Neuer Medien. Schwalbach.

Besand, Anja (2006): Visuelle Spurensuche – Zu den Wirkungen von Bildern in Politik und politischer Bildung. In: kursiv 2/2006. 36-45.

Curran, Magaret Ann/Kamps, Klaus/Schubert, James (2001): What you see is what you get? In: Müller, Marion/Knieper, Thomas (Hrsg.): Kommunikation visuell. Köln.

Dörner, Andreas (2002): Wahlkämpfe – Rine rituelle Inszenierung des „demokratischen Mythos". In: Dörner, Andreas/Vogt, Ludgera (Hrsg.): Wahl-Kämpfe. Betrachtungen über ein demokratisches Ritual. Frankfurt/M. 16-42.

Faulsich, Werner (2002): Grundkurs Filmanalyse. München.

Holtz-Bacha, Christina (2002): Wahlkämpfe in Deutschland. In: Dörner, Andreas/Vogt, Ludgera (Hrsg.): Wahl-Kämpfe. Betrachtungen über ein demokratisches Ritual. Frankfurt/M.

Knieper, Thomas/Müller, Marion G. (2004) (Hrsg).: Visuelle Wahlkampfkommunikation. Köln.

Korte, Helmut (2004): Einführung in die systematische Filmanalyse. Ein Arbeitsbuch. Berlin.

Medienpädagogischer Forschungsverbund Südwest (2006) (Hrsg.): JIM Studie 2006. PDf download unter: http://www.mpfs.de/index.php?id=86.

Müller Marion, G (2003): Grundlagen visueller Kommunikation. Weinheim.

Müller, Marion G. (2000): Visuelle Kommunikation im Bundestagswahlkampf 1998. In: Brosius, Hans-Bernd (Hrsg.): Kommunikation über Grenzen und Kulturen. Konstanz. 361-380.

Pandel, Hans-Jürgen (2006): Bildinterpretation. Das Beispiel Fotografie. In kursiv 2/2006. 46-55.

Stiller, Edwin (2004): Sich ein Bild von der Welt machen. In: Holzbrecher, Alfred/Schmolling, Jan (Hrsg.): Imaging. Digitale Fotografie in Schule und Jugendarbeit. Wiesbaden.

Strohmeier, Gerd (2002): Moderne Wahlkämpfe – wie sie geplant, geführt und gewonnen werden. Baden-Baden.

Zu den Autorinnen und Autoren

Moritz Ballensiefen studiert Politikwissenschaften an der Universität Duisburg-Essen und ist freier Journalist.

Prof. Dr. Anja Besand ist Juniorprofessorin im Institut für Sozialwissenschaften der Pädagogischen Hochschule Ludwigsburg.

Dr. Carsten Brosda ist Referatsleiter im Stab Bundesministerium für Arbeit und Soziales in Berlin.

Dr. Werner Dieball ist Politikwissenschaftler und Coach für die Bereiche Medienrhetorik, nonverbales Management und Kommunikationswirkung.

Dr. Paula Diehl ist Post-Doktorandin des Centre Marc Bloch in Berlin.

Dipl.-Soz. Wiss. Melanie Diermann ist wissenschaftliche Mitarbeiterin am Institut für Politikwissenschaft der Universität Duisburg-Essen.

Prof. Dr. Andreas Dörner ist Hochschullehrer an der Universität Marburg im Fach Medienwissenschaft.

Annika Hartmann M.A. studierte Medienwissenschaft, Psychologie und Politische Wissenschaft an der Universität Bonn.

Dr. Klaus Kamps ist Habilitant an der Universität Erfurt

Dr. Marcus S. Kleiner vertritt eine Professur im Fachbereich Design an der Fachhochschule Dortmund.

Prof. Dr. Dr. Karl-Rudolf Korte ist Hochschullehrer am Institut für Politikwissenschaft der Universität Duisburg-Essen.

Martin Kreeb ist Geschäftsführer am bmb+f Verbundprojekt balance.

Dr. Marcus Maurer ist wissenschaftlicher Assistent an der Universität Mainz.

Dr. Petra Missomelius ist wissenschaftliche Mitarbeiterin an der Universität Marburg im Fach Medienwissenschaft.

Florian Mundhenke M.A. ist wissenschaftlicher Angestellter an der Universität Marburg im Fach Medienwissenschaft.

Dr. Jörg-Uwe Nieland ist wissenschaftlicher Mitarbeiter an der Ruhr-Universität Bochum am Lehrstuhl Vergleichende Regierungslehre und Politikfeldanalyse.

Prof. Dr. Horst Pöttker ist Hochschullehrer am Institut für Journalistik an der Universität Dortmund.

Prof. Dr. Karl Prümm ist Hochschullehrer an der Universität Marburg im Fach Medienwissenschaft.

Dr. Peter Riedel ist wissenschaftlicher Assistent an der Universität Marburg im Fach Medienwissenschaft.

Dr. Burkhard Röwekamp ist wissenschaftlicher Mitarbeiter an der Universität Marburg im Fach Medienwissenschaft.

Priv.-Doz. Dr. Christian Schicha ist wissenschaftlicher Mitarbeiter an der Universität Marburg im Fach Medienwissenschaft und Dozent an der MEDIADESIGN HOCHSCHULE für Design und Informatik in Düsseldorf.

Prof. Dr. Clemens Schwender ist Hochschullehrer für Communication Science an der Jacobs University Bremen.

Dr. Ingrid Stapf ist freie Autorin und Lehrbeauftragte an der Universität Düsseldorf.

Dr. Matthias Steinle ist wissenschaftlicher Mitarbeiter an der Universität Marburg im Fach Medienwissenschaft.

Prof. Dr. Caja Thimm ist Hochschullehrerin am Zentrum für Kommunikations- und Medienwissenschaft der Universität Bonn.

Prof. Dr. Ludgera Vogt ist Hochschullehrerin im Fach Soziologie an der Universität Wuppertal.

Manuela Wiest ist Mitarbeiterin am Lehrstuhl für Umweltmanagement an der Universität Hohenheim.

Neu im Programm
Politikwissenschaft

Kommunikationswissenschaft

Hans-Bernd Brosius / Alexander Haas /
Friederike Koschel

**Methoden der empirischen
Kommunikationsforschung**
Eine Einführung
4., überarb. und erw. Aufl. 2007. ca. 230 S.
(Studienbücher zur Kommunikations- und
Medienwissenschaft) Br. ca. EUR 19,90
ISBN 978-3-531-15390-2

Johanna Dorer / Brigitte Geiger /
Regina Köpl (Hrsg.)

Medien – Politik – Geschlecht
Feministische Befunde zur politischen
Kommunikationsforschung
2007. ca. 280 S. (Medien – Kultur –
Kommunikation) Br. ca. EUR 28,90
ISBN 978-3-531-15419-0

Michael Jäckel

Medienwirkungen
Ein Studienbuch zur Einführung
4., überarb. und erw. Aufl. 2007. ca. 330 S.
(Studienbücher zur Kommunikations- und
Medienwissenschaft) Br. ca. EUR 24,90
ISBN 978-3-531-15391-9

Hans J. Kleinsteuber

Radio
Eine Einführung
2007. ca. 280 S. Br. ca. EUR 22,90
ISBN 978-3-531-15326-1

Marcus Maurer / Carsten Reinemann /
Jürgen Maier / Michaela Maier

Schröder gegen Merkel
Wahrnehmung und Wirkung des TV-Duells
2005 im Ost-West-Vergleich
2007. 258 S. Br. EUR 24,90
ISBN 978-3-531-15137-3

Gabriele Melischek / Josef Seethaler /
Jürgen Wilke (Hrsg.)

**Medien & Kommunikations-
forschung im Vergleich**
2007. ca. 400 S. Br. ca. EUR 34,90
ISBN 978-3-531-15482-4

Barbara Pfetsch / Silke Adam (Hrsg.)

**Massenmedien als Akteure
im politischen Prozess**
Konzepte und Analysen
2007. ca. 270 S. Br. ca. EUR 29,90
ISBN 978-3-531-15473-2

Erhältlich im Buchhandel oder beim Verlag.
Änderungen vorbehalten. Stand: Juli 2007.

www.vs-verlag.de

VS VERLAG FÜR SOZIALWISSENSCHAFTEN

Abraham-Lincoln-Straße 46
65189 Wiesbaden
Tel. 0611.7878 - 722
Fax 0611.7878 - 400

The manufacturer's authorised representative in the EU is Springer
Nature Customer Service Centre GmbH, Europaplatz 3, 69115 Heidelberg,
Germany. If you have any concerns regarding our products, please
contact ProductSafety@springernature.com

Printed and bound by CPI Group (UK) Ltd, Croydon, CR0 4YY
28/04/2026
02098504-0001